Francine Klagsbrun

Der Geschwister-komplex

Liebe und Haß,
Rivalität und Zusammenhalt –
ein Leben lang

*Aus dem Amerikanischen
von Irmgard Hölscher*

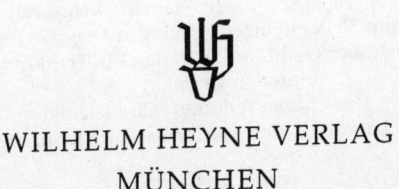

WILHELM HEYNE VERLAG
MÜNCHEN

HEYNE SACHBUCH
19/486

Titel der amerikanischen Originalausgabe:
MIXED FEELINGS

Ungekürzte Taschenbuchausgabe im
Wilhelm Heyne Verlag GmbH & Co. KG, München
Copyright © 1992 by Francine Klagsbrun
Copyright © der deutschsprachigen Ausgabe 1993 by
Vito von Eichborn GmbH & Co. Verlag KG, Frankfurt am Main
Printed in Germany 1997
Umschlaggestaltung: Init, Bielefeld
Druck und Verarbeitung: Presse-Druck Augsburg

ISBN 3-453-11784-0

Inhalt

Danksagung

Sehr viele Menschen haben mit mir über das Leben mit Geschwistern und das Leben als Geschwister gesprochen. Ihnen kann ich hier nicht persönlich danken, weil ich ihnen Anonymität versprochen habe. Aber ich bin ihnen dankbar. Sie haben mir bei der Fragebogenuntersuchung und in persönlichen Interviews offen, ehrlich und großzügig Einblick in ihr Leben gewährt. Ohne sie hätte dieses Buch nicht geschrieben werden können.

Persönlich bedanken kann und will ich mich vor allem aber bei Dr. Jerry F. Westermeyer, der sämtliche Aspekte der Umfrage so sorgfältig geprüft hat, ohne in seiner Begeisterung für das Projekt nachzulassen. Für ihre unschätzbare Hilfe bei der Forschung danke ich Cynthia Epstein Smith, die an sämtliche Aufgaben so sensibel und intelligent herangegangen ist, sowie Cathy Markoff, deren phantastisches Talent zum Aufspüren von Informationen und Forschungshinweisen eine unermeßliche Hilfe für mich war.

Psychotherapeuten und Sozialwissenschaftler haben sich viel Zeit genommen, um mit mir über Geschwister zu reden. Ganz besonders seien hier Dr. Louise Kaplan, Dr. Alexander Levay, Dr. Peter Neubauer und Dr. Arietta Slade sowie Barbara Fields, Eileen Lefcourt und Judith Stern Peck genannt. John Goodson und Theodore Cohn haben mir geduldig den Bereich der Familienforschung erläutert.

Drei Lektorinnen waren an diesem Projekt beteiligt. In der Anfangsphase hat mir Nessa Rapoport geholfen, aus einer chaotischen Masse von Material die Struktur des Buches zu entwickeln. Ihre Nachfolgerin Linda Loewenthal half mit Sachverstand, Einsicht und Ideen. Ann Harris, die das Buch im wesentlichen betreut hat, las mein Manuskript mit dem kritischen Blick der kenntnisreichen Fachfrau. Ihre Kommentare, Vorschläge und kompromißlosen (aber stets freundlich und höflich vorgetragenen) Fragen eröffneten bessere, fundiertere Wege zur Darstellung des komplexen Themas.

Und schließlich danke ich meiner Freundin und Agentin Charlotte Sheedy, die mich immer dann herzlich unterstützt hat, wenn ich es am nötigsten brauchte, und meinem Mann, der mir mit seinen psychiatrischen Fachwissen, aber auch mit seiner Geduld und seiner Liebe so sehr geholfen hat.

Einleitung

»Ich hoffe, Sie haben genügend Tempotaschentücher da«, sagte die Frau am Telefon. »Die braucht man bei so einem Gespräch.«

Mit dieser Warnung schloß ein Gespräch über einen Interviewtermin, bei dem ich sie über die Beziehungen zu ihrer älteren Schwestern und ihrem jüngeren Bruder befragen wollte. Aber sie war überflüssig, denn ich wußte bereits aus Erfahrung, daß ich bei Interviews mit Geschwistern Taschentücher genauso brauchte wie Block, Bleistift und Kassettenrekorder. Es war fast immer »so ein Gespräch«.

Auch die Bücher und Zeitungsartikel über Ehe- und Familienbeziehungen, Religion, Feminismus und zahlreiche andere Themen, die ich bereits geschrieben hatte, rührten an tiefe Gefühle, aber die überwältigenden emotionalen Reaktionen, die das Thema Geschwister hervorrief, waren mir neu. Ob ich das Thema zufällig bei einem Abendessen erwähnte oder einen Vortrag dazu hielt, immer waren die Reaktionen spontan, instinktiv, fast drängend. »Ich glaube«, meinte eine Frau sozusagen stellvertretend für viele, »ich habe ein schon fast zwanghaftes Interesse daran, mich für dieses Buch interviewen zu lassen.«

Eigentlich ist dieses zwanghafte Interesse nicht verwunderlich. Ungefähr 80 Prozent aller Menschen in den Vereinigten Staaten und in Europa wachsen mit Geschwistern auf. Geschwisterbindungen reichen in die ersten, vorsprachlichen Tage der Kindheit zurück und bestehen oft bis ins hohe Alter.

Sie sind die dauerhaftesten aller Bindungen. Eltern sterben, Freunde verschwinden, Ehen lösen sich auf. Aber Geschwister können sich nicht scheiden lassen, und selbst wenn sie zwanzig Jahre lang nicht mehr miteinander sprechen, bilden Blutsbande und gemeinsame Geschichte ein unauflösliches Band.

Was aber angesichts der Intensität der Geschwisterbindung verwunderlich ist, ist die Tatsache, daß so wenige Menschen sich mit der Bedeutung und dem Einfluß von Geschwistern beschäftigt haben. Zum Teil läßt sich die Stärke der Gefühle in den Interviews durch die schwierige und schmerzhafte Konfrontation mit einem Thema erklären, über das die wenigsten schon einmal ernsthaft gesprochen hatten. Es ist üblich, die Beziehungen zu den Eltern (oft endlos) zu analysieren. Aber beim Versuch einer Analyse der Geschwisterbindung fehlen oft die Worte, um ihr tiefstes Wesen und ihre Geschichte auszudrücken.

Diesem Mangel an Erfahrung entspricht auf seiten der Psychotherapie ein jahrzehntelanges Desinteresse am Thema Geschwister. Für Freud war der Ödipus-Komplex, die Sehnsucht eines Kindes nach dem Elternteil des anderen Geschlechts und die Angst vor Strafe, die aus dieser Sehnsucht entsteht, der zentrale Punkt seiner Theorie der Familie, Geschwister spielten da eine untergeordnete Rolle. Seine Schüler gingen sogar noch weiter und erklärten die Geschwisterbeziehung zum reinen Nebenprodukt der Elternbeziehung; Schwestern wurden fast nur noch als Mutter- und Brüder als Vaterersatz begriffen. Eine Frau sagte: »Ich wollte mit meinem Analytiker über ein Problem sprechen, das ich mit meinem Brder hatte. Aber er hat darauf bestanden, es ginge in Wirklichkeit um meine sexuellen Phantasien über meine Eltern.«

Erst in den 70er und verstärkt in den 80er Jahren begannen sich Psychologie, Psychiatrie und andere Sozialwissenschaften ernsthaft für die Geschwisterbeziehung an sich zu interessieren. Seitdem gibt es zunehmend mehr wissenschaftliche Untersuchungen, Aufsätze und Bücher zu diesem Thema. Aber trotzdem wissen wir immer noch wenig über erwachsene Geschwister und vor allem über die Frage, wie Geschwister ihre Bindungen aus der Kindheit im Erwachsenenleben fortsetzen.

Um diese Wissenslücken wenigstens teilweise zu füllen, begann ich die Untersuchungen der Beziehung erwachsener Geschwister. Mir war durch die eigene Erfahrung mit meinem älteren Bruder und durch die Beobachtung der Geschwisterbeziehungen meiner Eltern schon seit langem klar, daß diese Bindung eine ähnlich tiefe Bedeutung hat wie die Bindung an die Eltern. Diese Bedeutung wollte ich begreifen. Ich wollte den Kern der Verbundenheit hinter der in langen Jahren entstandenen Geschichte von Geschwistern aufspüren und herausfinden, wie sie sich in den frühesten Lebenstagen beeinflussen und was sie später füreinander bedeuten. Mit diesen Fragen betrat ich Neuland. Deshalb ging ich nicht von vorgefertigten Thesen aus, sondern entwickelte die Thesen erst aus dem Material, das ich zusammentrug. Dabei zeigte sich bald, daß bei der Breite des Themas nicht alle Bereiche mit der notwendigen Gründlichkeit behandelt werden konnten. Zwillinge zum Beispiel werden zwar ausführlich behandelt, aber fast immer im Kontext allgemeiner Geschwisterfragen. Wer sich dafür interessiert, sei also auf die Literatur verwiesen, die sich ausschließlich mit Zwillingen befaßt. Dasselbe gilt für Einzelkinder.

Die Ergebnisse zahlreicher und sehr unterschiedlicher Untersuchungen aus den verschiedenen Zweigen der Sozialwissenschaften, auf die ich im Verlauf der Arbeit gestoßen bin, habe ich in das Buch integriert. Im Mittelpunkt steht aber meine eigene Untersuchung über Gedanken und Gefühle, Probleme und Freuden von Geschwistern. Bei der Untersuchung habe ich zwei Methoden genutzt: zum einen Tiefeninterviews mit Brüdern und Schwestern, zum anderen eine wissenschaftlich abgesicherte Fragebogenuntersuchung über Einstellungen und Verhalten von Geschwistern.

Interviewt wurden Menschen aus vielen verschiedenen Regionen der Vereinigten Staaten und aus vielen verschiedenen Schichten. Ich wollte über eine nichtklinische Gruppe schreiben, über »normale« Menschen, die sich mit den normalen Fragen und Anforderungen des Familienlebens herumschlagen. So suchte ich während einer landesweiten Lesereise (meist mit meinem letzten Buch »Married People«) nach Freiwilligen für die Untersuchung und bekam mehr Angebote, als ich annehmen konnte. Andere meldeten sich auf Aushänge in Gemeindezentren und Bildungseinrichtungen, und wieder andere wurden von den Interviewten selbst empfohlen. Etwa 30 Teilnehmer an der Fragebogenuntersuchung stellten sich anschließend auch für Gespräche zur Verfügung. Cynthia Epstein Smith und Cathy Markoff, die als wissenschaftliche Mitarbeiterinnen an dem Projekt beteiligt waren, rekrutierten weitere Teilnehmer, die zum Teil von der talentierten Sozialwissenschaftlerin Cynthia interviewt wurden.

Nach Überprüfung von über zweihundert Freiwilligen stellte sich heraus, daß die Untersuchung einer Zufallsauswahl von Geschwistern für ein wirkliches Verständnis der Beziehung, der Bindung nicht ausreichend war. Deshalb interviewte ich nicht nur diejenigen, die wir für das Projekt ausgewählt hatten, sondern auch ihre sämtlichen Geschwister. Das erforderte oft weite Reisen quer durch die Staaten; wen ich nicht persönlich aufsuchen konnte, befragte ich ausführlich am Telefon.

Insgesamt wurden 122 Tiefeninterviews durchgeführt. Die größte Geschwistergruppe bestand aus acht Geschwistern, meistens waren es zwei bis fünf Geschwister. Jedes Interview dauerte mindesten vier bis fünf Stunden, manchmal auch länger, und bisweilen gab es danach noch weitere, kürzere Gespräche. Alle Namen, Ortsbezeichnungen, Berufe und andere mögliche Erkennungsmerkmale der Interviewpartner wurden geändert.

Die Geschwister wurden fast immer einzeln interviewt, obwohl ich mich gelegentlich zunächst mit allen gemeinsam getroffen habe. In den Einzelgesprächen konnten sie ungehemmt sprechen, auch über Ereignisse und Gefühle, die sie ihren Geschwistern nie mitgeteilt oder nie mitzuteilen gewagt haben. Die Position der Zuhörerin bot oft Einsichten in die Tiefe der wechselseitigen Beziehung, die den Geschwistern selbst nicht bewußt war, etwa wenn zwei Brüder unabhängig voneinander davon sprachen, daß sie sich nach größerer Intimität sehnten, ohne zu erkennen, daß es dem anderen genauso ging. Ich erfuhr von Verletzungen, die weit in die Kindheit zurückreichten, von Kränkungen, die nicht verziehen werden konnten, von Bewunderung und Liebe, die nie ausgedrückt worden waren, weil eins der Geschwister Angst hatte, sich lächerlich zu machen oder zurückgewiesen zu werden.

Was ich in diesen Interviews erfuhr, habe ich hier mitzuteilen versucht.

Die Fragebogenuntersuchung lieferte ebenfalls wertvolle Einsichten in die Geschwisterbindung. Obwohl Statistik meiner Meinung nach nicht der beste Weg zum Verständnis menschlicher Beziehungen sein kann, hat die Umfrage die Interviews in wichtigen Bereichen ergänzt und der Untersuchung eine andere Dimension gegeben. Die Erhebung lieferte Material über die Unterschiede zwischen gleich- und nicht gleichgeschlechtlichen Geschwistern, über die Faktoren, die Nähe fördern oder verhindern können, sowie spannende Erkenntnisse über elterliches Favoritentum. Sie bestätigte manche intuitive Annahme und ergab Überraschungen in anderen Bereichen. (Die Ergebnisse werden im Buch vorgestellt und diskutiert, wichtige Teile sind in Anhang A zusammengefaßt.)

Der Fragebogen wurde verschickt, als wir mit den vorbereitenden Interviews begannen. Er wurde in enger Zusammenarbeit mit Dr. Jerry F. Westermeyer entwickelt, der auf Entwicklungsforschung spezialisiert ist und als Lehrbeauftragter an der psychiatrischen Fakultät der Universität von Illinois sowie als Psychologe am Humana Hospital Michael Reese Medical Center in Chicago arbeitet. Nach der Eingabe der Umfrageergebnisse in den Computer bereitete er die statistische Analyse vor, entwickelte die Grafiken in Anhang A und überprüfte sämtliche Umfrageergebnisse und Zahlen im Buch.

Obwohl die Stichprobe für die Umfrage nicht nach dem Zufallsprinzip, das heißt aus einer breiten Bevölkerungsgruppe, zusammengestellt wurde, ist sie doch fundiert und in vielen Aspekten repräsentativ. So hoffe ich, daß diese Untersuchung ein Ausgangspunkt wird für weitere Forschungen und ihre Stichhaltigkeit mit größeren und breiteren Stichproben überprüft wird. Die 272 Teilnehmer an der Umfrage, 64 Männer und 208 Frauen, waren Angestellte von drei mittelgroßen Firmen aus drei Großstädten, zwei im Nordosten und eine im mittleren Westen. Insgesamt hatten sie 610 Geschwister. Das starke Übergewicht der Frauen entstand zum Teil durch die etwas größere Zahl der weiblichen Angestellten bei diesen Firmen, die überwiegend in der Personalabteilung, den Sekretariaten und in der Buchhaltung beschäftigt waren, erklärt sich aber auch mit dem größeren Interesse, das Frauen traditionell an Beziehungsfragen und vor allem an Familienangelegenheiten haben. Trotz dieser sehr ungleichen Geschlechterverteilung hat die statistische Analyse gezeigt, daß die wichtigsten Ergebnisse für beide Geschlechter gültig sind.

Das Alter der Teilnehmer lag zwischen 19 und 71 Jahren; das Durchschnittsalter bei 37,1 Jahren. Die meisten (85 Prozent) waren zwischen 20 und 40 Jahre alt. Alle sozialen Schichten und sämtliche beruflichen Positionen, vom Geschäftsführer bis zur Telefonistin, sowie alle großen Religionen waren vertreten. Leider waren fast alle Teilnehmer weiß (95 Prozent), nur 5 Prozent waren schwarz. 54 Prozent waren verheiratet, 28 Prozent alleinstehend, 15 Prozent geschieden oder getrennt lebend und 2 Prozent verwitwet.

Ungefähr 33 Prozent der Teilnehmer hatten einen Bruder oder eine Schwester, 28 Prozent zwei, 18 Prozent drei und 21 Prozent vier oder mehr Geschwister. Der Fragebogen ermöglichte den Teilnehmern, die Beziehung zu bis zu fünf Geschwistern darzustellen; aus Familien mit mehr als fünf Geschwistern kamen weniger als 5 Prozent der Befragten.

Der Fragebogen ist in Anhang B als »Geschwisterfragebogen« abgedruckt. Die Antworten mußten meist nur angekreuzt werden (in der Statistik werden solche Fragen als »forced-choice«, zu deutsch »vorgegebene Auswahl«, bezeichnet, weil die Befragten sich unter mehreren vorgegebenen Antworten für eine entscheiden müssen). Aber es gab auch offene Fragen und Raum für Erläuterungen oder zusätzliche Bemerkungen.

Und diese Möglichkeit wurde weidlich genutzt. Die Teilnehmer der Umfrage schrieben und schrieben, beantworteten die offenen Fragen ausführlich, schrieben das leere Blatt für zusätzliche Bemerkungen voll und legten zum Teil noch weitere Seiten dazu. Man hatte den Eindruck, jetzt, da sie einmal angefangen hatten, über ihre Geschwister nachzudenken, könnten sie gar nicht mehr aufhören. Sie hatten Geschichten zu erzählen, und sie wollten sie erzählen.

Aber sie waren nicht die einzigen, die schrieben. Ich war verblüfft über die vielen Briefe, die ich von meinen Interviewpartnern bekam, meist ein paar Tage nach den Interviews. Sie schrieben, um manche Gedanken noch einmal zu erläutern, die sie für mißverständlich hielten, oder um etwas noch einmal hervorzuheben. Aber meistens schrieben sie einfach, weil sie den Prozeß der Selbsterforschung fortsetzen wollten. Wie die Teilnehmer an der Fragebogenuntersuchung waren auch sie durch die Bemühungen, ihre Gedanken und Gefühle zu artikulieren, zu einem unbekannten Teil ihrer selbst vorgedrungen, den sie nun besser begreifen wollten.

Die befriedigendsten Briefe und Aussagen kamen von Menschen, die durch die Interviews oder die Fragebögen erkannt hatten, wieviel ihre Geschwister ihnen bedeuteten. »Für mich war diese Erfahrung sehr aufschlußreich«, schrieb ein Mann, der sich in dem Interview ausführlich über die Streitpunkte in der Beziehung zu seiner jüngeren Schwester, aber auch über seinen Wunsch nach ihrer Liebe und Freundschaft ausgelassen hatte. »Ich weiß nicht, was sie Ihnen gesagt hat, und sie weiß nicht, was ich gesagt habe, aber beide wissen wir, daß wir uns nähergekommen sind. Das soll auf jeden Fall auch so bleiben.«

Ich hoffe, dieses Buch trägt dazu bei, daß sich auch andere Geschwister näherkommen und nahe bleiben. Gerade heute, wo die Scheidungszahlen steigen und die Familien immer kleiner werden, sind Geschwister wichtiger als je zuvor. Die Geschwisterbindung ist sehr stark, komplex, tiefreichend und manchmal auch unergründlich. Aber sie ist eine Bindung, die nicht ihresgleichen hat, und es lohnt sich, sie zu untersuchen und zu bewahren. Dieses Buch hat seinen Zweck erfüllt, wenn sich die Leserinnen und Leser in den hier vorgestellten Lebensgeschichten ab und zu wiederfinden können, wenn die Untersuchungsergebnisse sie anregen, über die eigenen Erfahrungen nachzudenken, und wenn die hier vorgestellten Gedanken über das Wesen dieser wichtigen und bemerkenswerten Bindung ein Licht auf die eigene Geschwistererfahrung werfen können.

Geschwistereindrücke

Einen Sonntagnachmittag meiner Kindheit habe ich klar vor Augen. Es ist ein extrem heißer Tag mitten im Juli. Wir, mein Vater und meine Mutter, mein Bruder Robert und ich, sind auf dem Rückweg von einem Ausflug zum Strand, etwa eine Autostunde von unserer Wohnung in Brooklyn entfernt. Ich bin ungefähr sechs, mein Bruder ungefähr zehn Jahre alt.

Wir stecken im Stau und schieben uns meterweise vorwärts. Die von Sonnenbrand, Salz- und Sandresten gereizte Haut juckt, im Wagen ist es unerträglich heiß (Klimaanlagen in Autos waren noch unbekannt), und Robert und ich streiten uns ununterbrochen. Schließlich hält mein Vater genervt an und holt mich nach vorne, und meine Mutter setzt sich zu Robert nach hinten. Um uns zu beruhigen, kauft er jedem von uns ein Eis – kleine runde Pappbecher mit Vanille- und Schokoladeneis.

Während ich langsam und mit Genuß mein Eis von dem flachen Holzspatel lutsche, der zu dem Becher gehört, reift ein wunderbarer Plan in mir. Ich werde ganz langsam essen, damit ich *zuletzt* fertig werde. Dann habe ich noch Eis, wenn Robert sein Eis schon aufgegessen hat. »Hier«, werde ich sagen, »*ich* habe noch Eis.« Ich werde etwas haben, was er nicht hat. Einmal wenigstens, dieses eine Mal werde ich ihn schlagen, meinen großen Bruder, den ich anbete und verehre, der mich aber immer reinlegt. Also esse ich mein Eis ganz langsam, und es fängt an zu schmelzen. »Hast du noch was?«, frage ich alle paar Minuten.

»Ja.«

Wir fahren weiter, es wird immer heißer und das Eis immer flüssiger, bis das braune Schokoladeneis im weißen Vanilleeis zerfließt und der Becher warm und klebrig wird.

»Hast du noch was?« Ich drehe mich um, um zu sehen, wieviel Eis er noch übrig hat, aber er hält seinen Becher ganz nah vor der Brust verdeckt.

»Ja.« Mein Eis ist nur noch eine warme, hellbraune Flüssigkeit.

Aber endlich, endlich kommt mein Triumph.

»Aufgegessen«, sagte er.

»Haha«, brülle ich voller Entzücken, genau, wie ich es mir ausgemalt habe. »*Ich* habe *mein* Eis noch.« Ich halte ihm den zerdrückten und mittlerweile undicht gewordenen Becher vor die Nase. »Eiskrem, Eiskrem«, singe ich und trinke den klebrigen Brei schnell aus. Er hat wenig Ähnlichkeit mit der kühlen Leckerei von vorhin, aber er ist köstlicher als alles, was ich jemals probiert habe. Sieg!

Während ich den letzten Tropfen schlucke, kommt es plötzlich glucksend vor Lachen von hinten: »Selber haha! Ich hab dich reinlegt. Ich hab meins noch.« Er lehnt sich vor und hält mir seinen Becher mit den Eisresten vor die Nase. Dann schlürft er ihn genußvoll aus und behält mich dabei genau im Auge, damit ihm von meiner vollkommenen Niederlage auch nur ja nichts entgeht.

Reingelegt. Aber noch viel schlimmer ist, daß er wieder einmal gewonnen hat. Ich habe es nicht geschafft. Ich bin ihm nicht gewachsen, nicht mal, wenn es um einen Becher mit zerlaufenem Eis geht. Ich heule los, mit dem ganzen Schmerz eines Kindes, das blind in eine Falle gelaufen ist.

»Das ist ungerecht«, schreie ich. »Er kriegt immer, was er will. Immer hat er mehr als ich. Warum kann ich nicht auch mal gewinnen? Nie habe ich was für mich.«

Mein Bruder brüllt vor Schadenfreude und singt spöttisch »Eiskrem, Eiskrem«, während ich schluchze. Auch meine Eltern lachen und schimpfen, ich sei doch viel zu groß für so ein Theater. Es sei doch nur ein Eis gewesen und doch wirklich egal, wer zuerst fertig war. Aber es war nicht egal, das wußte ich, und es stand viel mehr auf dem Spiel als ein Eis. Es ging darum, einmal die Nase vorn zu haben. Es ging darum, sich durchzusetzen und zu behaupten. Es ging darum, respektiert zu werden.

Seitdem sind Jahrzehnte vergangen. Heute bin ich Schriftstellerin, und mein Bruder ist Geschäftsmann.

»Dir ist ja wohl klar«, sagt mein Mann eines Abends, als ich ihm von meinen Forschungsergebnissen über erwachsene Geschwister erzähle, »daß ich jede Situation vermeide, in der du mich als Konkurrenz wahrnehmen könntest.«

»Wie meinst du das?« frage ich vorsichtig.

Mein Mann ist Psychiater, aber wir haben ein stillschweigendes Abkommen, daß sein berufliches Wissen in der Familie keinen Platz hat. Es gibt wenig psychologischen Jargon bei uns, und Gespräche oder Streits werden nur äußerst selten psychoanalytisch interpretiert. Jedenfalls macht mich seine Äußerung mißtrauisch. Was will er mir sagen?

»Du hast über den Einfluß von Geschwistern gesprochen«, sagt er, »und mir ist eingefallen, daß ich Situationen zu vermeiden versuche, in denen bei dir die alten Konkurrenzgefühle aus der Beziehung zu Robert wieder aktiviert werden könnten.«

»Zunächst mal«, sage ich, »verstehen wir uns gut, Robert und ich. Zweitens hat meine alte Konkurrenz mit ihm nichts mit dem zu tun, was zwischen dir und mir passiert. Und drittens...« Ich stocke. »Welche Situationen hast du vermieden, weil du glaubst, ich könnte dich als Konkurrenz empfinden?«

»Also«, beginnt er langsam, »ich habe kein Buch geschrieben, obwohl ich es mir von Zeit zu Zeit überlege.«

»Kein Buch geschrieben!« Ich gehe los wie eine Rakete. »Warum willst du ein Buch schreiben? *Ich* bin die Schriftstellerin in der Familie. Du leitest eine Klinik, du hast eine wissenschaftliche Position, du hast alles, was du willst. Warum mußt du mir in die Quere kommen? Warum kann ich nie etwas haben, was mir ganz allein gehört?« Und voller Erbitterung bricht die lange vergessene Kindheitsklage aus mir heraus: »Das ist nicht gerecht!«

Ich bin selbst verblüfft über die Heftigkeit meiner Reaktion und sage schließlich mit einem etwas gezwungenen Lachen:

»Gut. Ich habe begriffen, was du meinst. Vielleicht wiederhole ich tatsächlich die Konkurrenz mit Robert. Lassen wir das.«

»In Ordnung«, sagt er.

»Willst du ein Eis?«

Mir war immer bewußt, daß mein Bruder eine sehr wichtige Rolle in meinem Leben spielt. Dieses Wissen war letztlich auch der Grund für dieses Buch, das versucht, das Rätsel der Geschwisterbindung zu erklären und zu lösen. Aber wie stark die Beziehung zu meinem Bruder sämtliche Aspekte meines Daseins, bis hin zu meiner Ehe, geprägt hat, wurde mir erst nach dem Gespräch mit meinem Mann klar, als ich bereits mitten in der Arbeit steckte.

Die Mechanismen, die ich bei mir erkannt habe, habe ich auch bei anderen wiedergefunden. Lange nach dem Ende der Kindheit, wenn die frühen Erfahrungen mit Brüdern und Schwestern längst Vergangenheit geworden sind, bleiben ihre Auswirkungen bestehen und beeinflussen die Beziehungen zu Liebes- und Ehepartnern, die Einstellungen am Arbeitsplatz und selbst das Verhalten gegenüber den eigenen Kindern in einer Weise, die nur selten erkannt wird.

Wie stark der Einfluß der Geschwister ist, zeigt sich bei der Frau, deren zwei Ehen mit »aufregenden, dynamischen und verantwortungslosen Männern«, die große Ähnlichkeit mit ihrem jüngeren Bruder hatten, gescheitert sind, bei dem Manager, der nicht merkt, daß er in letzter Minute immer wieder davor zurückschreckt, nach der Spitzenposition zu greifen, weil er im Innersten zutiefst überzeugt ist, diese Rolle sei seinem älteren Bruder vorbehalten. Und bei der Rechtsanwältin, die erzählte, daß ihre tyrannische ältere Schwester ihr als Kind und als Jugendliche real und emotional alles weggenommen hat: Spielzeug, Kleidung und schließlich auch die Freunde. Obwohl diese Rechtsanwältin heute weit weg von ihrer Schwester lebt und wenig Kontakt zu ihr hat, sagte sie: »Meine Schwester bestimmt mein ganzes Leben. Ich kann bis heute mit Rivalität nicht umgehen, in welcher Form auch immer. Wenn ich merke, daß jemand mit mir um einen Klienten kämpft, gebe ich sofort auf. Und wenn der Klient dann nicht mehr zu mir kommt, bin ich verzweifelt, gerade so, als hätte ich wieder mal eine Runde gegen meine Schwester verloren. Bei Liebesbeziehungen geht es mir genauso. Sobald ich merke, daß sich eine andere Frau für den Mann, mit dem ich eine Beziehung habe, auch nur interessiert, gerate ich in Panik. Einerseits will ich nicht, daß jemand mir einen wichtigen Menschen so wegnimmt, wie meine Schwester mir immer alles weggenommen hat, was mir auch nur das geringste bedeutete. Aber gleichzeitig bin ich auch nicht imstande, für das zu kämpfen, was ich will.«

Und mit ihrer abschließenden Bemerkung bewies sie mehr Gespür für diese Art innere Konflikte als viele andere: »Ich inszeniere mit allen Menschen, mit denen ich etwas zu tun habe, die Beziehung zu meiner Schwester aufs neue.«

Normalerweise werden solche zwanghaften Wiederholungen mit den Eltern in Verbindung gebracht. Die Fach- und die populärwissenschaftliche Literatur haben das Bewußtsein dafür geschärft, wie wichtig und anhaltend der Einfluß der Eltern ist. Aber die intensive Beschäftigung mit der Erfahrung von Geschwistern zeigt, daß die Bindung zwischen Brüdern und Schwestern einen ganz eigenen Einfluß hat, unabhängig von den Eltern, und deshalb auch einer eigenen Untersuchung bedarf.

Anders als die Bindungen zwischen Eltern und Kindern ist die Geschwisterbindung nicht vertikal, sondern horizontal strukturiert: Geschwister gehören derselben Altersgruppe an und leben mehr oder weniger gleichberechtigt auf einer Ebene. Es gibt zwar oft auch ein Machtgefälle zwischen den einzelnen Geschwistern, aber selten in dem Ausmaß wie zwischen Eltern und Kindern. Und es gibt keine Regeln oder Verhaltensvorschriften für die Geschwisterbeziehung in bestimmten Lebensphasen, genausowenig wie biblische Gebote, die wie das vierte Gebot für die Eltern gegenseitige Achtung und Ehrung fordern. Deshalb können Geschwister freier, offener und im allgemeinen auch ehrlicher miteinander umgehen als mit den Eltern, ohne große Angst vor Strafe oder Ablehnung. Als Kinder sagen sie, was ihnen durch den Kopf geht, ohne sich zu zensieren oder sich über die langfristigen Auswirkungen ihrer Gefühle Gedanken zu machen. Selbst als Erwachsene reden viele Geschwister noch ungeschminkter miteinander als mit Freunden oder Kollegen.

Die Freiheit, die Geschwister im Umgang miteinander genießen, und die relative Gleichheit, die durch die Zugehörigkeit zur selben Altersgruppe entsteht, ermöglichen eine größere Intimität als in der Beziehung zu den Eltern. Geschwister verbringen oft mehr Zeit miteinander als mit den Eltern und lernen sich auf eine Weise kennen, die den Eltern verborgen bleibt. Ältere Geschwister durchleben im Spiel mit den jüngeren ihre Vergangenheit aufs neue; die Jüngeren profitieren von den gemeinsamen Aktivitäten mit den Älteren und lernen sich und die Geschwister in diesem Prozeß besser zu verstehen.

Durch ihr Zusammensein entwickeln sich Geschwister zu Experten hinsichtlich der Fähigkeit, die Gedanken und Gefühle des anderen zu durchschauen. Untersuchungen über das Einfühlungsvermögen kleiner Kinder haben gezeigt, daß Kleinkinder schon mit zwei oder drei Jahren die Mimik oder die lautlichen Äußerungen eines jüngeren Bruders oder einer jüngeren Schwester deuten und den Eltern erklären können, was der Säugling will. »Er will nach draußen«, sagt das ältere Kind zum Beispiel: »Sie hat Hunger« oder »Nimm sie auf den Arm, Mami«, und in der Regel sind die Informationen richtig.

Geschwister haben das dringende Bedürfnis, soviel wie möglich übereinander zu wissen. Sie wollen wissen, was im anderen vorgeht. Sie wollen wissen, wodurch sie den oder die anderen zum Weinen oder zum Aufgeben, aber auch zum Lachen bringen und seine oder ihre Liebe und Anerkennung gewinnen können. Sie kennen einander durch und durch, ohne Einschränkungen, bis in die tiefsten Tiefen ihres Wesens.

Dieses intuitive Wissen spielt das ganze Leben hindurch eine entscheidende Rolle für die Geschwisterbindung. Selbst nach jahrelanger Trennung können erwachsene Geschwister oft sehr schnell intuitiv erfassen, was Bruder oder Schwester denken, können ihre Bedürfnisse erkennen oder sich unfehlbar auf ihre Unsicherheiten einschießen.

Aber dieses intuitive Wissen bleibt nicht auf die Geschwister beschränkt, sondern erstreckt sich auch auf die Eltern. Geschwister bestätigen sich ihr Wissen über Eltern. Nicht selten sind sie die einzigen, die wissen, daß sich hinter dem Witz und dem Charme, die die Außenwelt von ihren Eltern kennt, eine kalte Wut versteckt, mit all den leidvollen Konsequenzen für das Familienleben. Kinder neigen dazu, die Schuld am grausamen oder gestörten Verhalten der Eltern bei sich selbst zu suchen. Von solchen Schuldgefühlen können Brüder und Schwestern sich befreien, indem sie sich gegenseitig die Verhältnisse in der Familie erklären.

Ein Mann, der von seiner Kindheit mit seinem brutalen, alkoholabhängigen Vater erzählte, sagte: »Meine ältere Schwester war für mich eine Oase, in die ich mich flüchten konnte. Ich konnte vieles bei ihr abladen und sie fragen: ›Was ist eigentlich los?‹ Dann beruhigte sie mich und erklärte mir, daß es nicht meine Schuld sei, daß es mit mir gar nichts zu tun habe. Dafür bin ich ihr ewig dankbar.«

Aber selbst bei sehr guten Familienverhältnissen verbünden sich die Geschwister in der Kindheit. Auch wenn sie sich streiten und anbrüllen, geben sie sich doch auch Trost und Sicherheit in einer Welt, in der die Erwachsenen anscheinend alle Vorteile auf ihrer Seite haben. Sie erzählen sich Geheimnisse, von denen die Eltern nie etwas erfahren, und verständigen sich durch Signale und Codes, durch eine Sprache, die außer ihnen niemand versteht.

Zu meinen schönsten Kindheitserinnerungen zählen die Abende, an denen ich lange wach im Bett lag und durch die Wand unserer nebeneinanderliegenden Zimmer mit meinem Bruder redete. Wir sprechen sehr laut, ohne Rücksicht auf die Eltern, die am anderen Ende des Flures schlafen. Wir imitieren unsere Stars aus den Radiosendungen, die wir begeistert anhören, oder reden »Quatschsprache« und denken uns sinnlose Worte und Geräusche aus, die immer in Gelächter enden und mir bestätigen, daß niemand so klug und witzig ist wie mein großer Bruder.

Dann ruft meine Mutter wütend: »Ruhe. Schlaft jetzt, ihr beiden.«

Wir bemühen uns prustend, unser Kichern zu unterdrücken, erfüllt von einem schwindelerregenden Überlegenheitsgefühl, weil wir die Eltern aus unserem Bündnis ausgeschlossen hatten.

»Schläfst du schon?« rufen wir uns immer wieder in lautem Flüsterton zu, solange, bis die Stimme vom anderen Ende des Flures ernsthaft böse klingt und einer von uns einschläft.

Durch die verschwörerischen Vertraulichkeiten und gemeinsamen Geheimnisse und dadurch, daß sie so oft ohne die Eltern zusammen sind und soviel voneinander wissen, lernen Geschwister, zusammenzuarbeiten und miteinander zurechtzukommen. Sie entdecken die Bedeutung von Loyalität und halten gegen die Außenwelt selbst dann zusammen, wenn sie mitten in einem Streit stecken und sich erbittert bekämpfen. Sie kultivieren die Fähigkeit, Spaß miteinander zu haben, zu lachen und Witze zu machen. Sie fangen an, sich als Individuen zu erfahren, aber als Individuen, die mit anderen verbunden sind. Kurz: sie lernen, was es bedeutet, nicht nur »ich«, sondern »wir« zu sagen.

Allmählich übertragen sich diese Erfahrungen der Geschwister dann auf die Welt außerhalb des Familienkreises, auf Schulkameraden, Freunde und später auch auf gleichaltrige Erwachsene.

Aus den gemeinsamen Erfahrungen und dem gemeinsam erworbenen Wissen entsteht eine persönliche Geschichte, die im Laufe der Jahre immer wieder zum Bezugspunkt wird. Das soll nicht heißen, daß Geschwister identische Geschichten hätten. In einer Familie erlebt jedes Kind das Leben anders, verhält sich anders zu den Eltern und schafft eine individuelle und andersartige Umgebung für die anderen. Aber es gibt auch ein Familienethos und gemeinsame Erinnerungen, zum Beispiel an elterliche Einstellungen, Witze und Erwartungen, an Ferien und schwere Zeiten, die jenseits aller individuellen Erfahrungen die gemeinsame Vergangenheit der Geschwister bilden.

Ein Überlebender des Holocaust, dessen Eltern in Auschwitz ermordet wurden, schrieb im Fragebogen, daß er und seine Schwestern durch ein »unsichtbares Band« auf eine Weise verbunden seien wie mit niemandem sonst, obwohl er sehr viel jünger ist als sie und weit von ihnen entfernt lebt. »Wenn wir einander besuchen, tauschen wir Erinnerungen aus«, schrieb er. »Meine Schwestern erzählen mir von meiner Kindheit und wie ich als kleiner Junge war. Sie sind die einzigen, die meine Kindheit noch kennen. Ohne sie wüßte ich nichts mehr aus dieser Zeit. Auf der anderen Seite habe ich ein ausgezeichnetes Gedächtnis für Einzelheiten. Ich weiß noch, wo die Schule war und wie unser Haus ausgesehen hat, und das hilft ihnen, die Vergangenheit wiederzubeleben.«

Auch andere Reaktionen aus den Fragebögen belegen die Stärke dieses »unsichtbaren Bandes« zwischen Geschwistern. Bei der Frage nach Problemen mit Geschwistern bechrieben die meisten Befragten gegenwärtige oder frühere Schwierigkeiten, und viele machten deutlich, daß ein Problem noch immer nicht gelöst war. Trotzdem kreuzten bei der Frage, wie eng sie sich an ihre Geschwister gebunden fühlten (zur Wahl standen die Kategorien »sehr eng«, »eng«, »ziemlich eng«, »nicht eng«), nur 17 Prozent »nicht eng« an, und über 75 Prozent verneinten die Frage: »Hat es Zeiten gegeben, in denen Sie mit Bruder/Schwester aus Ärger nicht gesprochen haben?« Erinnerung und Geschichte sowie die positiven Seiten der Geschwistergemeinschaft binden erwachsene Geschwister trotz aller Schwierigkeiten aneinander.

Geschwisterbeziehungen haben denn auch für den einzelnen Menschen wie für die Gesellschaft einen so hohen Stellenwert, daß sie seit Jahrtausenden idealisiert und als Metapher für die positivsten Aspekte menschlicher Beziehungen benutzt werden. »Brüderlichkeit« ist zum Paradigma für Liebe und Loyalität geworden, für das Zusammenleben von Menschen und Nationen in Gleichheit und Gerechtigkeit. »Schwesterlichkeit« ruft Bilder von Feministinnen hervor, die für ein neues Verständnis zwischen Frauen kämpfen, für ein neues Bündnis auf der Basis von Freundschaft und Kooperation.

In der Realität dagegen führt die Glorifizierung der Geschwisterbeziehung zu einer Verleugnung ihrer Komplexität; die andere, dunklere Seite wird ignoriert. Aber auch diese Seite ist fester Bestandteil der ältesten Überlieferungen unserer Kultur: In der Bibel ist der erste Mord der Brudermord, der Mord von Kain an seinem Bruder Abel. Und diese Seite beherrscht auch weiterhin Nationen und Individuen, deren Geschichte und deren Leben geschwisterlich miteinander verbunden sind. Das zeigt zum Beispiel der Krieg zwischen den verschiedenen islamischen Sekten, zwischen Katholiken und Protestanten in Irland, zwischen Arabern und Israelis.

Die Idealisierung der Geschwisterbindung und die Verleugnung ihrer Komplexität fordern ihren Tribut auch von kleineren Gruppen und von Einzelpersonen. Als Feministin weiß ich aus Erfahrung, daß die Frauenbewegung unter der Enttäuschung sehr vieler Frauen gelitten hat, die feststellen mußten, daß ihre »Schwestern« genauso neidisch und konkurrent sein können wie Männer, und daß Macht- und Positionskämpfe zwischen führenden Vertreterinnen der Bewegung keineswegs ungewöhnlich sind.

Die feministischen Psychotherapeutinnen Luise Eichenbaum und Susie Orbach beschreiben in einem ihrer Bücher einen Workshop, in dem Frauen offen über »den Schmerz der Eifersucht, den Schmerz des Neides, den Schmerz der Wut, den Schmerz der Konkurrenz ... in bezug auf andere Frauen« reden sollten. Die Teilnehmerinnen waren zwar schockiert, als sie entdeckten, wie viele negative Gefühle zu anderen Frauen sie in sich hatten, aber am Schluß »führte die ehrliche Einsicht, daß Frauen tatsächlich widersprüchliche Gefühle zueinander haben, zu großer Erleichterung«.

Entsprechend machen es auch die hochfliegenden Bilder über die Geschwisterbeziehung erwachsenen Brüdern und Schwestern schwer, ihre anhaltenden Eifersuchts- und Konkurrenzgefühle zu akzeptieren und damit zu bewältigen. Von den vielen Überraschungen, die die Fragebogenerhebung ergab, beruhte die wohl verblüffendste nicht auf einer Reaktion, sondern auf deren Fehlen. Eine der Fragen zielte auf Informationen über Konkurrenz ab. Die Teilnehmer sollten für alle Geschwister einzeln einen oder mehrere Bereiche ankreuzen, in dem sie mit diesem Bruder oder dieser Schwester konkurrierten. Dazu zählten »Erfolg oder Mißerfolg der Kinder«, »Leistungen«, »Finanzen«, »Ausbildung« und »Beruf«. Zusätzlich konnten sie noch »Ich vergleiche mich nicht« ankreuzen; in dieser Kategorie hatte ich nur wenige Reaktionen erwartet.

Aber das Gegenteil war der Fall. Zwar konkurrierten Brüder nach eigenem Bekunden häufiger miteinander als Schwestern, doch 61 Prozent aller Befragten kreuzten die Antwort an: »Ich konkurriere nicht.« Bei den Zusatzfragen war die Zahl noch größer. Bei 78 Prozent gab es nach eigenen Angaben keine Vergleiche im Bereich »Finanzen«, und bei 73 Prozent fehlte jede Konkurrenz im Bereich der »Leistung«, obwohl man dort die stärkste Konkurrenz erwartet hätte.

Auch die Antworten auf die Frage: »Wünschen Sie seine/ihre Anerkennung?« straften meine Erwartungen Lügen. Bei dieser Frage ging es ebenfalls um Rivalität, wenn auch auf dem Umweg über den Wunsch nach Anerkennung und Bestätigung durch die Geschwister. Hier standen die Kategorien »gar nicht«, »ziemlich stark« und »sehr stark« zur Auswahl, und ich war davon ausgegangen, daß sich die Antworten relativ gleichmäßig auf die Kategorien »ziemlich stark« und »sehr stark« verteilen würden, abgesehen von einigen Antworten in der Kategorie »gar nicht«. Ich hatte mich geirrt: ca. 50 Prozent der Befragten verneinten jeden Wunsch nach Anerkennung.

Stimmt es wirklich, daß erwachsene Geschwister ihre Leistungen nicht aneinander messen und sich nicht um Anerkennung und Bestätigung durch Brüder oder Schwestern bemühen? Die Ergebnisse der Umfrage hätten mich wahrscheinlich weit weniger überrascht, wenn die Interviews nicht eine ganz andere Sprache gesprochen hätten.

In der Intimität der Interviewsituation, in einer vertrauensvollen Atmosphäre und mit viel Zeit für das Gespräch kamen die Gesprächspartner immer wieder auf Motive wie Rivalität, Vergleich und Sehnsucht nach Anerkennung und Bestätigung zurück. Um was ging es denn anderes als um Vergleiche, um Eifersucht, um anhaltende und tiefempfundene Rivalität, wenn ein Vierzigjähriger beschrieb, wie er auf der Rückfahrt von einem Gespräch mit seinem älteren Bruder weinend im Auto saß und endlich begriff, daß er im tiefsten Herzen dieser Bruder *sein* wollte, oder wenn eine 28jährige Frau sagte, sie sei bis heute verbittert darüber, daß sie ihr musikalisches Talent unterdrückt hatte, weil ihre Schwester so gut Klavier spielen konnte?

Gerade weil in den Interviews so viele Konkurrenzgefühle deutlich geworden waren, war ich so überrascht von ihrer Verleugnung bei der Beantwortung der Fragebögen. Erst die genaue Durchsicht der Abschriften und Notizen ließ einen möglichen Grund für diese Diskrepanz erkennen:

Normalerweise hält man eben nicht sich *selbst* für den Auslöser von Rivalitäten. Wenn die Interviewpartner von Streit und Schwierigkeiten oder auch nur von Hänseleien und Schadenfreude sprachen, dann waren selten sie selbst, sondern immer nur die Geschwister konkurrenzbetont oder neidisch.

Vielen Menschen ist es peinlich, sich Konkurrenzgefühle einzugestehen oder zuzugeben, daß sie ihre persönlichen Leistungen oder finanziellen Verhältnisse mit anderen vergleichen, denn das bedeutet ja gleichzeitig, daß sie die anderen auch beneiden. Und wenn es sich bei diesen anderen um Geschwister handelt, die man doch eigentlich lieben und beschützen soll, schämt man sich noch mehr. Solche Vergleiche (verbunden mit der Eifersucht oder dem Groll, den sie oft beinhalten) scheinen eine Art Regelverletzung zu sein, ein Verrat der Erwachsenen an der idealisierten Geschwisterbindung, die seit der Kindheit aufgebaut worden ist. Deshalb gestehen sich viele Menschen ihre Rivalitätsgefühle nicht gerne ein; vielen sind sie nicht einmal bewußt, obwohl sie bei den Geschwistern sehr schnell erkannt werden.

Die Psychologen Helgola G. Ross und Joel I. Milgram haben in ihrer Untersuchung über Rivalität zwischen erwachsenen Geschwistern ähnliche Reaktionen aufgedeckt. An dieser Untersuchung nahmen 55 Personen teil, die in kleinen Gruppen einige Stunden lang über Rivalität diskutierten. Fast drei Viertel (71 Prozent) der Teilnehmer sagten, sie hätten Erfahrungen mit Geschwisterrivalität, aber nur wenige gaben zu, selbst mit ihren Geschwistern zu rivalisieren. Als aktive Rivalen wurden am häufigsten Brüder ausgemacht; an zweiter Stelle standen Schwestern und an letzter sie selbst.

Ross und Milgram haben weiter festgestellt, daß Geschwister untereinander selten über ihre Rivalitätsgefühle sprechen. Mit dem offenen Eingeständnis von Rivalität gibt man sich eine Blöße, es macht angreifbar, genauso wie das Eingeständnis der Sehnsucht nach den Geschwistern und nach ihrer Anerkennung. Ross und Milgram sehen im offenen Umgang mit Geschwisterrivalität auch »eine Bedrohung, eine Erfahrung, die gleichbedeutend mit dem Eingeständnis von Fehlanpassung sein kann«, weil die ursprüngliche Bindung zwischen Geschwistern so stark ist und so hohes Ansehen genießt.

Und dennoch existieren – wie meine Interviews gezeigt haben – neben dem Gefühl der engen Bindung Rivalitätsgefühle. Erwachsene drücken ihre Eifersucht und ihre Konkurrenzgefühle in der Regel (aber längst nicht immer) diskreter aus als Kinder, die viel Zeit miteinander verbringen und sich offen über ihre Differenzen streiten. Die Rivalitätsgefühle bleiben oft lange verborgen, wenn die Geschwister weit voneinander entfernt leben oder nicht allzuviel Kontakt zueinander haben, aber in Zeiten von Veränderung oder Krisen tauchen sie abrupt wieder auf, etwa bei Krankheit oder Tod der Eltern und bei der Verteilung des Erbes. Manchmal verlagern sie sich auch auf einen anderen Schauplatz, zum Beispiel, wenn Geschwister gemeinsam ein Geschäft führen und dann finanzielle Fragen zum Anlaß nehmen, um sich gegenseitig fertigzumachen. Rivalitäten können in Form von Frotzeleien oder freundschaftlichem sportlichem Wettbewerb, in erbitterten Auseinandersetzungen oder gar Diskriminierung und Demütigungen zum Ausdruck kommen.

Wie auch immer sie sich manifestiert, Geschwisterkonkurrenz im Erwachsenenalter hat ebenso wie die Geschwisterbindung ihren Ursprung fast immer in der Kindheit. Die Rivalität von Kindern entwickelt sich auf zwei parallelen Ebenen.

Auf der einen Ebene, der primitivsten und ursprünglichsten, rivalisieren Geschwister um die Liebe und Aufmerksamkeit der Eltern. Der Psychoanalytiker Peter B. Neubauer stellt dabei eine Verbindung zu der Wurzel des Wortes »Rivale« her: »Ein Rivale war ursprünglich jemand, der das Recht hatte, einen Wasserlauf mitzubenutzen. Es geht also um die frühgeschichtlichen Kämpfe der Stämme um das Recht auf Zugang zum Fluß: Wer Zugang zum Fluß hat, der kann Wasser holen, der überlebt, der hat einen Vorsprung. Psychoanalytisch betrachtet, symbolisiert der Fluß die Mutter, die die Grundbedürfnisse befriedigt; die Kinder rivalisieren um den Zugang zu ihr. Eltern sind für ein Kind in jeder Hinsicht Quelle der Nahrung; ohne sie müßte es physisch und psychisch verhungern. Die Rivalität von Geschwistern um die Eltern entsteht also, weil jedes Kind sich an diese Quelle klammert und sie – aus Angst, gar nichts mehr zu haben, wenn es einen Teil davon losläßt – ganz allein für sich haben will.

Die Rivalität um die Bestätigung und Zuneigung der Eltern nimmt im Erwachsenenalter eine andere Form an. Lange nachdem die Eltern alt geworden oder sogar gestorben sind, wetteifern ihre Kinder immer noch mit Worten und Werken um den Status des »besten Kindes«. Die Frau, die trotz aller Erschöpfung darauf besteht, ihre greise Mutter selbst zu pflegen, verkörpert diese endlose Rivalität: Sie ist die »gute Tochter«, im Unterschied zu ihrer Schwester, die als »schlechte Tochter« den Vorschlag gemacht hat, die Familie sollte (und könnte) für die Mutter eine Pflegerin einstellen.

Neben dem Kampf um die Anerkennung und Liebe der Eltern kreist die Geschwisterrivalität auf der anderen Ebene um das Machtverhältnis zwischen den Kindern. In Nachahmung der elterlichen Autorität und Macht, aber mit sehr viel rücksichtsloseren Mitteln, versuchen viele ältere Geschwister, ihren eigenen Machtanspruch durchzusetzen und ihre Vorrangstellung zu festigen. Dagegen wehren sich dann die jüngeren, wild entschlossen, selbst die Oberhand zu gewinnen. Unabhängig von ihrer Rangfolge in der Familie setzen Geschwister Drohungen, Spott und Schikanen ein, brüllen sich an, stellen die anderen bloß und prügeln sich, um ihre Position auszubauen und die anderen in Schach zu halten.

Bei Erwachsenen kann sich diese Rivalität auf subtilere, aber nicht weniger verletzende Weise zeigen. Unter Brüdern wirft dann zum Beispiel einer mit ungebetenen und fast immer unerwünschten Ratschlägen um sich und macht dadurch klar, daß die anderen ohne seinen Rat unmöglich zurechtkommen können. Unter Schwestern verweigert etwa die ältere jedes Lob und jede Bestätigung und nimmt weder die Leistungen noch die neue Frisur oder das neue Kleid der anderen zur Kenntnis.

Diese Machtkämpfe waren für einen großen Teil der Verletzungen und Frustrationen verantwortlich, die in den Interviews zum Ausdruck kamen. Das schlimmste dabei war für viele der Gesprächspartner, daß sie mit ihren Geschwistern über diesen Machtkampf nicht einmal reden konnten, weil jeder Vorwurf dem oder der anderen nur einen weiteren Vorteil verschaffen würde. Denn, wie ein Mann erklärte: »Wie stehe ich da, wenn ich meinem Bruder sage, daß mein größter Wunsch genau das ist, was er mir verweigert: seine Bewunderung, seine Bestätigung, seine Anerkennung als seinesgleichen?«

Diese beiden Ebenen von Rivalität um die Aufmerksamkeit der Eltern und Rivalität um die Macht im Geschwisterverhältnis sind untrennbar mit der Liebe und Loyalität der Geschwisterbindung verflochten, von der Kindheit bis ins Erwachsenenalter. Wenn man das nicht sehen will, kann man die Geschwisterbindung nicht begreifen und versperrt den Zugang zu einem echten Verständnis der eigenen Geschwisterbeziehungen – und der eigenen Person.

Natürlich haben die Eltern einen großen Einfluß auf die Geschwisterbeziehung, sowohl was die Qualität der Bindung als auch die dazugehörige Rivalität angeht. Die Einstellungen der Eltern zu ihren Geschwistern und die Art, wie sie miteinander und mit den Kindern umgehen, dienen den Kindern als Vorbild für den Umgang miteinander. Eltern können die Geschwisterbindung auch beeinträchtigen, wenn sie eins der Kinder vorziehen oder unzulässige Anforderungen an ein anderes stellen. Die Bevorzugung eines der Geschwister durch die Eltern war denn auch ein Thema, das bei den Interviews und bei der Fragebogenuntersuchung im Vordergrund stand. Auch in diesem Punkt haben mich die Ergebnisse der Umfrage verblüfft, aber diesmal wegen der unerwartet starken Reaktion auf Fragen zu diesem Komplex. Beeindruckende 84 Prozent aller Befragten, weit mehr als angenommen, gaben an, daß eins der Geschwister von Vater, Mutter oder beiden Eltern vorgezogen worden war, und nur 16 Prozent sagten, ihre Eltern hätten kein Kind vorgezogen.

Die Interviews stützten dieses Umfrageergebnis. So selten die Teilnehmer bereit waren, über ihre eigene Rivalität zu sprechen, so bereitwillig redeten sie über die Bevorzugung der Geschwister durch die Eltern. Das kann daran liegen, daß wir uns daran gewöhnt haben, nur die Rolle der Eltern zu betrachten. Möglicherweise fällt es aber auch leichter, das Verhalten der Eltern zu untersuchen, als das eigene Verhältnis zu Brüdern und Schwestern einer eingehenden Überprüfung zu unterziehen, weil die Geschwisterbeziehungen bislang selten so ernst genommen wurden, auch von Geschwistern selbst nicht.

Da die Eltern die Geschwisterbeziehung so stark beeinflussen, wird ihr Einfluß in diesem Buch immer wieder diskutiert. Im ersten Teil liegt der Schwerpunkt eher auf der geschlechtsspezifischen Bevorzugung, im zweiten eher auf den Auswirkungen der Bevorzugung und ihrer Umkehrung, der Sündenbockfunktion.

Aber das zentrale Thema dieses Buches ist die Geschwisterbeziehung selbst, und die einzelnen Abschnitte stellen jeweils eine bestimmte Thematik in den Mittelpunkt. Zunächst geht es um verschiedene Aspekte der Bindung: die Rollen, die Geschwister in ihrem Bemühen um Individualität übernehmen, der Einfluß der Geburtsfolge und des Geschlechts, die spezifischen Situationen von Stief- und Halbgeschwistern. Der zweite Teil beschäftigt sich mit Geschwisterbeziehungen unter dem Druck von familiären Gegebenheiten oder Ereignissen wie Behinderung, Krankheit und Tod oder Konflikte und Streitpunkte in der Familie, die Zwietracht auch unter den Geschwistern säen können. Der letzte Teil erforscht die vielen Schwankungen zwischen Nähe und Distanz und wieder Nähe, die Geschwister im Laufe ihres gemeinsamen Lebens erfahren.

Der Faden, der sich durch und alle Kapitel zieht, ob es um Rollen oder Bevorzugung, gut funktionierende oder gestörte Familien geht, ist die ständige Spannung zwischen der Stärke der Bindung, die von den Geschwister idealisiert wird, und der Stärke der Rivalität, die sie nur so schwer zugeben können. Das letzte Kapitel zieht Schlußfolgerungen und macht Vorschläge, wie man die Belastungen mildern und die Vielfalt und Intimität der Bindung genießen kann.

Der letzte Teil greift aber auch noch ein weiteres durchgängiges Motiv wieder auf, nämlich den Aspekt der Geschwisterbindung, der wohl am tiefsten verborgen und am wenigsten anerkannt ist: die unauslöschliche Prägung durch die Geschwistererfahrung, die sich auf alle Lebensbereiche erstreckt. Anhand der Schriften, Erinnerungen und Erkenntnisse von Familientherapeuten und Geschwistern wird untersucht, wie die Gefühlsmischung aus Liebe und Haß, Wärme und Ablehnung, die sich in der

Kindheit zwischen Geschwistern entwickelt hat, im Erwachsenenleben immer wieder neu aktiviert wird, in Liebesbeziehungen und in der Ehe, zu Hause und im Beruf, in Freundschaften und in der Familie.

Und natürlich bei meinem Temperamentsausbruch angesichts der Vorstellung, mein Mann könnte ein Buch schreiben.

TEIL I

Die Beziehung zu meinem Bruder ist eine lebenslängliche. Es kommt mir vor, als säßen wir für immer und ewig auf einer Wippe: Mal ist der eine oben, mal der andere, mal sind wir im Gleichgewicht, mal geht es wild hoch und runter. Diesem einen Menschen werde ich mein ganzes Leben lang gegenübersitzen.   *Peter, 34 Jahre*

Auf der Wippe

»Er ist der Ernsthafte, ich bin der Clown.«

---

1. Geschwisterrollen

Mark Platt ließ sich mit seiner Zustimmung zu einem Interview zwei Wochen Zeit. Bekannte von Freunden hatten mir von ihm erzählt und ihn als hochintelligenten, redegewandten Mann empfohlen, der ein sehr gutes Verhältnis zu seinem jüngeren Bruder Jerry habe. Als ich ihn anrief, meinte er, das sei ja ein spannendes Projekt, aber er wisse wirklich nicht, ob er der Richtige dafür sei. Er neige nicht zur Selbstanalyse. Er habe auch keinerlei Erfahrungen mit Psychoanalyse oder anderen Psychotherapieformen und behielte seine Gedanken und Gefühle in der Regel für sich. Er könne sich nur schwer vorstellen, daß seine Erfahrungen für mich interessant wären. Andererseits sei er jetzt 32 Jahre alt und sollte vielleicht mal etwas Neues probieren, seinen Horizont erweitern und gewisse Risiken eingehen. Aber auf jeden Fall müsse er erst ein paar Bücher von mir lesen, um zu sehen, ob er mir vertrauen könne. Danach werde er sich wieder melden.

Als er mich schließlich anrief und einen Termin vereinbarte, kam ich mir vor, als hätte ich eine Charakterprüfung bestanden. Aber trotzdem wollte er sich immer noch nicht mit seinem Bruder in Verbindung setzen oder mir erlauben, ihn wegen eines Interviews anzurufen. Das habe schließlich bis nach unserem Gespräch Zeit. Die Prüfung war also offenbar noch nicht abgeschlossen. Als ich ihm schließlich an einem verregneten Dienstagabend im Mai die Tür öffnete und ihn ins Wohnzimmer führte, sah ich dem Gespräch denn auch nicht gerade freudig entgegen.

Er war ein gutaussehender Mann, groß und schlank, mit leicht schütterem blondem Haar und einem verhaltenen Lächeln, das seine einschüchternde Art am Telefon Lügen strafte. Als ich ihm den Regenmantel abnahm, sagte er, ich solle ihn doch ins Badezimmer hängen, sonst würden die anderen Mäntel an der Garderobe auch noch feucht. Als Junggeselle hätte er gelernt, auf solche Sachen zu achten. Außerdem verdiene er als Chemiker in der Forschungsabteilung einer bekannten pharmazeutischen Firma zwar nicht schlecht, könne es sich aber nicht leisten, sein Geld für Kleidung zu verschwenden, und bemühe sich nach Kräften, seine Mäntel und Anzüge zu schonen.

Er lächelte etwas gezwungen und wirkte unbehaglich und ein wenig verwirrt, als er sich auf dem Sofa niederließ, so als wüßte er nicht genau, was er in meinem Wohnzimmer eigentlich sollte. Kerzengrade, mit steifem Rücken, Oberschenkel im rechten Winkel zum Oberkörper, Füße flach auf dem Boden, saß er da und begann:

»Als erstes muß ich Ihnen sagen, daß wir uns überhaupt nicht ähnlich sind, mein Bruder und ich.« Er sah mich fragend an, als ob er sagen wollte: »Habe ich was falsch gemacht? Hätte ich warten sollen, bis ich gefragt werde?«

»Sprechen Sie ruhig weiter«, sagte ich. »Inwieweit unterscheiden Sie sich voneinander?«

»In allem. Wir sehen ganz anders aus, verhalten uns anders, haben andere Interessen. Wenn Sie eine Beschreibung wollen, würde ich sagen, er ist extrovertiert und ich bin introvertiert. Wenn er in einer Krise ist, weiß das sofort die ganze Welt; ich behalte so etwas für mich. Er gibt gerne an, ich bin ungeheuer bescheiden.« Er wurde rot, als sei die bloße Erwähnung seiner Bescheidenheit bereits ein Zeichen für Unbescheidenheit. »Er schmückt aus und übertreibt«, faßte er zusammen, »und ich mache genau das Gegenteil.«

Wieder unterbrach er sich. »Vielleicht sind wir uns ja so unähnlich, daß wir für Ihr Buch gar nicht die richtigen Leute sind.« Er schien das zu bedauern. Nachdem er sich einmal zur Mitarbeit entschlossen hatte, war er enttäuscht bei dem Gedanken, daß er vielleicht nicht der Richtige dafür wäre.

»Aber ganz und gar nicht. Die Unterschiede zwischen Geschwistern sind für mich ganz besonders interessant«, beruhigte ich ihn.

Das war nicht nur aus Höflichkeit dahingesagt. Denn in den zahlreichen Interviews, die ich bereits gemacht hatte, war ich erstaunlich häufig von meinen Gesprächspartnern gewarnt worden, daß die Begegnung (wie in dem Film »Rashomon«, in dem nichts so ist, wie es aussieht) ein Schock wäre, weil sie sich überhaupt nicht ähnlich seien und so ganz verschiedene Ansichten über die Familie hätten. Daß so viele Geschwister so großen

Wert auf ihre Verschiedenheit legten, hatte mich sehr neugierig gemacht. Außerdem hatte ich mich vor dem Gespräch mit Mark mit Untersuchungsergebnissen aus der Verhaltensgenetik beschäftigt, die seit einigen Jahren die Unterschiede zwischen Geschwistern erforscht. Den Forschern geht es im wesentlichen darum, die genetischen Einflüsse auf die Persönlichkeit von den Umwelteinflüssen zu trennen, mit anderen Worten: um die alte und immer noch nicht gelöste Frage, ob Anlage oder Umwelt für die menschliche Entwicklung ausschlaggebend ist.

Die Verhaltensgenetiker sind in zahlreichen Studien über eineiige Zwillinge, deren Gene identisch sind, und adoptierte Geschwister, die in derselben häuslichen Umwelt aufwachsen, zu verblüffenden Ergebnissen gekommen, die zeigen, daß Charaktermerkmale, deren Entwicklung bis dahin ausschließlich Umweltbedingungen zugeschrieben wurden, eine genetische Grundlage haben. So hat zum Beispiel der Psychologe Thomas J. Bouchard Jr. von der Universität von Minnesota eine sehr interessante Untersuchung mit eineiigen Zwillingen durchgeführt, die getrennt aufgewachsen sind, also in verschiedenen Familien und an verschiedenen Orten. In Persönlichkeitstests und Fragebogenuntersuchungen wurde eine überraschende, ja fast schon unheimlich anmutende Ähnlichkeit im Temperament dieser Zwillinge deutlich, etwa in den Bereichen Reizbarkeit oder Ausgeglichenheit. Diese Ergebnisse lassen annehmen, daß solche Temperamentsmerkmale nicht so sehr durch die Umwelt geprägt werden, in der sie aufwachsen, sondern vor allem auf die Gene zurückgeführt werden müssen, die sie gemeinsam haben.

Für Geschwister, die keine eineiigen Zwillinge sind, bedeutet das, daß Unterschiede im Temperament und in der Veranlagung (»Er ist extrovertiert und ich bin introvertiert«, sagte Mark) zum Teil genauso von ererbten Faktoren abhängig sind wie die Unterschiede in der Haar- und Augenfarbe. (Jeder Mensch hat 23 Chromosomenpaare, die aus jeweils einem Chromosom der Mutter und einem Chromosom des Vaters bestehen. Bei Geschwistern liegt die Wahrscheinlichkeit, von beiden Eltern dieselben Chromosomen zu erben, bei ungefähr 50:50; im Durchschnitt haben sie bei etwa der Hälfte aller Merkmale dieselben Gene.)

Aber noch verblüffender als die Feststellung, daß genetische Faktoren bei den Unterschieden und Ähnlichkeiten von Geschwistern eine Rolle spielen, ist ein weiteres Ergebnis der verhaltensgenetischen Forschung: Die häusliche Umwelt von Geschwistern, die bislang als Grundlage ihrer Gemeinsamkeiten betrachtet wurde, macht sie im Gegenteil tendenziell *verschiedener*, zumindest was ihre Persönlichkeit angeht.

Geschwister entwickeln nach Auffassung mancher Verhaltensgenetiker so starke Persönlichkeitsunterschiede, daß sie bei zwei Brüdern, die ihre ganze Kindheit und Jugend miteinander verbracht haben, keine größere Ähnlichkeit erwarten als bei zwei zufällig ausgewählten Personen, die sich nie zuvor gesehen haben. Diese Behauptung ist meiner Meinung nach zwar stark übertrieben und wohl eher als Provokation gemeint, richtig ist aber, daß Geschwister ihre häusliche Umwelt *tatsächlich* verschieden erleben. Geschwister haben nie dieselben Eltern oder dieselbe Familie.

Die Unterschiede fangen schon bei den Eltern an. Viele Eltern sind beim ersten Kind angespannt und nervös, während sie mit dem zweiten ruhiger und entspannter umgehen können. Das Kind der nervösen Eltern lernt, sich allem Neuen vorsichtig und eher schüchtern zu nähern und möglichen Gefahren aus dem Weg zu gehen. Das Kind der entspannten Eltern kann seine Umwelt neugierig und mutig erforschen, weil es weiß, daß die Eltern seinem Urteil vertrauen. In den ersten Lebensjahren des ersten Kindes haben viele Eltern mit finanziellen Schwierigkeiten zu kämpfen und müssen oft viel und lange arbeiten, während sie für die später geborenen Kinder mehr Zeit haben. Das älteste Kind bekommt dann zum Beispiel einen gesunden Respekt vor Geld und harter Arbeit mit, während die jüngeren sich darauf verlassen, daß andere schon für sie sorgen werden, so wie es *ihre* Eltern getan haben.

Und es gibt noch viele weitere Unterschiede: Die Eltern des älteren Kindes waren zum Beispiel erst seit ein paar Jahren verheiratet und noch immer sehr verliebt ineinander, die Eltern der jüngeren Kinder sind vielleicht desillusioniert und kämpfen mit Eheproblemen. Ein Kind kommt in einer Zeit zur Welt, in der permissive Kindererziehung als der Weisheit letzter Schluß gilt, wird gefüttert, wann immer es Hunger hat, und ins Bett gebracht, wenn es müde ist; bei der Geburt seines Bruders dagegen gilt schon wieder das andere Extrem: fester Zeitplan, festgelegte Mahlzeiten und strikt geregelte Schlafenszeiten. Ein Kind mit angeborenem freundlichen und unkomplizierten Temperament macht seinen Eltern keinen Ärger, seine Schwester ist eigensinnig oder willensstark und ruft permanent Zorn und Mißbilligung hervor. Ein Kind wird vorgezogen, das andere muß zurückstehen.

Unabhängig von ihren Reaktionen und Erziehungsmethoden schaffen alle Eltern für jedes einzelne ihrer Kinder eine eigene Umwelt, die dann die Persönlichkeit und die Perspektiven der Kinder beeinflußt und formt.

Aber zur Persönlichkeitsbildung tragen auch die Geschwister bei, weil auch sie eine jeweils einmalige Umwelt füreinander schaffen. Wenn ein Kind durchsetzungsfähig und das andere eher passiv ist, ist das durchsetzungsfähige Kind mit seinen Drohungen und Forderungen, aber auch mit dem Schutz, den es bietet, Bestandteil der Umwelt des passiven Kindes und kann dadurch dessen Passivität und Abhängigkeit verstärken. Umge-

kehrt sind Geschwister, die bei der geringsten Kleinigkeit in Tränen ausbrechen, vor allem Neuen Angst haben und auf die Stärke des Bruders
oder der Schwester angewiesen sind, fester Bestandteil der Umwelt des
durchsetzungsfähigen Kindes und verstärken damit seine Durchsetzungs-
fähigkeit und seine Kraft.

Der Einfluß dieser Geschwisterwelten, dieses Mikrokosmos, den Geschwister füreinander schaffen und in dem sie miteinander leben, ist meist
genauso entscheidend wie der Einfluß des Elternverhaltens.

Wie stark dieser Einfluß sein kann, hat unter anderem eine Untersuchung
des Temperamentsmerkmals Schüchternheit ergeben, die eine Gruppe von
Psychologen an den Universitäten von Yale und Harvard durchgeführt hat.
Die Wissenschaftler haben festgestellt, daß die Neigung zur Schüchternheit
genauso erblich ist wie andere Temperamentsmerkmale. Ob sich diese
angeborene Neigung in Kindheit und Jugend aber durchsetzt, hängt zum
großen Teil von der häuslichen Umwelt ab, und hier vor allem vom Verhalten der Geschwister.

In der Untersuchung stellte sich heraus, daß die Kinder, die unmittelbar
nach der Geburt durch Lärm oder unerwartete Veränderungen besonders
stark erschreckt wurden, sich mit 21 Monaten mit höherer Wahrscheinlichkeit als andere an ihre Mütter klammerten und sich weigerten, mit
fremden Kindern zu spielen. Mit sieben Jahren zeigten manche dieser
Kinder keine Anzeichen von Schüchternheit mehr, während andere weiterhin schüchtern waren. Zwei Drittel der Kinder aus der zweiten Gruppe
hatten ältere Geschwister, von denen sie vermutlich schikaniert und gedemütigt worden waren. Die durch die Geschwister geschaffene Umwelt
hatte also bei diesen Kindern die angeborene Tendenz zu Schüchternheit
und Rückzug verstärkt.

In der Verhaltensgenetik werden die durch Eltern wie Geschwister bedingten Unterschiede innerhalb des häuslichen Rahmens als »nichtgemeinsame
Umwelt« (»nonshared environment«) bezeichnet. Diese Umwelt erklärt nach
Meinung der Wissenschaftler weitgehend, warum sich Geschwister, die in
einer Familie aufwachsen, so sehr voneinander unterscheiden.

Da Mark so entschieden jede Ähnlichkeit zu seinem Bruder Jerry abstritt,
schien er eine geeignete Person dafür zu sein, der Frage der Unterschiede
zwischen Geschwistern nachzugehen.

Wie Mark sagte, war der drei Jahre jüngere Jerry ein guter Jazz-Pianist, der
in Fachkreisen Aufmerksamkeit erregte. Außerdem war er ein begabter,
witziger Redner und deshalb ein gern gesehener Gast in Talkshows. »Er
liebt das und genießt jede Minute.« Mark, der aufrichtig stolz auf Jerrys
Erfolg war, war gleichzeitig, wie er sagte, auch aufrichtig froh darüber, daß
er Jerrys Leben nicht führen mußte.

»Wie Jerry lebt, immer im Licht der Öffentlichkeit, das ist nichts für mich«, meinte er. »Ich bin mit dem zufrieden, was und wer ich bin. Ein Freund hat mir neulich erzählt, daß sein Bruder Direktor der millionenschweren Familienfirma geworden sei. Dann hat er gesagt: ›Mir geht's wie Billy Carter. Es macht viel mehr Spaß, der Bruder des Präsidenten zu sein.‹ Und so geht es mir auch. Im Augenblick bin ich viel lieber der Bruder des Künstlers als der Künstler selbst.«

Ich merkte mir die Formulierung »im Augenblick« und fragte dann nach seiner Familie und seinem Hintergrund.

Die Brüder waren in der Vorstadt Manhasset aufgewachsen, ungefähr eine Autostunde von New York City entfernt, wo ihr Vater ein gutgehendes Steuerberatungsbüro hatte. Die Mutter, eine »typische Mami der fünfziger Jahre«, hatte sich ganz auf die Erziehung ihrer Söhne konzentriert, sie zu Pfadfindergruppen, Sportplätzen usw. chauffiert. Als er sieben war, bekam Mark dann Klavierunterricht. Bei den Klavierstunden war manchmal auch der damals vierjährige Jerry dabei und suchte sich kleine Melodien auf den Tasten zusammen. Als er dann selbst Unterricht bekam, entwickelte er sich im Nu zu einem begeisterten Klavierspieler.

Mark dagegen haßte das Klavierspiel, oder, um genau zu sein, er haßte das Üben.

»Ich habe es gehaßt«, sagte er im Brustton der Überzeugung. »Wissen Sie, wenn ich einen Bericht für meine Firma schreibe, dann kann ich stundenlang daran arbeiten. Ich feile daran und schreibe ihn um und bleibe bis in die Nacht hinein im Büro, weil ich will, daß er gut wird. Aber Klavierüben war für mich eine Tortur. Mein Bruder war da ganz anders. Er hat vielleicht nicht gerne geübt, aber er hat sich auch nicht so dagegen gewehrt wie ich. Er ist da hineingewachsen. Er konnte stundenlang am Klavier sitzen. Es war, als hätten seine Finger ein Eigenleben.« (Jerry sagte mir später: »Wenn es um mein Klavierspiel ging, kannte meine Mutter kein Erbarmen. Sie hat mich zum Üben gezwungen, hat einen richtigen Aufstand gemacht. Heute bin ich ihr dafür dankbar.«)

In der fünften Klasse schließlich hatte Mark seinen Eltern die Erlaubnis abgerungen, mit den Klavierstunden aufzuhören. Jerry hatte weiter Klavierunterricht, die ganze Schulzeit hindurch, und nahm selbst in den Sommerferien an Musikseminaren und -freizeiten teil. Später kam dann noch Tanz- und Gesangsunterricht dazu.

So wie Mark die Geschichte erzählte, schien klar, daß Jerry ein angeborenes musikalisches Talent besaß, das ihm fehlte. Marks Klavierstunden, so vermutete ich, hatten zu einer Atmosphäre geführt, in der sich Jerrys natürliche Begabung entfalten konnte. Jerrys Erfolg am Klavier hatte den Eltern bewiesen, daß Mark in dieser Hinsicht unbegabt war, weshalb sie ihm die

»Tortur« des Übens erspart hatten. Es mußten also sowohl genetische als auch Umweltunterschiede im Spiel sein.

Um diesen Gedankengang zu untermauern, fragte ich nach: »Sie waren also überhaupt nicht musikalisch?«

»Ach, ich würde nicht sagen, daß ich nicht musikalisch war«, kam es zu meiner Überraschung zurück. »Ich liebe Musik. Musik ist für mich ungeheuer wichtig. Im Studium habe ich angefangen, Cello zu spielen, und ich übe immer noch täglich. An Wochenenden spiele ich in einem kleinen Kammerorchester mit. Wir treten natürlich nicht öffentlich auf oder so. Für mich ist Musik einfach Liebhaberei. Mein Bruder Jerry ist Musiker geworden, ich wurde ein ernsthafter Musikliebhaber.« (Jerry sagte mir später, er sei sich ganz sicher, daß Mark seinen Entschluß, nicht mehr Klavier zu spielen, heute bereut. »Meine Mutter sagt, daß er ungeheuer begabt war. Aber sobald ich anfing zu spielen, war er nicht mal mehr in die Nähe der Tasten zu kriegen.«)

»Wie stehen Ihre Eltern zu Jerrys Karriere?«, fragte ich. Ich kannte genug Eltern, die ihre Kinder erst gedrängt hatten, ein Instrument zu spielen, und hinterher schockiert waren, wenn die Kinder daraus einen Beruf machten. »Haben sie seinen Berufswunsch gefördert, oder haben sie versucht, ihn davon abzubringen?«

»Davon abbringen?« Mark lachte laut auf. Er hatte sich entspannt und schien sich mittlerweile ganz wohl zu fühlen. »Meine Mutter wollte nichts lieber als ein Wunderkind. Sie fand es ganz toll, mit ihren Söhnen anzugeben. Ich habe mich geweigert, den Gefallen habe ich ihr nicht getan. Sehen Sie, ich bin ein ruhiger Mensch, und ich habe mich dagegen gewehrt, mich so auf die Bühne zerren zu lassen. Aber Jerry ist voll darauf abgefahren. Er hat die Aufmerksamkeit ungeheuer genossen. Er hat meiner Mutter genau das gegeben, was sie wollte.«

Aha. Die unterschiedlichen Temperamente der Brüder hatten zu unterschiedlichen Reaktionen auf den Ehrgeiz der Mutter geführt, so daß sie sich ihrerseits auch unterschiedlich zu ihnen verhalten hatte. Da sie Mark nicht dazu zwingen konnte, ihre Bühnenträume zu erfüllen, ließ sie ihn seinen Weg gehen und konzentrierte sich auf Jerry. Entsprechend gab der eine Sohn seinen Rückzugstendenzen nach, während es den anderen ins Rampenlicht zog.

Aber je offener Mark redete, desto stärker wurde mein Eindruck, daß die Unterschiede zwischen den Brüdern nicht nur auf genetische Zufälle oder ihre »nichtgemeinsame Umwelt« zurückzuführen waren. Ich witterte bei Marks Entscheidungen so etwas wie eine Absicht, einen Wunsch oder vielmehr ein *Bedürfnis*, sich von seinem jüngeren Bruder zu unterscheiden. Dieses Bedürfnis hatte ihn anscheinend dazu getrieben, sein natürliches

Temperament und seine Fähigkeiten in eine Richtung zu lenken, die ihn von Jerry unterschied, und sich den Fähigkeiten zu verschließen, die er mit ihm gemeinsam hatte. Und offenbar war dieses Bedürfnis stark genug, um ihn zur Rebellion gegen die Eigenschaften seiner Mutter zu treiben, auf die Jerry am stärksten reagierte.

»War künstlerische Leistung für Ihren Vater auch so wichtig?« fragte ich.

»Für meinen Vater hieß Leistung nichts anderes als gute Schulnoten bzw. ›die Brötchen verdienen‹, wie er das nannte. Das wurde meine Domäne. Jerry ist intelligent, aber er hatte nie Zeit zum Lernen. Er war viel zu sehr mit seinen Konzerten und Theateraufführungen beschäftigt. Außerdem hat ihm mein Vater mich und meine guten Noten immer als leuchtendes Beispiel vorgehalten, und das fand er gar nicht gut.«

Aus Widerstand gegen den Vater entwickelte sich Jerry zum Klassenclown, vernachlässigte seine Schulaufgaben und war bis in die Nacht hinein mit seinen Freunden von der Theater-AG zusammen. Je schlechter seine Noten, desto mehr Druck machte der Vater. So unterschiedlich die Mutter ihre Söhne in puncto Klavierüben behandelte, so unterschiedlich behandelte der Vater sie in puncto Schulleistungen: Jerry gegenüber verhielt er sich als wütender Zuchtmeister, Mark dagegen bewunderte er. In gewissem Sinne spielte er sie gegeneinander aus, was letztlich die schlechten Leistungen des einen genauso wie die guten Leistungen des anderen verstärkte.

»Jerry und mein Vater hatten furchtbare Kräche«, erinnerte sich Mark. »Ich überhaupt nicht. In dieser Hinsicht war ich der brave Junge. Ich habe getan, was von mir verlangt wurde, weil ich keine Lust hatte, die Konsequenzen der Verweigerung zu tragen.«

Wieder dachte ich an die verhaltensgenetischen Theorien, mit denen ich mich beschäftigt hatte, und sagte: »Das klingt aber so, als wären Sie von Natur aus intelligenter gewesen als Jerry. Vielleicht waren ja gute Noten für Sie deshalb ganz normal.«

»Kann sein«, antwortete Mark und betrachtete angestrengt seine Schuhspitzen, »aber er ist sehr intelligent, hochintelligent sogar, selbst wenn es auf den ersten Blick nicht so aussieht. Ich sage Ihnen jetzt was, was ich bisher kaum jemandem erzählt habe. Als ich in der Grundschule war, wurde eine spezielle Klasse für hochbegabte Kinder eingerichtet, und meine Eltern fanden es eigentlich selbstverständlich, daß ich in diese Klasse käme. Aber ich bin da nicht reingekommen, ich bin in der normalen Klasse geblieben. Jerry wurde drei Jahre später, als er an der Reihe war, in diese Klasse aufgenommen. Ich glaube, ich habe damals noch nicht so richtig begriffen, wie schlimm das für mich war, aber es war ungeheuer wichtig für mich, ein guter Schüler und Student zu sein.«

In seiner Stimme schwangen mehr Emotionen mit, als man bei einem so lange zurückliegenden Ereignis hätte erwarten können. So leise, daß ich ihn kaum verstehen konnte, fuhr er fort: »Aber um Ihre Frage zu beantworten, mein Bruder war wahrscheinlich genauso intelligent wie ich, vielleicht sogar intelligenter. Er hat sich einfach für einen anderen Weg entschieden.«

Immer wieder kam Mark auf sein Anfangsthema, die Unterschiede zu seinem Bruder, zurück, und jedesmal führte er es etwas deutlicher aus, wie ein Maler, der seinen Entwurf mit Farbe ausfüllt. Er sprach mit großer Zuneigung von Jerry, der »phantastisch, ein außergewöhnlicher Mensch« sei, und betonte die gute Freundschaft, die sie nach dem Studium aufgebaut hatten, als beide ihren eigenen Weg gefunden hatten. Dennoch hielt er Jerry auch für »unreif - charmant und unreif«, und sah es als seine Aufgabe an, für »Stabilität« zu sorgen und den Bruder wieder auf den Boden der Tatsachen zurückzuholen, wenn er durch die Absage eines Auftritts in tiefste Verzweiflung versank oder sich nach einer Zusage euphorischen Höhenflügen hingab.

Ein permanentes Beispiel für Jerrys Unreife war seine Einstellung zu Frauen. »Garderoben-Affären«, sagte Mark. »Ihm geht es um die Eroberung, rein zahlenmäßig. Er hat eine Art Torjäger-Mentalität, und das lehne ich wirklich ab.«

Es war nur logisch, daß der Frauentyp, den die Brüder bevorzugten, so verschieden war wie sie selbst. Jerry mochte Frauen, die sich wie seine Mutter um alles kümmerten, bis hin zur Auswahl seiner Kleidung. Mark dagegen haßte es, wenn jemand seine Unabhängigkeit in Frage stellte. Und er meinte auch, daß für Jerry, der sich am liebsten mit Mannequins umgab, die Frauen, die er, Mark, bevorzugte, also »Rechtsanwältinnen, Intellektuelle, sehr dynamische Frauen«, ungefähr so attraktiv wären wie »Marsmenschen«.

»Wie ist das für Sie, wenn Sie Jerry auf der Bühne oder im Fernsehen sehen?«, fragte ich gegen Ende des Interviews. »Sind Sie dann neidisch?«

Das hätte ich zu Beginn des Gesprächs nicht zu fragen gewagt, aber Mark war jetzt sehr viel offener. Er hatte sein Jackett ausgezogen, seine Krawatte gelockert und es sich mit ausgestreckten Beinen und den Armen auf der Rückenlehne des Sofas bequem gemacht. Anscheinend sprach er jetzt doch ganz gerne über sich.

Er vermied eine direkte Antwort und begann: »Vor Jahren, als wir noch Schuljungen waren, machte es mich wahnsinnig, wenn er die Hauptrolle in einem Theaterstück spielte. Aber damals waren dieselben Sachen für uns wichtig.« Er machte eine Pause. »Ich glaube, ich habe Ihnen noch nicht erzählt, daß ich auch beim Schultheater mitgemacht habe. Ich glaube, wir haben beide einen Hang zur Bühne gehabt.«

Ich mußte lachen. Es hatte lange gedauert, bis er es geschafft hatte, endlich seine eigene Lust am Auftritt zu erwähnen.

Er lächelte zurück. »Wissen Sie«, sagte er ein wenig schüchtern, »wenn ich dem Vertrieb meiner Firma ein neues Produkt vorstelle, das wir entwickelt haben – die Firma macht ein großes Theater um neue Produkte, und solche Einführungsveranstaltungen sind eine großartig inszenierte Angelegenheit –, dann werde ich echt euphorisch. Es ist phantastisch, und ich mache das wahnsinnig gerne. Es ist wie auf der Bühne.«

Er hielt inne, weil er merkte, daß er vom Thema abgekommen war. »Ob ich neidisch bin? Nein. Zu Anfang war es schwer zu akzeptieren. Ich war verwirrt. Vieles von dem, was ihn reizt, reizt mich auch. Aber letztlich lohnt es sich nicht. Ich habe schon vor langer Zeit beschlossen, daß ich kein Interesse an dieser Art der Selbstdarstellung habe. Warum will man auf die Bühne? Ich sehe das bei seinen Freunden: zum Teil ist es der Wunsch, etwas auszudrücken, das man in sich hat, aber die andere Seite ist materialistisch, da geht es um Reichtum und Ruhm. Mir geht es bei der Arbeit mehr um die Befriedigung.«

Er schwieg nachdenklich. Vielleicht dachte er darüber nach, ob er auf der hohen Warte seiner moralischen Überlegenheit tatsächlich die Befriedigung fand, die er dort suchte.

Mit seiner letzten Bemerkung kam er wieder zum Ausgangspunkt zurück: »Wir sind einfach zwei verschiedene Menschen und haben zwei verschiedene Lebensstile.«

Beim Abschied gab er mir zu meiner Freude Jerrys Telefonnummer und meinte, ich sollte ihn bald anrufen, weil er kurz vor einer Tournee stünde.

Ich dachte lange über Marks immer wiederkehrende Betonung der Unterschiede und die Theorien der Verhaltensgenetik nach. Aus seinem Bericht konnte man einerseits schließen, daß es zwischen ihm und Jerry angeborene Temperaments- und Interessensunterschiede gab und daß sie ihre häusliche Umwelt unterschiedlich wahrgenommen hatten. Andererseits hatten sie aber bewußt oder unbewußt offenbar auch viele ihrer angeborenen Ähnlichkeiten beiseite geschoben und in praktisch allen Lebensbereichen, vom Beruf über die Musik und die Schulleistungen bis zu Frauen, entgegengesetzte Standpunkte eingenommen. Bei aller Bedeutung der verhaltensgenetischen Forschungsergebnisse und Theorien fehlt ihnen ein Element, das für das Verständnis der Unterschiede zwischen Geschwistern ausschlaggebend ist: Das Bedürfnis von Brüdern und Schwester, anders zu *sein*, sich vom anderen zu unterscheiden und eine eigenständige Identität zu etablieren.

Über den Prozeß, in dem sich Kinder zunächst mit ihren Eltern identifizieren und schließlich eine eigene, unabhängige Identität entwickeln, gibt es zahllose Bücher. Dieser Prozeß beginnt mit ungefähr 5 Monaten, wenn ein Säugling entdeckt, daß er als eigenständiges Wesen unabhängig von seinen Eltern existiert. Von diesem Augenblick an sind wir alle bis ins Erwachsenenleben hinein unaufhörlich mit der Aufgabe beschäftigt, einerseits die personale Getrenntheit von den Eltern zu bewahren und andererseits viele ihrer Einstellungen und Werte zu übernehmen.

Der Einfluß der Geschwister auf die Identitätsbildung dagegen ist in der Literatur bislang kaum beachtet worden, obwohl es sich auch hier um einen komplexen und schwierigen Prozeß handelt. Durch den geringen Altersunterschied und die gemeinsame Zugehörigkeit zu einer anderen Generation als die Eltern können sich Geschwister leicht miteinander identifizieren, sich aneinander orientieren, sich gegenseitig kopieren und sich ineinander spiegeln. Sie haben neben der Entwicklungsaufgabe der Ablösung von den Eltern noch eine parallele, eigenständige Aufgabe: Sie müssen eine Identität entwickeln, die sich von der ihrer Brüder oder Schwestern unterscheidet und gleichzeitig stabil genug ist, um die Bindung ohne störende Neidgefühle oder Sehnsucht nach der Identität der Geschwister aufrechterhalten zu können. Auch diese Aufgabe beginnt früh und erstreckt sich bis ins Erwachsenenalter.

Viele Geschwister finden ihre Identität, indem sie ihre gegenseitigen Unterschiede in den Vordergrund rücken. Sie ziehen damit klare Grenzen: »Ich bin hier, und du bist dort, und deshalb brauchen wir uns nicht in die Quere zu kommen.« Gleichzeitig lassen sich so auch Neid und Rivalität in Grenzen halten.

Die theoretischen Überlegungen von Frances Fuchs Schachter und Richard K. Stone geben Aufschluß darüber, wie Geschwister ihre Rivalitäten in Grenzen halten, indem sie ihre jeweiligen Unterschiede betonen und eigenständige Identitäten entwickeln.

Neugierig gemacht durch die ständigen Beteuerungen ihrer Studentinnen und Studenten, daß sie keinerlei Ähnlichkeit mit ihren Geschwistern hätten, und durch Gespräche mit Eltern, die immer wieder sagten, ihre Kinder seien »so verschieden wie Tag und Nacht«, starteten sie eine Umfrage und fragten zunächst Studenten aus Zwei-Kind-Familien nach Ähnlichkeiten und Unterschieden zwischen ihrer Persönlichkeit und der ihres Bruders oder ihrer Schwester. Bei der Auswertung zeigte sich, daß die Zahl der Studenten und Studentinnen, die keine Ähnlichkeit zu Bruder oder Schwester sahen, fast doppelt so hoch war wie die Zahl derjenigen, die nach eigener Aussage Bruder oder Schwester ähnlich waren. Anschließend wurden dann Geschwister aus Drei-Kind-Familien mit umfangreicheren Tests untersucht. Dabei stellte sich heraus, daß Erst- und Zweitgeborene (vor allem, wenn sie dasselbe Geschlecht hatten), ihre Unterschiedlichkeit sehr viel häufiger betonten als Erst- und Drittgeborene oder Zweit- und Drittgeborene.

Aus diesen Ergebnissen leiteten Schachter und Stone die Hypothese ab, daß die Geschwister, bei denen die Tendenz zu sozialen Vergleichen und entsprechend auch zu Rivalität am größten ist, tendenziell auch das stärkste Bedürfnis haben, bei der Selbstdefinition jede Ähnlichkeit zu bestreiten. Zu dieser Gruppe gehören Geschwister aus Zwei-Kind-Familien, die beiden ältesten Kinder in größeren Familien (die sich vergleichen und miteinander konkurrieren, bevor ein drittes Kind die Pufferfunktion übernehmen kann) und gleichgeschlechtliche Geschwister, da sie mehr gemeinsame Eigenschaften und Interessen haben als Brüder und Schwestern. Auf der Basis sozialpsychologischer Konzepte entwickelten sie ein Erklärungsmodell für den Zusammenhang zwischen der Entwicklung eigenständiger, entgegengesetzter Interessenssphären und der Verringerung von Vergleich und Konkurrenz.

Die sozialpsychologische Theorie lehrt, daß der Mensch seine Identität vor allem durch Vergleiche mit anderen Menschen definiert. Aber so notwendig diese Vergleiche auch sind, so schmerzhaft und schwer können sie sein, wenn sie deutlich machen, daß jemand anderes klüger, hübscher, erfolgreicher oder sportlicher ist als man selbst. Schmerz und Verletzung lassen sich herabsetzen, wenn man sich selbst und anderen beweisen kann, wie anders man ist als diese klügeren, hübscheren, erfolgreicheren Menschen. Bewiesen wurde zum Beispiel, daß Männer, die von ihrer Freundin oder Frau wegen eines anderen Mannes verlassen oder verschmäht wurden, dann weniger wütend und verletzt waren, wenn sie zwischen sich und dem anderen Mann keinerlei Ähnlichkeit herstellen konnten. Sie argumentierten: »Mit mir hat das gar nichts zu tun, sie wollte einfach jemand ganz anderen.«

Entsprechend empfinden auch Geschwister weniger Eifersucht und Konkurrenzdruck, wenn sie sich selbst als Gegensätze sehen und auch nach außen so präsentieren. Als Mark und Jerry noch jünger waren und »dieselben Sachen«, also Klavierspielen und Theater, wichtig fanden, machte es Mark »wahnsinnig«, wenn Jerry eine Hauptrolle spielte. Sobald er eine eigene Richtung für sich bestimmt und seine Identität als zurückgezogener Mensch ohne jedes Interesse an öffentlichen Auftritten stabilisiert hatte (»Ich bin lieber der Bruder eines Künstlers«), konnte er auf Jerry stolz sein. Aber kann die Betonung der Unterschiede wirklich sämtliche Geschwisterrivalitäten aufheben? Wohl kaum, denn da die Betonung der Unterschiede zum Teil ja gerade eine Reaktion auf die Rivalitäten ist, kommen die Konturen dieser Rivalität mit Sicherheit immer wieder durch. Aber die

Verteilung der Bereiche und die klaren Grenzziehungen können Eifersucht und Konkurrenz wenigstens mildern. (Schachter und Stone vertreten unter der Überschrift »Der Kain-Komplex« die These, daß Geschwister ihre mörderischsten Wünsche zumindest steuern können, indem sie ihre Unterschiede betonen.)

Durch das Beharren auf den Unterschieden wird aber paradoxerweise die Rivalität nicht nur kontrolliert, sondern kann auch auf akzeptable Weise ausgedrückt werden. Verbarrikadiert hinter den schützenden Grenzen der jeweils eigenen Domäne können die Geschwister im vollen Bewußtsein der Überlegenheit ihrer individuellen Entscheidung die Entscheidungen der anderen respektieren und ernstnehmen. So gesehen, bekommen sie durch das Gefühl, sich nicht ähnlich zu sein, zum Teil die Befriedigung der Konkurrenz, ohne daß die wirklich bedrohlichen Vergleiche und Konflikte freigesetzt werden. Weil Mark sich gegen das Künstlerleben entschieden hat, kann er Jerrys Leistungen bewundern, gleichzeitig aber auch insgeheim auf die »materialistischen« Motive seines Bruders und dessen Freunde herabsehen, weil er ja schließlich weiß, daß nur seine Entscheidung, also harte Arbeit, echte Befriedigung bringen kann.

Schachter und Stone haben ihrer Theorie des Unterschieds den etwas komplizierten Namen »De-Identifizierung« gegeben, was nichts anderes bedeutet als sich nicht zu identifizieren. Ich persönlich ziehe den Begriff der »Rollenübernahme« vor. Die Geschwister übernehmen eigenständige Rollen in der Familie, über die sie sich definieren und differenzieren und einen Teil ihrer Rivalität beiseite schieben.

Für Jerry waren die Rollen, die Mark und er gewählt hatten, völlig eindeutig. »Als wir auf die High-school kamen«, sagte er bei unserem Telefongespräch, »wurde er der Ernsthafte und ich der Clown. Er war das Genie, ich der Playboy. Und so ist das immer noch.« Und dann fügte er hinzu: »Wollen Sie mich wirklich interviewen?«

Oh ja.

Wir verabredeten ein Treffen unmittelbar vor Beginn seiner Tournee. Als ich ihn begrüßte, fiel mir auf, daß er durchaus Ähnlichkeit mit Mark hatte, auch wenn er sie hinter langen Haaren, buschigem Schnurrbart und herzlichen, offenen Manieren versteckte. Jerry räkelte sich auf der Couch, auf der Mark zunächst so ernst und gerade gesessen hatte, zog fast sofort seine Schuhe aus (»Wer hat Schuhe bloß erfunden?«) und krempelte die Hemdsärmel hoch.

»Was kann ich Ihnen noch erzählen, was Sie nicht schon von Mark wissen?« fragte er und zwinkerte mir zu. »Ich habe Ihnen schon am Telefon gesagt, daß Mark ein Genie ist. Ich bewundere ihn wirklich. Er ist mein

Idol, und das ist er auch immer gewesen. Aber er ist so bescheiden. Wußten Sie, daß er in seiner Firma ein Forschungslabor leitet? Er ist einer ihrer wichtigsten und bestbezahlten Mitarbeiter.« (Das wußte ich nicht; Mark hatte mir das nicht gesagt, sondern viel über Sparsamkeit gesprochen.)

»Weshalb sind Sie Musiker geworden?« fragte ich, weil ich seine Version hören wollte.

Wie Mark beschrieb auch er die ersten Klavierstunden und die Auseinandersetzungen um das Üben. Anders als Mark aber hatte er keine Einwände dagegen, daß seine Mutter ihn so unerbittlich zum Üben gezwungen hatte. Was Mark bei seiner Mutter als übertriebenen Ehrgeiz angeprangert hatte, wurde in Jerrys Version zur »liebevollen Ermutigung«, trotz all des »Geschreis«, das damit verbunden war. Die Beharrlichkeit seiner Mutter hatte ihm das Gefühl gegeben, wirklich begabt zu sein, und er hatte ihr immer wieder versichert, wie dankbar er ihr dafür sei und daß sie seinen heutigen Erfolg erst ermöglicht habe.

Die Leichtigkeit, mit der Jerry seine Mutter akzeptieren konnte, und die Offenheit, mit der er über seine Leistungen sprach, stand in scharfem Gegensatz zu der Zurückhaltung, mit der Mark sein Leben beschrieben hatte. Dabei war gewiß auch ein gelasseneres Temperament im Spiel, aber ich wurde mir immer sicherer, daß auch der Entschluß mitspielte, sich aus dem Schatten des Bruders zu lösen.

Jerry rückte denn auch mit noch größerer Entschiedenheit als Mark die Gegensätze der Brüder in den Vordergrund und beschönigte alle eventuellen Ähnlichkeiten. Zwei Motive zogen sich durch das Gespräch: Konkurrenz und Marks Brillanz.

Das Konkurrenzmotiv war im wesentlich von Verleugnung gekennzeichnet. »Es gab keine Konkurrenz zwischen uns«, sagte er wieder und wieder, und jedesmal schränkte er gleich darauf seine Behauptung wieder ein.

»Es gab keine Konkurrenz zwischen uns«, sagte er gleich zu Beginn des Interviews. »Klar, wir haben uns als Kinder gestritten; einmal hat er mir dabei sogar die Hand auf den Boden geschmettert und einen Fingernagel abgerissen, so daß ich eine Woche lang nicht Klavier spielen konnte, aber das war kindlicher Unfug. Wie ich schon sagte, sobald wir in die High-school kamen, wurde er der Ernsthafte. Ich war immer der Clown, der Kleine. Ich hätte gar nicht mit ihm konkurrieren können.«

Und ein wenig später: »Es gab keine Konkurrenz zwischen uns. Wahrscheinlich wollte ich, daß mein Vater sich mehr um mich kümmerte als um ihn. Und beim Baseball wollte ich auch immer gewinnen. Ich konnte auch besser Tennisspielen. Aber es gab keine Konkurrenz zwischen uns. Mark hätte auch gar keinen Gedanken daran verschwendet. Er hatte Aristoteles im Kopf und so was.«

»Ich habe oft Konkurrenzgefühle«, gab er nach einiger Zeit zu. »Selbst gegenüber Freundinnen. Es gab mal einen musikalischen Konkurrenzkampf mit einem Mädchen, mit dem ich als Schüler gegangen bin. Aber nie mit meinem Bruder. Ich habe *nicht* mit ihm konkurriert«, betonte er noch einmal, obwohl ich ihm keineswegs widersprochen hatte. »Mark ist so klug. Er ist mein Idol.«

Neben dem Motiv der nicht vorhandenen Konkurrenz war das Motiv von Marks Intelligenz und Brillanz so unüberhörbar, daß ich Jerry fragte, ob es nicht schwer für ihn gewesen sei in der Schule mit einem so intelligenten Bruder verglichen zu werden. Daraufhin erzählte auch er seine Version von der Hochbegabtenklasse, in die Mark nicht aufgenommen worden war. Das Aufnahmekriterium für diese Klasse war der Intelligenz-Quotient (Mark hatte das nicht erwähnt). Mark war »am Boden zerstört« gewesen, als Jerry in die Hochbegabten-Klasse kam (auch das hatte Mark nicht erwähnt und nur zugegeben, daß er damals das Ausmaß seiner Verletzung nicht erkannt hätte), und das hatte Jerry belastet. Trotzdem war er damals wie heute stolz auf die Ehre, so stolz, daß er es mindestens zweimal ins Gespräch einfließen ließ.

Anscheinend wollte er mir beweisen, daß er im intellektuellen Bereich keinesfalls eine Niete war. Sobald ihm das gelungen war, nahm er beruhigt seinen Refrain über Marks wissenschaftliche Leistungen wieder auf und stellte seinen Bruder als fast übermenschliches Wesen dar.

»Er hat viel gelesen, ich nie... Ich war gut in Mathe, er war besser; ich war ganz gut in Naturwissenschaften, er war genial. Ich schiebe immer alles auf die lange Bank, er erledigt alles pünktlich und genau... Er ist einfach äußerst intelligent...«

Trotz Jerrys Beteuerung, Konkurrenz sei Mark und ihm absolut fremd, ließ er ab und zu unbeabsichtigt Andeutungen fallen, die eher für das Gegenteil sprachen. »Ich glaube, Mark wollte im Grunde das gesellschaftliche Leben führen, das ich führe«, sagte er einmal. »Ich bin mit sehr viel mehr Frauen ausgegangen als er, und es waren immer sehr schöne Frauen. Er hat wenig Freundinnen gehabt, mit langen Abständen dazwischen. ... Er hat nicht so viel herumgeschlafen wie ich, aber ich glaube, er hätte es gern getan.«

Dann wieder erzählte er, daß Mark sich mit seinem besten Freund angefreundet hatte, und gab zu: »Ich war eifersüchtig. Vor allem, als ich erfuhr, daß sie gemeinsam ausgingen, ihre Freundinnen mitnahmen und Sachen machten, von denen ich nichts wußte.«

Aber solche verräterischen Äußerungen waren selten und relativ unbedeutend. Die meiste Zeit bemühte sich Jerry sehr, sich als vollkommenen Verehrer eines vollkommenen Bruders zu präsentieren. Und seine Bewunderung für den Bruder war echt, auch wenn die Rivalität und Eifersucht zwischen ihnen trotz all seiner Bemühungen, sie zu leugnen, deutlich zu spüren war. Getreu dem Konzept des sozialpsychologischen Vergleichs hielt Jerry seinen Neid unter Kontrolle, indem er Mark und dessen Brillanz auf ein so hohes Podest stellte, daß offene Konkurrenz sinnlos wurde. Insgeheim verglich er sich zwar auch mit Mark und fand Genugtuung darin, daß er ihn auf intellektuellem Gebiet früher einmal geschlagen hatte. Aber nachdem er seinem Bruder diesen Bereich überlassen hatte, wurden Konkurrenz und Konflikte weitgehend überflüssig. Jerry hatte genau wie Mark schon früh seinen eigenen Stil, seine eigene Rolle innerhalb und außerhalb der Familie festgelegt. Diese Rollen spielten auf ganz verschiedenen Bühnen, und beide kamen sich nicht ins Gehege.

Die Rollen, die sich Mark und Jerry gewählt haben, mögen ihre Grundlage in verschiedenen Temperamenten und der nichtgemeinsamen Umwelt haben. Aber sie sind auch Ausdruck ihres Bedürfnisses, sich voneinander zu unterscheiden, eine eigene Identität und einen eigenen Raum zu besitzen.
Wie Mark und Jerry Platt übernehmen viele Geschwister Rollen, um die Unterschiede festzuschreiben, die eine eigenständige Identität garantieren. In der Regel nehmen diese Rollen und die Unterschiede, für die sie stehen, mit Beginn des Schulalters Gestalt an und werden oft das ganze Leben lang beibehalten. In großen Familien steht Geschwistern meist ein vorgefertigtes Rollenrepertoire zur Verfügung. Eins der Kinder (meist das älteste) übernimmt etwa die Rolle des Verantwortlichen, ein anderes die des Beliebten, ein drittes die des Fleißigen und ein viertes die des Träumers. Manche Kinder übernehmen auch die Rolle des Wilden oder des »Verrückten«, die sich Aufmerksamkeit verschaffen, indem sie der ganzen Familie Sorgen machen. (Eine junge Frau, die eine schwere Magersucht hinter sich hatte, erklärte: »In meiner Familie sind alle intelligent und leistungsorientiert, und deshalb mußte ich mir etwas anderes suchen. Also wurde ich magersüchtig.«) Die Soziologen James Bossard und Eleanor Boll, die eine Untersuchung mit 100 großen Familien durchgeführt haben, haben festgestellt, daß sobald eine Rolle besetzt ist, das nächste Kind den Platz besetzt, der noch frei ist, und sich dadurch seinen Teil an Anerkennung sichert.
In kleineren Familien gibt es mehr Vergleichsmöglichkeiten für die Geschwister und damit auch eine intensivere Konkurrenz, so daß die Rollen hier meist polarisierter sind und auf klar definierten Gegensätzen aufbauen: der Ernsthafte und der Clown, der Ritter und der Narr, Schneeweißchen und Rosenrot. Ich habe mit einem Studenten gesprochen, der an der Uni als versponnenes Genie bekannt war und sich völlig in das

Studium klassischer Vorlagen für mittelalterliche Dichtungen vertiefte, während seine Schwester als Partybiene über den Campus kasperte und nie ein Buch in die Hand nahm. In dem Shakespeare-Stück »Der Widerspenstigen Zähmung« ist Bianca sanft und lieblich, der Augapfel des Vaters, und wird von Bewunderern umschwärmt, während ihre Schwester Kate temperamentvoll, wütend, stur und unabhängig ist. Neulich fand ich einen Zeitungsartikel über einen Senator aus Boston, der in politischen Kreisen als sehr mächtig und einflußreich gilt. Sein Bruder ist ebenfalls ein mächtiger Mann geworden, allerdings auf der anderen Seite des Gesetzes: er zieht die Fäden im Drogenhandel und bei anderen kriminellen Aktivitäten der Stadt.

Und ich bin Schriftstellerin, und mein Bruder ist Geschäftsmann. Das hat für uns beide Konsequenzen, die über den Beruf hinausgehen und die gesamte Person, die gesamte Identität betreffen. Meine Freunde sind Autoren und Künstler, seine Bankiers und Börsenmakler. Ich habe Literatur und Kunstgeschichte studiert, er Wirtschaftswissenschaften und Jura. Ich gehe sorglos mit Geld um und habe nicht das geringste Interesse an finanzieller oder politischer Macht. Er ist pedantisch in Geldangelegenheiten und fasziniert von Machtpolitik. Wenn ich gefragt werde, welche Einstellungen der Eltern mich in meiner Kindheit und Jugend am stärksten geprägt haben, fällt mir als erstes ein, daß meine Eltern viel Wert auf Religion und Pädagogik, Kultur und soziales Engagement gelegt haben. Er dagegen erinnert sich sofort an ihr Bemühen um finanzielle Absicherung und ihre Lektionen in Sparsamkeit.

Wir haben uns unterschiedliche Wege gesucht, die zwar auch durch die genetische Ausstattung und die unterschiedliche Erfahrung als Junge und als Mädchen in einem konservativen Haushalt bestimmt wurden, aber genauso stark durch das Bedürfnis, im Geschwisterverhältnis eigene Identitäten zu entwickeln.

Die Rollenübernahme, wie sie mein Bruder und ich, Mark und Jerry und viele andere Geschwister praktizieren, ermöglicht die Entwicklung einer eigenständigen Identität und eines individuellen Selbstbildes. Gleichzeitig entschärft sie die Konkurrenz und versüßt den Vergleich, weil die verschiedenen Rollen ihr je eigenes Terrain mit eigenen Erfolgsmöglichkeiten mit sich bringen.

Lange bevor Geschwister mit ihrer wechselseitigen Bestandsaufnahme beginnen, haben die Eltern bereits angefangen zu vergleichen: das älteste Kind hat nie Probleme gemacht, das zweite ist schwieriger. Das zweite Kind ist still und ruhig, das erste war zappelig und aktiv. Natürlich wird in jedem Elternratgeber ausdrücklich vor solchen Vergleichen gewarnt und dringend darauf hingewiesen, daß man jedes Kind individuell wahrnehmen muß, aber die meisten Eltern können solchen Empfehlungen kaum folgen. Schließlich haben sie alles, was sie konkret über Eß- und Schlafgewohnheiten, Kindergarten oder Universität wissen, vom ersten Kind gelernt, und dieses Wissen wird zum Maßstab für die Beurteilung der Entwicklung des anderen.

Problematisch werden die Vergleiche dann, wenn sie die Kinder festlegen und abstempeln. Der schwierige Säugling bleibt dann das schwierige, der ruhige Säugling das langsame Kind. Solche Festlegungen aus der frühen Kindheit werden Teil des inneren Bildes, das Kinder von sich entwickeln, und später dann Teil der Rollen im Geschwisterverhältnis und in der Außenwelt.

In vielen Fällen geschieht diese Festlegung der Kinder in bester Absicht, genau wie die Betonung der Unterschiede von Geschwistern. Sie soll die Stärken des einzelnen Kindes unterstreichen und Rivalitäten und Eifersucht in Grenzen halten. Wenn ein Kind gelobt wird, weil es »das verantwortliche«, und ein anderes, weil es das »witzige« ist, wenn eins als »Sportler« und das andere als »Künstler« gilt, dann hat jeder seinen festen Platz an der Sonne, und keiner braucht sich zurückgesetzt zu fühlen.

Aber solche Charakterisierungen können unbeabsichtigt zu sich selbst erfüllenden Prophezeiungen werden. In einer Familie aus unserem Bekanntenkreis zum Beispiel wurde die eine Tochter, die still und sensibel war, von den Eltern permanent als anfällig und schwach behandelt, während die andere als stark und unabhängig galt. Heute sind beide erwachsen, aber die »Schwache« ist weiterhin auf die Aufmerksamkeit und den Schutz angewiesen, den Schwachheit nun einmal braucht. Die »Starke« dagegen leidet unter der Rolle, die sie in der Familie spielen soll, und ist wütend, weil man ständig von ihr erwartet, für die hilflose Schwester zu sorgen.

Dazu kommt, daß solche Festlegungen zwar auch echte Temperaments- oder Persönlichkeitsunterschiede von Kindern spiegeln können, aber oft genug nur Ausdruck der Konflikte und Wünsche, Bedürfnisse und Hoffnungen der Eltern sind. In manchen Fällen werden die späteren Rollen der Kinder sogar schon vor der Geburt festgelegt: Mütter ziehen zum Beispiel aus ihrem Befinden in der Schwangerschaft Rückschlüsse auf das zukünftige Kind und versehen es mit Etiketten wie »ruhig« oder »das wird ein Besen«. Und viele Väter projizieren auf das kommende Kind die Wünsche und die Träume von Ruhm und großen Taten, die sie selbst nicht verwirklichen konnten. Ehepaare, deren Ehe zu scheitern droht, haben nicht selten die Phantasie, das ungeborene Kind könnte die Ehe wieder kitten. Die inneren Skripte der Eltern legen dann von Anfang an fest, wie sie ihr Kind behandeln werden.

Man kann mit Sicherheit davon ausgehen, daß die Rollen, für die sich Mark und Jerry entschieden hatten, von den Eltern vorbereitet und verstärkt wurden. Mrs. Platt genoß ihre Position als Mutter eines Wunderkinds, und da sie Mark schon erlaubt hatte, die Klavierstunden aufzugeben, konzentrierte sie ihre ganze Energie und ihre ganze Sehnsucht auf den jüngeren Sohn. Ihr Ehrgeiz traf sich mit Jerrys Begabung, aber auch mit seinem Bedürfnis, sich von seinem Bruder zu unterscheiden. Diese Kombination machte ihn schließlich zum Künstler der Familie. Die Bereitwilligkeit, mit der Jerry den Wünschen der Mutter nachkam, und ihre Begeisterung über seinen Erfolg machten Mark eifersüchtig und wütend (Jerry »fuhr auf die Aufmerksamkeit ab«, wie er sagte), und das mochte ihn sowohl in seinem Entschluß bestärkt haben, die Bühnenträume seiner Mutter nicht zu verwirklichen (den »Gefallen« wollte er ihr nicht tun), als auch in seinem Bestreben, eine eigene Nische zu finden, so weit weg von Jerrys wie nur möglich. Gleichzeitig erfüllte er damit die Erwartungen seines Vaters, der ihn anhielt, »die Brötchen zu verdienen« und überragende Schulleistungen nach Hause zu bringen, und das wiederum trug mit dazu bei, daß Jerry, jetzt seinerseits eifersüchtig, ins andere Extrem verfiel und den Clown und Playboy spielte.

Die Festlegung durch die Eltern, verbunden mit dem daraus resultierenden Gefühl, irgendwie zu kurz gekommen oder betrogen worden zu sein, gehörte zu den Problemen, die bei der Fragebogenuntersuchung am häufigsten genannt und beschrieben wurden. So schrieb eine 36jährige Frau: »Meine Schwester verhielt sich, als wäre sie der Sohn meines Vaters. Er erwartete viel von ihr und drängte sie, gute Noten nach Hause zu bringen. Ich wurde eher wie die Prinzessin behandelt. Er sagte, ich sei zärtlich, hübsch und liebevoll, aus mir würde sicher eine gute Krankenschwester.

Er starb, als ich 16 und meine Schwester 14 Jahre alt war. Sie war ungeheuer gut in der Schule, hatte nur sehr wenige Freunde und war unsicher in großen Gruppen. Ich fühlte mich attraktiv und hilfsbereit. Erst sehr viel später erkannte ich, daß ich durchaus auch intellektuelle Fähigkeiten besaß. Ich war immer überzeugt, daß nur meine Schwester denken konnte. Meine Mutter findet, daß wir bis heute unter dieser Festschreibung leiden, meine Schwester, weil sie ›nicht hübsch genug‹, und ich, weil ich ›nicht klug genug‹ bin. Meine Schwester findet, er wäre zu kritisch gewesen, ich meine, er hätte mehr von mir erwarten sollen.«

Noch problematischer und verheerender für die einzelnen Geschwister und für die Geschwisterbeziehung waren die Werturteile, die in solchen Festschreibungen mitschwangen. Es ist eine Sache, sich selbst als das hübsche und Bruder oder Schwester als das kluge Kind zu sehen, wie es bei dieser Frau der Fall war, aber eine ganz andere, wenn einem klar gemacht wird, daß das kluge Kind auch das bessere Kind ist.

Eine 55jährige Frau schrieb:

»Als wir Kinder waren, wurde der ›intellektuelle‹ Bereich meinem Bruder zugeordnet, und zwar von Eltern, für die Intelligenz das wichtigste überhaupt war. Ich war die ›Kreative‹, weil ich ganz gut zeichnen konnte. Meine Eltern hatten meinen Bruder auf ein Podest gestellt. Je mehr sie ihn rühmten, desto schlechter wurden meine Schulleistungen.

Erst auf der Universität entdeckte ich allmählich, daß ich gar nicht so dumm war, wie ich glaubte, und ich strengte mich geradezu besessen an, gute Noten zu bekommen und meinen Bruder auszustechen. Es hat sehr lange gedauert (fast dreißig Jahre), bis ich erkannte, daß ich nicht nur intelligent, sondern auch ein Mensch bin und viele verschiedene Seiten habe. Schade um so viele verlorene Jahre!«

Das schlimmste Szenarium ist das, in dem ein Kind die Rolle des Bösewichts, des Teufels, und das andere die Rolle des Engels übernimmt. (»Bis heute«, sagte ein Mann, »sind wir für meine Eltern immer noch Dan der Gute – das bin ich – und Joey der Böse – das ist mein Bruder. Deshalb redet er auch kaum noch mit uns.«) Mit dieser Form der Rollenverteilung durch die Eltern und deren Ursachen beschäftigt sich das 8. Kapitel.

Die Festlegung durch die Eltern und die Art ihres Verhaltens stellen einen weiteren Aspekt der »nichtgemeinsamen« Umwelt von Geschwistern im gemeinsamen Elternhaus dar. Im günstigsten Fall können die Etikettierungen und Charakterzüge, die Eltern ihren Kindern zuschreiben, die individuellen Identitäten von Geschwistern stärken, aber selbst dann besteht noch die Gefahr, daß sie sich in eng begrenzte und einschränkende Kategorien verwandeln, denen die Kinder unter Umständen nie entkommen können.

Geschwisterrollen, ob sie nun auf die Eltern, auf eigene Wahl oder auf beides zurückgehen, bleiben als Abwehrmechanismen gegen die schlimmsten Konkurrenzgefühle und als Garanten der eigenständigen Identität meist noch lange nach dem Ende der Kindheit bestehen. Genauso wie die Etikettierung und Festlegung durch die Eltern können auch die Geschwisterrollen die Persönlichkeit einengen und einschränken, die Entfaltung der Identität behindern und die Widersprüche und Gegensätze einebnen, die im *Innern* jedes Menschen bestehen. So war für Mark die Rolle als ernsthafter, intellektueller Chemiker zwar befriedigend, aber er hat sich dadurch auch die Befriedigung versagt, die ihm öffentliche Auftritte verschafft hätten (obwohl er ein guter Cellist war, beschränkte er sich auf den Aspekt des »ernsthaften Musikliebhabers«). Jerry mochte seine intellektuelle

Seite verleugnen, aber sie brach in all den Situationen durch, in denen er es für nötig hielt, seinen IQ zu Zeiten der sechsten Klasse und seine Teilnahme an der Hochbegabtenförderung zu erwähnen.

Aber auch die Geschwisterbeziehung selbst wird durch die Rollenübernahme beeinträchtigt: die Betonung der Unterschiede verdeckt die Ähnlichkeit, und das wiederum schränkt die Verbindungen zwischen den Geschwistern ein. Die so starke Betonung der Unterschiede durch Eltern, Wissenschaftler und Geschwister rückt die gemeinsame innere Basis in den Hintergrund, das Zentrum, das aus gemeinsamem Erbe und gemeinsamen Erfahrungen, aus den Wertvorstellungen, den Idealen und der Geschichte einer Familie besteht. Mark reagierte auf den Druck seiner Mutter, indem er sich von der Kunst abwandte, Jerry reagierte auf denselben Druck, indem er Künstler wurde. Die beiden gingen vom selben Ausgangspunkt aus in entgegengesetzte Richtungen, aber die Gegensätze, die sie sich suchten, sind trotzdem nur zwei Seiten ein und derselben Medaille.

(In dem Zeitungsartikel über die beiden Brüder aus Boston, den Senator und den Verbrecher, hieß es, daß der Verbrecher praktisch die gesamte Kleinkriminalität der Stadt kontrolliert und sich durch Aktivitäten wie Drogenhandel und Bankraub ständig in Gefahr befindet. Sein Bruder, der Senator, ist bekannt dafür, daß er die Zügel im Parlament keinen Augenblick aus der Hand gibt. Zwar sind die Gefahren, die ihn bedrohen, politischer Natur, aber nach eigenem Bekunden findet er seine Arbeit gerade deshalb so spannend, weil »es etwas Anregendes hat, jeden Tag auf dem Drahtseil zu tanzen.«)

Die Ähnlichkeiten zwischen Geschwistern werden selten erkannt, aber sie reichen so tief, daß sie ihre Rollen durchaus auch tauschen und sich in gewissem Sinne ineinander verwandeln können. Sam Shepard hat sich in seinem Theaterstück »True West« mit diesem Potential beschäftigt.

Es geht um zwei Brüder, wie sie verschiedener nicht sein können. Austin ist ein gebildeter, erfolgreicher Drehbuchautor, der eine ausgesprochen gepflegte Sprache spricht, Lee ist ein Nichtsnutz, ein kleiner Dieb mit einem starken, fehlerhaften Dialekt. Im Verlauf des Stückes übernimmt jeder Bruder die Charaktermerkmale des anderen, bis Austin schließlich zuviel trinkt und die Toaster der Nachbarn klaut, während Lee mit dem Produzenten seines Bruders über sein eigenes Drehbuch verhandelt. »Wir sind sowas wie'n Echo voneinander«, sagt Austin, der zunehmend die Sprache seines groben, ungebildeten Bruder übernimmt.

Shepard macht hier klar, daß selbst bei größtmöglichen Unterschieden keiner der Brüder wirklich all das ist, was der andere nicht ist; keiner ist absolut gut oder schlecht, angepaßt oder unangepaßt, intellektuell oder antiintellektuell. Es gibt eine Gemeinsamkeit zwischen ihnen, die den Rollentausch möglich macht.

Bei manchen Geschwistern nimmt das Bedürfnis ab, sich zu unterscheiden, sobald sie nicht mehr im Elternhaus leben; das Echo der Stimme des anderen wird stärker, und wenn sie ihre Rollen auch nicht tauschen, so vermischen sie sie doch und ermöglichen dadurch allen eine umfassendere Identität und mehr Verständnis für den anderen.

Diese Vermischung ist mir aus meinem Leben vertraut. Sobald ich mich in meinem Berufsleben eingerichtet hatte und finanziell einigermaßen abgesichert war, habe ich mich auch nicht mehr so stark geweigert, mich mit finanziellen Dingen zu beschäftigen, die ich bis dahin immer als Domäne meines Bruders betrachtet hatte. Heute sitze ich im Verwaltungsrat von Museen und Bibliotheken und bin an weitreichenden finanziellen Entscheidungen beteiligt. Und während ich mich früher geweigert hätte, mit einem Geschäftsmann auszugehen, zählen mittlerweile auch Banker und Geschäftsleute, Freunde meines Bruders, zu meinem Freundeskreis. Umgekehrt ist mein Bruder, für den einst der gesamte Sozialbereich ausschließlich meine Domäne war, heute bei zwei wichtigen Gemeindeeinrichtungen an maßgeblicher Stelle aktiv. Zu seinen Freunden zählen mittlerweile auch Künstler und Journalisten aus meinem Freundeskreis. Die Unterschiede zwischen uns bleiben, aber wir können jetzt auch die Ähnlichkeiten zugeben und uns auf sie berufen.

Viele Geschwister klammern sich das ganze Leben lang an die früh festgelegten Rollen, um Konkurrenz zu vermeiden und ihr ureigenes Gebiet zu schützen. Bei Mark und Jerry schien das der Fall zu sein. Ein weiteres Gespräch mit Mark, das nach Jerrys Abreise stattfand, ließ aber doch eine gewisse Aufweichung in seiner Abwehr erkennen.

Ich war noch einmal auf die Einschränkung »im Augenblick« zu sprechen gekommen, die mir in seinem Bericht über den Entschluß, nicht Künstler, sondern Bruder eines Künstlers zu sein, aufgefallen war, und hatte ihn gefragt, ob er nicht vielleicht doch vorhätte, seine musikalischen Interessen weiter zu verfolgen.

Ohne es zu wissen, hatte ich die Frage zu einem guten Zeitpunkt gestellt, denn vor kurzem hatten ihn Freunde gebeten, in ihrem Streichquartett mitzuspielen, weil ihr Cellist in eine andere Stadt gezogen war. Die Mitglieder dieses Streichquartetts waren sehr engagiert, hatten bereits professionelle Auftritte hinter sich und wollten das auch weiterhin forcieren.

»Ich habe mich noch nicht entschieden«, sagte Mark. »Ich frage mich, ob ich die Gelegenheit nutzen würde, wenn mein Bruder kein Profimusiker wäre. Ich wollte immer mehr mit meiner Musik anfangen. Manchmal träume ich davon, meinen Beruf aufzugeben und nur noch Musik zu machen, trotz aller Bedenken hinsichtlich des Künstlerlebens. Und dann frage ich mich eben, ob ich mich wegen meinem Bruder so zurückhalte. Habe ich Angst, mit ihm zu rivalisieren, oder habe ich Angst, daß er mit mir konkurrieren könnte?«

Ohne seine Frage zu beantworten, erzählte er von Zwillingsbrüdern aus seiner Bekanntschaft, beide begabte Comiczeichner mit Schubladen voller fertiger, aber unveröffentlichter Comicstrips. Sie ernährten sich durch Gelegenheitsjobs. Einer der Brüder hatte es schließlich gewagt, aus seinem Hobby einen Beruf zu machen, und nach mühseligen Anfängen schließlich eine Comicserie in einer Zeitung untergebracht. Darüber hatte er den Durchbruch geschafft. Sein Zwillingsbruder zeichnete weiter nebenbei, vermied aber das »Risiko«, einen Beruf daraus zu machen.

»Und ich frage mich«, schloß Mark, »macht er den Schritt nicht, weil sein Bruder es schon geschafft hat und er Angst hat, sich auf dasselbe Gebiet zu begeben? Oder will er das so? Ich finde, es gibt da eine Parallele zu Jerry und mir, auch wenn es nicht genau dasselbe ist, weil ich auf einem ganz anderen Gebiet arbeite als Jerry und mich auch für eine ganz andere Art von Musik interessiere. Aber trotzdem frage ich mich, was sich in unserem Verhältnis ändern würde, wenn ich professioneller in die Musik einstiege. Ich weiß es einfach nicht.«

Die Frage blieb im Raum stehen. Mark und Jerry haben ein prekäres Gleichgewicht zwischen Rivalität und Nähe aufgebaut, indem sie ihre Unterschiede sorgfältig gewahrt haben. Wieviel sie von ihren Unterschieden aufgeben können, ohne das Gleichgewicht und ihre individuelle Identität zu stören, ist schwer zu sagen. Meine Vermutung ist, daß mit zunehmendem Alter der ernsthafte Mark häufiger öffentlich auftreten und der Clown Jerry sich und seine Arbeit ernster nehmen wird.

Die durch Vererbung und häusliche Umwelt bedingten Unterschiede tragen zu der Verschiedenheit von Geschwistern bei. Die Rollen, die sie übernehmen, festigen darüber hinaus die Identität und garantieren die Individualität, so daß keins der Geschwister mit dem anderen um dasselbe Stück vom Kuchen kämpfen muß. Später, wenn sie sich in ihrer eigenen Haut sicherer fühlen, können manche Geschwister ihre Rollenunterschiede mildern und sich ohne Angst vor Identitätsverlust stärker miteinander identifizieren.

Aber es gibt noch andere Geschwisterrollen, die nicht übernommen werden, sondern von Anfang an fester Bestandteil des Lebens sind. Auch diese Rollen können sich im Erwachsenenalter verändern, bleiben aber doch dem Wesenskern verhaftet. Gemeint sind hier die Rollen des Älteren oder Jüngeren, die aus den Positionen der Kinder in der Geschwisterreihenfolge entstehen: die Rollen des Erst- oder Zweitgeborenen, des Mittleren oder des Jüngsten.

»Du bist 45 Jahre alt. Wie lange willst du mich noch auf die Probe stellen?«

---

2. Älteste Geschwister

Meine Freundin Lucinda und ich hatten uns das Video »Die fabelhaften Baker Boys« ausgeliehen. Wir hatten es uns sehr lustig vorgestellt, diesen Film, in dem es um zwei Brüder geht, gemeinsam anzusehen, denn Lucinda hatte eine jüngere Schwester und ich war eine jüngere Schwester. Sie hatte einen Roman über zwei Schwestern geschrieben, und ich arbeitete an diesem Buch über Geschwisterbeziehungen.

Die Handlung des Films war nicht besonders originell, aber die Entwicklung der Charaktere war intelligent und subtil. Die beiden Brüder verdienen ihren Lebensunterhalt als Klavierspieler in halbleeren Clubs. Der ältere hat Frau und Kinder und ist eher häuslich orientiert. Er schließt die Verträge ab und ist für die Finanzen verantwortlich. Sein jüngerer Bruder, attraktiver und kreativer als er, spielt den Don Juan und hat in jeder Stadt, in der sie auftreten, eine andere Freundin. Um ihre Nummer aufzupolieren, engagieren sie schließlich eine Sängerin, in die sich der jüngere prompt verliebt. Das führt natürlich zu Schwierigkeiten, und nach einem sehr emotional geführten Streit mit anschließender Versöhnung trennen sich die »Baker Boys«: Der jüngere beschließt, sich um eine eigene künstlerische Karriere zu kümmern, der ältere tritt den Rückzug ins bürgerliche Leben an.

Gebannt verfolgten Lucinda und ich das triviale Brüder-Drama.

»Den älteren Bruder mochte ich zwar ganz und gar nicht«, sagte sie am

52

Schluß. »aber er war immer noch besser als der jüngere. Den jüngeren konnte ich überhaupt nicht ab. Allein schon das Gejammere über die Ungerechtigkeit der Welt, diese Einstellung, daß alle verpflichtet sind, ihn zu unterstützen! Er hat doch überhaupt nichts geleistet! Er war ein mittelmäßiger Klavierspieler, der sich darauf verläßt, daß sein Bruder in allem für ihn sorgt.«

»Ich habe den älteren Bruder gut verstanden«, sagte ich vorsichtig. »Er hat sich wirklich bemüht. Aber schließlich hat der jüngere sich in den Clubs für ihn auch aufgeopfert, wo er doch so viel mehr Talent hatte.«

»Sich aufgeopfert? Wenn er wirklich Talent gehabt hätte, hätte er doch schon Jahre vorher ein gutes Engagement gekriegt. Er hat doch seinen Bruder ganz gern für seine eigene Unzulänglichkeit verantwortlich gemacht. Das ist typisch für jüngere Geschwister. Immer ist jemand anders schuld.«

Sie schwieg. Wahrscheinlich fragte sie sich, ob sie mich mit ihren globalen Bemerkungen über die Fehler jüngerer Geschwister gekränkt hätte.

»Ich muß schon zugeben«, sagte sie dann, »was ich bei diesem ältesten Bruder am meisten gehaßt habe, ist das, was ich generell bei uns älteren Geschwistern am wenigsten leiden kann. Wir müssen immer oben sein, immer vergnügt und heiter, alle mobilisieren, allen versichern, daß es schon klappen wird. Wir sind die Leute, die permanent durch die Gegend laufen und allen sagen: ›Du schaffst das schon‹.«

Ohne auf die Selbstkritik einzugehen, sagte ich: »Ich habe bei dem älteren Bruder am meisten gehaßt, daß er immer alles unter Kontrolle haben mußte. Wenn sein Bruder mal eine Entscheidung getroffen hat, dann mußte sie in seinen Augen selbstverständlich falsch sein, allein schon deshalb, weil er nicht selbst entschieden hatte. Er war so dominant, er mußte eben immer der Boss sein.«

»Ist ja gut, Fran«, stichelte Lucinda, »nun gib's schon zu. Du hast den jüngeren wirklich gemocht, nicht?«

Ich vermied eine direkte Antwort und sagte: »Er war loyal. Er hat die Bedürfnisse seines Bruders über die eigenen gestellt. Er hat seine Karriere jahrelang zurückgestellt, um seinem Bruder zu helfen und die Nummer am Laufen zu halten...«

»Oh ja«, unterbrach sie. »Sicher. Als hätte er ohne seinen Bruder überhaupt Karriere machen können! Und was ist mit der Prügelei am Schluß, wo er versucht, seinem Bruder den Finger zu brechen? Hast du ihn da nicht gehaßt? Ich hab eine Gänsehaut gekriegt. Ich hätte ihn umbringen können. Wie konnte er das nur machen!«

»Aber er hätte es doch nicht getan, wenn er nicht so wütend gewesen wäre, weil sein älterer Bruder immer alles besser wußte und ihm dauernd sagte, was er machen sollte.«

»*Ich* glaube«, sagte Lucinda, »daß wir uns nie einigen werden. Der Film zeigt, daß ein Bruder stärker und der andere schwächer ist, aber keiner weiß, wer wer ist. Wir reagieren immer aus unserer jeweiligen Perspektive als ältere und jüngere Schwester.«

Sie hatte recht. Wir hatten beide ganz sponatan und natürlich reagiert. Denn so wichtig die Rollen, die Geschwister übernehmen, und die Unterschiede, die sie betonen, für die Entwicklung einer eigenen Identität auch sein mögen, die tiefere und ursprünglichere Grundlage der Identität von Geschwistern liegt in der Geschwisterreihenfolge mit den dazugehörigen Rollen. Auf dieser Basis entwickelt sich das früheste Bild der eigenen Person in der Beziehung zu Eltern und Geschwistern und später dann auch zu Menschen außerhalb des Familienkreises. Die Frage, welche Bilder und welche Positionen in der Geschwisterreihenfolge die meisten Stärken oder Schwächen, die meiste Zufriedenheit oder Unzufriedenheit mit sich bringen, ist bis heute nicht eindeutig beantwortet worden.

Das heißt aber nicht, daß es niemand versucht hätte. Die Geschwisterreihenfolge und ihre Auswirkungen zählen zu den Aspekten der Geschwisterbeziehung, die in den Sozialwissenschaften wohl am häufigsten (man kann fast sagen, zu häufig) untersucht und diskutiert worden sind. In Hunderten von wissenschaftlichen Aufsätzen wurden Intelligenz, Leistung, Persönlichkeit, ja selbst das Eheglück von ältesten, mittleren und jüngsten Kindern verglichen, und die Ergebnisse solcher Untersuchungen wurden in Dutzenden von populärwissenschaftlichen Büchern und Artikeln veröffentlicht.

Dabei stand und steht seit 1870 die Leistung von Erstgeborenen, vor allem von männlichen (in den frühesten Studien wurden Frauen gar nicht berücksichtigt) an erster Stelle. Erstgeborene erzielten bei solchen Untersuchungen höhere IQ- und SAT-Werte als Zweit- oder Nachgeborene, sie stehen häufiger im »Who's Who« und stellen überdurchschnittlich viele berühmte Politiker. Einige der größten Wissenschaftler in der Geschichte, zum Beispiel Isaac Newton und Albert Einstein, waren Erstgeborene, und dasselbe gilt für große Staatsmänner, zum Beispiel Julius Caesar, Alexander Hamilton und Winston Churchill, und für die Dichter und Schriftsteller der Weltliteratur, etwa Robert Browning, Johann Wolfgang Goethe und Robert Frost, um nur drei zu nennen. In den USA sind Erstgeborene im Senat und im obersten Bundesgericht sowie unter Piloten und Wissenschaftlern überdurchschnittlich häufig vertreten.

Die Analyse der Persönlichkeit der Erstgeborenen hat allerdings ein weniger positives Bild ergeben. Sie gelten in den Augen der Wissenschaftler als übervorsichtig und perfektionistisch, stark motiviert von Angst und Aggression. Im Beruf, in Gremien und in allen Bereichen, die Kooperation erfordern, verhalten sie sich rechthaberisch und kritisch und werden oft als »konformistisch«, »gewissenhaft« und »konservativ« bezeichnet.

Das ganze Spektrum dieser Charakterzüge, von Berühmtheit bis zur persönlichen Aggressivität, wird im wesentlichen aus der engen Bindung abgeleitet, die erstgeborene Kinder in den ersten Lebensjahren an ihre Eltern entwickeln. Da sie am Beginn ihres Lebensweges mit den Eltern allein sind, identifizieren sie sich meist direkter mit ihnen als ihre nachgeborenen Geschwister und legen mehr Wert darauf, sie zufriedenzustellen, ihre Erwartungen zu erfüllen und viel zu leisten. Durch die Identifikation mit ihren Eltern, so die Theorie, identifizieren sich Erstgeborene auch mit allen Formen von Autorität, neigen weniger zur Rebellion als zur Anpassung und verteidigen die gesellschaftliche Ordnung eher, als daß sie sie in Frage stellen.

In all diesen Merkmalen sind Erstgeborene mit Einzelkindern verglichen worden, die ebenfalls starke Bindungen an ihre Eltern entwickeln. Aber bei Tests und intellektuellen Aufgaben schneiden Erstgeborene offenbar besser ab als Einzelkinder, was damit begründet wird, daß sie ihre Fähigkeiten besser entwickeln können, indem sie ihre jüngeren Geschwister unterrichten.

Im Lauf der Jahre wurde der ursprüngliche Forschungsschwerpunkt im Bereich der Geschwisterreihenfolge um die Analyse der später geborenen Kinder und Erwachsenen erweitert: Zweitgeborene, die sich neben den mächtigen Ältesten behaupten müssen, wurden als »manipulativ« beschrieben; mittlere Kinder stiften als »Vermittler« Frieden zwischen den älteren und den jüngeren; und die verwöhnten Jüngsten gelten als »charmant« (diese und andere Kategorien für später geborene Kinder werden im nächsten Kapitel ausführlicher behandelt).

Aber wie zutreffend sind diese Klischees?

Zwei Schweizer Wissenschaftler mit den faszinierenden Namen Ernst und Angst haben Dutzende von Studien zur Geburtsreihenfolge von den 40er bis zu den 80er Jahren unseres Jahrhunderts sehr gründlich überprüft. Dabei haben sie festgestellt, daß es für die allgemein akzeptierten groben Verallgemeinerungen über die Auswirkungen der Geschwisterreihenfolge kaum echte Beweise gibt. Ihrer Meinung nach müssen bei der Beurteilung der Unterschiede, die auf die Geschwisterreihenfolge zurückgehen, viel mehr Faktoren berücksichtigt werden, etwa Schichtzugehörigkeit und Einkommensniveau der Familie sowie Anzahl und Altersabstand der Kinder. Die Intelligenz- und Leistungsunterschiede zwischen ältesten und jüngeren Kindern, die in großangelegten Vergleichen festgestellt wurden, können zum Beispiel durchaus mit der Größe der Familie erklärt werden. Wenn die jüngeren Geschwister, die an den Tests und Messungen teilnahmen, zum Beispiel aus großen Familien kamen, konnten die Eltern ihnen nicht unbedingt die Schul- und Ausbildungsmöglichkeiten bieten, die älteste Kinder aus kleineren Familien nutzen konnten. Bei Vergleichen der IQ-Werte von Erst- und Zweitgeborenen aus kleinen Familien würden sich wahrscheinlich nur wenig Intelligenzunterschiede ergeben.

Berücksichtigt man die Vielzahl von Variablen im Familienleben, so Ernst und Angst, halten pauschale Aussagen über die Unterschiede, die durch die Geschwisterreihenfolge bedingt sind, nicht mehr stand, zumindest nicht in dem behaupteten Umfang. Nachweisen läßt sich aber ein Einflußfaktor, den die beiden Wissenschaftler als »Macht-Interaktion« zwischen älteren und jüngeren Kindern in einer Familie bezeichnet haben und der etwa in Aggressivität, Konkurrenz und Dominanzstreben zum Ausdruck kommt, aber auch da, wo es um die Macht geht, sich gegenseitig zu helfen und Erwachsenen gegenüber den Standpunkt von Bruder oder Schwester zu vertreten.

Diese Ansicht scheint mir einleuchtend. Ich würde die Auswirkungen der Geschwisterreihenfolge nur ungern völlig negieren (und selbst Ernst und Angst akzeptieren zum Beispiel die These, daß sich Erstgeborene bereitwilliger mit der elterlichen Autorität identifizieren und von den Wertvorstellungen und Verhaltensweisen der Eltern stärker beeinflußt werden als ihre jüngeren Geschwister). Aber sobald man es nicht mehr mit großangelegten statistischen Vergleichen zu tun hat, sondern mit realen Geschwistern aus realen Familien, wird deutlich, daß ihr kompliziertes emotionales und ambivalentes Wechselspiel bzw. die »Macht-Interaktionen« die Persönlichkeit und die Einstellungen sehr viel stärker und anhaltender beeinflussen als die Stellung in der Geschwisterreihenfolge an sich.

Die Geschwister-Interaktionen in einer Familie beginnen, wenn das älteste Kind seine Position als das »einzige« für immer aufgeben muß. (Obwohl in der folgenden Beschreibung das älteste Kind im Mittelpunkt steht, gilt sie in großen Teilen auch für Kinder, die im Verhältnis zu anderen Geschwistern ähnliche Rollen einnehmen. Die erste Tochter nach zwei Söhnen zum Beispiel kann für ihre jüngeren Schwestern durchaus die Rolle der »Erstgeborenen« haben. Genauso wichtig ist auch die Tatsache, daß in Familien mit mehr als zwei Kindern jedes Kind, mit Ausnahme des jüngsten, für ein anderes das »ältere« ist und die entsprechende Funktion erfüllt.)

Freud war der erste, der die Verdrängung (spätere Autoren haben den stärker besetzten Begriff der »Entthronung« dafür gewählt) eines Kindes durch die Geburt eines Bruders oder einer Schwester beschrieben hat. Da er selbst der älteste Sohn war, kannte er diese Verdrängung und die dazugehörige Wut und Rivalität aus eigener Erfahrung. Von der Mutter liebevoll als »mein goldener Sigi« bezeichnet, genoß er zu Hause soviel Respekt, daß seine Schwestern ihr Klavierspiel aufgeben mußten, weil die Musik ihren brillanten Bruder beim Lernen störte. Als Erwachsener konnte er sich aber gut an die »bösen Wünsche und echte Kindheitseifersucht« erinnern, mit der er auf die Geburt seines ein Jahr jüngeren Bruders Julius reagiert hatte, und an die Schuldgefühle, als dieser Bruder dann (neun Monate später) starb. Und er wußte auch noch genau, wie schlimm nach der Geburt des nächsten Kindes, Anna, die Entdeckung war, daß sie in seiner Mutter gewachsen war – was für den jungen Sigmund eine weitere Form von Ablehnung bedeutete. Er konnte diese Schwester sein Leben lang nicht leiden.

Angeregt durch seine persönliche Erfahrung und die Beobachtung seiner Patientinnen und Patienten hat sich Freud mit der Feindseligkeit zwischen Geschwistern befaßt. »Seine Geschwister liebt das kleine Kind nicht notwendigerweise«, schrieb er. »Es ist unzweifelhaft, daß es in ihnen seine Konkurrenten haßt, und es ist bekannt, wie häufig diese Einstellung durch lange Jahre bis zur Zeit der Reife, ja noch späterhin ohne Unterbrechung anhält.«

Vor allem aus der Sicht des ältesten Kindes konnte die Anwesenheit von Geschwistern laut Freud so störend sein, daß er kleine Tiere oder Ungeziefer in Träumen von Erwachsenen als Symbol für deren Geschwister deutete. Weiter schrieb er: »...wenn man den Wunsch nach dem Tode der Geschwister hinter einem Traume aufdeckt..., weist (man) sein Vorbild mühelos im frühen Kindesalter, oft genug auch in späteren Jahren des Beisammenseins nach.«

Freud hat die Wut und Rivalität, die Erstgeborene erleben, zumindest teilweise auf das zurückgeführt, was er den »Familienkomplex« nannte, eine Erweiterung seines berühmten Ödipuskomplexes. Da in seinen Augen die frühe Kindheit von der unerfüllbaren Liebe zum gleichgeschlechtlichen Elternteil einerseits und von Eifersucht auf und Furcht vor dem gegengeschlechtlichen Elternteil wegen dieser Liebe andererseits geprägt war, konnten Geschwister in diesem Kontext nur entweder Rivalen um die Eltern oder Elternersatz sein. Für einen Jungen wäre der kleine Bruder dann ein weiterer Rivale um die geliebte Mutter, aber ein Rivale, den man leichter bekämpfen (und gefahrloser hassen) kann als den Vater. Die kleine Schwester ist entsprechend Ersatz für die für ihn unerreichbare Mutter, und er richtet dann entweder seine Enttäuschung über die Mutter auf sie, oder er liebt sie wie die Mutter, lehnt sie aber gleichzeitig auch ab, weil sie für ihn genauso tabuisiert ist; eine dritte Möglichkeit wäre, daß er sie anstatt der Mutter liebt.

Für ein Mädchen wird entsprechend die kleine Schwester zur Rivalin um die Liebe des Vaters, erweckt aber auch mütterliche Gefühle (dasselbe gilt für den kleinen Bruder) und wird möglicherweise zum »Ersatz für das Kind, das sie sich vergeblich vom Vater gewünscht hat«. Den Bruder sieht ein Mädchen unter Umständen als Konkurrenten oder Ersatz für ihren verehrten, aber unerreichbaren Vater an.

Im Freudschen Denken belebt unabhängig vom Geschlecht schon die schlichte Tatsache der Geburt eines Kindes beim älteren erneut enttäuschte Hoffnungen und Groll. Der Säugling wird zum Symbol für Vorgänge zwischen den geliebten und ersehnten Eltern, für eine tiefe Intimität, aus der das Kind ausgeschlossen ist und das zu Erschaffung eines neuen Wesens führt.

Freuds Theorie vom Ödipuskomplex wird seit hundert Jahren diskutiert, und sein Fokus auf Rivalität als Klammer der Geschwisterbeziehung wurde zu Recht dafür kritisiert, daß sie die negative Seite allzu stark betont. Aber trotzdem hat Freud so eindringlich wie niemand vor ihm den instinktiven Schmerz und die furchterregende Leere beschrieben, in die ein Kind (zumindest in der Phantasie) fallen kann, wenn ein anderes die Bühne betritt.

In der neueren Forschung werden die Reaktionen von Erstgeborenen nicht mehr so pessimistisch gesehen. Die Beobachtung von kleinen Kinder mit ihren Geschwistern zu Hause und im Labor hat bestätigt, was alle Eltern wissen: daß die Kinder auf ihre neue Schwester oder ihren neuen Bruder nicht nur wütend und eifersüchtig sind, sondern sie auch lieben und gernhaben. Die Psychologinnen Judy Dunn und Carol Kendrick zum Beispiel haben beobachtet, daß schon Dreijährige ihre jüngeren Geschwister trösten, ihre Sprache anpassen, ihre Worte wiederholen und mit der leisen, mütterlichen Stimme sprechen, die Babys verstehen und aufnehmen können.

Im Lauf der Zeit nimmt diese Mischung aus Empathie und Wut ein Eigenleben an. Die älteren Kinder orientieren sich am Verhalten der Eltern und werden selber zu Erziehern. Sie lernen, die Geschwister zum Lachen zu bringen und Zärtlichkeit zu äußern, sie zu imitieren und umgekehrt von ihnen imitiert zu werden. Durch die häufigen Ermahnungen der Eltern, den Kleinen nicht weh zu tun, lernen ältere Geschwister, die jüngeren zu beschützen, zunächst vielleicht nur, um den Eltern zu gehorchen, aber zunehmend auch aus einem inneren Verantwortungsgefühl heraus.

Tatsächlich kann dieses Verantwortungsgefühl für jüngere Geschwister zu einem so wichtigen Bestandteil des Selbstbildes werden, daß sie als Kinder die Abhängigkeit der Jüngeren nach Kräften fördern. Bei einer Untersuchung mit kleinen Kindern belohnten ältere Schwestern die jüngeren mit Zärtlichkeit und Liebe, wenn sie ihre Hilfe bei einer Aktivität annahmen, aber kommandierten sie herum und schikanierten sie, sobald die jüngeren ihre Hilfe ablehnten. Die älteren sahen sich gerne als verantwortliche Erzieher, wie ihre Eltern.

Weniger angenehm ist für ältere Kinder allerdings die Entdeckung, daß die jüngeren oft ganz genau wissen, wie sie die Eltern zum Lachen bringen können, und mit schon genialem Einfallsreichtum die Zeit und die Aufmerksamkeit der Eltern mit Beschlag belegen. »Jüngere Kinder glauben, die älteren hätten alles«, sagt die Psychoanalytikerin Louise J. Kaplan. »Sie verstehen einfach nicht, wie weh es einem älteren Kind tun kann, in die Schule zu gehen und zu wissen, daß das Baby zu Hause bleibt und die Mutter ganz für sich allein hat.« Ältere Brüder und Schwester entdecken auch, daß jüngere keine Hemmungen haben, sich ihr Spielzeug zu greifen, sie bei ihren Spielen zu stören und sich mit allen Mitteln, die ihnen zur Verfügung stehen, Zugang zu den Aktivitäten und Besitztümern der älteren zu verschaffen.

(Eine Sechsjährige sagte zu einer Erziehungsberaterin: »Hast du dir schon mal etwas ganz doll gewünscht, aber dann, wenn du es hattest, am liebsten nicht gehabt?«

»Sicher«, sagte die Beraterin. »Was hast du dir denn gewünscht, was du jetzt lieber nicht hättest?«

»Eine kleine Schwester.«)

Wenn die Kinder ins Schulalter kommen, verfestigen sich allmählich nicht nur Loyalität und Unterstützung, sondern auch die Macht-Interaktionen, von denen Ernst und Angst sprechen, also die Auseinandersetzungen um Eltern und um Besitz, um Dominanz und Kontrolle, um Raum. Für viele Geschwister werden diese Machtkämpfe zum Bestandteil eines lebenslangen Beziehungmusters.

Brian Sutton-Smith und B. G. Rosenberg haben mit Hilfe von Fragebogenerhebungen und Gesprächen mit Schulkindern und Studenten die Machtkämpfe zwischen Geschwistern untersucht.

Eine ihrer Fragen lautete: »Wie kriegt dich dein Bruder (deine Schwester) dazu, daß du tust, was er (sie) will?«

»Wenn er Baseball spielen will und ich nicht, dann fängt er an, mich zu ärgern«, sagte ein Junge über seinen älteren Bruder. »Er sagt dann so was wie: ›Was ist los mit dir? Kannst du nicht werfen? Kannst du nicht fangen?«

Und eine ältere Schwester: »Wenn ich will, daß sie was für mich tut, dann sage ich, daß ich dann auch Vater-Mutter-Kind mit ihr spielen würde.«

Eine andere ältere Schwester sagte über die jüngere: »Ich wollte aufbleiben und das Schlafzimmer saubermachen, und sie wollte nicht. Da habe ich ihr erzählt, daß sie sich in eine Kröte verwandeln und ganz braun werden würde.«

Die Ergebnisse waren bei Schülern und Studenten relativ konsistent: Erstgeborene üben nach eigener Einschätzung und nach Einschätzung der Geschwister die meiste Macht aus und benutzen dabei »starke« Machtmittel. Das heißt, sie kommandieren, befehlen und schimpfen, aber arbeiten auch mit Bestechung, Belohnung oder Entzug von Belohnung und setzen vor allem im Kindesalter auch ihre überlegene Körperkraft ein. Jüngere Geschwister wehren sich mit »schwachen« Machtmittel: Sie weinen, brüllen, schmollen und nerven die älteren solange, bis sie ihren Willen durchgesetzt haben.

In Übereinstimmung mit den Thesen der traditionellen Forschung zur Geschwisterreihenfolge und mit dem gesunden Menschenverstand hat auch diese Untersuchung ergeben, daß erstgeborene Kinder stärker auf die Bestätigung der Eltern angewiesen sind und sich leichter durch elterlichen Druck umstimmen lassen. Erstgeborene neigen eher zu Entschuldigungen oder zum Nachgeben, wenn die Eltern mit ihnen schimpfen, während jüngere Kinder sich eher verteidigen oder wütend werden.

Im Umgang mit ihren Geschwistern setzen die älteren, die sich mit den Eltern identifizieren und sie nachahmen, einen weniger offen konfrontativen Stil ein als die jüngeren. Sie verinnerlichen und steuern die schlimmste Konkurrenz und Wut und drücken Aggressionen subtiler und erwachsener aus: durch Hänseln und Kritik, Auslachen und Verachtung und durch verletzenden Sarkasmus, der unfehlbar mitten ins Herz trifft. Wenn nötig, verschanzen sie sich hinter Alibis und Entschuldigungen.

Man kann also festhalten, daß die psychologischen Fakten über die Beziehung von erst- zu nachgeborenen Geschwistern, die zunächst von Freud und später von der Entwicklungspsychologie zusammengetragen wurden, auf ein Potpourri widersprüchlicher Gefühle und Verhaltensweisen verweisen. Die älteren Kinder einer Familie stehen den jüngeren mit Empathie, aber auch mit Groll gegenüber. Sie beschützen sie und putzen sie herunter, nehmen sie an die Hand und stoßen sie weg.

»Meine Schwester ist sieben Jahre jünger als ich«, sagte eine Frau, die als Drehbuchautorin beim Fernsehen arbeitet. »Ich habe mich immer als ihre Beschützerin empfunden, als eine Art zweite Mutter, und ich habe mich nie für eifersüchtig gehalten. Aber wenn ich heute zurückdenke, dann weiß ich, wie eifersüchtig ich war.

Ich habe schon als Kind gerne Geschichten erzählt, und meine Schwester war auch immer eine begeisterte Zuhörerin. Ich weiß noch genau, wie ich nach ihrer Blinddarmoperation an ihrem Bett saß und ihr Witze erzählte. Ich habe sie andauernd zum Lachen gebracht, und sie sagte immer wieder: ›Hör auf, das tut so weh, wenn ich lache.‹ Aber ich habe nicht aufgehört. Ich wußte, daß ich ihr damit weh tat, und ich wollte ihr immer weiter weh tun. Und das beste daran war, daß es so aussah, als wollte ich sie ja nur unterhalten.«

Und wie ist es bei erwachsenen Geschwistern? Reichen die Machtstrategien und Interaktionsmuster zwischen Ältesten und Jüngeren bis ins Erwachsenenalter hinein?

In weiten Teilen kann man diese Frage bejahen, auch wenn die Muster subtiler (und oft effektiver) sind als in der Kindheit. Aber entscheidender ist wohl, daß das Selbstbild der älteren Geschwister weiterhin von ihrem Verhältnis zu den jüngeren geprägt ist.

Die Position des oder der Ältesten bedeutet, sich auch als Erwachsene immer noch und immer wieder als Anführer der Familie, als elternähnliche Figur zu sehen, auf die sich die anderen verlassen und an die sie sich wenden können, wenn sie Rat und Hilfe brauchen. Bei der Fragebogenuntersuchung verneinten die meisten Befragten (jüngere wie ältere Geschwister) die Frage: »Haben Sie sich bei Ihrem Bruder/Ihrer Schwester im letzten Jahr Rat geholt?« Dagegen bejahten deutlich mehr älteste (58 Prozent) als jüngere Geschwister (47 Prozent) die Frage: »Hat er/sie sich bei Ihnen Rat geholt?« Da ältere Geschwister erwarten, daß man sich an sie wendet, nehmen sie jüngere Geschwister auch so wahr.

Die Position des oder der Ältesten bedeutet auch, daß man sich *berechtigt* fühlt, Rat anzubieten, respektiert zu werden und Autorität in der Familie zu besitzen. (»Als die ältere«, schrieb eine 41jährige Angestellte über ihre 46jährige Schwester, »erwartet sie mehr Respekt von meinen Kindern, als ich von ihren erwarten kann.«) Die Autorität und der Respekt werden aber nicht auf ihren früheren Vorsprung an Stärke und Wissen zurückgeführt. Die Ältesten beharren deshalb so selbstverständlich auf ihren Rechten, weil sie sich die aus ihrer Sicht verdient haben. Sie haben ein Recht auf Privilegien, weil sie jahrelang die Oberhand gehabt, jahrelang alles zuerst getan, die anderen angeleitet und ihnen ein Beispiel gegeben haben.

Die älteste aus einer Familie mit sechs Kindern erklärte das so: »Ich war immer die erste, diejenige, die ausprobiert, wie weit man gehen kann, und die anderen haben es mir nachgemacht. Wenn man immer die erste ist, bekommt man eine bestimmte Autorität, und die werde ich nie verlieren. Ich war diejenige, die vorausgegangen ist, und die anderen sind mir gefolgt, ob es ums Reisen oder um Liebesaffären ging.« (Übrigens läßt der Forschungsstand tatsächlich den Schluß zu, daß jüngere Geschwister, denen die älteren den Weg gebahnt haben, in der Adoleszenz sexuell aktiver sind als die älteren im selben Alter.)

Aber die Position des oder der ersten, des Anführers, bedeutet auch, Verantwortung zu tragen für die, die nach einem kommen, auf sie aufzupassen und für sie da zu sein. Mark und Jerry Platt (vgl. 1. Kapitel) zum Beispiel haben beide erzählt, daß sich Jerry von Mark Geld geliehen hatte, als er ohne einen Pfennig Geld seine Karriere als Pianist startete. Er hätte sich nicht an seine Eltern wenden wollen, hatte Jerry gesagt, weil er alt genug war, um sich selbst zu ernähren. Aber er wußte, daß er sich auf seinen Bruder verlassen konnte. Auch viele andere ältere Geschwister haben davon gesprochen, daß die jüngeren Geschwister von ihnen Geld leihen wollten und es auch bekommen haben, wenn auch nicht gerade mit Begeisterung.

Das Verantwortungsgefühl für jüngere Geschwister ist in großen Familien oft besonders belastend. In den Familien mit vielen Kindern, die Bossard und Boll untersucht haben, war es nicht ungewöhnlich, daß sich die älteren Kinder für die jüngeren aufopferten: sie arbeiteten, um die Studiengebühren für die jüngeren zu bezahlen, versorgten die kranken Eltern und verzichteten in manchen Fällen zugunsten der Geschwister sogar auf eine Ehe oder eine Karriere. Manche dieser aufopfernden älteren Geschwister waren durch die Last, die ihnen aufgebürdet worden war, bitter geworden, andere fühlten sich durch die echte Dankbarkeit der jüngeren Geschwister ausreichend für ihre Opfer entschädigt.

Die Führerrolle und die Verantwortung für die jüngeren Geschwister macht die älteren (wie alle Anführer) in mancher Hinsicht aber auch einsam; alle stützen sich auf sie, sie selbst können sich auf niemanden stützen. Bei einer Untersuchung sollten Studenten aus Familien mit vier Kindern die Namen der Geschwister aufzählen, denen sie sich am häufigsten anvertrauten. Jüngere Geschwister nannten dabei fast immer den Namen des Ältesten; älteste Geschwister gaben meist überhaupt keinen Namen an.

Entsprechend wissen zwar viele älteste Geschwister, daß sie für ihre jüngeren Brüder und Schwestern eine wichtige Rolle spielen, fühlen sich aber umgekehrt von den jüngeren kaum beeinflußt. »Ich habe dich gern und es ist mir sehr wichtig, daß du glücklich bist«, sagte mein Bruder zu mir, »aber für mich war die Beziehung zu dir nie so wichtig wie umgekehrt. Wenn ich über unsere Beziehung nachdenke, dann sehe ich sie durch deine Brille. Sie nimmt in deinem Leben viel mehr Raum ein als in meinem.« Und möglicherweise hat er sogar recht, denn wissenschaftliche Untersuchungen haben ergeben, daß jüngere Geschwister sich stärker von den älteren beeinflußt fühlen als umgekehrt. (Vielleicht können sie den Einfluß aber auch nur leichter zugeben.)

Ältere Geschwister wissen außerdem oft sehr genau, daß die jüngeren eifersüchtig auf sie sind oder mit ihnen konkurrieren, während sie solche Gefühlsregungen bei sich selbst meist bagatellisieren. Bei meiner Untersuchung haben zwar sehr viele Befragte abgestritten, daß sie sich mit ihren Geschwistern vergleichen, aber bei denjenigen, die Vergleiche zugaben, waren jüngere Geschwister in der Mehrzahl.

»Wenn die Verdrängung durch ein zweites Kind eine so traumatische Erfahrung ist«, fragte ich den Psychoanalytiker Peter Neubauer, »wie kommt es dann, daß sich die Ältesten nicht als Rivalen des Kindes fühlen, das sie verdrängt hat?«

»Man muß sich das so vorstellen«, antwortete er. »Das jüngere Kind sagt: ›Ich mag dich, ich bewundere dich, ich will so sein wie du, ich will alles, was du hast, mit dir teilen.‹ Das älteste sagt: ›Warum sollte ich? Das hier ist mein Revier. Mir gehört das alles. Jetzt kommst du und willst plötzlich die Hälfte abhaben.‹ Das älteste Kind schiebt das jüngere einfach weg. ›Dich gibt es nicht‹, sagt es, ›du bist ein Eindringling. Geh weg. Hör auf zu existieren.‹ Für das ältere Kind ist die Konkurrenz verdeckt. Es erkennt es nicht als Konkurrenz an. Ihm gehört doch alles.«

(Mein Bruder fuhr fort: »Ich war schon da. Ich habe nicht mit dir konkurriert. Du hast auf meine Anwesenheit reagiert, ich war jemand, mit dem du klarkommen mußtest. Ich mußte mit dir nicht klarkommen.«)

Eine andere Erklärung kam von der Frau, die ihre Schwester nach der Blinddarmoperation mit Witzen gequält hatte: »Das ältere Kind kann seine Eifersucht und seine Konkurrenzgefühle nicht zugeben. Das gehört sich nicht. Schließlich soll man doch der Hüter des jüngeren Kindes sein. Wie kann man auf das wunderschöne kleine Baby eifersüchtig sein oder es ablehnen? Und tatsächlich liebt und schützt man es ja auch. Daß man gleichzeitig auch eifersüchtig ist und es ablehnt, ist nicht schön, das sagt man nicht.«

Die Position des oder der Ältesten bedeutet außerdem, sich auch im Erwachsenenalter noch für reifer zu halten als die Geschwister, reif genug, um über Eifersucht erhaben zu sein, reif genug, um die Aggressivität steuern und ihren offenen Ausdruck vermeiden zu können, ganz wie sie es als Kinder gelernt haben. Sie benutzen weiter die Machtmittel, die sie in ihrer Jugend perfektioniert haben, zum Beispiel verbale Demütigung oder schlichtes Ignorieren, bemühen sich aber, offene Aggression nach Möglichkeit zu unterdrücken, weil sie die Macht auf ihrer Seite wissen und sich deshalb verpflichtet fühlen, ihre Überlegenheit nicht allzu deutlich zu zeigen. So sprach zum Beispiel ein führender Politiker mit mir immer wieder über seinen jüngeren Bruder, der ihn zwar nie anrief oder ihm schrieb, aber ihm gleichzeitig vorwarf, der ältere würde sich nicht um *ihn* kümmern.

»Sehen Sie«, schloß er jedesmal seinen Bericht über den neuesten Tiefschlag seines Bruders, »ich bin der große Bruder, der verständnisvolle, der verantwortlichere. Ich brülle nicht. Ich schreie ihn nicht an. Ich habe nur Magenschmerzen.«

Der Ärger läßt sich zwar im Zaum halten, aber er ist, wie dieses Beispiel deutlich macht, durchaus präsent. Was ältere Geschwister an den jüngeren am meisten irritiert und ärgert, ist deren Neigung, ihr Schicksal zu beklagen, so als hätten sie etwas zu Unrecht nicht bekommen, was die älteren besitzen. Genauso ärgerlich finden viele ältere Geschwister die Einstellung, die dahinter steht: die Überzeugung der jüngeren, die älteren seien ihnen etwas schuldig und müßten sich dafür revanchieren, daß sie zuerst da waren. Diese Einstellung ist dafür verantwortlich, daß sich so viele ältere Geschwister von den jüngeren ausgenutzt fühlen, die wie der Bruder des Politikers ganz selbstverständlich von ihnen erwarten, daß sie wie Eltern reagieren und alles verzeihen, egal wie schlecht sie behandelt werden.

Als Freud »kleine Tiere oder Ungeziefer« als Traumsymbole für Brüder und Schwestern nannte, hat er den Nagel auf den Kopf getroffen, was die Qualität des Ärgers älterer Geschwister auf die jüngeren angeht, die, wie eine Frau sagte, »immer heulend an deinem Bein hängen und dir das Existenzrecht streitig machen wollen.« Und Lucindas Beschreibung des jüngeren »Baker Boys« im Film als typischer kleiner Bruder, der immer andere für seine Probleme verantwortlich macht, charakterisiert treffend das Dilemma vieler älterer Geschwister, denen ständig der Vorwurf anhaftet, als erste auf die Welt gekommen zu sein.

Das Gefühl, zu Unrecht auf der Anklagebank zu sitzen, das viele älteste Geschwister kennen, bleibt oft genug nicht auf die Geschwisterbeziehung beschränkt. »Ich glaube, das Leben mit meinem jüngeren Bruder, der mich beneidet und mich abgelehnt hat, hat meine Persönlichkeit zutiefst beeinflußt«, sagte eine Erziehungsberaterin. »Ich weiß, daß ich Leute nicht ertragen kann, die permanent andere für ihr Unglück verantwortlich machen und ständig über ihr schweres Schicksal jammern, die immer versuchen, anderen Schuldgefühle für Sachen zu machen, die sie nicht getan haben und für die sie gar nichts können.«

Und doch haben viele älteste Geschwister auf einer bestimmten Ebene *tatsächlich* das Gefühl, etwas »dafür zu können«. Ich habe immer wieder den Eindruck bekommen, daß ältere oder älteste Geschwister sich deshalb so über die Versuche geärgert haben, ihnen Schuldgefühle zu machen, weil sie sich wirklich schuldig *fühlten*. Psychoanalytisch betrachtet liegt der Ursprung dieser Schuldgefühle in den frühesten Phantasien der Kindheit: dem Wunsch, den Eindringling loszuwerden. Zwar verschwindet dieser Wunsch mit der Zeit oder verwandelt sich in freundlichere Gefühle, aber die Schuld bleibt tief im Unbewußten des Ältesten verwurzelt.

Die Schuldgefühle älterer Geschwister können aber auch auf die tatsächliche, körperliche oder verbale Mißhandlung der jüngeren Geschwister in der Kindheit zurückgehen. So beklagte sich ein Mann, der zusammen mit seinem jüngeren Bruder ein Geschäft führte, über dessen verantwortungsloses Verhalten bei der Arbeit und die zusätzliche Mühe, die er dadurch hatte, setzte aber dann hinzu:

»Ich verzeihe ihm das heute, weil ich ihm als Kind soviel angetan habe.«

»Und was war das?«, fragte ich, weil ich aus seinem gequälten Gesichtsausdruck schloß, daß er seinem Bruder einen bleibenden Schaden zugefügt hatte.

»Es hört sich vielleicht unwichtig an, und es *waren* auch nur Kleinigkeiten«, erwiderte er, »aber ich kann sie nicht vergessen. Ich weiß noch, daß ich einmal auf ihn aufgepaßt habe – ich war sechs Jahre älter –, und er wollte einfach nicht schlafen. Also habe ich ihn verhauen, aber richtig. Und wenn ich ihn von der Schule abgeholt habe und er nicht wollte, daß ich ihn auf der Fahrbahn an die Hand nahm, habe ich ihn so am Arm gezogen, daß er den ganzen Weg geweint hat.«

Solche Kleinigkeiten (eine Schwester erinnerte sich voll Qual daran, wie sie ihre jüngere Schwester verspottete, die nach einem Hundebiß eine Narbe im Gesicht hatte) verfolgen manche älteren Geschwister sehr lange und hinterlassen ein diffuses Schuldgefühl, unabhängig von ihrem Ärger über die Bemühungen der jüngeren, ihnen Schuldgefühle zu machen.

Die Beobachtung meiner Freundin Lucinda, daß in dem Film »Die fabelhaften Baker Boys« ein Bruder stark und der andere schwach war, man aber nie genau sagen konnte, wer der starke und wer der schwache war, war gerade wegen dieser Schuldgefühle richtig. Denn wo ältere Geschwister mit großem Geschick Machtkämpfe ausfechten und Dominanzwünsche durchsetzen, beziehen die jüngeren ihre Macht durch eben die Schuldgefühle, die solche Machtkämpfe bei den älteren auslösen, und durch die Beschützerrolle, die mit den Schuldgefühlen der älteren Hand in Hand geht.

Das heißt aber nicht, daß sämtliche beschützenden Impulse älterer Geschwister aus Schuldgefühlen entstehen. Die schützende Haltung gegenüber den jüngeren Geschwistern ist für sie genauso ein fester Bestandteil ihres Lebens wie die Verantwortung – von den frühesten Kindertagen bis weit ins Erwachsenenalter hinein. Bei allen Streitpunkten und Veränderungen in der Beziehung halten ältere Geschwister die jüngeren immer noch für abhängig und sehen sich weiterhin als ihre Beschützer. Der telefonische Hilferuf, den der ältere Bruder Nathan in Philip Roths Roman »Gegenleben« von seinem jüngeren Bruder Henry erhält, ruft in ihm ein Bedürfnis hervor, das viele ältere Geschwister kennen: »Das Bedürfnis, die Verantwortung zu übernehmen, und zwar nicht so sehr für den mißgünstigen Bruder, mit dem ich mich schon geprügelt hatte, sondern für den kleinen Jungen im Flanellschlafanzug, der bekannt dafür war, daß er nach großen Aufregungen schlafwandelte.«

Und schließlich bedeutet die Position des oder der Ältesten mit einem guten Verhältnis zu den jüngeren Geschwistern, auf deren Leistungen auch stolz zu sein, trotz allem Neid und aller Wut. Es bedeutet, sich mit den Jüngeren zu identifizieren, genauso, wie sich umgekehrt jüngere Geschwister mit den älteren identifizieren, und zu begreifen, daß deren Erfolge, Leistungen oder Glück ein günstiges Licht auf die eigene Person, die Familie und die gegenseitige Bindung wirft.

Eddy Deveau war stolz auf seinen Bruder Roy. Aber Eddy ärgerte sich auch über das, was er als Roys Unreife bezeichnete, hatte Schuldgefühle, weil es in ihrer Kindheit viele Ungerechtigkeiten gegeben hatte, und war sich seiner Position und seiner Verantwortung als der fünf Jahre Ältere ständig bewußt.

Bei meinem ersten Treffen mit Eddy dominierten sein Ärger und seine Wut auf Roy. Aber in den folgenden Treffen fing ich allmählich an zu begreifen, daß es da auch noch ganz andere und sehr tiefgehende Gefühle gab, die sich mit seinem Ärger mischten.

Ich hatte Eddy auf einem Flug nach Dallas kennengelernt und ihn anschließend in seinem Büro in einem der höchsten Hochhäuser der Stadt interviewt. Das große, helle Eckzimmer unterstrich seine Position als Vizepräsident einer bedeutenden Ölfirma. Von seinem Fenster aus zeigte er mir den älteren, historischen Teil von Dallas, wo Roys elegantes und sehr beliebtes Restaurant lag.

»Ich habe ihm diesen Brief geschrieben«, fing Eddy an und nahm damit den Faden da wieder auf, wo wir ihn bei unserem ersten Treffen hatten fallenlassen. »Ich habe ihm geschrieben: ›Du bist 45 Jahre alt. Wie lange willst du mich noch auf die Probe stellen?‹« Seine Stimme verriet Ärger, aber seine Augen sahen mich mit einem Blick an, den ich nur als spöttisch bezeichnen konnte, als wenn er sagen wollte: Warum lasse ich mir das immer wieder gefallen?

Anlaß für diesen Brief war das letzte Glied in einer Kette von Ereignissen gewesen, die vor vier Jahren mit Roys Coming-out als Homosexueller begonnen hatte. Seitdem hatte er mehrere Benefizveranstaltungen für AIDS-Kranke in seinem Restaurant durchgeführt und war aktives Mitglied der schwulen AIDS-Hilfe geworden.

Für sich genommen, war keins dieser Ereignisse für Eddy ein Problem. Er wußte seit Jahren, daß sein Bruder homosexuell war, und hatte das auch schon vor langer Zeit als unumstößliche Tatsache akzeptiert. Seine anfänglichen Befürchtungen, Roys Aktivismus könnte sich negativ auf das Restaurant auswirken, hatten sich als grundlos erwiesen, denn der Umsatz war nicht gesunken, sondern gestiegen: Viele der Stammgäste waren bekannte Lokalgrößen, Schauspieler und Mannequins, die sich ebenfalls in der AIDS-Hilfe engagierten, und ihre Anwesenheit sorgte für den Zustrom betuchter Geschäftsleute und Touristen.

Eddys Schwierigkeiten rührten daher, daß Roy seine wachsende Wut und Frustration aus der AIDS-Arbeit an ihm ausließ. Er warf Eddys Frau Sue vor, Geld für Kleidung zu verschwenden, das sie besser der Schwulenarbeit hätte spenden sollen. Er war bei einer Party in Eddys Haus ausfallend gegen Gäste geworden, die seiner Meinung nach nicht genügend Verständnis für die AIDS-Kampagne aufbrachten. Und vor kurzem, und deshalb war Eddy auch so wütend, hatte er sich sogar in seine Geschäfte eingemischt.

Ein Freund von Roy hatte sich auf dessen Empfehlung für eine Stelle in Eddys Firma beworben, war aber wegen unzureichender Qualifizierung abgelehnt worden. Für Roy war das ein klarer Fall von Schwulendiskriminierung, und er hatte seinen Freund voll Wut dazu gedrängt, einen Prozeß gegen die Firma anzustrengen. Dazu hatte er einen giftigen Brief an den Personalchef geschickt, in dem er unmißverständlich damit drohte, er bekäme Ärger mit seinem Bruder, dem mächtigen Vizepräsidenten, wenn er die Entscheidung nicht rückgängig machen würde.

Eddy ging in die Luft, als er von den Aktivitäten seines Bruders erfuhr. Er entschuldigte sich beim Personalchef, versicherte ihm, er hätte keinerlei Interesse daran, den Freund seines Bruders einzustellen, und sicherte ihm zu, seinen Bruder »zur Ordnung zu rufen«. Aber der Vorfall war in der Firma schon zum Tagesgespräch geworden, was ihm peinlich war und, wie er glaubte, auch seine Position unterminieren konnte.

Wie ein Manager sagte, mit dem Eddy mich bekannt gemacht hatte, war Eddy für die Angestellten der Firma in vieler Hinsicht ein Rätsel. Viele hielten ihn für gleichermaßen klug und einfühlsam und wandten sich an ihn, wenn sie berufliche oder private Probleme hatten. Und er selbst ermutigte die jüngeren Manager auch dazu (so sehr, daß sie ihn hinter seinem Rücken »Papa« nannten, nicht nur, weil sie seine väterliche Rolle anerkannten, sondern auch weil sie wußten, wie gern er diese Rolle spielte). Gleichzeitig konnte er dieselben jungen Leuten strenger behandeln als jeder andere, sobald er den Eindruck hatte, sie stellten seine Autorität in Frage.

»Er unterdrückt ganz schnell jede Opposition«, sagte Eddys Kollege. »Aber sein jüngerer Bruder kommt mit allem bei ihm durch. Ich frage mich manchmal, ob er Roys Theater deshalb tolerieren kann, weil er seinen Ärger auf seine Angestellten verschiebt.«

Daß Eddy sich von seinem jüngeren Bruder viel gefallen ließ, war mir schon bei unserem ersten Treffen klargeworden. Obwohl Roy sich durch den Vorfall mit dem Personalchef ins Unrecht gesetzt hatte, stand für Eddy außer Frage, daß er den ersten Schritt zur Versöhnung tun würde.

»Das mache ich immer«, sagte er resigniert. »Ich bin der Erwachsene in unserer Beziehung. Daß er mich braucht, weiß ich, und ich kann ihn einfach nicht im Stich lassen.«

Dieses in Jahrzehnten entstandene Wissen samt der Entschlossenheit, seinem Bruder selbst dann zur Seite stehen, wenn er dessen Verhalten nicht billigen konnte, wurzelte in der Familiengeschichte und den Familienbeziehungen.

»Mein Vater wollte kein zweites Kind. Er konnte Roy nie leiden«, erklärte Eddy. »Sie waren grundverschieden. Roy und ich kamen auf der Ranch zur Welt, die mein Vater damals besaß. Er hatte die Ranch von *seinem* Vater übernommen – *dessen* Vater, also mein Urgroßvater, war von Frankreich nach Amerika ausgewandert. Aber mein Vater konnte sie nicht halten. Er machte in der Wirtschaftskrise der dreißiger Jahre Bankrott, und das hat er nie überwunden. Er verkaufte die Ranch und zog mit uns nach Dallas. Dann arbeitete er in einer Flugzeugfabrik. Eine Zeitlang verdiente er so wenig, daß meine Mutter als Köchin bei reichen Familien arbeiten mußte. Mein Vater haßte es, von ihr abhängig zu sein, und er haßte sich selbst dafür, daß er in dieser Situation war. Er brachte es schließlich bis zum Werkmeister, aber er sah sich selbst immer als Versager. Und je schlechter es ihm ging, desto stärker lehnte er Roy ab.«

Eddy erzählte die Geschichte so leidenschaftslos, als ginge ihn das alles kaum etwas an. Aber er spielte die ganze Zeit mit einem Gummiring, den er mit der einen Hand eng um die Finger der anderen wickelte. Er war ein großer Mann, sehr muskulös, mit großen Händen, und mit seinem nervösen Spiel mit dem Gummi schien er Energie einerseits freizusetzen, andererseits aber auch symbolisch festzuhalten, um eine Explosion zu vermeiden. Wie er sagte, war auch sein Vater groß und stämmig und fühlte sich am Fließband beengt und unwohl. Einen Teil dieser Frustration konnte er am Wochenende loswerden, wenn er mit seinen Söhnen Football oder Baseball spielte. Der im Verhältnis zu Vater und Bruder zierliche Roy haßte Ballspiele, und wenn er keine Krankheit vorschützen konnte, endeten sie meist damit, daß er in Tränen ausbrach.

Als Roy älter wurde, interessierte er sich für Kunst und Theater, Bereiche, die sein Vater nicht verstand und deshalb haßte. Mit jedem Jahr wurden die Spannungen zwischen den beiden stärker, und Eddy und seine Mutter hingen dazwischen. »Ich suchte mir Ausreden, um länger in der Schule bleiben zu können, oder spielte nach der Schule Ball, bis es dunkel wurde«, erinnerte sich Eddy. »Ich hatte die Interessen und Fähigkeiten, die mein Vater schätzte, deshalb gab es wenig Auseinandersetzungen um das, was ich machte.«

Wenn er zu Hause war, mischte Eddy sich in die Auseinandersetzungen ein und versuchte, seinen Bruder zu schützen. »Ich war dankbar, daß mein Vater seine Unzufriedenheit nicht an mir ausließ, aber Roy tat mir leid. Und ich fühlte mich schuldig, weil ich das alles nicht abkriegte.« Aber je tiefer Eddy in die Beschützerrolle verfiel, desto stärker wehrte er sich auch gegen die Ermahnungen seiner Mutter (die ihren Jüngsten liebte und ihn auf ihre Weise zu schützen versuchte), sich um den Bruder zu kümmern.

»Ich weiß noch, wie ich ihn mal mit hinters Haus genommen habe – da wohnten wir schon in Dallas – um ihm zu zeigen, wie man Football spielt. Er wollte es aber nicht lernen, da war nichts zu machen, und da beschloß ich, ihm eine Lektion zu erteilen.«

Zum ersten Mal wich die Neutralität aus Eddys Stimme. Er sprach abgehackt und atmete schwer. Seine Finger wurden weiß, so eng hatte er den Gummiring darum gewickelt.

»Ich habe ihn verprügelt«, sagte er leise. »Ich habe ihn wirklich schwer verprügelt. Ich *mußte* oben sein. Er *mußte* lernen, daß ich der Boss war.« Er betrachtete die Hand, die am Gummi zog.

»Manchmal«, sagte er mehr zu sich selbst als zu mir, »wenn ich mit meinem Sohn Tennis spiele, habe ich dasselbe Gefühl. Ich muß gewinnen, muß das Spiel selbst steuern. Es erinnert mich daran, wie ich Roy damals verprügelt habe.«

Wir schwiegen beide. Schließlich gewann Eddy seine Fassung wieder, sah auf die Uhr und schlug vor, beim nächsten Treffen weiterzumachen. Dieses Treffen, meinte er grinsend, sollte in Roys Restaurant stattfinden.

Es war ein wunderbarer Ort für ein Interview, ganz in sanften Farben gehalten und in weiches Licht getaucht. Roy empfing uns an der Tür und begrüßte Eddy kühl und förmlich, mich höflich, aber wachsam. »Er weiß genau«, dachte ich, »daß ich von dem Streit um die Einstellung erfahren habe.« Ich hatte mir überlegt, ob ich Eddy nicht zu einem anderen Treffpunkt überreden sollte, es dann aber doch gelassen. Trotz seiner Wut auf Roy war spürbar, daß er wieder Kontakt zu ihm aufnehmen wollte, und dazu bot ihm unser Treffen die Gelegenheit.

Wie Eddy gesagt hatte, war Roy zierlicher als er. Er hatte auch schärfere und klarere Züge. Im Unterschied zu der beherrschten Energie, die ich bei Eddy gespürt hatte, wirkte Roy so angespannt, daß ich fürchtete, er könnte beim kleinsten Anlaß in die Luft gehen. Er brachte uns zu unserem Tisch und ging, ohne seinem Bruder einen Blick zu gönnen.

»Wie ist der Streit weitergegangen?« begann ich.

»Roy hat mir auf meinen Brief mit einer einzeiligen Notiz geantwortet, worin steht, daß er sich für mich schämt«, flüsterte mir Eddy zu. »Das ist nichts neues, ich habe schon vorher solche ›Liebesbriefe‹ von ihm bekommen.«

»Und wie wird das enden?«

»Das geht vorbei. Sein Freund hat den Prozeß schon aufgegeben, und ich bin wie immer bereit, alles zu vergeben und zu vergessen.«

»Aber er anscheinend nicht«, bohrte ich weiter.

Eddy lächelte zuversichtlich. »Das kommt schon noch. Er braucht mich. Ich kümmere mich um alle möglichen praktischen Sachen für ihn. Ich habe ein Auge auf all seine finanziellen Angelegenheiten, auch, was das Restaurant angeht. Aber das ist es nicht. Sehen Sie«, er beugte sich vor, um seinen Worten Nachdruck zu verleihen. »Sie schreiben dieses Buch, deswegen verstehen Sie das. Er und ich, wir spielen immer wieder Kindheitsszenen durch. Er *will*, daß ich mich um ihn kümmere. Er bringt immer wieder irgendein beschissenes kleines Problem auf den Tisch, damit er etwas hat, um das ich mich kümmern kann.«

»Wie meinen Sie das?«

»Er denkt zum Beispiel darüber nach, das Restaurant zu vergrößern. Wir haben schon unzählige Male alle Vor- und Nachteile erörtert, aber er fragt alle möglichen anderen um Rat. Dann kommt er zu mir, und das ganze geht wieder von vorne los. Warum kann er nicht einfach von Anfang an akzeptieren, was ich sage?«

»Wann haben Sie gemerkt, daß er schwul ist?«, fragte ich, nachdem wir bestellt hatten.

»Gar nichts habe ich gemerkt. Hier in Texas denkt man nicht an so was. Hier herrscht noch ganz die alte Cowboy-Tradition, wir sehen uns als richtige Kerle und so. Daß Roy schwul ist, habe ich erst begriffen, als er es mir gesagt hat.«

Das war kurz nach dem Ende seines Studiums gewesen, und außer Eddy hatte es jahrelang niemand gewußt. (Eddy hatte erst sein Studium und dann Roys finanziert.) Roy wollte damals Schauspieler werden und ging zur Schauspielschule; das Restaurant kam später. In dieser Zeit hatte er auch seine erste homosexuelle Affäre mit einem bekannten älteren Schauspieler. Die Affäre hatte ein ungutes Ende gefunden, und Roy, der sehr verstört gewesen war, hatte sich Eddy anvertraut. Daraufhin war Eddy »geradewegs auf die Analytiker-Couch« geflüchtet, wie er sagte. Das Ganze hatte sich in den späten sechziger Jahren abgespielt, und so drastisch sich die Welt auch verändert haben mochte, in Dallas, Texas, kannte Eddy damals keinen Menschen, der schwul war, selbst das Wort war ihm unbekannt.

»Ich machte mir Gedanken, ob ich das irgendwie gefördert hätte. Aber vor allem fragte ich mich, welche Konsequenz das auf sexuellem Gebiet für mich hätte. Mir war schließlich klar, daß ich als der Ältere ihn auf vielerlei Weise beeinflußt hatte. Aber ich wußte ja nicht, wie er mich vielleicht beeinflußt hatte. Außerdem war ich damals verlobt, und Roys Mitteilung hatte mich sehr verstört.«

Eddy machte aber nicht nur selber eine Therapie, sondern drängte auch Roy zu einer psychiatrischen Behandlung, weil er annahm, daß er so von seiner Homosexualität »kuriert« und wieder »normal« werden würde. Jetzt war ihm seine damalige Naivität peinlich. Er hatte gelernt, Roy so zu akzeptieren, wie er war, und erwartete dieselbe Akzeptanz von seinen Freunden. Und obwohl sie mitten in einem Streit steckten, hatte er auch zugegeben, daß er auf Roys Engagement stolz, ja sogar ein bißchen »eifersüchtig« war, weil er dadurch ins Licht der Öffentlichkeit rückte.

»Manchmal habe ich das Gefühl«, sagte er mit mehr Wärme als vorher, »daß ich etwas verpaßt habe, daß ich nicht alles ausgeschöpft habe, was in mir steckt. Dann denke ich, wenn ich mich selbständig gemacht hätte, statt hier in der Firma zu arbeiten, hätte ich das alles besser gemacht als Roy.«

Das war die einzige offen rivalisierende Bemerkung in dem Gespräch über seine Beziehung zu Roy, und er überspielte sie schnell, indem er sich gerade hinsetzte und in geschäftsmäßigem Ton fortfuhr: »Aber er hat sich dafür entschieden, nicht ich, und man muß ihn dafür bewundern, daß er für das einsteht, woran er glaubt.«

Eddy würde bei jedem objektiven Test in die Kategorie der sehr erfolgreichen und leistungsstarken Menschen fallen. Für die traditionelle Forschung zur Geburtsreihenfolge wäre er das Paradebeispiel des leistungsfähigen Erstgeborenen. Aber als er die Verantwortung für seinen jüngeren Bruder übernommen hat, hat er auch den Teil seiner Persönlichkeit unterdrückt, den der jüngere Bruder auslebte und der durch Wut, Extravaganz und eine »Zum-Teufel-damit«-Haltung charakterisiert war. Eddy, so dachte ich, hatte wahrscheinlich wirklich viel Spaß daran, als »Papa« in seiner Firma junge Manager zu erziehen, und er wurde dadurch wohl auch manchen Ärger los, den er mit Roy hatte. Aber irgendwo fühlte er sich auch nicht so frei, wie er es gerne gewesen wäre.

Aber das sagte ich ihm nicht. Als wir das Restaurant verließen, nickte Roy ihm eisig zu, und Eddy drehte sich wütend weg.

»Warum halten Sie diese Beziehung aufrecht?« fragte ich.

»Das ist meine Pflicht als älterer Bruder«, erwiderte er trocken.

»Nur deshalb?«

»Und weil er mein Bruder ist, im Guten wie im Bösen. Er braucht mich, und es ist gut, wenn man gebraucht wird«, fügte er hinzu.

Und mit Nachdruck: »Wenn wir gerade keinen Streit haben, dann vertraue ich ihm. Ich vertraue ihm zutiefst. Ich habe nicht den geringsten Zweifel, daß ich mein Schicksal voll und ganz in seine Hände legen würde, wenn ich es müßte.«

Er lachte laut. »Und ich mag ihn, ich liebe ihn, Mistkerl, der er ist.«

»Vielleicht hat man ja deshalb Angst davor, mit dem großen Bruder oder der großen Schwester zu rivalisieren, weil sie einen umbringen würden.«

3. Die Jüngeren: zweite, mittlere und jüngste Geschwister

Das Interview mit Roy Deveau kam erst einige Monate nach dem Gespräch zustande, das ich mit seinem älteren Bruder Eddy in seinem Restaurant in Dallas geführt hatte. Inzwischen hatten die Brüder ihren Streit beigelegt. Roys Wut darüber, daß einer seiner homosexuellen Freunde keine Stelle in Eddys Firma bekommen hatte, hatte sich gelegt; Eddys Wut über Roys erpresserische Drohungen an den Personalchef war verflogen. Eddy und ich hatten auch nach meiner Abreise aus Dallas oft miteinander telefoniert. Eines Tages hatte er mich angerufen, um mir zu sagen, daß Roy nach New York käme, um sich Anregungen für die geplante Restauranterweiterung zu holen, und bereit wäre, mit mir zu reden. Jetzt, wo der Streit vorbei war, kehrte Roy, wie Eddy sagte, wieder seine »Schokoladenseite« hervor.

»So viele von seinen Freunden sind mittlerweile an AIDS gestorben«, hatte Eddy erklärt, »daß die Familie immer wichtiger für ihn wird. Für mich ist er ja auch sehr wichtig. Außerdem habe ich Angst um ihn, Angst, daß er sich mit AIDS anstecken könnte. Aber bis jetzt ist er offenbar ganz gesund, und er freut sich auf das Gespräch mit Ihnen.«

Wie es zu der Versöhnung gekommen war, erzählte er nicht. Nach dem, was ich in Dallas mitbekommen hatte, nahm ich an, er hätte den ersten Schritt getan, und Roy bestätigte das: »Er macht immer den Anfang. Manchmal glaube ich, es fällt ihm leichter, sich zu entschuldigen, als sich wirklich mit dem Thema auseinanderzusetzen.«

Ich war mir nicht sicher, ob mit dem »Thema« der Gegenstand des Streits oder Roys Homosexualität gemeint war, bekam aber auf meine Frage nur die vage Antwort, man könne das nicht trennen. Eddy hatte Roys Homosexualität zwar akzeptiert, erklärte sie aber mit den klassischen psychoanalytischen Theorien, wonach die Ablehnung durch den Vater und die Überbehütung durch die Mutter zu einer engen Identifikation mit ihr führt, in deren Folge die Liebe zu Männern entsteht. Roy dagegen war ein militanter Verfechter der These geworden, daß Homosexualität genetisch bedingt ist, also auf Anlage-, nicht auf Umwelteinflüsse zurückgeht. Seiner Meinung nach waren diese unterschiedlichen Einstellungen die Ursache für sämtliche Meinungsverschiedenheiten der Brüder.

»Aber ich streite mich nicht mehr darüber«, sagte Roy und bestätigte damit, was Eddy mir am Telefon gesagt hatte. »Ich habe zu viele Freunde sterben sehen, um weiter böse auf meinen Bruder zu sein.« Er wirkte zahmer, aber auch sehr viel entspannter als in Dallas, und hatte wenig Lust, die Geschichte des »Großen Streits«, wie er es nannte, noch einmal aufzurollen.

Wir hatten uns in einem neuen Restaurant im SoHo-Bezirk von New York getroffen, und Roy inspizierte erst einmal neugierig und interessiert die Einrichtung. Er betrachtete das Porzellan, das Silber, die Gläser und die anderen Ausstattungsgegenstände mit kritischem Blick und bewies dabei erneut sein Auge für Details, das wesentlich zu dem Erfolg seines Restaurants in Dallas beigetragen hatte.

»Eddy war von dem Erfolg meines Restaurants völlig überwältigt«, sagte er, als wir bestellt hatten. »Ich wollte nach dem Studium zum Theater, und er wußte nicht, was aus mir werden würde. Ich hatte damals selbst Angst, ich könnte auch so ein Versager werden wie mein Vater. Damals ging es mir in jeder Beziehung sehr schlecht.«

Als Roy von seinen damaligen Problemen, seinen Versuchen als Schauspieler und der Auseinandersetzung mit seiner Homosexualität erzählte, wirkte er nicht mehr so gereizt und zickig wie in Dallas. Seine Schilderung bewies Intelligenz und Sensibilität.

Die Idee, ein Restaurant zu eröffnen, hatte ein Freund gehabt, ebenfalls ein Möchtegern-Schauspieler. Die beiden waren durch Europa gereist und hatten bei den besten Köchen gelernt. Nach Roys Rückkehr hatte ihm sein Bruder geholfen, das Geld für das Restaurant zusammenzubekommen, obwohl er, wie Roy sagte, »nicht ernsthaft damit gerechnet hatte, daß die Sache klappen würde«.

Aber es hatte geklappt, und zwar sehr gut. Beziehungen, sorgfältige Planung und natürlich auch Glück sorgten dafür, daß das Restaurant in der Presse enthusiastisch bejubelt wurde. Aber trotz des Erfolgs war es das

Verhalten von Eddy und seiner Frau am Eröffnungstag, das Roy am meisten beschäftigte:

»Ich lief herum, begrüßte die Gäste und setzte mich für eine Weile zu Eddy und Sue an den Tisch. Sie haben einfach weitergegessen und kein Wort über das Restaurant oder das Essen verloren. Ich war außer mir vor Angst. Eddy ist der einzige Mensch auf der Welt, dem ich wirklich imponieren will, und dann sitzt er da und sagt einfach nichts. Später hat er gesagt, das Ganze hätte ihnen einfach die Sprache verschlagen, vor allem die Tatsache, daß der kleine Roy das so gut hingekriegt hat.«

Roy lächelte hingerissen. Er genoß die Erinnerung an die Ehrfurcht seines älteren Bruders angesichts seiner Leistung. »Es hat lange gedauert, bis Eddy mich ernst genommen hat, egal, worum es ging. Aber da mich heute die Öffentlichkeit ernst nimmt, nimmt er mich auch ernst.«

Von Eddy ernst genommen zu werden war das Leitmotiv unseres ganzen Gesprächs. Trotz seiner vielen homo- und heterosexuellen Freunde, der Unzahl von Stammkunden und seiner Position als lokale Berühmtheit, die ihm das Restaurant und sein Ruf als Aktivist in der Schwulenbewegung eingetragen hatten, war Eddys Anerkennung für Roy das Wichtigste geblieben.

Mit Sicherheit jedenfalls war sie ihm weit wichtiger als die Anerkennung seiner Eltern. Roy sprach zwar mit einer gewissen Zuneigung von seiner Mutter (»Ich weiß noch, daß ich mir gesagt habe: ›Er ist Papas Liebling; also werde ich Mamas Liebling‹, und Mutter und ich hatten auch eine ganz besonders innige Beziehung, die hatte sie zu ihm nicht.«), aber beide Brüder waren sich einig, daß die Mutter besitzergreifend und herrisch war. Sehr viel negativer waren seine Gefühle zum Vater, der ihn ein Leben lang gedemütigt hatte. Seine Emotionen konzentrierten sich auf Eddy, seinen Beschützer, von dem er sagte: »Ganz tief drinnen hatte er Mitleid mit mir.«

Das hieße aber nicht, beeilte er sich hinzuzufügen, daß Eddy sich immer für ihn eingesetzt hätte. »Wenn Papa mich anbrüllte«, erzählte er mit ziemlicher Bitterkeit, »dann hat Eddy nicht eingegriffen und mich verteidigt. Schließlich war es für ihn durchaus ein Gewinn, daß *ich* derjenige war, der angebrüllt wurde.« Sein Ton wurde wieder weicher. »Ich weiß, daß er Schuldgefühle hat, weil er sich früher, als wir Kinder waren, nicht besser um mich gekümmert hat. Deshalb hat er auch später, als wir älter waren und er mir helfen konnte, die Unterstützung mit Zins und Zinseszinsen nachgeholt.«

Durch Eddy hatte Roy vor allem gelernt, daß das Unglück seines Vaters mit ihm selbst zu tun hatte, nicht mit irgend etwas, was Roy getan oder nicht getan hatte. Roy sagte: »Mein Vater war ein Muttersöhnchen, schwach und abhängig.« Dann fügte er Details aus der Familiengeschichte hinzu, die

Eddy ausgelassen hatte. Der Vater hatte sein Leben lang seinen eigenen großen Bruder verehrt, einen charismatischen, sehr erfolgreichen Öl-Baron, der ihn aber nur mit Verachtung und Geringschätzung behandelte. Selbst als er in der Wirtschaftskrise die Ranch aufgeben mußte, half ihm sein Bruder kaum. Nach seiner Psychoanalyse hatte sich Roy gefragt, ob sein Vater, selbst ein verachteter zweiter Sohn, vielleicht seinen Selbsthaß auf ihn, der ja ebenfalls der zweite Sohn war, projiziert haben könnte.

»Ich bin so froh«, sagte Roy halb im Scherz, halb ernsthaft, »daß Eddy einen Sohn und eine Tochter hat und daß der Fluch der zweiten Söhne in der Familie damit zu Ende ist.«

Aber trotz der Position des fluchbeladenen zweiten Sohnes hielt sich Roy doch auch für freier und unbelasteter als den Erstgeborenen, und zwar gerade wegen seiner geringeren Verbindung mit der Familie. Er hatte etwas riskiert, sowohl bei seinen Versuchen, Schauspieler zu werden, als auch mit der Eröffnung des Restaurants. Eddy wäre solche Risiken nie eingegangen. »Eddy«, erklärte Roy mit einem unüberhörbaren Unterton von Überlegenheit, »Eddy ist viel konventioneller als ich.«

Als Beispiel für Eddys konventionelle Einstellung erzählte Roy mit beträchtlicher Abneigung von der Sammlung amerikanischer Kunst, die Eddy mit leidenschaftlichem Eifer zusammentrug. Eddys Sammlung von Antiquitäten und Gemälden aus der Kolonialzeit hatte mittlerweile einige Beachtung in der Kunstwelt gefunden, aber für Roy war sie nichts weiter als »eine greifbare Demonstration all dessen, was er erreicht hat«; ein Anzeichen für eine besondere Sensibilität konnte er darin nicht erkennen.

»Glauben Sie, daß Sie mit Eddy rivalisieren?« fragte ich, weil ich wußte, wie stolz Roy auf seinen kultivierten künstlerischen Geschmack war.

»Ich habe mich nie für Eddys Rivalen gehalten«, erwiderte er indigniert. »Diese Sammelgeschichte ärgert mich, weil sie wie eine Proklamation ist, ein Symbol, mit dem Eddy der Welt verkündet: ›Seht her, ich kann mir das Beste leisten.‹«

»Haben Sie je das Gefühl gehabt, er hätte mehr erreicht als Sie?«

»Oberflächlich betrachtet hat er das wohl. Aber mir war immer klar, daß ich ihn eines Tages übertreffen würde, und ich glaube, jetzt ist es langsam soweit. Sehen Sie, in mancher Beziehung habe ich mehr erreicht, durch das Restaurant, durch meine Aktivitäten...«

Wahrscheinlich war ihm aufgefallen, daß er gerade mehr Rivalität verriet, als er zugeben wollte, denn er sah mich an und sagte mit unsicherer Stimme: »Es fällt mir schwer, meine Leistung im Verhältnis zu seiner zu bewerten. Nach der Eröffnung, als klar wurde, daß das Restaurant ein Erfolg war, habe ich einen sehr schweren Anfall von Angst gehabt und bin nochmal zum Psychotherapeuten gegangen. Dabei habe ich erkannt, daß ich nach all den Jahren der Demütigung durch meinen Vater, nach all den Jahren, in denen ich zu Eddy aufgesehen hatte, mit der Tatsache kaum umgehen konnte, daß ich etwas getan hatte, auf das ich stolz sein konnte.« Er wandte den Blick ab und starrte vor sich hin.

Dann kam er auf meine Ausgangsfrage zurück. »Vielleicht will ich meine Konkurrenzhaltung nicht sehen«, sagte er, als ob er sich von diesem Etikett befreien wollte, »weil ich Angst vor Konkurrenz habe.« Wieder dachte er nach. »Vielleicht hat man Angst, mit dem großen Bruder oder der großen Schwester zu rivalisieren, weil sie eifersüchtig werden könnten. Oder vielleicht hat man Angst zu konkurrieren, weil sie einen umbringen könnten.« Erschreckt von diesem Gedanken, sah er mich an und meinte: »Ich habe darüber noch nie nachgedacht, vielleicht sollte ich das aber mal tun.«

Und dann lachte er los und meinte, anscheinend froh, das Thema wechseln zu können: »Sehen Sie sich mal um. Wir sind die letzten Gäste. Sie fangen schon an, fürs Abendessen zu decken. Wir gehen besser, bevor sie uns rauswerfen.«

Als er auf die Rechnung wartete, die er unbedingt bezahlen wollte, obwohl ich ihn eingeladen hatte, sprach er von der Nähe zwischen Eddy und ihm. Diese Nähe fanden beide in keiner anderen Beziehung, und sie überwog bei weitem die immer wiederkehrenden Streitereien zwischen ihnen. »Er war der erste, dem ich erzählt habe, daß ich schwul bin«, sagte er, »und das war die wichtigste Aussprache meines Lebens. Aber es ist nicht nur eine einseitige Angelegenheit. Es gibt Dinge, die wir beide mit niemand anderem bereden würden, und Eddy spricht mit mir über Sachen, über die er nicht einmal mit Sue spricht.«

Er hatte sich wieder entspannt; anscheinend fiel ihm ein Gespräch über Nähe leichter als über Leistung und Konkurrenz. Ich wußte aus Gesprächen mit Eddy, daß Roy die Wahrheit sagte. So gut Eddys Ehe auch war (und mir schien, daß er eine ausgesprochen gute Ehe führte), gab es doch einen Teil seiner Persönlichkeit, den nur Roy kannte. Als erwachsene Männer blieben sie, was sie immer waren: Eddy der beschützende, väterliche Bruder, der manchmal wütend und ärgerlich und gelegentlich auch neidisch war, aber immer loyal, immer zuverlässig, der seinem jüngeren Bruder vertraute und dessen bedingungsloses Vertrauen besaß; Roy der anbetende und abhängige Bruder, manchmal voll Groll und Rivalität, der irgendwo tief innen auch davon träumte, den älteren Bruder zu übertreffen, aber mehr als alles in der Welt von eben diesem Bruder ernst genommen, anerkannt und bewundert werden wollte.

»In all meinen Beziehungen, ganz gleich ob zu Freunden oder zu Kollegen«, hatte Roy zu Anfang unseres Gesprächs gesagt, »fühle ich mich wie der Jüngste, wie der kleine Bruder, selbst dann, wenn ich der Ältere bin.« Als wir uns verabschiedeten, bedankte er sich dafür, daß ich ihm zugehört hatte. Dann sagte er: »Ich bin 45 Jahre alt, aber in meinen Augen bin ich immer noch ein Junge. Meinen Sie, das geht allen jüngeren Geschwistern so?«

Die Situation jüngerer Geschwister mit ihren Träumen und Grenzen, ihrem Ehrgeiz und ihren Ängsten hat die Menschheit schon immer beschäftigt. Von der Antike bis in die heutige Zeit regierte das Erstgeburtsrecht, das dem ältesten Kind (in der Regel dem ältesten Sohn) das Familienerbe und die Position als Familienoberhaupt überträgt. Aber trotzdem sind es die jüngeren Geschwister, die in der religiösen Überlieferung, in Mythen und Märchen hervorgehoben werden.

Immer wieder übertreffen in der Bibel jüngere Geschwister die älteren: Isaak setzt sich gegen seinen älteren Bruder Ismael durch, Jakob nimmt seinem Zwillingsbruder Esau das Erstgeburtsrecht und den Segen seines Vaters weg. Rachel und nicht ihre ältere Schwester Leah gewinnt Jakob zum Mann; Joseph, der von seinen älteren Brüdern in die Sklaverei verkauft wurde, steigt zum mächtigen Minister des Pharaos auf, und nicht Aron, sondern sein jüngerer Bruder Moses führt die Israeliten aus Ägypten in das Land der Verheißung.

»Das liegt wohl daran«, erklärte Dr. Neubauer, »daß die Erstgeborenen von Geburt an Privilegien besitzen, während sich die nachfolgenden Geschwister die Privilegien durch ihre Taten erwerben müssen«. Es kann aber auch sein, daß die biblischen Geschichten, in denen die jüngeren Geschwister über die ältesten triumphieren, die Botschaft vermitteln sollen, daß es nichts Festes und Unveränderliches in der Welt gibt und selbst die natürliche Ordnung umkehrbar ist.

Auch in Mythen und Märchen sind die jüngsten Kinder die Sieger und bekommen den Preis, die Prinzessin oder den Sack voll Gold. Nach einer Analyse von über 100 Märchen der Gebrüder Grimm »gewinnt« in 92 Prozent aller Geschichten, in denen drei Kinder vorkommen, das dritte und in 66 Prozent aller Geschichten, in denen sieben Kinder vorkommen, das jüngste. In vielen dieser Märchen ist das jüngste Kind zunächst das langsamste, der Dummkopf, auf den die anderen herabsehen, und wächst dann zum Helden heran.

Für den Psychologen Bruno Bettelheim, der Märchen und Mythen aus psychoanalytischer Sicht untersucht hat, spiegelt diese Darstellung die Gefühle vieler jüngerer Kinder. Trotz aller Intelligenz halten sie sich im Vergleich zu den älteren Geschwistern und den Eltern für dumm und unzulänglich. Das Happy-End bietet kleinen Kindern die Hoffnung, mit den anderen nicht nur gleichziehen, sondern sie schlagen zu können. (Aber vielleicht waren die Autoren von Mythen und Märchen ja auch nur jüngere Geschwister mit Rachegelüsten.)

Was haben die biblischen Geschichten, die Mythen und Märchen mit der Wirklichkeit gemeinsam? Was bedeutet es in der Kindheit, ältere Geschwister zu haben? Was bedeutet es im Erwachsenenalter?

Für jüngere Geschwister gibt es in der Geschwisterreihenfolge viele unterschiedliche Plätze. Der Platz des zweiten Kindes kann in einer vierköpfigen Familie gleichbedeutend mit der Position des jüngsten, in größeren Familien mit der des mittleren sein. Dennoch ähneln sich häufig die Interaktionen von jüngeren und älteren Geschwistern, ganz unabhängig von ihrem spezifischen Platz in der Geschwisterreihenfolge. Im folgenden befasse ich mich zunächst mit diesen Gemeinsamkeiten in den Interaktionen; anschließend mit einigen spezifischen Merkmalen der einzelnen Positionen in der Geschwisterreihenfolge.

Die Forschung über Geschwisterreihenfolge beschreibt nachgeborene Kinder oftmals als »freundlich« und »diplomatisch«, wobei diese sozialen Eigenschaften aus den Fertigkeiten abgeleitet werden, die sie entwickelten, um mit ihren dominanten älteren Geschwistern zurechtzukommen. Gleichzeitig gelten nachgeborene Kinder aber auch als »manipulativ« und »pragmatisch« (Niccolò Machiavelli, einer der größten Pragmatiker aller Zeiten, war ein jüngerer Sohn), als Personen, die sich leichter auf Probleme einstellen und auf Veränderungen einlassen können als Erstgeborene, die stur an ihren Positionen und Überzeugungen festhalten.

Ähnlich argumentiert der Wissenschaftshistoriker Frank J. Sulloway, der festgestellt hat, daß jüngere Geschwister dazu neigen, etablierte wissenschaftliche Theorien in Frage zu stellen, während Erstgeborene sie eher verteidigen. Seine Analyse der Teilnehmer an den wichtigsten naturwissenschaftlichen Kontroversen der letzten 400 Jahre hat gezeigt, daß zu denen, die die Revolutionen im wissenschaftlichen Denken ausgelöst haben, sehr viele jüngere Geschwister gehörten, während unter denjenigen, die den Status quo eisern verteidigten, überdurchschnittlich viele Einzelkinder und Älteste waren. Kopernikus zum Beispiel, der erbittert für seine These stritt, daß sich die Erde um die Sonne dreht und nicht, wie seine Zeitgenossen glaubten, die Sonne um die Erde, war der zweite Sohn von vier Kindern, sein wichtigster Opponent, Tycho Brahe, ein Einzelkind. Charles Darwin, ebenfalls ein jüngerer Sohn, hat die traditionelle Vorstellung über die Schöpfung mit seiner Theorie von der Evolution und der natürlichen Auslese für immer widerlegt. Viele seiner entschiedensten Gegner waren Erstgeborene. Sulloway ist der Meinung, daß jüngere Geschwister freier gegen die Konventionen rebellieren können, weil sie in der Kindheit nicht so stark an die elterliche Autorität gebunden sind und zudem im Widerstand gegen die Autorität der älteren Geschwister Erfahrungen sammeln können.

Stark verallgemeinernde Schlußfolgerungen über die Auswirkungen der Geschwisterreihenfolge auf jüngere Geschwister haben einer gründlichen Überprüfung ebensowenig standgehalten wie die Theorien über Erstgeborene. Wie sich herausgestellt hat, haben andere Faktoren, zum Beispiel die Größe und die Schichtzugehörigkeit der Familie, einen größeren Einfluß. Sulloways Argumentation müßte zumindest durch weitere Untersuchungen anderer Wissenschaftler erhärtet werden, bevor man definitiv davon ausgehen könnte, daß sich Revolutionäre und Rebellen aus den Reihen der Nachgeborenen rekrutieren. Aber wie bei den Theorien über die ältesten Geschwister haben Sulloway und andere insofern recht, als jüngere Geschwister, die durch ihre älteren Brüder oder Schwestern einen größeren Abstand zu den Eltern haben, sich nicht so stark mit der elterlichen Autorität identifizieren und auch nicht so abhängig sind von der elterlichen Anerkennung wie die ältesten. Dieser Abstand kann ihnen ein gewisses Maß an Freiheit und Unabhängigkeit bieten, das ältere Geschwister nicht haben.

Wichtiger ist die starke Bindung der jüngeren Kinder an die älteren, wie diverse Studien über die Geschwisterreihenfolge bestätigen. Jüngere Kinder haben nie eine Welt ohne ältere Geschwister kennengelernt, und sie benutzen die älteren als Maßstab: sie vergöttern die älteren, ahmen sie nach und versuchen, sich von ihnen abzulösen. Und die Macht-Interaktionen mit den jüngeren prägen die Selbstbilder der ältesten ebenso wie die der jüngeren – Selbstbilder übrigens, die meist wenig Ähnlichkeit mit den Bildern haben, die sich andere von ihnen machen.

Einer der wenigen Psychologen der Moderne, die sich ernsthaft mit den Selbstbildern und dem inneren Leben jüngerer Geschwister beschäftigt haben, war Alfred Adler, ein Freud-Schüler, der aber mit dem Meister brach, um seine eigenen Theorien zur menschlichen Psyche weiterzuentwickeln. Freuds Perspektive war die des ältesten Bruders, Adlers die des zweiten von vier Brüdern und zwei Schwestern. Für Freud stand das Verhältnis zwischen Kindern und Eltern im Mittelpunkt, für Adler das zwischen Kindern und Kindern. Wo Freud sich bei der Persönlichkeitsentwicklung auf die ödipalen Konflikte konzentrierte, sah Adler Auseinandersetzungen um Macht und Herrschaft. Freud erwartete konformes Verhalten von seinen Schülern und duldete keinerlei Kritik, Adler wollte selbständig und unabhängig sein.

»Glauben Sie, ich will mein Leben lang in Ihrem Schatten stehen?«, wetterte Adler einmal gegen Freud, ganz wie ein jüngerer Bruder, der den älteren zwingen will, seinen Thron aufzugeben. Und Freud, der sich über Adlers

»Bemühen... um einen Platz an der Sonne« ärgerte, schloß ihn aus seinem Schülerkreis aus.

Laut Adler sind alle Kinder mit Minderwertigkeits- und Hilflosigkeitsgefühlen angesichts einer überwältigenden Erwachsenenwelt konfrontiert: »Bedenkt man, daß eigentlich jedes Kind ... ohne ein erhebliches Maß von Gemeinschaftsgefühl der ihm nahestehenden Menschen gar nicht bestehen könnte, ... dann muß man annehmen, daß am Beginn jedes seelischen Lebens ein mehr oder weniger tiefes Minderwertigkeitsgefühl steht. Dies ist die treibende Kraft, der Punkt, von dem alle Bestrebungen des Kindes ausgehen und sich entwickeln...« Vor allem die jüngeren Kinder leiden laut Adler unter Minderwertigkeits- und Unzulänglichkeitsgefühlen, weil sie andauernd mit ihren stärkeren Geschwistern konfrontiert sind. Die zweiten Kinder sind unter Umständen neidisch, fühlen sich vernachlässigt oder nicht beachtet, und die jüngsten Kinder aus großen Familien haben spezielle Schwierigkeiten, weil sie nicht nur jünger sind als die anderen, sondern auch die »Kleinste(n) und infolgedessen Bedürftigste(n)«.

Adler geht davon aus, daß für die älteren Kinder ihre Machtstellung in der Familie selbstverständlich ist, während die jüngeren darum kämpfen müssen. Aber auch während dieser Kämpfe, ja sogar, wenn sie die älteren besiegt haben, bleibt das Minderwertigkeitsgefühl. »An sich«, sagte Adler, braucht »das nicht der Fall zu sein, es kommt nicht darauf an, was objektiv vorhanden ist, ob ein Mensch wirklich minderwertig ist, sondern darauf, was er darüber fühlt«. Jüngere Kinder halten ihre Situation immer für schlechter als die der älteren und sehen sich unweigerlich im Nachteil.

Zumindest für die Zeit der Kindheit haben neuere Forschungen Belege für diese Selbstsicht erbracht. Bei Beobachtungen kleiner Kinder in ihren Familien haben Psychologen festgestellt, daß jüngere Geschwister zu geringerem Selbstwertgefühl tendieren als ihre älteren Brüder und Schwestern. Dafür gibt es zwei Gründe: Einmal sind die jüngeren Geschwister, wie schon Adler feststellte, ständig mit der Tatsache konfrontiert, daß die älteren größer und fähiger sind als sie. Aber viel verheerender wirken sich die Kritik, die Herabsetzung und die gönnerhafte Zurückweisung aus, mit der viele ältere Geschwister die Ideen und Bemühungen der jüngeren abtun.

So schrieb zum Beispiel Stanislaus Joyce, der jüngere Bruder von James Joyce, auf den sich James in allem verließ, vom Geld bis zu den Ideen für seine Geschichten, mit 18 Jahren in sein Tagebuch:

»Es ist schrecklich, einen klugen älteren Bruder zu haben... Ich stelle fest, daß er mich für gewöhnlich und uninteressant hält – er bemüht sich gar nicht, das zu verbergen, und obwohl ich seiner Meinung nur beipflichten kann, kann man doch nicht von mir erwarten, daß mir das gefällt. Aber keiner von uns hat die Macht, das zu verändern.«

Manchmal tragen die Eltern unabsichtlich zu solchen negativen Selbstbildern von jüngeren Kinder bei, indem sie die Überlegenheitsgefühle und damit das entsprechende Verhalten der älteren fördern. Wenn Eltern Schuldgefühle haben, weil sie glauben, mit der Geburt des zweiten Kindes die glückliche Welt des ersten zerstört zu haben, versuchen sie unter Umständen, die Bedeutung dieses neuen Kindes herunterzuspielen, etwa, indem sie es nicht beim Namen nennen, sondern ständig als das »Baby« bezeichnen, das »noch nichts allein machen kann«, und die vergleichsweise größeren Fähigkeiten oder die größere Intelligenz des älteren lobend hervorheben. Der Wunsch der Eltern, dem älteren Kind zu zeigen, daß es durch das jüngere nicht bedroht wird, führt beim jüngeren oft zu dem Gefühl, von dem älteren in den Schatten gestellt zu werden.

Die Selbstzweifel der jüngeren Geschwister werden zusätzlich durch die Erkenntnis verstärkt, daß schon ihre bloße Existenz bei den älteren Irritation, Eifersucht und Wut auslösen kann. Viele jüngere Geschwister spüren genau, daß sie den angebeteten älteren Geschwistern oft lästig sind, auch wenn sie den Grund dafür nicht verstehen. Es war Roy und nicht Eddy, der die folgende Anekdote erzählte, die zum festen Bestandteil der Familienlegende geworden war: Kurz nach Roys Geburt hatte der Großvater Eddy von dem wunderschönen neuen Baby erzählt, das sie bekommen hätten. Eddy war daraufhin den ganzen Weg zum Krankenhaus gerannt, um das Baby zu sehen, und hatte nach einem Blick auf seinen kleinen Bruder empört gesagt: »Mensch, ist Opa aber ein Lügner!«

Und Roy setzte wehmütig hinzu: »Ich glaube, er hätte ohne mich leben können. Ich hätte ohne ihn nie leben können.«

Neben den Machtdemonstrationen der älteren Kinder trägt dieses instinktive Wissen von jüngeren Geschwistern, daß die älteren auch ohne sie hätten leben können und tatsächlich ja auch ohne sie gelebt haben, wesentlich zu ihren Minderwertigkeitsgefühlen bei.

Aber das geringe Selbstwertgefühl jüngerer Geschwister und die Verachtung der älteren ist nur eine und nicht einmal die wichtigste Seite der Beziehungen zwischen jüngeren und älteren Geschwistern. Denn trotz aller Verunsicherungen durch die älteren genießen die jüngeren durch die schützende Anwesenheit der großen Brüder und Schwestern oft auch beträchtliche Sicherheit. Beobachtungen von Säuglingen, die sich ohne ihre Mütter in einem Spielzimmer aufhielten, haben gezeigt, daß sie seltener weinten und häufiger lächelten, wenn ihre älteren Geschwister anwesend waren, sogar bei sehr geringem Altersunterschied. Wenn ältere Geschwister dabei sind, gehen Kleinkinder auch ohne Angst weiter von der Mutter weg als sonst.

Von den frühesten Kindheitsjahren an sehen die jüngeren Geschwister in den älteren eine Art Halbgötter, die dicht hinter den Göttern, also Vater und Mutter, rangieren. Sie sehen zu ihren großen Brüdern und Schwestern auf, laufen hinter ihnen her, wollen unbedingt mit ihnen spielen, sehnen sich nach ihrer Anerkennung und wollen nach Möglichkeit sein wie sie. Und genau da liegt der Hase im Pfeffer. Denn in diesem Wunsch steckt der möglicherweise wichtigste Aspekt der Interaktionen jüngerer Geschwister mit den älteren: das Bemühen, die älteren Geschwister einzuholen oder sie zu übertreffen – laut Adler die logische Konsequenz ihrer Minderwertigkeits- und Unzulänglichkeitsgefühle. Mit zwei oder drei Jahren kommt die Zeit, wo der Wunsch, so zu sein wie die älteren, sich in eine zwanghafte Leidenschaft verwandelt und die jüngeren sich nicht mehr damit zufriedengeben, zu dem allmächtigen anderen aufzublicken. Sie wollen jetzt all das haben, was die älteren besitzen, dahingehen, wo die älteren hingehen, sein, was die älteren sind – und besser sein.

Die neun Monate alte Jennifer läßt sich nicht aus der Ruhe bringen, wenn der 22 Monate ältere Bruder John sich ihr gegenüber aggressiv und rivalisierend verhält. Aber mit drei Jahren, das zeigen die Aufzeichnungen der Psychologin, die sie beobachtet hat, initiiert sie fast genauso viele Streits wie John, streitet sich mit ihm um Gegenstände und reagiert wütend, wenn er ihr etwas wegnimmt. Jetzt ist Konkurrenz für Jennifer mehr als die Rivalität um die Aufmerksamkeit der Eltern; sie will nicht so sehr die Eltern, sondern den Bruder beeindrucken. Aber vor allem will sie sich mit ihm messen. Sie ist zutiefst verzweifelt darüber, daß er ihr in Alter und Leistung immer voraus sein wird und sie deshalb seine Vorrangstellung nie wird brechen können.

Die Nachgeborenen bringen mit ihrem Bestreben, ihren älteren Geschwistern zu gleichen, nach und nach die Hierarchie in der Familie durcheinander. Die Psychologen Sutton-Smith und Rosenberg haben die Beziehungsstrukturen zwischen Geschwistern im Kindesalter mit den Strukturen anderer gesellschaftlicher Gruppen verglichen und festgestellt, daß die Geschwistergruppe solange im Gleichgewicht ist und nur geringen Konfliktstoff liefert, wie die Mitglieder ihre Positionen behalten, das heißt solange, wie die älteren ihre Autorität bewahren können und die jüngeren diese Autorität akzeptieren. In dem Moment, in dem die jüngeren Geschwister die Herrschaft der älteren nicht mehr vorbehaltlos akzeptieren, kommt es zu einer Störung im Gleichgewicht der Geschwistergruppe. Die jüngeren bieten dann trotz der ungebrochenen Bewunderung, Abhängigkeit und Anerkennungswünsche alle Kräfte auf, um sich eine andere Position zu erkämpfen.

Dabei benutzen sie andere Strategien als die körperlich und intellektuell überlegenen älteren Geschwister. Im Gegensatz zu dem relativ beherrschten Verhalten und den subtileren Methoden der älteren rivalisieren die jüngeren meist direkter und machen lautstark, streitlustig oder schmollend klar, was sie wollen. Und wie die schwächeren Mitglieder anderer sozialer Gruppen suchen auch sie den Beistand Außenstehender, hier der Eltern, sobald sie sich geschlagen fühlen. Sie beschweren sich bei ihnen, kommen weinend zu ihnen gelaufen und verlangen Hilfe. Manche provozieren die älteren Geschwister sogar zu lautstarken Auseinandersetzungen, damit die Eltern herbeieilen und ihre Kleinen beschützen.

Wie in der Bibel oder im Märchen lernen viele jüngere Geschwister schon früh, ihr Unterlegenheitsgefühl abzuwehren, indem sie zurückschlagen und die etablierte Ordnung in Frage stellen. (Ohne übertriebene Verallgemeinerungen über die Konsequenzen der Geschwisterreihenfolge kann man Sulloway zustimmen, daß dieser frühe Widerstand jüngerer Geschwister gegen die älteren in manchen Fällen durchaus den Grundstein für eine rebellische und innovative Einstellung im Erwachsenenalter legen kann.)

Mit zunehmendem Alter werden die offenen Kämpfe seltener und hören im Erwachsenenalter, wenn die Geschwister ihren Platz und ihren Weg gefunden haben, in der Regel ganz auf. Jüngere Geschwister, die mit sich zufrieden sind, vergleichen ihre Fähigkeiten nicht mehr mit denen der anderen Kinder in der Familie. Andere träumen wie Roy weiterhin von Leistungen und von Möglichkeiten, die Geschwister eines Tages zu übertreffen. Und wieder andere geben es auf, mit den älteren Schritt halten zu wollen; sie versuchen erst gar nicht, nach etwas zu greifen, was die anderen bereits erreicht haben. So schrieb eine Büroangestellte in den Fragebogen: »Schwer, es meinen älteren Brüdern, den Einser-Schülern, gleichzutun. Sie wurden Ingenieure. Ich wurde das schwarze Schaf und habe ein anderes schwarzes Schaf geheiratet. Na gut.«

Aber ob sie das Rennen nun aufgegeben haben oder weiter versuchen zu gewinnen, ob sie achtzehn oder ob sie achtzig sind, jüngere Geschwister reagieren auch als Erwachsene hochsensibel und mit einer charakteristischen Wut auf die kleinsten Anzeichen von Machtausübung der Ältesten, die sie an die Ungleichheit erinnern, die ihre frühen Lebensjahre geprägt hat. Für sie sind die Ouvertüren der Machtspiele unverkennbar, etwa wie bei einer alten Schallplatte aus der Kinderzeit, bei der man Text und Melodie trotz aller Kratzer und Verzerrungen problemlos wiedererkennt.

Die häufigsten Klagen der jüngeren Geschwister in meiner Untersuchung kreisten um die Manöver, mit denen die älteren ihre Macht aufrechtzuerhalten versuchten, um die Selbstherrlichkeit, mit der sie auf den Rechten und der Verantwortung ihrer früheren Position beharrten.

Dieses Motiv hat fast endlose Variationen.

Die dritte Tochter aus einer Familie mit vier Kindern: »Meine älteste

Schwester packt mich in Watte. Das ist ihre spezielle Art zu konkurrieren. Sie sorgt sich um mich, bemuttert mich, erdrückt mich. Damit versucht sie, mich unterm Daumen zu halten. Ich reagiere darauf, indem ich möglichst auf Distanz gehe.«

Eine andere Frau, die zweite von drei Schwestern: »Vor ein paar Monaten habe ich beim Bridgespiel mit meiner älteren Schwester einen Fehler gemacht. Sie ist sofort auf mich losgegangen und hat mich vor allen anderen fertiggemacht. Später hat sie sich dann entschuldigt, aber danach hat sie gesagt: ›Du warst aber auch dumm.‹ Ich muß immer noch weinen, wenn ich daran denke. Es ist einfach so typisch für ihr Verhalten mir gegenüber.« Diese Frau war 73, ihre Schwester 78 Jahre alt.

Und eine 46jährige Frau erklärte: »Wenn mein Mann und ich unseren Urlaub planen, ruft mich mein älterer Bruder mehrmals an und empfiehlt uns ein Hotel, das er kennt. Wenn wir ein neues Auto kaufen wollen, dann drängt er uns, die Marke zu kaufen, die er selbst fährt, denn ein besseres Auto gibt es nicht. Wenn mein Sohn sich fürs College bewirbt, macht mein Bruder auf hundert verschiedene Arten klar, welches College *er* für das beste hält. Nehme ich seine Ratschläge nicht an, dann läßt er mich sehr deutlich spüren, wieviel besser es für mich gewesen wäre, wenn ich auf ihn gehört hätte. Wenn ich mich an seine Ratschläge halte, kann ich nie genau sagen, ob ich wirklich seiner Meinung bin oder einfach nicht den Mut aufbringe, mich wegen jeder Kleinigkeit gegen ihn zu wehren.«

»Vor einem Jahr habe ich durchgesetzt, daß mein Bruder mich nicht mehr ›Bruder‹ nennt«, sagte der 28jährige Thomas in einem sehr emotionalen Interview.

»Was ist so schlimm daran, wenn man ›Bruder‹ genannt wird?«, fragte ich.

»Sie verstehen das nicht. Er hat nie Tom zu mir gesagt wie alle anderen. Als er angefangen hat, mich ›Bruder‹ zu nennen, waren wir noch sehr klein. Ich bin schließlich zu dem Schluß gekommen, daß er mich dadurch wunderbar kleinhalten konnte. Es ist mir sehr schwergefallen, mich durchzusetzen, aber ich habe es geschafft.«

»Wie hat er reagiert?«

»Es war ein Schock für ihn. Zuerst klang es sehr steif, wenn er mich beim Namen nannte. Aber er hat sich daran gewöhnt, er nennt mich nicht mehr ›Bruder‹.«

Für die ältesten und älteren Geschwister sind solche Klagen meist nur reiner Neid und Ablehnung ihrer bloßen Existenz, und in gewisser Weise haben sie damit nicht unrecht. Aber im Erwachsenenalter richten sich solche Klagen auch gegen die Anmaßung einer Überlegenheit, die nicht mehr gerechtfertigt ist, und gegen Privilegien, obwohl beide Seiten längst denselben Status haben. »Gib's auf«, rufen die jüngeren. »Hör auf, den Chef hervorzukehren, hör auf mit dem Dirigieren, hör auf, den Herrn im Haus zu spielen. Du bist nicht mehr größer und klüger.«

Aber dann sagte der Mann, dessen Bruder ihn endlich beim Namen nannte, plötzlich: »Im Grunde vermisse ich es.«

»Was vermissen Sie?«

»Bruder‹ genannt zu werden. Bei dem Namen war auch Zärtlichkeit im Spiel. Wir haben zwei jüngere Schwestern, und ich war der einzige Mensch auf der Welt, den er ›Bruder‹ nennen konnte. Er hat ja auch für mich gesorgt, und da gehörte das dazu.«

Ich stellte also fest (was ich natürlich schon immer wußte), daß in den Klagen der jüngeren Geschwister auch das gegenteilige Element steckt: sie *suchen* die Autorität des Älteren, sie wollen abhängig sein, in Obhut genommen werden. Denn wenn der Schutz der jüngeren Geschwister zum Wesen der oder des Ältesten gehört, egal in welchem Alter, dann gehört es unabhängig vom Alter auch zum Wesen der oder des Jüngeren, vom Älteren beschützt werden zu wollen.

Bei manchen jüngeren Geschwistern ist diese Abhängigkeit extrem. Roy Deveau, der darauf zählte, daß Eddy unabhängig von seinem Verhalten seine Finanzen regelte, ihn verstand und ihm verzieh, kam diesem Extrem schon sehr nahe. Andere werden aus Angst, die Hilfe und Unterstützung der Älteren zu verlieren, bei der Heirat oder bei einem Umzug der älteren Geschwister depressiv und äußern gelegentlich sogar Selbstmordabsichten.

Die blinde Verehrung, die manche jüngeren Geschwister den älteren ihr ganzes Leben lang entgegenbringen, ist eine andere Form von Abhängigkeit. Der 39jährige Daniel, ein sehr angesehener Professor, schwärmte bei unserem Interview stundenlang von der phantastischen Persönlichkeit seines fünf Jahre älteren Bruders Richard. Richard war in seinen Augen ein »Gigant«, ein »Glückskind«, ein »Held«. »Alles, was er je gemacht hat, habe ich auch ausprobiert, aber er konnte immer alles besser als ich, und das wird auch so bleiben«, sagte er. Daniel gab zu, daß er trotz aller Schwächen oder, wie er es ausdrückte, trotz der »tönernen Füße« seines Bruders, die er durchaus kannte, immer noch zu ihm aufsah. »Wenn ich mit ihm zusammen bin«, erklärte er, »dann habe ich das Gefühl, daß mir nichts passieren kann, einfach nur, weil ich bei ihm bin. Wenn ich mit ihm zusammen bin, kann ich mich wirklich entspannen.«

Der Richard, den ich dann schließlich traf, hatte wenig Ähnlichkeit mit dem Helden, den Daniel verehrte. Richard war ein ziemlich kleiner und rundlicher Mann mit einem roten Kopf, der mit seinen Fähigkeiten und Erfolgen prahlte. Meiner Meinung nach konnte er seinem besser aussehenden, bescheidenen jüngeren Bruder das Wasser nicht reichen. Aber er hatte es durch sein großes Mundwerk und seinen Altersvorsprung geschafft, Daniel von seiner Überlegenheit zu überzeugen, und diese Überzeugung prägte die Beziehung der Brüder immer noch.

Das Moment der Abhängigkeit schließt immer auch den Wunsch nach Anerkennung ein, und der wiederum das dringende Bedürfnis, von den älteren Geschwistern ernst genommen zu werden. Dieses Bedürfnis wurzelt in den ersten Jahren der Kindheit, als die älteren die Vorstellungen und Meinungen der jüngeren so unbekümmert abtaten, und wird im Erwachsenenalter nur noch drängender, wenn die älteren ihre Anerkennung bewußt oder unbewußt verweigern. So hatte sich Roy Deveau das Schweigen seines Bruders bei der Eröffnung seines Restaurant rational zwar damit erklären können, daß der Bruder von seiner Leistung überwältigt war, und diese Interpretation konnte durchaus richtig sein. Trotzdem war Eddys Schweigen für Roy verheerend, denn erst die ausgesprochene Anerkennung des Bruders konnte ihm den Wert der eigenen Leistung bestätigen.

Über ihrem starken Bedürfnis nach Anerkennung vergessen viele jüngere Geschwister, daß die älteren Geschwister umgekehrt auch *ihre* Anerkennung brauchen. Die Auswertung der Fragebögen ergab entgegen meiner Erwartung, daß fast genauso viele ältere wie jüngere Geschwister sich bei Bruder oder Schwester Rat holten. Und nicht wenige jüngere Geschwister sprachen in den Interviews von ihrer Verblüffung, wenn ihre Worte oder ihr Rat bei den älteren Wirkung zeigte. Eine Frau, die sich mit ihrer älteren Schwester zerstritten hatte, sagte, sie hätte nie gewußt, daß sie die Schwester so sehr verletzen könnte. »Ich wußte gar nicht, daß ich so viel Macht habe«, erklärte sie.

Trotz aller Abhängigkeit und Sehnsucht nach Anerkennung haben jüngere Geschwister aber *tatsächlich* eine beträchtliche Macht, und das wissen viele auch, trotz einer gewissen Blindheit auf diesem Gebiet. Die Macht der jüngeren im Erwachsenenleben beruht weitgehend darauf, daß sie den älteren gestatten, ihre Identität, also die Autorität, Führerrolle, Position und Posen des Ältesten, zu bewahren. Zum Teil lassen die jüngeren den älteren diese Macht, weil sie für sie selbst genauso tröstlich und natürlich ist, zum Teil auch aus einer uralten, primitiven Furcht vor der Rache der älteren, die sie, wie Roy sagte, »töten« könnten. Da sich Geschwister aber durch und durch kennen, wissen die jüngeren gleichzeitig auch ganz genau, daß die älteren ihren Status und den damit verbundenen Respekt, über den sie sich immer definiert haben, weiterhin *brauchen*, und das macht sie verletzbar. Wenn sie ihre Rolle als Jüngere weiterspielen, dann nicht zuletzt deshalb, um den älteren einen Gefallen zu tun und deren Selbstbild nicht zu gefährden.

Tom, der junge Mann, der seinen Namen eingefordert hatte, erörterte ausführlich seine anschließenden Bedenken: »Ich fühlte mich unterdrückt und mußte mich behaupten, aber ich fand es überhaupt nicht schön, ihn leiden zu sehen. Er ist in vieler Hinsicht viel unsicherer als ich, und er hat größere Bedürfnisse. Er muß einfach dominieren, er braucht das. Das war schon so, als wir noch Kinder waren, und deshalb hatte er auch wenig Freunde. Damals hat er mir leid getan, und ich wollte ihn beschützen. Und das ist bis heute so geblieben.«

Wer also war der stärkere Bruder in dem Film »Die fabelhaften Baker Boys«? Der Älteste, der die Entscheidungen traf, die Auftritte festlegte und selbstbewußt und selbstsicher auftrat? Oder doch der Jüngere, der ihm diese Rolle überließ, aber gleichzeitig genau wußte, daß er die Selbstsicherheit seines Bruders und vielleicht den Bruder selbst jederzeit zerstören konnte, einfach, indem er nicht mehr mitspielte? Wer war stärker, der väterliche, besorgte Eddy, der die Mätzchen des Jüngeren tolerierte, oder sein jüngerer Bruder Roy, der Eddy und all seine Motive durch und durch kannte, auch wenn er ihn weiterhin auf die Probe stellte?

Die Machtkämpfe zwischen jüngeren und älteren Geschwistern sind unabhängig vom Alter in Familien mit zwei Kindern und in größeren Familien zwischen dem ältesten und dem zweitältesten Kind am stärksten, ganz besonders dann, wenn der Altersunterschied zwischen ihnen gering ist. Denn wenn keine oder noch keine anderen Kinder da sind, können sich Konkurrenz und Wut, aber auch Schutz und Loyalität ungebremst und unvermindert auf den jeweils anderen konzentrieren.

Kommt ein drittes (oder ein viertes und fünftes) Kind dazu, ist die Intensität zwischen den älteren in der Regel schon fest etabliert und hält weiter an. Gleichzeitig entwickeln sich neue Rivalitäten, nicht nur um die Aufmerksamkeit der Eltern, sondern um die der Geschwister. Und es entstehen neue Kombinationen der Geschwisterbeziehungen, wenn das zweite (oder das dritte oder vierte) Kind zum mittleren wird und seinen Platz als Jüngstes räumen muß.

Die Rolle der mittleren Kinder bedarf noch einiger spezieller Anmerkungen. Mittlere Kinder haben eine ganz eigene Position in der Familie, weil sie gleichzeitig die Rolle des älteren und des jüngeren Kindes innehaben. Nach der Theorie der Geschwisterreihenfolge entwickeln sie Kompromißfähigkeit und diplomatisches Geschick, weil die Doppelrolle sie zwingt, sich einen Weg zu suchen zwischen denen, die über ihnen, und denen, die unter ihnen stehen. Oft genug bleibt ihnen nichts anderes übrig, als diese Doppelrolle alleine zu bewältigen, ohne die Hilfe der Eltern, die mit den Leistungen des Ältesten oder den Bedürfnissen des Jüngsten beschäftigt sind. Für Psychologen, die sich mit der Geschwisterreihenfolge beschäftigen, ist Richard Nixon, zweiter von fünf Brüdern, ein Paradebeispiel für ein mittleres Kind: Einerseits klagte er vor Journalisten, daß er »herumgeschubst« würde, andererseits erzielte er dank seines Verhandlungsgeschicks einen politischen Durchbruch bei den Gesprächen zwischen den USA und China.

In der Praxis kann die Position des mittleren Kindes allerdings auch viel komplizierter sein. Oft führt die Zwischenposition, die keine feste Rolle vorgibt, zu einem Selbstbild als »ewiger Außenseiter«, wie es ein Mann ausdrückte. Und eine 21jährige, dritte in einer Familie mit vier Kindern, sagte: »Meine ältere Schwester war die Älteste, mein älterer Bruder der älteste Sohn, mein jüngerer Bruder der Jüngste. Für mich blieb nichts Bestimmtes, ich hatte keinen eigenständigen Ort, und das habe ich gehaßt.« Eine Untersuchung über mittlere Kinder aus fünfköpfigen Familien hat solche Klagen untermauert: nach eigener Einschätzung und nach Einschätzung anderer sind sie seltener das Lieblingskind von Mutter oder Vater als die ältesten oder die jüngsten.

Trotzdem halten viele mittlere Kinder ihre Position für die beste. In der Untersuchung sehr großer Familien von Bossard und Boll hat sich herausgestellt, daß viele der anderen Kinder die mittleren um ihre Position beneideten und fanden, die ältesten hätten zuviel und die jüngsten zuwenig Verantwortung, aber die mittlere Position sei »gerade richtig«, befriedigend und sicher. Selbst in kleineren Familien genießen es die zweiten und dritten Kinder häufig, daß sie sowohl die jüngeren als auch die älteren sind. Sie haben die Möglichkeit, den Druck der älteren Geschwister an die jüngeren weiterzugeben, die in der Hackordnung unter ihnen stehen. Gleichzeitig wissen sie aber auch aus eigener Erfahrung, wie man sich auf der unteren Stufe der Geschwisterhierarchie fühlt, und gehen deshalb meist sensibel und sehr freundschaftlich mit den jüngeren Geschwistern um.

Am günstigsten ist die mittlere Position in großen wie in kleinen Familien, wenn das mittlere Kind ein anderes Geschlecht hat. Der erste Junge nach einem oder zwei Mädchen kann einen ganz besonderen Status bekommen, selbst wenn dann noch ein Bruder nachkommt; dasselbe gilt für das erste Mädchen. In Familien, in denen es nur Mädchen oder nur Jungen gibt, haben es die mittleren am schwersten, sich ihren eigenen Platz zu erobern. Manche konzentrieren sich dann auf Leistung oder Konkurrenz, andere suchen sich eigene, möglichst neue Bereiche und legen ihren Schwerpunkt bis ins Erwachsenenalter auf Unterschiede und Distanz.

Erleben jüngere Geschwister die »Entthronung« nach der Geburt eines Bruders oder einer Schwester ähnlich wie die ältesten? Ist ein zweites Kind, das seine Position als jüngstes aufgeben muß und in die Mitte rückt, oder ein drittes, das seinen Platz des Jüngsten für das vierte freimacht, genauso wütend und feindselig, wie es von ältesten Kindern bei der Geburt des zweiten behauptet wird? Meiner Meinung nach kann man diese Fragen bejahen, obwohl es bis jetzt noch wenig Material dazu gibt.

Die Untersuchung, die der Psychiater David Levy, der durch seine Forschungen zur Geschwisterrivalität bekannt geworden ist, in den dreißiger Jahren durchgeführt hat, spricht jedenfalls dafür. Levys Experimente mit südamerikanischen Indianerstämmen belegen, daß Kinder unabhängig vom kulturellen Hintergrund auf die Geburt eines neuen Kindes eifersüchtig und feindselig reagieren. Er hat zudem nachgewiesen, daß mittlere Kinder genauso eifersüchtig sein können wie älteste. Bei einem Experiment, in dem die Kinder mit Puppen spielten, die Eltern und Geschwister darstellten, sah sich die siebenjährige Marta, das neunte von zehn Kindern, eine Puppe an, die eine Babypuppe im Arm hielt, und sagte: »Wenn die Schwester die Kleine sieht, ist die Schwester unglücklich, weil die Mutter sie stillt.« Kurz darauf montierte sie der Puppe den Arm ab, der das Baby hielt. Einen weiteren Anhaltspunkt lieferte das Interview mit einer Ernährungswissenschaftlerin, zweitälteste aus einer Familie mit vier Kindern. Sie erzählte, daß sich nicht nur die Persönlichkeit, sondern auch das Aussehen ihrer jüngeren Schwester völlig verändert hatte, nachdem der jüngste Bruder zur Welt gekommen war. Tara, die Schwester, war ein sehr hübsches Baby gewesen, »mit lockigem Haar und Grübchen, ein Kind, bei dem die Leute auf der Straße stehenbleiben und in den Kinderwagen schauen ... immer freundlich, immer lachend.« Als dann das nächste Kind, Luke, zur Welt kommen sollte, wurden die älteren Kinder auf den Bauernhof eines Onkels geschickt, damit sich die Mutter erholen konnte. Bei ihrer Rückkehr fand die vierjährige Tara ihren neuen Bruder auf dem Arm der Mutter vor. Die älteren Schwestern wurden in die Versorgung des neuen Bruders eingebunden.

»Die arme Tara wurde beiseite geschoben, sie zählte nicht mehr«, sagte ihre Schwester. »Sie wurde das traurigste Kind, das ich je gesehen habe. Niemand beachtete sie, und sie hatte keine Freundinnen. Sie war auch plötzlich nicht mehr hübsch. Sie wurde eine richtige Heulsuse und weinte nur noch. Das hat bis zu ihrem Hochzeitstag nicht mehr aufgehört.«

Tara erinnerte sich nicht mehr daran, daß sie nach Lukes Geburt das »traurigste Kind« der Welt geworden war. Sie konnte nur sagen: »Ich war damals vier Jahre alt. Wenn man vier Jahre lang die Jüngste ist, dann ist das eine lange Zeit. Und dann kam Mutter plötzlich mit einem neuen Baby an, das kleiner und niedlicher war als ich und außerdem noch ein Junge. Ich war das dritte Mädchen der Familie, eine bedeutungslose Position. Es gab für mich viele Gründe, ihn abzulehnen.«

Als Erwachsene war Tara nach übereinstimmender Meinung der Geschwister die Schwester, der alle vertrauten, an die aber auch niemand so richtig herankam, die sich von ihnen allen ein bißchen fern hielt und sich keinem der Geschwister anvertraute, was sich vielleicht auf ihre plötzliche Isolation nach der Geburt des Bruders zurückführen ließ. Aber die Geschwister waren sich auch einig, daß Tara immer noch am meisten von der Anerkennung der Mutter abhängig war, obwohl sie schon über 50 und die Mutter über 80 war. Auch das ist möglicherweise eine Folge der Geburt des Bruders, bei der die Mutter ihre Aufmerksamkeit von Tara auf Luke verschoben hatte.

Ohne Tara analysieren zu wollen, wird an ihrem Beispiel deutlich, daß die Entthronung der jüngeren Geschwister durch die Geburt eines neuen Kindes belastend genug sein kann, auch wenn sie nicht ganz so belastend sein mag wie für die Ältesten, die ja bis zu diesem Zeitpunkt die komplette Aufmerksamkeit der Eltern ungeteilt genießen konnten. Schließlich behält das erstgeborene Kind seinen Titel als »ältestes«, egal wie viele Geschwister noch nachkommen. Aber wenn ein zweites oder drittes Kind seine Position als Jüngstes räumen muß, hat es sie für immer verloren. Der neugewonnene Status als ältere Schwester ihres Bruders, mit allem, was dazu gehört, war für Tara jedenfalls keine ausreichende Kompensation für den Verlust ihrer Rolle als Jüngste, mit allem, was *dazu* gehört.

(Die Moral von Taras Geschichte für Eltern und für Geschwister: mittlere Kinder fühlen sich oft vernachlässigt und brauchen unter Umständen eine Extraportion an Aufmerksamkeit, vor allem in der Phase, in der sie ihren Platz als jüngste aufgeben müssen.)

Das zuletzt geborene Kind einer Familie ist das einzige, dessen Position sich nie verändert. Dafür macht es aber auch nie die befriedigende Erfahrung, größer, stärker oder klüger zu sein als eins seiner Geschwister. Durch diese Kombination bekommt die Situation der jüngsten Kinder, vor allem in großen Familien, einen ganz besonderen Charakter, die ebenfalls eine gesonderte Betrachtung rechtfertigt.

Die Befürworter der traditionellen Theorie der Geschwisterreihenfolge bezeichnen fast ausnahmslos die jüngsten Kinder in einer Familie als »charmant« und »extrovertiert«, gelegentlich auch als »verwöhnt« und »verantwortungslos« – Folgen ihrer Vergötterung durch die Eltern und der Zuwendung der älteren Geschwister. Ältere Geschwister wählen dementsprechend meist die Kategorien »verwöhnt« und »verantwortungslos« und beklagen sich über die jüngsten. Eine Frau schrieb über ihre jüngste Schwester: »Als Kind war sie ein verhätschelter Fratz und durfte alles, was wir drei älteren nie durften. Ich nehme es meinen Eltern übel, daß sie ihr ein Studium finanziert haben und uns nicht. Wahrscheinlich sehe ich sie *immer* noch als verwöhntes, verhätscheltes Kind, obwohl sie jetzt schon 35 ist.«

Die Jüngsten selbst stellten ihre Situation anders dar. Sie sagten, daß sie immer die abgelegten Sachen der Älteren bekommen hatten und nur selten ein Spielzeug oder ein Kleidungsstück ausdrücklich für sie angeschafft worden war. Sie erzählten resigniert oder amüsiert von den Fotoalben, in denen die Bilder der Ältesten überreichlich und die der Jüngeren immer noch gut vertreten waren, während sie selbst praktisch gar nicht auftauchten. Manche erzählten mit spürbarem Schmerz oder mit Trauer, daß ihre Eltern bei ihrer Geburt eigentlich keine Lust mehr auf ein weiteres Kind gehabt hatten und sie entsprechend vernachlässigten; andere beschrieben, wie überflüssig und ausgeschlossen sie sich bei den Gesprächen beim Abendbrottisch gefühlt hatten, bei denen die erwachsenere Welt der großen Geschwister im Mittelpunkt stand. Wie eine Frau sagte: »Meine drei älteren Schwestern waren für mich überlebensgroß. Ich war ihnen immer im Weg, immer sagten sie nur, ich solle mich waschen. Ihre Schlußballkleider waren wichtiger als der Frosch, den ich gefangen hatte.«

Vor allem aber sagten die jüngsten, die sich über ihre Position beklagten, die geballte Autorität und Fähigkeit ihrer größeren Geschwister hätte sie überwältigt und manchmal fast erdrückt. »Ich haßte es, der Jüngste zu sein«, schrieb ein Mann. »Ich hatte andauernd das Gefühl, ich würde mit meinen Brüdern und Schwestern verglichen und so meiner eigenen Identität beraubt. Ich vergleiche mich immer noch mit anderen Leuten und versuche immer noch, herauszufinden, wer ich eigentlich bin.« Dazu kommt, daß die Jüngsten in der Geschwisterhierarchie auch dann noch als die »Kleinen« betrachtet werden, wenn sie schon sehr lange nicht mehr »klein« sind, wie zum Beispiel der 59jährige Arzt, dessen Geschwister ihn immer noch den »Junior« nannten und von dem seine ältere Schwester sagte, sie könne ihn sich nicht als »richtigen« Arzt vorstellen.

Auch in der Beziehung zu den Eltern haben die jüngsten eine besondere Last zu tragen. Verwöhnt und behütet, wie sie sind, fällt es ihnen oft sehr viel schwerer als den Geschwistern, sich von den Eltern zu lösen und unabhängig zu werden. Ihre Unabhängigkeit wird oft zusätzlich durch die Bedürfnisse und Forderungen der Eltern erschwert, so daß die Jüngsten in der Terminologie der Familientherapeuten oft zu »geopferten Kindern« werden. Manche dieser jüngsten Kinder spüren Spannungen zwischen den Eltern und bleiben auch dann noch zu Hause, wenn sie schon längst hätten ausziehen sollen, weil sie hoffen, durch ihre bloße Anwesenheit die Ehe der Eltern retten zu können. Andere widmen sich hingebungsvoll der Aufgabe, Vater oder Mutter zu versorgen, wenn die Eltern geschieden oder ein Elternteil gestorben ist. Und es gibt auch heute noch Eltern, die vom jüngsten Kind erwarten, sie im Alter zu pflegen, und Kinder, für die diese Erwartung ein unumstößliches Gebot darstelllt, das keine Auflehnung zuläßt. Sie opfern ihre Zeit, ihr Familienleben, wenn sie schon eine eigene Familie haben, und letztlich auch sich selbst auf dem Altar der Kindespflicht, meist ohne daß Eltern oder Geschwister ihnen diese Aufopferung danken.

Aber es gibt auch hier eine andere Seite. Ähnlich wie Einzelkinder, die sich trotz allem Druck der Eltern von ihnen geliebt fühlen und daraus ihr Selbstbewußtsein und ihr Selbstgefühl beziehen, fühlen sich auch die verwöhnten und behüteten Jüngsten nicht selten als Erwählte. Das verleiht manchen die nötige Stärke und Initiative, um sich auf Gebiete vorzuwagen, die noch niemand aus ihrer Familie betreten hat.

Eine der zufriedensten Jüngsten, denen ich im Laufe meiner Untersuchung begegnet bin, war eine muntere 32jährige. Sie hielt ihre Position als jüngste von sechs Geschwistern für perfekt. In ihrer Kindheit waren ihre Eltern lockerer und finanziell besser gestellt gewesen als in der Kindheit ihrer Geschwister, und sie war nach Strich und Faden verwöhnt worden. Sie war fest davon überzeugt, das Lieblingskind ihrer Eltern zu sein, aber vor allem hielt sie sich auch ganz unbefangen für den Liebling ihrer sämtlichen Geschwister.

»Fragen Sie sie ruhig«, drängte sie mich, bevor wir uns verabschiedeten. »Ich weiß genau, daß mich alle am liebsten haben.«

Ich habe gefragt, und wenn ihre Einschätzung auch nicht hundertprozentig stimmte (manche Geschwister hielten sie für sehr verwöhnt), wurde sie doch von allen bewundert. Wie einer ihrer Brüder sagte, bewunderten sie alle am meisten ihre Lockerheit im Umgang mit Freunden und Kollegen, ihr Talent, alle Menschen, die sie mochte, in einen großen Familienkreis zu integrieren, so als seien alle ihre Geschwister, von denen sie sich vorbehaltlos geliebt wüßte.

Roy Deveau hatte in dem Interview seinen Angstanfall nach der erfolgreichen Restauranteröffnung erwähnt. Damit hatte er die Furcht jüngerer Geschwister angesprochen, die älteren zu übertreffen: »Man hat Angst, mit dem großen Bruder oder der großen Schwester zu konkurrieren, weil sie einen umbringen könnten.« Roy hat diesen Gedanken nicht weiter verfolgt, aber er darf auf keinen Fall in Vergessenheit geraten. Manche jüngeren Geschwister konkurrieren sehr stark mit den älteren, und selbst ohne übertriebenen Konkurrenzkampf kommt es vor, daß jüngere die älteren übertreffen. Wenn jüngere Geschwister wie in manchen biblischen Geschichten den älteren ihr »Erstgeburtsrecht« wegnehmen, können die Ergebnisse für beide Seiten verheerend sein.

Bei den älteren sind die Gründe für diese verheerenden Auswirkungen nicht schwer zu erkennen. Erstgeborene leiten in der Kindheit aus der schlichten Tatsache, daß sie zuerst da waren, ganz selbstverständlich die Erwartung ab, in jeder Beziehung auch der erste zu bleiben. Und da die Identität ältester Kinder zum großen Teil auf dieser selbstverständlich erwarteten Überlegenheit aufbaut, kann eine Umkehrung der Positionen die Grundpfeiler ihres Selbstbildes erschüttern.

»Ich habe mich immer für dumm gehalten, weil meine Schwester so brillant war«, sagte eine Frau. »Wir sind zur selben Zeit ins College gekommen. Sie war 15, ich 18. Ich wollte unbedingt mein Studium in drei Jahren abschließen, nur, damit ein einziges Mal in meinem Leben alles normal war, damit ich einmal vor ihr fertig war. Dieses Bedürfnis hat niemand so richtig verstanden, aber ich mußte einfach früher fertig sein als sie.«

Schmerz und Enttäuschung können unter Umständen noch schlimmer werden, wenn es erst im Erwachsenenalter zu dieser Umkehrung der Rollen kommt. Dann haben die Älteren das, was sie einst besessen haben, unwiederbringlich verloren und fühlen sich um ihr ureigenes Recht betrogen.

Die Konsequenzen des Sieges über die älteren sind bei den jüngeren Geschwistern oft komplizierter und unklarer. Sie müssen zwei Faktoren integrieren: den Wunsch, die älteren zu besiegen, sowie die Schuldgefühle und die Angst, die auf ihren Sieg folgen. Schuldgefühle entstehen, weil sie die natürliche Ordnung umgestoßen und dadurch die älteren verletzt, in ihrem Stolz gekränkt und den Panzer durchbrochen haben, hinter dem sie ihre Verletzbarkeit verbergen. Angst haben sie vor dem Zorn und der Rache der älteren, aber auch davor, allein zu sein, zu weit vor den älteren und somit unerreichbar für ihre schützende Umarmung.

Das zeigt das Beispiel der Brüder Thomas und Heinrich Mann. Thomas lieferte sich erbitterte literarische Kämpfe mit seinem älteren Bruder Heinrich, der ebenfalls ein großer Schriftsteller war, aber nicht das Genie des jüngeren besaß. Aber sobald Thomas den Sieg errungen hatte, vor allem mit seinem Meisterwerk »Der Zauberberg«, stritt er vor sich und der Welt ab, daß er überhaupt siegen wollte. Er tat alles, um sich und den Bruder als gleich hinzustellen, und als er in die Berliner Akademie der Künste gewählt wurde, wollte er diese Ehrung nur annehmen, wenn Heinrich ebenfalls aufgenommen würde. In einem Brief, den er 1955 kurz vor seinem Tod schrieb, erwähnte er die Widmung – »Meinem großen Bruder, der den ›Doktor Faustus‹ schrieb« – die Heinrich einem seiner letzten Bücher vorangestellt hatte, und setzte hinzu: »Was? Wie? *Er* war immer der große, der starke Bruder...«

Thomas Mann schaffte es nicht, sich mit dem Wunsch zu konfrontieren, den großen Bruder in den Schatten zu stellen (obwohl dieser Wunsch sehr wohl die Triebkraft seines Lebens gewesen sein mag), und er konnte auch nicht wirklich akzeptieren, daß dieser Wunsch Wirklichkeit geworden war.

Die Spannung, die entsteht, wenn die jüngeren Geschwister die älteren gleichzeitig übertreffen und nicht übertreffen wollen, kann so stark werden, daß manche jüngere Geschwister den umgekehrten Weg gehen und unbewußt alles tun, um nicht mehr zu leisten als die älteren. In der psychotherapeutischen Praxis sind Klienten keine Seltenheit, die in (ungeliebten) beruflichen Positionen verharren, die ihrer Fähigkeiten unwürdig sind, und nicht die Kraft zum Aufstieg aufbringen, weil sie Angst haben, mehr zu erreichen als ihre älteren Brüder oder Schwestern. Und andere jüngere Geschwister halten wie Thomas Mann auch dann noch an der Vorstellung fest, daß der ältere der erfolgreichere ist, wenn die Realität sie längst widerlegt hat.

»Halten sich alle jüngeren Brüder ihr Leben lang für kleine Jungen?« hatte Roy mich gefragt.

Nicht unbedingt. Oft übernehmen sie Autoritätsfunktionen außerhalb ihrer Familie und gleichen so ihre frühere Machtlosigkeit aus. Aber selbst wenn sie sich selbst nicht mehr für Kinder halten, bleiben die Bewunderung und Ablehnung der Älteren, die Sehnsucht nach ihrem Schutz und die Sehnsucht nach Unabhängigkeit, der aktive Kampf um den Sieg und die Angst davor oft ein Leben lang bestehen. Mit anderen Worten: In der Beziehung zu den älteren Geschwistern verhalten sie sich weiterhin als die jüngeren, unabhängig von ihren Beziehungen zu anderen.

Aber für das Verhalten von jüngeren wie älteren Geschwistern ist noch ein weiterer entscheidender Faktor ausschlaggebend: das Geschlecht. Zwischen Schwestern und Schwestern und Brüdern und Brüdern gibt es eine ganz eigene Art der Identifikation und einen ganz speziellen Kampf gegen diese Identifikation.

»Liebes Christkind, meine Schildkröte ist gestorben. Ich hoffe,
die Schildkröte meiner Schwester stirbt auch.«

---

4. Schwestern und Schwestern;
Brüder und Brüder

In dem Roman »His little women« von Judith Rossner erzählt Louisa, eine
der Protagonistinnen, einem Rechtsanwalt von sich und ihren Halbschwe-
stern.
»Wie ich sehe, fangen Sie an zu begreifen«, sagt sie.
»Was soll ich denn begreifen?« fragt er.
»Daß alle Schwestern Halbschwestern sind.«
»Ja und?«
»Ja und... gut. Sagen wir mal, als ich in der Bronx aufgewachsen bin, war
ich ein Einzelkind. Dann hat mein Vater uns verlassen und noch eine
Tochter bekommen. ... Ich hatte also einen Vater. Und ich hatte eine klei-
ne Schwester. Halbschwester. Schwester, Halbschwester, was spielte es
schon für eine Rolle, wie man sie nennt? Das verdammte kleine Biest hatte
meinen Vater, und ich habe sie gehaßt!«
In Louisa May Alcotts Roman »Little Women«*, auf dem Rossners Buch aufbaut, bricht Jo, die Heldin aller kleinen Mädchen und der Lausbub der
March-Familie, bei der Vorstellung in Tränen aus, daß ihre große Schwe-

---

* »Little Women«, was auf deutsch »Kleine Frauen« heißt, ist ein amerikanischer Mädchen-
roman des 19. Jahrhunderts, der in den USA ungefähr den Bekanntheitsgrad von »Trotzkopf«
oder »Nesthäkchen« hat. Er beschreibt im wesentlichen die Backfischzeit von vier Schwestern,
die allein mit ihrer Mutter leben, weil der Vater im Sezessionskrieg kämpft.

ster Meg heiraten könnte. »Ich wünschte, ich könnte Meg einfach selbst heiraten, damit sie nie von uns weggeht«, sagt sie. »Sie wird sich sicher verlieben, und das ist das Ende von unserem Frieden und unseren Spaß und dem ganzen gemütlichen Beisammensein.«

Judith Rossner hat ihre zeitgenössischen »Little Women« ganz aus der Freudschen Perspektive beschrieben, in der Schwestern ödipale Rivalinnen um die Liebe des Vaters sind. Louisa May Alcotts Jo March dagegen drückt die herzliche Zuneigung aus, die im sicheren Hort der Familie zwischen Schwestern möglich ist. Rivalität und Wärme, Konkurrenz und Intimität charakterisieren sämtliche Geschwisterkombinationen, unabhängig von Alter und Reihenfolge. Rossner und Alcott führen aber auch vor, was viele Geschwister aus eigener Erfahrung bestätigen können: Wenn die Geschwister das gleiche Geschlecht haben, bekommen Intimität und Konkurrenz einen ganz besonderen Charakter.

Verantwortlich dafür ist vor allem der Komplex der Identitätsfindung. Der Prozeß, in dem Kinder im Verhältnis zu Eltern und Geschwistern ihre eigene Identität finden, sowie die Notwendigkeit für Geschwister, jeweils eigenständige Identitäten zu entwickeln, die weder durch Neid noch durch den Wunsch nach der Identität des anderen beeinträchtigt werden, ist bereits ausführlich beschrieben worden. Geschwister, die ja mehr oder weniger gleichaltrig sind, identifizieren sich ganz natürlich miteinander und übernehmen schnell die Eigenschaften des anderen. Diese Identifikation ist am stärksten, wenn die Geschwister das gleiche Geschlecht haben und sich von daher sehr ähnlich sind. Für sie ist die Entwicklung eigenständiger Identitäten am schwierigsten.

Bei Zwillingen, vor allem bei eineiigen, ist die Problematik der Entwicklung einer unabhängigen Identität besonders extrem und intensiv. Die Untersuchung der Identitätsprobleme von Zwillingen bietet deshalb einen guten Einblick in die Identitätsprobleme anderer gleichgeschlechtlicher Geschwister. (Eineiige Zwillinge entstehen aus einem einzigen befruchteten Ei, das sich in der Gebärmutter in zwei geteilt hat. Deshalb sind die beiden Föten in genetischer Hinsicht identisch. Zweieiige Zwillinge entwickeln sich aus zwei einzelnen Eiern; die Chance, dieselben Gene mitzubekommen, ist bei ihnen nicht größer als bei normalen Geschwistern. Da sie aber gleich alt sind, verbringen sie meist mehr Zeit miteinander als andere Geschwister, und das macht die Trennung zwischen ihnen schwieriger.)

Philosophen, Psychologen und Anthropologen haben behauptet, daß jeder Mensch tief innen die Sehnsucht nach einem Zwilling hat, nach einem Menschen, der genauso ist wie man selbst. Einem Denkmodell des griechischen Philosophen Platon zufolge hatten die Götter die Menschen ursprünglich mit zwei gleichen Gesichtern geschaffen, die in entgegengesetzte Richtungen blickten, und mit zwei Körpern, männlich und weiblich, die eine Einheit bildeten. Aber dann besannen sie sich und teilten dieses vereinheitlichte Geschöpf in zwei einzelne, die seitdem immer ihre frühere Ganzheit suchen. Ein Weg zu diesem Ziel ist die sexuelle Vereinigung, ein anderer die Phantasie, einen Zwilling zu haben, die Ganzheit durch ein Duplikat der eigenen Person wiederherzustellen, von dem man zutiefst verstanden wird. Aber was ist, wenn es ein solches Duplikat tatsächlich gibt?

Doug, 22 Jahre alt, im Gespräch über die Beziehung zu seinem Zwillingsbruder Mike: »Manchmal glauben wir, es wäre viel einfacher, wenn es nur einen von uns gäbe. Ich glaube nicht, daß wir es besser fänden, wenn es den anderen nicht gäbe, weil wir soviel voneinander gelernt haben und soviel Spaß zusammen hatten. Wir wünschen uns manchmal einfach, es gäbe nur einen von uns.«

Und Mike über seine Beziehung zu Doug: »Ich weiß, daß ich das mal gedacht habe. Daß ich ihn am liebsten umbringen würde. Natürlich würde ich das nie tun, aber wenn ich richtig wütend war, dann kam mir schon mal der Gedanke: ›Er sollte tot sein. Ich sollte ihn umbringen.‹«

Und wieder Doug: »Manche Leute sagen, daß jeder Mensch allein ist, daß man im Grunde immer allein ist. ... Ich habe nie so richtig begriffen, wovon sie überhaupt reden. Wir wissen nicht, wie es ist, wenn man einsam ist.«

Und Mike: »Wenn man mit einem eineiigen Zwilling lebt, dann ist das so, als wenn man mit einem Spiegel zusammenlebt. Man weiß immer, wie man aussieht.«

Zwillinge sind ein Spiegel füreinander, und manches, was sie in diesem Spiegel sehen, finden sie schön, anderes nicht. Zu den positiven Aspekten zählen zum Beispiel die Kameradschaft, die Sicherheit, die Empathie (manche sagen auch die Telepathie) und die Unterstützung, die sie beim anderen finden. »Unser wichtigstes Ziel ist es«, sagte eine 40jährige Frau über sich und ihre Zwillingsschwester, »uns gegenseitig anzuspornen, für einander zu sorgen und die andere glücklich zu machen.«

Das, was sie nicht gern sehen, ist die andere Seite der Medaille: übermäßige Abhängigkeit, Angst vor Trennung, Verwirrung über die Grenzen der eigenen Identität, mit anderen Worten: die Umkehrung der positiven Eigenschaften. Das Spiegelbild ist immer da, als ob es nicht zwei Personen, sondern dieselbe Person zweimal gäbe. In Jane Smileys Geschichte »Ordinary Love« sagt die Erzählerin: »Die meisten Mütter von eineiigen Zwillingen sagen, sie hätten ihre Kinder nie verwechselt. Ich behaupte das auch. Aber es läßt sich nicht vermeiden, daß ein Zwilling das Bild und der andere das Abbild ist.« Dasselbe meinte Mike: »Ich wollte Doug immer unbedingt klarmachen, daß ich ich bin und nicht eine Kopie von ihm.«

Bei manchen eineiigen Zwillinge führt das Bemühen, keine Kopie, kein Abbild, sondern Bild zu sein, zu Frustrationen und Reibungen, zur Kultivierung von Unterschieden und Überbetonung der Abgrenzung. Weil sie sich so ähnlich sind, bekommen sie wahrscheinlich extrem konkurrenzbetonte Verhaltensweisen; sie bestehen auf genau gleicher Behandlung und wollen einander in jeder Beziehung ebenbürtig sein, registrieren pedantisch die Leistungen des anderen oder die Aufmerksamkeit, die er bekommt, und reagieren schon auf die geringsten Anzeichen eines Vorteils mit Eifersucht. Nach Meinung von Psychiatern sehen sich viele Zwillinge in der Phantasie zwar als zwei Hälften eines Ganzen, aber oft haben beide trotzdem das Gefühl, der andere hätte etwas mehr als seine Hälfte abgekriegt, und dann rückt der Vergleich ins Zentrum der Beziehung.

Früher haben Eltern das Konkurrenzstreben und die Identitätsschwierigkeiten von Zwillingen verstärkt, weil es üblich war, sie als Doubles zu behandeln. Zwillinge bekamen ganz selbstverständlich kurze witzige Namen, die sich möglichst auch noch reimten, und wurden von den Socken bis zur Haarschleife genau gleich angezogen. Und da alle Welt sie so niedlich fand, bemühten sich Zwillinge normalerweise darum, so lange Doubles zu bleiben, wie sie eben konnten.

Auch die bereits erwähnte 40jährige Zwillingsschwester, deren Ziel es war, ihre Schwester glücklich zu machen, trug, wie sie sagte, als Kind und als Jugendliche exakt die gleichen Sachen wie ihre Schwester. Als die beiden etwa zwölf Jahre alt waren, stießen sie in einer Zeitung auf einen Artikel, der Eltern empfahl, Zwillinge als eigenständige Personen zu behandeln, sie nicht gleich anzuziehen und ihnen nicht dieselben Dinge zu kaufen. Die Schwestern waren so überzeugt von ihrem Zwillingsstil, daß sie ihre Erziehung in einem wütenden Leserbrief verteidigten. Später studierten sie an verschiedenen Universitäten, und erst da wurde ihnen allmählich klar, wie wichtig es für sie war, unabhängig zu werden, eigenständige Persönlichkeiten zu entwickeln.

»Diese Zeit, in der wir getrennt waren, hat uns gerettet«, sagte sie. »Wir hätten sonst nie eine eigene Identität entwickeln können.« Und lachend setzte sie hinzu, daß sie trotz dieser eigenen Identität und trotz ihrer langjährigen, glücklichen Ehe »immer noch lieber miteinander als mit unseren Ehemännern zusammen sind. Aber das wissen sie nicht.«

Heute wissen viele Eltern, wie wichtig es ist, die eigenständige Identität von Zwillingen zu fördern, und bemühen sich von Geburt an, sie als Individuen zu behandeln. Sie ziehen sie nicht mehr gleich an, sorgen dafür, daß sie nicht in dieselbe Klasse kommen und schicken sie, wenn sie können, sogar auf verschiedene Schulen. Damit wird Zwillingen der Weg zur Individuation entscheidend erleichtert. Eltern schreiben auch nicht selten einem der Zwillinge die Rolle des Älteren und dem anderen die des Jüngeren zu, selbst wenn der Altersunterschied nur Minuten beträgt. Diese Rollenzuschreibungen werden dann von den Kindern oft das ganze Leben hindurch bewahrt, und auch das ist eine Form der Differenzierung.

Aber selbst wenn sich die Eltern noch so sehr um Differenzierung bemühen, Zwillinge *sind* sich nun mal sehr ähnlich und haben seit den ersten Augenblicken ihrer Existenz immer denselben Lebensraum geteilt, schon in der Gebärmutter. Deshalb bleibt die Entwicklung einer je eigenständigen Persönlichkeit unabhängig vom Verhalten der Eltern für sie ein Problem, das sie selbst bewältigen müssen. Wenn sie unabhängige Individuen werden wollen, müssen sie zwangsläufig die Sicherheit und Geborgenheit des Zwillingslebens aufgeben. Und sie müssen unabhängig genug werden, um einen Teil ihrer Intimität auf die Außenwelt übertragen zu können: in der Kindheit auf die Freunde und im Erwachsenenleben auf Liebespartner. Zwillinge, die diese Aufgabe bis zur Adoleszenz oder gar bis zum Erreichen des Erwachsenenalters nicht bewältigt haben, laufen Gefahr, ihr ganzes Leben lang Bild und Abbild zu bleiben, Spiegelbilder ihrer selbst, ohne klare und eindeutige Konturen.

Das Zusammenleben gleichgeschlechtlicher Geschwister, die keine Zwillinge sind, läßt sich in den Worten einer Fotografin, die viele Schwestern fotografiert hat, mit dem »Blick in einen Spiegel, der das eigene Bild nicht genau wiedergibt«, vergleichen. Das Bild mag zwar nicht identisch sein, ist aber trotzdem vertraut, voller Assoziationen, leicht zu erkennen und deshalb manchmal schwer vom eigenen Bild zu unterscheiden. In diesem Sinne haben gleichgeschlechtliche Geschwister zwar wie Zwillinge den Vorteil einer tiefen Gemeinsamkeit, stehen aber vor ähnlichen Schwierigkeiten bei der Individuation und müssen ebenfalls einen großen Teil ihrer Abhängigkeit aufgeben, um ihre eigene Identität entwickeln zu können. Und auch hier können die Eltern wie bei Zwillingen den Ablösungsprozeß fördern, indem sie die Geschwister als eigenständige Individuen behandeln, oder ihn behindern, indem sie ihre Kinder zu Einheiten wie »unsere Mädchen« und »unsere Jungen« zusammenfassen.

Die 31jährige Rita ging als Kind auf dieselbe Schule, bekam dieselben Geschenke und trug dieselben »süßen Sachen« wie ihre zwei Jahre jüngere Schwester, ganz als wären sie Zwillinge. Für sie stellte sich ihre Situation als »fast erzwungene Intimität« dar. »Dieselben Kleider, dasselbe Spielzeug. Gut, die Farben waren manchmal verschieden. Das sollte wohl jeglichen Streit ausschließen; schließlich hatten wir beide dasselbe. Aber im Grunde wurde die Rivalität dadurch nur stärker; es gab sofort Ärger, wenn die eine

etwas kaputtgemacht hatte oder die Farbe der anderen lieber mochte.«
Rita erzählte eine Anekdote, die diese Situation anschaulich machte: »Jede
von uns hatte eine dieser schrecklichen kleinen, grünen Schildkröten, die
immer so eine furchtbare Augenkrankheit kriegen, und meine war kurz
vor Weihnachten gestorben. Ich schrieb einen langen Brief ans Christkind
und beschrieb ausführlich, wie brav ich in dem Jahr gewesen wäre und
daß ich fände, ich hätte dafür auch etwas ganz Besonderes verdient. Der
Schlußsatz war: ›Ich freue mich auf Weihnachten‹, und dann kam das PS:
›Vor zwei Tagen ist meine Schildkröte gestorben. Ich hoffe, die Schildkröte
meiner Schwester stirbt auch.‹«
Selbst die sehr unterschiedlichen Begabungen der Schwestern änderten
nichts an ihrer Rivalität. »Ich habe gerne gelernt, und meine Schwester war
sehr sportlich«, sagte Rita. »Man könnte jetzt natürlich denken: ›Wie schön!
Sie haben ja ganz verschiedene Bereiche.‹ Aber tatsächlich waren wir beide
eifersüchtig auf den Bereich der anderen, weil wir uns fast wie eine einzige Person empfanden. Ich habe mich immer gefragt: ›Warum kann ich
nicht sportlicher sein?‹ Und sie: ›Warum wird Rita immer so für ihre Schulleistungen gelobt?‹«
Die Schwestern hatten innerhalb eines halben Jahres geheiratet, und jetzt gab
es »anscheinend eine Menge Konkurrenz« zwischen den Ehemännern, die bei
derselben Behörde arbeiteten. Für die beiden Frauen war geringer Kontakt
der beste Schutz für ihre jeweilige Identität und der beste Weg zur Aus-
schaltung der Konkurrenz. Rita sagte, sie würden sich bei Problemen in der
Familie zwar gegenseitig helfen, aber auf der Alltagsbasis »sieht es in bezug
auf Unterstützung und emotionales Engagement ziemlich öde und leer aus.«
Obwohl Rita und ihre Schwester keine Zwillinge waren, läßt sich ihre eng
verflochtene Kindheit durchaus unter den Begriff der »Zwillingsbildung«
fassen, mit dem in der Psychologie eine sehr starke Bindung bezeichnet
wird, die der von Zwillingen nicht unähnlich ist. Die beiden Schwestern
waren so eng aneinander gebunden und ihre Rivalitäten so extrem, daß sie
ihre Identität als Erwachsene nur bewahren konnten, indem sie sich
bewußt voneinander fernhielten.
Manche Geschwister vermeiden diese starke Rivalität und die »Öde und
Leere«, die durch die Zwillingsbildung entstehen kann, indem sie sich »de-
identifizieren«, das heißt, sich prinzipiell entgegengesetzte Rollen suchen.
Mark und Jerry Platt, »der Ernsthafte« und »der Clown«, konnten als Jugendliche und Erwachsene gerade deshalb ihre gute Beziehung bewahren, weil
sie dem Bereich des jeweils anderen nie zu nahe kamen. Und Eddy und
Roy Deveau haben auf ihre Weise nichts anderes getan, als der eine die
Rolle der konservativen Vaterfigur und der andere die des schrillen,
schwulen Aktivisten übernahm.

Laut Schachter und Stone, von denen der Begriff der De-Identifizierung stammt, ist dieser Prozeß am häufigsten bei gleichgeschlechtlichen Geschwistern und da vor allem bei den beiden ältesten Schwestern bzw. Brüdern einer Familie zu finden, weil die in der Regel besonders stark konkurrieren. Wie bei Zwillingen kann auch bei diesen Geschwistern die Rivalität neben, in manchen Fällen auch wegen der Intimität auftreten. Und oft speisen sich Rivalität und Intimität aus ein und derselben Quelle: der Ähnlichkeit.

Ebenfalls von Schachter stammt die Beobachtung, daß zwei Schwestern oder zwei Brüder dazu neigen, die Eltern zwischen sich »aufzuteilen«, so daß eins der Kinder der Mutter und das andere dem Vater ähnlich wird. Auch diese Strategie kann die Rivalität in Grenzen halten. Die »Aufteilung« funktioniert sogar, wenn die Eltern getrennt leben.

Diese These leuchtet vor allem bei Schwestern ein. Jo March aus »Little Women« war der »Sohn« der Familie; sie brachte nur sehr wenig Verständnis für die Beschäftigung ihrer Schwestern mit Frisuren und Partys auf. Und bei den Interviews sagten ziemlich viele Frauen, die ohne Brüder aufgewachsen waren, ihre Schwestern hätten die Rolle von »Vaters Sohn« übernommen und sich mehr mit den Interessen des Vaters als denen der Mutter identifiziert. Viele Väter fördern solche Aufteilungen: Weil sie sich unbewußt um einen Sohn betrogen fühlen, ermutigen sie eine der Töchter, meist die jüngste, ihre väterlichen Träume und Ideale zu verwirklichlichen, häufig mit stillschweigender Unterstützung der Mütter, die ihrerseits enttäuscht sind, keinen Sohn geboren zu haben.

Bei Brüdern ist diese Aufteilung, falls es sie gibt, sehr viel verdeckter. Es gibt zwar Männer, die sagen, ihre Persönlichkeit hätte mehr Ähnlichkeit mit der Mutter als mit dem Vater, aber als »Mutters Tochter« hat sich zumindest unter meinen Gesprächspartnern niemand dargestellt. Eltern ermutigen ihre Söhne auch nicht, sich so zu sehen. Für einen Jungen oder einen Mann wäre ein solches Selbstbild viel zu bedrohlich, einerseits aus Angst vor Homosexualität, andererseits aber auch (trotz der vielen Erfolge der Frauenbewegung), weil es gesellschaftlich immer noch als weit wünschenswerter gilt, wenn eine Frau wie Jo March »wie ein Mann denkt« (um ein altes Vorurteil zu zitieren), als wenn sich ein Mann mit einer Frau identifiziert.

Aber trotz aller Strategien zur Etablierung von Unterschieden, wie die »Aufteilung« der Eltern oder die Entwicklung entgegengesetzter Identitäten, beeinflussen und vergleichen sich Geschwister immer noch auf vielfältige Weise. Der Bereich der Sexualität ist hier besonders wichtig. Damit ist aber nicht die sexuelle Präferenz gemeint, also ob – wie bei den Deveau-Brüdern – einer hetero- und einer homosexuell ist; die Ursachen für unterschiedliche sexuelle Präferenzen sind bis heute nicht eindeutig geklärt (für Freud war Homosexualität psychologisch bedingt, unter anderem durch extreme Feindseligkeit gegen einen Bruder aufgrund der Rivalität um die Mutter; viele andere Wissenschaftler sehen die Ursache weniger in psychologischen als vielmehr in genetischen Faktoren). Hier geht es um das sexuelle Verständnis und das sexuelle Verhalten, das Bewußtsein vom eigenen Körper, die Wahl von Kleidung und Kosmetika, das Verhalten beim Ausgehen und Flirten und die Wahl eines Ehepartners.

Schwestern, die nur Schwestern, und Brüder, die nur Brüder haben, sagen oft, sie hätten die Möglichkeit vermißt, durch die Geschwister zu Hause Erfahrungen mit dem anderen Geschlecht zu sammeln. Diese Klage ist legitim; es gibt Wissenschaftler, die bei gleichgeschlechtlichen Geschwistern mehr Anpassungsprobleme in sexuellen Beziehungen und in der Ehe sehen als bei Geschwistern, die mit Brüdern und Schwestern großgeworden sind. Andererseits begreifen sie aber ihre eigene Sexualität besser, ihre innersten Sehnsüchte und Gefühle, ihren Körper. Eine Frau beschrieb, mit welch »sinnlichem« Vergnügen sie als Elfjährige ihre fünfjährige Schwester gebadet hatte. An der Schwelle zur Pubertät hatte sie den Körper der Schwester wie ein Lehrbuch über ihren eigenen Körper empfunden. »Bei einem Bruder«, sagte sie, »muß man jedes erotische Gefühl unterdrücken. Aber bei einer Schwester kann man das ein bißchen herauslassen, weil sie auch man selbst ist.«

Gleichgeschlechtliche Geschwister entwickeln als Kinder meist ihre eigene Version des »Doktorspiels« und betrachten, untersuchen und berühren sich gegenseitig. In Pubertät und Adoleszenz können ältere Geschwister oft offener und unbefangener als die Eltern den jüngeren helfen, sich auf dem verwirrenden Terrain der Sexualität zurechtzufinden. Eine Sozialarbeiterin erzählte, sie hätte mit ihrer ein Jahr jüngeren Schwester das Küssen ausprobiert, um sich auf den ersten Kuß von einem Jungen vorzubereiten (und dabei wie die bereits erwähnte ältere Schwester heimlich die erotischen Gefühle des Augenblicks genossen). Nicht wenige Männer sagten, die Beobachtung der älteren Brüder beim Onanieren hätte ihnen geholfen, ihre eigenen sexuellen Gefühle zu akzeptieren. Viele gleichgeschlechtliche Geschwister vertrauten sich nach eigener Aussage ihre sexuelle Erfahrungen an, und manche sagten, die Hochzeit von Bruder oder Schwester hätte sie sehr traurig gemacht, weil sie dadurch endgültig und unwiderruflich den Zugang zu deren intimsten Geheimnissen verloren hatten.

Bei geringem Altersunterschied sind die jüngeren Geschwister gelegentlich sexuell aktiver oder wissender als die älteren, haben weniger Hemmungen und sind unter Umständen eher bereit, Neuland zu betreten. Dann sind die jüngeren die Pioniere und bahnen den älteren den Weg oder, auch das kommt vor, drängen die älteren, die ihre Frühreife mißbilligen, in eine konservativere Haltung. Als Mark Platt sich geringschätzig über die »Torjäger-Mentalität« seines jüngeren Bruders Jerry in bezug auf Frauen äußerte, wußte er ganz genau, daß er seine eigene, von Achtung und vorsichtiger Wahl geprägte Einstellung zu Frauen in direkter Opposition zu seinem Bruder entwickelt hatte.

Die subtilen, unbewußten Geschwistereinflüsse auf die Wahl von Freunden, Liebhabern und Ehepartnern wurzeln ebenfalls im Bereich der Sexualität. Bei Brüdern und Schwestern liegen solche Einflüsse natürlich auf der Hand, und es läßt sich meist schnell erkennen, daß etwa der Ehemann einer Frau ihrem Bruder ähnelt. Aber insgeheim kann durchaus auch die Schwester Modell gestanden haben für die Wahl des Partners, genauso wie umgekehrt manche Ehefrauen den Brüdern ihres Mannes ähnlich sind.

Nicht selten fühlen sich zwei Schwestern oder zwei Brüder zu demselben Menschen hingezogen, entweder, weil sie einen ähnlichen Geschmack haben oder weil der oder die Betreffende Ähnlichkeit mit einer Person aus der gemeinsamen Geschichte der Geschwister hat, häufig mit einem Elternteil oder einem anderen Verwandten. Solche Gründe spielen wahrscheinlich auch eine Rolle, wenn etwa zwei Schwestern zwei Brüder heiraten, ein Arrangement, das zu außerordentlicher Intimität, außerordentlicher Rivalität oder auch zu beidem führen kann. Und gelegentlich rivalisieren Geschwister auch um denselben Liebes- oder Ehepartner. Aus Freudscher Sicht ist solche Rivalität stark ödipal geprägt, das heißt, in der Rivalität um dieselbe Frau wiederholen zwei Brüder die frühere Rivalität um die Mutter. Man kann diese Rivalität aber auch als Spiegel der hochbesetzten Gefühle zwischen den immer noch engstens verstrickten Schwestern bzw. Brüdern selbst sehen, die wie in der Kindheit weiter miteinander konkurrieren und immer noch keine klaren Abgrenzungen zueinander entwickelt haben.

»Gib ihr die leidenschaftlichsten Küsse, küsse meine Lieblingsstellen – Nacken, und Arm, und Auge, und Augapfel...«, schrieb Virginia Woolf ihrem Geliebten Clive Bell, dem Mann ihrer Schwester Vanessa. Obwohl die Schwestern sich verschiedene Bereiche gesucht hatten – Virginia war die Schriftstellerin, Vanessa die Künstlerin –, waren sie emotional zutiefst aneinander gebunden geblieben, und Virginia war untröstlich, als Vanessa heiratete. Für sie war die Liebe zu Vanessas Mann und die Liebe zu Vanessa selbst ein und dasselbe, und sie hat nie begriffen, daß sie durch die Affäre mit Clive ihre Schwester verraten hatte.

Solchen Verrat hatte es bei den vier Ginetti-Schwestern, die ich interviewte, nicht gegeben, obwohl einer ihrer Ehemänner äußerlich einer Schwester ähnlich sah und eine andere Schwester um ein Haar eine Art Zweitausgabe ihres Schwagers geheiratet hätte. Es gab Auseinandersetzungen über Kleider, bei denen es in Wirklichkeit um die Identität ging, und es gab Identitätsprobleme, die über Kleidung und Kalorien, Partner und Eltern ausgetragen wurden. Es gab Rivalität und Loyalität, Distanzierung und Nähe, und es gab vier Schwester, die sich trotz Ehe und Kindern immer noch als die »Ginetti-Mädchen« sahen.

Zuerst traf ich die vier Schwestern zusammen. Anlaß war ein Familientreffen im Haus von Nancy, der zweitältesten, eine Willkommensparty für die älteste, Mary Ann, die zu Besuch aus Seattle gekommen war. Zu den Gästen zählten die beiden jüngeren Schwestern Kate und Lisa samt ihren Familien sowie die Mutter der Schwestern. Der Vater war zehn Jahre zuvor gestorben. Das erste, was mir bei den Schwestern auffiel, war ihr ungezwungener Ton und ihr lockerer Umgang, obwohl sie Mary Ann fast ein Jahr lang nicht mehr gesehen hatten.

»Mary Ann hat angerufen und gesagt, daß sie kommt. Und sofort danach kam die Frage: ›Wieviel wiegst du?‹«, sagte Nancy, nachdem sie mich den anderen vorgestellt hatte. Sie umarmte die Schwester und meinte: »Na, zufrieden? Ich bin nicht dünner als du.«

»Und dabei hast du dich so angestrengt«, warf Lisa ein. »Wenn Nancy hört, daß Mary Ann kommt, rennt sie sofort zu den ›Weight Watchers‹«.

Das muntere Geplänkel ging weiter; die vier kannten sich so gut, daß jede Angeberei oder Heuchelei von vornherein zum Scheitern verurteilt gewesen wäre.

Als zweites fiel mir auf, und auch das war nicht schwer zu erkennen, daß die beiden ältesten, Mary Ann und Nancy, das »Energiezentrum« der Familie bildeten. Später erfuhr ich dann, daß die beiden, die nur ein Jahr auseinander waren, die stärkste und die problematischste Beziehung hatten.

Das dritte, was mir auffiel, hatte mehr mit mir als mit den Ginettis zu tun. Denn obwohl so viele Frauen, die wie ich nur Brüder hatten, in den Interviews gesagt hatten, sie hätten sich als Kinder nach einer Schwester gesehnt, war mir diese Sehnsucht immer fremd geblieben. Ich hatte immer nur die Vorteile eines Bruders gesehen und war der Meinung gewesen, eine Schwester hätte die Konkurrenz nur verschärfen können. Aber bei der Beobachtung dieser Schwestern spürte ich einen Anflug von Wehmut. Eine solche Gemeinsamkeit hatte ich nie gekannt, und für einen Augenblick sehnte ich mich danach.

Die Schwestern selbst freuten sich über ihre Verbundenheit.

»Ich glaube, wir haben uns wie fast alle Schwestern für die echten ›Little Women‹ gehalten«, sagte Nancy. Sie warf den anderen einen Blick zu und meinte: »Natürlich war ich Jo, die beste.«

»Na sicher«, warf Mary Ann ein. »Du hast dir ja auch nie was aus Jungens gemacht und aus Mädchensachen und so, oder? Mein Gott, du bist doch schon mit Tony gegangen, bevor ich Ken auch nur kennengelernt hatte, und du hast ungefähr zwei Minuten nach mir geheiratet. Du bist mir eine schöne Jo.«

»Na und?« Nancy gab keine Ruhe. »Ich bin trotzdem anders. Ich seh' ja nicht mal so aus wie ihr.«

Damit hatte sie nicht unrecht. Sie hatte als einzige das helle Haar und die helle Haut der polnisch-deutschen Vorfahren ihrer Mutter geerbt. Die anderen drei schlugen mit ihren dunklen Haaren und braunen Augen, wie sie sagten, nach der Familie ihres Vaters, die ursprünglich aus Italien kam. Alle vier waren durchschnittlich groß, und besonders dick war keine, obwohl sie behaupteten, sie nähmen sehr schnell zu. Diäten und Pfunde spielten eine große Rolle bei ihnen. Mary Ann, die älteste, war bei diesem Besuch 44, Lisa, die jüngste, 35 Jahre alt.

Die vier Schwestern waren in bescheidenen Verhältnissen in Norwich, Connecticut aufgewachsen und auch nach ihrer Heirat in der Nähe ihrer Eltern geblieben. Seit Mary Ann vor fünf Jahren wegen einer Versetzung ihres Mannes nach Seattle gezogen war, waren die Schwestern zum ersten Mal wirklich geographisch getrennt, und sie waren immer noch traurig deswegen. Vor allem Nancy hatte dieser Umzug zu schaffen gemacht, aber sie hatte auch am meisten davon profitiert.

Als wir uns am Tag nach der Begrüßungsparty allein trafen, sagte sie: »Ich habe nach Mary Anns Umzug ein Jahr lang jede Nacht geweint. Damals war ich 38, ich hatte selbst eine Familie, aber ich fühlte mich trotzdem wie ein Säugling, der von seiner Mutter verlassen wird. Schließlich sagte mein Mann: ›Warum besuchst du sie nicht?‹ Damals war sie drei Monate in Seattle. Also habe ich mir ein Flugticket gekauft und sie angerufen und gesagt, ich käme sie besuchen.«

Nancy hielt inne, um sich die Tränen abzuwischen. Dann fuhr sie fort: »Und sie hat gesagt: ›Komm nicht. Wir sind hier noch nicht richtig eingerichtet, wir haben noch die Maler im Haus.‹ Komm nicht! Ich konnte es einfach nicht verstehen. Ich hatte doch das Ticket und alles.«

Verletzt von dieser Zurückweisung schrieb sich Nancy in ein Seminar für Innenarchitektur ein, unter anderem auch deshalb, weil sie früher so viel mit Mary Ann zusammen gewesen war und jetzt nicht wußte, was sie anfangen sollte. Sie war sehr fleißig, machte ihr Diplom und war seitdem dabei, sich ein Geschäft für Inneneinrichtung aufzubauen.

»Das wäre nie passiert, wenn Mary Ann nicht weggezogen wäre, denn früher haben wir ganz viele Sachen zusammen gemacht «, sagte sie.

Wir saßen in ihrem Arbeitszimmer. Mir direkt gegenüber hing ein Bild von ihr und Mary Ann mit ungefähr sieben und acht Jahren, auf dem Mary Ann breit grinste und Nancy der Kamera die Zunge herausstreckte.

»Ich war die verrückte Blondine, so hat mich jedenfalls mein Vater immer genannt, und so habe ich mich auch gesehen. Und Mary Ann war die Schönheit«, sagte sie in Erinnerung versunken, ohne daß ich sie gefragt hatte. »Sie war die älteste, die hübscheste und die intelligenteste von uns allen. Ich habe ihr alles geliehen, was sie wollte. Sie hat mir nie etwas geliehen, aber es war eine Ehre für mich, wenn sie sich meine Kleider lieh. Ich wollte unbedingt so sein wie sie. Ich wollte auch dunkles Haar und braune Augen haben. Als Tony mir meinen Verlobungsring schenkte, fühlte ich mich total elend, weil der einen runden Diamanten in einer eckigen Fassung hatte und ganz anders aussah als ihrer. Wissen Sie, wie das ist, wenn man sich um alles in der Welt wünscht, so zu sein wie seine Schwester, und gleichzeitig weiß, daß das nicht geht?«

Sie sprach abgehackt, ganz anders als bei dem lockeren Geplänkel am Vortag.

»Dann ist da noch die berühmte Kleidergeschichte«, fuhr sie fort. »Die anderen kennen sie alle, weil wir darüber gesprochen haben. Aber sie wissen nicht, daß es immer noch weh tut.«

Eigentlich waren es zwei Geschichten. Die erste »Kleidergeschichte« hatte sich abgespielt, als Nancy fünfzehn und Mary Ann sechzehn Jahre war. Die beiden waren zusammen mit ihren Eltern zu der großen Hochzeit eines reichen Verwandten eingeladen worden. Obwohl das Geld knapp war, sollten die beiden Mädchen zu diesem Anlaß ihre ersten langen Kleider bekommen. Mary Ann kaufte ihr Kleid mit der Mutter im Billiggeschäft am Ort, und da Nancy an diesem Nachmittag Kinder hüten mußte, ging der Vater mit ihr am Samstag in ein schickes Kaufhaus.

»Das war der schönste Tag meines Lebens«, sagte sie. »Nur mein Vater und ich, und das in diesem tollen Geschäft. Wir haben ein absolut phantastisches Kleid ausgesucht. Ich träume manchmal noch davon: schwarzer Taft mit rosa Schärpe. Ich war das glücklichste Mädchen auf der ganzen Welt. Aber als ich nach Hause kam, sah Mary Ann nur einmal kurz hin und sagte sofort: ›Das kannst du nicht anziehen. Du bist viel zu jung für Schwarz. Mir steht das Kleid viel besser.‹«

Und bevor Nancy begriffen hatte, was geschah, hatte die Mutter Mary Ann schon zugestimmt. Die beiden tauschten Mary Anns Kleid um und kauften ein »anspruchsloses hellblaues Fähnchen« für Nancy. »Sie haben mir erzählt, *das* wäre das Traumkleid für mich, nicht das andere«, sagte Nancy. »Ich haßte es, aber ich habe es angezogen, und Mary Ann trug mein schwarzes. Ich habe unheimlich geweint. Es war so unfair. Darüber konnte ich nicht wegkommen.«

Und wieder flossen die Tränen. Als sie sich wieder gefaßt hatte, fuhr sie fort: »Können Sie sich vorstellen, daß dieselbe Geschichte Jahre später noch mal passiert ist? Da waren wir beide schon verheiratet. Genau derselbe verdammte Mist!«

Wieder waren beide Schwestern zu einer Hochzeit eingeladen. Nancy hatte sich in ein Kleid verliebt, das zweihundert Dollar kostete, mehr als sie je für ein Kleid ausgegeben hatte. Sie rief Mary Ann aus dem Geschäft an, um sie um Rat zu fragen, in der Hoffnung, sie würde ihr zureden. »Zweihundert Dollar!« hatte Mary Ann geschimpft. »Was fällt dir ein, soviel Geld auszugeben?« Also nahm Nancy ein billigeres Kleid. Aber am Tag der Hochzeit erschien Mary Ann in eben dem Kleid, das Nancy so gerne gehabt hätte. Sie erklärte, sie hätte sich in das Kleid verliebt, und vom Preis her sei es für sie »angemessener« gewesen. Dieses Mal beschwichtigte Mary Ann Nancy damit, daß sie bei der Hochzeit mit ihr die Kleider tauschte. »Das hat auch Spaß gemacht«, sagte Nancy, »bloß, sie hat es behalten.«

Mary Ann bestätigte Nancys Bericht über die beiden Kleidergeschichten, als ich anschließend mit ihr sprach, aber ohne viel Sympathie. »Gut«, sagte sie, »ich habe also Nancys schwarzes Kleid vor ihr angehabt, als wir noch halbe Kinder waren. Meine Mutter hat nicht viel von Kindererziehung verstanden, und das war ein Beispiel dafür. Sie hätte mich das Kleid nicht tragen lassen sollen. Aber so schlimm war das doch nun auch wieder nicht. Und beim zweiten Mal haben wir bei der Hochzeit doch die Kleider getauscht. Das war damals eine Menge Geld für ein Kleid. Ich fand, daß sie sich das nicht leisten konnte.«

Wenn Mary Ann etwas sagte, dann sah sie mir direkt in die Augen. Ausschmückungen und Mätzchen gab es bei ihr nicht, nur reine Vernunft. Unser Gespräch fand einen Tag nach dem Interview mit Nancy statt, und Mary Ann sagte gleich zu Beginn: »Wissen Sie, ich fühle mich für so vieles in meinem Verhalten Nancy gegenüber schuldig. Die Sache mit den Kleidern steht ziemlich unten auf der Liste.«

Schuldig fühlte sie sich vor allem, weil ihre Eltern sie Nancy vorgezogen hatten. So sah sie das jedenfalls. »Meine Eltern haben mir immer gesagt, ich wäre älter und klüger und müßte auf meine Schwester aufpassen. Mein Vater hat Nancy nur das dumme Blondchen genannt. Wirklich, sie haben mich so stark für sie verantwortlich gemacht, daß ich geglaubt habe, sie wäre vielleicht ein bißchen zurückgeblieben oder so.«

Mir fiel auf, daß der Vater in Nancys Version sie die »verrückte Blondine« genannt hatte, was zwar vielleicht nicht viel, aber immerhin doch ein bißchen besser war als das »dumme Blondchen«. Weil Nancy für sie eine so große Belastung war, fuhr Mary Ann fort, hatte sie sie schlecht behandelt. Nancy war so »schlampig« gewesen, deshalb hatte sie ihr auch auf keinen Fall ihre Kleider leihen wollen, und sie hatte Nancy auch von ihrem Freundeskreis ferngehalten, obwohl die alles getan hätte, um dazuzugehören. Am schlimmsten fand sie aber, daß sie Nancy die Schuld für Streiche zugeschoben hatte, an denen sie beide beteiligt gewesen waren, um ihren Status als die privilegierte, »erwachsene« Schwester nicht zu gefährden.

Im Verhältnis zu diesen »Verbrechen«, für die sich Mary Ann bei Nancy schon oft entschuldigt hatte, schien ihr, wie sie sagte, die Kleidergeschichte unbedeutend. Ich hatte eher den Eindruck, daß sie auch für sie wichtiger war, als die Leichtigkeit vermuten ließ, mit der sie sie abtat. Für Mary Ann war der Erfolg im Kampf um die Kleider ein Erfolg im Kampf um die eigene Identität, die Verteidigung gegen die Übergriffe ihrer kleineren Schwester, die genauso sein wollte wie sie. Nur *sie* konnte Schwarz tragen, hatte sie Nancy als Teenager belehrt, und nur *sie* war diejenige gewesen, die sich in den ersten Ehejahren ein teures Kleid leisten konnte. Schließlich war nur sie die älteste Schwester, mit allen Belastungen und Privilegien dieser Position. Was Nancy auch immer trug oder tat, *sie*, Mary Ann, konnte sie nicht sein. Und sie, Mary Ann, duldete keinerlei Konkurrenz, die ihr Selbstbild bedrohen könnte.

So entschlossen war Mary Ann, die Trennlinie zwischen sich und der Schwester, die ihr dem Alter nach am nächsten stand, nicht anzutasten, daß sie jeden Hinweis auf ein eventuelles eigenes Bedürfnis nach Nancy bagatellisierte. Ein paar Jahre vor ihrem Umzug nach Seattle hatten sie sich ein Haus in New London gekauft, ganz in der Nähe von Nancys Wohnort. Damals war es ihr, wie sie sagte, sehr wichtig gewesen, einen eigenen Freundeskreis zu pflegen und ihr eigenes Leben zu leben. Zwar hatte sie dann doch viel Zeit mit Nancy verbracht, aber peinlich genau darauf geachtet, eine gewisse Distanz zu halten und »sich nicht in Nancys Sachen« einzumischen.

Nancys Version war allerdings eine andere. Wie sie am Ende des Interviews sagte, war Mary Ann ihr nach New London »gefolgt«; Mary Ann hatte sich zwar einen eigenen Freundeskreis gesucht, aber »das Wichtigste waren wir beide«. Nancy hatte ihre enge Beziehung in diesen Jahren sehr genossen und war überzeugt, daß es Mary Ann nicht anders gegangen war, auch wenn sie nicht die geringste Abhängigkeit zugeben konnte.

»In dieser Beziehung ist Mary Ann genauso wie mein Mann, Tony. Und nicht nur darin«, sagte Nancy. »In der ersten Zeit unserer Ehe habe ich Tony tatsächlich manchmal versehentlich mit Mary Ann angeredet. Ich erkenne bei ihm einiges wieder, was ich an Unsicherheit und Bedürfnissen schon von Mary Ann kenne.«

Als ich sie bat, mehr über diese Unsicherheiten und Bedürfnisse zu sagen, hatte sie zunächst Schwierigkeiten, ihre Gedanken zu formulieren. »Sie haben beide einen Hang zum Vertuschen. Sie überspielen alles, was sie nicht können, und verbergen ihre Unzulänglichkeiten vor anderen. Sie tun beide immer so, als wüßten und könnten sie alles, als müßten sie immer die besten sein. Aber innen drin... Manchmal habe ich das Gefühl, daß ich stärker bin als die beiden.«

Ich hatte ähnliche Bemerkungen über die Schwachpunkte der älteren schon von anderen jüngeren Geschwister gehört, aber Nancys Vergleich zwischen ihrer Schwester und ihrem Mann sowie ihre Bereitschaft, die Schwachstellen der beiden zu schützen, hatten etwas Rührendes. Aber zumindest bei ihrer Schwester trieb sie diesen Schutz zu weit.

»Ich lasse mir immer noch sehr viel von Mary Ann gefallen, weil ich sie so bewundere und mir immer noch wünsche, ich könnte so sein wie sie«, sagte sie am Schluß. »Aber ich habe gewonnen. Wir sind beide sehr glücklich verheiratet und haben wunderbare Kinder, aber ich habe jetzt einen Beruf, und sie arbeitet nur als Halbtagssekretärin. Vielleicht habe ich deshalb so viel erreicht, weil ich beweisen wollte, daß ich besser bin als sie. Sie können das verstehen, wie Sie wollen, aber es ist da.«

Wie viele ältere Geschwister war auch Mary Ann über jede Form von Konkurrenz genauso erhaben, wie sie über die Kleidergeschichte erhaben war, für die sie ja auch keine Verantwortung übernehmen wollte. »Sie kann wirklich stolz auf sich sein, sie hat viel geschafft«, sagte sie, als ich sie nach ihrer Reaktion auf Nancys Leistung fragte. »Schließlich war sie diejenige, die immer meine abgelegten Sachen tragen mußte und sich für das dumme Blondchen hielt.« Sie zögerte.

Dann fuhr sie mit erkennbarer Verärgerung fort: »Wenn mich etwas daran stört, dann ist es, glaube ich, die Tatsache, daß sie mit allem, was sie tut, so angeben muß. Ich bin vom College abgegangen, weil ich Geld verdienen mußte, um die Familie zu unterstützen, und ich habe nie die Chance bekommen, noch einmal anzufangen. Merkt sie denn nicht, daß ihre Angeberei mich kränkt?«

Nancy wußte das sehr wohl. Aber da sie sich von Mary Ann nie wirklich gelöst hatte, konnte sie anscheinend nicht anders, als mit ihren Leistungen zu prahlen, weil sie immer noch und immer wieder nach der Anerkennung der angebeteten älteren Schwester verlangte. Mary Ann ihrerseits verweigerte ihr das und baute Schranken auf, damit Nancy ihr nicht zu nahe kommen und ihr Wesen, ihre Persönlichkeit verschlingen konnte. Da sie nur ein Jahr auseinander waren, hätten die beiden die Möglichkeit gehabt, sich wie so viele andere gleichgeschlechtliche Geschwister entgegengesetzte Rollen zu suchen. Aber sie waren immer noch aufs engste miteinander verstrickt, und Nähe und Konkurrenz hatten sich untrennbar vermischt.

Die Schwester, die sich zwar nicht räumlich, aber emotional tatsächlich von den anderen gelöst hatte, war Kate (»Ich bin die dritte, ich strenge mich überhaupt nicht an«). Wenn es stimmt, daß es in jeder reinen Schwesterngruppe einen »Jungen« gibt, dann hatte in dieser Schwesterngruppe mit Sicherheit sie diese Rolle. Für die anderen war sie die »Sportlerin«, die begeistert mit dem Vater geangelt und Ball gespielt hatte. Sie wanderte gerne und ging häufig mit ihrem Mann und ihren Kindern zelten, als Ausgleich für die physischen und emotionalen Belastungen ihres Berufs. Sie war Krankenschwester auf der Krebsstation.

Möglich, daß Kate ihre auffallende Unabhängigkeit und ihr pragmatisches Gefühl für Prioritäten über ihren Beruf erworben hatte. Möglich aber auch, daß ihre selbstbewußte Haltung umgekehrt für die Wahl ihres Berufes verantwortlich war. Mit Sicherheit hatte sie durch ihre Position in der Familie irgendwie ein Gefühl von Eigenständigkeit entwickelt.

»Nancy und Mary Ann hatten immer eine ganz feste Beziehung«, sagte sie. Wir hatten uns in ihrer Wohnung getroffen, ganz in der Nähe der Klinik, in der sie und ihr Mann arbeiteten, ihr Mann allerdings in der Klinikverwaltung. »Und Lisa kam soviel später, sie ist sechs Jahre jünger als ich. Irgendwie mußte ich selbst für mich sorgen, vor allem, weil Mary Ann und Nancy sich so gerne gegen mich verbündeten.«

Als Beispiel dafür nannte sie die für sie traumatische Aufklärung über die Menstruation. »Ich war ungefähr acht Jahre alt, und da haben mir meine Schwestern – zu meinem Entsetzen – erzählt, daß eines Tages Blut aus mir herausschießen würde. Das muß man sich mal vorstellen, wie kann man sowas nur einer Achtjährigen erzählen! Ich war zu Tode erschrocken. Ich war so verängstigt, daß ich später, als ich meine erste Periode bekam, gar keine Verbindung zu ihren Geschichten mehr herstellen konnte. Damals wußte ich tatsächlich nicht, wie mir geschah, weil mir das niemand erklärt hatte. Ich meine, ich hatte zwei ältere Schwestern, und niemand hatte mir konkret etwas darüber gesagt.«

Kate erzählte solche Erinnerungen mit einem Hauch von Resignation; sie hatte sich schon sehr lange mit ihrer Außenseiterposition abgefunden. In ihrem Buch über große Familien haben Bossard und Boll die Rolle der oder des »Isolierten« als eine typische Geschwisterrolle beschrieben, jemand, der einsamer und verschlossener ist als die anderen, und Kate schien in diese Kategorie zu passen. Paradox war aber, daß gerade ihre Außenseiterposition dazu führte, daß ihre Schwestern ihr am meisten vertrauten, obwohl keine der drei anderen auf meine Frage, zu wem sie das engste Verhältnis hätten, Kate nannte (Mary Ann und Nancy nannten sich gegenseitig, Lisa nannte Mary Ann). Kate hatte nach eigener Einschätzung zu allen dreien dasselbe Verhältnis, sie vertraute sich keiner an, hütete aber die Geheimnisse ihrer Schwestern, ohne sie je zu verraten. Sie war die Ausgleichende der Familie, man könnte auch sagen, sie war als echtes mittleres Kind Expertin darin, zwischen beiden Seiten zu vermitteln.

Auf Lisa, die jüngste des Ginetti-Clans, traf der Begriff der »Vermittlerin« beim besten Willen nicht zu. Im Gegensatz zu Kates ruhiger Festigkeit war Lisa ausgesprochen quirlig, ihre Worte sprudelten in einer Geschwindigkeit hervor, daß sie das Ende eines Gedankens schon erreicht hatte, wenn andere noch damit beschäftigt waren, den Anfang zu verstehen. Sie fand ihre Schwestern ungeheuer faszinierend, und sie hatte viel über sie nachgedacht.

»Ich mag meine Schwestern als Menschen gerne«, sagte sie, nachdem sie mich auf der Terrasse ihres großen alten Hauses in der Umgebung von Mohegan mit Eistee und Plätzchen versorgt hatte. Lisa war mit einem fünfzehn Jahre älteren Geschäftsmann verheiratet. Sie fühlte sich als Hausfrau wohl und hatte keine Probleme damit, daß sie nicht berufstätig war. Sie arbeitete viel im Garten und engagierte sich in der Lokalpolitik, aber im wesentlichen kümmerte sie sich um ihre drei Töchter; die jüngste war sechs. Sie hoffte, daß aus ihren Töchtern einmal so »eigenständige und interessante« Menschen wie ihre Schwestern würden, aber gleichzeitig auch so freie und selbstbewußte Menschen wie sie selbst.

»Der Abstand zwischen mir und den anderen war so groß, daß ich trotz aller Bewunderung die unabhängigste werden konnte«, sagte sie im Brustton der Überzeugung.

Sie gab aber auch zu, daß sie nicht immer so unabhängig gewesen war wie jetzt. Als Teenager war sie stark von Kate und vor allem von deren Mann Chris abhängig gewesen, so sehr, daß sie fast einen Mann geheiratet hätte, der ihm ausgesprochen ähnlich war.

Das Einzelkind Chris war glücklich, als er durch seine Heirat auch eine große, liebevolle Familie bekam. Für Lisa hatte er fast sofort die Rolle des großen Bruders übernommen; er fuhr sie zu Partys und holte sie anschließend wieder ab, damit sie nachts nicht mit dem Bus oder der Bahn fahren mußte. Er beriet sie in Kleiderfragen und gab ihr Ratschläge zu ihren Freunden, und als sie sich überlegte, das College abzubrechen, überredete er sie, weiterzumachen. Lisa wiederum war bis über beide Ohren in Chris verliebt, für sie war er damals der wichtigste Mensch überhaupt, weit wichtiger als ihre Eltern und ihre Schwestern.

»Hat sich Kate über Ihr enges Verhältnis zu Chris geärgert?« fragte ich. Kate hatte kein Wort über die Beziehung ihres Mannes zu ihrer jüngeren Schwester verloren, und als ich sie später noch einmal danach fragte, tat sie das Ganze als Bagatelle ab.

»Sie hätte Grund dazu gehabt, aber sie hat es nicht getan. Er war für mich die Sonne, um die mein ganzes Leben kreiste. Wahrscheinlich war sie sich ihrer Ehe ganz sicher. Aber in den ersten beiden Jahren *meiner* Ehe war Sal, mein Mann, sehr eifersüchtig. ›Chris hier und Chris da‹, sagte er immer. ›Ich werde ihn eines Tages verprügeln.‹«

»Haben Sie Ihren Mann mit Chris verglichen?«, fragte ich. Ich hatte beide Männer auf dem Familientreffen kennengelernt, aber in der kurzen Zeit keinen richtigen Eindruck gewinnen können.

»Das ist eine gute Frage. Als ich Sal kennenlernte, hatte ich noch einen anderen Freund, Frank. Frank hatte sehr viel Ähnlichkeit mit Chris. Ich konnte mich zwischen den beiden nicht entscheiden, und da habe ich mit Kate darüber gesprochen. Sie ist so klug. Sie sagte: ›Willst du wirklich einen Mann haben, der genauso ist wie meiner?‹ Ich dachte viel darüber nach, ob ich mit Kate um ihren Mann konkurrierte und ob es nicht fast schon Inzest wäre, wenn ich einen Mann heiraten würde, der meinem Schwager so ähnlich war. Und dann begriff ich, daß mich ein Ehemann wie Chris nicht fordern würde. Er würde mich einfach akzeptieren, so wie Chris, auf nette, liebe, unkomplizierte Weise.

Und das habe ich wohl nicht gewollt. Das ist gut für so eine Art großen Bruder, aber bei einem Ehemann hätte mich das gelangweilt. Wir sind gute Katholiken, und das heißt, wenn man heiratet, dann bleibt man auch verheiratet. Meine Mutter sagt immer: ›Wir sind kein Kaufhaus, bei uns wird nichts umgetauscht.‹ Also habe ich Sal geheiratet, und das war nicht einfach. Er ist soviel älter als ich und ein sehr komplizierter, schwieriger Mensch. Manchmal frage ich mich, wie es wohl gewesen wäre, wenn ich einen Mann wie meinen Schwager geheiratet hätte. Aber letztlich glaube ich, daß der Mann, den ich geheiratet habe, viel mehr Ähnlichkeit mit meinem Vater hat.«

Sie holte kurz Luft und legte sofort wieder los: »Wissen Sie, ich habe das mit meinem Vater noch nie so offen gesagt. Ich frage mich, ob Kate das nicht die ganze Zeit gewußt hat. Ich frage mich, ob sie vielleicht alle wußten, daß ich Vaters Liebling war.«

Und schon war sie beim nächsten Thema, das genauso kompliziert war. Alle Schwestern hatten in den Interviews viel von ihrer Mutter gesprochen und sie als die Person dargestellt, die alle wichtigen Entscheidungen traf. Sie war mittlerweile über 70 und lebte bei Nancy, aber die anderen besuchten sie regelmäßig. Die Schwestern stritten sich zwar gelegentlich darüber, wer am meisten für die Mutter tat, arbeiteten aber bei ihrer Versorgung besser zusammen als viele andere Geschwister, die ich interviewt hatte.

Über den Vater dagegen waren sie sich nicht so einig. Er hatte bis zu seinem Tod schwer gearbeitet, erst als Maurer und dann als Bauunternehmer, und hatte nur wenig Zeit gehabt, sich um die alltäglichen Aktivitäten seiner Töchter zu kümmern. Natürlich hatte jede seiner Töchter möglichst viel der Zeit, in der er sich seiner Familie widmen konnte, für sich beansprucht.

Mary Ann sah sich als die »Prinzessin« ihres Vater, in einer so überlegenen Position, daß es überflüssig war, ausführlich darüber zu sprechen. Nancy dagegen hob bei jeder sich bietenden Gelegenheit den Respekt hervor, den ihr Vater ihrer Arbeit gezollt hatte, und die häufigen Anrufe (»er hat öfter mit mir telefoniert als mit jedem anderen in der Familie«), bei denen er sich nach ihrem Geschäft erkundigte. Kate informierte mich mit ruhigem Selbstbewußtsein, daß ihr Vater am liebsten mit ihr zusammen gewesen war, weil sie so viele gemeinsame Interessen hatten. »Er hat mich gewählt«, sagte sie, »und das hat er mit keiner von den anderen gemacht.« Und Lisa, die wahrscheinlich die stärkste Bindung an ihren Vater hatte, behauptete mit Überzeugung: »Er hat für mich am meisten Zeit gehabt, und er hat mich am meisten geliebt. Als ich in der 5. Klasse war, war ich dicker und größer als die anderen Kinder, und da hat er immer gesagt, ich sei ›seine langstielige Rose‹. Bis heute halte ich mich stolz und gerade und mache mir immer wieder klar, daß ich für meinen Vater eine langstielige Rose war.« Wie bei Judith Rossner kämpfen diese vier Schwestern, »His little women«, mit Hilfe ihrer Erinnerungen um den ersten Platz im Herzen des Vaters.

Aber die Rivalität um den Vater war nur ein Element ihrer Schwesternbeziehungen. Seit ihren frühesten Kindertagen hatten sie sich mit der Aufgabe der Identitätsfindung herumgeschlagen, und in gewissem Sinne taten sie das immer noch. Nancy idolisierte ihre ältere Schwester Mary Ann selbst dann noch, wenn sie voll Stolz von ihrer eigenen Leistung sprach. Mary Ann hielt ihre Schwester immer noch ein wenig auf Abstand und bewachte eifersüchtig ihre Position als älteste. Kate konnte sich als eigenständige Person etablieren, weil sie die anderen ein Stück weit ausgeschlossen hatte, und Lisa war zwar für die älteren Schwestern immer noch die »Kleine«, hielt sich aber selbst (und vielleicht nicht zu Unrecht) für die unabhängigste; der Altersunterschied zu den anderen war gering genug, um die anderen schätzen, und groß genug, um sich für eine eigenständige Person halten zu können. Die vier Frauen unterschieden sich auf vielfältigste Weise, aber keine konnte die eigene Person beschreiben, ohne sich irgendwie auf ihre Schwestern zu beziehen.

So wie die Ginetti-Schwestern definieren sich viele andere gleichgeschlechtliche Geschwister auch als Erwachsene noch über die Beziehung zu den anderen. Aber unterscheiden sich Beziehungen zwischen Schwestern von Beziehungen zwischen Brüdern? Das war eine der Fragen, die ich durch die Umfrage und die Interviews klären wollte.

Nach den Ergebnissen der Umfrage ließ sich diese Frage nachdrücklich *bejahen.* Die Beziehungen zwischen Schwestern unterschieden sich in einem sehr wichtigen Bereich deutlich von den Beziehungen zwischen Brüdern, und das war der Bereich der Nähe. Die Auswertung von fast allen Fragen, mit denen die Nähe zwischen Geschwistern bestimmt werden konnte (und das waren fast ein Dutzend) hat gezeigt, daß Intimität zwischen Schwestern nach eigener Einschätzung signifikant häufiger war als Intimität zwischen Brüdern oder zwischen Brüdern und Schwestern.

Einige Beispiele dafür: Bei der allgemeinen Frage, wie eng das Verhältnis zu ihren Geschwistern sei, sagten 61 Prozent der Frauen, das Verhältnis zu ihren Schwestern sei »eng« oder »sehr eng«, während weniger als die Hälfte (48 Prozent) der Männer sich ein »enges« oder »sehr enges« Verhältnis zu den Brüdern bescheinigten; beim Verhältnis zu Geschwistern des anderen Geschlechts kreuzten ebenfalls weniger als die Hälfte der Männer und Frauen (46 Prozent) die Kategorien »eng« oder »sehr eng« an. Bei der Frage, wie oft sie ihre Geschwister sehen oder mit ihnen telefonieren, sagten über zwei Drittel der Frauen (67 Prozent), daß sie einmal im Monat oder öfter Kontakt zu ihren Schwestern haben, während weniger als die Hälfte (48 Prozent) der Männer einmal im Monat oder öfter Kontakt zu ihren Brüdern und nur etwas mehr als die Hälfte (52 Prozent) aller Frauen und Männer einmal im Monat oder öfter Kontakt zu Geschwistern des anderen Geschlechts hatten.

Entsprechend lebten Schwestern tendenziell näher beieinander als Brüder und als Geschwister verschiedenen Geschlechts, und selbst da, wo die Entfernung zu den Geschwistern in etwa gleich war, waren es wieder die Schwestern, die sich häufiger miteinander in Verbindung setzten als Brüder oder Brüder und Schwestern.

Noch erhellender waren die Reaktionen auf die Fragen, die sich spezifischer mit der Nähe zwischen Geschwistern befaßten. So kreuzten 77 Prozent der Frauen bei der Frage, ob sie mit ihren Geschwistern über ihre innersten Gefühle sprechen, bei Schwestern »gelegentlich« oder »häufig« an; während nur 61 Prozent der Männer »gelegentlich« oder »häufig« mit ihren Brüdern über ihre Gefühle sprachen. Entsprechend sagten auch signifikant mehr Schwestern als Brüder, daß sie über ihre Erfolge und Mißerfolge reden, sich beraten und nach ihrer gegenseitigen Anerkennung streben.

Umgekehrt war es bei den Fragen, in denen es um Vergleich und Konkurrenz ging. Unter denen, die zugaben, sich mit ihren Geschwistern zu vergleichen (sehr viele der Befragten kreuzten die Antwort »Vergleiche mich nicht« an), waren Brüder sehr viel häufiger vertreten als Schwestern. So verglich zum Beispiel ein Drittel der Männer (33 Prozent) ihre Finanzen mit denen eines Bruders, bei Schwestern dagegen lag die Zahl bei 23

Prozent, also weniger als ein Viertel. Entsprechend waren auch die Ergebnisse bei den Fragen nach Vergleichen in den Bereichen Leistung, Ausbildung und Beruf.

Bei den Interviews, bei denen die Geschwister mehr Zeit zum Nachdenken hatten als bei den Fragebögen, tauchten Motive wie Rivalität und Konkurrenz, Kränkungen und Verletzungen bei beiden Geschlechtern auf. Dabei bezogen sich die Männer tendenziell direkter auf Konkurrenzthemen, ähnlich wie Roy Deveau, der offen erklärte, er würde eines Tages die Leistungen seines Bruders übertreffen. Und selbst bei Jerry Platt, der seine Konkurrenzgefühle durch Verleugnung bewältigte, war die Verleugnung so häufig und so lautstark, daß sie das ganze Gespräch über seinen Bruder bestimmte.

Es ist unübersehbar, daß diese Ergebnisse exakt den Geschlechtsrollenklischees unserer Gesellschaft entsprechen. Diesen Klischees zufolge sind Frauen (als Gruppe betrachtet – individuell gibt es große Unterschiede) stärker an Beziehungen interessiert, wollen andere verstehen, sind offener für Intimität und emotionalen Ausdruck. Männer (ebenfalls als Gruppe betrachtet) sind demnach aggressiver und konkurrieren stärker, vor allem mit anderen Männern, sie neigen nicht zu »Beziehungsdiskussionen«, schließen sich nicht so stark an andere an und sind nicht so neugierig auf andere Menschen wie Frauen.

Die vielfältigen und sehr wichtigen Veränderungen, die die Frauenbewegung in Gang gesetzt hat, haben sich anscheinend auf diese Unterschiede zwischen Männern und Frauen kaum ausgewirkt, und in der Psychologie, Biologie, Soziologie, Anthropologie und verwandten Wissenschaften ist immer noch nicht endgültig geklärt, ob das mit der biologischen Grundausstattung von Männer und Frauen zu tun hat, mit dem hartnäckigen Widerstand der Gesellschaft gegen jede Veränderung oder, und das ist wohl das Wahrscheinlichste, mit beidem.

Die Soziologieprofessorin Nancy Chodorow hat eine der umfassenderen Theorien über emotionale Unterschiede zwischen den Geschlechtern entwickelt. Ihrer Meinung nach identifizieren sich Mädchen von Anfang an stark mit ihrer Mutter. Diese Identifikation schließt die mütterlichen und fürsorglichen Eigenschaften und die dazugehörige Verbundenheit mit anderen Menschen ein. Jungen identifizieren sich als Säuglinge ebenfalls mit der Mutter, wenden sich aber zwangsläufig von ihr ab, weil sie sich als anders als die Mutter definieren müssen, um eine eigene Identität aufzubauen. Sie verdrängen die starke Bindung an die Mutter und damit gleichzeitig viele ihrer fürsorglichen und empathischen Aspekte.

Chodorow geht von Individuen aus, nicht von Geschwistern. Es ist aber denkbar, daß Brüder sich in dem Prozeß des Rückzugs von der mütterlichen Rolle gegenseitig bestärken. So kann ein älterer Bruder, der groß und aufrecht wie der Vater seine Emotionen beherrschen kann, zum Modell für den jüngeren werden. Der Ältere kann aber auch seine eigene Kraft am jüngeren Bruder erproben und ihm aggressiv zeigen, wer der Boss ist. Der jüngere lernt, sich zu wehren und sich der Autorität des älteren zu widersetzen, und erwirbt und verbessert so Fertigkeiten im Bereich von Aggression und Herrschaft.

Der Schriftsteller John Bowers schrieb: »Wenn ein Mann einen Bruder hat, wird er von Anfang an in eine tiefe Rivalität gedrängt...« Bowers machte schon früh die Erfahrung, daß sein zwölf Jahre älterer Bruder »jemand war, dessen einziger Zweck darin bestand, mich noch kleiner zu machen und auf Abstand zu halten.« Seinen größten Triumph erlebte er, als es ihm eines Tages gelang, seinen Bruder, der damals schon Marineoffizier war, in einem Ringkampf zu Boden zu werfen.

Für Brüder, die keine Schwestern haben, gibt es wenig Möglichkeiten, die Identifizierung mit dem Vater und miteinander zu verringern. Aber selbst wenn es in der Familie Mädchen gibt, bestärken sich die Brüder häufig gegenseitig darin, die Interessen ihrer Schwestern an Gefühlen und inneren Verbindungen abzulehnen und ihnen eine übertrieben maskuline Identität entgegenzusetzen.

Wenn man dieser Argumentation folgt, kommt man zu dem Schluß, daß Brüder durch die Verdrängung der Identifikation mit der Mutter die Leichtigkeit verlieren, mit der ihre Schwestern Beziehungen nicht nur außerhalb der Familie, sondern auch untereinander herstellen können. In jedem Fall belegen die überwältigenden Anzeichen von Nähe und Intimität, die in dieser Untersuchung wie in anderen deutlich geworden sind, daß Schwestern sich problemloser verstehen und zusammenarbeiten und ihre Bindungen als Erwachsene besser und stärker bewahren können als Brüder. Mary Ann erzählte, wie sehr sie eine zugegebenermaßen »kitschige« Geburtstagskarte von Nancy »gerührt« hätte, auf die Nancy geschrieben hatte: »Worte reichen nicht aus, um zu beschreiben, was ich für dich empfinde. Ich liebe dich, Schwesterchen.« Die Karte hatte bestätigt, was Mary Ann selbst empfand: Trotz allem Streit »sind wir tief innen Schwestern, und wir würden alles für einander tun«.

Aber es gibt hierzu zwei wichtige Einwände: Erstens schließt die Nähe zwischen Schwestern Aggressivität nicht notwendig aus. Das zeigte sich sehr deutlich bei der Frage im Fragebogen: »Hat es Zeiten gegeben, in denen sie mit ihrem Bruder oder ihrer Schwester aus Ärger nicht gesprochen haben?« Schwestern von Schwestern bejahten diese Frage weit häufiger als Befragte aus anderen Geschwisterkonstellationen, genauso übrigens wie die Frage: »Hatte Ihr Bruder/Ihre Schwester in der Kindheit

Angewohnheiten oder Verhaltensweisen, über die Sie sich immer noch ärgern?«

Aggressivität unter Schwestern wird selten durch Prügeln oder Ringkämpfe ausgedrückt, sondern meist durch Sticheleien und verbale Angriffe im Bereich traditioneller weiblicher Identität, wie sie von der Gesellschaft vorgegeben und von der Familie in einem sehr frühen Alter implantiert wird: Schönheit und Körperbilder, Gewicht, Kleidung und Familienangelegenheiten. Nancy und Mary Ann fochten ihre Konkurrenzkämpfe genauso wie ihre Bemühungen um Eigenständigkeit über die Streitereien um die Kleidung bzw. die Frage, wer was wann anziehen durfte, aus. Und die Rivalität zwischen allen vier Ginetti-Schwestern machte sich immer noch an Gewichtsvergleichen und Diät-Erfolgen fest.

Die Intimität von Schwestern kann die Konkurrenzgefühle und Aggressivität zeitweise verschlimmern. Durch ihre Nähe verstricken sie sich in die Details ihres jeweiligen Alltags, die viel Stoff für Eifersucht und Streit liefern. Und die Nähe und der häufige Kontakt von erwachsenen Schwestern können es mit sich bringen, daß die Angewohnheiten aus der Kindheit zum bleibenden Ärgernis werden und manchmal auch zum Rückzug führen. »Ich habe meiner Schwester gesagt, wie sie besser mit ihrem jugendlichen Sohn fertig werden könnte«, schrieb eine 45jährige Frau über ihre 40jährige Schwester. »Daraufhin hat sie mir vorgeworfen, ich würde mich immer noch genauso ›einmischen‹ wie früher, und dann hat sie sich längere Zeit nicht mehr gemeldet.«

Der andere Einwand gegen die These von der Nähe zwischen Schwestern bezieht sich auf das Verhältnis zwischen Brüdern. Denn auch wenn man sagen kann, daß Männer ihren Brüdern nicht so nahe stehen wie Frauen ihren Schwestern und zudem konkurrenzbetonter oder aggressiver sind, heißt das noch lange nicht, daß es keine Nähe zwischen Brüdern gibt oder daß sie überwiegend konkurrierend oder aggressiv miteinander umgehen. (»Niemand kann mich wütender machen«, schrieb John Bowers über seinen Bruder. Aber er schrieb auch: »Niemand kann mich so zum Lachen bringen.«)

Es wird oft behauptet, auch von Fachleuten, daß die Beziehung zwischen Brüdern von allen Geschwisterbeziehungen diejenige mit der geringsten Intimität sei. Meine Untersuchung hat diese These allerdings nicht bestätigt. In der Umfrage hatten Männer nach eigenen Angaben zu ihren Brüdern dieselbe enge Beziehung wie zu ihren Schwestern und wie umgekehrt Schwestern zu ihren Brüdern, wiewohl die Beziehung zwischen Schwestern von allen Geschwisterkonstellationen die mit der größten Intimität und Nähe war.

Die Gefühle, die Brüder füreinander haben, sind unter Umständen sehr stark und auch sehr kompliziert. Eine Untersuchung mit Collegestudenten an der Universität von Michigan hat gezeigt, daß besonders bei älteren Brüdern Widersprüche zwischen Verhalten und Gefühlen häufig sind. Denn einerseits waren ältere Brüder nach eigener Einschätzung und nach Einschätzung der jüngeren in der Beziehung dominanter, andererseits litten sie insgeheim unter ihrer Aggression und ihrem Dominanzverhalten. Sie hielten die jüngeren Brüder oft für unglücklicher, als sie waren, und gaben sich häufig die Schuld an deren vermeintlichem Unglück, hin- und hergerissen zwischen Selbstanklagen, dem Wunsch, die jüngeren Brüder herumzukommandieren und zu beherrschen, und dem Wunsch, ihre Dominanz einzuschränken, ihre Gefühle zu beherrschen und die jüngeren zu unterstützen.

Einer der Studenten sagte über seinen jüngeren Bruder traurig: »Ich weiß, wie ich in seinen Augen war, nämlich eingebildet, egozentrisch, ein Hochstapler... jemand, der sich weder um ihn noch um sonst jemanden wirklich kümmerte ... Ich war nicht fair zu ihm, ich lehnte ihn ab, und das wußte er.«

Von den Brüdern, die ich interviewte, hatten die meisten nicht soviel über ihre Beziehungen nachgedacht wie viele der interviewten Schwestern, und es schien, als fehlte ihnen die Sprache, um ihre Gefühle offen und frei auszudrücken. Insoweit trifft das Geschlechtsrollenklischee, wonach Männer keine »Beziehungsdiskussionen« führen können, für Brüder tatsächlich zu. (Ein weiterer Beleg dafür sind die vielen Autorinnen, die sich durch die Bindungen an ihre Schwestern zu Büchern über die Bedeutung der Schwesternschaft anregen ließen; ähnliche Bücher von Männern über die Bedeutung der Brüderschaft habe ich nicht finden können.)

Aber das Klischee fällt in sich zusammen, sobald es um die Gefühle von Brüdern geht und nicht um ihren Ausdruck. Denn die Gefühle waren in den Interviews sehr präsent und gingen in vielen Fällen tiefer, als die Männer selbst wußten. So sagte zum Beispiel ein Mann, dessen Bruder sehr weit weg lebte, ein wenig bedauernd, daß sie sich viel zu selten schrieben, und fügte hinzu: »Aber wenn ihm irgend etwas passieren würde, dann würde ich...« Dabei blieben ihm die Worte im Halse stecken, und zu seiner eigenen Überraschung kamen ihm die Tränen.

Roy Deveau war der Meinung, das tiefe Gefühl von Nähe zwischen ihm und Eddy wäre auch darauf zurückzuführen, daß er Eddys Gefühle kannte, trotz der Schwierigkeiten seines Bruders, sie auszudrücken. Dieses Verständnis wäre für Eddy eine große Hilfe. Als Beispiel erzählte er von einem Vorfall (den Eddy später bestätigte), der ein paar Jahre zurücklag. Eddys damals 16jährige Tochter Kelly fand, ihr älterer Bruder würde ihr vorgezogen. Sie hatte beim Abendessen eine an sich harmlose Ermahnung von Eddy zum Anlaß für eine tränenreiche Szene genommen, bei der sie ihrem Vater vorwarf, daß er sie nicht liebte. Darauf war sie in ihr Zimmer gerannt.

»Eddy blieb einfach sitzen, er war völlig sprachlos«, sagte Roy. »Er hat seine Gefühle so unter Kontrolle, daß er jetzt nicht wußte, was er tun sollte. Da habe ich ihn angebrüllt: ›Warum sitzt du da noch rum? Geh zu ihr hin!‹ Das hat er getan, und sie haben lange miteinander gesprochen. Seitdem ist es viel besser zwischen ihnen geworden.«

Dank Roys Verständnis hatte Eddy, wie er sagte, Vertrauen zu ihm und konnte ihm selbst die Ängste und Selbstzweifel eingestehen, über die er mit niemandem sonst sprach. »Wir können uns gegenseitig unser Herz ausschütten«, sagte er. »Ich glaube nicht, daß das viele Brüder können, und das ist schade, weil viele sich wirklich sehr gerne haben.«

Insgesamt gesehen und verglichen mit den Bindungen zwischen Schwestern sind die Bindungen zwischen Brüdern möglicherweise nicht so intim und stärker von direkter Konkurrenz geprägt. Aber ohne die Bindungen zwischen Brüdern romantisieren zu wollen, muß man doch betonen, daß darin oft sehr viel Intimität, Zuneigung und Empathie zu finden ist, weit mehr, als offen zugegeben und erkannt wird.

Wenn Geschwister nicht dasselbe Geschlecht haben, verändert sich das Gleichgewicht zwischen Ausdrucksmöglichkeit und Distanz, Zuwendung und Aggression, und es entsteht ein anderes Verhältnis. Eltern widmen nach Meinung von Fachleuten nachgeborenen Kindern mehr Aufmerksamkeit, wenn sie ein anderes Geschlecht haben als die älteren, was bei den älteren entweder zu größerer Eifersucht oder zu mehr Achtung für das jüngere Kind führen kann. Vor allem aber müssen Geschwister, die nicht dasselbe Geschlecht haben, Probleme bewältigen, mit denen sich die anderen nicht befassen müssen, und die um den Familiennamen und den Familienehrgeiz, um »Mamas Sohn« und »Papas Tochter«, um sexuelles Verständnis und sexuelle Begierde kreisen.

»Als Junge fand ich mich gutaussehend, intelligent und liebenswürdig. Meine Schwester fühlte sich betrogen.«

---

5. Brüder und Schwestern und Schwestern und Brüder

Es war Mitte Dezember und eisig kalt. Ich stand in einer Telefonzelle in Manhattan, an der Kreuzung Madison Avenue/89. Straße, und sprach mit meiner Mutter. Ich kam gerade von einem Interview mit meinem Bruder und war auf dem Weg zu einer Konferenz.

»Ich habe gerade einen Moment Zeit«, rief ich in den Hörer, »Robert hat da was gesagt, wonach ich dich unbedingt fragen muß.«

Ich schlug den Mantelkragen hoch und kam mir ein wenig lächerlich vor. Ich hätte wirklich warten können, bis ich zu Hause war. Aber schließlich hatte ich jetzt Zeit, also konnte ich es auch gleich erledigen.

»Robert hat gesagt, er sei immer der Liebling der Familie gewesen. Er sei zu Hause, um mit seinen Worten zu sprechen, angeblich als der ›angebetete, bewunderte und geförderte Hoffnungsträger der Zukunft‹ behandelt worden, und noch mehr in dieser Richtung. Stimmt das?«

Ich hörte meine Mutter lachen und kam mir wieder lächerlich vor. Ich konnte es selbst nicht fassen, daß ich tatsächlich hier stand und mich wie eine Sechsjährige über die Sticheleien des Bruders beschwerte. *Lächerlich.* Was konnte es heute noch für eine Bedeutung haben, wer das Lieblingskind war oder ob es je eins gegeben hatte?

Ohne auf ihre Antwort zu warten, redete ich weiter: »Er hat gesagt, er sei bis heute fest davon überzeugt, und ich zitiere wieder, daß er ›eine Art Segen für euch sei‹, daß du und Vater ihn noch immer ›vergöttern‹«. Zum

Teufel damit. Jetzt gab's kein Halten mehr, sollte eben alles herauskommen, hemmungslos. Schließlich war es ein bemerkenswertes Interview gewesen.

Wir hatten uns in der exklusiven und teuren Atmosphäre des Stadtbüros meines Bruder getroffen, um im Rahmen meiner Untersuchung über unsere Beziehung zu sprechen. Zunächst war alles in Ordnung gewesen, wir hatten uns freundschaftlich über die enge Beziehung meiner Eltern zu ihren Brüdern und Schwestern unterhalten und übereinstimmend festgestellt, wie positiv sich das auf unser Verhältnis ausgewirkt hatte. Aber dann hatte ich versucht, unsere Beziehung tiefer auszuloten, und da war er unruhig geworden.

»Ich spreche nicht gern über unser Verhältnis«, hatte er gesagt.

»Warum?« hatte ich naiv gefragt.

»Weil ich so eindeutig der Liebling war, nehme ich an«, hatte er nicht ohne Schadenfreude erwidert.

»Du warst der *Liebling?*« hatte ich wiederholt und zu meiner Überraschung gespürt, wie ich rot wurde. (Ich wußte nicht genau, ob aus Wut oder aus Verlegenheit.)

»Aber sicher«, hatte er geantwortet, mittlerweile sichtlich interessiert an dem Thema. »Du wußtest, daß ich der Liebling war, die anderen wußten, daß ich der Liebling war, und ich selbst wußte, daß ich der Liebling war. Dann muß ich ja wohl auch der Liebling gewesen sein.«

»Ich weiß nicht, ob ich dich als den Liebling gesehen habe«, hatte ich verblüfft gesagt. »Ich war vielleicht eifersüchtig, weil du älter warst und mehr durftest als ich. Aber deswegen habe ich doch nicht geglaubt, sie hätten dich lieber als mich.«

Und das war die reine Wahrheit. Trotz aller Beschwerden über die Privilegien meines Bruders hatte ich mich als Kind nicht zurückgesetzt gefühlt. Und dann hatte er angefangen, von seinem »vergötterten« Status und den vielen Beweisen der Liebe und »Anbetung« zu faseln. Und es hatte ihm sichtlich Spaß gemacht. »Paß mal auf«, hatte er beharrt, »du sprichst von Eifersucht und Konkurrenz, aber ich war auf dich nie eifersüchtig. Ich mußte nie mit dir um Mutters oder Vaters Zuneigung kämpfen, weil ich die ohnehin hatte. Da war ich mir absolut sicher. Ich habe das alles gehabt.«

Wahrscheinlich hatte er meinen roten Kopf bemerkt, denn er hatte endlich aufgehört und gefragt: »Stimmt was nicht? Du siehst verärgert aus.«

»Du hast mir gerade erzählt, daß du das Lieblingskind unserer Eltern warst. Wie soll ich da anders aussehen?«

»Schatz«, hatte er gelacht, »die Eltern sind sehr alt, und wir sind erwachsen und haben selbst phantastische Familien. Was kann dir das noch ausmachen?«

Natürlich hatte er recht. Ich hatte den Kassettenrecorder neu eingestellt und mich schnell anderen Themen zugewandt. Zum Schluß hatten wir uns liebevoll umarmt, und ich hatte mich auf den Weg zu meiner Konferenz gemacht – und zur Telefonzelle.

»Also was sagst du dazu, Mutter«, brüllte ich in den Hörer. Der Wind heulte so stark, daß ich mich selbst kaum verstehen konnte.

»Ich habe dir immer gesagt«, kam es vorsichtig zurück, »daß ihr *beide* für mich das Wichtigste auf der Welt seid.«

»Das weiß ich, aber das ist keine Antwort auf meine Frage. Er ist davon überzeugt, daß er an erster Stelle stand, der absolute Favorit war, ›euer ganzer Stolz und eure ganze Freude‹, um seine Worte zu benutzen.«

»Du mußt das einsehen«, sagte sie, »er war ein Junge. Jungen sind etwas Besonderes. Alle Eltern wollen einen Sohn. Das hat nichts mit Bevorzugung zu tun.« Ich war froh, daß ich sie jetzt nicht sehen konnte.

»Oh«, sagte ich, verabschiedete mich schnell und legte den Hörer auf. Ein eisiger Windstoß trieb mir die Tränen in die Augen.

Alle Eltern wollen einen Sohn. Diese Binsenwahrheit gilt seit den Anfängen der historischen Überlieferung. Rahel hat sie schlicht und leidenschaftlich formuliert, als sie ihren Mann Jakob anflehte: »Schaffe mir Söhne, wenn nicht, so sterbe ich.« Was meine Mutter meinte, hieß im Klartext: Wenn du die Beziehung zu deinem Bruder, ja wenn du sämtliche Beziehungen zwischen Brüdern und Schwestern wirklich begreifen willst, dann mußt du mit der gesellschaftlichen Position von Söhnen und von Brüdern in der Geschichte anfangen.

Ich muß hier nicht weiter ausführen, was jeder weiß: In den meisten Kulturen waren Söhne mehr wert als Töchter; Söhne, vor allem erstgeborene, waren die Erben und die Bewahrer des Familienbesitzes.

In Asien müssen sich alle weiteren Geschwister dem Willen des ältesten Sohnes bedingungslos unterwerfen, während die jüngste Tochter die ganze Last der Versorgung der alten Eltern zu tragen hat, ungeachtet ihrer eigenen Bedürfnisse. In China, Korea und Indien führt der Wunsch nach einem Sohn dazu, daß weibliche Föten oft abgetrieben werden, sobald ihr Geschlecht feststeht, und in ländlichen Gegenden werden die Töchter dort bei Mißernten schlechter ernährt als die Söhne.

In Griechenland erhöht die Geburt eines Sohnes das Prestige der Mutter; Töchter lernen von Kindesbeinen an, daß sie ihren Brüdern gehorchen müssen, wissen aber auch, daß sie sich auf die Hilfe und Unterstützung der Brüder verlassen können.

Die jüdische Kultur regelt die Aufnahme der Söhne in die Gemeinschaft seit alters her durch Gesetze und Rituale. Zeremonien für weibliche

Säuglinge gibt es erst seit kurzem; sie haben demnach keine echte rituelle Grundlage.

In afroamerikanischen Familien spielen Frauen zwar eine wichtige Rolle, aber auch hier erwarten Eltern von den Söhnen Leistung und von den Töchtern Verständnis für männliche Probleme. (So kam der Bundesrichter Clarence Thomas in den Genuß einer Universitätsausbildung, während seine Schwester Emma Mae Martin zu Hause bleiben und der Mutter helfen mußte, die von ihrem Mann verlassen worden war. Anschließend pflegte sie eine alte Tante nach einem Schlaganfall. Ohne eigenes Einkommen und mit drei Kindern blieb ihr nur die Sozialhilfe, wofür ihr erfolgreicher Bruder sie dann öffentlich kritisierte.)

Und in den WASP-Familien (weiße angelsächsische Protestanten), die die Kultur in den USA maßgeblich geprägt haben und prägen, dominierte von jeher die traditionelle geschlechtsspezifische Rollenverteilung. (Ein Beispiel dafür ist der bittere, in aller Öffentlichkeit ausgetragene Streit zwischen Sallie Bingham und ihren Brüdern, den angebeteten männlichen Erben eines großen Zeitungskonzerns in Louisville, Kentucky.)

Unter dem Einfluß der Frauenbewegung ist in den letzten Jahrzehnten der überwältigende Wunsch nach Söhnen geringer geworden, jedenfalls in den westlichen Ländern. Wo Umfragen früher eine deutliche Vorliebe der Eltern für Söhne belegten, zeigen sie heute, daß sich die Kluft verringert: viele Eltern wünschen sich heute einen Jungen und ein Mädchen, wollen aber immer noch zuerst den Sohn. Die große Zahl von Frauen an Fachhochschulen und Universitäten, die früher ausschließlich den Männern vorbehalten waren, spiegelt sicherlich auch die gestiegene Bereitschaft von Eltern, die beruflichen Ziele ihrer Töchter genauso zu fördern wie die der Söhne, gelegentlich sogar anstelle der Söhne, wenn die Tochter die begabtere ist. Aber die Zahlen sind natürlich auch ein Anzeichen dafür, daß Töchter nicht mehr bereit sind, neben den Brüdern oder anderen Männern die zweite Geige zu spielen.

Die alten Einstellungen sind jedoch so schnell nicht auszurotten. Selbst wenn (was zu hoffen ist) in der Gesellschaft der Zukunft Töchter genauso geschätzt, gefördert, ausgebildet und ausgestattet werden wie Söhne, haben doch viele Erwachsene, junge Erwachsene, ja selbst Jugendliche heute noch eine ganz andere Realität erlebt. (In dieser Realität ist es zum Beispiel eine Tatsache, daß das Selbstwertgefühl von Mädchen verglichen mit dem der Jungen in der High-school rapide abnimmt, wie Untersuchungen der Pädagogikprofessorin Carol Gilligan aus Harvard gezeigt haben. Woran das liegt, weiß man noch nicht genau, aber zweifellos beziehen die Mädchen einen großen Teil ihrer Selbstbilder aus den Elternhäusern.)

Manche Frauen, die mit einem oder mehreren Brüdern aufgewachsen sind, haben die Erfahrung gemacht, daß sie für die Familie weniger wichtig sind als die Jungen. »Ich bin am 1. April geboren,« sagte eine 38jährige Zahntechnikerin. »Als sie meinem Vater sagten, er hätte eine Tochter, meinte er: ›Das ist ein Aprilscherz, oder? In Wirklichkeit ist es ein Sohn, stimmt's?«
Eine 46jährige Buchhalterin mit einem älteren und einem jüngeren Bruder erzählte verbittert von einem Gespräch mit ihrer Mutter. Die Mutter hatte eine Kindheitsszene geschildert, einen Spaziergang, bei dem sie an jeder Hand einen Sohn gehalten hatte, während das kleine Mädchen bitterlich weinend hinterhergelaufen war.
»Warum habe ich so geweint?« hatte die Tochter gefragt.
Und die Mutter hatte unbekümmert erwidert: »Weil ich keine Hand für dich frei hatte.«
»Und genau das war's«, sagte die Frau anschließend. »Damit hat sie mir den Grund für sämtliche Probleme geliefert, die ich heute habe.«
Bei anderen Frauen stand nicht so sehr die eigene Bedeutungslosigkeit im Mittelpunkt, sondern das Gefühl, im Vergleich zu den Brüdern irgendwie zu kurz gekommen zu sein. In ihren Kindheitserinnerungen hatten die Brüder stets mehr Chancen und mehr Raum, in dem sie sich entfalten konnten. Das wurde oft am Spielzeug der Brüder festgemacht, am sprichwörtlichen »Jungenspielzeug«, das anders als die Puppen und Schminkausrüstungen der Mädchen Aktion oder Experimente ermöglichte. »Die Jungen hatten einen Chemiekasten«, sagte eine 29jährige Bibliothekarin mit zwei älteren Brüdern, »und ich dachte, ich würde ihn erben. Für mich hatte das gar nichts mit dem Geschlecht zu tun, sondern nur mit dem Alter. Es war ein ganz toller Chemiekasten, aber ich habe ihn nicht bekommen. Meine Eltern haben überhaupt nicht daran gedacht, daß ich ihn haben wollte, sie haben ihn einfach verschenkt.«
Viele Brüder haben den Status zugegeben, über den sich ihre Schwestern so bitter beklagten, aber nur wenige sind je auf die Idee gekommen, daß dieser Status Grund zur Klage sein könnte. »Ich habe meine Sonderstellung nie in Frage gestellt«, sagte mein Bruder stellvertretend für andere. »Ich habe einfach geglaubt, das müßte so sein.« Eine Minderheit äußerte Bewunderung für ihre Schwestern, die sich ohne großes Theater mit dem zweiten Platz zufriedengegeben hatten. Und ganz wenige bedauerten die schlechtere Position ihrer Schwestern.
Der 54jährige Kinderarzt Philip zählte zu den sensibelsten Brüdern. Seine Eltern hatten ihn und seine elf Monate ältere Schwester Regina sehr unterschiedlich behandelt, und das hatte ihn zum überzeugten Feministen werden lassen. »Als Junge fand ich mich gutaussehend, intelligent und liebenswürdig. Meine Schwester fühlte sich betrogen. Ich wurde zur Schau ge-

stellt und vorgeführt. Sie wurde von niemandem beachtet«, sagte er.
Besonders kraß war die unterschiedliche Behandlung in der Studienzeit.
Philip hatte durch einen Autounfall ein Schuljahr verloren, und deshalb
war Regina zwei Jahre vor ihm zum College gegangen. Nach seinem
Schulabschluß sagte der Vater, er könne keine zwei Studien bezahlen. Also
mußte Regina ihr Studium abbrechen und Geld verdienen, damit Philip
studieren konnte. Sie hat den Collegeabschluß nach ihrer Heirat zwar
nachgeholt, aber für den Beruf der Archäologin, den sie angestrebt hatte,
war es zu spät.

Philip hatte immer noch Schuldgefühle seiner Schwester gegenüber; sein
Engagement für die Frauenbewegung war seine Form, sie zu bewältigen.
Aber die Bitterkeit, die durch die unfaire Behandlung entstanden war und
jede wirkliche Nähe zu seiner Schwester (die nicht interviewt werden wollte) verhinderte, war geblieben. »Unsere Beziehung ist freundlich, aber
nicht richtig herzlich, oder vielleicht herzlich, aber nicht richtig liebevoll,
oder vielleicht im Grunde liebevoll, aber zugedeckt von all den Vorteilen,
die ich hatte und sie nicht.«

Ich hatte von so vielen Frauen und Männern Variationen über das Thema
der bevorzugten Behandlung gehört, wie sie Philip erlebt hatte, daß ich
von der Umfrage überwältigende statistische Bestätigung erwarte. Die
Ergebnisse waren jedoch weniger eindeutig als erwartet, aber dafür um so
interessanter.

Eine der Fragen lautete: »Waren Sie das liebste Kind Ihres Vaters/Ihrer
Mutter?«, und danach hieß es: »Wenn nicht, welcher Bruder oder welche
Schwester war sein/ihr Lieblingskind?«

Die Auswertung zeigte, daß bei einer signifikant größeren Anzahl von
Befragten *Mütter* ihre Söhne und *Väter* ihre Töchter bevorzugt hatten.
Statistisch gesehen hielten sich von den Befragten, in deren Familie es
nach eigenen Angaben Favoritentum gegeben hatte, 66 Prozent der Män-
ner und nur 27 Prozent der Frauen für den Liebling der Mutter, während
sich 62 Prozent der Frauen und 49 Prozent der Männer als Liebling des
Vaters betrachteten. Und die Befragten, die sich nicht selbst als Lieblings-
kind einstuften, nannten häufiger Brüder als Schwestern, wenn es um den
Liebling der Mutter, und häufiger Schwestern als Brüder, wenn es um den
Liebling des Vaters ging.

Eigentlich sind diese Ergebnisse nicht verwunderlich. Wie Freud sagte, folgen Eltern genauso wie Kinder »der geschlechtlichen Anziehung ..., und wo
mehrere Kinder sind, (bevorzugen) in der deutlichsten Weise der Vater das
Töchterchen und die Mutter den Sohn in ihrer Zärtlichkeit«. Eine Frau aus
einer großen irisch-amerikanischen Familie formulierte dasselbe so: »Wir
Mädchen wußten, daß unsere Mutter ihre Söhne sehr, sehr gern hatte. Sie

sahen ziemlich gut aus und konnten sie auf eine Weise zum Lachen bringen, wie wir das nicht konnten. Ich glaube heute noch, daß sie die Jungen am liebsten hat.«

Aber wenn nicht beide Eltern, sondern nur die Mütter die Söhne vorziehen, wie steht es dann mit der ständigen Behauptung, daß Söhne generell eine Vorzugsbehandlung genießen? Und was bedeutet es im Alltag, wenn Mütter Söhne und Väter Töchter vorziehen?

Um diese Fragen zumindest ansatzweise beantworten zu können, müssen wir uns zunächst der grundlegenden Rolle von Söhnen in der Familie zuwenden. In den meisten Gesellschaften waren die Söhne die Träger des Familiennamens und damit der Familienlinie; Töchter heirateten in andere Familien, nahmen meist den Namen des Mannes an und trugen durch ihre Kinder seine Linie weiter. (Heute behalten zwar immer mehr Frauen bei der Eheschließung ihren eigenen Namen, aber die Kinder nehmen in der Regel doch den Namen des Vaters an.) Auf einer häufig unbewußten Ebene sehnen sich Eltern immer noch nach Söhnen, die ihren Namen und damit in gewissem Sinne sie selbst verewigen. Wie meine Mutter sagte, wollen eben alle Eltern einen Sohn.

Besonders für die Väter sind Söhne eine Art Garanten der Unsterblichkeit, ein Alter ego, das in ihre Fußstapfen tritt und ihren Namen und ihre Blutslinie in die Zukunft trägt. Der Vater, der die Ankündigung der Geburt einer Tochter für einen Aprilscherz hielt, mag brutal und grausam reagiert haben, aber in seinem Wunsch nach einem Sohn spiegeln sich die Wünsche von Vätern aus vielen Jahrhunderten und bis in die Gegenwart.

Unter diesen Umständen und in dem Wissen, daß Söhne einen wichtigeren Platz im väterlichen Herzen einnehmen, hielten häufig selbst die Frauen, die sich als Vaters Liebling bezeichneten, ihre Brüder für die Auserwählten der gesamten Familie.

Das Gefühl, daß die Brüder von Vater und Mutter auserkoren sind, läßt bei vielen Frauen den Gesamteindruck entstehen, immer weniger bekommen zu haben als die Brüder, ganz unabhängig davon, ob und wie sehr sie selbst geliebt wurden. In einer seiner umstrittensten Thesen hat Freud behauptet, der Neid auf den männlichen Penis sei fester Bestandteil des weiblichen Selbstbildes. Seiner Meinung nach löst bei kleinen Mädchen die Beobachtung des Penis bei ihren Brüdern oder Spielkameraden angesichts ihrer eigenen augenscheinlich bescheideneren Anatomie Minderwertigkeitsgefühle aus. Diese Minderwertigkeitsgefühle können später zu sexuellen Problemen führen (und zu dem Wunsch nach einem Kind als Penisersatz). Selbst unter Analytikern und Analytikerinnen war und ist die Theorie des Penisneids immer umstritten gewesen, und heute erkennen immer mehr Menschen, einschließlich vieler Analytiker und Analytikerinnen, daß Frauen, die glauben, im Verhältnis zu ihren Brüdern zu kurz gekommen zu sein, sich nicht um den Penis, sondern um die Privilegien und Positionen des Bruders betrogen fühlen, die in Familie und Gesellschaft mit Männlichkeit assoziiert sind.

Aber das Thema des gegengeschlechtlichen Favoritentums hat noch andere Aspekte.

Viele Psychotherapeutinnen und -therapeuten, mit denen ich gesprochen habe, haben darauf hingewiesen, daß Väter sich zwar einerseits nach Söhnen sehnen und sich mit ihnen identifizieren, aber andererseits auch mehr von ihnen fordern. Deshalb mag es zwar sein, daß Väter ihr Geschäft nicht der Tochter, sondern dem Sohn übergeben, aber gleichzeitig erwarten sie auch mehr von ihm und werden eventuell auch stärker enttäuscht. Viele Väter konkurrieren auch stärker mit ihren Söhnen; sie spornen sie dazu an, sie zu übertreffen, ohne aber in Wirklichkeit übertroffen werden zu wollen. In Vater-Tochter-Beziehungen sind solche Komplikationen und Probleme selten, und deshalb können sich Töchter als Favoriten fühlen.

Louise Kaplan hat außerdem darauf hingewiesen, daß es sich bei *beiden* Formen des Favoritentums, also Mutter/Sohn und Vater/Tochter, um Konsequenzen der Gesellschaftsordnung handeln kann, die den männlichen Privilegien den Vorrang gibt. Mädchen, so sagt sie, haben oft die Phantasie, Vaters Liebling zu sein, selbst wenn das den Tatsachen überhaupt nicht entspricht. Sie übernehmen die Rolle von »Vaters Tochter«, identifizieren sich nicht mit den mütterlichen, sondern den väterlichen Leistungen und Werten und fühlen sich in dieser Beziehung den Müttern überlegen (und vielleicht auch als Siegerinnen im endlosen ödipalen Konkurrenzkampf um den Vater). Umgekehrt ist es möglich, daß die Mütter ihren eigenen unerfüllten Ehrgeiz auf das männliche Kind übertragen (vielleicht auch die Eigenschaften, die sie bei ihren Männern gesucht und nicht gefunden haben). Sie ziehen ihre Söhne tatsächlich oft vor und spornen sie zu größerem Ehrgeiz und höheren Leistungen an.

So gesehen, haben die Töchter mit ihrer Überzeugung, ihre Brüder hätten es besser gehabt als sie, also gar nicht so unrecht. Denn selbst wenn sie sich für den Liebling des Vaters und den Bruder für den Liebling der Mutter halten, kommt das männliche Geschlecht tatsächlich immer besser weg.

Abschließend, und das trifft die Situation vielleicht am genauesten, bleibt noch zu sagen, daß die Rolle als »Vaters Liebling« für Töchter zwar bedeutet, daß der Vater mit ihnen schmust und für sie sorgt und sie vielleicht auch bewundert, wenn sie größer werden, aber daß er sie nie so ernst nimmt wie ihre Brüder. Frauen können sich oder ihre Schwestern für die Lieblinge des Vaters halten, wissen aber trotzdem genau, daß ihre Brüder im großen und ganzen gewonnen haben, denn auf einer bestimmten Ebene begreifen sie, daß der Vater sie immer als sein *kleines* Mädchen geliebt hat und nicht als erwachsene, sexuelle und unabhängige Frau.

(Und trotzdem: An einem Spätsommerabend saß ich bei meinen Eltern auf der Terrasse und erzählte ihnen von meinen Untersuchungsergebnissen zum geschlechtsspezifischen Favoritentum. Als ich mich verabschiedete, flüsterte mir mein Vater, über neunzig Jahre alt und kein bißchen weniger scharfsichtig als früher, zu: »Ich weiß nicht, ob Mütter Söhne oder Väter Töchter vorziehen, aber mein Liebling bist du.« Unaussprechliche Freude! Ungeheure Erleichterung! Süße Rachegelüste: Vaters Tochter oder nicht, ich konnte es kaum abwarten, das Robert zu erzählen!)

Wenn Söhne tatsächlich und vor allem deutlich wahrnehmbar bevorzugt wurden, kann das zu oft lebenslangen Belastungen in der Geschwister- beziehung führen, weil die Schwestern den Eltern übelnehmen, was sie getan, und den Brüdern, was sie bekommen haben. Manche Brüder fühlen sich schuldig wie Philip, andere sind froh über ihren guten Start. In den Fällen, in denen die vorrangige Behandlung der männlichen Familien- mitglieder weniger auffallend oder störend ist, wird sie oft von allen als selbstverständlicher Teil der Kultur hingenommen. Die Frau, deren Mutter »ihre Söhne sehr gern hatte«, erklärte: »Wir Schwestern reden darüber, haben es aber immer einfach akzeptiert.« (Für eine genauere Beschreibung der Auswirkungen verschiedener Formen der Bevorzugung vgl. Kap. 7.)

So wichtig das Thema der geschlechtsspezifischen Bevorzugung für viele Frauen und manche Männer auch sein mag, ist es doch nur eines unter den vielen Themen, die Auswirkungen auf die Beziehungen zwischen Brüdern und Schwestern haben. Dazu gehört vor allem auch die Sexua- lität, die unauflöslicher Bestandteil der Bindung von Brüdern und Schwe- stern ist. Geschwister verschiedenen Geschlechts identifizieren sich genau- so miteinander wie gleichgeschlechtliche, und sie ziehen aus dem Wissen über die anderen Rückschlüsse über die Bedeutung von Männlichkeit und Weiblichkeit.

Dieses Wissen erwerben sie von den ersten Lebensjahren an durch ge- meinsames Baden und Spielen, durch Streit, Berührung und Untersuchung ihrer gegenseitigen Anatomie. Das alles ist Teil der normalen kindlichen Neugier und Erkundungslust. Freud mag mit seiner Theorie vom Penisneid unrecht haben, aber er hatte insoweit recht, als Mädchen schon sehr früh, mit ca. 16 bis 18 Monaten, die sichtbaren Geschlechtsteile ihrer Brüder be- merken und sich Gedanken darüber machen, und Jungen sich ihrerseits fragen, warum ihre Schwestern keinen Penis haben. Diese Neugier ist der Keim, aus dem das Verständnis für die Sexualität erwächst. Wenn Kinder keine andersgeschlechtlichen Geschwister haben, beziehen sie ihre Kenntnisse von Spielkameraden, aber für die anderen ist dieses Lernen kontinuierlicher und natürlicher Bestandteil des Alltagslebens.

Der Lernprozeß verstärkt sich in der Pubertät; Geschwister beobachten (unauffällig und ohne es zuzugeben) die körperlichen Veränderungen, wenn der Bruder in der Unterwäsche durch die Wohnung stolziert oder die Schwester eine offene Tampon-Schachtel im Badezimmer herumliegen läßt, wenn sie sich ihre Geheimnisse erzählen und Ratschläge über das Verhalten bei Verabredungen, über Kleidung, Pickel und Verhütung geben.

Natürlich ist dieser Lernprozeß nicht nur erhellend, sondern auch aufreizend. Brüder und Schwestern können sich sexuell zueinander hingezogen fühlen, einfach, *weil* sie nicht dasselbe Geschlecht haben. Sie sind so etwas wie ein Miniaturpaar, eine Art Miniaturausgabe von Mutter und Vater. Aus dieser Anziehung kann dann beim Tanzen oder Streiten, bei Umarmungen oder Ringkämpfen Erregung werden. Erregung spielt auch eine Rolle, wenn der Bruder versucht, seine Schwester zu beherrschen, und wenn sich die Schwester dagegen wehrt, aber insgeheim doch die Stärke und Männlichkeit des Bruders bewundert. Erregung ist im Spiel, wenn ein Bruder, wie ein Mann sagte, in seine ältere Schwester »total verknallt« ist, »heimliche Phantasien« über sie hat und »wahnsinnig eifersüchtig« auf ihre Freunde ist.

Diese Erregung wird von Schuldgefühlen begleitet, vor allem in der Adoleszenz. Schuldgefühle entstehen, wenn man sich sexuell von einer Person angezogen fühlt, die tabuisiert ist und die man gleichzeitig auch geschwisterlich liebt, und wenn man weiß, daß die Anziehung, so stark sie auch sein mag, unterdrückt werden muß. Dann kann es passieren, daß ein Mädchen, das immer der »Kumpel« des Bruders war, sich in der Pubertät von ihm zurückzieht, weil es (unbewußt) versucht, seine erotische Anziehungskraft unter Kontrolle zu halten. Ein Junge, der immer ein sehr enges Verhältnis zu seiner Schwester hatte, ärgert und kränkt sie, sobald sie in die Pubertät kommt, und macht sich unablässig über ihr Haar, ihre Figur oder ihr Verhalten lustig, um die unannehmbaren sexuellen Wünsche und Begierden zu verdrängen, die er jetzt für sie empfindet. (Kap. 9 beschäftigt sich ausführlich mit Geschwisterinzest und sexuellem Mißbrauch, das heißt mit den Konsequenzen nicht unterdrückter Geschwistersexualität.)

In manchen Fällen beeinflußt die starke Anziehungskraft zwischen Brüdern und Schwestern untergründig ihr späteres Liebesleben: eine Schwester ist dann zum Beispiel auf die Freundinnen des Bruders eifersüchtig oder empfindet seine Frau als Rivalin. Eine starke Tabuisierung des Geschwisterinzests kann in Einzelfällen auch das Sexualleben mit anderen Partnern beeinträchtigen. In der Regel wird aber die tiefliegende normale Anziehung zwischen Geschwistern in reifen heterosexuellen Erfahrungen mit Freunden und Freundinnen, Liebhabern und Ehepartnern kanalisiert, wie sich ja auch die Sehnsucht nach dem gegengeschlechtlichen Elternteil später auf andere Liebespartner richtet.

Der Psychiater Alexander Levay ist der Meinung, daß die häufig anzutreffende äußerliche Ähnlichkeit bei Ehepaaren nicht nur damit zusammenhängt, daß sich im Verlauf der Ehe ihr Gesichtsausdruck angleicht, sondern vor allem darauf zurückzuführen ist, daß sich Männer wie Frauen oft Partner suchen, die ihren gegengeschlechtlichen (aber auch den gleichgeschlechtlichen) Geschwistern und damit ihnen *selbst* irgendwie ähnlich sehen. Natürlich ähneln die Ehepartner der Kinder auch ihren Eltern, aber das heißt nicht, daß Geschwister als Liebesideal nur der Ersatz für die Eltern wären. Oft genug *sind* sie eben dieses Ideal, und in vielen Fällen dienen sie unbewußt als Modell für die Wahl des Sexualpartners.

Die Geburtsreihenfolge hat einen großen Einfluß auf die Art und Weise, in der die frühe Sexualität von gegengeschlechtlichen Geschwistern später neudefiniert wird, und noch mehr Einfluß auf die Art ihrer lebenslangen Beziehung. Bei der Umfrage gab es kaum Unterschiede im Ausmaß der Nähe, die Brüder zu Schwestern und Schwestern zu Brüdern empfinden, wohl aber wurde deutlich, daß die Beziehung zwischen Brüdern und Schwestern entscheidend davon abhängt, wer der bzw. die ältere ist.

In der Kombination älterer Bruder, jüngere Schwester spiegelt sich die traditionelle (patriarchale) Gesellschaftsordnung: Ehemänner sind älter als ihre Frauen, Väter älter als Mütter, Männer dominieren, Frauen sind fürsorglich, usw. Durch diese Spiegelung bekommt das normale Spannungsfeld von Geschwistern, das sich zwischen den Polen Schutz und Herrschaft, Bewunderung und Aggression abspielt, eine zusätzliche Dimension. Die positiven Faktoren Schutz und Bewunderung haben historisch gesehen im Verhältnis von älteren Brüdern und jüngeren Schwestern immer eine wichtige Rolle gespielt. In vielen Ländern galten (und gelten) nicht nur Väter, sondern auch ältere Brüder als Beschützer und Hüter ihrer Schwestern und wurden mit großer Achtung und einer Bewunderung behandelt, die an Verehrung grenzt. Ein Beispiel dafür ist die unvergeßliche Szene aus dem griechischen Drama »Antigone« von Sophokles, in der Antigone den Entschluß faßt, ihr Leben zu opfern, damit ihr Bruder Polyneikes bestattet werden kann. Kreon, der Herrscher von Theben, hatte die Bestattung bei Todesstrafe untersagt, weil Polyneikes gegen den Staat gekämpft hat. »Und welch Gesetz befolgend sprech' ich solches Wort?«, so beginnt die

Begründung für ihren Entschluß, sich Kreons Anordnung zu widersetzen und in den Tod zu gehen. Und die Antwort lautet: »Mir würd' ein andrer Ehemann, wenn dieser fiel, und auch vom andern Mann ein Kind, verlor ich dies; doch ... entsprießt ja niemals wiederum ein Bruder mir.« Was Antigone hier sagt, heißt nichts anderes, als daß eine Frau Ersatz für jede andere Liebe finden kann, nicht aber für die Liebe eines Bruders, der Fleisch vom selben Fleisch ist.

Diese Begründung war schon damals nicht neu: Lange vor Antigone, so die Überlieferung, wählte eine Frau, die der grausame Perserkönig Darius vor die Entscheidung zwischen dem Leben ihres Mannes und ihrer Kinder und dem Leben ihres Bruders gestellt hatte, den Bruder, ebenfalls mit der Begründung, daß Ehemann und Kinder zu ersetzen sind, ein Bruder nicht.

Und lange nach Antigone widmete sich im Rußland des 19. Jahrhundert Maria Tschechow hingebungsvoll der Karriere und der schriftstellerischen Arbeit ihres Bruders, Anton Tschechow. Anton heiratete, aber sie lehnte einen Heiratsantrag ab, aus Angst, der Bruder könne nicht zustimmen. Anton Tschechows Biograph Henri Troyat schrieb: »Um glücklich zu sein, brauchte er die diskrete, fleißige, liebevolle Maria an seiner Seite; er brauchte immer wieder die Versicherung, daß kein Verehrer sie von ihren schwesterlichen Aufgaben ablenken könnte.« Und um glücklich zu sein, mußte Maria an der Seite ihres Bruders bleiben, ihm helfen und ihn unterstützen.

Es ist gut möglich, daß die exzessive Selbstaufopferung und Bewunderung für einen älteren Bruder bei Maria Tschechow (und Antigone) auf eine starke, unbewußte sexuelle Komponente der schwesterlichen Hingabe zurückgeht. Aber auch wenn die Form der Verehrung übersteigert sein mag, läßt sich an diesen Frauen beispielhaft erkennen, wie wichtig ältere Brüder für ihre Schwestern sind, die ihnen vertrauen und sich in einer oft als unsicher empfundenen Welt auf sie verlassen können.

Die älteren Brüder ihrerseits erwiderten (und erwidern) dieses Vertrauen, indem sie ihre Schwestern schützten. Eines der blutigeren Beispiele dafür findet sich in dem biblischen Bericht über die zwei Söhne Jakobs, die die komplette männliche Bevölkerung einer Stadt ermordeten, weil der Sohn des städtischen Führers ihre Schwester Dinah vergewaltigt hatte. Ein sehr viel weniger brutales Beispiel ist die in Indien und in Teilen Südasiens heute noch verbreitete Praxis, daß der Bruder sich an der Finanzierung der Aussteuer seiner Schwester beteiligt. Häufig heißt das, daß die älteren Brüder die eigene Heirat jahrelang zurückstellen müssen, um das Geld für die Heirat der Schwestern zu erarbeiten.

Und eine 22jährige Sekretärin schrieb liebevoll in den Fragebogen, wie schön es sei, sich auf den Schutz und den Rat eines älteren Bruders verlassen zu können, selbst wenn er seine Rolle manchmal ein wenig übertrieb. Ein paar Jahre zuvor zum Beispiel hatte er bei einem Ferienlager seine schützende Anwesenheit so überdeutlich klargemacht, daß »kein Junge sich an mich ran traute«. Aber sie verehrte ihn trotzdem.

Die Beziehung zwischen älteren Brüdern und jüngeren Schwestern hat zumindest in der Kindheit aber auch noch einen anderen, dunkleren Aspekt. Dabei kann die größere Körperkraft der Jungen in Verbindung mit ihrer größeren Autorität in einer männerdominierten Welt ihr Bedürfnis nach Macht und Herrschaft verstärken, während die jüngere Schwester eine sehr viel intensivere Version der Mischung aus Heldenverehrung und Wut oder Frustration zu bewältigen hat, die so viele jüngere Geschwister kennen. Diese Seite der Beziehung ist ein Thema, das in Mythen und Sagen selten vorkommt, aber für viele Schwestern und manche Brüder wichtig ist.

In den Tonbandmitschnitten und den Abschriften der Interviews tauchten diese Machtaspekte sogar so häufig auf, daß ich bei der Auswertung manchmal den Faden verlor und nicht mehr wußte, um wen es eigentlich ging. Es klang, als wären die Interviews, die doch über einen langen Zeitraum und an vielen verschiedenen Orten gemacht worden waren, alle von einer einzigen Person – und von mir.

»Für mich war mein Bruder ein Gott«, sagte eine Frau aus Kalifornien über ihren zwei Jahre älteren Bruder. Dann beschrieb sie eine Szene aus einem alten Film, den ihre Eltern aufgenommen hatten, als sie zehn und ihr Bruder zwölf war, und den sie sich vor kurzem noch einmal angesehen hatte. Der Film zeigte sie beim gemeinsamen Spiel im Hinterhof, aber dann »fängt er an, mir eine Haarspange aus den Haaren zu ziehen, und er zieht und zieht und zieht, und ich versuche alles, damit er aufhört, aber er hat viel Spaß dabei, es macht ihm Spaß, mir weh zu tun. Und meine Eltern stehen daneben und lachen. Jungen sind nun einmal so...«

Fast dieselben Worte benutzte eine Frau aus Mississippi, die einen sechs Jahre älteren Bruder hatte: »Als Kind habe ich meinen Bruder angebetet.« Aber dann: »Er war abwechselnd liebevoll und grausam zu mir. Einerseits war er hilfsbereit, wenn ich krank war, aber andererseits verpaßte er mir mit einer ›Schock-Maschine‹ leichte Elektroschocks, ohne auch nur einen Gedanken daran zu verschwenden, was er eigentlich tat. Ich sollte seine ›Versuchsperson‹ spielen, und ich habe mir das gefallen lassen, weil ich unbedingt mit ihm spielen wollte.«

Sie hörte sich an wie die Frau aus Boston, die erzählte, daß sie als Kind ihren drei Jahre älteren Bruder »für vollkommen« gehalten, sich aber gleichzeitig von ihm herabgesetzt gefühlt hatte. Als Beispiel erzählte sie, wie sie ihm nach einem Beinbruch geholfen hatte, mit seinem Gipsbein zur Schule zu humpeln, und er ihr zum »Dank« seinen Stock um den Hals gehakt hatte.

Und alle drei Geschichten klangen auch in dem Interview mit einem dreißigjährigen Mann an, der sich eine engere Beziehung zu seiner sieben-undzwanzigjährigen Schwester wünschte und nicht verstehen konnte, daß sie sich so auf Distanz hielt. Er gab zu, daß die »harmlosen Streiche«, die er ihr als Kind gespielt hatte, bei ihr anscheinend »nachwirkten« und eine »ängstliche Erwachsene« aus ihr gemacht hatten. Auf die Frage, was das für Streiche waren, sagte er: »Ach wissen Sie, es ist zum Beispiel Samstag-abend, die Eltern sind ausgegangen, ein Babysitter ist da, und dann geht man in den Keller und stellt fest, seine Schwester ist da drin, und dann schließt man die Kellertür zu und macht das Licht aus, wenn man die Treppe wieder hochgeht, so daß sie im Dunkeln eingeschlossen ist – so Sachen halt, die alle Brüder mal machen ...«

Die Schwester dieses Mannes hatte diese Szene auch nicht vergessen. Sie konnte sich auch noch gut an ihre Angst vor den Krebsen erinnern, mit denen ihr Bruder sie am Strand zu bewerfen pflegte. Aber sie machte ihm aus all dem keinen Vorwurf. »Wir sind Geschwister und lieben uns«, sagte sie und fügte dann hinzu: »Ich will einfach nicht so viel mit ihm zu tun haben.« Sie weigerte sich auch, ihn in ihr neues Haus einzuladen, in dem sie seit kurzem mit ihrem Mann wohnte.

Natürlich ist es nicht neu, daß ältere Geschwister die jüngeren hänseln und quälen. Aber zumindest aus der Sicht der interviewten Frauen sieht es so aus, als sei eine besondere Form von Grausamkeit oder sogar von Sadis-mus im Spiel, wenn das älteste Kind ein Junge und das jüngere ein Mäd-chen ist. Ältere Brüder nutzen anscheinend dank ihrer überlegenen Kör-perkraft ihre jüngeren Schwestern stärker aus als ihre jüngeren Brüder, die sich besser wehren können. Vielleicht ist es auch das sexuelle Element im Machtmißbrauch des älteren Bruders und die (mit Erregung gemischte) Angst dabei, die solche Erfahrungen für die Frauen so unvergeßlich macht, vielleicht können jüngere Schwestern einfach nur offener über die Tyran-nei eines älteren Bruders sprechen als jüngere Brüder. Vielen Männern ist es peinlich, sich als unterwürfig oder schwach hinzustellen, selbst wenn es um ihre Kindheit geht.

Schwestern von älteren Brüdern sagten als Erwachsene auch recht häufig, ihre Eltern hätten sie nicht adäquat beschützt, und das auch dann, wenn sie sehr gute Eltern hatten. Häufig wurde gesagt, die Eltern hätten die feindselige »Hänselei« des älteren Jungen nicht ernst genommen, entweder weil sie bei den Vorfällen nicht anwesend waren oder weil »Jungen nun mal so sind«. Dadurch fühlten sich die Schwestern »bagatellisiert« oder, wie es eine Frau sagte: »In einem Double-bind, bei dem man eine Demütigung erlebt, die aber nicht als Demütigung anerkannt wird. Dann zweifelt man an sich und meint, bei einem selbst stimmt was nicht, wenn man sich gedemütigt fühlt.«

Aber welche Konsequenzen hat es, wenn Kinder (oft bis weit ins Jugendalter hinein) von jemandem bagatellisiert und gedemütigt werden, der viel stärker ist und sie körperlich verletzen kann, den sie aber gleichzeitig verehren und dessen Liebe und Anerkennung sie suchen?

Manche Schwestern distanzieren sich wie die oben zitierte Frau als Erwachsene so weit wie möglich von dem Urheber des Machtmißbrauchs und der Demütigungen und halten nur die minimalsten Geschwisterbindungen aufrecht. Bei anderen wiegen die positiven Seiten, das heißt Schutz und Fürsorge des älteren Bruders und Bindung und Bewunderung der jüngeren Schwester, die Aggressionen der Kindheit auf und ermöglichen liebevolle oder zumindest herzliche Bindungen im Erwachsenenalter.

Die frühen Demütigungen eines älteren Bruders prägen aber nicht nur die Geschwisterbeziehung im Erwachsenenalter, sondern können auch dazu führen, daß die jüngeren Schwestern als Erwachsene unsicher sind und ein brüchiges Selbstwertgefühl haben.

Claire Morris aus Buffalo, New York, hat die langfristigen Konsequenzen sehr klar formuliert, die sich in ihrem Fall nicht nur auf ihr Selbstbild bezogen, sondern auch zu einer katastrophalen Ehe führten. Manche ihrer Aussagen waren extremer als das, was ich von anderen jüngeren Schwestern zu hören bekam, aber sie hat durch ihre Intensität doch einen Eindruck von Gefühlen und Einstellungen gegeben, die bei vielen jüngeren Schwestern festzustellen waren.

Das Interview fand in dem Haus statt, in dem Claire mit ihrem zweiten Ehemann und den beiden Söhnen aus der erste Ehe lebte. »Es gibt eine Sehnsucht, die mich immer und überall begleitet«, begann sie. »Die Sehnsucht, gut behandelt, geliebt und bewundert zu werden, all das, was ich bei meinem Bruder vermißt habe.«

Claire war um die Vierzig, mollig, leicht ergraut und mit einem glatten, schimmernden Teint, der ihr ein mädchenhaftes, fast unschuldiges Aussehen verlieh. Auch ihre Stimme war leise und melodisch, aber in den Worten schwangen unterdrückte Gefühle mit. Gleich zu Anfang unseres Gesprächs fiel mir auf, daß sie gerne mit Sprache spielte und sich nie mit einem Adjektiv zufrieden gab, wenn sie genausogut fünf mit leicht abgewandelten Bedeutungen benutzen konnte. Dadurch entstand ein Sprachrhythmus, der ihren Worten zusätzliches Gewicht gab.

Die Sehnsucht, die sie beschrieb, entstand in der Kindheit, als sie mit ihrem vier Jahre älteren Bruder Turner in der elterlichen Wohnung in Toronto ein gemeinsames Zimmer hatte. Ihrer Erinnerung nach lehnte

Turner ihre Anwesenheit in seinem Zimmer und seinem Leben von Anfang an ab.

»Er hat mit mir auf allen Ebenen gekämpft«, sagte sie. »Er hat mich geschubst und geschlagen, und natürlich konnte ich nie gewinnen. Ich war einfach so viel kleiner und schwächer. Aber am deutlichsten erinnere ich mich an unsere Ringkämpfe, das ging jahrelang. Ständig haben wir miteinander gerungen und gekämpft und uns auf dem Boden gewälzt.«

Daß diese Ringkämpfe sexuelle Untertöne hatten, ist wohl anzunehmen, aber Turner machte die Aggression, die darin steckte, nie durch Anzeichen von Wärme und Zuneigung wett. Für Claire war sie eine Bestätigung der eigenen Schwäche: »Wissen Sie, wie das ist, wenn man immer wieder auf dem Rücken liegt und festgehalten wird, wenn man gleichzeitig wütend, erbost, schwach, hilflos und vor allem gedemütigt ist? So habe ich mich damals gefühlt, und in vieler Hinsicht geht es mir heute noch so.«

Claires Eltern leiteten zusammen eine kleine Kunstgalerie am See, die sie so in Anspruch nahm, daß sie wenig Zeit für die Kinder hatten. Claire wurde mit ihrem Bruder zum Spielen geschickt, damit sie unter Aufsicht war. Wenn er sich dann beschwerte, daß Claire ihn bei den Schularbeiten und beim Spiel mit seinen Freunden störte, wurde sie ausgeschimpft und bekam zu hören, daß sie ihm nicht lästig fallen sollte. »Als Kind und noch mehr als Jugendliche und selbst bis heute habe ich mich also immer bemüht, von meinem Bruder anerkannt zu werden, was mir nie gelungen ist, und irgendwie hat sich das alles auf merkwürdige Weise ins Gegenteil verkehrt, so daß es plötzlich falsch war, daß ich mich überhaupt um diese Anerkennung bemüht hatte.«

Turner war 13 und Claire neun Jahre alt, als die Eltern in eine größere Wohnung zogen, in der jedes Kind ein eigenes Zimmer hatte. Aber das änderte nichts an Turners Feindseligkeit, sondern vergrößerte seine Distanz und seine Ablehnung eher noch. Möglicherweise reagierte er damit unbewußt auf die wachsende pubertäre Attraktion, die seine Schwester für ihn bekam, vor allem, weil sie jetzt nicht mehr so leicht erreichbar war. Aber aus ihrer Perspektive war der Bruder nur noch abweisender und strenger als vorher.

Sie war auch der Meinung, daß ihre Eltern nur wenig Anforderungen an ihn stellten. Er war ein hervorragender Schüler und wußte schon früh, daß er Jura studieren wollte (heute ist er ein sehr angesehener Anwalt). Auch Claire war eine gute Schülerin, aber sie erhielt ambivalente Botschaften: Leiste etwas, aber nicht mehr als dein Bruder, sei erfolgreich, aber nicht so erfolgreich, daß du dich von der Familie entfernst. Also studierte sie gehorsam Kunstgeschichte und arbeitete anschließend in der Galerie der Eltern, entsprach also in jeder Hinsicht den Erwartungen an die »gute Tochter«. Ihr

Bruder dagegen war »aus dem Schneider«, was die Verantwortung gegenüber der Familie anging.

Durch eine unvorhergesehene Wendung des Schicksals war es schließlich Claire, die die Eltern verließ, und Turner, der zu Hause zurückblieb. Vor 17 Jahren heiratete die damals 25jährige Claire einen Mann, den sie im College kennengelernt hatte, und zog mit ihm in seine Heimatstadt Buffalo. Auch nach der Scheidung blieb sie in Buffalo und arbeitete dort in einem Museum. Jetzt, wo sie wieder verheiratet war, kam ein Umzug für sie nicht mehr in Frage. Turner war nach dem Studium nach Toronto zurückgekehrt, hatte geheiratet und arbeitete in einer Anwaltspraxis.

Durch den Umzug wurde die familiäre Verantwortung gerechter verteilt, und das hat Claire, wie sie sagte, »das Leben gerettet«, weil sie sich dadurch von ihren Eltern ablösen konnte. Trotzdem blieb der Einfluß der Familie und vor allem ihres Bruders weiterhin dominant. Aus heutiger Sicht war ihr erster Ehemann eine emotionale Kopie von Turner, aber zunächst war er ihr als sein genaues Gegenteil erschienen.

»John hatte auch eine jüngere Schwester«, sagte sie, »aber ich habe überhaupt keine Ähnlichkeit mit Turner gesehen. Ich hatte zu Anfang das Gefühl, daß er mich als absolut gleichberechtigt akzeptiert, und das hat mir ungeheuer gut gefallen. Von heute aus gesehen waren meine Erwartungen an die Beziehung zwischen Mann und Frau so gering, daß ich einfach für jeden Krümel Anerkennung dankbar war, den er mir hinwarf.«

Claire entdeckte bald, daß ihr Mann viel Ähnlichkeit mit ihrem Bruder hatte. »Wie Turner war er unfähig, über seine Probleme zu sprechen. Ich wußte nie, warum er auf mich böse war oder ob er überhaupt böse war. Er hat auch mit mir konkurriert, wenn es um Leistung ging, ja selbst auf der Ebene des Aussehens; er war ziemlich dick, und das war ihm peinlich. Deshalb hat sich eine untergründige Feindseligkeit zwischen uns entwickelt.«

Im weiteren Verlauf oder, wie Claire es ausdrückte: in der weiteren »Stagnation« der Beziehung stellte sie fest, daß sie ihre Geschwistererfahrung wiederholte. »Wieder überkam mich die Sehnsucht, die mich mein Leben lang begleitet hatte, nach Anerkennung und Bestätigung und danach, auf eine ganz elementare Weise geliebt zu werden.« Selbst im Bereich der Sexualität waren sie ein »Geschwisterpaar« geworden; die Ehe war ohne Leidenschaft. »Wir haben uns nicht mehr als sexuelle Personen gesehen, die vom anderen hemmungsloses sexuelles Verhalten erwarten, wir haben das tabuisiert«, sagte sie.

Nach neun Jahren wurde die Ehe geschieden, und Claire begann eine Therapie, dank derer sie eine gute zweite Ehe eingehen konnte, in der sie die Bindung an ihren Bruder nicht wiederholen mußte. Aber in der Beziehung zu Turner hatten die alten Muster weiter Bestand. Obwohl beide einen eigenen Freundeskreis hatten und »gesellschaftlich und beruflich anerkannt« waren, obwohl sie sich besuchten und Kontakt zueinander hielten, fielen sie schnell wieder in die Verhaltensmuster der Vergangenheit zurück. Er verhielt sich »ablehnend und kritisch«. Sie versuchte wie gewohnt, ihn zu beeindrucken, war aber gleichzeitig davon überzeugt, daß sie für ihn »dieselbe bleibt wie immer - tapsig, wütend, ungeduldig, nervös, vor allem aber inkompetent. Jemand, der alles versaut.«

Das Gefühl, »alles zu versauen« verfolgte Claire aber nicht nur in bezug auf Turner. Trotz ihres beruflichen Erfolgs hielt sie sich immer noch für eine »Schwindlerin, so nach dem Motto ›wenn ihr nur wüßtet, wie ich wirklich bin‹«. Und sie inszenierte das grundlegende Dilemma ihrer Beziehung zu Turner auf vielfältige Weise neu: »Bei der Arbeit, bei meinen Freunden, es passiert dauernd. Ich will mich bestätigen, will sagen, was ich glaube oder wünsche, aber ich kriege Angst, werde schüchtern, werde nervös. Mein Leben mit Turner überschattet permanent mein Selbstbild, mein Gefühl für meine Leistung oder für meine Fähigkeit, eine Meinung zu vertreten. Mein Bruder hat mich immer überwältigt, auf den Boden geworfen, und ich konnte nicht aufstehen.«

Als ich Claire fragte, ob ich ihren Bruder interviewen könnte, war sie skeptisch. Sie wäre »schockiert«, wenn er einem Gespräch mit mir zustimmen würde. Sie hätte auch Angst, daß er böse wäre, weil sie mit einer Fremden über ihn gesprochen hätte. Erst kurz vor meiner Ankunft in Buffalo erzählte sie mir, Turner käme mit seiner Familie übers Wochenende zu Besuch. Zögernd gab sie mir seine Telefonnummer, und als er sich zu einem kurzen Gespräch bereit erklärte, war sie sprachlos.

Da ich Claire bereits kannte, erkannte ich Turner sofort: dasselbe ergrauende Haar, derselbe strahlende Teint. Aber damit hörten die Ähnlichkeiten auch schon auf. Wo sie Gedanken und Sätze ausführlich formulierte, war er kurz angebunden, Fragen beantwortete er direkt und präzise, ohne viel von sich preiszugeben. Er war nicht unfreundlich, es widerstrebte ihm einfach, seine Worte oder seine Zeit zu »verschwenden«.

Aber selbst wenn er so redefreudig und wortgewandt gewesen wäre wie seine Schwester, hätte mir das nichts genützt. Denn gleich nach der Begrüßung erklärte er, er könne über seine Kinderjahre wenig sagen, weil er keine Erinnerungen an seine gemeinsame Kindheit und Jugend mit Claire hätte.

Gar keine? Auch keine an Ringkämpfe und Streit in der Kindheit?

Nein, Claire war ja soviel jünger und sie hatten so unterschiedliche Interessen, daß es kaum Grund für ihn gegeben hätte, sich mit ihr zu streiten.

Hatten sie nicht bis ins Teenageralter in einem Zimmer geschlafen?

Ja, aber er hatte doch seine eigenen Schularbeiten und Freunde. Und später, als sie ein Teenager war, war er im College, deshalb hatten sie kaum Kontakt.

Welchen Einfluß hatte Claire auf ihn, etwa auf sein Selbstbild oder seine Einstellung zu anderen Menschen?

Gar keinen.

Hatte er Claire in irgendeiner Weise beeinflußt?

Eher nicht, aber dazu müßte man wohl sie selbst fragen.

Stand er Claire heute nahe?

Eine enge Beziehung sei schwierig, wenn man nicht am selben Ort lebt.

Wünschte er sich mehr Nähe zu ihr?

Er fände es schön, wenn seine beiden Söhne ihre Söhne besser kennenlernen könnten. Aber schließlich hätte sie sich entschieden, woanders zu wohnen.

Standen sich seine beiden Söhne nahe?

Ja, sehr.

Aber war der Altersunterschied zwischen ihnen nicht ungefähr genauso groß wie bei ihm und Claire?

Ungefähr. Aber Jungen könnten vielleicht leichter eine enge Beziehung zueinander entwickeln. Claire und er hatten so wenig gemeinsam.

Und das war es auch schon – fast. Beim Abschied sagte Turner von sich aus, es wäre für ihn leichter gewesen, wenn Claire nicht nach Buffalo gezogen wäre. So sei die Hauptlast der Versorgung ihrer Mutter, die kurz zuvor an der Alzheimerschen Krankheit gestorben und vorher lange pflegebedürftig gewesen war, auf seine Schulter gefallen. Claires unaufhörliche Anrufe hätten ihm diese Last noch erschwert.

Auch Claire hatte mir von der Krankheit und dem Tod ihrer Mutter erzählt. Sie war voller Schuldgefühle, weil sie nicht mehr Zeit am Krankenbett ihrer Mutter hatte verbringen können. Aber ihr war auch klar gewesen, daß ein Umzug nach Kanada die alten Verhältnisse wieder hergestellt hätte. Dann hätte sie die ganze und ihr Bruder überhaupt keine Verantwortung gehabt. Deshalb hatte sie einen Mittelweg gewählt. Sie hatte eine Pflegerin besorgt und war alle vierzehn Tage zu ihrer Mutter geflogen. Dazwischen hatte sie mit Turner telefoniert und trotz seiner Verärgerung auf diesen Anrufen bestanden, weil sie sich engagieren wollte, ohne sich rettungslos auszuliefern. In den letzten Wochen vor dem Tod ihrer Mutter waren sie übereingekommen, sie in ein Pflegeheim zu geben.

Durch den Tod der Mutter hatte es, wie Claire sagte, eine »sehr kurze Atempause« in dem ewigen Konkurrenzkampf der Geschwister gegeben. Ihre gemeinsame Trauer brachte sie einander näher als jemals zuvor, und Claire hatte diese Nähe genossen.

Turner dagegen erwähnte weder die Trauer noch die Nähe und schien nach dem kurzen Hinweis auf seine Überlastung wenig Interesse zu haben, das Thema weiter zu verfolgen. Diese Reaktion war typisch für die ganze Beziehung zu seiner Schwester: Für sie war und ist diese Beziehung die wichtigste ihres Lebens. Für ihn hatte sie keinerlei Einfluß.

Auch wenn Turner sicher kein typischer Vertreter des älteren Bruders an sich ist und viele Männer mit jüngeren Schwestern sehr viel liebevoller und zärtlicher sind, sind zwei Elemente häufig anzutreffen: die Leugnung (die bei älteren Geschwister sehr verbreitet ist), daß jüngere Geschwister die älteren irgendwie beeinflussen könnten, und das Fehlen jeglicher Erinnerung an die physische und psychischen Demütigungen, über die sich so viele jüngere Geschwister beklagen.

Diese Merkmale sind auch anderen Forschern aufgefallen. Die bereits erwähnte Studie der Universität von Michigan, die sich mit Brüdern im Collegealter beschäftigt hat, hat ergeben, daß Brüder mit jüngeren Schwestern seltener innere Konflikte in bezug auf ihre Dominanzwünsche haben als Brüder mit jüngeren Brüdern. Brüder mit jüngeren Schwestern setzen ihre überlegene Position voraus und müssen deshalb nicht mit Selbstkritik oder Selbstzweifeln kämpfen, wenn sie ihre Macht ausüben. Andererseits verstärkt aber die selbstverständliche Annahme, »Herr im Kinderzimmer« zu sein, die Tendenz zur Leugnung ihrer Aggressivität und die aktiven Bemühungen, die Schwester in ihre Schranken zu weisen. Wie Turner stellen sie die Merkmale in den Mittelpunkt, die sie von der Schwester unterscheiden (und in vielen Fällen auch die Enttäuschung, daß die Schwester kein Bruder ist), was die Verleugnung ihrer Neid- oder Konkurrenzgefühle noch verstärkt.

Für die jüngeren Schwestern dagegen ist oft gerade das, was so viele ältere Brüder im Rückblick auf die Kindheit leugnen, der zentrale Punkt ihres Erwachsenenlebens.

Der Einfluß älterer Schwestern auf jüngere Brüder und umgekehrt reicht ebenfalls tief, aber auf sehr andere Weise.

Die Beziehung zwischen einer älteren Schwester und einem jüngeren Bruder ist in gewissem Sinne die Geschwisterkombination mit den meisten Widersprüchen, weil sie die gesellschaftliche Ordnung auf den Kopf stellt, in der Männer dominant und Frauen unterwürfig zu sein haben. Hier ist die Schwester, die zuerst da war, im geschwisterlichen Machtkampf dem Bruder, die Frau dem Mann überlegen. Allerdings ist diese Machtposition relativ instabil. Die ältere Schwester ist zwar anfänglich dem kleinen Bruder körperlich überlegen, aber wenn der Altersunterschied nicht sehr extrem ist, hat der »Kleine« gute Chancen, sie allmählich an Größe und

Stärke zu übertreffen und damit den Vorsprung wettzumachen. Das Gleichgewicht der Macht verschiebt sich zudem noch mehr, weil so viele Schwestern spüren, daß ihre Eltern Söhne höher schätzen als Töchter.

Für die Wissenschaftlerin Carol Holden trifft der Begriff »lästig« die Gefühle vieler älterer Schwestern zu ihren jüngeren Brüdern am besten.

Holden hat an der Universität von Michigan parallel zu der Untersuchung über ältere Brüder eine Untersuchung mit älteren Schwestern durchgeführt. Dabei hat sie unter anderem festgestellt, daß ältere Schwestern von Brüdern mehr Schuldgefühle wegen ihrer Behandlung der jüngeren Geschwister hatten als ältere Schwestern von Schwestern. Weiter konnten sich ältere Schwestern von Brüdern häufiger und deutlicher als andere Schwestern daran erinnern, daß sie ihre jüngeren Brüder verletzen oder loswerden wollten (daher stammt auch ein Großteil ihrer Schuldgefühle). Im Vergleich zu älteren Schwestern von Schwestern sagten sie signifikant häufiger, sie hätten ihre jüngeren Brüder tyrannisiert und beherrscht und sie dadurch sehr unglücklich gemacht. In der parallelen Untersuchung von Brüdern gab es keine Anzeichen dafür, daß jüngere Brüder älterer Schwestern signifikant unglücklicher gewesen wären als andere Brüder, aber die älteren Schwestern nahmen sie so wahr.

Holdens Ergebnisse beleuchten einige der grundlegenden Probleme von Schwestern, die durch die widersprüchlichen Beziehungen zu jüngeren Brüdern entstehen. Da sie die Älteren sind, erwarten und wünschen sie die »Privilegien«, die mit dieser Rolle verbunden sind, also Macht, Autorität, Führerschaft. Jüngere Brüder setzen sich aber meist stärker gegen die Macht und Autorität der älteren Schwester zur Wehr und können besser zurückschlagen als jüngere Schwestern, so daß die älteren ihre Bemühungen verstärken, die Oberhand zu bekommen und zu behalten. In diesem Prozeß können dann psychologische Machtmittel eingesetzt werden, die der körperlichen Machtdurchsetzung älterer Brüder entspricht.

(»Ich bin die große Schwester und du bist der kleine Bruder. Daran ändert sich nie was«, sagt Lucy in den »Peanuts« zu Linus.

»Das bleibt heute so, und morgen, und nächste Woche und für immer!«, fährt sie fort.

»Seufz!« kommt es von Linus.

»Ha! Ich wußte, daß ich dich damit auf die Palme bringen kann!«, sagt Lucy schadenfroh.*)

Aber gleichzeitig wissen die Töchter auch, daß man von ihnen Schutz und Fürsorge für jüngere Geschwister erwartet, weil sie die ältesten und weil sie weiblich sind. Diese Erwartungen kollidieren mit dem verstärkten

---

* Der Nachdruck aus den Peanuts erfolgt mit freundlicher Genehmigung von UFS, Inc.

Bemühen um Macht und lösen widerstreitende Gefühle aus, die sich später, wenn sie erwachsen sind und über die Beziehung nachdenken, in Schuldgefühle verwandeln können. (Eine über 50 Jahre alte Frau dachte voll Qual an die Demütigung zurück, die sie mit neun Jahren ihrem damals sechsjährigen Bruder zugefügt hatte. Sie hatte seinen Freunden erzählt, er sei Bettnässer. »Er hat sich so sehr geschämt. Das kann ich mir nie verzeihen«, sagte sie.)

Die Konflikte und Schuldgefühle werden noch bedrohlicher, wenn ältere Schwestern den Eindruck bekommen, daß die Eltern den Bruder vorziehen. Wie die meisten älteren Geschwister wünschen sie sich als Kinder insgeheim, dem jüngeren Bruder zu schaden und ihn zu vernichten, weil er ihnen ihren angestammten Platz weggenommen hat, und möglicherweise verstärken sich solche Wünsche noch, weil der Bruder sich durch sein Geschlecht von ihnen unterscheidet. Auf der anderen Seite akzeptieren die Schwestern aber meist auch das Wertesystem, das Jungen mehr Bedeutung zuschreibt als Mädchen. Durch den Neid und die Ablehnung des als überlegen betrachteten Bruders werden die Schuldgefühle dann nur noch stärker.

»Lästig« ist also keine schlechte Bezeichnung für solche schwesterlichen Gefühle.

Aber auch wenn die jüngeren Brüder lästig sind, schaffen es die älteren Schwestern meistens, sie zu beschützen und für sie zu sorgen. Mädchen identifizieren sich mit ihren Müttern (und müssen, anders als Jungen, die mütterlichen Eigenschaften meist nicht ablehnen, um ihre Andersartigkeit zu beweisen) und übernehmen oft schon früh das mütterliche Fürsorgeverhalten. Trotz ihrer inneren Konflikte lernen sie, sich für die jüngeren Geschwister verantwortlich zu fühlen. Es kann aber auch sein, daß sie mit diesem Verhalten auf ihre inneren Konflikte reagieren: sie verwandeln Eifersucht und negative Gefühle in positive Fürsorge und Zärtlichkeit.

Im großen und ganzen profitieren die Brüder von der Fürsorge der Schwestern. Trotz allem Streit und aller Hänseleien fällt es ihnen oft leichter, sich an die Schwester zu binden als an die Mutter. Vom Freudschen Standpunkt aus gesehen, entfällt für die Brüder in der Beziehung zur Schwester die Konkurrenz mit dem Vater, und anders als in der Konkurrenz um die Mutter brauchen sie nicht die Vernichtung durch den älteren und stärkeren Mann zu fürchten. Aber jenseits aller Theorie ist in der alltäglichen Praxis von Kindern wie Erwachsenen die Liebe und Unterstützung einer älteren Schwester meist lange nicht so verpflichtend und einengend wie die Liebe einer Mutter.

Der 36jährige Matt Elliott sagte über die Beziehung zu seiner 40jährigen Schwester Debra: »Meine Schwester und ich haben immer ein sehr gutes

Verhältnis gehabt. Ich habe mich auch mit meinem Bruder George gut verstanden, der zwei Jahre älter ist als ich, aber Debra und ich haben eine viel engere Beziehung. Sie stellt mich ihren Freunden immer mit den Worten vor: ›Das ist mein kleiner Bruder‹, und das höre ich ungeheuer gern.«
Wie er sagte, hat er seiner Schwester auch sein Musikstudium zu verdanken: »Meine Schwester ist Berufsmusikerin. Meine Mutter war Hausfrau, aber sie hat sie gedrängt, einen Beruf zu ergreifen und soviel wie möglich zu machen. Mein Vater hat das nicht so locker gesehen. Musik war in seinen Augen etwas für Mädchen, nicht für Jungen. Aber meine Schwester hat mich unterstützt. Sie hat ihm klargemacht, daß er sich in meine Berufswünsche nicht einmischen darf. Und mein Berufswunsch war eben die Oper.«
Für Matt zeichnete sich Debra vor allem durch die Art ihrer Ratschläge aus: »Bevor ich meine Ex-Frau geheiratet habe, hat mir Deb gesagt, daß sie die Heirat für einen Fehler hielt. Sie war nicht rechthaberisch oder so. Sie hat einfach gesagt: ›Matt, ich kann euch beide nicht zusammen vorstellen. Ihr seid aus ganz anderem Holz geschnitzt – du aus Mahagoni und sie aus Eiche.‹ Aber als ich verheiratet war, hat sie keine einzige negative Bemerkung mehr gemacht, und sie war zu meiner Frau wirklich nett. Als ich ihr sagte, daß wir uns scheiden lassen wollten, kam sie nicht mit solchen mütterlichen Sprüchen an wie: ›Warum hast du nicht auf mich gehört? Ich habe es dir doch gleich gesagt.‹ Dabei wäre das doch nur natürlich gewesen. Aber sie hat das nie getan. Sie hat einfach nur gesagt: ›Das tut mir aber leid.‹«
Unter so angenehmen Bedingungen gibt es, wenn überhaupt, nur dann Probleme, wenn die ältere Schwester ihre Rolle übertreibt und den kleinen Bruder zu stark beschützt und kontrolliert, ihn als unmündiges Kind behandelt oder, was auch vorkommt, in ihrer Sorge für ihn unbewußt mit der Mutter konkurriert. Dann genießt die Schwester die Abhängigkeit ihres Bruders, weil sie ihr ein Gefühl von Macht und Herrschaft gibt.
Jüngere Brüder, die sich in dieser Weise beherrscht fühlen, versuchen manchmal, durch aggressives und überlegenes Verhalten der Schwester gegenüber ihre Männlichkeit zu beweisen; oder sie lösen sich während der Adoleszenz aus der Bindung und halten auch als Erwachsene noch Distanz. Wenn Jungen allzu enge Beziehungen zu ihren älteren Schwestern haben, können sie zu abhängigen und bedürftigen Männer heranwachsen, die die Verantwortung für sich selbst anderen zuschieben. Das ist ganz besonders dann der Fall, wenn die Väter abwesend oder schwach waren und sich nicht um sie gekümmert haben. Louise Kaplan sagt, daß solche Männer in der Therapie oft versuchen, sie zur älteren Schwester zu machen und sie dahin zu bringen, daß sie für sie sorgt.

Manchmal heiraten diese unselbständig gehaltenen kleinen Brüder erst gar nicht, weil sie glauben, das Potential (oder die Erlaubnis) nicht zu besitzen, sich zu reifen, erwachsenen Männern mit einer eigenen Familie zu entwickeln; oder sie behalten die hingebungsvolle Beziehung zu ihrer Schwester auch in ihrer Ehe bei und fühlen sich ihr Leben lang für sie verantwortlich. So sichern sie sich die Liebe und Dankbarkeit ihrer Schwestern bei gleichzeitiger lebenslanger Bindung an sie.

Wenn die Beziehung wie bei Matt und Debra nicht so extrem ist, kann die Nähe zwischen älterer Schwester und jüngerem Bruder das ganze Leben hindurch befriedigend bleiben. Vor allem aber kommt sie auch anderen zugute: Mittlerweile hat sich unter jungen Frauen die Neuigkeit verbreitet, daß Männer mit älteren Schwestern die besten Ehemänner abgeben, denn sie sind von ihren großen Schwestern über Jahre hinweg für die Interessen und Gefühle von Frauen sensibilisiert worden.

Einer der größten Vorteile, die das Aufwachsen mit Geschwistern des anderen Geschlechts hat, ist denn auch unbestritten die Sensibilität für das andere Geschlecht. Nicht unumstritten ist allerdings die Frage, wie weit diese Sensibilität reicht.

Manche Wissenschaftler gehen davon aus, daß das gemeinsame Aufwachsen von Brüdern und Schwestern zu ähnlichen Interessen und Verhaltensweisen führt. Ein Mädchen mit einem älteren Bruder (jüngere Geschwister werden von älteren stärker beeinflußt als umgekehrt) neigt demnach dazu, »männlichere« Interessen zu entwickeln, weil es den Bruder als Modell benutzt. Andere behaupten das Gegenteil; sie sind überzeugt, daß ein Mädchen mit einem älteren Bruder seine »weiblichen« Interessen betonen wird, weil Geschwister ihre eigene Identität suchen und sich deshalb voneinander abgrenzen wollen. Nach einer anderen Theorie kommt es dagegen nur dann zu echten Abgrenzungen, wenn ein Kind nicht ein, sondern mehrere andersgeschlechtliche Geschwister hat. Ein Junge mit zwei älteren Schwestern würde demnach mit hoher Wahrscheinlichkeit »maskuline« Wertvorstellungen und Interessen kultivieren, um sich von ihnen abzugrenzen.

Meine Interviews ergaben, daß sich die einzigen Schwestern unter lauter Brüdern und die einzigen Brüder unter lauter Schwestern oft isoliert fühlten, aber aus anderen Gründen. Die Männer wollten sich von ihren Schwestern abgrenzen, entsprechend der erwähnten Theorie. Einer der Interviewten sagte zum Beispiel: »Ich habe erst mal außerhalb der Familie nach männlichen Spielgefährten gesucht, bevor ich bereit war, mit meinen Schwestern Ball zu spielen.« Die Frauen dagegen sagten oft, daß sie sehr gerne in den Kreis ihrer Brüder aufgenommen werden wollten, aber ignoriert und nicht berücksichtigt wurden. (Auch hier bleibt Männlichkeit wieder ein Vorteil.)

Eine 23jährige sagte über ihre Kindheit und Jugend mit zwei älteren und einem jüngeren Bruder:

»Meine Freundinnen stellen sich das immer ganz toll vor, das einzige Mädchen unter so vielen Jungen zu sein. Aber in Wirklichkeit war ich in all den Jahren schrecklich allein, nahegekommen sind wir uns erst vor kurzem. Meine Brüder haben einfach keine Gemeinsamkeiten zwischen uns gesehen, obwohl ich ein Wildfang war und mich sehr bemüht habe, so zu werden wie sie.«

Aber trotz ihrer Isolation finden Frauen (genauso wie die Männer, die sich von ihren Schwestern distanziert haben), daß das Zusammenleben mit Geschwistern des jeweils anderen Geschlechts eine gute Vorbereitung für den späteren Umgang mit dem anderen Geschlecht gewesen sei. Die oben zitierte Frau schrieb mir kurz nach unserem Interview extra noch einen kurzen Brief, um das noch einmal klarzustellen:

»Kürzlich habe ich mich mit drei meiner besten Freundinnen getroffen. Irgendwann im Gespräch habe ich gesagt, eine von ihnen (die mit fünf Schwestern groß geworden ist), käme bei den Männern am besten an. Alle drei bestritten das! In ihren Augen waren ich und eine andere Freundin, die auch Brüder hat, am beliebtesten. Sie fanden, wir wüßten, wie man Männer einwickelt, weil wir besser wüßten als sie, was Männer fasziniert. Und ich glaube, sie haben recht. Ich war immer sehr selbstsicher gegenüber Jungen, und auch heute bei der Arbeit gehe ich sehr selbstbewußt mit den Männern um.«

Auch wenn nicht alle Schwestern soviel Selbstbewußtsein haben, haben die meisten Schwestern von Brüdern und die meisten Brüder von Schwestern zu Hause viel darüber gelernt, was das andere Geschlecht »fasziniert«. Abgesehen von sexuellem Verständnis wissen sie aus unzähligen Erfahrungen, was das andere Geschlecht denkt und fühlt und wie es ist, wenn man der oder die männliche oder weibliche Andere ist. Mehr noch, sie haben gelernt, Mitgliedern des anderen Geschlechts zu vertrauen und zu begreifen, daß ihre Ängste und Verletzbarkeiten sich nur geringfügig von den eigenen unterscheiden. Durch den Umgang mit den Freunden und Freundinnen ihrer Brüder und Schwestern in der sicheren Atmosphäre des Elternhauses können sie auch unbefangen mit Personen des anderen Geschlechts umgehen, sich mit ihnen unterhalten und die Geheimsprachen und Insider-Witze verstehen.

Es ist richtig, daß Brüder und Schwestern oft mit Problemen konfrontiert sind, die gleichgeschlechtliche Geschwister nicht kennen, zum Beispiel mit geschlechtsbedingtem Favoritentum und den Konsequenzen der Geschlechtsrollen. Dazu kommt noch, daß ein Junge, der nur eine Schwester, und ein Mädchen, das nur einen Bruder hat, sich oft um Geschwister betrogen fühlen, die so sind wie sie selbst, und Phantasien über solche Geschwister entwickeln. Aber es ist auch richtig, daß Brüder und Schwestern zu Hause von Anfang an die Wünsche und die Annehmlichkeiten des anderen Geschlechts entdecken, und das bietet ihnen einen guten Ausgangspunkt für spätere befriedigende Liebes- und Ehebeziehungen, den gleichgeschlechtliche Geschwister so nicht haben.

*»Stiefgeschwister müssen sich bewußt füreinander ent-
scheiden, Blutsverwandte nicht.«*

---

6. Geschwister, Stiefgeschwister, Halbgeschwister

In der ersten Hälfte unseres gemeinsamen Interviews sahen sich die
Stiefbrüder Bill Craine und Jared Larson kaum an, sondern richteten alle
Bemerkungen an mich. Im zweiten Teil war es genau umgekehrt: Sie
sahen sich auch dann an, wenn ihre Bemerkungen für mich bestimmt
waren.
Die beiden Männer gehörten zu den sehr wenigen Geschwistern oder
Stiefgeschwistern, die bereit gewesen waren, sich ausführlich zusammen
interviewen zu lassen. Anders als bei den informellen gemeinsamen Gesprächen mit den Ginetti-Schwestern oder den Deveau-Brüdern ging es
mir hier um ein strukturiertes Interview mit beiden. Ich wollte sie zusammen sehen, wollte ihre gemeinsame Interaktion erleben, weil sie sich in
den Einzelgesprächen, die ich mit beiden geführt hatte, so ungeheuer
unterschiedlich verhalten hatten. Bill hatte für Jared nur Bewunderung und
Lob übrig, während Jared distanziert geblieben war und seine eigenen
Erfahrungen stärker in den Vordergrund gerückt hatte; Bill kam dabei
kaum vor.
Der 44jährige Bill war ein Jahr älter als Jared. Fast kahl, mit einem kleinen
Bauchansatz und einem vollen, runden Gesicht mit einem Grübchen in der
rechten Wange, erinnerte er an einen freundlichen, ewig lächelnden
Barockengel. Der kleine, drahtige Jared hatte graue Schläfen, die ge-
schmeidigen Bewegungen eines Sportlers und die gespannte Konzen-

tration des Perfektionisten, der alles richtig machen will. Beides traf übrigens zu: als passionierter Jogger hat er seit sieben Jahren keinen Tag mit dem Training ausgesetzt, und auf seinem Berufsfeld als unabhängiger Filmemacher war er bekannt für seine Akribie und Detailtreue.

Beide Männer lebten in Los Angeles, aber in verschiedenen Vororten. Das Treffen fand in Bills Büro statt; er war Produzent in der mittelgroßen Fernsehproduktionsgesellschaft seines Vaters. Die beiden saßen nebeneinander, mir gegenüber.

»Ich habe ja schon gesagt«, knüpfte Jared an das Einzelgespräch mit mir an, »daß ich einen richtigen Bruder hatte, Chip. Er war zwei Jahre jünger als ich und ist mit zwanzig gestorben. Bei der Scheidung meiner Eltern war ich fünf und Chip drei Jahre alt. Zwei Jahre später hat meine Mutter Bills Vater geheiratet. Bis dahin waren Chip und ich immer zusammen gewesen, und ich habe mich sehr, sehr viel mit ihm beschäftigt. Nach der Hochzeit habe ich mehr mit Bill unternommen. Chip hatte eine angeborene Muskelkrankheit und war immer kränklich. Ich habe lieber mit Bill gespielt, das hat mehr Spaß gemacht; um Chip habe ich ich mich dann nicht mehr viel gekümmert. Aber sein Tod hat mich sehr getroffen. Seitdem ist mir immer klarer geworden, wie wichtig er für mich war und wie traurig ich bin, daß ich ihn verloren habe.«

Jared war von Anfang an fest entschlossen, Geschwister und Stiefgeschwistern voneinander abzugrenzen. Bereits in unserem ersten Gespräch hatte er gesagt, daß sein Verhältnis zu Chip für ihn »so etwas wie die Essenz der Brüderlichkeit« gewesen wäre, seine Gefühle zu Bill ließen sich damit nicht vergleichen. Jetzt bestätigte er diese instinktiven brüderlichen Gefühle aufs neue.

»Was für ein Verhältnis hatten *Sie* zu Chip?« fragte ich Bill spontan. Eigentlich hatte ich mich auf Jareds Argumentation nicht einlassen, das Gespräch anders steuern wollen. Aber ich hatte das Gefühl, ein Gespräch über Chip könnte ihnen den Einstieg erleichtern.

»Ich habe keine wirkliche Bindung an Chip entwickelt«, sagte Bill und grinste, weil er einen Jargon benutzt hatte, über den er sich in seinen Filmen so oft lustig gemacht hatte. »Das ist nicht negativ gemeint. Ich hatte ihn gern und war sehr traurig, als er gestorben ist. Aber für mich war er keine so wichtige Figur wie für Jared.« Er blickte kurz in Jareds Richtung und sah dann wieder zu mir.

»Wie kommt das?« fragte ich. Ich wußte, daß Bill ein Einzelkind gewesen war und nach der Scheidung seiner Eltern zunächst bei seiner Mutter gelebt hatte. Zwei Jahre nachdem sein Vater wieder geheiratet hatte, war Bills Mutter in eine andere Stadt und Bill zu seinem Vater und seiner Stieffamilie gezogen. Man hätte also durchaus erwarten können, daß er eine enge Beziehung zu dem nur drei Jahre jüngeren Stiefbruder entwickelt hätte.

»Weil Stiefgeschwister nicht dasselbe sind wie Blutsverwandte«, sagte er geduldig, so als verkünde er ein unumstößliches Gesetz. »Bei ihnen ist nichts selbstverständlich. Man kann bei Stiefgeschwistern nicht dieselbe Nähe erwarten wie bei Blutsbrüdern. Stiefgeschwister müssen sich bewußt für einander entscheiden, immer wieder, wenn sie etwas aus ihrer Beziehung machen wollen. Blutsverwandte brauchen das nicht. Als Kind habe ich mich nicht für Chip entschieden, ich habe mich mit Jared zusammengetan. Und als Erwachsener konnte ich mich nicht für ihn entscheiden, weil ich durch seinen frühen Tod keine Gelegenheit mehr dazu hatte.«

Mit seiner präzisen Formulierung hatte er auch die indirekten Gefühle von Jared berücksichtigt und zusammengefaßt. Da er seine Karten so offen auf den Tisch gelegt hatte, war es für mich leichter, die Brüder zu einem offenen Gespräch über ihre Beziehung und das generelle Thema von Stiefgeschwistern zu bringen, ein Thema, das selbst in unserer scheidungsfreudigen Gesellschaft immer noch ziemlich im dunkeln liegt.

Ursprünglich bezeichnete der Begriff »Stiefmutter« oder »Stiefvater« einen Menschen, der eine tote Mutter oder einen toten Vater ersetzt (das Wort »stief-« kommt aus dem mittelhochdeutschen stief oder stiuf: »beraubt, verwaist«, was sich seinerseits vom althochdeutschen »bestiufen« ableitet: »der Kinder oder Eltern berauben«). Historisch gesehen kamen Zweitehen meist durch den Tod eines Ehegatten zustande und nur selten durch Scheidung, zum einen, weil die Lebenserwartung geringer, und zum anderen, weil die Scheidung weitaus weniger verbreitet war als heute. In den 70er Jahren unseres Jahrhunderts schlossen in den USA zum ersten Mal mehr geschiedene als verwitwete Ehepartner eine neue Ehe, und seitdem wird der Begriff »Stiefeltern« oder »Stiefgeschwister« zunehmend mit Scheidung assoziiert. In den Vereinigten Staaten hat die Volkszählung von 1990 die Zahl von 5,3 Millionen Stieffamilien mit 7,3 Millionen Kindern unter 18 Jahren ergeben. Die »Vereinigung der Stieffamilien« in den USA geht auf der Basis der hohen Scheidungs- und Wiederheiratszahlen davon aus, daß im 21. Jahrhundert die Stieffamilie die häufigste Familienform sein wird.

Diese Vereinigung hat eine ausführliche Bibliographie von vielen hundert Büchern und Aufsätzen zusammengestellt, die sich mit den Problemen und Aufgaben von Stieffamilien beschäftigen. In der Regel geht es darin um die Beziehung der Stiefeltern und ihr Verhältnis zu den Kindern. Die Tatsache, daß nicht nur biologische, sondern auch Stiefgeschwister eigene Bindungen entwickeln, die ihre individuelle Entwicklung genauso beeinflussen wie die Familie als Ganzes, findet fast nirgends Berücksichtigung. Nach Ansicht von Experten sind zum Beispiel die Kinder, die Ehepartner in die neue Ehe mitbringen, für den Großteil des Konfliktpotentials zwischen den Partnern verantwortlich. Die Beziehungen zwischen den Stiefgeschwistern tragen also wesentlich zur Gesamtatmosphäre der neuen Ehe bei, aber dieser Aspekt taucht in der umfassenden Literatur zu Stieffamilien so gut wie nicht auf.

Meine Interviews mit Stiefgeschwistern wie Bill und Jared sollten helfen, einige dieser Lücken zu schließen, denn meiner Meinung nach stellen die Beziehungen zwischen Stiefgeschwistern trotz aller Unterschiede zu biologischen Geschwistern doch eine Form der Geschwisterbindung dar, die eine Untersuchung verdienen. Dabei hat sich gezeigt, daß es, wie Bill sagte, natürlich sehr große Unterschiede gibt, und daß man die Beziehung erst dann wirklich begreifen kann, wenn diese Unterschiede auch offen zugegeben werden. Trotzdem habe ich aber auch Gemeinsamkeiten zwischen Stief- und biologischen Geschwistern festgestellt, vor allem beim Kampf um Macht und Positionen und beim Bestreben, das geschwisterliche Auf und Ab zwischen Liebe und Rivalität, Nähe und Distanz auszugleichen.

Aber ich greife vor. Denn wenn Stiefgeschwister von sich erzählen, fangen sie mit ihrer getrennten Geschichte an, und wenn zu dieser Geschichte wie bei Bill und Jared die Scheidung der Eltern gehört, rückt die Scheidung in den Mittelpunkt. Die Scheidung der Eltern bleibt für die Kinder bis weit ins Erwachsenenalter hinein ein Wendepunkt, eine Trennlinie zwischen dem Vorher, als die Welt begrenzt und sicher, und dem Nachher, als alles anders war und nie mehr so sein würde wie früher. Familienpsychologen sagen, daß für viele Kinder im Rückblick die Scheidung der Eltern, die neue Ehe von Mutter oder Vater und die neuen Stiefgeschwister fast zu einem einzigen Ereignis verschmelzen, dessen einzelne Bestandteile nicht mehr festzustellen sind.

Entsprechend hatte auch Jared den Beginn seiner gemeinsamen Geschichte mit Bill datiert und »die ganze Zeit von den Anfängen der Scheidung und danach« als »unglücklich« bezeichnet.

Bis zur Scheidung hatte die Familie mitten in San Francisco gewohnt, wo sein Vater als Geschäftsführer eines Hotels arbeitete. Und nach der Scheidung und der neuerlichen Heirat seiner Mutter mit Bills Vater Bennett Craine waren Jared und Chip mit der Mutter in Bennetts großes Haus in Burbank gezogen, einem Vorort von Los Angeles.

»Es war eine sehr große Veränderung«, sagte Jared. »Meine Mutter war eigentlich nie richtig greifbar gewesen, und dann nahm mein Stiefvater ihre Aufmerksamkeit stark in Anspruch, so daß mein kleiner Bruder und ich ziemlich allein waren. Die Ereignisse haben Chip völlig durcheinander gebracht, und ich habe versucht, ihn zu trösten, aber für mich war das auch alles sehr schwer.«

Die Situation wurde weiter dadurch erschwert, daß die Brüder in ihrem neuen Zuhause getrennt wurden. »Ich hatte ein eigenes Zimmer im dritten Stock«, erinnerte sich Jared, »und Chip hatte sein Zimmer in der Nähe von Mutter und Bennett einen Stock tiefer, weil Treppensteigen für ihn nicht gut war.«

»Das war mein Kinderzimmer, mein Refugium«, warf Bill mit ausdrucksloser Stimme ein, ohne Jared anzusehen. »Ich habe Chip den Platz gegönnt, aber es hat damals große Umbrüche gegeben.«

Für Bill standen diese Umbrüche im Rahmen eines größeren Umbruchs, der schon vor der Scheidung seiner Eltern begonnen hatte. In der zweiten Klasse hatte er »große Verhaltensprobleme in der Schule« entwickelt, die er heute auf die jahrelangen Spannungen zwischen seinen Eltern zurückführte. Deswegen war er »aus der Schule geflogen« und für ein Jahr ins Internat gekommen. »Als ich ins Internat ging, wohnten meine Eltern noch zusammen«, sagte er. »Als ich zurückkam, war mein Vater ausgezogen, und die Scheidung lief.«

Wie bei Jared hatten sich auch bei Bill die Erinnerungen vermischt; er wußte nicht genau, wann er mit seiner Mutter aus dem großen Haus, in dem er geboren worden war, in eine kleine Wohnung gezogen war und sein Vater seine neue Frau und die Stiefbrüder in das alte Haus geholt hatte. Aber er konnte sich gut an sein kleines Schlafzimmer in der neuen Wohnung erinnern, »so groß wie ein Kleiderschrank«; seine Mutter hatte in dem ebenso winzigen Wohnzimmer auf der Couch geschlafen. Und er erinnerte sich an den Tag, an dem seine Mutter ihm mitteilte, daß sie nach New York ziehen werde. »Ich werde mit dir nicht fertig«, hatte sie ihrem Sohn gesagt. »Du bist genau wie dein Vater, also kannst du auch bei ihm wohnen.«

Später erkannte er, daß sein Vater seiner Mutter kaum etwas gezahlt hatte und daß es ihr sehr schlechtgegangen war. Aber damals hatte er sich verlassen gefühlt, »verwirrt und ungeliebt«. Als er in das Haus seines Vaters zurückkehrte, war er zehn, Jared neun und Chip sieben Jahre alt. Jared und er wohnten in einem Zimmer.

Obwohl Bill der Ältere war, hatte Jared fast sofort die Rolle des älteren Bruders übernommen. Jared war der brave Junge, Bill der böse. Jared war der Verantwortliche, Bill nach eigener Einschätzung »blind, immer auf der Suche nach jemandem, der für mich sorgen könnte«. Für Jared war diese Rollenumkehrung nach der Scheidung seiner Eltern eine zusätzliche Belastung.

»Ich habe mich viel um Chip gekümmert, und dann kam Bill«, sagte er bitter. »Jetzt mußte ich für zwei Brüder sorgen und mich gleichzeitig in einer Umgebung zurechtfinden, die ich als fremd empfand.«

Aber so fremd die Umgebung für Jared auch gewesen sein mochte, in den Augen von Bills Vater war sie seine Heimat. Es stimmte zwar, daß die Jungen nicht mit den Eltern zusammen aßen, außer an Samstagen, wenn alle zusammen am Kamin Würstchen grillten, aber Bennett hielt sich für das Oberhaupt einer Familie mit drei Söhnen und verschloß so weit wie möglich die Augen vor der Tatsache, daß Jared und Chip einen eigenen Vater hatten.

Dieses Bild von der Familie war für ihn so wichtig, daß er, als der damals dreizehnjährige Jared zurück nach San Francisco zu seinem Vater wollte, alles dransetzte, um seine Frau von den Nachteilen dieses Umzugs für den Jungen zu überzeugen.

»Mein Vater hatte wieder geheiratet und zwei neue Söhne bekommen«, sagte Jared. »Mir war immer bewußt, daß ich mit ihnen blutsverwandt war, auch wenn ich sie nicht oft gesehen habe. Wenn ich bei ihnen war, sind wir gut zurechtgekommen. Für mich war das eine sehr viel normalere Familie. Ich glaube, mein Vater wollte wirklich, daß ich zu ihm kam, aber meine Mutter beharrte darauf, daß es besser für mich wäre, nicht umzuziehen. Bill ist sicher, daß Bennett sie darin bestärkt hat.«

»Mein Vater war ungeheuer von sich überzeugt, und er glaubte, er könne für Jared und Chip besser sorgen als ihr eigener Vater. Er fand eben, niemand könne Söhne besser erziehen als er«, erklärte Bill.

»Da ist was dran«, erwiderte Jared. »Aber wenn man es ein bißchen weniger freundlich betrachtet, dann war es für ihn vielleicht auch besser, daß wir zu dritt waren und er nicht nur Chip und dich zu Hause hatte. Schließlich habe ich auf euch aufgepaßt, er mußte sich keine Sorgen machen.«

»Und wenn man es ein bißchen freundlicher sieht«, sagte Bill schnell und sah mich an, obwohl er mit Jared sprach, »hat er vielleicht geglaubt, und meiner Meinung nach zu Recht, daß es für mich der nächste schreckliche Verlust gewesen wäre. Damals war Jared schon mein bester Freund. Wir haben viel zusammen gemacht, und ich weiß nicht, wie ich damit klargekommen wäre, wenn er weggegangen wäre.«

»Wir haben viel zusammen gemacht«, wiederholte Jared leise und sah Bill zum ersten Mal direkt an. »Mir hat das auch Spaß gemacht. Aber es ist auch traurig, weil die Erinnerung an die schönen Zeiten sich von den vielen Schwierigkeiten damals nicht trennen läßt.«

Bill erwiderte seinen Blick und nickte, und beide Männer sahen sich schweigend an und hingen ihren Gedanken nach.

Ich dachte über das Muster nach, das allmählich deutlich wurde. Beide Stiefbrüder empfanden eine tiefe Wut auf ihre jeweiligen Eltern: Wut wegen der Scheidung an sich und wegen der Familienkonstellation, die sie beide von dem Erwachsenen ferngehielt, der vorher ihnen »gehört« hatte. Gleichzeitig hielten beide aber auch loyal zu ihrem je eigenen Vater und verteidigten ihn gegen jede Kritik. Jared bestand darauf, daß sein Vater ihn *wirklich* zurückhaben wollte, obwohl der das so nicht gesagt hatte, und war schnell bereit, seinem Stiefvater egoistische Motive für die Verhinderung des Umzugs zu unterstellen. Und bei aller Kritik an der grenzenlosen Selbstüberschätzung seines Vaters sah Bill doch auch ein liebevolles Element in Bennetts Bemühen, das Beste für den Stiefsohn zu tun und gleichzeitig den eigenen Sohn vor einem weiteren schweren Verlust zu schützen.

Dieselbe Mischung charakterisierte auch die Einstellung der beiden Männer zueinander. Beide erinnerten sich mit Wärme an die gemeinsamen schönen Zeiten, aber ihre Unfähigkeit, bei der Erzählung ihrer Lebensgeschichten direkt miteinander zu kommunizieren, verwies auch auf eine immer noch vorhandene Vorsicht. Erst nachdem Jared gesagt hatte, daß er auch schöne Erinnerungen hätte, war das Eis gebrochen, und sie konnten sich unverkrampft und direkt über ihre gemeinsame Geschichte unterhalten. Aber das Hin und Her zwischen Zuneigung und Mißtrauen, zwischen dem gemeinsamen Bündnis gegen die Stiefeltern und der defensiven Verteidigung der eigenen Eltern ging weiter.

»Ich habe Jared immer als meinen älteren Bruder betrachtet«, brach Bill das Schweigen. Er hatte seinen Stuhl so verschoben, daß er Jared auch dann noch ansehen konnte, wenn er mit mir sprach. »Ich wußte natürlich, daß er jünger war, und ich habe ihn gepiesackt, wie ältere Brüder die jüngeren eben piesacken, aber auf irgendeiner Ebene war mir trotzdem klar, daß er in gewisser Weise den Auftrag hatte, ›auf Bill aufzupassen‹, und das hat er sehr gut gemacht.«

»Hat Sie das nicht geärgert?« fragte ich.

»Ja, wahrscheinlich«, sagte Bill und fügte nach einer Pause hinzu: »Ich glaube, das hat mich sogar sehr geärgert.«

»Du mußt dich darüber geärgert haben«, sagte Jared scharf und drehte sich in seinem Stuhl um, so daß sie sich jetzt fast direkt gegenüber saßen, »und ich wohl auch, *sehr* sogar.«

»Aber ich wußte in meinem tiefsten Inneren immer, daß du ein guter Mensch warst, der mir das Leben erträglicher machte, und das hat meinen Ärger aufgewogen«, sagte Bill mit freundlichem Lächeln.

»Und mir hat es Spaß gemacht, mit dir zu spielen«, sagte Jared leise. Dann wurde seine Stimme wieder bitter: »Aber was du Piesacken nennst, das war für mich so was wie Durchtriebenheit und Betrug. Ich wußte, daß ich bei dir vorsichtig sein mußte.«

»Wie sah das aus?«, fragte ich.

»Ich kann mich an einen Vorfall noch genau erinnern«, sagte er nicht zu mir, sondern zu Bill, als ob ich nicht mehr vorhanden wäre. »Wir waren

zusammen auf der Vorbereitungsschule fürs College, ich in der zweiten und du in der vorletzten Klasse. Du hast mir erzählt, der Fußballtrainer hätte zu dir gesagt, ich sei einer der besten Spieler der Mannschaft, und deshalb könntest du nicht verstehen, warum ich nie in den wichtigen Spielen mitspielen würde. Du hast das so ehrlich gesagt, daß ich dir geglaubt habe. In der ganzen Fußballsaison habe ich mich verzweifelt gefragt, warum ich nicht ins Spiel genommen wurde. Und dann habe ich kapiert, daß er so etwas nie gesagt hätte. Du hast mich verarscht.«
Bill wirkte schmerzlich berührt. »Ich habe das bestimmt nicht absichtlich gemacht«, sagte er. »Vielleicht wollte ich dir einfach Mut machen, weil du dachtest, daß du nicht in die Mannschaft kämst oder so.«
»Vielleicht«, sagte Jared.
Der Schlagabtausch ging weiter.
Bill spielte die Rolle des Beschwichtigers. Schließlich hatte er Jared zu seinem Freund erklärt, und er war entschlossen, durch Lob und Bewunderung seine Anerkennung zu gewinnen. Also lobte er Jared dafür, daß er seit über zwanzig Jahren mit derselben Frau verheiratet war, während er wie sein Vater geschieden und in zweiter Ehe verheiratet war. Er sagte, er hätte Jared auf einen Sockel gestellt und sich im Verhältnis zu ihm minderwertig gefühlt.
Jared blieb in der Rolle des Gekränkten und sagte kühl: »Für mich überschatten die Probleme aus unserem gemeinsamen Leben und der Schul- und Studienzeit alles, was heute zwischen uns läuft.« Aber bei all seinen Beschwerden über Bill mußte er doch zugeben, daß er sich selbst auch nicht immer einwandfrei verhalten hatte: »Ich habe Bill oft die Freundinnen ausgespannt. Ich habe mich zwar nicht mit ihnen eingelassen, dazu war ich zu moralisch, aber ich war durchaus fähig dazu, sie in mich verliebt zu machen.« Damals hätte er »ihm alles heimzahlen«, aber sich vor allem »durch Bill an Bennett rächen« wollen, sagte er mit Blick auf Bill.
Wieder kam es zu einem längeren Wortgefecht.
Beide waren sich einig, daß Bennett derjenige gewesen war, der echte Nähe zwischen ihnen verhindert und statt dessen ihre Rivalität in Schule und Sport gefördert hatte. »Damit wollte er verhindern, daß wir uns wirklich mochten, so daß er die Macht über uns behielt«, sagte Jared, und Bill stimmte ihm lachend zu: »Ja, aber das ist schiefgegangen. Denn in diesem Konkurrenzkampf sollte ich, sein richtiger Sohn, Sieger bleiben, und das hat nicht geklappt. Gewonnen hat Jared. Jared ist sportlicher als ich, und er ist der Intellektuelle. Er ist all das, was mein Vater bewundert. Deshalb hat die ganze Konkurrenz nichts genützt.«
Bill hegte seinerseits einen Groll gegen seine Stiefmutter, Jareds Mutter Phyllis, den er auf Jared übertrug, während Jared es sich nicht verkneifen

konnte, immer wieder auf die Ähnlichkeiten zwischen Bill und Bennett hinzuweisen.

Nach seiner eigenen Scheidung und der zweiten Heirat wollte Bill unbedingt einen engen Kontakt zu seinen zwei Töchtern aus erster Ehe aufrechterhalten. Also wandte er sich ganz selbstverständlich an Phyllis und bat sie, mit seiner zweiten Frau über ihre Erfahrungen mit Stiefkindern zu sprechen. Als sie sich weigerte, fiel er aus allen Wolken. Sie erklärte ihm, sie hätte ihm immer eine echte Mutter sein wollen und dächte nicht daran, jetzt als die personifizierte Stiefmutter aufzutreten. Und Bill war fassungslos, als Jared seine Mutter dann auch noch verteidigte und Bills Ansinnen unfair fand.

»›Leck mich‹, habe ich zu ihr gesagt, und ›leck mich‹ habe ich auch zu Jared gesagt«, sagte Bill mit mehr Leidenschaft, als er die ganzen Stunden unserer Gespräche hindurch hatte erkennen lassen. Er warf mir einen kurzen Blick zu und sah dann wieder Jared an: »Ich war stocksauer und habe beide abgeschrieben. Das war wohl die kühlste Phase in meiner Beziehung zu Jared.«

Sie schwiegen, bis Jared schließlich sagte, diese kühle Zeit hätten sie schon lange hinter sich. Aber er mußte noch einmal ausdrücklich darauf hinweisen, daß er Bill immer noch mit Vorsicht begegnete und Probleme mit einer wirklich engen Beziehung hätte, weil sein Stiefbruder »im Laufe der Jahre seinem Vater so ungeheuer ähnlich geworden ist.« Als er Bills unglücklichen Blick auffing, fügte er schnell hinzu: »Ich weiß, daß du dich redlich um eine eigene Identität bemüht hast. Aber Bennett mußte zwangsläufig auf dich abfärben.«

»Du hast ja recht«, erwiderte Bill. »Aber es ist schon komisch, daß ich machen kann, was ich will, und unbewußt doch immer ganz der Vater bleiben soll.«

Trotz aller Unterschiede arbeiteten die Stiefbrüder in sehr ähnlichen Berufen, und beide waren in ihrer Berufswahl ausgerechnet von Bennett beeinflußt worden. Die Arbeit in der Film- und Fernsehproduktion hatte Jared fasziniert, seit er einmal in den Sommerferien in Bennetts Firma gearbeitet hatte. Die wiederholten Angebote seines Stiefvaters, in seine Produktionsfirma einzutreten, hatte er allerdings entschieden abgelehnt und sich statt dessen als unabhängiger Filmemacher etabliert. Bill, der nach dem College eigentlich Journalist werden wollte, hatte Bennetts Drängen schließlich nachgegeben und war in die väterliche Firma eingetreten. Er konnte das, weil er sich sicher war, in der gemeinsamen Arbeit mit seinem Vater nicht unterzugehen. Dazu kannte er ihn zu gut, sagte er.

Wieder einmal behaupteten die beiden, daß die Tätigkeit auf dem gleichen Gebiet die Konkurrenz zwischen ihnen verschärft, sie aber gleichzeitig einander auch nähergebracht hätte. Jared beneidete Bill um dessen ökonomische Absicherung durch die Firma und fühlte sich »verwundbar«, weil er ausschließlich auf seine eigene Kraft angewiesen war. Gleichzeitig gefiel es ihm, daß beide ihre eigene »Nische« aufgebaut hatten und sich unterstützen konnten. Bill war neidisch auf Jareds Unabhängigkeit und kreative Freiheit, fand aber auch, sie wären sich durch ihre Arbeit »nähergekommen«; für ihn war es fast wie eine »schicksalhafte Fügung«, daß sie nicht als Konkurrenten, sondern als Freunde im selben Berufsfeld gelandet waren.

Am Ende des Interviews versicherten mir die Stiefbrüder lächelnd und entspannt, daß sie sich zwar »immer noch unfreundlich verhalten« könnten, wie Jared es ausdrückte, aber im Grunde doch darüber hinweg seien. Und dann fingen sie wieder von vorne an.

Jared kam wieder auf das Thema der alle anderen Beziehungen überragenden Blutsbande zu seinem verstorbenen jüngeren Bruder zurück und variierte es in bezug auf die Beziehungen zu seinen beiden Halbbrüdern aus der zweiten Ehe seines Vaters. Er hatte wenig mit ihnen gemeinsam, aber wenn er »mit ihnen in einem Raum ist, dann passiert irgend etwas«. Dann überkam ihn ein Gefühl, das »anders« war als sein Gefühl für Bill, obwohl er wußte, daß die Bindung an Bill stärker war.

Und Bill kam wieder auf die Frage der bewußten Entscheidung für Stiefgeschwister zurück. »Wir sind zufällig zusammengekommen«, sagte er, »aber ich entscheide mich immer wieder dafür, mehr aus der Beziehung zu machen. Ich weiß nicht mehr, wie oft ich mich *entschieden* habe, auf Jared zuzugehen, wie oft ich mich *entschieden* habe, unsere Verbindung aufrechtzuerhalten. Für mich hat die Beziehung zwischen Stiefgeschwistern mehr Ähnlichkeiten mit einer Ehe als mit einer normalen Geschwisterbeziehung. Sie ist nicht so kühl wie Freundschaften oder wie zufällige Bekanntschaften, und sie ist nicht ›vorgegeben‹ wie bei Blutsverwandten. Man muß sie aktiver *aufbauen*, wie eine Ehe, und wie bei einer Ehe muß man daran arbeiten.«

Beim »Aufbau« der Beziehung zwischen Stiefgeschwistern, die wie Bill und Jared durch die Scheidung und Wiederheirat ihrer Eltern zusammengebracht werden, spielen zahllose Konstellationen und Kombinationen eine Rolle. In manchen Familien leben die Kinder aus den früheren Ehen beider Partner unter einem Dach. In anderen leben die Kinder einer geschiedenen Mutter, die wieder geheiratet hat, bei ihr und ihrem neuen Partner, also dem Stiefvater, während seine Kinder bei seiner geschiedenen Ehefrau leben und ihn und seine neue Familie besuchen. Das ist die häufigste Variante. Seltener ist es, daß die Kinder einer geschiedenen und wiederverheirateten Mutter beim Vater bleiben und sie in ihrem neuen Zuhause besuchen, wo sie für die Kinder ihres Mannes die Stiefmutter ist. Und ganz selten sind die Fälle, in denen die Eltern nach der Scheidung gemeinsam das Sorgerecht haben und die Kinder abwechselnd bei Vater und Mutter leben.

In den Interviews mit Stiefgeschwistern tauchten unabhängig von den vielen scheidungsbedingten Stieffamilienkombinationen immer wieder dieselben Themen auf, wie in dem Gespräch mit Bill und Jared: Scheidung und Wohnortwechsel, der Zwang zu unmittelbarer Intimität, Machtkämpfe und Rivalitäten und vor allen Ambivalenzen und Zwiespältigkeiten bei der Frage, ob, wie und wann Stiefgeschwister sich füreinander »entscheiden« sollen.

Die Scheidung der Eltern bleibt ein dominantes und durchgängiges Lebensmotiv. Delia Ephron hat in ihrem humorvollen, anrührenden Buch über die Probleme einer Stiefmutter den unaufhörlichen Traum aller Scheidungskinder beschrieben, ihre Eltern kämen irgendwie, auf magische Weise und entgegen jeder Logik, wieder zusammen. Schulkindern gibt sie den leicht ironisch gemeinten Rat: »Geh zu einem Fest in der Schule. Deine Mutter ist mit deinem Stiefvater da. Dein Vater ist mit seiner Freundin gekommen. Achte darauf, wie verschieden deine Mutter und dein Vater sind. Sie haben ganz andere Vorlieben. Sie mögen ganz andere Musik. Sie amüsieren sich über ganz andere Filme. ... Sage dir: Ich habe mir immer gewünscht, daß sie wieder zusammenkommen, aber jetzt sehe ich, daß das unmöglich ist. Stell dir vor: Deine Mutter verändert sich und wird wie dein Vater (oder dein Vater verändert sich und wird wie deine Mutter). Sie kommen wieder zusammen.«

Sowohl die Phantasien als auch das Wissen um die Unmöglichkeit ihrer Erfüllung verfolgen Stieffamilien und Stiefgeschwister noch lange, nachdem die Zeit der Schulfeste vorbei ist. So konnte sich eine Frau in den Dreißigern spontan daran erinnern, daß sie bei ihrer Mutter wie bei ihrem Vater unglücklich gewesen war, einfach nur, weil sie nicht mehr zusammenwohnten. Dabei wußte sie damals schon ganz genau, daß beide in ihren neuen Ehen glücklich waren, liebte ihre Stiefmutter, bei der sie seit ihrem 10. Lebensjahr gelebt hatte, und hatte starke, positive Bindungen zu ihren Stiefgeschwistern entwickelt.

»Das schwerste war«, sagte sie, »daß mein Vater nicht mit meiner Mutter verheiratet war. Er war mit meiner Stiefmutter verheiratet, und obwohl wir uns so gut verstanden, konnte ich das nie vergessen. Ich wollte, daß meine Eltern miteinander verheiratet waren, und ich nehme an, daß ich deshalb von einem zum anderen gegangen bin. Ich wollte die Stabilität einer richtigen Familie, aber die habe ich nie gefunden. In der einen Wohnung hatte ich meinen Vater, aber nicht meine Mutter, und in der anderen meine Mutter, aber nicht meinen Vater.«

Die Psychologin Judith Wallerstein hat eine Gruppe geschiedener Eltern und ihre Kinder zehn bis fünfzehn Jahre lang beobachtet. Sie sagt, daß der Schmerz nach der Scheidung der Eltern und die unerfüllbare Phantasie, daß die Eltern wieder zusammenfinden, in manchen Fällen über Jahre anhalten können und bei manchen Kindern aus geschiedenen Ehen sogar zu Depressionen führen. Dieser Schmerz geht zum großen Teil auf einen doppelten Verlust zurück: den Verlust des Geborgenheitsgefühls, das in intakten Familien selbstverständlich vorausgesetzt wird, und (nicht immer, aber häufig) den Verlust der alltäglichen väterlichen Präsenz (die Mutter fehlt selten; in den USA bleiben ungefähr 90 Prozent aller Kinder nach der Scheidung bei der Mutter).

Durch diese Verluste fühlen sich die Kinder abgelehnt; der permanente Wunsch, die Scheidung rückgängig zu machen, ist nichts anderes als der Wunsch, sich wieder als Ganzes und geliebt zu fühlen. Der Wechsel von einem Elternteil zum anderen, den die oben zitierte Frau praktizierte und den Jared so sehr angestrebt hatte, kann durch den engen Kontakt zu beiden Eltern ein Weg zu einem solchen Gefühl der Ganzheit sein. Viele Kinder idealisieren den abwesenden Vater auch und glauben, bei ihm all das zu bekommen, was sie bei der Mutter tatsächlich oder angeblich vermissen. So wollte Jared bei seinem Vater leben, weil er dessen Familie für »normaler« hielt als die seiner Mutter. Nach all den Jahren glaubte er immer noch, daß sein Vater »ihn wirklich gewollt« und nur sein Stiefvater den Umzug verhindert hatte. Es kommt übrigens nicht selten vor, daß Jugendliche zumindest für ein paar Jahre von der Mutter zum Vater ziehen. Besonders männliche Jugendliche, die sich mit ihrem Vater identifizieren, haben in der Adoleszenz oft ein starkes Bedürfnis, bei ihrem Vater zu wohnen.

Die Reaktion von Geschwistern auf das Ende der Ehe ihrer Eltern hängt auch vom Alter ab. Sehr kleine Kinder wie Chip leiden in der Regel unmittelbar nach der Scheidung am meisten. Sie können die Motive und das Verhalten ihrer Eltern noch nicht wirklich begreifen und geben deshalb oft sich und ihrer »Unartigkeit« die Schuld an Papas Wut oder Mamas Tränen. Auch ältere Geschwister leiden darunter, aber sie können besser erkennen, daß die Scheidung nicht ihre Schuld ist, und sind unabhängig genug, um Trost und Hilfe bei Freunden oder Verwandten zu suchen.

Zehn Jahre später aber haben es die Geschwister besser, die bei der Scheidung noch sehr klein waren. Weil sie die Jüngeren waren, wurden sie von den Müttern meist stärker behütet, während die Älteren die Hauptlast des elterlichen Unglücks zu tragen hatten. Außerdem haben jüngere Kinder auch nicht so viele Erinnerungen an ein intaktes Familienleben einerseits und die Auseinandersetzungen der Eltern andererseits und können ihr Leben mit weniger Nostalgie und weniger negativen Gefühlen angehen als die älteren.

Die Scheidung der Eltern intensiviert unter Umständen aber auch alle Gefühle, die zwischen Geschwistern möglich sind. Manche lassen die Wut, die sie auf ihre Eltern haben, an den Geschwistern aus, weil die ein leichteres und zugänglicheres Ziel darstellen. Bei anderen intensiviert sich die Rivalität der Geschwister um die Eltern, die mit ihren eigenen Problemen beschäftigt sind und wenig Zeit für die Kinder haben, oder sie kopieren den Streit der Eltern, indem sie Partei für verschiedene Seiten ergreifen und sich erbittert um die jeweiligen Loyalitäten streiten. Gelegentlich trennen sich nach einer Scheidung auch die Geschwister und ziehen zu dem Elternteil, mit dem sie sich verbündet haben. »Nach der Scheidung haben mein Bruder und ich uns nach Geschlechtern aufgeteilt: Mutter-Tochter, Vater-Sohn«, schrieb eine 30jährige in den Fragebogen. »Seitdem haben wir wenig miteinander zu tun gehabt.«

Die Scheidung der Eltern kann aber auch Sympathie und Fürsorge unter Geschwistern stärken. Vielen Scheidungskindern geht es so wie dem 23jährigen Angestellten, der sagte: »Ich glaube, bis zur Scheidung meiner Eltern haben meine Schwester und ich uns einigermaßen vertragen, so wie die meisten Geschwister in diesem Alter. Ich war 13 und sie 10 Jahre alt. Aber als mein Vater ausgezogen ist, haben wir uns gegenseitig getröstet und geholfen, und das ist bis heute so geblieben.« Und viele Gesprächspartner sagten, daß ihre Geschwister die einzigen waren, mit denen sie während der Scheidung über ihren Schmerz sprechen konnten, ohne sich als Verräter an den Eltern zu fühlen.

Ältere Geschwister helfen den jüngeren häufig und puffern den scharfen Schmerz und die Enttäuschungen bei einer Scheidung ab. Diese verantwortungsvolle Rolle kann für die älteren eine Belastung sein, sie aber durch das Gefühl der eigenen Wichtigkeit und Unersetzbarkeit auch stärken. Auch wenn Jared sich über die Bürde seiner Verantwortung für Chip beklagte, war seine Position als Beschützer des Bruders doch ein stabiler Faktor in einer Umgebung, in der ansonsten alles brüchig geworden war. Bill dagegen hatte diesen Fixpunkt nicht. Er war bei den Streitereien und der Trennung der Eltern allein und isoliert.

Die Psychologin E. Mavis Hetherington von der Universität von Virginia ist optimistischer als Wallerstein und geht davon aus, daß sich die Familienmitglieder normalerweise innerhalb von zwei oder drei Jahren an eine Scheidung anpassen. Wenn die schlimmsten Traumata hinter ihnen liegen, akzeptieren Kinder und Eltern die Auflösung der Familie und richten sich allmählich auf das Leben in der neuen Situation ein.

Bei den meisten Kindern sieht diese neue Situation so aus, daß sie mit der Mutter zusammenleben und Gäste beim Vater sind. In diesen Ein-Eltern-familien kommt es häufig vor, daß die Geschwister im Prozeß der

Neuordnung des Zusammenlebens sich und die Mutter schützen und unterstützen. Weil die Mutter in der Regel berufstätig ist, müssen alle Geschwister mithelfen. Daraus kann sich eine lockere und gleichberechtigte Atmosphäre entwickeln.

Wenn es in Ein-Elternfamilien Probleme zwischen den Geschwistern gibt, dann meist durch ihre Rivalität um die Zuneigung der überlasteten und emotional erschöpften Mutter. (Möglich sind aber auch Rivalitäten um den Elternteil, der das Sorgerecht nicht hat. Dann konkurrieren die Geschwister um die Zeit, die sie allein mit Vater oder Mutter verbringen, um Geschenke und besondere Beachtung.) Eine geschiedene Mutter wandte sich an einen Psychiater, weil ihr achtjähriger Sohn sich plötzlich so feindselig seiner fünfjährigen Schwester gegenüber benahm, daß sie die beiden nicht mehr allein lassen konnte. Schließlich wurde ihr klar, daß sie sich aus ihrem Bedürfnis nach Trost und Liebe der knuddeligen, zärtlichen kleinen Tochter zu- und vom unabhängigeren und weniger zugänglichen Sohn abgewandt hatte. Der Junge hatte sich vernachlässigt und ungeliebt gefühlt und seine Wut an seiner Schwester ausgelassen.

Wie in anderen schwierigen Familiensituationen übernehmen Mädchen laut Hetherington auch in Ein-Elternfamilien oft einen großen Teil der Verantwortung für die Geschwister und werden zu Vertrauten ihrer Mütter. Jungen dagegen, die bei alleinerziehenden Müttern leben, haben mehr Schwierigkeiten und zeigen noch zwei oder drei Jahre nach der Scheidung der Eltern zu Hause und in der Schule Verhaltensauffälligkeiten. Es ist möglich, daß sie aus Sehnsucht nach der väterlichen Autorität und Kameradschaft ihren Müttern bewußt oder unbewußt die Schuld an dem Verlust geben. Mädchen identifizieren sich stärker mit den Müttern und stehen deren Problemen mit mehr Sympathie gegenüber. Die enge Beziehung der Mädchen zur Mutter kann durch die Schwierigkeiten ihrer Brüder noch intensiviert werden, was dann in der Geschwisterbeziehung für Spannungen sorgt.

Wenn die Eltern wieder heiraten, kehren sich die Reaktionen der Jungen und Mädchen um. Im allgemeinen passen sich Jungen im Schulalter besser an Stiefväter an als ihre Schwestern, und wenn die Väter eine neue Ehe eingehen, kommen sie meist auch besser mit ihren Stiefmüttern zurecht. Ein liebevoller Stiefvater kann den Jungen die männliche Präsenz, Unterstützung und Freundschaft bieten, die ihnen bei ihren Müttern gefehlt hat. Für Mädchen dagegen wird der Stiefvater oft genug zur Bedrohung ihrer Position als Mutters beste Freundin und wichtigste Stütze. Es kommt auch vor, daß sie sich gegen körperliche Zärtlichkeiten des Stiefvaters wehren und dadurch eine mögliche Nähe verhindern. »Ich habe gebrüllt: ›Faß mich nie wieder so an!‹«, erinnerte sich eine Gerichtsstenotypistin an das erste Mal, als ihr Stiefvater sie in den Arm genommen hatte. »Er hat seinen Arm um mich gelegt, ganz unschuldig, aber ich war ein Teenager und stand voll auf Unverletzlichkeit der Person und Frauenbewegung und so. Wir machen heute noch Witze darüber. Er ist mir ein phantastischer Vater geworden.«

Für eine Tochter kann die zweite Ehefrau des Vaters zur Rivalin um ihren besonderen Status als »Vaters Liebling« werden, vor allem, wenn sie beim Vater lebt, während ihr Bruder die Anwesenheit einer Frau im Haushalt unter Umständen begrüßt. (Gelegentlich entstehen aber auch enge Freundschaften zwischen jungen Mädchen und ihren Stiefmüttern; sie können mit ihnen über vieles reden, worüber sie mit ihren Müttern nicht reden wollen, zum Beispiel über Sexualität.)

In der Beziehung zwischen den Geschwistern schafft die neue Ehe von Vater oder Mutter eine neue Situation, mit der die Kinder zurechtkommen müssen. Die meisten Zweitehen werden drei bis fünf Jahre nach der Scheidung geschlossen (und die meisten geschiedenen Eltern heiraten tatsächlich wieder: in den USA 75 Prozent aller geschiedenen Frauen und 80 Prozent aller geschiedenen Männer). Anders als nach der Scheidung haben es die Geschwister nicht mehr mit einem Verlust zu tun, sondern müssen sich an neue Menschen gewöhnen: Stiefeltern und in vielen Fällen auch Stiefgeschwister.

Rückblickend sagten viele erwachsene Geschwister, sie hätten sich in den ersten Jahren nach der Wiederheirat der Eltern stark aneinandergeklammert (nach übereinstimmender Meinung von Experten fällt es Kindern schwerer, sich an die neue Ehe ihrer Eltern zu gewöhnen als an die Scheidung). Selbst Jahre später überschatteten diese frühen Geschwisterloyalitäten noch alle anderen, auch dann, wenn sie eine gute Beziehung zu ihren Stiefgeschwistern entwickelt hatten. Der Nachdruck, mit dem Jared behauptete, daß seine Gefühle für Chip (lange nach dessen Tod) selbst seine herzlichsten Gefühle zu Bill überstiegen, ist typisch für fast alle Kinder aus Stieffamilien, die einen biologischen Bruder oder eine biologische Schwester haben.

Die Stärke dieser Blutsbande erklärt auch ein überraschendes Ergebnis der Interviews. Wenn Vater oder Mutter wieder heiraten und ein Kind ein oder mehrere Stiefgeschwister bekommt, geraten die Positionen in der Geschwisterreihenfolge durcheinander. Der ältere von zwei Brüdern zum Beispiel ist plötzlich mit einem älteren Stiefbruder konfrontiert, der von ihm den Respekt erwartet, der dem Ältesten gebührt; die in der Herkunftsfamilie verwöhnte Jüngste muß plötzlich erkennen, daß ihre jüngere, niedliche Stiefschwester sie von ihrem angestammten Platz verdrängt. Man könnte also erwarten, daß solche Veränderungen Kinder noch zusätzlich verwirren und verstören, die eine an sich schon verwirrende und verstörende Situation bewältigen müssen.

161

Überraschenderweise hatten aber die Veränderungen in der Geschwisterreihenfolge in den Erinnerungen der Erwachsenen an ihr Leben mit
Geschwistern und Stiefgeschwistern kaum Bedeutung. Einige der Interviewten erwähnten zwar ihren Ärger über ältere Stiefgeschwister, die sie
herumkommandieren wollten, aber die meisten konnten mit Fragen zur
Umkehrung der Geschwisterreihenfolge wenig anfangen. Da sie sich weiterhin im Rahmen der ursprünglichen Geschwisterbeziehung und nicht im
Hinblick auf die Stiefgeschwister definierten, hatte sich in ihren Augen an
der Geschwisterreihenfolge nichts verändert, unabhängig davon, wie viele
Stiefgeschwister jetzt vor oder nach ihnen rangierten.

»Es ist schon komisch«, sagte eine Verkäuferin stellvertretend für viele
andere, »Sie fragen mich, wie ich mich als Mittlere gefühlt habe, nachdem
ich doch immer die Älteste gewesen war. Ich war ja nach der zweiten Ehe
meiner Mutter tatsächlich in der Mitte, ich hatte ja dadurch eine ältere
Stiefschwester bekommen. Aber ich habe mich nie so gefühlt. Von Anfang
an war ich die ältere Schwester und meine Schwester die jüngere. Daran
hat sich für uns gefühlsmäßig nichts geändert, obwohl wir uns beide mit
unserer älteren Stiefschwester gut verstanden haben.«

All das heißt keineswegs, daß starke emotionale Bindungen zwischen
Stiefgeschwistern unmöglich sind. Männer wie Frauen sprachen trotz der
engen Bindungen an echte Geschwister von Zeiten, in denen ihnen die
Stiefgeschwister wichtiger waren oder sie lieber mit ihnen zusammen
waren, und oft hatten sie deshalb Schuldgefühle und fühlten sich als
Verräter an den biologischen Geschwistern. So hatte es Jared mehr Spaß
gemacht, mit Bill zu spielen, als sich um Chip zu kümmern, und er war bis
heute traurig, daß er seinen Bruder vernachlässigt hatte. Die Verkäuferin,
die sich trotz ihrer älteren Stiefschwester weiter als Älteste fühlte, zog als
Schülerin zu ihrem Vater, während ihre jüngere Schwester bei der Mutter
blieb. »Nachmittags bin ich mit meiner Stiefschwester nach Hause gegangen,« sagte sie, »und ich bin mir sicher, daß das für meine Schwester hart
war. Damals habe ich das nicht verstanden. Ich habe mehr an mich als an
sie gedacht. Wir können heute gut miteinander reden, aber ich habe es nie
geschafft, sie danach zu fragen.«

Bei anderen spielten Schuldgefühle eine geringere Rolle; sie waren dankbar für den wichtigen Einfluß ihrer Stiefgeschwister. Eine Frau mit drei
Brüdern, die sich schon als kleines Kind eine Schwester gewünscht hatte,
war »begeistert und entzückt« über ihre Stiefschwester, die sie mit elf
Jahren bekam, und hat sich mit ihr immer gut verstanden. Für eine andere
Frau waren Stiefbruder und Stiefschwester in den ersten Jahren nach der
zweiten Heirat ihrer Mutter der »Rettungsanker«. Sie war damals 14, und
ihre älteren Brüder waren schon im College. »Ich war so allein«, sagte sie.

»Meine Eltern stritten sich immer noch und meine Brüder waren weg. Unter diesen Umständen mußte man sich über Stiefgeschwister einfach freuen. Ich war jedenfalls begeistert.«

(Vorwurf eines Fünftkläßlers an seine glücklich verheirateten Eltern: »In der Schule haben alle einen Stiefbruder oder eine Stiefschwester. Warum habe ich keinen?«)

Auf der Habenseite des Stiefgeschwisterkontos standen die vielen Beschreibungen von hilfsbereiten und freundlichen Stiefschwestern und -brüdern, zum Beispiel: »Ich habe immer im Zimmer meines Stiefbruders gewohnt, wenn ich meinen Vater besucht habe, und er hat mir nie das Gefühl gegeben, ihn zu stören«, oder »Meine Stiefschwester hat auf mich aufgepaßt, und ihr verdanke ich es, daß ich das ganze Chaos heil überstanden habe«, oder als schlichte Tatsachenfeststellung: »Ich habe mich mit meinen Stiefbrüdern und Stiefschwestern gut verstanden. Auf sie war ich nicht wütend, nur auf meine Eltern.«

Andere wiederum haben sich nach eigener Einschätzung mit ihren Stiefgeschwistern gerade deshalb anfreunden können (vor allem im Jugend- und Erwachsenenalter) weil diesen Beziehungen der emotionale Ballast fehlte, den normale Geschwister mit sich herumschleppen. Wie ein Mann sagte, sind sie »frei von dem alten Kram, den alten Mustern und Geschichten, die zwischen Geschwistern stehen«.

Bei all ihren Vorteilen ist diese Freiheit von dem Ballast der Vergangenheit aber gleichzeitig auch die größte Schwachstelle in der Beziehung zwischen Stiefgeschwistern, denn ihr fehlen die gemeinsame Geschichte, die emotionale Tiefe, die instinktiven Gefühle und das unausgesprochene Wissen aus der gemeinsamen Vorgeschichte von Geschwistern. Die Beziehung von Stiefgeschwistern setzt abrupt ein, und deshalb ist sie schwerer aufrechtzuerhalten als die Beziehung zwischen anderen Geschwistern. Der unmittelbare Sprung ins Familienleben, die unmittelbare Forderung nach Liebe und Loyalität und ihr Gegenteil, die unmittelbare Rivalität, stehen echter Nähe entgegen.

Kurz nach der zweiten Heirat der Eltern müssen zum Beispiel die Kinder des einen Ehepartners von heute auf morgen Schlaf- und Badezimmer, Spielzeug und Gespräche am Abendbrottisch mit den Kindern des anderen Ehepartners teilen, mit denen sie meist wenig gemein haben und die sie sich freiwillig nie als Freunde und schon gar nicht als Hausgenossen gewählt hätten. Wird diese erzwungene Gemeinsamkeit zum Dauerzustand, weil die Kinder beider Partner unter einem Dach leben, können die normalen Geschwisterrivalitäten um Freiräume und Besitztümer extreme Formen annehmen. Und selbst in den häufigeren Fällen, in denen der Stiefvater mit seiner Frau und deren Kindern zusammenlebt und seine Kinder regelmäßig zu Besuch kommen, kann die erzwungene Gemeinsamkeit noch zu Spannungen und Ärger führen.

Die Kinder des Vaters sind in dieser Situation gekränkt, weil aus ihrer Sicht die Stiefgeschwister ihren Platz im väterlichen Haus einnehmen. Oft genug ist das auch tatsächlich der Fall. So mußte Bill zum Beispiel erleben, daß sein jüngster Stiefbruder Chip sein »geliebtes« Zimmer bekam, während er in der Wohnung seiner Mutter nur ein winziges Schlafkämmerchen hatte. Trotz aller Beteuerungen, er habe Chip den Raum nicht mißgönnt, hat er doch auch zugegeben, daß er sich nie an Chip gebunden hat, selbst dann nicht, als er mit seinem Vater und seinen Stiefbrüdern zusammenlebte.

Die beengten Verhältnisse, in denen Bill mit seiner Mutter lebte, zeigen noch eine andere Form von Enteignung und Kränkung, die sich in der Beziehung zu Stiefgeschwistern niederschlägt. Nach der Scheidung sinkt der Lebensstandard von Frauen sehr häufig, während er bei Männern, die traditionell mehr verdienen und während der ersten Ehe oft die Alleinverdiener waren, gleichbleibt oder sogar steigt. Kinder, die nach der Scheidung bei ihrer alleinerziehenden Mutter leben, sind wie Bill oft mit beengten Verhältnissen konfrontiert und müssen auf viele materielle Annehmlichkeiten verzichten, die für sie vor der Scheidung selbstverständlich waren. Die Erkenntnis, daß die Stiefgeschwister beim Vater sehr viel besser leben oder daß der Vater seinen Stiefkindern gegenüber großzügiger ist, ist der Entwicklung positiver Einstellungen zu den Stiefgeschwistern kaum förderlich.

Umgekehrt haben Kinder, die bei Mutter und Stiefvater wohnen, ebenfalls genügend Anlaß, sich über die Stiefgeschwister zu ärgern, die regelmäßig zu Besuch kommen. Gutgemeinte mütterliche Bemühungen um unparteiisches Verhalten gegenüber eigenen und Stiefkindern können zu einem Zeitpunkt, zu dem sich die Kinder verletzbar fühlen oder die besondere Zuwendung der Mutter brauchen, tiefen Groll auslösen. Bei Mädchen, die nach der Scheidung die engsten Vertrauten ihrer Mütter waren, kann sich dann eine intensive Eifersucht und Bitterkeit entwickeln, die weit über die Kinderjahre hinausreicht. »Sie war meine Mutter, und es war ungerecht, daß ich sie teilen mußte!« sagte eine Frau, die mit 33 Jahren immer noch zutiefst darunter litt, daß ihre Mutter ihre Stiefschwestern genauso behandelt hatte wie sie.

Oft genug fühlen sich die Kinder im Haus des neuen Ehepartners der Mutter fehl am Platz. Chip war wahrscheinlich noch zu klein, um zu erkennen, daß er Bill das Zimmer weggenommen hatte, aber ältere Kinder wissen oft ganz genau, daß ihr Platz eigentlich dem Stiefbruder oder der Stiefschwester gebührt, und viele fühlen sich dann nicht nur schuldig, sondern selbst heimatlos. Ein Mann erzählte, daß er das Zimmer seiner Stiefschwester bekommen hatte, die in die Wohnung ihrer Mutter gezogen war. Seine Mutter, die ihm ein schönes Zimmer bieten wollte, ließ es erst einmal renovieren und sämtliche Sachen der Stiefschwester in den Keller bringen. Die war beim nächsten Besuch natürlich ungeheuer wütend, daß ihr ganzer Besitz weggepackt worden war. »Danach habe ich mich in dem Zimmer nie mehr wohlgefühlt«, sagte er, »und ich habe mich nach der zweiten Heirat meiner Mutter nie mehr zu Hause gefühlt. Aber ganz abgesehen von mir muß man sich mal vorstellen, wie schlimm das für meine Stiefschwester gewesen sein muß. Wir konnten uns unmöglich anfreunden.«

Die tiefere Ursache für die vielen Hindernisse, die einer echten Nähe von Stiefgeschwistern im Wege stehen, liegt in dem einfachsten und schwierigsten Hindernis zugleich, und das ist die Ambivalenz der Beziehung. Wie sollen Stiefgeschwister miteinander umgehen? Sollen sie so tun, als seien sie echte Geschwister? Sollen sie versuchen, Freunde zu werden, und es dabei belassen? Können sie sich als »die Brady-Kinder« bezeichnen, oder sind sie einfach ein mehr oder weniger zufällig zusammengewürfelter Haufen?

Dazu kommen Kleinigkeiten, die aber oft keineswegs als Kleinigkeiten empfunden werden: Wie redet man Stiefeltern an? Mit »Mutter« oder »Vater«, obwohl Stiefkinder ja selbst Mutter und Vater haben? Mit dem Vornamen? Macht das den Unterschied zu den Stiefgeschwistern, die ihre Eltern anders anreden, nicht noch größer? Wie stellt man Stiefvater oder Stiefmutter vor? Als »meine Stiefmutter« oder als »die Frau meines Vaters«? Und wie nennt man die Großeltern der Stiefgeschwister? »Oma« und« Opa«? »Oma und Opa Blake«? Solche »Kleinigkeiten« summieren sich.

Der Kampf um die Klärung der schwierigen Beziehungen und Gefühle der Stiefgeschwister kann wie bei Bill und Jared in einem ständigen Auf und Ab der wechselseitigen Einstellungen jahrelang anhalten.

»Sie sind wie echte Geschwister für mich«, sagte eine Frau über ihre beiden Stiefbrüder und ihre Stiefschwester während des Interviews. Ein paar Minuten später fügte sie hinzu: »Aber sie sind natürlich nicht wirklich meine Geschwister. Es ist nicht dasselbe.« Kurz darauf versicherte sie: »Wenn ich an meine Familie denke, dann beziehe ich sie mit ein. Wir sind wirklich eine große Familie«, schränkte diese Aussage aber sofort wieder ein: »Ich würde nicht sagen, daß ich sie genauso liebe wie meinen richtigen Bruder und meine richtige Schwester. Es ist anders. Ich habe nicht dasselbe Bedürfnis, mit ihnen Kontakt zu halten.«

Ganz oben auf der Liste der Ambivalenzen stehen die sexuellen Verwirrungen, die in Stieffamilien entstehen können. Bill hatte an einem Punkt des Interviews gesagt, er hätte als Jugendlicher in der Einstellung seiner Stiefmutter zu ihm ein »erotisches Element« gespürt, könnte aber heute, als Erwachsener, auch nicht mehr ausschließen, daß er in die damalige Situation etwas hineininterpretiert hatte, was so nicht dagewesen war. Ein solches Element ist aber in Stieffamilien tatsächlich oft zu finden. Inzest zwischen Stiefvätern und Stieftöchtern zum Beispiel ist eine verbreitete Form des Vater-Tochter-Inzests, zum einen, weil das Inzesttabu hier nicht so stark greift wie bei Blutsverwandten, zum anderen, weil Stiefväter, die ihre Stieftöchter ja meist nicht von Anfang an großgezogen haben, auch nicht immer die schützenden väterlichen Gefühle entwickeln wie biologische Väter.

Auch bei Stiefgeschwistern, die zwar Geschwister sind, aber trotzdem nicht blutsverwandt, wird das Inzesttabu häufig brüchig. Wie reagieren sie auf die sexuelle Anziehung, die besonders in der Adoleszenz zwischen allen Brüdern und Schwestern normal ist? In den meisten Familien würden sexuelle Beziehungen von Stiefgeschwistern, vor allem dann, wenn sie zusammen großgeworden sind, wohl als inzestuös oder zumindest unpassend empfunden, aber dennoch gibt es solche Gefühle und Phantasien. Und die offensichtliche sexuelle Komponente der neuen Ehe der Eltern intensiviert solche Gefühle bei den Kindern, die unter normalen Umständen ihre Eltern lieber für asexuelle Wesen halten. (Die offensichtliche Sexualität der Stiefeltern trägt mit dazu bei, daß Kinder zwischen neun und fünfzehn Jahren, also in dem Alter, in dem sich ihre Sexualität entwickelt, die größten Schwierigkeiten haben, sich an die neue Ehe der Eltern zu gewöhnen.)

Es kommt vor, daß Stiefbrüder und Stiefschwestern ihre sexuellen Wünsche durch wilde Streitereien oder kühlen Rückzug abwehren. In gut funktionierenden Familien gerät die sexuelle Anziehung allmählich in Vergessenheit, obwohl oft Spannungen zurückbleiben. »Manchmal nimmt mich mein ältester Stiefbruder in den Arm«, sagte eine 25jährige Frau, »und das ist immer noch irgendwie schwierig. Ich denke dann: ›Du kannst nicht mein Freund sein, du bist mein Stiefbruder‹, aber ich weiß nicht, wie ich ihm das sagen soll, und ich weiß auch nicht genau, ob ich das wirklich glaube.«

Kernfamilien haben eine jahrhundertelange Tradition, an der sie sich orientieren können. Für Stieffamilien dagegen gibt es kaum Vorbilder und so gut wie keine positiven Traditionen, und die böse Stiefmutter aus den Märchen spukt weiterhin in den Köpfen vieler Kinder. Deshalb sind Stieffamilien darauf angewiesen, sich eigene Wege zu suchen.

Die bewußte Entscheidung für die Stiefgeschwister, die Bill angesprochen hat, ist ein Teil der Aufgabe, mit der Stiefgeschwister im Gegensatz zu biologischen Geschwistern konfrontiert sind. Wenn Stiefeltern die Ambivalenzen ihrer Stiefkinder akzeptieren und nicht versuchen, aus der zweiten Familie eine Kopie der ersten zu machen, fällt den Stiefkindern diese

Entscheidung im Erwachsenenalter leichter. Die Entwicklung einer eigenen Geschichte und eigener Rituale macht aus einer Stieffamilie eine »richtige« Familie. Aber das braucht Zeit. Es dauert nun einmal, bis sich Stiefeltern und -kinder aneinander gewöhnen und Stiefgeschwister eigene Bindungen entwickeln können, unabhängig von ihren Einstellungen zu Eltern und Stiefeltern.

Wie aus einer Stieffamilie in diesem Sinne eine »echte« Familie wurde, zeigte der dreiseitige Brief, den ein Manager dem Fragebogen beigelegt hatte und in dem er aufzählte, was seine Mutter und sein Stiefvater »richtig« gemacht hatten. So gab es unter anderem ein eigenes Ritual für Halloween: Sobald die Kinder vom traditionellen »Bonbonsammeln« in der Nachbarschaft zurück waren, gab es eine »Geister-Party« mit den Kindern aus der ersten Ehe des Stiefvaters, bei der alle im Dunkeln im Kreis saßen und die insgesamt fünf Kinder abwechselnd zunächst eine erfundene Geschichte erzählten und dann über alles reden konnten, was ihnen einfiel. Im Dunkeln, ohne sich ansehen zu müssen, konnten sie ihre schlimmsten Ängste, Verletzungen und Ärgernisse aussprechen und sich dabei gleichzeitig kennenlernen.

Er schrieb: »Halloween war für uns als Stieffamilie ein spezielles Ereignis, so wie Ostern und Weihnachten in den ursprünglichen Familien ein spezielles Ereignis gewesen war. Wir treffen uns heute noch jedes Jahr an Halloween mit unserem Kindern und machen unsere eigene Geisterparty.« Und er fügte hinzu: »Meine Schwester und ich haben zu unseren Schwestern und unserem Bruder aus der zweiten Ehe meiner Mutter ein so enges Verhältnis, daß wir uns nie als ›Stief‹-Geschwister bezeichnen. Übrigens nennen wir auch die zweite Frau unseres Vaters nicht »Stiefmutter« und ihre Kinder auch nicht »Stiefgeschwister«, aber aus dem entgegengesetzten Grund. Niemand hat uns geholfen, sie kennenzulernen, und wir haben überhaupt keine emotionale Beziehung zu ihnen.«

Leider können die Verbindungen, die sich zwischen Stiefgeschwistern entwickeln, durch eine neue Scheidung wieder gelöst werden. Das ist keineswegs selten, denn die Scheidungsrate ist bei Zweitehen genauso hoch wie bei Erstehen, wenn nicht sogar höher.

Für biologische Geschwister kann die zweite (oder dritte) Scheidung den ganzen Schmerz und die ganze Verwirrung der ersten wieder aufleben lassen. Häufig geben die Kinder dem Stiefvater oder der Stiefmutter die Schuld am Scheitern der Ehe und ziehen daraus die Konsequenz, daß »man sich nur auf Blutsverwandte verlassen kann und auf sonst niemanden«, wie die Büroleiterin Valerie sagte. Valerie, die gegen den Orientierungsverlust nach der zweiten Scheidung ihres Vaters ankämpfte, sprach voller Bitterkeit über ihr emotionales Engagement in der Stieffamilie: »Man hat keine

Chance. Wenn man sich entscheidet, sich in seiner Stieffamilie nicht zu engagieren und sie nicht als seine Familie zu betrachten, dann hat man große Schwierigkeiten, mit der Tatsache klarzukommen, daß man eine hat. Oder man engagiert sich und betrachtet sie als seine richtige Familie, wie meine Schwester und ich das gemacht haben, und dann lassen sich die Eltern wieder scheiden und man steht da und hat gar nichts.«

Für Kinder und Erwachsene, die eine enge Beziehung zu ihren Stiefgeschwistern aufgebaut haben, kann die Auflösung der zweiten Ehe der Eltern einen noch größeren Verlust darstellen als die erste Scheidung, weil sie den Kontakt zur Stieffamilie nicht selten völlig verlieren. Selbst wenn sie die Beziehungen beibehalten wollen, werden sie mit der Zeit oft brüchig. Valerie erzählte, daß sich alle Stiefgeschwister nach der Scheidung der Eltern getroffen und sich »erschüttert« geschworen hatten, immer Kontakt zueinander zu halten. Aber sie war nicht optimistisch. »Es ist nicht wie bei richtigen Geschwistern, wo man Bruder oder Schwester bleibt, egal was passiert«, sagte sie. »Wenn die Stiefgeschwister zu Freunden werden und man nicht mehr mit ihnen zusammenwohnt, muß man sich anstrengen, um den Kontakt zu halten. Diese Anstrengung machen nicht alle.«

Was für Stieffamilien gilt, die durch Scheidung entstehen, gilt größtenteils auch für Stieffamilien, die entstehen, weil ein verwitweter Elternteil wieder heiratet. Halbwaisen, die nach einer neuen Heirat von Vater oder Mutter Stiefgeschwister bekommen, stehen bei der Entwicklung von Nähe und Freundschaft vor denselben Hürden – und Chancen. Aber sie sind auch mit eigenen Problemen konfrontiert, die Scheidungswaisen nicht kennen. Anders als nach einer Scheidung ist der tote Vater oder die tote Mutter endgültig aus dem Leben der Kinder verschwunden. Dadurch können sich Halbwaisen tendenziell besser als integraler Bestandteil ihrer Stieffamilien begreifen als Kinder, die nach der Scheidung Kontakt zu beiden Eltern haben. Die Endgültigkeit des Todes verhindert auch die Wunschträume, daß sich die Eltern im Grunde immer noch lieben und irgendwann wieder zusammenfinden, die bei Scheidungskindern so häufig sind. So gesehen, haben Halbwaisen unter Umständen trotz aller Trauer weniger Schwierigkeiten, die Stieffamilie zu akzeptieren.

Aber auf der anderen Seite gibt es in der Kindheit wie im Erwachsenenalter auch die Tendenz, den verstorbenen Vater oder die verstorbene Mutter zu idealisieren und zu fehlerlosen, stets liebevollen Eltern zu stilisieren. Das Märchenbild der bösen Stiefmutter ist die Kehrseite des Bildes der guten Mutter, die tot und damit für das Kind verloren ist, aber in der Phantasie als rettende Märchenfee zurückkehrt, um ihr Kind vor den Ränken der bösen Stiefmutter zu bewahren. Viele reale Stiefmütter und -väter sind mit dem

Geist eines solchen »perfekten« Elternteils konfrontiert, wenn sie versuchen, ein neues Familienleben mit ihrem verwitweten Partner aufzubauen. Und wenn ein Kind außerdem spürt, daß die neuen Partner den toten Vater oder die tote Mutter zu ersetzen versuchen (und damit in seinen Augen so tun, als ob Vater oder Mutter nie existiert hätten), kann sich ein Groll entwickeln, der so tief ist, daß er sämtliche Beziehungen in der Stieffamilie auf Dauer stört.

Sophie war noch mit 42 Jahren von diesem Groll erfüllt. Ihre Wut auf ihren Vater und ihre Stiefmutter blieb ein ungelöster Störfaktor in der Beziehung zu ihren beiden jüngeren Halbschwestern, obwohl sie sie liebte und von ihnen geliebt wurde. Für Sophie war dieses Thema so wichtig, daß sie nach einem langen und sehr emotional verlaufenem Interview noch das Bedürfnis hatte, einen Brief zu schreiben, in dem es hieß:

»Auch wenn meine Schwestern nicht ›ganze‹ Geschwister sind, sind sie mir ungeheuer wichtig, und die Bedeutung, die sie für mich haben, wurde durch meine von Einsamkeit geprägte Geschichte noch gesteigert. Ich habe mittlerweile eingesehen, daß mein Vater seit dem Tode meiner Mutter (ich war sechs) für mich nicht mehr erreichbar ist, und er hält weiter Distanz; das ist seine Art, mit dem unvorstellbaren Verlust umzugehen. Statt angemessen zu trauern oder mir die Zeit zum Trauern zu lassen, fand er den ›perfekten‹ Ersatz, die ›ideale‹ Ehefrau und Mutter, die genau da weitermachte, wo ihre Vorgängerin aufgehört hatte. Er hat sie drei Jahre nach dem Tode meiner Mutter geheiratet, und innerhalb von vier Jahren wurden meine beiden Schwestern geboren.

Seitdem gibt es in unserer Familie den unausgesprochenen Mythos, daß Papas erste Frau nie wirklich gestorben ist, weil seine zweite Frau sie so ›perfekt‹ ersetzt hat. Ich habe diesen Mythos nie akzeptiert, und das war für meine Schwestern ein Problem, das sich in etwa so formulieren läßt: ›Warum liebt unsere große Schwester unsere Mutter nicht so wie wir?‹ Und mein Problem, als Kind wie als Erwachsene, ist, daß mich meine beiden Schwestern in dieser so wichtigen Frage nie wirklich verstehen können. Deshalb ist es jetzt meine Aufgabe, zu akzeptieren, was ich nicht ändern kann, still um das zu trauern, was hätte sein können, und zu hoffen, daß meine Schwestern und ich trotz dieses großen Problems unsere Bindung weiter festigen können.«

Wie sich zeigte, *konnten* ihre Schwestern ihre Gefühle durchaus nachvollziehen, waren aber gleichzeitig auch zwischen der Loyalität zu ihrer Schwester und ihrer Mutter hin- und hergerissen. »Mir hat Sophie immer leid getan, weil ihre Mutter gestorben ist«, sagte die ältere, »und ich habe mich ihr sehr nahe gefühlt. Aber es macht mich wütend, daß sie sich immer distanziert, sobald es ein Problem in der Familie gibt, und dann von ›deiner Mutter‹ spricht, als hätte Mami sie nicht den größten Teil ihres

Lebens großgezogen. Das macht mir sehr viel aus. Ich will meine Mutter beschützen, und ich halte diese Wut auch für eine Krücke. Mami ist eine gute Zielscheibe für ihre Vorwürfe, und das nützt sie aus.«

Die zweite Schwester ging sogar noch einen Schritt weiter. Voller Wut über Sophies Angriffe gegen ihre Mutter hatte sie ihr, wie sie erzählte, einmal gesagt: »Wenn du denkst, daß ich mich mit dir gegen Mami verbünde, dann liegst du falsch. Sie ist mir nämlich wichtiger als du.« Sie bedauerte das Verletzende an diesem Ausbruch, aber die Auseinandersetzung selbst bereute sie nicht: »Sie muß begreifen, wie verstörend ihre Wut und ihre Bitterkeit wirkt. Im Grunde habe ich Angst davor, daß sie mich genauso ablehnen könnte wie meine Mutter; schließlich bin ich die Tochter meiner Mutter, sie nicht.«

Wahrscheinlich hätten sich Sophies Leiden und die Spannungen in der Familie vermeiden oder doch verringern lassen, wenn ihr Vater und ihre Stiefmutter offen zugegeben hätten, wie groß ihr Verlust durch den Tod ihrer Mutter war. Nicht anders als bei der Scheidung müssen auch beim Tod eines Elternteils die Bindungen von Kindern und Erwachsenen an die biologischen Eltern erkannt und bestätigt werden, bevor sie ähnliche Bindungen an Ersatzeltern und neue Geschwister aufbauen können.

Korrekt gesagt, sind Sophies Geschwister keine Stief-, sondern Halbgeschwister, und das führt zu einer weiteren Variante des Stieffamilienlebens, unabhängig davon, ob die neue Ehe nach einem Todesfall oder nach einer Scheidung geschlossen wurde. Halbgeschwister haben einen biologischen Elternteil gemeinsam; im Fall von Sophie hatten sie und ihre Schwestern denselben Vater, aber verschiedene Mütter. Paare, die in zweiter Ehe leben, wünschen sich oft ein eigenes Kind, nicht nur als Frucht der neuen Verbindung, sondern auch als Symbol ihrer wechselseitigen Verpflichtung. Bis heute gibt es keine schlüssigen Antworten auf die Frage, welche Auswirkungen das gemeinsame Kind auf die Geschwister hat und wie sie sich zu ihm verhalten.

Die Soziologin Lucille Duberman, eine der Pionierinnen auf dem Gebiet der Stieffamilienforschung, meint aufgrund ihrer Untersuchungsergebnisse, daß das neue Baby ein Segen für die Beziehungen in der Stieffamilie ist: da alle Stiefgeschwister mit diesem Kind verwandt sind, fühlen sich auch alle durch dieses Kind stärker miteinander verbunden. Allerdings stützt sich Dubermans Schlußfolgerung ausschließlich auf die Aussagen der Stiefeltern; die Reaktionen der Kinder hat sie nicht einbezogen. Die können aber durchaus gemischt sein: In den Augen mancher Stiefgeschwister »gehört« das neue Kind zu dem neuen Elternpaar, während sie sich ausgeschlossen fühlen. (»Meine Tochter aus meiner ersten Ehe betrachtet den Sohn, den ich mit meinem zweiten Mann habe, und fragt sich: ›Gehöre ich auch zu dieser Familie? Was ist meine Rolle?‹«, beobachtete eine Frau, die fürchtete, ihre Tochter könnte sich durch das Baby abgelehnt fühlen.) Und wenn das Baby relativ schnell nach der Heirat kommt, bevor die Stiefgeschwister Zeit hatten, sich an das neue Familienarrangement zu gewöhnen, kann das unter Umständen die Eifersucht und die Ablehnung verschlimmern.

Selbst für erwachsene Kinder kann die Geburt eines Halbbruders oder einer Halbschwester noch zum Problem werden (und das ist keine Seltenheit mehr bei dem gegenwärtigen Anstieg der Scheidungsrate bei Ehepaaren, die zwanzig Jahre und länger verheiratet sind, und der zunehmenden Tendenz von Männern, jüngere Frauen mit Kinderwunsch zu heiraten), etwa weil es ihnen peinlich ist, zu einem Zeitpunkt Halbgeschwister zu bekommen, wenn sie bereits selbst eine Schwangerschaft planen, oder weil sie ihr zukünftiges Erbe nicht mit einem Kind teilen wollen, zu dem sie keine emotionale Beziehung haben.

Aber trotz all dieser Probleme gewöhnen sich die meisten Kinder und Erwachsenen an die Brüder oder Schwestern aus der zweiten Ehe ihrer Eltern. Viele spüren wie Jared eine instinktive »Blutsverbindung« mit diesen Halbgeschwistern, durch die der Groll schwindet und oft auch Nähe entsteht.

Die Neuankömmlinge selbst haben meist überhaupt keine Probleme; wie die jüngsten Kinder aus Kernfamilien sehen sie zu den älteren Geschwistern auf und identifizieren sich mit ihnen. Schwierigkeiten können dann auftreten, wenn die Identifikation so stark geworden ist, daß die jüngeren Geschwister gar nicht mehr wissen, daß sie nicht denselben Vater oder dieselbe Mutter haben wie die älteren. Das ist meist dann der Fall, wenn der Vater oder die Mutter der älteren Kinder vor der zweiten Ehe verwitwet war oder wenn die Kinder nur wenig Kontakt zu dem Elternteil haben, bei dem sie nicht wohnen. Dann kann die Wahrheit für die jüngeren Geschwister ein Schock werden.

Eine Frau zum Beispiel begriff erst mit zehn Jahren, daß ihr bewunderter, 15 Jahre älterer Bruder eine andere Mutter hatte als sie und somit nur ihr Halbbruder war.

»Ich erinnere mich noch ganz genau daran«, sagte sie. »Meine Mutter und ich waren in der Küche und unterhielten uns. Sie fragte mich, ob ich wüßte, wie alt sie sei. Ich sagte: ›Sechsunddreißig.‹ Dann fragte sie, wie alt mein Bruder sei. Ich sagte: ›Fünfundzwanzig.‹ Dann fragte sie mich, wie viele Jahre sie auseinander seien. Ich kannte das Alter meiner Mutter und meines Bruders, seitdem ich zählen konnte, aber ich war nie auf die Idee gekommen, daß da etwas nicht stimmte. Jetzt begriff ich zum ersten Mal, was die Rechnung bedeutete. Ich wußte, daß die Antwort elf war, aber ich konnte nicht damit umgehen. Ich bat meine Mutter um ein Stück Papier und einen Bleistift und schrieb langsam und verwirrt die richtige Zahl hin. Dann sah ich meine Mutter an und fing an zu weinen. Es war so ähnlich, als hätte sie mir erzählt, daß jemand gestorben wäre, ein Gefühl, als hätte sich meine ganze Realität plötzlich verändert.«

Als ich sie fragte, ob die Information ihre Einstellung zu ihrem Bruder verändert hätte, dachte sie eine Weile nach und sagte dann: »Nein. Zuerst habe ich das zwar geglaubt, aber an meiner Liebe zu ihm hat sich nichts geändert.« Und nach einer Pause: »Wenn man so wie wir zusammen groß wird, dann ist die Verbindung sehr stark, auch wenn sie keine biologische ist.« Und lachend ergänzte sie: »Außerdem hat mir meine Mutter danach immer wieder gesagt, daß es so etwas wie halbe Brüder eigentlich gar nicht gibt. Es gibt nur ganze Brüder.«

Ganzheit ist auch das tiefere Motiv, das einer anderen Form der nichtbiologischen Geschwisterbeziehung zugrunde liegt, die in Stief- wie in Kernfamilien vorkommt: der Adoption. Durch die Adoption eines Stiefkindes werden rechtliche Bindungen geschaffen, die den Bindungen einer biologischen Eltern-Kind-Beziehung entsprechen (ohne die Adoption haben Stiefeltern keine rechtlichen Verpflichtungen gegenüber ihren Stiefkindern). Stiefkinder werden meist dann adoptiert, wenn ihr biologischer Vater oder ihre biologische Mutter tot sind, in einigen Fällen auch dann, wenn die Kinder wenig oder gar keinen Kontakt zu dem Elternteil haben, bei dem sie nicht leben.

Wenn ein Mann die Kinder seiner Frau adoptiert (die verbreitetste Adoptionsform bei Stiefeltern), bekommen sie gesetzlich denselben Namen wie seine eigenen Kinder oder die Kinder aus der zweiten Ehe. In diesem Sinne bindet die Adoption die Familie enger zusammen: Sie wird ganz. Gleichzeitig gehört diese Namensänderung aber auch zu den sensibelsten und schwierigsten Bereichen der Adoption in Stieffamilien. Kinder, die nach dem Tod des Vaters seinen Namen aufgeben, können sich als Verräter an ihm oder seinem Namen fühlen, auch wenn diese Veränderung sie enger an ihre Stiefeltern und -geschwister bindet. Biologische Geschwister haben außerdem oft unterschiedliche Einstellungen zur Adoption: Ältere Kinder zum Beispiel wollen ihre ursprünglichen familiären Bindungen und ihren Namen behalten, während sich die jüngeren Geschwister nach einer sicheren Bindung an Stiefvater oder -mutter sehnen, sich aber gleichzeitig nicht von ihren älteren Geschwistern unterscheiden wollen.

Wenn Väter oder Mütter bereits erwachsener Kinder wieder heiraten und ein Stiefkind adoptieren wollen, kann es wie bei der Geburt von Halbgeschwistern zu Einsprüchen kommen, zum Teil wegen der Auswirkungen der Adoption auf Testamente und künftige Erbschaften, zum Teil, weil die erwachsenen Kinder es ablehnen, ihren Namen und ihre Familie mit einem sehr viel jüngeren Kind zu teilen, mit dem sie sich nicht verwandt fühlen. Durch diese vielfältigen indirekten Auswirkungen wird die Adoption von Stiefkindern zu einer komplizierten Angelegenheit, und die Konsequenzen müssen von allen Beteiligten gründlich bedacht werden, wenn alle Kinder der Familie – biologische Geschwister, Halbgeschwister und Stiefgeschwister – davon profitieren sollen und sich keins um seinen rechtmäßigen Platz betrogen fühlen soll.

In Kernfamilien hat die Adoption eine ganz andere Bedeutung und ganz andere Konsequenzen. Kinder werden in der Regel von Ehepaaren adoptiert, die selbst keine Kinder bekommen können, und nicht anders erzogen als eigene Kinder. In manchen Familien wachsen zwei oder mehr adoptierte Kinder wie Geschwister auf, in anderen werden die eigenen Kinder zusammen mit einem oder mehreren Adoptivkindern groß und gehen wie Geschwister miteinander um.

Unter den vielen unerforschten Aspekten des Geschwisterlebens ist der Aspekt der Adoption wohl der unklarste. Auf der einen Seite hat die Verhaltensgenetik umfangreiche Adoptionsuntersuchungen durchgeführt, um festzustellen, wie sich Anlage- und Umweltfaktoren bei Geschwistern aus derselben Familie auswirken (vgl. 1. Kapitel). Die Untersuchungen haben ergeben, daß es bei adoptierten Geschwistern, die gemeinsam aufwachsen, sehr große Unterschiede geben kann, und stützen damit die These, wonach die häusliche Umgebung eher zu Unterschieden als zu Ähnlichkeiten zwischen Geschwistern führt.

Auf der anderen Seite hat sich die Forschung aber nicht dafür interessiert, wie sich die Adoption auf einzelne Kinder und Geschwister auswirkt. Der größte Teil der Daten in diesem Bereich stammt aus Fallstudien und Berichten über adoptierte Kinder und Erwachsene aus der klinischen Praxis von Psychiatern und Psychologen. Aus diesen Berichten kann man ablesen, mit welchen Problemen die Adoptierten in die Behandlung kommen, etwa Identitätsprobleme aufgrund fehlender Informationen über die biologischen Eltern, Phantasien über Eltern oder mögliche Halbgeschwister oder das Gefühl, von den biologischen Eltern abgelehnt worden zu sein.

Dieses Material wirft ein Licht auf die speziellen Probleme der Adoption, sagt aber wenig aus über die persönliche und soziale Anpassung der Mehrzahl der adoptierten Kinder und Erwachsenen, die keine klinischen Probleme hat, und noch weniger über die Beziehungen zwischen adoptierten und nichtadoptierten Geschwistern in einer Familie. Sind adoptierte Geschwister genauso eng aneinander gebunden wie biologische? Gibt es

Probleme zwischen adoptierten und nichtadoptierten Geschwistern? Machen sich adoptierte Kinder eher auf die Suche nach ihren biologischen Eltern, wenn sie Geschwister haben, die nichtadoptiert sind?

Zu den wenigen Untersuchungen solcher Fragen mit einer nichtklinischen Gruppe zählt die als »Delaware Family Study« bekannt gewordene Langzeituntersuchung von zwei Psychologinnen, die 1962 zunächst mit Grundschulkindern begann und dann mit High-school-Schülern aus Pennsylvania, New Jersey und Delaware weitergeführt wurde. 50 adoptierte und 41 nichtadoptierte Kinder nahmen an der High-school-Untersuchung teil, die interessanter ist als die Grundschuluntersuchung, weil sie sich mit grundlegenden Identitätsfragen adoptierter Kinder beschäftigt hat.

Ausführliche Interviews und Fragebogenerhebungen ergaben wenig Unterschiede bei Selbstbild und Anpassung in Elternhaus, Schule und sozialer Umwelt. Auch bei der Untersuchung des Geschwistereinflusses ergaben sich für Identitätsbildung oder Anpassung keine signifikanten Unterschiede zwischen adoptierten Jugendlichen, die nichtadoptierte Geschwister hatten, und nichtadoptierten Jugendlichen, die adoptierte Geschwister hatten. Ebensowenig ergaben sich Unterschiede zwischen adoptierten Jugendlichen mit adoptierten und mit nichtadoptierten Geschwistern.

Gerade diese letzten Ergebnisse waren für die beiden Forscherinnen überraschend, weil in der früheren Untersuchung, an der zum Teil dieselben Personen teilgenommen hatten, die adoptierten Grundschulkinder mit nichtadoptierten Geschwistern emotional stärker belastet wirkten und mehr Anpassungsschwierigkeiten zeigten als die aus »nichtgemischten« Familien. Möglicherweise geht das darauf zurück, daß die nichtadoptierten Geschwister die Adoption als Waffe gegen die adoptierten benutzen, etwa durch Bemerkungen wie: »Ich bin aber ihr richtiges Kind und du nicht.« (Psychotherapeuten haben bestätigt, daß nichtadoptierte Kinder mit adoptierten Geschwistern sich oft als die »richtigen« und »Lieblings«-Kinder ihrer Eltern fühlen, gleichzeitig aber auch eifersüchtig sind und Angst haben, daß die Eltern sich das adoptierte Kind bewußt »ausgesucht« hätten.)

Es kann sein, daß nichtadoptierte Geschwister diese Sticheleien mit Beginn der Adoleszenz aufgeben oder daß sie schlicht ihre Wirkung verlieren. Möglicherweise fühlen sich adoptierte Kinder im Jugendalter aber auch so sicher in ihrem Zuhause, daß die Unterschiede zu den nichtadoptierten Geschwistern sie nicht länger belasten. So sagten einige der adoptierten Untersuchungsteilnehmer, das Zusammenleben mit nicht adoptierten Brüdern oder Schwestern hätte ihr Selbstwertgefühl gestärkt, weil sie nie anders behandelt wurden oder sich weniger geliebt fühlten.

Die Delaware-Untersuchung konnte die These nicht bestätigen, daß adoptierte Teenager eher nach ihren Eltern suchen, wenn sie nichtadoptierte Geschwister haben. Wohl aber wurde festgestellt, daß die Jugendlichen, die sich mit dem größten Engagement in diese Suche stürzten, in der Regel auch mit ihren Adoptivfamilien sehr unzufrieden waren. Wenn in einer Familie das eine adoptierte Kind nach seinen Eltern sucht und das andere nicht, ist der Grund vermutlich darin zu suchen, daß dieses Kind in der Adoptionsfamilie unglücklich ist oder die beiden Kinder unterschiedlich behandelt werden. Mit solchen Fragen hat sich die Untersuchung allerdings nicht beschäftigt.

Alle Kinder, die an der Delaware-Untersuchung teilgenommen haben, wurden vor dem zweiten Lebensjahr adoptiert. Die Ergebnisse legen den Schluß nahe, daß sich adoptierte Kinder, die von früh an miteinander oder mit nichtadoptierten Geschwistern aufwachsen, genauso stark aneinander binden wie biologische Geschwister. Es kann sein, daß eine Untersuchung mit Kindern, die bei der Adoption älter waren und bereits Bindungen an ihre biologischen Eltern und Geschwister oder an Pflegefamilien entwickelt hatten, zu anderen Ergebnissen gekommen wäre, aber Genaues läßt sich dazu derzeit nicht sagen.

Die Untersuchung hat mit einer geringen Zahl von Kindern gearbeitet, und sehr viele Fragen über Adoption und adoptierte Geschwister sind bis heute nicht beantwortet. Wie bei so vielen anderen Aspekten der Geschwisterbindung fehlt es auch hier noch an gründlicher Forschung, Faktenmaterial und der Bereitschaft, Mythen in Frage zu stellen, um die Realität verstehen zu können.

Es gibt mehr als eine Möglichkeit, zum Bruder oder zur Schwester zu werden: durch Geburt bzw. Blutsverwandtschaft, durch Wiederheirat der Eltern, durch Adoption in eine Stief- oder Kernfamilie. Blutsbande mögen, wie Bill es ausgedrückt hat, die »selbstverständlichsten« von allen sein, aber es ist durchaus möglich, daß von den unzähligen Entscheidungen, die im Laufe eines Menschenlebens erforderlich werden, die bewußte »Entscheidung« für Stief-, Halb- oder Adoptivgeschwister zu den besten gehört, die ein erwachsener Mensch treffen kann.

Teil II

Sophia bemerkte überrascht die Tränen in der Stimme ihrer Schwester.
»Aber meine liebe Constance«, protestierte sie. ...
»Ach«, unterbrach sie Constance verzweifelt, »wenn du doch nicht immer versuchen würdest, mich zu tyrannisieren!«
»Tyrannisieren!« rief Sophia entsetzt aus. »Aber Constance, ich glaube doch – «
Sie stand auf und ging in ihr Schlafzimmer. ... Sie bebte vor Empörung. Das hatte sie also davon, daß sie anderen zu helfen suchte! ... Und Sophia nährte das Gefühl der Ungerechtigkeit, die man ihr angetan hatte. ...
»Tyrannisieren!«

Arnold Bennett: The Old Wives Tale

Wunde Punkte

---

7. Favoritentum und seine Konsequenzen

»Mami hatte dich ja auch immer am liebsten« – dieser Satz sorgte in der amerikanischen Fernsehshow »The Smothers Brothers« stets für Gelächter. Wenn Tommy Smothers das mit jammernder Kinderstimme zu seinem Bruder Dick sagte, erkannten sich alle Zuschauer darin wieder: Die Eltern wurden (nicht ohne Schuldgefühl) an die ewigen Vorwürfe ihrer Kinder wegen ungleicher Behandlung und ungerecht verteilter Privilegien erinnert, die kleinen und großen Kinder (nicht ohne Trauer) an die Vorwürfe, mit denen sie ihren Willen gegen die Eltern durchsetzten und die Geschwister manipulierten, die aber auch zeigten, daß sie sich wirklich weniger geliebt oder weniger wichtig fühlten als die anderen.

So lachten schließlich alle, weil sich alle mit Tommy identifizieren konnten, mit dem erwachsenen Mann und seinen kindlichen Gefühlen, die irgendwo in jedem Menschen schlummern.

Daß elterliches Favoritentum sehr verbreitet ist, hat meine Umfrage gezeigt: überwältigende 84 Prozent der Teilnehmer sagten, ihre Eltern hätten eins der Kinder vorgezogen. Dabei war die geschlechtsbedingte Bevorzugung, die im 5. Kapitel behandelt wurde, nur eine Form unter vielen; sie wurde oft genug als kränkend empfunden, entsprach aber doch wenigstens den sozialen Normen und Traditionen. Eine genauso große, wenn nicht sogar größere Belastung für die Teilnehmer an der Umfrage waren die persönlichen Vorlieben von Eltern, das Gefühl, daß Vater oder Mutter ein Kind »ausgewählt« hatte und dieses Kind bevorzugt behandelte oder »am meisten liebte«.

Alle Geschwister gaben an, die Vorlieben der Eltern hätten sie beeinflußt, unabhängig davon, ob sie selbst die Favoriten waren oder eins der anderen Kinder. Oft wurde das Favoritentum der Eltern auch als Grund für anhaltende Konkurrenzkämpfe und immer wieder aufflammende Konflikte genannt. In extremen Fällen war die Erbitterung über die Bevorzugung eines Kindes so groß, daß sie sämtliche Beziehungen zwischen den Geschwistern zerstört hatte. Und selbst in weniger extremen Fällen sorgte sie für Belastungen, die auf die gesamte Geschwisterbeziehung ausstrahlten.

Für die Forschung ist Favoritentum allerdings ein schwer zu ergründendes und sehr widersprüchliches Thema. Viele Geschwister reden darüber (und wie!) und bezeichnen es als wesentlichen Einflußfaktor für ihr individuelles und gemeinsames Leben, aber für die Eltern ist es fast immer ein Tabu, an das so gut wie nie gerührt wird. Es kommt sehr selten vor, daß Eltern sagen: »Ich habe Susan lieber gemocht als Sally«, und noch seltener geben sie zu, daß Susan und Sally beide unter dieser Vorliebe gelitten haben.

Woher kommt diese Diskrepanz zwischen erwachsenen Geschwistern und ihren Eltern?

Zum einen gelten solche Vorlieben für Eltern als anstößig, als Zeichen für persönliches Versagen. »Es ist ein entsetzlicher Gedanke«, sagte eine Mutter von vier Kindern. »Wie kann man zugeben, daß man nicht alle seine Kinder gleichermaßen liebt?«

Wichtiger ist aber, daß den wenigsten Eltern bewußt ist, daß sie einzelne Kinder vorziehen. Es kommt äußerst selten vor, wenn überhaupt, daß Eltern bewußt und absichtlich ein Kind dem anderen vorziehen. Die meisten bemühen sich nach Kräften, ihre Kinder gleich zu behandeln und ihren individuellen Persönlichkeiten und Bedürfnissen gerecht zu werden. Nur sind gerade diese individuellen Bedürfnisse der Kontext, in dem sich das Favoritentum unbemerkt einschleichen kann.

Eltern müssen sich notwendigerweise zu jedem ihrer Kind anders verhalten. Ein sechs Monate alter Säugling braucht nun einmal sehr viel mehr Aufmerksamkeit von der Mutter als ein achtjähriges Kind, und es ist nur angemessen, dem Säugling diese Aufmerksamkeit auch zukommen zu lassen. Ein Baby, das zu Krämpfen neigt, braucht mehr Zeit und Pflege als seine ruhigere ältere Schwester, und auch hier ist es angemessen, ihm diese Zeit und Pflege zu geben.

Dazu kommt, daß das Verhalten von Eltern zu ihren Kindern ausnahmslos auf ihren eigenen inneren Erfahrungen beruht. Wie bereits gesagt, spielen das Alter, der finanzielle Status, der Zustand der Ehe und andere Lebensumstände eine wichtige Rolle bei der Einstellung der Eltern zu jedem einzelnen Kind, genauso wie ihr Wesen und ihr Charakter. Manche Väter, die sich scheuen, einen Säugling zu wickeln und zu füttern, verlieben sich Hals über Kopf in die dreijährige Tochter oder den dreijährigen Sohn. Andere ziehen sich plötzlich zurück und fühlen sich unbehaglich, wenn aus der zwölfjährigen, noch unbefangenen und kindlichen Tochter plötzlich ein körperlich reifer Teenager wird.

Fast alle Eltern fühlen sich in verschiedenen Phasen der Familiengeschichte einem Kind enger verbunden und widmen ihm mehr Aufmerksamkeit als dem oder den anderen. In bestimmten Zeiten reagieren sie stärker auf die Charakterzüge des einen Kindes als auf die des nächsten. Wenn aus dem Baby mit den Krämpfen die reizende Elfjährige geworden ist, stellt sie fest, daß die Eltern ihr mehr entgegenkommen als der rebellischen Jugendlichen, zu der sich die einst so zufriedene Schwester entwickelt hat. Und wenn ein paar Jahre später aus der rebellischen Schwester die reife junge Frau geworden ist, hat sie eine bessere Beziehung zu ihrem Vater als die kleine Schwester, die jetzt ihrerseits die rebellische Phase durchlebt.

Individuell unterschiedliche Gefühle und unterschiedliche Behandlung der Kinder durch die Eltern sind völlig normal, natürlich und angemessen. Eltern stehen immer vor der Herausforderung, die individuellen Eigenarten jedes Kindes gleichberechtigt und ausdrücklich zu würdigen, so daß sich im Laufe der Jahre alle Kinder im selben Maße geliebt und gewürdigt fühlen. An dieser Herausforderung sind Eltern gescheitert, wenn sich die Grenzen zwischen individuell unterschiedlicher Behandlung und Vorzugsbehandlung verwischen. Dann stehen sie plötzlich auf der anderen Seite, ohne es zu merken.

Das leistungsfähigste oder zärtlichste, das älteste oder jüngste Kind (oder, wie manche sagen, das Kind, das mit der größten sexuellen Lust empfangen wurde), das Kind, das einem Elternteil oder einem Verwandten am ähnlichsten oder am unähnlichsten ist, wird dann aus der gleichberechtigten Gruppe der Geschwister hervorgehoben und bekommt tatsächlich oder anscheinend besondere Aufmerksamkeit.

Ein bekannter Chirurg zum Beispiel erklärte seinen Erfolg damit, daß er den Namen seines Onkels, der ebenfalls Chirurg und vor allem der Lieblingssohn seiner Großmutter gewesen war, bekommen hatte und deshalb von Geburt an als etwas Besonderes behandelt wurde. Seine Schwester und sein Bruder waren zwar auch erfolgreich, aber lange nicht so wie er; und das verdankte er der Vorzugsposition, die ihm der Name seines Onkels verschafft hatte.

Meist hat das Favoritentum aber eine andere Ursache, die ein warmherziger, fröhlicher Vater, der mit ungewöhnlichem Freimut zugab, daß er eins der Kinder lieber mochte als das andere, so formulierte: »Ich habe mich sehr bemüht, neutral zu bleiben, aber ich habe es nicht geschafft. Es war eine Frage von Temperament und Verträglichkeit. Meine jüngere Tochter und ich vertrugen uns einfach viel besser, wir konnten einfach miteinander. Meine ältere Tochter hat eine Einstellung, die ich ablehne: sie sieht sich selbst negativ und macht andere schlecht. Vielleicht stellt diese Einstellung ja mein positives Bild von mir selbst und anderen in Frage, vielleicht will ich das ja deshalb nicht hören. Auf jeden Fall bin ich ihr nie richtig nahe gekommen, und das macht mich sehr traurig.«

Die Vereinbarkeit, von der dieser Mann sprach, entsteht nicht unbedingt aus einer Ähnlichkeit zwischen Vater oder Mutter und Kind, sondern hängt vor allem damit zusammen, was Stella Chess und Alexander Thomas als »gute Anpassungsfunktion« bezeichnet haben. Das heißt, daß das Temperament und die Persönlichkeit eines Kindes den Anforderungen und Erwartungen seiner Eltern entsprechen und die Eltern mit Einfühlungsvermögen und Verständnis auf das Kind reagieren können. Ein sehr nervöses Kind paßt zum Beispiel oft besser zu relativ ruhigen Eltern, die es beruhigen können, als zu reizbaren Eltern. In den Fällen, in denen die Anpassung zwischen einem Kind und wie hier beispielsweise dem Vater besonders gut funktioniert, während ihm das andere permanent gegen den Strich geht, kann das »gut angepaßte« Kind zum Favoriten werden.

Aber das Beispiel dieses Vaters wirft auch ein Licht auf einen anderen Grund für Parteilichkeit, nämlich das Selbstbild der Eltern. Die jüngere Tochter hat hier durch ihr Verhalten das Selbstbild des Vaters als selbstbewußten und warmherzigen Mann verstärkt, während die negativen Einstellungen der älteren unter Umständen an Selbstzweifel und Unsicherheiten rührten, die unter der selbstbewußten und herzlichen Oberfläche schlummerten. Viele Eltern ziehen auch die Kinder vor, die die wenigste Ähnlichkeit mit ihnen haben, weil sie einen verborgenen Teil ihrer Identität repräsentieren, eine geheime Sehnsucht, die sie nicht erfüllen konnten. Wenn etwa sehr seriöse, reservierte Eltern ganz besonders von ihrem wilden, ausgelassenen Sohn entzückt sind, liegt das möglicherweise daran, daß er es im Unterschied zu ihnen wagt, seine Wünsche nach Freiheit und Abenteuer auszuleben.

Die wohl am tiefsten verborgene Ursache des Favoritentums von Eltern ist die Neigung, die eigene Kindheitsgeschichte neu zu inszenieren. Wenn die Mutter ein ältestes Kind ist, identifiziert sie sich unter Umständen am meisten mit ihrem ältesten Sohn. Wenn sie sich früher nur äußerst ungern um ihre jüngeren Geschwister gekümmert hat, tut sie jetzt alles, um den

Jungen zu verwöhnen und ihn von sämtlichen Familienpflichten zu befreien. Hat sie aber Schuldgefühle, weil sie ihre jüngeren Geschwister damals schlecht behandelt hat, dann wird sie vor allem ihr jüngstes Kind verwöhnen und schützen und höhere Anforderungen an das älteste stellen.

Es ist ebenfalls nicht selten, daß Eltern eingefleischte Favoritenmuster aus ihrer Herkunftsfamilie wiederholen. Ein bekannter Kernphysiker zum Beispiel erzählte, daß er von seinen Eltern »schamlos« vorgezogen worden war. Das hatte bei seinem Bruder einen tiefsitzenden Groll ausgelöst und die Beziehung der beiden Männer nachhaltig gestört. Der Physiker hatte sich geschworen, mit seinen eigenen Kindern ganz anders umzugehen, mußte aber feststellen, daß er »exakt dasselbe« tat – und seinen ältesten Sohn der Tochter vorzog.

»Irgendwie kann ich nichts daran ändern«, sagte er. »Mein Sohn, das bin ich. Ich identifiziere mich durch und durch mit ihm und verhalte mich genauso, wie sich meine Eltern verhalten haben. Ich habe keine Ahnung, wie ich das ändern könnte.«

In der Regel beginnt die Vorzugsbehandlung eines Kindes in der Kindheit und hält meist bis zum Tod der Eltern an. Aber auch bei dieser Regel gibt es Ausnahmen. In ihrem Buch über Mütter und Töchter hat Terri Apter von Eltern berichtet, die ihre Vorlieben erst zeigen, wenn die Kinder ins Jugendalter gekommen sind. Da Mütter jüngere Kinder meist für schutzloser halten als Jugendliche, verbergen sie mit zunehmendem Alter der Kinder ihre Vorlieben weniger stark und fühlen sich auch nicht mehr schuldig, wenn sie sie zeigen. Ross und Milgram haben bei ihrer Untersuchung über erwachsene Geschwister festgestellt, daß Favoritentum sogar noch später, selbst im Erwachsenenalter, einsetzen kann, zum Beispiel, wenn eins der Geschwister mehr leistet, einen besseren Beruf hat, einen höheren akademischen Abschluß erreicht oder mehr Anerkennung in der Außenwelt genießt als die anderen.

Entsprechende Beschreibungen über veränderte Einstellungen der Eltern zu erwachsenen Kindern kamen auch von Geschwistern. Eine Frau, die ihr Leben lang der Liebling der Eltern gewesen war, sank in deren Gunst, als sie einen Mann heiratete, den die Eltern ablehnten. Ein Mann sagte, seine Mutter hätte ihn von dem Augenblick an mit Aufmerksamkeiten förmlich überschüttet, als er sich zum Jurastudium entschlossen hatte, weil sie mit den Schauspielerberufen ihrer beiden anderen Söhne nicht einverstanden war. Und einer Untersuchung zufolge ziehen Eltern im Alter ihre Töchter den Söhnen vor, weil sie mehr Kontakt halten, sich mehr um sie kümmern und sich stärker an ihrer Pflege beteiligen (ganz anders als in der Kindheit und Jugend, wo sich die Waagschale der elterlichen Vorlieben meist zugunsten der Söhne neigt).

Für Eltern mag der Umschwung von einer normalen, an den individuellen Bedürfnissen der Kinder orientierten unterschiedlichen Behandlung zum Favoritentum nicht immer erkennbar sein, aber Geschwister sind dafür hochsensibel, ob als Kinder, Jugendliche oder Erwachsene, um so mehr, als sie die Signale des Favoritentums nicht nur durch das Verhalten der Eltern ihnen selbst gegenüber mitbekommen, sondern auch durch das Verhalten der Eltern gegenüber den Geschwistern. Kleine Kinder achten nicht nur darauf, wie sie selbst, sondern auch darauf, wie die Geschwister von den Eltern behandelt werden, und die Beziehung der Eltern zu einem Kind ist genauso wichtig wie ihre Beziehung zu den Geschwistern. Selbst wenn ein Kind sich bewundert und geliebt weiß, kann die Erkenntnis, daß ein anderes mehr bewundert und geliebt wird, verheerende Auswirkungen haben.

Gelegentlich gibt es konkrete Beweise für diese Erkenntnis. Eine Tochter, deren Mutter in ein Pflegeheim gezogen war, fand bei der Wohnungsauflösung in jedem Portemonnaie und jeder Handtasche Fotos von ihrem Bruder, aber kein einziges Bild von sich, obwohl sie sehr an ihrer Mutter hing (»Das war das Schockierendste, was ich je erlebt habe«). Und ein Sohn hörte zufällig, wie seine Mutter auf die Frage, wieviel Kinder sie hätte, antwortete: »Ich habe eine Tochter. Und dann ist da noch der Junge.« Trotz all ihrer Beteuerungen des Gegenteils sah er in dieser Reaktion den unumstößlichen Beweis dafür, daß seine Mutter die Tochter vorzog.

Aber meist ist es nicht ein bestimmtes Ereignis, sondern die Häufung von kleinen Anzeichen über viele Jahre hinweg, die einem Kind den Eindruck vermittelt, die Eltern zögen ihm ein anderes vor.

Die Frage ist allerdings, wie zutreffend dieser Eindruck ist. Müßte man hier nicht das, was Geschwister als Favoritentum *empfinden*, von dem trennen, was Eltern *wirklich* fühlen?

Es ist sicher richtig, daß vieles von dem, was kleine Kinder als Favoritentum empfinden, im Grunde wenig damit zu tun hat. Kinder, die etwas nicht bekommen, was sie sich wünschen, oder die eifersüchtig auf ihre Geschwister sind, sind schnell mit dem Vorwurf der Ungerechtigkeit oder Vorzugsbehandlung bei der Hand, und ein großer Teil dieser Beschwerden ist deshalb nicht besonders ernst zu nehmen.

Die Wahrnehmungen von Erwachsenen wiegen allerdings schwerer.

Die Teilnehmer der Fragebogenuntersuchung, die die Frage nach einem Favoriten der Eltern bejaht hatten, sollten bei der nächsten Frage angeben, wer dieses Lieblingskind war. Auf diese Anworten war ich gespannt gewesen: Würden die meisten eins der Geschwister als Favoriten bezeichnen und damit zeigen, daß die kindliche Eifersucht und die Vorwürfe gegen die Eltern auch im Erwachsenenalter noch wirksam waren? Würden sie in der Mehrzahl sich selbst als Lieblingskind nennen und damit ein Wunschdenken ausdrücken, das sie in jedem Fall in den Mittelpunkt rückte? (Dieses Wunschdenken hatte mir eine Frau sehr deutlich vor Augen geführt, die nach stundenlanger, tränenreicher Beschreibung all dessen, was ihre ältere Schwester an Privilegien, Aufmerksamkeit und Lob von den Eltern bekommen hatte, fast schon beschwörend sagte: »Aber im Grunde weiß ich doch, daß sie mich am liebsten haben. Alles andere wäre Unsinn. Mit mir kommt man doch so gut zurecht.«)

Aber beide Erwartungen erwiesen sich als falsch, denn die Antworten waren bemerkenswert ausgeglichen: Fast die Hälfte der Befragten, die der Meinung waren, ihre Eltern hätten einen Favoriten gehabt, bezeichneten sich als den Favoriten, während etwas mehr als die Hälfte einen Bruder oder eine Schwester nannte.

Die ausführlichen Interviews mit Geschwistern und dieses so ausgeglichene Ergebnis haben mich zu der Überzeugung gebracht, daß die Berichte erwachsener Geschwister über Favoritentum in der Familie glaubhaft sind. Wenn Erwachsene rückblickend davon sprechen, sie oder eins ihrer Geschwister wären von den Eltern vorgezogen worden und hätten besonders viel Aufmerksamkeit bekommen, dann läßt sich das meiner Meinung nach nicht mit dem Neid oder der Wut des Augenblicks abtun, sondern muß als jahrelange, bewußte Wahrnehmung gewertet werden. Langfristige Wahrnehmungen von Kindern repräsentieren die Realität, die sie erfahren haben, ganz unabhängig davon, was die wirklichen Gefühle der Eltern gewesen sein mochten. In dieser Realität gibt es keinen Unterschied mehr zwischen echtem und eingebildetem Favoritentum.

Die folgenden Ausschnitte aus dem Interview mit einer 70jährigen Mutter und ihrer 44jährigen Tochter sind ein gutes Beispiel dafür. Bei dem Gespräch ging es zum Teil auch um die zweite Tochter, Tina, die fünf Jahre jünger war als die interviewte Schwester. Tina war in den späten sechziger Jahren »ausgestiegen«, wie die Mutter das nannte, und lebte auch jetzt noch als »Hippie« am Rande des Existenzminimums. Sobald das Gespräch auf Tina kam, schwangen die unterdrückten Gefühle hörbar in der Stimme der Mutter mit.

»Du warst nie freundlich und herzlich zu Tina. Dabei hat sie es sich doch so gewünscht«, sagte die Mutter vorwurfsvoll. »Sie hat dich angebetet, dich nachgeahmt, ist immer hinter dir hergelaufen, und trotzdem warst du unfreundlich zu ihr.«

»Für die Freundlichkeit hast *du* ja dann gesorgt«, antwortete die Tochter ironisch.

»Sie ist nie richtig klargekommen«, sagte die Mutter. »Du hast ja alles gleich gekonnt. Du hast immer alles hingekriegt, was du wolltest. Aber Tina war schüchtern und ungeschickt. Sie war unglücklich in der Schule. Sie konnte sich nicht konzentrieren ...«

»Gibst du ihr immer noch Geld?« unterbrach sie die Tochter.

»Wir schicken ihr manchmal Geld, und sie hat ja auch immer mal einen Aushilfsjob. Sie lebt von der Hand in den Mund. Sie hat zu niemandem eine Beziehung.«

»Sie kennt tausend Leute. Ist dir je in den Sinn gekommen, daß sie einfach so leben will, wie sie lebt? Sie hat keine Verantwortung. Sie braucht nur ein Wort zu sagen, und schon kriegt sie Geld und Lebensmittel von dir.«

»Vater macht sich soviel Sorgen um sie. Sie tut ihm so leid«, fuhr die Mutter fort, ohne die Bitterkeit zur Kenntnis zu nehmen, die aus den Worten ihrer Tochter sprach. »Sie ist so oft verletzt worden. Für ihn ist sie das wichtigste auf der Welt.«

»Oh ja«, erwiderte die Tochter. »Und wie passe ich in das Bild? Ich habe nie das Gefühl gehabt, daß es einem von euch wichtig war, was *ich* getan habe.«

»Du weißt ja nicht, was ich anderen von dir erzähle«, beeilte sich die Mutter zu sagen.

»Es ist mir egal, was du anderen erzählst!« sagte die Tochter mit beträchtlicher Lautstärke. »Ich habe von dir nie etwas anderes gehört als Kritik. Ich habe nie das Gefühl gehabt, daß du stolz auf mich bist, auf das, was ich tue oder wer ich bin. Du jammerst immer nur über Tina und beschwerst dich über meine Unfreundlichkeit ihr gegenüber.«

Die Mutter stieß einen hörbaren Seufzer aus. »Ich weiß«, sagte sie. Pause. Dann: »Aber das Leben war so schwer für sie.«

Aus der Perspektive der Mutter, die wußte, daß ihre ältere Tochter gut für sich selbst sorgen konnte, zog sie die jüngere, schwächere Tochter nicht vor, sondern schützte sie. Aus der Perspektive der Tochter war sie selbst zu kurz gekommen, hatte nicht soviel Fürsorge, Aufmerksamkeit, Achtung und Liebe erhalten, unabhängig von den Motiven ihrer Mutter. Und aus diesen Wahrnehmungen setzte sich ihre Realität zusammen. (Das zeigt, daß Eltern gut daran tun, den wiederholten Vorwurf des Favoritentums oder die intensiven Hinweise auf unfaire Behandlung ernst zu nehmen. Die Kinder setzen aus solchen wiederholten Wahrnehmungen ihre psychische Wahrheit, ihr Gesamtbild ihrer Kinderzeit zusammen, das sie ins Erwachsenenalter mitnehmen.)

Es kommt gelegentlich auch vor, daß sich Geschwister nicht über den Favoriten einig sind. In den Interviews hielten sich manche Brüder und Schwestern für den Favoriten desselben Elternteils oder behaupteten, der oder die jeweils andere sei der Favorit von Mutter oder Vater gewesen. In solchen Fällen handelt es sich entweder tatsächlich um verschiedene

Wahrnehmungen oder aber um die Abneigung, sich selbst als den Favoriten hinzustellen (wegen der Schuldgefühle) bzw. sich einzugestehen, daß die Eltern einem selbst jemand anderen vorgezogen haben (wegen der Rivalität). So behaupteten zum Beispiel alle vier Schwestern der Ginetti-Familie, sie wären vom Vater vorgezogen worden, und jede hatte sich voll Stolz als seinen Liebling präsentiert.

In manchen Familien sagen die Eltern ganz bewußt jedem einzelnen ihrer Kinder, sie wären der Liebling, weil sie jedem das Gefühl geben wollen, etwas Besonderes zu sein. Manchmal klappt das auch, aber wenn die erwachsenen Geschwister dann später ihre Erinnerungen austauschen, fühlen sich oft genug alle von den Eltern betrogen, weil sie ihnen etwas vorgemacht haben.

Die Vorliebe bzw. mangelnde Vorliebe der Eltern sorgte bei Christina und Vivian, zwei Schwestern aus Chicago, für quälende Vorwürfe und Gegenvorwürfe, Verleugnungen und Auseinandersetzungen, und die Mauern, die ihre mittlerweile verstorbenen Eltern zwischen ihnen aufgerichtet hatten, verhinderten bis heute jegliche Freundschaft zwischen den beiden.

Ich lernte Christina nach einem Vortrag kennen, bei dem auch meine Arbeit an dem Geschwisterthema zur Sprache gekommen war. Sie war von sich aus zu mir gekommen, weil sie, wie sie sagte, das Thema »faszinierend« fand und sich schrecklich gerne an der Untersuchung beteiligen würde. Sie war 47 Jahre alt und hatte eine vier Jahre jüngere Schwester namens Vivan, die eventuell ebenfalls Interesse an der Mitarbeit hätte. Aber versprechen konnte sie das nicht, denn, so meinte sie, sie wüßte nie genau, wie ihre Schwester auf ihre Vorschläge reagierte.

Bereits am nächsten Morgen rief Christina mich an, um mir zu sagen, daß sich Vivian zu ihrer Verblüffung tatsächlich interviewen lassen wollte, allerdings nur, wenn ich ihr strengste Vertraulichkeit garantieren könnte. Ich versicherte ihr, daß Vertraulichkeit eine der Grundvoraussetzungen aller Interviews wäre.

»Ja, aber Vivian will Ihre Zusicherung, daß wir uns in Ihrem Buch nicht einmal selbst wiedererkennen können.«

Ich erwiderte, daß ich ihr das natürlich nicht wirklich garantieren könnte. Selbstverständlich würde ich die Identitäten der beiden Frauen verändern, aber sie würden wahrscheinlich trotzdem Elemente ihrer Lebensgeschichte wiedererkennen. Wenn Vivian aber gewisse Dinge nicht veröffentlicht haben wollte, dann würde ich mich mit Sicherheit an solche Absprachen halten.

»Ich weiß nicht, was sie für Geheimnisse hat«, sagte Christina und lachte. »Eine Freundin von mir glaubt, es geht weniger darum, daß ich etwas erfahren könnte, was ich nicht wissen soll, als darum, daß Vivian nicht hören will, was ich über sie sage.«

Auf dieser Basis verlängerte ich also meinen Aufenthalt in Chicago und machte eine Reihe von Terminen für Einzelgespräche mit Christina und Vivian fest, die sich schließlich zur Mitarbeit entschieden hatte.

Auf dem Weg zu Christina und im Aufzug, der mich zu ihrem Apartment im 12. Stock eines Hochhauses in der Michigan Avenue brachte, ging ich wie immer im Kopf noch einmal die Fragen durch, mit denen ich das Gespräch in Gang bringen wollte. Zweieinhalb Stunden später, auf dem Weg nach unten, stellte ich fest, daß ich keine einzige dieser Fragen gestellt hatte. Christina hatte sich gründlich vorbereitet und hatte die Familiengeschichte, den Stammbaum und die Deutung der Beziehungen zwischen den Schwestern auf Anhieb parat.

»Meine Schwester wird Ihnen sagen, daß die Bindung zwischen meiner Mutter und mir von beiden Seiten fast unnatürlich stark war«, begann sie, sobald wir uns hingesetzt hatten, »aber das ist nicht wahr.«

Christina war Texterin in einer großen Werbeagentur, und mit dieser Eröffnung bewies sie ihr ganzes berufliches Geschick. Sie wußte ganz genau, wie sie meine Aufmerksamkeit fesseln konnte, und traf direkt ins Schwarze, ohne Zeit zu verschwenden. Tatsächlich war Christina die personifizierte Effizienz. Sie lebte seit ihrer Scheidung vor mehr als 10 Jahren allein in einem kompromißlos modern eingerichteten Apartment, dessen weiße Wände nur durch die Sonnenstrahlen belebt wurden, die durch die gläserne Terrassentür und die großen Fenster fielen. Sie trug einen honigfarbenen Tweedrock mit passender Seidenbluse und schaffte es, hyperelegant, aber dennoch nicht übertrieben modisch zu wirken. Sie sprach schnell, strukturiert und präzise.

Das Bild von beherrschter Stärke, das sie vermittelte, hatte nur einen winzig kleinen Makel, nämlich die Andeutung eines Lispelns, der Hauch eines Zungenschlags, der vor allem deshalb auffiel, weil sie Vivian häufig nicht beim Namen nannte, sondern als »meine Schwester« bezeichnete. Durch diese kleine Schwäche wirkte sie verletzbar und ein wenig rührend.

»Meine Eltern waren griechische Einwanderer«, fuhr sie fort. »Anfangs wohnten sie in einer armen Gegend im Süden von Chicago, weil mein Vater da Verwandte hatte. Meine Mutter fühlte sich bei den proletarischen Verwandten meines Vaters überhaupt nicht wohl; sie kam aus einer wohlhabenden Familie und hatte eine sehr gute Erziehung genossen. Schließlich baute mein Vater ein Exportgeschäft auf, und es ging ihnen besser. Aber ich glaube, meine Mutter ist über diese Jahre der Armut nie wirklich hinweggekommen.

Ich erzähle Ihnen das, damit Sie begreifen, was ich für meine Mutter bedeutet habe«, erklärte sie und unterbrach damit ihre Erzählung. Sie gehörte nicht zu den Menschen, die eine Erzählung mit unwesentlichen Dingen belasten. »Durch meine Geburt hat sie in dem fremden Land zum ersten Mal etwas gehabt, was ganz allein ihr gehörte, eine Person, an die sie sich binden und über die sie sich von der Familie meines Vaters lösen konnte. Meine Schwester kam erst vier Jahre später, und in diesen vier Jahren haben Mutter und ich ein sehr enges Verhältnis zueinander entwickelt. Meine Schwester will das nicht verstehen, sie weigert sich einfach. Sie hat mich immer abgelehnt und mir vorgeworfen, meine Mutter würde mich vorziehen.«

Offensichtlich wollte Christina ein für allemal klarstellen, daß sie niemals ihrer Schwester die Mutter hatte wegnehmen wollen, sondern einfach für eine einsame Frau dagewesen war, die sie brauchte.

Dies gesagt, ging sie in die Küche und holte den Kaffee und die Plätzchen, die sie vorbereitet hatte. Ich sah mich solange im Wohnzimmer um. Auf einem hellen Eichenregal in der Ecke entdeckte ich mehrere sauber gerahmte Fotos. Eins zeigte einen Mann und eine Frau, zwei andere zeigten dieselbe Frau in unterschiedlichem Alter.

»Das sind meine Eltern«, sagte Christina, die meinem Blick gefolgt war, als sie wieder ins Zimmer kam. »Mein Vater ist vor sieben Jahren gestorben, meine Mutter«, sie räusperte sich, »erst vor neun Monaten. Das ist sie, auf den beiden anderen Bildern.«

Sie stellte das Tablett ab und holte die Fotos ihrer Mutter. Die Ähnlichkeit zwischen Mutter und Tochter war schlagend: dasselbe glatte, stumpfgeschnittene Haar, dieselben dunklen intelligenten Augen.

»Meine Schwester hat ihre eigene Theorie, warum meine Mutter mir nähergestanden hat oder, aus ihrer Sicht, warum sie ihr nicht nahe war. Sie glaubt, ich weiß davon nichts, aber sie hat so viele Andeutungen gemacht, daß ich es kaum überhören konnte.« Sie wirkte ärgerlich, sowohl wegen der Theorie als auch wegen Vivians Zweifel an ihrem Auffassungsvermögen.

Nach Vivians Theorie hatte ihre Mutter Christina vorgezogen, weil sie ihr so ähnlich sah, während Vivian einer ihrer Schwestern ähnelte, die ihre Mutter nie leiden konnte. Diese Schwester galt mit ihren schwarzen Locken und blauen Augen (eine in griechischen Familien eher seltene Kombination) als die Schönheit der Familie, und darunter hatte die Mutter gelitten, obwohl sie selbst keineswegs häßlich und dazu eine sehr gute Schülerin gewesen war.

»In Wirklichkeit hat Vivian aber nur die Augenfarbe von meiner Tante; das ist die einzige Ähnlichkeit«, sagte Christina mit Nachdruck. »Sie macht weiß Gott genug her mit ihren blauen Augen, aber davon abgesehen sieht sie *nicht* aus wie meine Tante. Es ist geradezu lächerlich, wenn sie glaubt, ihr Aussehen hätte einen Einfluß auf die Gefühle meiner Mutter gehabt.«

Für Christina übertrieb Vivian die Schwierigkeiten mit der Mutter sehr stark. Die Mutter war wirklich stolz auf Vivian gewesen, die Architektin geworden war, und hatte ihre Freunde immer gedrängt, sie weiterzuempfehlen. Aber das bedeutete Vivian wenig, sie hatte immer nur die Kritik der Mutter zur Kenntnis genommen.

»Wenn meine Mutter gesagt hat: ›Vivian, ich fand deine Haare schöner, bevor du sie abgeschnitten hast‹, oder: ›Kauf dir mal einen neuen Mantel, der sieht ja schon ganz schäbig aus‹, dann war Vivian sofort beleidigt und wurde böse. Sie hat gar nicht gemerkt, daß meine Mutter genau dasselbe auch zu mir gesagt hat. Aber mir hat das nicht so viel ausgemacht.«

Wie sie erklärte, hatte ihr das vor allem deshalb nicht so viel ausgemacht, weil sie wußte und nachfühlen konnte, wie schwer es ihre Mutter gehabt hatte, und das wollte Vivian einfach nicht verstehen. Zum großen Teil hingen diese Schwierigkeiten mit dem Vater zusammen, der sich zurückzog, »verschlossen« war und sich nur für sein Geschäft interessierte. Er hatte sehr altmodische Ansichten; Christina durfte zum Beispiel vor ihrem 15. Geburtstag keinen Lippenstift benutzen. Und er ließ nicht zu, daß seine Frau arbeiten ging, selbst in der Zeit nicht, als sie das Geld dringend nötig hatten. Später, als es ihnen finanziell besser ging, wollte sie studieren, aber auch das verbot er ihr.

Es war deshalb eine Art Ironie des Schicksals, daß seine Frau nach seinem Tode sein Geschäft weiterführte und mehr Geld damit verdiente, als er sich je erträumt hatte. »Sie war eine brillante Frau«, sagte Christina und räusperte sich wieder. »Mein Vater hat das nicht zu schätzen gewußt, und deshalb hat sie sich an mich gehalten. Ich war die älteste Tochter, und sie hat sich mir anvertraut.« Und sie wiederholte: »Meine Schwester ist eifersüchtig, weil Mutter und ich eine so enge Beziehung hatten.«

Am Ende des ersten Treffens sagte Christina, ihre Mutter hätte beiden Töchtern testamentarisch dieselbe hohe Geldsumme vermacht. Vivian und sie hatten das Geld zusammen investiert, damit beide finanziell abgesichert waren. Christina fand diese Gemeinsamkeit gut. Aber ihre Schwester, sagte sie, wäre immer noch verbittert. »Sie wartet immer noch auf die Liebe, die sie von Mutter haben wollte – die Liebe, die ich ihrer Meinung nach bekommen habe, die sie aber nie mehr bekommen kann, weil Mutter tot ist.«

Auf dem Weg zu Vivians Wohnung in einem Sandsteinhaus der Altstadt überlegte ich mir noch einmal, was ich von Christina erfahren hatte. Sie hatte mir viele Informationen über ihre Eltern und ihre Schwester gegeben und sich als Opfer von Vivians Eifersucht und Gekränktheit präsentiert.

Aber abgesehen davon, daß sie sich jedesmal geräuspert hatte, wenn sie ihre Mutter erwähnte, hatte sie kaum etwas von ihren Gefühlen gezeigt. Ich beschloß, bei der Befragung von Vivian klüger zu sein.

Diesen Entschluß hätte ich mir sparen können. Wo Christina die personifizierte Effizienz mit nur einem Hauch von Weichheit war, stand Vivian die Verletzbarkeit, Sensibilität und Bedürftigkeit wie ein Brandmal ins Gesicht geschrieben. Anfangs war sie kühl und vorsichtig, aber während des Gesprächs redete sie immer unbefangener und weinte ganz offen. Das zeigte das Ausmaß ihrer Verletzung, vermittelte aber seltsamerweise gleichzeitig auch das Gefühl einer inneren Stärke, der sie sich nicht bewußt zu sein schien.

Ich wußte nicht, ob sich Vivian wirklich etwas auf ihre Augen einbildete, wie Christina gesagt hatte, aber Grund dazu hätte sie mit Sicherheit gehabt. Ihre Augen waren auffallend strahlend, blaugrün schimmernd, und die Farbe und Leuchtkraft wurde durch die lockigen grauen Haare noch verstärkt. Christina hatte das vorzeitig ergraute Haar nicht erwähnt, das, wie ich später erfuhr, ein charakteristisches Merkmal der väterlichen Familie war. Nach der Begrüßung führte sie mich durch die Wohnung im dritten Stock, die kaum groß genug für sie und ihren Mann war. Sie hatte vor einem Jahr, mit 42, zum ersten Mal geheiratet. In einer Ecke des Wohnzimmers stand ein Architektentisch, und gegenüber ein Schränkchen mit Fotos.

»Christina war als Kind künstlerisch ganz begabt«, sagte sie, als ich ein Bild der Schwestern als junge Mädchen bewunderte. »Sie hat wunderschön gezeichnet, aber sobald ich damit anfing, hat sie es aufgegeben.«

Später erklärte sie, es wäre zwar möglich, daß Christina Angst davor gehabt hätte, mit ihr auf künstlerischem Gebiet zu konkurrieren, aber aus ihrer Sicht wäre weder für Christina noch für ihre Mutter irgend etwas wichtig gewesen, was sie getan hätte. Es wäre zwar richtig, daß die Mutter Vivians Arbeit bei den Freunden der Familie angepriesen hätte, aber nur deshalb, weil sie sich nicht vorstellen konnte, daß Vivian aus eigener Kraft Kunden fände. Sie hätte Vivian nie wirklich etwas zugetraut.

»Für meine Mutter«, sagte sie, »war ich ein Leichtgewicht, ein Hohlkopf, ein Mensch, der von nichts eine Ahnung hat.«

Als sie weiter erzählte, waren ihre Gefühle unüberhörbar. Einmal flüsterte sie: »Ich wollte Ihnen das alles gar nicht erzählen, aber es kommt alles raus.«

Was »rauskam«, war die Beschreibung einer Einheit zwischen Christina und ihrer Mutter, von Kindheit an, die Vivian für so undurchdringlich gehalten hatte, daß sie keine Möglichkeit gesehen hatte, sich dazwischenzudrängen. »Ich hatte das Gefühl, meine Mutter hätte nie ein zweites Kind bekommen sollen. Sie war vollständig von Christina absorbiert; sie waren eine Ganzheit, und für mich war da kein Platz.«

Diese »Ganzheit« zeigte sich, wenn die Mutter Christina lobte: »Du siehst wundervoll aus‹, sagte sie zu meiner Schwester, oder: ›Was für ein köstliches Essen du da gekocht hast!‹ Ich habe in meinem ganzen Leben nicht einmal von ihr gehört, daß ich hübsch aussah, schönes Haar hätte und so weiter.«

Sie zeigte sich bei Theaterbesuchen der Kinder mit der Mutter, wenn »Christina in den Pausen redete und redete und meine Mutter zuhörte und zuhörte und ich dasaß und völlig ignoriert wurde.«

Die »Ganzheit« zeigte sich auch darin, daß Vivian von der Mutter wie von der Schwester nicht ernst genommen wurde, eine Klage, die immer wieder auftauchte. »Wenn ich gesagt habe, ich will Literatur oder Geschichte studieren, dann lachten sie mich aus. Ich war die Kleine. Die Kluge, die Witzige, das war Christina. Nichts, was ich tat, konnte sie beeindrucken. Ich habe mich mein Leben lang unzulänglich gefühlt. Ich kann mich zwar mit einem prominenten Klienten zusammensetzen und mich professionell verhalten, aber ich fühle mich trotzdem wie ein Kind, unsicher, nicht gut genug. Ich war wie eine Chinesin mit verkrüppelten Füßen; ich hatte einen Verstand, aber niemand hat mich jemals ermutigt, ihn zu gebrauchen.«

Vivians Schmerz legte sich wie eine graue Staubschicht über alles, was sie sagte. Sie beschrieb die Mutter als »ungeheuer bedürftig«, als einen Menschen, der permanent Aufmerksamkeit brauchte, was ihrer Meinung nach aber keineswegs auf die Vernachlässigung durch den Ehemann, sondern auf ihre Schwester zurückging, die sie früher immer in den Schatten gestellt hatte. Von Christina bekam sie die nötige Aufmerksamkeit. Sie »betete ihre Mutter an«, und sagte ihr das auch, während Vivian, die ihre Mutter ebenfalls liebte und brauchte, ihre Gefühle nicht so offen zeigen konnte.

Vivian zweifelte nicht im geringsten daran, daß ihre Ähnlichkeit mit der Tante die Einstellung ihrer Mutter zu ihr beeinflußt hatte. »Ich bin nicht so schön wie meine Tante, aber ich habe die Leute an sie erinnert, und das war bei meiner Mutter nicht anders«, sagte sie in einem Ton, als ließe das nur eine einzige Schlußfolgerung zu. »Das hat sich in ihrem Verhalten zu mir gespiegelt.«

Ihr Vater, so behauptete sie, glich diese Behandlung etwas aus. Die Beschreibung, die sie von ihm gab, kam für mich unerwartet. In ihrer Darstellung war er nicht der distanzierte, zurückgezogene Mann, den Christina skizziert hatte, sondern ein herzlicher und zärtlicher Vater, immer bereit, seiner Tochter das Lob zu geben, das die Mutter ihr vorenthielt. »Wenn er sah, daß ich mich wegen meiner Mutter und meiner Schwester ausgeschlossen fühlte, dann hat er sich rübergebeugt und mir die Hand auf den Arm gelegt«, sagte sie mit wehmütigem Lächeln. »Das hat mir sehr viel bedeutet.«

Als Jugendliche, gab Vivian zu, hatte sie ihren Vater auch schwierig und rigide gefunden, aber das Verhältnis besserte sich wieder, als sie erwachsen war. »Ich habe immer gesagt, er soll mir was von sich erzählen«, erinnerte sie sich. »Wir sind dann bis spät in die Nacht aufgeblieben und haben über seine Träume und Pläne gesprochen. Er hat mit niemandem so geredet, nur mit mir.«

Bei diesem und beim nächsten Treffen fragte ich sie, warum sie so häufig leise weinte, wenn sie von ihrem Vater sprach. Diese Tränen, erklärte sie, wären ganz anders als die Tränen, die ihr bei der Erinnerung an ihre Mutter kamen: »Ich bin dann traurig, aber es tut mir nicht weh, wenn ich an ihn denke.«

Vivians Schmerz über die Vorliebe ihrer Mutter für Christina war greifbar. Ich fragte mich, was Christina bei der engen Beziehung zwischen Vivian und dem Vater empfunden hatte. Sie hatte das nicht erwähnt. Beim nächsten Treffen mit Christina brachte ich also das Gespräch auf den Vater, wobei ich Vivians Bericht ausdrücklich vermied.

»Vivian hat Ihnen sicher erzählt, daß sie der Liebling unseres Vaters war«, sagte sie wie aus der Pistole geschossen. »Ich wollte Ihnen das beim letzten Mal noch sagen.« Schon wieder erklärte mir Christina, was Vivian dachte. Aber was dachte Christina?

»Das ist natürlich alles Unsinn«, beantwortete sie die Frage, die ich noch gar nicht gestellt hatte. »Vivian war *nicht* das Lieblingskind meines Vaters. Mein Vater hatte *kein* Lieblingskind. Meine Schwester hat die Beziehung idealisiert. Es stimmt zwar, daß sie in den letzten Jahren vor seinem Tode ein gutes Verhältnis hatten, aber als Jugendliche hatte sie furchtbare Schwierigkeiten mit ihm. Das weiß ich.«

Christina sprach schneller als gewöhnlich. Zum ersten Mal wurden ihre Gefühle erkennbar. Ihr Lispeln wurde stärker. Sie sah aus wie ein trostbedürftiges Kind.

»Als ich sehr klein war«, sagte sie, »bevor Vivian auf die Welt kam, war mein Vater verrückt nach mir. Er hat mich verwöhnt und immer mit mir gespielt. Ich habe einen Brief gefunden, den ich ihm mit sechs Jahren geschrieben habe, als er auf einer Geschäftsreise war. Darin stand, ich könnte gar nicht abwarten, bis er nach Hause käme, damit ich ihm all die ›bösen Sachen, die Mami getan hat‹, erzählen könnte. *Er* war meine große Liebe, nicht Mami. Ein Jahr später bekam ich einen Schock, ein Trauma, weil er sich total meiner Schwester zugewandt hat. Meine Mutter hat mich nie so abgelehnt, und vielleicht habe ich mich deshalb so stark an sie gebunden.«

Jetzt weinte auch sie. »Aber Sie müssen verstehen«, meinte sie, »daß er Vivian später auch fallengelassen hat. Mein Vater war ein Mann, der kleine Kinder gern hatte. Als wir älter wurden, verlor er das Interesse an uns. Vivian will das nicht sehen, und um ehrlich zu sein, es war für sie auch schwerer. Als er aufhörte, sich um sie zu kümmern, hatte ich schon eine sehr enge Beziehung zu meiner Mutter, in der kein Platz für sie war. Sie hatte niemanden, und sie konnte zu niemandem gehen. Deshalb ist ihr das, was sie von ihm gehabt hat, auch so wichtig.«

Aus Christinas Selbstmitleid, weil sie den Vater an die Schwester verloren hatte, war Mitleid für Vivian geworden. Aber nach und nach wich dieses Mitleid wieder einer frustrierten Wut:

»Nach dem Tode unseres Vaters hatten Vivian und ich einen unserer schlimmsten Streits. Ich war erschüttert, und sie hat gesagt: ›Warum weinst du so viel, du hattest doch gar keine Beziehung zu Vater.‹ Da bin ich ausgerastet. Ich habe sie angebrüllt. Ich hätte sie am liebsten verprügelt, und wenn unsere Mutter nicht eingegriffen hätte, hätte ich das auch getan.«

Ich hätte Christina nie zugetraut, daß sie ihre Beherrschung verlieren könnte, aber jetzt sah ich es. Der Anflug von Weichheit, die Verletzbarkeit, die ich bei unserem ersten Treffen gespürt hatte, hatte die kühle Fassade eingerissen und die Emotionen dahinter zum Vorschein gebracht. Als die Wut nachließ, wurde sie traurig und nachdenklich.

»Manchmal glaube ich, daß Vivian mich wirklich haßt«, sagte sie leise. »Ihre Augen... Wenn sie wütend auf mich wird, dann ist das, als wenn man in eine Drachenhöhle blickt. Ich fühle mich immer schuldig, obwohl ich ihr nie absichtlich etwas Böses getan habe. Aber ich kann nicht für sie die Mutter sein, die ich ihrer Meinung nach gehabt habe und sie nicht. Und ich kann mit ihr darüber überhaupt nicht sprechen. Sobald wir über die Vergangenheit reden, fangen wir an, uns zu streiten. Nach dem letzten Streit habe ich eine Regel aufgestellt. Ich habe gesagt, wir dürften nur noch über die Gegenwart reden. Es ist eine Schande. Sie bedeutet mir sehr viel, aber wir verbauen uns gründlich jeden Weg zueinander.«

Vivian sprach bei unserem nächsten Treffen ähnliche Gefühle an. »Meine Schwester«, sagte sie, »ist der einzige Mensch in meinem Leben, der immer da war, und wir haben viele Gemeinsamkeiten. Aber es gibt so viele Sachen, über die wir nicht reden können.« Später, als sie versuchte, ihre Gefühle zusammenzufassen, meinte sie: »Ich liebe meine Schwester und will sie beschützen. Wenn ihr jemand etwas täte oder sie schlecht behandelte, dann fände ich das ganz schrecklich. Aber ich habe auch einen ungeheuren Groll auf sie wegen der Vergangenheit.«

Das Favoritentum der Vergangenheit beherrschte Christinas Gegenwart genauso wie Vivians. Dabei spielte es nur eine geringe Rolle, ob die Mutter *wirklich* Christina und der Vater *tatsächlich* Vivian vorgezogen hatte. Ihre Realität hatte sich um ihre Wahrnehmungen entwickelt, und sie war es, die ihre Sicht von anderen und von sich selbst bestimmte. In Vivians Augen hatte sie das entbehrt, was die Mutter der Schwester in überreichlichem Maße hatte zukommen lassen, und daher kamen ihr Groll und ihr Leid. Christina blieb verletzt und abwehrend, frustriert durch die ständigen Vorwürfe, Mutters Liebling gewesen zu sein, sonnte sich aber trotzdem im Glanz der früheren Nähe zur Mutter. Und gleichzeitig war sie trotz aller Entrüstung über Vivians Anspruch auf den Vorzugsplatz im Herzen des Vaters auch eifersüchtig, weil sie tief innen den Verdacht hatte, ihre Schwester könnte recht haben.

Vivian und Christina stehen beispielhaft für viele Geschwister, die in ihren Familien Favoritentum spüren, selbst wenn ihre Eltern das ganz anders sehen.

»Wenn Sie der Meinung sind, daß Ihr Vater/Ihre Mutter ein Lieblingkind gehabt hat oder Sie selbst dieses Lieblingskind waren, wie fühlen Sie sich?« lautete die Frage in dem Fragebogen. Angekreuzt werden konnten eine oder mehrere der folgenden Antworten: wütend, sicher, eifersüchtig, schuldig, unabhängig, fähig, keine Auswirkungen.

Die wichtigste Antwort der Teilnehmer, die sich für das Lieblingskind hielten, war »sicher«. Fast die Hälfte der Befragten (43 Prozent), die sich für das Lieblingskind des Vaters, und mehr als ein Drittel (36 Prozent) derjenigen, die sich für das Lieblingskind der Mutter hielten, wählten diese Kategorie. In der Gruppe, die andere Geschwister als Favoriten sahen, war diese Antwort dagegen äußerst selten (4 Prozent beim Vater, 3 Prozent bei der Mutter).

Diese Reaktion war nicht unerwartet. Wer sich von den Eltern vorgezogen weiß, fühlt sich gewürdigt, beschützt, eingehüllt in den Mantel der Bestätigung. In der Bibel, in der es so viele Geschwistergeschichten gibt, wird erzählt, daß Joseph der Liebling unter den Söhnen Jakobs war und von seinem Vater einen wunderschönen bunten Rock bekam. Die Sicherheit seiner besonderen Stellung ermöglichte ihm seine phantastischen Träume, in denen sich Sonne, Mond und Sterne vor ihm verbeugten. Dieses Selbstbewußtsein hat er nie verloren, und deshalb konnte er trotz Sklaverei, Gefangenschaft und anderer Mühsal zum höchsten Ratgeber Ägyptens aufsteigen.

Wenn ein Kind so extrem vorgezogen wird, dann bekommt es dadurch nicht nur Sicherheit, sondern kann auch arrogant werden und ein gewisses Anspruchsdenken entwickeln. Joseph prahlte mit seinen Träumen von

Ruhm und Größe vor den Brüdern, ohne ein Gespür für die Wut, die das bei ihnen auslösen mußte. Und viel später, als er schon der hohe Würdenträger in Ägypten war, demütigte und bestrafte er sie, bevor er sich ihnen zu erkennen gab.

Die Sicherheit, die die Position des Auserwählten bietet, ist unter Umständen eine Quelle der Stärke. So schrieb Freud im vollen Bewußtsein seiner Favoritenrolle in der Familie: »Wenn man der unbestrittene Liebling der Mutter gewesen ist, so behält man fürs Leben jenes Eroberergefühl, jene Zuversicht des Erfolges, welche nicht selten wirklich den Erfolg nach sich zieht.«

Umgekehrt kann der Eindruck, daß eins der Geschwister von den Eltern auserwählt wurde, Unsicherheit und ein Gefühl von Wertlosigkeit auslösen, und auch diese Gefühle können auf viele Lebensbereiche übergreifen. Alfred Adler, der *nicht* der Liebling der Mutter war, hat diesen Zustand beschrieben: »Fast jede Enttäuschung in der Kindheit entspringt dem Gefühl, daß jemand anderer vorgezogen wird ... Es ist für ein menschliches Wesen unmöglich, ohne Ärger und Kränkung hinzunehmen, daß es auf eine niedrigere Stufe gestellt wird als jemand anders.«

Adlers Beschreibung trifft auf Vivian zu: Obwohl sie eine gute Architektin war, sah sie sich im Gespräch mit Klienten immer noch als »Kind«. Alle ihre Erfolge konnten die Erinnerung nicht auslöschen, daß Christina mehr geliebt wurde als sie selbst, genausowenig wie das daraus resultierende Gefühl, »unzulänglich« und in den Augen der Mutter (und deshalb auch in den eigenen) nicht so gut wie ihre Schwester zu sein.

Vor allem aber entsteht Groll, ein tiefer, nagender und bitterer Groll über die erlittene Ungerechtigkeit, wenn man spürt, daß ein anderes Kind der Favorit ist.

Über ein Drittel (36 Prozent) der Befragten, die ein anderes Kind als Liebling der Mutter, und fast ein Drittel (32 Prozent) derjenigen, die ein anderes Kind als Liebling des Vaters bei der Fragebogenuntersuchung genannt hatten, kreuzten »böse« als Reaktion auf ihre Position an. Eine Frau erläuterte das:

»Ich bin böse auf meinen Bruder, weil meine Eltern sein Studium finanzierten (›Er muß ja später eine Familie ernähren‹), während ich in den Semesterferien zwei Jobs gleichzeitig hatte und noch einen Kredit aufnehmen mußte, um meins zu bezahlen.

Ich bin böse, weil meine Eltern jedesmal, wenn er an seinem Haus herumbastelt, sagen: ›Er ist ja so geschickt und intelligent, er kann einfach alles.‹ Als mein Mann und ich neulich einen neuen Heißwasserboiler installiert haben, sagte mein Vater: ›Ihr seid verrückt, daß ihr das selbst macht. Könnt ihr es euch nicht leisten, jemanden dafür zu bezahlen?‹

Ich bin böse, weil meine Mutter meiner vierzehnjährigen Tochter und meinem elfjährigen Sohn dauernd erzählt, wie toll *seine* Kinder sind ...

Ich weiß nicht, welche Beziehung ich zu meinem Bruder hätte, wenn meine Eltern ihn nicht so vorgezogen hätten, aber sie wäre mit Sicherheit viel besser.«

Wie Christina und Vivian und wie viele andere Geschwister, die das Gefühl hatten, die Eltern würden ein Kind bevorzugen, richtete auch diese Frau ihren Groll zwar zum Teil gegen die Eltern, die den Bruder auserwählt hatten, aber zum größten Teil gegen den Bruder selbst.

Als ich Vivian fragte, warum sie Christina wegen der Vorliebe ihrer Mutter böse wäre, obwohl sie doch nichts dafür könnte, sagte sie schlicht: »Sie hat mit meiner Mutter unter einer Decke gesteckt.« Als ich versuchte, mehr darüber zu erfahren, wie sich Christina angesichts der engen Beziehung zwischen Vivian und ihrem Vater gefühlt hatte, sagte sie: »Sie hat sich bei ihm eingeschmeichelt. Sie hat griechische Sätze aufgeschnappt und ihm vorgeführt oder griechische Lieder gesungen, die er ihr beigebracht hatte.«

Es ist sehr viel weniger bedrohlich und für die eigene Sicherheit und das eigene Selbstbild sehr viel angenehmer, Bruder oder Schwester zu beschuldigen, sich ihre Vorzugsstellung mit Schmeicheln und Gefälligkeiten erworben zu haben, als die Vorstellung ertragen zu müssen, daß die Eltern die anderen von sich aus ausgewählt haben und sie vielleicht einfach mehr lieben und bewundern. Der Vorwurf hängt aber auch damit zusammen, daß der Bruder oder die Schwester mit der Eroberung der Eltern auch die primitive, ursprüngliche Rivalität für sich entschieden hat, die in die Anfänge der Geschwisterbeziehung zurückreicht. Der Preis, den der Sieger für diesen Triumph zahlt, ist die Ablehnung des Verlierers.

Die gängige Verschiebung der Wut von den Eltern auf die Geschwister ist der wohl destruktivste Teil des Favoritenspiels und kann, wie bei Christina und Vivian, zu lebenslanger Feindseligkeit und lebenslangem Mißtrauen führen. Und selbst dabei bleibt es nicht immer. In der biblischen Geschichte haben sich Josephs Brüder für das Favoritentum des Vaters gerächt und Joseph in die Sklaverei verkauft. Und blättert man ein paar Seiten zurück, dann stößt man auf Kain und Abel, den ersten Brudermord, die Rache Kains an dem Bruder, der von Gott bevorzugt wurde.

In der Regel ist es für Geschwister kein Ausgleich, wenn der Vater das eine und die Mutter das andere Kind bevorzugt, und wie bei Christina und Vivian deutlich wurde, wird der Groll dadurch keineswegs geringer. Jedes Kind fühlt sich um den Elternteil betrogen, dessen Liebling es nicht ist. Das gilt besonders in den Fällen, in denen man selbst von dem Elternteil bevorzugt wird, den man als den mächtigsten sieht oder der einem am nächsten ist, im Falle von Christina und Vivian also von der Mutter.

Bei der Umfrage gab es aber in diesem Punkt noch eine interessante Variante: Ein kleiner Prozentsatz der Befragten, die sich selbst für das *Lieblingskind* hielten (13 Prozent im Verhältnis zum Vater und 18 Prozent im Verhältnis zur Mutter), hatten ebenfalls »böse« angekreuzt. Ihr Groll war aus den Belastungen entstanden, die die Favoritenposition auch mit sich bringt.

Das wurde am Beispiel eines Lehrers deutlich, der erzählte, eine Nachbarin hätte ihm erzählt, daß seine Mutter ihn der älteren Schwester und den zwei jüngeren Brüdern eindeutig vorzog. Damals war er 12 Jahre alt. Bis zu diesem Zeitpunkt hatte er sich nie als Favoriten empfunden, sondern nur gewußt, daß seine Eltern sich oft stritten und seine Mutter mit ihm mehr über ihre Gefühle sprach als mit den anderen. Diese Vertrauensposition, sagte er, »war für mich der Weg, um die Liebe meiner Mutter zu gewinnen.«

Mittlerweile war er 32 Jahre alt, und seine Mutter hatte seit diesem Vorfall immer wieder Gelegenheiten gefunden, ihre Vorliebe für ihn offen zu bekunden. Aber die Sache hatte einen Haken: Weil sie ihn am liebsten hatte, konnte er sie auch am stärksten verletzen und enttäuschen und mußte sich deshalb auch mehr als die anderen bemühen, sie *nicht* zu verletzen. Das hieß, er mußte ihr mehr von sich erzählen und häufiger mit ihr telefonieren, als er eigentlich wollte, und sich auch sonst mehr darum bemühen, ihr Freude zu machen.

Diese Art der emotionalen Erpressung beschränkt sich natürlich nicht auf die Lieblinge der Eltern. Viele Eltern machen ihre Liebe von Bedingungen abhängig und entziehen den Kindern, ob Favoriten oder nicht, ihre Liebe, sobald sie ihren Anforderungen oder Erwartungen nicht genügen. Aber bei Lieblingskindern ist der Druck besonders stark. »Es ist eine unhaltbare Position«, sagte der Lehrer. »Ich lehne die Verantwortung ab, die sie mir zuschiebt, genauso wie die Tatsache, daß ich ihr nie entrinnen kann. Natürlich bin ich gerne der Liebling, wer wäre das nicht. Also versuche ich, sie glücklich zu machen. Aber ich habe ständig Schuldgefühle, weil ich ihren Erwartungen nicht gerecht werde.«

Wie er sagte, hatte er auch Schuldgefühle gegenüber den Geschwistern, die ihn um seine Sonderstellung stets beneideten, ohne aber die dazugehörige Belastung zu erkennen. Diese Schuldgefühle hatten seinen Groll nur noch gesteigert.

Die Kategorie »schuldig« wurde sehr viel häufiger von den Befragten angekreuzt, die sich als Lieblingskind bezeichneten (28 Prozent derjenigen, die sich als Mutters Liebling sahen, fühlten sich schuldig, verglichen mit nur 6 Prozent derjenigen, die Bruder oder Schwester als Liebling der Mutter angegeben hatten).

Neben den Schuldgefühlen, die entstehen, weil man den Eltern nicht genug Freude macht, sieht Dr. Neubauer bei Lieblingskindern aber auch eine Form von »Überlebensschuld«, weil ihr Sieg auf Kosten der anderen Familienmitglieder ging. In den tiefsten Tiefen ihres Herzen halten manche Kinder die Vorwürfe, die ihnen gemacht werden, für berechtigt, daß heißt, sie glauben, die Favoritenposition durch ihre eigenen Bemühungen erworben zu haben. Sie werden den Verdacht nicht los, daß ihr Bündnis mit den Eltern, und sei es (was nicht immer der Fall ist) noch so unabsichtlich zustande gekommen, einen Verrat an den Geschwistern darstellt. Und wenn sie nicht genau wissen, warum die Eltern gerade sie auserwählt haben, entsteht ein generelles Schuldgefühl; sie fragen sich, wodurch sie möglicherweise die Geschwister aus dem Felde geschlagen haben. Schuldig fühlen sich die Favoriten auch, weil sie ihren Sieg genießen. Und sie halten an diesem Sieg und an der Siegesfreude trotz aller Schuldgefühle nach Kräften fest.

Weiter hat sich eine Tendenz ergeben (wenn auch die Zahlen relativ gering sind), wonach sich Lieblingskinder nicht so unabhängig fühlen und den Beifall der Eltern stärker brauchen als die anderen. Selbst wenn sie von den Eltern nicht so stark manipuliert werden, wie es die erwähnte Mutter des Lehrers tat, bleiben sie durch den Wunsch, die Position des Auserwählten zu behalten, unter Umständen enger an die Familie gebunden und sind weniger bereit, Risiken einzugehen oder selbständig zu werden.

»Es bleibt nichts anderes übrig, als immer weiterzumachen«, sagte ein Mann über die Situation des Favoriten. »Es ist immer ein Element von Quidproquo dabei. Sie lieben dich am meisten, aber dafür muß du auch was tun. Weil diese Liebe und Anerkennung aber Vorteile hat, die man genießt, lebt man dauernd in der Angst, sie zu verlieren.« Und später meinte er: »Ich habe mein Leben lang Anerkennung gebraucht, von meinen Eltern, von Gleichaltrigen, von allen Menschen.«

Möglicherweise sind Favoriten aber auch deshalb abhängiger, weil ihre Schuldgefühle den Geschwistern eine gewisse Macht über sie einräumen. Christina hatte von einer Zeit gesprochen, in der ihre Schwester und ihre Mutter überhaupt nicht miteinander auskamen. Wie sie sagte, war sie dadurch in einer ganz schrecklichen Position, weil sie dazwischenstand und sich aus Angst vor dem Verlust der Liebe der Mutter nicht mit der Schwester verbünden und aus Angst vor der Wut der Schwester die Mutter nicht verteidigen konnte. Da sich Vivian von Mutter und Schwester gleichermaßen verletzt fühlte, brauchte sie sich nicht zu bemühen, beide zufriedenzustellen; diese Falle blieb ihr erspart. Und außerdem mußte sie durch die Notwendigkeit, die Ablehnung ihrer Mutter zu bewältigen (oder was sie dafür hielt), eine gewisse innere Stärke und Unabhängigkeit entwickeln.

Natürlich hebt der Vorteil, den nichtvorgezogene Kinder im Bereich der Unabhängigkeit haben, ihr Bedürfnis nach elterlicher Anerkennung nicht notwendig auf. Der Ausschluß aus dem magischen Bannkreis, der durch die Erwählung entsteht, treibt sie vielleicht in eine lebenslange Suche nach der Liebe und Anerkennung der Eltern, eine Suche, die um so verzweifelter wird, je ferner das Ziel rückt. Insofern lag Christina wahrscheinlich gar nicht falsch, als sie sagte, Vivian wollte von ihrer Mutter immer noch die Liebe, die sie jetzt, wo sie tot ist, nie mehr bekommen kann.

Unterm Strich können die Vorteile des Favoritentums der Eltern die Nachteile für die vorgezogenen wie die nichtvorgezogenen Geschwister bei weitem nicht aufwiegen, und diese Nachteile haben unter Umständen Konsequenzen weit über den Familienkreis hinaus. Die Erfahrung mit Vivian hatte bei Christina, wie sie sagte, zu einem stärkeren Mißtrauen gegen Frauenfreundschaften geführt, als ihr lieb war. »Ich bekomme schnell das Gefühl«, erklärte sie, »daß Frauen, die nicht genug von ihren Müttern bekommen haben, mich wie Vivian zu ihrer Mutter machen wollen, und deshalb breche ich den Kontakt ab, bevor die Beziehung wirklich eng wird. Ich will keine idealisierte Mutter sein, für niemandem. Ich will nicht immer und immer wieder zahlen müssen für die Nähe zu meiner Mutter, die meine Schwester nicht hatte.«

Vivian hatte ebenfalls Schwierigkeiten mit Frauenfreundschaften, was ihrer Meinung nach eine Konsequenz aus der festen Bindung zwischen Christina und ihrer Mutter war. Erst im Rahmen der Frauenbewegung, sagte sie, hätte sie gelernt, anderen Frauen zu vertrauen, ohne ständig Angst davor zu haben, ignoriert oder ausgeschlossen zu werden.

Besonders unglücklich war Vivian darüber, daß sie wegen der angespannten Beziehung zu Christina und ihrer Mutter ihr Ehe- und Familienleben so lange aufgeschoben hatte. »Ich habe nie den bewußten Entschluß gefaßt, keine Kinder zu bekommen«, sagte sie. »Aber ich hatte so vage das Gefühl: ›Wenn ich zwei Töchter hätte, würde ich mich umbringen.‹ Ich wollte die Probleme zwischen meiner Mutter und ihrer Schwester und zwischen Christina und mir nicht wiederholen.« Mittlerweile bereute sie die verlorene Zeit und wollte trotz ihrer 43 Jahre unbedingt noch schwanger werden.

Am schlimmsten waren aber für Christina wie für Vivian die permanenten Spannungen. Sie hatten es zwar geschafft, das finanzielle Erbe, das die Mutter ihnen hinterlassen hatte, gemeinsam zu investieren, aber das emotionale Erbe, der Schmerz, die Wut, der Groll und das Mißtrauen, das aus dem Favoritentum in der Familie erwachsen war, hatte jede echte Harmonie zwischen ihnen zerstört.

Trotz ihrer tiefen Verletzung glaubte Vivian nicht, daß ihre Mutter sie tatsächlich verletzen wollte. Sie sah Christinas Favoritenrolle als Konsequenz ihrer Ähnlichkeit mit der Tante und des Vertrauens, das die Mutter in Christina setzte. »Wenn ich zum Beispiel eine Spenderniere gebraucht hätte«, sagte sie, »hätte meine Mutter keine Sekunde gezögert, mir ihre Niere zu geben. Da bin ich mir ganz sicher. Was sie gemacht hat, die ganze unterschiedliche Behandlung von Christina und mir, das lief alles auf einer sehr unbewußten Ebene.«

Diese unbewußte Ebene ist dafür verantwortlich, daß aus einer individuell unterschiedlichen Behandlung der Kinder die Vorzugsbehandlung eines Kindes wird. Aber manche Eltern gehen auf dieser unbewußten Ebene noch einen Schritt weiter und machen ein Kind zum Sündenbock für sämtliche Probleme der Familie.

8. In Ungnade gefallen

In alten Zeiten, so berichtet die Bibel, wurde am Versöhnungstag einer von zwei Ziegenböcken durch das Los zum »Sündenbock« bestimmt und symbolisch mit allen bösen Taten und bösen Gedanken des Volkes belastet; anschließend wurde er in die Wildnis gejagt. Der andere wurde dem Herrn geopfert.

In unserer Zeit gibt es Familien, die einem ihrer Kinder wie dem Sündenbock der Vergangenheit alle bösen Taten und Fehltritte aufbürden. Die Eltern schimpfen mehr mit ihm als mit den anderen, geben ihm die Schuld an allem und jedem, und wenn sie es auch nicht in die Wildnis hinausjagen, machen sie es doch zum Außenseiter, dem der Ruf anhaftet, schwieriger und schwerer zu erziehen zu sein als seine Geschwister. Wie in dem alten Ritual wird diesem »bösen« Kind häufig ein »gutes« gegenübergestellt, das für die Eltern und andere Familienmitglieder als etwas Besonderes gilt. Wie andere Rollen, die Kinder in der Familie übernehmen, werden auch die Rollen des guten und des bösen Kindes zum festen Bestandteil von Selbstbild und Persönlichkeit.

In diesen Familien handelt es sich nicht um Favoritentum, sondern um das Gegenteil. Die Kinder (und später die Erwachsenen) werden nicht für die beste, sondern für die schlechteste Behandlung ausgewählt. Anders als bei Vivian und Christina erregt der Sündenbock bei seinen Brüdern und Schwestern keinen Neid, sondern neben Mitleid und Beschützerinstinkten vor allem eine Feindseligkeit, die der Feindseligkeit der Eltern entspricht. Und während viele Geschwister ein gewisses Maß von Favoritentum durchaus als relativ normales Verhalten in Familien begreifen, tritt die Ablehnung eines Kindes meist in Familien auf, deren generelle Interaktionen die Grenzen zwischen Normalität und Störung überschreiten.

Als ich mit dem Geschwisterprojekt begann, wollte ich mich ausschließlich auf »normale« Familien konzentrieren, mußte aber im Laufe der Interviews erkennen, daß die Grenze zwischen Normalität und Störung oft sehr dünn ist. Die Beschäftigung mit diesem Grenzbereich, der immer wieder erkennbar wurde, war bei der Untersuchung der Geschwisterbeziehungen letztlich nicht zu vermeiden.

Die Sündenbockrolle fällt in diesen Grenzbereich. Sehr viel häufiger als erwartet kamen in den Interviews die langfristigen Auswirkungen der Ablehnung eines der Kinder zur Sprache, unabhängig davon, ob die Interviewten selbst oder eins ihrer Geschwister zum Opfer dieser Ablehnung geworden war. Die Auswirkungen, von denen sie sprachen, waren oft sehr viel schlimmer als beim Favoritentum. Roy Deveau zum Beispiel, der Restaurantbesitzer und schwule Aktivist aus Dallas, hatte als Kind entsetzlich unter den Beleidigungen seines Vaters gelitten. Er hatte nicht einfach das Gefühl gehabt, sein älterer Bruder Eddy würde ihm vorgezogen; er hatte sich ungeliebt und unerwünscht gefühlt. Er sehnte sich sein Leben lang nach Anerkennung, von seinem Bruder wie von der Öffentlichkeit, weil er die Bitterkeit dieser Erfahrung nicht verwinden konnte.

Extremer war die Geschichte einer Journalistin aus Minneapolis, die das Verhalten ihres Vaters gegenüber ihrem älteren Bruder beschrieb. »Er hat nie die Taten kritisiert«, sagte sie von ihrem Vater, »sondern immer den Jungen. Wenn ich allein bin, höre ich immer noch das Echo seiner Stimme, die meinen Bruder entgegenbrüllt: ›Du bist ein Taugenichts.‹«

Obwohl ihr der Bruder leid tat, hatte sie wenig Kontakt mit ihm, weil er ein Eigenbrötler war, sich von der Familie fernhielt und keine Freunde hatte. Er hatte nie genügend Selbstbewußtsein entwickelt, um zu heiraten oder eine gute Stelle zu finden. Er war sehr schweigsam, und wenn er sprach, dann stotternd und fast unhörbar, so als wollte er auf gar keinen Fall auf sich aufmerksam machen. Ihren eigenen Erfolg führte die Journalistin darauf zurück, daß ihr als Vaters »kleines Mädchen« seine bissigen Bemerkungen erspart geblieben waren, aber auch darauf, daß sie als Teenager von zu Hause weggegangen war und bei Freunden und Verwandten Zuflucht gesucht hatte, um nicht ebenfalls eines Tages den Zorn ihres Vaters auf sich zu ziehen.

Aber selbst in weniger drastischen Fällen kann die Sündenbockrolle lebenslange Wunden hinterlassen. Zum Sündenbock können Kinder von einem Elternteil oder beiden, Eltern und Geschwistern oder gelegentlich auch nur von Geschwistern gemacht werden. Wenn nur ein Elternteil einem Kind zusetzt und dauernd Grund zur Klage findet, kann der andere einspringen und seinen Schutz anbieten. Doch auch dieser Schutz kann die Seelenqualen eines Kindes nicht wiedergutmachen, das unter der Abneigung von Mutter oder Vater leidet. Und oft genug fühlt sich der andere Partner nicht imstande, die Situation zu verändern, oder hält sich passiv zurück und bewahrt den ehelichen Frieden, indem er sich in die Kämpfe der anderen nicht einmischt. Es war für Roy Deveau wichtig zu wissen, daß seine Mutter ihn liebte, aber ihre Liebe war kein Ausgleich für die Abneigung seines Vaters.

Geschwister fühlen sich meist ebenfalls nicht in der Lage, dem Bruder oder der Schwester zu helfen, auf dem oder der Mutter oder Vater herumhacken. Vielfach halten sie das »böse« Kind auf Distanz, aus Angst, die eigene Position bei den Eltern zu gefährden oder das nächste Opfer zu werden, wie es bei der Journalistin der Fall war. Jüngere Geschwister fühlen sich besonders hilflos und haben oft Angst um ihre eigene Sicherheit, wenn sie mitbekommen, daß eins der älteren den Sündenbock spielen muß. Ältere Geschwister neigen in solchen Fällen eher dazu, den jüngeren zu helfen, beschränken diese Hilfe aber meist auf heimlichen Trost und Zeichen von Mitleid, ohne sich offen gegen die Eltern zu stellen. Eddy Deveau hatte oft den Puffer zwischen Roy und seinem Vater gespielt, und dafür war Roy ihm ewig dankbar. Aber wie Roy sagte, hatte Eddy auch eine gewisse Befriedigung darin gefunden, nicht die Zielscheibe der Wut des Vaters zu sein; die Beschützerrolle hatte er erst relativ spät übernommen.

Wenn eine Familie ein Kind zum Sündenbock stempelt, dann taucht sofort die Frage nach dem Warum auf. Warum verhalten sich Eltern, die ihre Kinder doch fast immer wirklich lieben und das Beste für sie wollen, auf eine Weise, die ihre Kinder nur verletzen kann? Wie kommt eine Mutter oder ein Vater dazu, einem ihrer Kinder nicht die vertrauten Rollen wie etwa »der kluge Kopf« oder »die Schöne«, »die Intelligente« oder »der Sportliche« zuzuschreiben, sondern die des »Schwierigen«, der »Bösen«, der »Unruhestifterin« oder des »Taugenichts«?

Oberflächlich betrachtet, scheinen die Ursachen für negative Rollenzuschreibungen simpel zu sein und sich nicht von denen zu unterscheiden, die der Bevorzugung eines Kindes zugrunde liegen. Dazu zählen auch geschlechtsbedingte Vorurteile. Für den Vater der Journalistin zum Beispiel war der Sohn unbewußt vielleicht ein Konkurrent oder eine Bedrohung der eigenen Person, während die Tochter, sein »kleines Mädchen«, keine Gefahr für ihn darstellte. Enttäuschte Erwartungen in die Fähigkeiten oder

Leistungen eines Kindes sind ein anderer wesentlicher Grund. Eltern, für die Schulleistungen, sportliche Erfolge oder Schönheit sehr wichtig sind, weisen ein Kind zurück, wenn es ihren Erwartungen nicht genügt, und stürzen sich auf das oder die anderen. Roy Deveaus Vater haßte es, daß sein jüngster Sohn ein »Waschlappen« war und sich statt für Sport für Kunst und Musik interessierte, womit weder er noch Eddy etwas anfangen konnten.

Vor allem aber ist auf dieser Ebene eine grundlegende Unvereinbarkeit zwischen Eltern und Kind wichtig, eine »schlechte Anpassungsfunktion« in den Bereichen Temperament und Persönlichkeit. Norman MacLean hat eine solche Unvereinbarkeit in seiner autobiographischen Erzählung »Aus der Mitte entspringt ein Fluß« beschrieben, in der es um seinen jüngeren Bruder Paul geht. Der Vater, ein presbyterianischer Geistlicher, hatte sehr genaue Vorstellungen von Kindererziehung, und er war fassungslos, als sein sturer Jüngster sich weigerte, zum Frühstück Haferflocken zu essen.

»Meine Mutter und ich sahen Morgen für Morgen mit Entsetzen zu«, schrieb er, »wenn dieser schottische Geistliche sein kleines Kind dazu bringen wollte, Haferflocken zu essen. Auch mein Vater war entsetzt – zuerst, weil ein Kind seines eigenen Fleisches Gottes Hafer nicht essen wollte, und dann, als die Tage vergingen, weil sein Knirps von Kind sich als härter erwies als er. Während der Geistliche wütete, senkte das Kind seinen Kopf über das Essen und faltete die Hände, als ob sein Vater das Tischgebet spräche... Je hitziger mein Vater wurde, desto kälter der Haferbrei...«

Für Väter, die Autorität und Gehorsam erwarten, können Trotz und Auflehnung so aufreizend wirken, daß sie dieses Kind schließlich als Problemkind betrachten und behandeln. Obwohl MacLean in seiner Geschichte den Vater als einen liebevollen Mann schilderte, der beide Söhne sehr gern hatte, wurde aus dem Jüngsten später ein Alkoholiker und Gelegenheitsdieb. Natürlich kann man das Verhalten des Erwachsenen nicht direkt aus der einen Frühstücksszene ableiten. Aber es kommt bei dieser Art der Unvereinbarkeit oft genug vor, daß sich die Kinder schließlich von der Familie abwenden und ihrer eigenen Wege gehen.

Obwohl es selten ist, soll doch erwähnt werden, daß in manchen ethnischen Gruppen Eltern dazu neigen, ihre Kinder von Geburt an in moralische Kategorien wie gut und böse, stark und schwach einzuordnen und dann entsprechend zu behandeln. Die Psychotherapeutin Monica McGoldrick hat in ihrem Aufsatz über irisch-amerikanische Familien eine Mutter erwähnt, die ihre Kinder stets als »mein Denny, die arme Betty und diese Kathleen« bezeichnete und damit klar machte, in welche Kategorie sie gehörten. Daß das Verhalten »dieser Kathleen« allen Ansprüchen an ein lästiges, schwieriges Kind genügte, kann da nicht verwundern.

Aber in den meisten Fällen, in denen Eltern konsequent ein Kind als Sündenbock abstempeln oder sich auch nur andauernd übertriebene Sorgen um dieses Kind machen, verdecken solche oberflächlichen Ursachen nur die tieferen Gründe, die eng mit der Familie und mit persönlichen Problemen verknüpft sind.

Für die Familientherapie ist jede Familie ein System, ein Organismus, in dem alle Mitglieder oder Teile zusammenwirken. So betrachtet, folgen die Beziehungen in der Familie Verhaltensmustern, deren sich die einzelnen Familienmitglieder nicht bewußt sind. Alles, was Einfluß auf ein Mitglied hat, beeinflußt auch alle anderen Mitglieder. Wenn also ein Familienmitglied als Problem gilt, dann *spiegelt* es in Wirklichkeit ein Problem des gesamten Familiensystems. Meistens handelt es sich dabei um ein Problem in der Ehe der Eltern, das die Partner nicht zugeben können oder wollen. Wenn sie dann einem Kind die Rolle des »Gestörten« oder »Schwierigen« zuweisen, benutzen sie es unbewußt dazu, von den eigenen Schwierigkeiten abzulenken.

Das funktioniert dann zum Beispiel so: Betty und Bob hatten einen Sohn im Schulalter und eine jüngere Tochter. Betty war schon seit einigen Jahren von Bob enttäuscht, weil sie fand, daß er in der Elektronikfirma, in der er arbeitete, nicht schnell und nicht weit genug aufstieg. Sie warf ihm vor, er wäre faul, und beschimpfte ihn, wenn einer seiner Kollegen befördert wurde. Er reagierte darauf mit emotionalem Rückzug. Seit kurzem machte sich Betty Sorgen, weil ihr Sohn Bill, der in die 3. Klasse ging, bei seinen Schularbeiten ebenfalls »faul« und »nachlässig« war. Sie sprach mit Bob darüber, und beide Eltern ermahnten Bill, gewissenhafter zu sein. Aber je größer der Druck wurde, desto trotziger wurde Bill. Bald verbündeten sich Vater und Mutter und erklärten Bill gemeinsam zum Problemkind, ungehorsam und schwer zu bändigen, vor allem natürlich im Vergleich zu seiner süßen, gehorsamen kleinen Schwester. Im Laufe der Zeit wurde Bill zum schwarzen Schaf der Familie: Zu Hause war er als muffig und trotzig, in der Schule als Störer verschrien.

In dem Maße, in dem Bills Schwierigkeiten eskalierten, wurde aus Bob und Betty ein Team hingebungsvoller Eltern, die sich die größten Sorgen um ihren Sohn machten. Betty nörgelte nicht mehr an Bob herum, und er verschloß sich nicht mehr, sondern konnte sich mit ihr über seine Enttäuschung über Bill unterhalten. Sie hatten gemeinsam einen Mythos errichtet: Ihre Ehe wäre glücklich und problemfrei, wenn da nur nicht diese Probleme mit Bill wären.

Systemisch betrachtet haben Betty und Bob, ohne es zu merken, Bill als Sündenbock benutzt, um ihre Eheprobleme zu verleugnen oder zu vergraben. Und Bill hat, ohne sich dessen bewußt zu sein, durch die Übernahme der Rolle des Familienproblems mit ihnen kollaboriert. Durch sein negatives Verhalten hat er die Ehe der Eltern gerettet.

Die Probleme, zu deren Lösung sich Eltern innerhalb des Familiensystems eines Sündenbocks unter ihren Kindern bedienen können, sind zahlreich. Ein Problemkind kann zum Beispiel den Alkohol- oder Drogenmißbrauch eines Elternteils verbergen oder durch die Emotionen, die es auslöst, eine langweilige, tote Ehe beleben. Immer aber nehmen sämtliche Mitglieder des Familiensystems, Eltern, Kinder und das Sündenbock-Kind selbst, ihre jeweiligen Plätze ein und erfüllen die Bedingungen, die dafür sorgen, daß die wirklichen Schwierigkeiten der Familie nicht an die Oberfläche dringen.

Die systemische Theorie der Familie bietet einen Zugang zu den dunklen, tieferliegenden Ursachen für die Sündenbockzuschreibung. Ein anderer Zugang besteht darin, die Eltern nicht so sehr als Teil eines Systems, sondern als Individuen zu sehen, die unbewußt ihre eigenen inneren Konflikte auf das Kind verschieben. (Unter Verschiebung versteht man den psychischen Mechanismus, bei dem Gefühle, die durch eine bestimmte Ursache oder ein bestimmtes Ereignis hervorgerufen wurden, auf etwas anders gelenkt werden. Wenn ein Mann nachmittags von seinem Chef angebrüllt wird und abends zu Hause dem Hund einen Tritt gibt, hat er seine Wut auf den Chef auf ein ungefährlicheres Ziel verschoben.)

Auch hier ist Roy Deveau wieder ein gutes Beispiel: Einerseits eignete er sich für den Vater zum Sündenbock, weil er so verschieden von Eddy war, andererseits könnten aber auch die persönlichen Probleme des Vaters dafür verantwortlich sein. Der Vater, der sich als Versager sah, weil er die Familienranch nicht halten konnte, befreite sich ein Stück weit von seinem Selbsthaß, indem er seine Wut auf den Sohn verschob, der keine Ähnlichkeit mit ihm selbst hatte, und sich an dem Sohn erfreute, der ihm ähnlich war. Außerdem mußte in der schlimmsten Phase seines beruflichen Lebens, als er seine Familie kaum noch ernähren konnte, seine Frau als Köchin das nötige Einkommen beschaffen. Weil ihr Verdienst für das Überleben der Familie notwendig war, konnte er Scham und Groll nicht auf sie richten und verschob sie ebenfalls auf den jüngsten Sohn. Roy wäre demnach das Opfer der Verbitterung und des Scheiterns seines Vaters gewesen.

Der Haß, die Furcht oder der Neid, die sich auf Verwandte der Eltern richten, zählen zu den destruktivsten Gefühlen, die Eltern auf ein Kind verschieben können. Sie sind deshalb so destruktiv, weil sie einerseits oft ungeheuer intensiv sind, andererseits aber so tief in die Vergangenheit zurückreichen, daß den Eltern die Verbindung nur sehr selten bewußt wird. Ähnlich neigen Eltern oft dazu, Bilder der eigenen Eltern, Großeltern oder anderer Verwandte auf ein Kind zu projizieren und es so zu behandeln, als ob es diese Person *sei*. Das Kind bekommt dann zum Beispiel den Namen eines Verwandten, den Vater oder Mutter verachten, in der unbewußten, magischen Hoffnung, daß es sie oder ihn irgendwie für all das Unangenehme, das mit dem Namen assoziiert ist, entschädigen wird. Gleichzeitig steht es aber auch im Schatten des abgelehnten Menschen; es wird schlecht behandelt und hat so von Anfang an kaum Hoffnung auf Erfolg.

Unter den vielen Bildern, die auf Kinder projiziert werden, ist die Identifikation mit den Geschwistern der Eltern, die dasselbe Geschlecht und die gleiche Position in der Geschwisterreihenfolge haben, wohl die wahrscheinlichste. Und so wie Eltern bei der Favoritenbildung oft ihre eigenen Geschwistererfahrungen wiederholen, indem sie das Kind vorziehen, das dieselbe Position in der Geschwisterreihe hat wie sie, kann die Wiederholung der Erfahrung auch dazu führen, daß sie ein bestimmtes Kind ablehnen. Vivian zum Beispiel, die sich von ihrer Mutter weniger geliebt fühlte als die ältere Schwester Christina (vgl. 7. Kapitel), führte die unterschiedliche Behandlung durch die Mutter zum großen Teil darauf zurück, daß sie einer Tante ähnlich sah, die ihre Mutter nicht leiden konnte. Ihrer Meinung nach hatte die Mutter, ohne es zu wissen, sie so behandelt, als ob sie tatsächlich diese Tante wäre.

Wenn Eltern eine derartige Verbindung zwischen einem ihrer Kinder und einer eigenen Schwester bzw. einem eigenen Bruder herstellen, schleudern sie dem Kind nicht selten die ganze Wut oder Ablehnung entgegen, die sie früher nie zu zeigen wagten. Unbewußt benutzen sie es dazu, alte Rechnungen zu begleichen.

Eine Frau hatte nach der Geburt ihres zweiten Sohnes Probleme und ließ sich therapeutisch beraten. Sie erklärte der Therapeutin, nach der Geburt des ersten Sohnes wäre sie »unendlich glücklich« gewesen, aber die Geburt des zweiten hätte sie so unberührt gelassen, daß sie fürchtete, ihn völlig zu vernachlässigen. In der therapeutischen Arbeit wurde schließlich deutlich, daß sie als mittleres von zehn Kindern sich immer gewünscht hatte, ein Einzelkind zu sein und sich die Eltern nicht mit soviel anderen Geschwistern teilen zu müssen. Auf der symbolischen Ebene hatte sie sich mit ihrem ersten Sohn identifiziert, und aus dieser Perspektive drohte der zweite ihn (bzw. sie) wegzudrängen, so wie die Geschwister sie immer weggedrängt hatten. Sie wünschte ihn weg, und diesen Wunsch drückte sie aus, indem sie ihn vernachlässigte.

Kinder, die durch Identifizierung mit abgelehnten Geschwistern der Eltern oder aus anderen Gründen zum Sündenbock gestempelt werden, *werden* oft tatsächlich zu dem, was ihnen vorhergesagt wurde: Störenfriede und schwarze Schafe in der Kindheit, aggressive, verletzte oder gestörte Menschen im Jugend- und Erwachsenenalter (es sei denn, sie werden völlig erdrückt, wie der Bruder der erwähnten Journalistin, der passiv, innerlich tot und beziehungsunfähig ist, oder sie gehören zu der kleinen Gruppe von Kindern, die als »unverwüstlich« bezeichnet werden, das heißt, die anscheinend selbst aus den furchtbarsten Kindheitserfahrungen unbeschadet hervorgehen, weil sie entweder ein robusteres Temperament haben als andere oder – wie die Journalistin – Menschen finden, die sie schützen.)

Die Kinder verhalten sich, so seltsam es auch klingen mag, deshalb entsprechend diesen Bildern, weil sie das Bedürfnis der Eltern spüren, sie in einem bestimmten Licht zu sehen. Wenn sie dieses Bedürfnis befriedigen, machen sie den Eltern Freude, wenn auch auf eine sehr komplizierte und verdrehte Weise, und können sich so trotz allem sicher fühlen. Man kann es auch umgekehrt ausdrücken: Es kann für ein Kind zu riskant und verwirrend sein, sich *nicht* an die Bilder zu halten, selbst wenn das bedeutet, sich verbiegen und entstellen zu müssen, um der elterlichen Schablone gerecht zu werden. Vom systemischen Standpunkt aus gesehen kollaboriert das Kind, das zum Sündenbock gemacht wird, unbewußt mit den Eltern, um zum Beispiel die Spannungen in der Ehe zu verdecken, denn die Angst vor einer Trennung der Eltern kann unter Umständen unerträglicher sein als die Einhaltung des vorgegebenen Skripts.

Entsprechend brauchen Kinder auch den Glauben, daß ihre Eltern gut sind und immer für sie sorgen werden. Auch wenn es sehr schmerzlich ist, die Schuld für alle Probleme auf sich zu nehmen, ist es doch immer noch sicherer und weniger bedrohlich als die Vorstellung, die Eltern, von denen sie total abhängig sind, könnten tatsächlich böse oder schwierig, gestört oder gleichgültig sein.

Zudem formt die Sichtweise der Eltern, so negativ sie auch sein mag, immer auch die Selbstbilder ihrer Kinder. In ihrer umfassenden Untersuchung junger Geschwister in Cambridge hat Judy Dunn zum Beispiel einen deutlichen Zusammenhang zwischen der Behandlung von Schulkindern durch die Eltern und ihrem Selbstwertgefühl festgestellt. Kinder, die sich schlechter behandelt fühlten als die Geschwister, hatten auch das niedrigste Selbstwertgefühl. Das heißt, wenn Eltern ein Kind so behandeln, als sei es wertlos, hält dieses Kind (und später der oder die Erwachsene) sich oft tatsächlich für wertlos.

Aus einer anderen Perspektive kann man auch sagen, daß Kinder die ihnen zugeschriebene Rolle als schwarzes Schaf erfüllen, weil diese Rolle auch Vorteile hat. Es kann auch spannend sein, wenn man die Position des nichtangepaßten Kindes hat, das aus der Geschwistergruppe herausragt und zum Zentrum der allgemeinen Aufmerksamkeit wird. Kinder, die als böse oder lästig gelten und sich um Liebe und Zuwendung betrogen fühlen, entdecken schließlich, daß sie um so mehr Aufmerksamkeit bekommen, je mehr Probleme sie machen, und machen entsprechend um so mehr Probleme, je mehr Aufmerksamkeit sie dafür bekommen.

Aber neben den »Vorteilen« bringt die Sündenbockfunktion auch intensivste Wut- und Frustrationsgefühle durch die ständige Kritik von Eltern und Geschwistern mit sich und bietet besonders in der Adoleszenz paradoxerweise auch eine gute Möglichkeit, diese Wut und Frustration voll auszudrücken, den Familienmitgliedern ihre Vorwürfe zurückzugeben und ihnen zu zeigen, daß man ihnen überlegen ist.

Die 27jährige Stenotypistin Natalie war immer die »Böse« in der Familie, wie sie sagte, weil sie unabhängiger war und offener als die angepaßtere ältere Schwester und der verwöhnte jüngere Bruder sagte, was sie dachte. Die Auseinandersetzungen mit den Eltern eskalierten, als sie ins Teenageralter kam, und ihre Mutter warf ihr unter anderem vor, sie sei »kaltherzig« und »unaufrichtig«. Daraufhin setzte sie die Vorwürfe ihrer Mutter in die Tat um: Sie distanzierte sich von der Familie und verlegte ihre Aktivitäten »in den Untergrund«, trank mehr, als gut für sie war, suchte sich Freundinnen und vor allem Freunde, die ihre Eltern ablehnten, und machte lange Ausflüge, ohne jemandem zu sagen, wohin oder wann sie zurückkäme.

Die ständigen Vergleiche mit ihrer Schwester, so Natalie, hätten sie in ihrem Entschluß, »böse« zu sein, nur bestärkt. Damit hat sie einen letzten und wichtigen Grund dafür genannt, warum Kinder ihren negativen Rollen gerecht werden. Wie bei den Platt-Brüdern (vgl. 1. Kapitel) und vielen anderen Geschwistern drängen die charakteristischen Merkmale des einen den anderen tendenziell in die entgegengesetzte Richtung. Wo eins der Kinder ständig gelobt wird, bleibt dem anderen unter Umständen nur noch die Rolle des »Bösen«. Natalie sagte, ihre Schwester hätte für sie jahrelang »die Gesamtmenge aller Gebote, sämtlicher richtigen Verhaltensweisen« repräsentiert. Je gehorsamer die Schwester in ihren Augen war, desto rebellischer wurde Natalie; je enger sich die Schwester an die Eltern anschloß, desto weiter zog sich Natalie zurück.

Die Erkenntnis, daß Sündenböcke ihre negative Kategorisierung in ihr Selbstgefühl integrieren, trifft umgekehrt auch für ihre »engelhaften« Geschwister zu, mit dem Unterschied, daß bei ihnen die Kategorisierung und damit das Selbstgefühl positiv ist. Eine Möglichkeit zur Bewahrung dieser positiven Identität besteht darin, immer dicht bei den Eltern zu bleiben, wie das bei Natalies Schwester der Fall war. Schachter und Stone haben bei ihrer Forschung zu den Gegensätzen von Geschwistern festgestellt, daß die übermäßig favorisierten Kinder, die »Engelchen« der Familie, dazu neigen, sich an die Eltern zu klammern, teils aus Gründen des Selbstschutzes, teils aber auch, um die Unterschiede zu den »kleinen Teufeln« unter den Geschwistern klar zu machen. Ihre Beobachtungen von Kindern in einer klinischen Umgebung haben gezeigt, daß die »Engelchen« von ihren wütenden und frustrierten »Teufelchen«-Geschwistern belästigt wurden, sich aber nicht wehrten, sondern die Eltern zu Hilfe riefen, die dann auch prompt herbeieilten, um sie zu beschützen. Ein solches Verhalten verstärkte nicht nur die wechselseitige Sicht der Geschwister und ihre Selbstsicht als »böse« oder »gut«, sondern verhinderte auch, daß die Kinder lernten, ihre Schwierigkeiten selbst auszutragen, wie es normalerweise bei Geschwistern der Fall ist.

Aber auch die »guten« Geschwister kommen nicht ungeschoren davon. Wie der »unbefleckte« Ziegenbock des biblischen Reinigungsrituals werden sie auf dem Altar des Familiensystems und der psychischen Bedürfnisse der Eltern geopfert. Durch ihr verantwortliches Verhalten und gutes Benehmen sind sie der lebende Beweis für die Güte und Fähigkeiten der Eltern; ihr Verhalten demonstriert, daß mit den Eltern, die ein so braves Kind produzieren konnten, alles in Ordnung sein muß. Die guten Kinder müssen den idealisierten Bildern der Eltern und den Rollen, die ihnen zugeschrieben werden, ständig gerecht werden. Dann behalten sie ihren Status und verstärken das Selbstbild der Eltern.

Eine Frau in den Fünfzigern, deren Schwester von den Eltern schon vor langer Zeit als »wild« und »unberechenbar« abgeschrieben worden war, fragte sich laut, ob ihren Eltern wohl klar sei, was das alles für sie bedeutet hatte. Die Rolle der guten Tochter hieß für sie, daß sie ihr Leben lang die Bedürfnisse der Eltern befriedigen mußte. »Ob sie wohl je daran gedacht haben, daß ich eine richtige Kindheit gebraucht hätte? Daß sich jemand um *meine* Bedürfnisse hätte kümmern müssen?« fragte sie voller Wut. Anklänge davon fanden sich auch in Natalies Beschreibung ihrer Schwester, die, wie sie sagte, unglücklich verheiratet war, aber Angst vor der Trennung hatte, über die sich ihre Eltern aufregen würden. »Ich glaube, meine Schwester steckt in einer schlimmeren Falle als ich«, sagte sie. »Sie *mußte* immer gut sein, und sie fängt gerade an, das zu begreifen.«

Natalie sagte, sie sei »schrecklich traurig« darüber, daß es durch die Polarisierung selbst im Erwachsenenalter »keine Gemeinsamkeiten« zwischen ihrer Schwester und ihr gäbe. In der letzten Zeit, seitdem ihre Schwester endlich einzusehen begann, daß auch sie eine Art Sündenbock gewesen war, waren sie sich allerdings ein wenig nähergekommen. Somit hatten sie mehr Glück als viele andere Geschwister in ähnlichen Situationen, bei denen die Konsequenzen der Sündenbockrolle nie wieder gutgemacht werden konnten und die Verletzung und Verbitterung des abgelehnten wie die Anforderungen an das bevorzugte Kind zu einer dauernden Belastung wurden.

Die Familie Dorman aus New Jersey nimmt unter den in dieser Weise belasteten Familien, die ich bei meiner Untersuchung kennengelernt habe, wegen des extremen Ausmaßes der Ablehnung und Idealisierung über zwei Generationen von Erwachsenen einen herausragenden Platz ein. Obwohl ihre Geschichte sehr drastisch ist, werden darin Elemente deutlich, die in gemäßigterer Form auch in anderen Familien auftreten, die Kinder zum Sündenbock stempeln.

Ich lernte nicht die gesamte Familie kennen, weil die Mutter, die für einen Großteil des Dramas verantwortlich war, bereits gestorben war. Zwei der Töchter und der Vater erzählten mir die Familiengeschichte; die dritte und älteste Tochter, die das Hauptopfer war, hatte jeden Kontakt zu ihren Schwestern abgebrochen und weigerte sich, über ihr Leben zu sprechen.

Kontakt zu der Familie bekam ich durch Patty, die mittlere Schwester, die nach einem Vortrag im Gemeindezentrum zu mir kam, weil sie glaubte, einer Familie wie der ihren wäre ich wohl noch nicht begegnet. Sie erzählte, daß ihre ältere Schwester Meredith und sie gerade nicht miteinander sprachen, nachdem die Beziehung jahrelang »mal lief, mal nicht lief, aber meistens lief sie nicht«, wie Patty halb lachend, halb ernst sagte. Ihr sei klar, daß ihre Schwester ein sehr schweres Leben gehabt habe, aber genug sei genug, und sie habe nicht vor, sich *ihr* Leben lang an allem die Schuld geben zu lassen, was in der Vergangenheit passiert war. Der Bruch sei schon eine Tragödie, gab sie zu, vor allem, weil ihre Mutter mit ihren drei Schwestern 23 Jahre lang nicht gesprochen und sich erst kurz vor ihrem Tod mit zwei von ihnen wieder versöhnt hatte. Eine dieser Schwestern, Pattys jüngste Tante, hatte sie beschworen, nicht dasselbe zu machen.

»Sie sagte: ›Mach das nicht, du weißt nicht, wie schrecklich das ist‹«, sagte Patty. »Ich habe ihr gesagt, ich würde sie ja verstehen. Das tue ich auch, aber bei uns ist einfach zu viel passiert, als daß wir je wieder zusammenkommen könnten.«

Sie gab mir die Telefonnummer ihrer jüngsten Schwester Vicki, die in Mexiko lebte, und meinte, Vicki habe durch ihren Umzug vor vielen Jahren zwar einen großen Teil der Aufregungen in der Familie versäumt, könne aber vielleicht doch etwas Wichtiges dazu sagen. Aber am besten wäre es wohl, wenn ich mit ihrem Vater spräche. Also rief ich ihn an und verabredete einen Termin.

Patty, Anfang 40, war mit ihrer guten Figur, dem langen, dunklen Haar und den grünen Augen ausgesprochen attraktiv. Deshalb war ich nicht und den grünen Augen ausgesprochen attraktiv. Deshalb war ich nicht überrascht, daß auch ihr Vater, der pensionierte Elektriker Lew Dorman, ein gutaussehender Mann Ende der Sechzig war. Er war ungeheuer aufgeregt, weil er noch nie eine Schriftstellerin kennengelernt hatte, geschweige denn von einer interviewt worden war, und konnte es kaum erwarten anzufangen. Er hatte viel Zeit, und er redete gerne. Als er zum ersten Mal in mein Büro kam, war ich noch nicht mit dem Einzug fertig, im Flur standen volle Kartons, und Bücherkisten stapelten sich bis zur Decke. Aber das bemerkte er gar nicht. Er rückte den einzigen freien Stuhl dicht an meinen Schreibtisch, setzte sich und fing an zu reden. Vier Stunden später, beim Abschied, zog er seinen Taschenkalender heraus und schlug vor, wir sollten uns in zwei Tagen wieder treffen.

Bei diesem ersten Treffen war er besonders gutgelaunt, weil er sich zum ersten Mal seit dem Tode seiner Frau vor einem Jahr wieder verliebt und sogar die Nacht mit seiner neuen Liebe verbracht hatte. Er war so stolz wie ein Teenager nach seiner ersten sexuellen Eroberung, vielleicht sogar stolzer, weil er Vergleichsmöglichkeiten besaß und keinerlei Scheu hatte, darüber zu reden.

»Ich muß ehrlich sein«, sagte er, »meine Frau war nie so zärtlich zu mir wie diese Frau. Meine Frau, sie hieß Honey, war die erste Frau in meinem Leben. Wir waren 45 Jahre verheiratet, und ich kannte es nicht anders. Jetzt habe ich diese Frau getroffen, und sie ist so liebenswürdig. Ich glaube, sie hat mir in diesen zwei Wochen mehr Liebe gegeben, als ich in meinem ganzen Leben bekommen habe.«

»Das klingt, als wäre Ihre Frau kein sehr warmherziger Mensch gewesen«, sagte ich in meinem neutralsten Interview-Ton. Ich war durchaus neugierig auf seine Ehegeschichte, aber ich hatte bereits ein Buch über langjährige Ehen geschrieben und wollte zum Thema Geschwister kommen. »Wie hat sie sich zu Ihren Töchtern verhalten?«

»Das will ich Ihnen sagen.« Er lehnte sich zurück, verschränkte die Hände hinterm Nacken und schüttelte den Kopf. »Als unsere älteste Tochter Meredith geheiratet hat, hat meine Frau es abgelehnt, sich an der Zeremonie zu beteiligen. Ich habe Meredith in die Kirche geführt, und die beiden anderen Mädchen waren Brautjungfern. Der Vater des Bräutigams war Trauzeuge, seine Mutter wurde vom Küster in die Kirche geführt. Aber Honey mischte sich unter die Gäste und setzte sich ganz nach hinten, als ob sie die Braut nur flüchtig kannte. Dieser Haß, dieser Haß auf das eigene Kind! Es war eine ganz schreckliche Sache.«

»Hat sie Meredith wirklich gehaßt?«

»Sie hat sich jedenfalls so verhalten. Sie hat sie geschlagen, sie angebrüllt. Es gab entsetzliche Szenen.« Er starrte mich an, es juckte ihn, die Familiengeschichte zu erzählen, aber so, als hätte das alles mit ihm gar nichts zu tun.

»Wie hat sie Ihre anderen beiden Töchter behandelt?«

»Patty haben Sie ja kennengelernt, da wissen Sie ja, was für ein prima Mädchen sie ist.« Als ich zustimmend nickte, strahlte er. »Honey hat sie geliebt. Das ist bei ihr auch nicht schwer.«

»Und Vicki?« fragte ich.

»Sie war zäh, ein sehr, sehr zähes kleines Schätzchen«, fing er an. »Und sie war ungeheuer klug. Ein großartiges Mädchen. Sie wußte, was sie wollte, und hielt sich aus dem Streit ihrer Schwestern heraus. Mit 18 hat sie geheiratet und ist weggezogen mit diesem Ehemann, nach Mexiko. Ich habe ihn nie leiden können, und sie sind jetzt ja auch geschieden. Aber sie ist mit den beiden Töchtern da unten geblieben.« Später erfuhr ich von Vicki am Telefon, daß sie es nicht hatte abwarten können, aus dem Haus zu kommen, weg von »der Schreierei und den Szenen zwischen Mutter und Meredith«.

»Was war mit Meredith los, daß Ihre Frau sie so behandelt hat?« fragte ich Mr. Dorman.

»Das war ihre älteste Schwester, die hat meine Frau dazu gebracht, sich gegen ihr eigenes Kind zu stellen«, erwiderte er. »Sie war vier Jahre älter als Honey, aber sie hat erst fünf Jahre nach uns geheiratet und war immer eifersüchtig auf uns. Ihr Mann war bei der Feuerwehr und hat sich nie um sie gekümmert. Ich war wirklich gut zu Honey, und ich habe mehr Geld verdient als die Ehemänner ihrer Schwestern. Habe ich schon gesagt, daß Honey auch zwei jüngere Schwestern hatte? Sie haben alles gemacht, was die älteste ihnen sagte. Alle. Jedenfalls, die älteste hatte auch drei Töchter, genau wie wir. Aber sie waren wild, hatten dauernd Ärger, und deshalb war sie eifersüchtig auf unsere Kinder, und vor allem auf meine erste, Meredith, weil die so eine Schönheit war.«

Patty und Vicki bestätigten diese Eifersucht. »Alle meine Tanten waren eifersüchtig, weil Mami als erste geheiratet hat, obwohl sie nicht die Älteste war«, erklärte Patty. »Und dann kam Meredith und war so ein prächtiges Kind, und das hat die anderen noch mehr geärgert.« Bei einem unserer Treffen zeigte mir Patty Fotos von Meredith als Säugling, als Teenager und als Erwachsene. Sie war tatsächlich »prächtig«; sie besaß eine fast ätherische Schönheit und erinnerte mit ihrem leuchtenden Teint und der hohen Stirn an Portraits aus der Renaissance.

»Sie ist die hübscheste der Familie«, sagte Patty neidlos, »und das konnten meine Tanten nicht ertragen. Sie haben sich immer mit ihr gestritten, vor allem meine älteste Tante. Meine Eltern hätten ihnen sagen sollen, sie sollten sich um ihren eigenen Kram kümmern, aber das haben sie nie getan.«

Die Frage, warum der Vater seine Tochter nicht beschützt hatte, hob ich mir für später auf. Zunächst beschäftigte ich mich mit der Frage, warum Honey, die Mutter, ihre Tochter nicht nur nicht beschützt, sondern sich mit ihren Schwestern auch noch gegen sie verbündet hatte. Was ich daraufhin von Merediths Vater und ihren zwei Schwestern erfuhr, war eine seltsame Geschichte von Dominanz, Haß und verschobener Wut.

Die Dominanz kam von Honeys ältester Schwester Ray, die, wie Lew Dorman gesagt hatte, ihre drei jüngeren Schwestern völlig beherrschte. Ihr Vater war ein Spieler und Trinker gewesen und hatte seine Familie verlassen, als die Schwestern noch Kinder waren. Die Mutter, »eine richtig altmodische, fette kleine Polin«, wie ihr Schwiegersohn sagte, litt ständig unter allen möglichen echten oder eingebildeten Krankheiten und überließ sämtliche Familienangelegenheiten der ältesten Tochter. Ray regierte ihre Schwestern mit eiserner Hand und sorgte mit verbalen, aber auch körperlichen Züchtigungen für Ordnung. Die drei jüngeren hatten Angst vor ihr und gehorchten ihr bedingungslos.

Auch nach Honeys Heirat bestimmte Ray deren Leben. »Wenn Entscheidungen anstanden, die uns betrafen, hat sie mir immer erzählt, was ihre Schwester Ray dazu meinte«, erinnerte sich Mr. Dorman. »Ich habe dann gesagt: ›Ich bin dein Mann. Warum glaubst du ihr mehr als mir?‹ Und sie hat dann gesagt: ›Weil Blut nun mal dicker ist als Wasser.‹« Nach Merediths Geburt mischte sich Ray immer häufiger ein. Sie war damals unverheiratet und ließ kein gutes Haar an Honeys Tochter. Sie zog auch die jüngeren Schwestern auf ihre Seite, und gemeinsam hackten sie während der gesamte Kindheit Merediths auf ihr herum und kritisierten sie.

Und statt sich schützend vor die Tochter zu stellen oder, wie Patty gesagt hatte, sich die Einmischung der Schwestern zu verbitten, duldete Honey ihr Verhalten nicht nur, sondern übertraf es noch.

»Oh, Honey war sehr hart zu Meredith«, sagte Mr. Dorman mehrfach, und ein oder zweimal fügte er auch hinzu: »Ich habe nie die Hand gegen meine Kinder erhoben. Sie wollte, daß ich Meredith schlage, abends, wenn ich von der Arbeit kam, aber ich habe es nie getan, weil ich wußte, daß sie schon genug Schläge bekam. Es wäre auch die reine Kindesmißhandlung gewesen, wenn ich mich dazu hätte überreden lassen, weil meine Frau so hart zu ihr war.«

»Es war wirklich sehr schlimm«, sagte Patty. »Manchmal kreischte meine Mutter meine Schwester so laut an, daß mein Vater brüllte: ›Hör mit der Schreierei auf, die Fenster sind offen.‹ Aber nichts und niemand konnte sie zum Aufhören bringen.«

Als ich Vicky bei einem unserer Telefongespräche nach diesen Szenen fragte, sagte sie, sie könnte das alles nicht verstehen. »Mein Vater schiebt alles meiner Tante in die Schuhe«, sagte sie, »aber ich glaube, da war noch mehr. Meine Mutter hat dauernd darauf 'rumgeritten, wie trotzig und eigensinnig Meredith sei. Ich weiß nicht, ob Sie das verstehen, aber für mich hat da auch Konkurrenz eine Rolle gespielt, so als ob Mami Angst hätte, Meredith würde ihr den Platz in der Familie streitig machen.«

Vicki hatte kein enges Verhältnis zu ihrer Mutter gehabt, aber wie sie sagte, war sie von ihr nie so angegriffen worden wie Meredith. Und Patty war in den Augen der Mutter das »Fräulein Wunderbar« gewesen, eine Position, über die sich Vicki und Meredith gleichermaßen geärgert hatten.

Patty war in den Augen ihrer Mutter alles gewesen, was die älteste Tochter nicht gewesen war, bestätigte Lew Dorman: freundlich, gefügig, liebevoll, anhänglich. Und sie hatte gewußt, wie sie ihre Mutter behandeln mußte: »Immer ›Ja, Mami‹ hier und ›Ja, Mami‹ da, damit sie gut angeschrieben war«. Aber darüber hinaus war sie auch für ihn die beste seiner drei Töchter. Wie er sagte, kam »immer etwas Gutes dabei heraus«, wenn man sich mit ihr unterhielt.

In einem der späteren Gespräche äußerte Mr. Dorman allerdings auch gewisse Zweifel an seiner Lieblingstochter.

»Ich habe über Patty und Meredith nachgedacht«, sagte er. »Vicki war zu jung, um sich einzumischen, aber Patty? Warum hat sie sich nie bemüht, ihrer Schwester zu helfen? Nach Merediths Hochzeit hat Patty gesagt, sie wäre froh, daß sie sie los wäre. Ich meine, da hat ihre Mutter ihre ältere Schwester dauernd geschlagen, und Patty hatte nicht einmal Mitleid mit ihr.«

(Falls er selbst Mitleid mit seiner Tochter gehabt hatte, hatte er das auch ganz gut verborgen. »Er war zwar da, aber anwesend war er nicht«, sagte Vicki über ihren Vater. »Er hat immer mal eingegriffen, aber es dann genauso schnell wieder gelassen.« Als ich ihn danach fragte, vermied er eine direkte Antwort und sagte zum Beispiel: »Ich konnte nicht viel tun, weil meine Frau den ganzen Tag mit den Mädchen zu Hause war. Ich habe Tag und Nacht gearbeitet, bis ich fünfzig war, und da waren sie alle erwachsen. Was hätte ich tun können? Mich scheiden lassen? Sie aus dem Haus werfen? Sie an den Haaren von ihr weg ziehen? So jemand bin ich nicht. Ich hatte immer das Gefühl, es würde schon wieder werden. Irgendwie würde sich schon alles wieder einrenken.«)

Als ich Patty nach ihrer Rolle bei den Auseinandersetzungen zwischen Mutter und Schwester fragte, sagte sie: »Ich für meinen Teil glaube nicht, daß ich irgend etwas hätte ändern können, aber um ehrlich zu sein, ich habe es auch nicht versucht. Ich habe mir nicht gesagt: ›Ich bin froh, daß sie das alles abkriegt und nicht ich.‹ Aber es war auch nicht so, daß ich sagen konnte: ›Mami, warum machst du das?‹ In all den Jahren gab es einfach immer böses Blut zwischen meiner Mutter, ihrer ältesten Schwester und ihrer ältesten Tochter, und als meine Schwester älter und klüger wurde, lebten wir eben mit zwei Frauen, die sich dauernd in den Haaren lagen.«

Das wäre wahrscheinlich ewig so weitergegangen, wenn Meredith nicht geheiratet hätte. Sie war damals zwanzig und hatte schon drei Jahre als gutbezahltes Mannequin in einem großen Kaufhaus gearbeitet. »Sie hätte Geld genug gehabt, um auszuziehen«, sagte Patty, »aber sie ist trotz allem nie von zu Hause weggelaufen. Sie hat bis zum Tag ihrer Hochzeit hier gewohnt.«

Dieser Tag wurde zum Wendepunkt in Honeys Lebens. Sie hatte sich geweigert, in der Kirche ihre Rolle als Brautmutter zu spielen, angeblich, weil Meredith unfreundlich zu den Tanten gewesen war. Vor allem hatte sie ihr übel genommen, daß sie die Tanten ausdrücklich nicht zu ihrem Polterabend eingeladen hatte. Und bei der Hochzeitsfeier hatte Meredith zu deren großem Ärger die Tanten völlig übersehen. »Es war schon ein Schlamassel«, erzählte Patty, »eine richtig monströse, häßliche Hochzeit; meine Schwester schnitt meine Tanten, meine Mutter war wie immer wütend auf meine Schwester, und Ray, meine älteste Tante, untersagte ihren Schwestern, mit meiner Mutter zu sprechen, weil sich Meredith so schlecht benommen hatte.«

Allerdings wurde dieses Verbot weder von Ray noch von den beiden anderen eingehalten; sie schimpften vielmehr ausführlich mit ihr wegen des schlechten Benehmens ihrer Tochter. Möglicherweise war es die Absurdität dieser Angriffe, nachdem sie sich doch um der Schwestern willen die Beteiligung an der Hochzeit versagt hatte, vielleicht hatte Honey aber auch einfach die Nase voll, jedenfalls wehrte sie sich zum ersten Mal in ihrem Leben gegen ihre ältere Schwester. Und wie:

»Ray«, sagte sie eines Tages, »komm mir nie mehr ins Haus und geh mir aus den Augen. Ich will nichts mehr mit dir zu tun haben.«

Wie Lew Dorman sagte, waren die Migräne und die Rückenschmerzen, an denen seine Frau seit mehr als zwanzig Jahren gelitten hatte, seit dem Tag für immer verschwunden, an dem sie ihrer älteren Schwester Paroli geboten hatte. Danach redete Honey 23 Jahre lang nicht mehr mit Ray und auch nicht mit den beiden anderen Schwestern, die sich auf die Seite der Ältesten schlugen.

Als Honey an Leukämie erkrankte, setzte eine ihrer Nichten durch, daß sich ihre Mutter mit Honey versöhnte. Im Laufe des nächsten Jahres bereinigte Honey nach fast einem Vierteljahrhundert des Schweigens den Streit mit ihren beiden jüngeren Schwestern. Ray versuchte ebenfalls, mit ihr zu sprechen, aber bei ihr blieb Honey unversöhnlich. Noch am Tag vor ihrem

Tode verweigerte Honey Ray das Gespräch, um das sie gebeten hatte. Und Lew Dorman gestattete ihr nicht, zu Honeys Beerdigung zu kommen.

Nach Merediths Heirat gab es eine Art Waffenstillstand zwischen ihr und der Mutter, aber sie hatten wenig Kontakt miteinander. Entsprechend dem etablierten Verhaltensmuster im Umgang mit Meredith lehnten die Dormans ihren Mann Charles ab. Charles arbeitete als Textileinkäufer, und sie hatte ihn bei ihrer Arbeit als Mannequin kennengelernt. Für Lew Dorman war er »der kleine Napoleon. Er ist klein, und er stolziert durch die Gegend, als wenn er ein wichtiger Mann wäre.« (Pattys Ehemann Victor, ein Chiropraktiker, dagegen war »phantastisch, ein wunderbarer Mensch. Mit ihm könnte ich ohne Schwierigkeiten in einem Haus leben.«)

Trotz allem, was vorgefallen war, kümmerte sich Meredith während der Krankheit ihrer Mutter aufopfernd um sie und saß viele Tage und Nächte bei ihr im Krankenhaus. Und seit Honeys Tod lief Meredith, wie ihr Vater sagte, »dauernd zum Friedhof. Sie sucht nach ihrer Mutter und verbringt Stunden an ihrem Grab.«

Wie Patty bei unserem ersten Treffen sagte, hatte sich nach Honeys Tod der Konflikt verschoben und konzentrierte sich nun auf Meredith und sie. Die beiden waren sich während der Krankheit der Mutter näher gekommen, und da Vicki nicht da war, hatten sie sich die Last ihrer Versorgung geteilt. Aber als Honeys Kräfte nachließen, forderte Meredith den Vater auf, sie nach Hause zu holen, damit sie nicht im Krankenhaus sterben mußte. Als er das ablehnte, warf sie ihm vor, seine Frau sei ihm wohl nicht wichtig, und drängte Patty, ihren Einfluß geltend zu machen. »Sie schimpfte auf meinen Vater und zog über ihn her«, sagte Patty. »Ich habe sie gefragt: ›Was soll das nützen? Meinst du, es geht Mami dadurch besser?‹«

Als Honey dann tot war, wurde Patty die Zielscheibe für Merediths Wut. Sie behauptete, sie hätte ihre Eltern gegen ihren Mann aufgehetzt, und machte Andeutungen, nach denen im Grunde Patty für die jahrelangen Konflikte mit ihrer Mutter verantwortlich wäre, weil Patty sie ja schließlich nie verteidigt hätte. Und Patty wiederum behauptete, Charles, Merediths Mann, würde seine Frau gegen die Familie aufhetzen. Daraufhin mischte der sich wirklich ein und verbot seiner Frau jeden Kontakt zu ihrer Schwester und ihrem Schwager, ein Verbot, dem sich Meredith nur zu gern unterwarf. »Wahrscheinlich kommen sie erst dann wieder zusammen, wenn ich krank werde oder sterbe«, sagte der Vater traurig. »Das geht dann eine Weile gut, aber nicht lange. Dafür ist viel zuviel passiert.«

Und Patty war derselben Meinung. »Meredith zieht wahrscheinlich nach Kalifornien oder auf jeden Fall ganz weit weg, und das war es dann. Es tut mir leid, daß eine normale Beziehung zwischen uns nicht möglich war und ist, aber ich kann mir nicht die Verantwortung für ihre sämtlichen Probleme aufhalsen lassen.«

Das also war die Familiengeschichte, wie sie mir Lew Dorman und seine Töcher Patty und Vicki erzählten. Jetzt will ich sie noch einmal erzählen und dabei versuchen, die Ablehnung der einen und die Idealisierung der anderen Tochter zu erklären.

Die mittlerweile an Leukämie verstorbene Honey Dorman kam aus einer Familie, in der die älteste Schwester Ray das Heft fest in der Hand hielt, nachdem der Vater die Familie verlassen hatte. Honey war einerseits sehr abhängig von Ray und ihrer Zuwendung, andererseits aber auch außerordentlich wütend auf Rays Dominanz. Dieser Zwiespalt äußerte sich in ihren Rückenschmerzen und ihrer Migräne. Der ausweglose Konflikt zwischen Wut und Abhängigkeit verhinderte jeden Widerstand gegen die Schwester, so sehr, daß sie sogar Rays schlechte Behandlung ihrer Tochter Meredith ohne Protest hinnahm.

Gleichzeitig war ihre älteste Tochter Meredith für Honey wahrscheinlich unbewußt eine Verkörperung ihrer ältesten Schwester. (Vicki hatte in ihrer Version der Familiengeschichte ja davon gesprochen, daß Honey Angst hatte, Meredith könnte sie verdrängen und die Herrschaft in der Familie übernehmen, so wie Ray die Herrschaft in ihrer Herkunftsfamilie übernommen hatte.) Durch diese Gleichsetzung geriet Meredith immer stärker in die Rolle des Sündenbocks, auf den Honey ihre gesamte verdrängte Wut auf Ray verschieben konnte.

Patty, wie Honey selbst ein mittleres Kind und dazu unkompliziert, stets bemüht, ihr Freude zu machen, wurde zum Engelchen, zum Symbol dafür, daß Honey eine gute Mutter war. Patty war der lebende Beweis dafür, daß Meredith und die Tanten für sämtliche Probleme der Familie verantwortlich waren, aber auf keinen Fall die Mutter. Und Pattys Fröhlichkeit und ihr gewinnendes Wesen rückten auch den Vater in ein günstiges Licht, der sie ebenfalls vorzog, auch wenn er ihr fehlendes Mitgefühl für Meredith etwas bedenklich fand.

Lew Dorman selbst hat sich nicht besonders bemüht, die älteste Tochter vor der Mißhandlung der Mutter zu schützen. Aus der Perspektive der Systemtheorie kam der Dauerstreit zwischen Frau und Tochter möglicherweise seinem Bedürfnis entgegen, die emotionale Trostlosigkeit seiner Ehe zu verdecken. Solange sich die Probleme in der Familie auf Honey und Meredith konzentrierten, gab es für ihn und seine Frau keinen Grund, sich um die eigene Beziehung zu kümmern. Es kann auch sein, daß ihn der häusliche Aufruhr einfach überwältigte und hilflos machte, daß es ihm leichter fiel, sich herauszuhalten und sich einzureden, es würde »sich schon wieder einrenken«, als sich selbst ins Getümmel zu stürzen, um Meredith zu helfen.

Nach Merediths Hochzeit und ihrem Auszug nahm das Drama dann eine ganz andere Wendung. Honey, die jetzt kein Ventil mehr hatte, konnte ihre Wut nicht länger unter Kontrolle halten. Einige Wochen nach der Hochzeit kam die Explosion und damit die Freiheit, endlich mit ihrer Schwester zu brechen.

Honeys Geschichte ist von Tumult und Aufruhr gekennzeichnet, Merediths von Traurigkeit. Sie war so verletzt und unterdrückt worden, brauchte soviel Liebe und Sicherheit, daß sie wie viele mißhandelte Kinder nicht die Kraft oder das Selbstwertgefühl besaß, sich von der Mutter zu lösen. So sehr sie auch unter dem Gebrüll und den Auseinandersetzungen zu leiden hatte, hatte sie dadurch doch zumindest einen gewissen Kontakt zu ihrer Mutter, wurde zumindest bemerkt, und sei es negativ. Es lag an diesem Kontakt und dieser Aufmerksamkeit, daß Meredith bis zur Hochzeit im Elternhaus blieb, obwohl sie finanziell in der Lage gewesen wäre, auszuziehen.

Nach ihrer Hochzeit konnte sich Meredith ein wenig von ihrer Familie erholen. Aber als die Mutter krank wurde, eilte sie sofort an ihr Krankenbett und kümmerte sich nach ihrem Tod mehr um das Grab als ihr Vater und ihre Schwestern. Diese Reaktion auf den Tod von Vater oder Mutter ist nicht ungewöhnlich bei Kindern, die sich abgelehnt fühlen. Sie spiegelt eine nie zu stillende Sehnsucht nach der Zuneigung des Toten, die oft viele Jahre anhält und sich in der hoffnungslosen Phantasie niederschlägt, wenn die toten Eltern die Hingabe und Loyalität nur sehen könnten, bekämen sie endlich die ersehnte Anerkennung und Zuwendung.

Auch Merediths Vorwürfe gegen Patty reihen sich in die Verhaltensmuster von Kindern ein, die zum Sündenbock gestempelt wurden. Wie Vivian ihrer Schwester Christina die Vorzugsrolle zum Vorwurf machte, beschuldigen auch Kinder wie Meredith, die sich von ihren Eltern nicht geliebt fühlen, die »guten« Geschwister häufig, die Eltern gegen sie aufgehetzt zu haben. Sie können selbst im Erwachsenenalter die Vorstellung nicht ertragen, von Vater oder Mutter tatsächlich nicht geliebt worden zu sein, und schieben deswegen eher den Geschwistern die Schuld an der Mißhandlung in die Schuhe.

»Gute« Kinder wie Patty leiden unter den Vorwürfen des abgelehnten Kindes und fühlen sich schuldig, sind aber gleichzeitig auch wütend und empört über die Ungerechtigkeit und weigern sich, die gesamte Bürde der familiären Disharmonie auf sich zu nehmen.

Zwei Schwestern, beide um die Dreißig und beide fest davon überzeugt, im Recht zu sein, haben diese Mischung von Gefühlen sehr deutlich ausgedrückt. Ihr Vater kam aus Rußland und war vor seiner Emigration lange als Häftling in Sibirien gewesen. Die ältere Schwester konnte ihm, wie sie erzählte, nie etwas recht machen und wurde schon beim kleinsten Anlaß von ihm geschlagen. Zu der jüngeren Schwester dagegen war er ohne erkennbaren Grund liebevoll und freundlich; sie behandelte er wie eine Kostbarkeit. Die Frau sagte, jetzt, wo sie erwachsen wäre und seine von Folter und Leid geprägte Geschichte verstünde, hätte sie die Kraft, ihrem Vater zu verzeihen. Aber bei ihrer jüngeren Schwester brächte sie diese Kraft nicht auf; ihr könnte sie nie verzeihen, daß sie nichts getan hätte, um die Grausamkeiten ihres Vaters zu verhindern.

»Aber was hätte ich denn tun können«, rief die jüngere. »Ich war doch selbst noch ein Kind und hatte schreckliche Angst vor meinem Vater. Wie hätte ich sie denn beschützen können?«

»Sie hätte einen Weg finden müssen«, beharrte die andere. »Es hat Kinder gegeben, die das konnten. Manche Kinder haben einen Kern von Moral in sich. Sie nicht. Sie ist unmoralisch. Sie hat ihre Rolle als Schmeichelkätzchen genossen und ist ihm immer um den Bart gegangen.«

»Ich habe mir immer wieder den Kopf darüber zerbrochen«, sagte die Jüngere. »Ich habe mich gefragt, ob ich mich wirklich gefreut habe, wenn ich sah, daß mein Vater meine Schwester schlug, und gleichzeitig wußte, daß er mich lieb hatte. Ob ich wirklich mehr hätte tun können, um ihr zu helfen. Als ich alt genug war, um etwas für sie zu tun, da wohnte sie schon nicht mehr zu Hause. Ich kann kaum noch freundlich zu ihr sein, weil ich dauernd das Gefühl habe, daß sie mich haßt und ich ihr nichts recht machen kann.«

»Ich hasse sie gar nicht. Für mich ist sie einfach unmoralisch. Sie hat mich im Stich gelassen, als ich sie brauchte«, beharrte die ältere.

Im Lauf der Zeit können sich die Gefühle auf beiden Seiten verhärten: die Wut und die Ablehnung der Sündenbock-Kinder gegenüber ihren glücklicheren Geschwistern genauso wie die Gereiztheit und Wut der »kleinen Engel«, die alle Sympathie mit den unglücklichen Geschwistern auslöscht. Häufig genug trennen auch lange nach dem Tod der Eltern das Elend und der Zwist, die durch die Ablehnung eines der Kinder entstanden sind, weiterhin die Geschwister, in manchen Fällen sogar, wie bei den Dormans, über mehrere Generationen hinweg.

In der Regel sind es die Eltern, die aus ihrer allmächtigen Position heraus das schwache und abhängige Kind zum Sündenbock stempeln. Aber es gibt auch eine andere Variante, bei der das Verhältnis von Stärke und Schwäche ebenfalls eine Rolle spielt, und das sind die Fälle, in denen die Geschwister einen Bruder oder eine Schwester zum Sündenbock machen. Bei zwei Kindern ist das meist dann der Fall, wenn Eifersucht und Konkurrenz die Grenzen normaler Rivalität überschreiten und eins der

Geschwister das andere rücksichtslos unterdrückt; bei größeren Familien verbünden sich meist zwei der Kinder gegen ein anderes.

Bündnisse zwischen Geschwistern gibt es in jeder Familie. Geschwister schließen sich zusammen und schließen sich aus, gehen neue Bündnisse ein oder wechseln die Bündnispartner, je nachdem, was die Situation verlangt. Aber wenn Geschwister sich einen aus ihrer Gruppe als Sündenbock auswählen, dann handelt es sich um ein permanentes Bündnis gegen dieses Kind, um anhaltende Hetze, Spott und Schikanen, bis sich der oder die Betroffene aus dem gesamten »Geschwister-Subsystem« ausgeschlossen fühlt, wie die Familientherapeuten sagen. Und die Konsequenzen für das Selbstwertgefühl und die Einstellungen im Erwachsenenleben sind bei Brüdern und Schwestern, die von ihren Geschwistern zum Sündenbock gemacht wurden, nicht weniger gravierend als in den Fällen, in denen die Eltern ein Kind ablehnen.

Der Neid auf das Kind, das von den Eltern vorgezogen wird, ist einer der augenfälligsten Gründe für die Ablehnung der Geschwister. Sie verbünden sich, um sich für die Privilegien des Favoriten zu »rächen«. Wie wir gesehen haben, kann aber umgekehrt auch die Ablehnung eines Kindes durch die Eltern die Geschwister veranlassen, sich von diesem Kind zurückzuziehen. In manchen Fällen verweigern die Geschwister einem solchen Kind nicht nur ihren Schutz vor dem Zorn der Eltern, sondern beteiligen sich noch aktiv an den Angriffen. Wie Aschenputtels Stiefschwestern im Märchen, die das schöne Kind genauso freudig in Sack und Asche steckten wie die Stiefmutter selbst, stärken sie durch das Bündnis mit den Eltern ihr eigenes Sicherheitsgefühl. Kinder, die auf diese Weise von den Geschwistern abgelehnt werden, lehnen meist ihrerseits sämtliche Familienmitglieder ab. Sie beleidigen und provozieren die Geschwister möglicherweise so lange (obwohl sie ihre Liebe und Unterstützung verzweifelt wünschen), bis sie sich noch mehr von ihnen zurückziehen und sie in die Position des isolierten Außenseiters geraten.

Andere Motive für das Bündnis von Geschwistern gegen einen Bruder oder eine Schwester hängen meist mit den Unterschieden zwischen Geschwistern zusammen. Das können Geschlechtsunterschiede sein, etwa wenn sich mehrere Schwestern gegen den einzigen Bruder zusammenschließen, aber auch unterschiedliches Aussehen, unterschiedliche Fähigkeiten, ein anderes Temperament oder Unterschiede im Alter, kurz, alles, was ein Kind zu etwas Besonderem macht. Der Ausschluß nimmt meist die Form von Rechthaberei, Herabsetzung, Beschimpfung oder Etikettierung an. (In einem anderen Märchen galt der dritte Sohn eines Königs als »der Dummling«. Er hatte seinen Spitznamen von seinen älteren Brüdern bekommen, weil er einfältig war und wenig sagte. Natürlich erwies er sich am Ende als der klügste und gewann die Krone, wie es in der wunderbaren Märchenwelt üblich ist. Leider ist dieses Schicksal für abgelehnte Geschwister nicht die Regel.) Je unsicherer und eifersüchtiger die Geschwister sind und je stärker sie sich durch den Bruder oder die Schwester bedroht fühlen, der oder die »anders« ist, desto schlimmer wird ihr Verhalten.

Die 21jährige Heather, eine Profi-Eisläuferin, war der Sündenbock ihrer beiden älteren Brüder gewesen, des 26jährigen Gavin und des 24jährigen Brian, weil sie anders war als sie.

Gavin arbeitete in einer großen Künstleragentur und vertrat dort junge Theater- und Filmschauspieler, Brian war Vertreter für eine Software-Firma. Heather war schwer magersüchtig und erst kurz vor unserem Treffen aus dem Krankenhaus entlassen worden. Anorexia nervosa oder Magersucht ist eine Eßstörung, bei der die Kranken (überwiegend Mädchen und junge Frauen), die sich für zu dick halten, in lebensbedrohlicher Weise die Nahrungsaufnahme verweigern.

Bei einer Größe von etwa 1,67 m hatte Heather bei ihrer Einlieferung in die Klinik nur noch 34 Kilo gewogen. Selbst da war die ganze Überredungskunst von Eltern, Brüdern und Trainer nötig gewesen, um sie zu einer Behandlung zu bewegen. Bei unserem ersten Treffen wog sie 43 Kilo und war immer noch sehr dünn, aber sie nahm in dem Monat, in dem wir uns immer wieder trafen, ständig zu und fühlte sich anscheinend auch wohler. Wie sie sagte, war der Besuch ihres ältesten Bruders Gavin im Krankenhaus, bei dem er sich für sein grausames Verhalten entschuldigt hatte, für sie der Wendepunkt in ihrer Krankheit gewesen.

Aus den Berichten von Heather, ihren Brüdern und ihren Eltern über die Jahre vor der Magersucht ergab sich das Bild einer eng verbundenen Familie mit liebevollen Eltern, die nicht bemerkt hatten, wie stark der Einfluß der Söhne auf die Tochter war. Als das einzige Mädchen war Heather von den Brüdern sowohl verwöhnt als auch rücksichtslos gehänselt worden, vor allem als Teenager, als sie anfing, sich voll und ganz auf das Eislaufen zu konzentrieren. Abgesehen von ihrem überragenden Können auf dem Eis hatte Heather etwas an sich, das sie von den Brüdern unterschied und sich für ihre Quälereien anbot; sie besaß eine Sensibilität und eine Neugier, die sich nicht mit der Oberfläche zufriedengab, und hatte ein ausgeprägtes Interesse daran, Gefühle zu erforschen, die die Brüder lieber von sich wegschoben.

Gavin fing schon sehr früh an, Heather zu kritisieren und zu schikanieren, und im Laufe der Jahre eskalierten seine Methoden immer mehr. Die Kritik hatte sich vor allem in der Zeit verstärkt, in der er um seine Karriere in dem sehr konkurrenzorientierten Showgeschäft kämpfte und sie ihre ersten

Erfolge als Eisläuferin hatte. »Er hat mich wegen des Trainings angebrüllt, als sei es eine Art Verbrechen«, sagte Heather. »Dummheit‹ war noch der mildeste seiner Vorwürfe.«

Der weniger selbstsichere Brian bezog sein Selbstvertrauen daraus, daß er sich Gavins Attacken anschloß oder aber Heathers Leistungen bewußt ignorierte.

Als Eisläuferin mußte Heather natürlich auf ihr Gewicht achten. Deshalb und weil sie durch den Sport fit blieb, fiel ihr zunehmend zwanghafter werdendes Diätverhalten zunächst nicht auf. Aber in dem Jahr vor ihrem Klinikaufenthalt wurde der Gewichtsverlust extrem und die Magersucht manifest.

Magersucht ist eine Krankheit, in der viele tiefsitzende Bedürfnisse der Kranken zum Ausdruck kommen. Dazu gehört auch das Bedürfnis, zumindest ein gewisses Maß von Kontrolle über das eigene Leben zu gewinnen. Dieses Motiv war bei Heather ausschlaggebend. Da sie sich gegen ihre Brüder nicht wehren konnte und zu sehr von ihnen unterdrückt wurde, als daß sie den Mut hätte aufbringen können, sich an die Eltern zu wenden, blieb Heather als einzige Möglichkeit zur Selbstbehauptung nur noch die Krankheit. Sie und niemand sonst kontrollierte ihren Körper, auch wenn sie ihn dabei zerstörte.

In der Klinik lernte sie nicht nur wieder zu essen, sie nahm auch an familientherapeutischen Sitzungen teil, manchmal nur zusammen mit den Geschwistern, manchmal mit der ganzen Familie. Es dauerte Monate, bis ihre Brüder begriffen, welche Rolle sie bei der Krankheit ihrer Schwester gespielt hatten. Danach versuchten sie, ihr Verhalten irgendwie wieder gutzumachen. »Der Tag, an dem Gavin vor der ganzen Familie zu mir sagte: ›Es tut mir leid, was ich dir angetan habe, Heather‹, war der Tag, an dem ich wußte, daß für mich und für sie alles wieder in Ordnung kommt«, sagte sie.

Die Zuschreibung der Sündenbockrolle gehört zu den dunkleren Seiten des Geschwisterlebens, und ihre Auswirkungen können normalerweise nur durch therapeutische Hilfe wieder aufgehoben werden. Leider gibt es noch viel mehr wunde Punkte, mit denen Geschwister fertig werden müssen. Dazu gehören auch verborgene und schmerzliche Familiengeheimnisse wie Alkoholismus, Drogenmißbrauch und Geschwisterinzest.

9. Alkohol, Drogen und Geschwisterinzest

In dem erschütternden Theaterstück »Vergrabenes Kind« von Sam Shepard spricht eine Person es aus: »Ich weiß, daß ihr ein Geheimnis habt. Ihr habt alle ein Geheimnis. Und zwar so ein Geheimnis, daß ihr alle überzeugt seid, es sei nie geschehen.«

Das grauenvolle Geheimnis in dieser Familie mit drei Söhnen ist die Leiche des vierten Sohnes, die im Feld hinter dem Haus vergraben ist. Im Verlauf des Stückes wird der ganze Schrecken des Geheimnisses aufgedeckt: Der Vater, Dodge, hat den Säugling ermordet, weil er glaubte, er wäre nicht von ihm. »Mehr Jungens hatten wir nicht noch eingeplant«, nuschelt er, berauscht vom Alkohol und von seiner Tat.

Aber noch während der Aufdeckung des Geheimnisses schreit einer der Brüder: »Nein! Hör nicht auf ihn«, und die Mutter: »Das hör ich mir nicht an! Ich muß mir das nicht anhören!«

Genau so läuft es in vielen Familien, in denen es lang gehütete Geheimnisse gibt. Sie liegen unter der Oberfläche des Familienlebens; die Familienmitglieder wissen Bescheid, sprechen aber nicht offen darüber. Tut es doch einmal einer, dann werden sie schnell wieder zugedeckt, und alle tun so, als ob nichts geschehen wäre. Manche Familiengeheimnisse sind natürlich harmlos und lustig und in die Familiengeschichte integriert, zum Beispiel die Entführung einer Braut, eine Familienfehde, die sich vor

Generationen abgespielt hat, oder die nicht ganz astreine Karriere eines
Vorfahren. Andere können das Familienleben unterhöhlen; sie verbreiten
ein heimtückisches Gift, das nach und nach sämtliche Mitglieder befällt.
Eine Frau zum Beispiel erzählte, sie wäre als Kind die Vertraute ihrer Mutter gewesen. Anders als ihre Brüder, vor denen Vater und Mutter ihre Eheschwierigkeiten verbargen, wußte sie schon mit 13 Jahren genau, daß ihre
Eltern eine schreckliche Ehe führten. Und sie wurde als einzige in ein weiteres Geheimnis eingeweiht: die jahrelange Affäre ihrer Mutter mit einem
anderen Mann. Mitlerweile war ihre Mutter seit über 10 Jahren tot, der
Vater alt und krank. Ihre Brüder lebten mit dem Mythos der perfekten,
romantischen Ehe ihrer Eltern, hatten aber gleichzeitig beide Beziehungs-
schwierigkeiten. Der eine ließ sich gerade scheiden und hatte furchtbare
Schuldgefühle, weil er das Scheitern seiner Ehe für einen Verrat an den
Eltern hielt. Und die Frau selbst schwankte zwischen dem Wunsch, die
Wahrheit zu sagen und damit endlich eine ehrliche Atmosphäre in der
Familie zu schaffen, und der Angst, die Brüder könnten sich gegen sie stellen, wenn sie das mythische Bild der Eltern zertrümmerte.
Ein Mann sprach von der »gruseligen« Atmosphäre in seinem Elternhaus, in
dem es den Kindern verboten war, die Behinderung seines Vaters zu
erwähnen. »Er hatte eine verkrüppelte Hand, und er hinkte«, sagte er, »aber
wenn eins von uns Kindern danach fragte, wurde das wie eine Todsünde
behandelt. Wir haben gelernt, nicht darüber zu reden, nicht einmal untereinander, und so zu tun, als wäre alles in Ordnung. Für mich hat das unter
anderem die Konsequenz, daß ich meinen eigenen Wahrnehmungen nicht
traue. Ich bin mir nie sicher, was real ist und was nicht. Und wenn man
mit so einem Geheimnis lebt, dann fragt man sich auch, was die Eltern
wohl sonst noch vor einem verborgen haben.«
Ein anderer Mann sprach von einem noch schlimmeren Geheimnis, nämlich von der psychischen Krankheit und dem späteren Selbstmord seiner
Mutter. Über beide Ereignisse konnte erst dann offen gesprochen werden,
als seine erwachsene Schwester ebenfalls erkrankte. Wieder ein anderer
hatte das Familiengeheimnis zwar erst als Erwachsener erfahren, wurde
aber von dem Verdacht gequält, er hätte irgendwie doch gewußt, daß
seine Schwester, die in seiner arabisch-amerikanischen Familie als eine Art
Aussätzige behandelt wurde, als Zehnjährige von einem Onkel vergewaltigt worden war.
Es wäre schön, wenn ich sagen könnte, daß Geschwister, die im Schatten
eines Geheimnisses großgeworden sind oder gemeinsam unter verborgenen, furchtbaren Konflikten in der Familie zu leiden hatten, sich eng
zusammenschließen und einander unterstützen und helfen. Manche tun
das tatsächlich. Sie fühlen sich »zu zweit allein im Sturm«, wie eine Frau,

deren Vater sie mißhandelt hatte, im Fragebogen über sich und ihre Schwester schrieb; sie unterstützen sich und machen sich gegenseitig Mut. In solchen Fällen haben Geschwister in der Regel auch als Erwachsene noch eine enge Beziehung, weil ihre schwere Geschichte sie verbindet.

Aber meist werden die Schwierigkeiten nicht wirklich gemeinsam getragen. In einem Elternhaus, in dem es Geheimnisse gibt und Mißtrauen herrscht, sind auch die Geschwister isoliert und mißtrauisch. Die Frau, die das Geheimnis ihrer Mutter so lange für sich behalten hatte, fühlte sich dadurch nach eigener Aussage bis heute von ihren Brüdern getrennt. Solange sie nicht ehrlich sein konnte, blieb die Beziehung äußerst oberflächlich. Ironischerweise trieb aber gerade ihr langjähriges Schweigen über die Realität letztlich die Familienmitglieder auseinander, obwohl es ursprünglich doch gerade umgekehrt die Mutter schützen und die Familie zusammenhalten sollte.

Je gestörter eine Familie ist, desto eher isolieren sich die Mitglieder emotional und verkriechen sich mit gesenktem Blick und zugehaltenen Ohren in ihre eigene Ecke, abgeschnitten voneinander und von der Außenwelt. Sie sind Überlebende, und wie die Überlebenden einer Katastrophe achten sie auf ihren eigenen Vorteil, bemühen sich nach Kräften, selbst zurechtzukommen, und konzentrieren sich so stark auf die Bewältigung des Alltags, daß für andere kaum Energie übrig bleibt. Selbst wenn es Ansätze zur gegenseitigen Hilfe gibt, bleibt wahre Unterstützung meist aus, denn oft ist der eine zu dominant und der andere zu abhängig. Und immer droht direkt unter der Oberfläche das unbarmherzige, verwickelte Geflecht der Geheimnisse.

Nicht eingestandener Alkoholismus zählt zu den verbreitetsten Geheimnissen, die die Wurzeln einer Familie unterhöhlen können. Bei der Fragebogenuntersuchung hat sich gezeigt, daß Alkoholismus und Drogenmißbrauch der Eltern eins der größten Probleme der Befragten war. In den letzten Jahren hat sich die Öffentlichkeit zunehmend mehr mit den Problemen erwachsener Kinder von Alkoholikern beschäftigt, und es gibt mittlerweile ein Netzwerk von Selbsthilfe- und Unterstützungsgruppen. Aber wie fast überall findet man auch in diesem Bereich in der Forschung und der Literatur kaum Informationen über die Interaktionen von Geschwistern.

Es gibt allerdings Beschreibungen der Rollen, die heranwachsende Kinder in solchen Familien übernehmen. Meiner Meinung nach sind diese Beschreibungen aber häufig allzu glatt, vor allem wegen der Namen, die man ihnen gegeben hat und die in der Literatur der Selbsthilfeorganisationen und in der Familientherapie völlig selbstverständlich benutzt werden, so als wären alle Alkoholikerfamilien identisch und als ließe sich jedes Kind aus diesen Familien sauber in eine bestimmte Kategorie einordnen. Es wäre sehr viel sinnvoller, diese Rollen nicht als ein für allemal festgelegte Tatsachen, sondern als Beispiele zu betrachten für die möglichen Reaktionen von Kindern aus Alkoholikerfamilien auf das Chaos, das sie umgibt.

Zudem wird in der entsprechenden Literatur auch gern übersehen, daß Geschwister in gesunden wie in gestörten Familien ihre Rollen nicht nur durch die Beziehung zu ihren Eltern bestimmen, sondern sehr stark auch durch die Beziehung *untereinander*. Die Rollen bieten den Kindern eine Identität, die sich von der ihrer Geschwister unterscheidet und ihnen dadurch mitten in dem Chaos und den Konflikten ihren ganz eigenen Platz bietet, selbst wenn dieser Platz negativ definiert ist.

Was an den Rollen von Kindern aus Alkoholikerfamilien (und anderen gestörten Familien) *tatsächlich* anders ist, ist ihre größere Starrheit und Unveränderbarkeit. Während andere Geschwister ihre Rollen tauschen, in die Haut des anderen schlüpfen und ihre Ähnlichkeiten entdecken können, bleiben diese Kinder oft ihr Leben lang in den Rollen eingesperrt, mit denen sie angefangen haben. Die Sicherheit und die Kontrolle, die ihnen diese Rollen bieten, sind für sie zu wichtig, als daß sie sie aufgeben könnten. Wenn sie erwachsen sind, sorgen die Narben der Verletzungen aus der Kindheit weiter dafür, daß sie an dem Selbstbild festhalten, das ihnen in den Zeiten gute Dienste geleistet hat, als um sie herum totale Verwirrung herrschte. Außerdem erfüllen diese Rollen ihren Zweck auch für die Familie als Ganzes, und das macht es ebenfalls schwer, sie aufzugeben.

Wie wir gesehen haben, wird in vielen gestörten Familien ein Kind zum Sündenbock gemacht, zum Opfer des gesamten Unglücks von Eltern und Geschwistern. Wenn es sich bei der Störung um Alkoholismus handelt, dienen die Schwierigkeiten oder das schlechte Benehmen dieses Kindes dazu, die Verheerungen zu verdecken, die das Trinken von Vater oder Mutter mit sich bringt. Abgelehnte Kinder identifizieren sich oft mit dem abhängigen Elternteil und fangen ebenfalls an zu trinken oder Drogen zu nehmen. Dann konzentriert die Familie ihre ganze Wut auf dieses Kind und baut den Mythos auf, nicht Vater oder Mutter, sondern der Sündenbock sei an allem schuld.

Das Gegenteil des Sündenbocks, auch das haben wir gesehen, ist das gute Kind, das von den Eltern am meisten geliebt wird. In Alkoholikerfamilien ist dieses Kind (in der Literatur als »der Held« bezeichnet) meist das mit den besten Leistungen, ob in der Schule, im Sport, in der Musik oder in anderen Bereichen, die den Fähigkeiten des Kindes und den Werten der Familie entsprechen. Durch die Leistungen dieses Kindes steht die Familie vor sich selbst und vor anderen gut da. Und das Kind selbst hofft insgeheim, daß seine Leistung der Beschämung und den Konflikten ein Ende setzen kann, die das Trinken mit sich bringt.

Wenn diese leistungsorientierten Kinder erwachsen geworden sind, brauchen sie weiterhin Erfolge, um ihr Selbstbild als Sieger bewahren zu können und sich nicht wie die Eltern oder Geschwister als Verlierer zu sehen. Dieses Bedürfnis ist so intensiv, daß sie gelegentlich zu Tyrannen werden, keinerlei Kritik dulden und über das eigene Leben hinaus auch das Leben ihrer gesamten Umgebung kontrollieren wollen, um die mangelnde Kontrolle der Kindheit auszugleichen.

Wenn diese leistungsorientierten Geschwister die ältesten sind oder zu den älteren zählen, übernehmen sie meist auch die Verantwortung für die jüngeren Geschwister. Aber viele sind damit hoffnungslos überfordert. Eine 37jährige Verwaltungsangestellte zum Beispiel schrieb im Fragebogen: »Wir sind mit einer alkoholkranken Mutter großgeworden. Ich mußte mich praktisch allein um die Erziehung meiner jüngeren Schwester und meines jüngeren Bruders und um den Haushalt kümmern. Als ich endlich aus dem Haus war, wollte ich nie mehr etwas mit der Mutterrolle zu tun haben. Ich kann mir nicht vorstellen, daß ich je den Wunsch nach eigenen Kindern haben könnte.« Bei dem Teil des Fragebogens, der sich mit Geschwisterproblemen befaßte, beschwerte sie sich darüber, daß ihre Mutter bis heute bei jedem Familienstreit von ihr erwartet, sämtliche Probleme zu lösen, anstatt »davon auszugehen, daß ihre drei erwachsenen Kinder ihre Schwierigkeiten selbst auf die Reihe bringen können«.

Die verantwortlichen Geschwister entwickeln durch solche Erwartungen und Aufgaben oft einen tiefsitzenden Groll auf die jüngeren oder abhängigeren Brüder und Schwestern und gehen deshalb rigide und streng mit ihnen um. Die jüngeren bekommen dann von den älteren zwar Unterstützung und Hilfe, aber ihr Bedürfnis nach Liebe wird frustriert.

Umgekehrt frustrieren die jüngeren Geschwister die verantwortlichen älteren. Wenn ein Kind in einer schlimmen familiären Situation seinen Geschwistern ein echter »Schutzengel« sein will, bleibt ihm oft nichts anderes übrig, als seine persönlichen Ziele zu opfern. Dadurch wird es für die anderen Kinder aber bei aller Strenge zur Elternfigur, und sie halten seine Zuwendung und Hilfe für selbstverständlich. Die jüngeren Geschwister begreifen meistens nicht, wieviel ein solcher »Schutzengel« für sie aufgegeben hat oder wie verzweifelt auch dieser Bruder oder diese Schwester Hilfe und Unterstützung braucht. Die verantwortlichen Älteren beschützen ihre Geschwister oft bis weit ins Erwachsenenalter hinein, ohne von den anderen einen ähnlichen Schutz zurückzubekommen.

Das frustrierende Familienleben in Alkoholikerfamilien fordert von jedem Kind seinen eigenen Tribut. Manche Kinder weigern sich, die extremen Rollen des guten bzw. bösen Kindes zu übernehmen. Sie geben einfach auf und bewältigen ihre Situation, indem sie sie *nicht* bewältigen, das heißt, sie gehen allen aus dem Weg und tun alles, um nicht aufzufallen. In Familien mit mehr als zwei Kindern sind das meist die mittleren (sie werden unter dem Fachbegriff »verlorene Kinder« geführt), die zwischen den leistungsorientierten (oder den zum Sündenbock gestempelten) älteren und den verwöhnten jüngsten stehen. Wie alle mittleren Kinder haben auch sie in der Familie gleichzeitig die Funktion des älteren und des jüngeren Kindes; sie können sich aber – im Unterschied zu anderen mittleren Kindern – nicht auf die Hilfe der Eltern verlassen. Sie bleiben sich selbst überlassen und ziehen sich deshalb oft hinter einer dicken Mauer vor dem Leid der Familie zurück. Aus solchen Kinder werden dann oft schüchterne, passive und einsame Erwachsene, die sich schattenhaft im Hintergrund des Lebens halten.

Die jüngsten Kinder in Alkoholikerfamilien sind tendenziell weniger passiv und beanspruchen mehr Schutz und Hilfe. Ähnlich stark behütet wie die Jüngsten in gesunden Familien, wird ihnen oft das Wissen um die dunkle Seite des Familienlebens vorenthalten, obwohl auch sie unter den Auswirkungen leiden.

»Meine Mutter hat den drei Älteren verboten, mir die Familiengeheimnisse zu erzählen – das wahre Ausmaß von Alkoholismus, Gewalt und psychischer Krankheit«, schrieb eine 31jährige Systemanalytikerin. »Mein Bruder hat sich umgebracht. Ich wußte nicht einmal, wie krank er war, weil es mir niemand gesagt hatte. Sein Tod belastet mich noch heute.«

Die jüngsten oder die abhängigsten Kinder, die das Elend der Familie spüren, ohne es begreifen zu können, sind oft nervös und ängstlich; sie sehnen sich danach, zu lieben und geliebt zu werden. Viele spielen auch den Familien-Clown, bringen die anderen zum Lachen und entschärfen dadurch die Konflikte. Solche Kinder fühlen sich als Erwachsene weiter abhängig; gelegentlich suchen sie sich auch Ehepartner, die ihnen wie früher die älteren Geschwister die Stärke bieten können, die sie selbst nicht besitzen.

Ich habe bereits darauf hingewiesen, daß man aus der in Psychotherapien und Selbsthilfegruppen verbreiteten Rollenzuschreibung bei Kindern von Alkoholikern nicht den Schluß ziehen darf, daß Geschwister aus gestörten oder Alkoholikerfamilien diese Rollen auch exakt so spielen. Viele Kinder suchen sich andere Nischen und werden etwa zu Mamis Freundin oder Papis Beschützer, zum Rebellen, »Spinner« oder »Gewissen« der Familie. Oft sind die Rollen auch nicht so exakt definiert und überlappen sich. Und auch das Geschlecht der Kinder und des alkoholabhängigen Elternteils ist wichtig für die Rollenverteilung der Kinder und die Beziehungen unter den Geschwistern.

Wie in gesunden Familien halten sich die Töchter alkoholabhängiger Väter häufig für den Liebling des Vaters. Nur führt diese Überzeugung meist zu der vergeblichen Hoffnung, den Vater vor seiner Sucht retten zu können. Sie fühlen sich dann den Müttern überlegen, die sie für unfähig halten, weil sie es nicht geschafft haben, den Ehemann vom Trinken abzubringen. Um das mütterliche Versagen wettzumachen, »bemuttern« die Töchter dann den Vater, bieten ihm Zuwendung und versuchen gleichzeitig, den Alkoholkonsum in Grenzen zu halten.

Älteste Töchter übernehmen neben der Verantwortung für die jüngeren Geschwister besonders häufig die Verantwortung für den Vater und entwickeln ein enges Verhältnis zu ihm. Dadurch sind sie aber zusätzlich gefährdet: einmal durch die ständige schmerzliche Erfahrung der Manipulation durch den alkoholabhängigen Vater und zum anderen möglicherweise durch die noch schlimmere Erfahrung körperlicher Mißhandlung und sexuellen Mißbrauchs.

Es ist klar, daß ein Vater kein Alkoholiker sein muß, um seine Tochter sexuell zu mißbrauchen. Männer, die ihre Frauen schlagen, schlagen oft auch die Töchter. Männer, die sexuelle Minderwertigkeitskomplexe haben und ihre Potenz beweisen oder ihre Macht durchsetzen wollen, mißbrauchen unter Umständen auch ihre Töchter. Und umgekehrt vergreift sich nicht jeder Alkoholiker an seinen Töchtern. Aber sexueller Mißbrauch ist bei schweren Trinkern so häufig, daß man durchaus von einer besonderen Gefährdung ihrer Töchter sprechen kann.

Töchter, die von ihren Vätern sexuell mißbraucht werden, geraten in eine entsetzliche Falle. Sie sind zutiefst beschämt, haben aber gleichzeitig Angst, der Vater könnte ihnen noch mehr antun, wenn sie ihr Geheimnis preisgeben. Deshalb erzählen sie selbst den Geschwistern nur selten davon. Es kommt vor, daß ältere Schwestern hoffen, die jüngeren Schwestern vor demselben Schicksal bewahren zu können, wenn sie die inzestuöse Beziehung zum Vater fortsetzen, aber meistens schämen sie sich zu sehr und halten ihre Lage für zu ausweglos, um in oder außerhalb der Familie mit jemandem darüber zu sprechen.

Das Risiko sexuellen Mißbrauchs durch den Vater ist zwar für die ältesten Töchter am größten, weil sie als erste reif werden, aber die jüngeren sind ebenfalls gefährdet. Auf eine jüngere Tochter kann es ganz besonders verführerisch wirken, wenn sie vom Vater auserwählt wird und mit ihm Geheimnisse hat, von denen die Schwester nichts weiß. Meistens jedoch fühlen sich die jüngeren von der Mutter und der älteren Schwester nicht geschützt und sehen deshalb keinen Ausweg aus der Situation.

Nicht jede Tochter eines alkoholabhängigen Vaters zieht aus dem Gefühl, selbst nicht geschützt zu werden (nicht nur vor sexuellem Mißbrauch, sondern vor allem, wovor Eltern ihre Kinder schützen sollten), die Konsequenz, ihrerseits den Vater schützen und versorgen zu müssen; manche wenden sich verbittert vom Vater ab und verlassen das Elternhaus so früh wie möglich. Gelegentlich halten sie Kontakt zu den Geschwistern oder unterstützen sogar die Familie finanziell, soweit es in ihren Kräften steht. Vor allem aber versuchen sie, die Schrecken des Familienlebens so weit wie möglich hinter sich zu lassen.

Die Alkoholabhängigkeit der Mutter zieht die Töchter, vor allem die ältesten, meist noch stärker in den Familiensumpf hinein. Oft müssen sie durch die Verweigerung der Mutter die gesamte Verantwortung für die Familie übernehmen und werden zur »Ehefrau« des Vaters und zur Mutter der Geschwister. Aus psychoanalytischer Sicht könnte man sagen, daß eine solche Tochter im ödipalen Konflikt gesiegt und der Mutter den Vater weggenommen hat. Manche Frauen, die die Aufgaben ihrer alkoholkranken Mutter übernommen haben, sagten tatsächlich, es hätte ihnen eine gewisse geheime Befriedigung verschafft, dem Vater und den Geschwistern zu beweisen, daß sie die bessere Mutter waren. Bei einem Interview zeigte mir eine Geschäftsfrau, deren Mutter schwer getrunken hatte, dreimal ein Foto, auf dem sie als Zwölfjährige mit ihrer achtjährigen Schwester zu sehen war, und sagte jedesmal: »Sehen Sie, wie meine Schwester den Kopf an meine Brust legt? Wie Mutter und Tochter. Ich war jahrelang ihre Mutter, und das bin ich noch heute.«

Aber der Sieg einer Tochter über die alkoholabhängige Mutter ist schal. Selbst wenn sie die Mutterrolle perfekt ausfüllt, ist sie nicht davor gefeit, in den Konkurrenzkampf der Geschwister um die Aufmerksamkeit des Vaters und die Macht im Haushalt verwickelt zu werden. Vor allem aber leidet sie genau wie die Geschwister darunter, daß sie keine Mutter hat, die sie liebt und lenkt.

Söhne alkoholabhängiger Eltern haben andere Probleme. Der Sohn eines alkoholabhängigen Vaters kann zum Sündenbock für dessen Unzulänglichkeit werden, zum Konkurrenten, der vom Vater dafür bestraft wird, daß er im Unterschied zu ihm der »gute Junge« ist. Trotzdem erwartet der Vater von ihm, etwas zu leisten und der Außenwelt eine gesunde Fassade zu zeigen, und wird deshalb bei jedem Anzeichen von Schwäche oder Versagen zornig. Älteste Söhne übernehmen wie älteste Töchter meist die Verantwortung und unterstützen die Mutter und die jüngeren Geschwister selbst dann, wenn sie ihren Vater verachten und verabscheuen.

Ekel und Abscheu empfinden Söhne oft auch gegenüber ihren alkoholabhängigen Müttern. Mütter, die trinken, mißbrauchen ihre Söhne nicht selten emotional (die Gefahr sexuellen Mißbrauchs ist geringer, obwohl auch diese Möglichkeit immer existiert). Sie verschieben die Wut auf den Ehemann auf die schwächeren und leichter verfügbaren Söhne und machen, wenn sie betrunken sind, verletzende und herabsetzende Bemerkungen über ihre Unzulänglichkeit als Sohn wie als Mann. Jungen, die keine Schwestern haben, die ihnen die Mutter ersetzen können, werden durch den Mangel an Mutterliebe nicht selten schwer depressiv und wütend auf die Mutter, die sie ablehnt. In Familien mit mehreren Söhnen haben sie die Möglichkeit, sich zu verbünden und vor der Mutter zu schützen. Oft genug nehmen aber Rivalität und Wut noch zu, wenn jeder einzelne Bruder versucht, wenigstens einen Hauch von Mutterliebe abzukriegen.

Ein weiterer Faktor, der Nähe und gegenseitige Hilfe zwischen Geschwistern aus Alkoholikerfamilien verhindert – unabhängig davon, ob Mutter, Vater oder beide trinken – ist ihre Wut aufeinander.

Diese Wut entsteht nicht nur aus Rivalität, sie ist auch eine Reaktion auf den Verrat der Eltern. Ein Kind, das nicht von den Eltern, sondern von Bruder oder Schwester versorgt wird, mag vielleicht dankbar sein, hat aber auch immer das Gefühl, daß ihm etwas fehlt, daß es benachteiligt worden ist, weil es die ihm gebührende Zuwendung und Unterstützung von Erwachsenen nur in sehr eingeschränktem Maße bekommen hat. Und wie in so vielen anderen Situationen ist es auch hier sehr viel leichter, die Wut und die Ablehnung, die sich eigentlich gegen die Eltern richtet, auf die Geschwister zu verschieben. Die Geschäftsfrau, die mir so stolz das Bild von sich und ihrer Schwester gezeigt hatte, sprach auch sehr irritiert von den ständigen Auseinandersetzungen mit dieser Schwester: »Sie hat die Wut auf unsere Mutter nie bewältigt«, sagte sie. »Statt dessen läßt sie diese Wut an mir aus, weil ich ihr die Mutter ersetzt habe.«

Geschwister, die die Elternrolle übernommen haben, leiden wie diese Frau unter ihrer eigenen Wut und ihrem eigenen Groll. Als Erwachsene fühlen sie sich oft schuldig, weil sie die Geschwister nicht gut genug versorgt haben, sind aber gleichzeitig auch erbost, daß sie Schuldgefühle wegen einer Situation haben müssen, für die andere verantwortlich sind. Und wie alle Kinder aus Alkoholikerfamilien fühlen auch sie sich von ihren Eltern betrogen, weil die sich wie Kinder verhalten und die Rolle der Eltern den Kindern zugeschoben haben.

»Groll« traf aber nicht unbedingt die Einstellung von Carolyn Pamela Mason Jennings, genannt Pam, zu ihrer jüngeren Schwester. Und auf die Schwester Abigail Claire Mason Young, genannt Gail, traf das Wort »wütend« auch nicht zu. Es stimmte aber, daß sie sich verletzt und betrogen fühlten, weil sie mit einem rauflustigen, schwer trinkenden Vater und einer ebenfalls schwer trinkenden Stiefmutter aufgewachsen waren. Und man konnte zu Recht von einer tiefen Traurigkeit und einer unerfüllten Sehnsucht nach Nähe bei ihnen sprechen, die sich unter anhaltenden Schuldgefühlen verbargen.

Von all dem war aber nichts zu erkennen, wenn man die beiden Frauen zusammen sah. Sie waren sechs Jahre auseinander (Pam 58, Gail 52 Jahre alt), aber sie hätten Zwillinge sein können. Beide waren groß und schlank, mit rotblondem Haar, das bei Pam von dicken grauen Strähnen durchzogen war, und eindrucksvollen, offenen Gesichtern, wie man sie von Bildern der amerikanischen Kolonisten und Puritaner kennt. Auf der mütterlichen Seite stammten die beiden tatsächlich von Siedlern ab, die mit der »Mayflower« nach Amerika gekommen waren, und das Haus in New England, in dem sie aufwuchsen, hatte schon ihrem Urgroßvater gehört. Beide sprachen langsam und nachdenklich; Gail mit trockenem, beißendem Witz, Pam freundlich und offen. Aber das Auffallendste an ihnen war ihr herzlicher, taktvoller Umgang miteinander, der die Komplexität ihrer Gefühle Lügen strafte.

Ich hatte mich zunächst mit beiden zusammen im Haus eines gemeinsamen Freundes in Rhode Island getroffen, wo Gail wohnte und ich einen kurzen Sommerurlaub verbrachte. Pam und ihr Mann Stephen, ein Marineoffizier, waren aus Florida gekommen, um dort Urlaub zu machen; sie waren zum ersten Mal seit Jahren wieder im Norden. Mir fiel auf, daß Stephen und Richard, Gails Mann, äußerlich genausoviel Ähnlichkeit miteinander hatten wie Gail und Pam. Sie sahen dem Vater ähnlich, erfuhr ich später, aber sie waren beide keine Trinker. Anders als so viele erwachsene Kinder von Alkoholikern hatten Pam und Gail keine Alkoholiker geheiratet; aber beide Männer kamen aus Familien, in denen schwer getrunken wurde (Gail meinte, in der Familie »wimmele es von Alkoholikern, dagegen wäre kein Kraut gewachsen«). Sie waren bei Al-Anon aktiv, der Selbsthilfeorganisation für Angehörige von Alkoholikern.

Die Schwestern hatten beide je einen Sohn und eine Tochter, wie ich bei diesem ersten Treffen erfuhr. Pams Sohn war geistig behindert; sie hatte sich geweigert, ihn in ein Heim zu geben, und ihn von Anfang an zusammen mit ihrem Mann zu Hause versorgt. Für Gail war das eine »heroische« Aufgabe, aber Pam meinte einfach, sie »fühle sich gut dabei«. Pams Tochter, die nur ein Jahr jünger war als der Bruder, machte eine Ausbildung als Krankenschwester und wollte später mit geistig Behinderten arbeiten. Gails Tochter war Stadtplanerin, ihr Sohn Professor an einem örtlichen College. Beide wären, so sagte sie, »hundertprozentig normal«, aber sie hätten trotzdem Angst, daß das »schlechte Blut« der Familie eines Tages doch noch ihr Leben ruinieren könnte.

Dieses »schlechte Blut« stammte nach Meinung beider Schwestern ausschließlich aus der väterlichen Linie. Ihre »blaublütige« Mutter hatte zum Entsetzen der Familie nach nur dreiwöchiger Bekanntschaft einen Mann aus einer schottisch-irischen Einwandererfamilie geheiratet, dessen Fröhlichkeit und strahlender Enthusiasmus sie einfach überwältigt hatte. Ihre Eltern akzeptierten ihn widerwillig als Schwiegersohn und boten ihnen an, bei ihnen zu wohnen. Ihr Vater war Grundstücksmakler und nahm trotz beträchtlicher Bedenken seinen Schwiegersohn in das Geschäft auf.

Ursprünglich wollten die beiden so schnell wie möglich ein eigenes Haus finden, aber mit den Jahren war davon keine Rede mehr. Die Mutter starb, als Pam zehn und Gail vier Jahre alt war; kurz darauf starb auch der Großvater, aber sie blieben weiter im selben Haus und lebten bei der Großmutter. Ihr Vater trank mittlerweile schwer, vernachlässigte das Geschäft und lebte überwiegend vom Erbe seiner Schwiegermutter. Zwei Jahre nach dem Tode seiner Frau heiratete er seine zweite Frau, Trudy, die zwar nur halb so alt war wie er, aber ihm in bezug auf das Trinken in nichts nachstand. Sie zog mit in das Haus der Großmutter.

Solange die Großmutter lebte, hatten Pam und Gail eine Beschützerin. Als sie ein paar Jahre später starb, kümmerte sich zuächst eine Tante ein wenig um die Mädchen, aber meistens waren sie in der Obhut ihres Vaters und ihrer Stiefmutter.

Diesen Teil der Geschichte hörte ich am Abend unserer ersten Begegnung. Beide waren gerne bereit gewesen, ihren Hintergrund zu beschreiben, und beide stimmten freundlich zu, sich einzeln interviewen zu lassen. Aber die fast schon journalistische Sachlichkeit und Objektivität, mit der sie die Fakten ihrer Familiengeschichte vortrugen, löste bei mir insgeheim die Sorge aus, ob ich bei den Interviews überhaupt mehr erfahren würde.

Wie sich zeigte, war diese Sorge völlig grundlos. Sobald sie einzeln vor mir saßen, verschwand die Objektivität, als ob jemand einen Vorhang weggezogen und die nackten, ungeschminkten und von Narben durchzogenen Emotionen freigelegt hätte.

Gail hatte diese Gefühle eisern im Griff; aber das bewies nur ihre Stärke. Wir saßen auf ihrer windgeschützten Veranda, sie auf einem Korbsofa, ich auf einem Stuhl. Beim Sprechen hielt sie die Hand vor den Mund und erstickte damit manche ihrer Worte, oder sie rieb sich die Lippen, wenn sie nachdachte. Es war eine symbolische Geste der Ambivalenz, die sich sowohl auf die Erinnerung an den Schmerz der Vergangenheit als auch auf die Offenlegung dieses Schmerzes bezog. Dieses Gespräch fiel ihr sichtlich schwerer als die schlichte Darstellung der Fakten.

Ihr Schmerz war der eines verlorenen Kindes, aber nicht des Prototyps des verlorenen Kindes aus der Alkoholismusliteratur, sondern eines Kindes, das die Liebe verloren hatte, bevor es wirklich wußte, was Liebe war. Pam konnte sich zwar noch daran erinnern, wie die Mutter mit Gail geschmust und ihr vorgesungen hatte, aber Gail war beim Tode der Mutter so klein gewesen, daß sie sich an so gut wie nichts mehr erinnerte. Sie hätte »nur eine verschwommene Erinnerung an Weichheit und Spitzen, und selbst die ist sehr unklar«, erklärte sie und zuckte die Achseln, als ob die Realität oder Irrealität ihrer Erinnerung unwichtig wäre. Ich fragte mich, wie viele Stunden sie wohl damit verbracht hatte, diesen Zipfel des mütterlichen Bildes festzuhalten.

Beim Vater dagegen wußte sie genau, daß sie ihn geliebt und sich von ihm geliebt gefühlt hatte, ob mit oder ohne Alkolol. »Er war ein höflicher, freundlicher Ostküsten-Gentleman, wenn er nicht trank«, sagte sie. Und obwohl ihre Erzählung ein ganz anderes Bild von ihm zeichnete, wich sie von dieser Aussage nicht ab.

Der Alkohol beherrschte sein Leben, vor allem am Wochenende, als wäre er von einem Teufel besessen. Gail wußte von Pam, daß ihre Mutter ihn einigermaßen »auf dem Pfad der Tugend« hatte halten können. Aber seit er mit der Stiefmutter zusammenlebte, griff er jeden Freitag abend zur Flasche, und jedes Wochenende war das Haus von lautem Gelächter, Streit und schließlich von lautstark gebrüllten Beleidigungen erfüllt.

»Ich habe meine Freunde nie am Wochenende zu Besuch gehabt«, sagte Gail. »Ich habe mich zu sehr geschämt.« (Und Pam führte das später aus: »Man macht all die Sachen, die Kinder von Alkoholikern eben machen. Man geht nicht nach Haus. Man will nicht, daß die Freunde den Vater treffen. Man glaubt, niemand weiß es, und natürlich weiß es die ganze Stadt.«) Im Sommer verlagerte sich die Szene in ein kleines Wochenendhaus am Meer. Gail verbrachte nach dem Tode ihrer Großmutter dort oft die Wochenenden allein mit Vater und Stiefmutter, weil Pam Besuche bei Freundinnen arrangiert oder sich Aushilfsjobs in den Strandhotels besorgt hatte.

Während der Woche blieb das Trinken besser unter Kontrolle, denn Trudy besaß ein kleines Versandgeschäft und mußte bei der Arbeit nüchtern sein. Sie war eine gute Geschäftsfrau, hart und gerissen, und machte sich viel aus Geld, aber gar nichts aus ihren Stieftöchtern. »Sie war so kalt«, sagte Gail, »weder Pam noch ich haben von ihr auch nur das kleinste Anzeichen von Liebe oder Interesse bekommen. Sie konnte uns wohl nicht ganz vernachlässigen, das hätte einen schlechten Eindruck gemacht, aber wir waren ihr völlig gleichgültig.«

Wenn sie von der Stiefmutter sprach, legte Gail die Arme um sich, als ob sie die Kälte von Trudys Gegenwart immer noch körperlich spürte. Später sagte sie, Pam und sie hätten nach ihrem Auszug jeden Kontakt zu Trudy abgebrochen. Vor etwa sieben Jahren hatten sie erfahren, daß sie gestorben war. Man munkelte, sie hätte sich zu Tode getrunken. »Ich war nur erleichtert«, sagte Gail. »Ich war damals 45 Jahre alt, hatte einen Mann und zwei Kinder, aber erstaunlicherweise hatte ich immer noch Angst vor dieser Frau. Ich weiß noch nicht mal, vor was ich mich so gefürchtet habe, aber solange sie lebte, habe ich mich nicht sicher gefühlt.«

Pam war diejenige, die Gail in dem alltäglichen Chaos ein Mindestmaß an Normalität geboten hatte. Wie viele ältere Schwestern in gestörten Familien hatte sie sich bemüht, Gail nach Kräften die Mutter zu ersetzen. »Sie hat mir Gesellschaft geleistet«, sagte Gail, »und mich mit anderen Leuten zusammengebracht. Sie hat sich darum gekümmert, daß die sozialen Beziehungen unserer Mutter nicht abrissen. Sie war mit den Kindern aus dem Freundeskreis meiner Mutter befreundet und hat dafür gesorgt, daß ich gesellschaftlich akzeptiert wurde. In einer Kleinstadt ist so etwas unheimlich wichtig, es bestimmt, ob man dort lebt.«

Langfristig war aber für Gail noch wichtiger, daß Pam ihr den Zugang zur Literatur und damit zu einer Welt der Phantasie eröffnet hatte, in die sie sich flüchten konnte. »Wenn es kein Familienleben gibt«, sagte Gail, »sorgen Bücher für Gesellschaft. Das habe ich von Pam gelernt, und deshalb habe ich auch mein Leben lang Literatur geliebt. Dafür bin ich ihr ewig dankbar.« Pam bestätigte später diese Rolle, auf die sie sehr stolz war: »Ich weiß noch, wie ich Gail immer im Bett vorgelesen habe, auch noch, als sie schon groß war. Wir haben ›Heidi‹ und andere Kinderbuch-Klassiker gelesen. Ich habe mir immer gewünscht, daß das eine angenehme Erinnerung für sie wird.«

Aber so angenehm die Erinnerung auch war, wurde sie doch für beide Schwestern von der harten Seite ihres Lebens überschattet.

»Pam hat mehr gelitten als ich«, sagte Gail einmal leise.

»Warum sagen Sie das?«

»Weil sie älter war und weil sie alles sehr viel bewußter mitbekommen hat. Als Vater Trudy geheiratet hat, war sie zwölf. Ich war erst sechs, und mir war damals nicht richtig klar, was los war. In den ersten, stürmischen Jahren dieser Ehe war sie allem sehr viel mehr ausgesetzt. Und auch vorher...«

Sie brach ab und hielt die Hand vor den Mund. Dann sprach sie so leise weiter, daß ich mich vorbeugen mußte, um überhaupt etwas zu verstehen.

»Ich habe keine konkreten Beweise dafür, aber es wird doch heute so viel davon geredet, daß Väter ihre Töchter sexuell mißbrauchen und so. So was fiele mir bei meinem Vater im Traum nicht ein, solange er nüchtern war. Aber in betrunkenem Zustand könnte er Pam vor seiner zweiten Ehe so etwas angetan haben.«

»Wie kommen Sie darauf?«

»Sie hat soviel mehr psychische Schäden als ich. Irgendwie habe ich meine bösen Geister immer in Schach halten können, aber sie nicht.« Sie nahm die Hand vom Mund und sprach lauter, als wäre sie zu einem Entschluß gekommen. »Sie wird es Ihnen sicher selbst erzählen, deshalb ist es wohl nicht schlimm, wenn ich es auch sage, aber sie hatte vor Jahren einen Nervenzusammenbruch. Danach hat sie eine Psychoanalyse gemacht und ich glaube, auch noch eine Gruppentherapie. Ich kann mir nur schwer vorstellen, eine Therapie zu machen, aber ihr hat es geholfen.«

»Sie glauben also, sie hätte zu Hause Belastungen erlebt, die Ihnen erspart geblieben sind?« fragte ich. Ich hatte das Gefühl, daß Gail mir noch mehr erzählen wollte, es aber nicht über die Lippen brachte. »Haben Sie sich auch in dieser Weise bedroht gefühlt?«

»Nie. Ich wußte immer, daß mein Vater mich sehr lieb hatte.«

Trotz all dem Elend ihres Lebens klammerte sich Gail weiter an diese Liebe. Sie weigerte sich zu fragen, wie ein Mann, der seine Tochter »sehr lieb hatte«, sie samt ihrer Schwester so vernachlässigen oder sie einer so kalten Frau überlassen konnte. Gail schob die Erklärung für das gesamte Verhalten ihres Vaters, einschließlich des Verdachts, er hätte ihre Schwester sexuell belästigt, auf den Alkohol. Und mehr als alles andere erregte die ständig wiederholte Beteuerung, ihr Vater hätte sie geliebt, mein Mitleid. Schon der bloße Anschein von Liebe macht bei Kindern von Alkoholikern das Unerträgliche erträglicher.

Gail grübelte weiter über die größeren Schwierigkeiten ihrer Schwester nach.

»Vielleicht ist sie ja auch nur sensibler als ich«, meinte sie. »Aber ich weiß, daß es für sie schwerer war, die ganze Geschichte zu bewältigen. Sie hat immer noch Schuldgefühle, weil sie mich allein gelassen hat und mit zwanzig ausgezogen ist, obwohl ich es ihr nie bewußt übelgenommen habe, daß sie von zu Hause weggegangen ist.«

Ich merkte mir das Wort »bewußt«. Hatte sie vielleicht den Verdacht, sie nähme der Schwester ihren Auszug unbewußt doch übel?

Gail war 14 und im letzten Schuljahr der Junior High-school, als Pam eine Stelle in New York fand. Der Zug nach New York ging freitags abends um 18.25 von Boston aus, und Pam war schon morgens nach Boston gefahren, um noch etwas zu erledigen. Gail hatte an diesem Tag Unterricht, wollte aber so unbedingt und »verzweifelt« ihre Schwester am Bahnhof verabschieden, daß sie ihre Tante überredete, sie direkt von der Schule nach Boston zu fahren. Am Bahnhof mußte sich Gail durch Massen von Wochenendurlaubern durchkämpfen. Sie wußte, daß Pam schon im Zug war, wollte ihr aber zumindest zum Abschied zuwinken.

»Es war mir ungeheuer wichtig, daß Pam mich sehen konnte«, erinnerte sie sich und schüttelte den Kopf, als wollte sie ihr damaliges Unglück abschütteln. »Als ich mich schließlich bis zum Bahnsteig vorgearbeitet hatte, sagte jemand: ›Bemüh dich nicht, der Zug ist schon weg.‹ Ich habe mich auf eine

Bank gesetzt und bin vor lauter Elend wie betäubt sitzengeblieben. Und dann, ungefähr 10 Minuten später, hörte ich, wie der Lautsprecher die Abfahrt des Zuges ankündigte! Ich hatte die falsche Information bekommen und hätte sie noch sehen können. Ich kann Ihnen nicht beschreiben, wie schrecklich das war. Ich bin völlig zusammengebrochen.«

Jetzt weinte Gail. »Ich hasse Bahnhöfe. Bahnhöfe sind so traurige Orte.«

»Das muß sehr schwer für Sie gewesen sein«, meinte ich und dachte weniger an den Vorfall am Bahnhof als daran, daß sie mit Vater und Stiefmutter allein zurückgeblieben war.

»Sie hat mich nicht verlassen wollen«, beantwortete Gail meine unausgesprochenen Gedanken fast trotzig. »Aber sie mußte gehen. Ich habe es schließlich auch so gemacht.« Sie zögerte. »Sicher, ich hatte keine jüngeren Geschwister, aber als meine Zeit kam, habe ich dasselbe getan.«

Das war natürlich ein ungeheuer großer Unterschied. Mir schien, daß Gail bei all ihrem »bewußten« Verständnis für die Abreise der Schwester auch eine unheilbare Verletzung davon getragen hatte. Ich hatte (und habe) den Verdacht, daß der Kernpunkt der Beziehung der beiden Schwestern in Gails Gefühl lag, von der Schwester im Stich gelassen worden zu sein, und in Pams »Unwilligkeit«, die Schwester zu verlassen. Für beide war der Moment auf dem Bahnhof, in dem die eine abfuhr, während die andere »völlig zusammenbrach«, zu einem traumatischen, für immer in der Erinnerung erstarrten Bild geworden.

Auch 38 Jahre nach diesem Ereignis hatte Pam die Schuldgefühle noch nicht abschütteln können, die dieses Ereignis bei ihr ausgelöst hatte. Sobald wir es uns auf derselben Veranda bequem gemacht hatten, auf der ich mit Gail gesprochen hatte, sprach sie von diesen Schuldgefühlen, und sie erwähnte sie auch bei unseren späteren Telefongesprächen immer wieder.

»Ich fühle mich Gail gegenüber sehr schuldig«, sagte sie auf der Veranda. »Als ich von zu Hause weggegangen bin, war sie erst vierzehn. Ich war also praktisch ihre ganze Jugend hindurch nicht da. Es ist mir wirklich ungeheuer schwergefallen, sie allein zurückzulassen, aber wenn ich dageblieben wäre, wäre ich krank geworden, das wußte ich. Aber das bedeutete natürlich nicht, daß es sie nicht krankgemacht hätte, daß ich weggegangen bin, und deshalb fühle ich mich auch so schuldig.

Ich meine, es war wirklich schrecklich, eine ausweglose Situation. Ich muß immer wieder an die letzten zwei Wochen oder so denken, bevor ich weggefahren bin. Wir haben in einem Bett geschlafen. Ich habe ihr den Rücken massiert, versucht, sie in den Arm zu nehmen und ihr zu zeigen, daß ich sie liebe. Und die ganze Zeit war ich in Gedanken dabei, meine Sachen zu packen, wegzulaufen. Das war ein schreckliches Gefühl. Ich habe mir das nie verziehen. Aber ich mußte. Ich mußte es wirklich, um zu überleben...«

Pams Stimme erstarb, und sie sah mich nicht an. Wahrscheinlich überzeugte sie sich aufs neue, daß es kein Verbrechen gewesen war, ihre Seele zu retten.

Dann nahm sie den Faden wieder auf. »Später, nach dem Selbstmord unseres Vaters – hat Gail Ihnen erzählt, daß sich unser Vater umgebracht hat?«

»Ja, das hat sie.« Gail hatte den Tod fast beiläufig erwähnt, trocken und unemotional, genau wie jetzt Pam. Ihr Vater hatte sich mit sechzig, nachdem er monatelang nüchtern geblieben war, in dem Wochenendhaus erschossen. Obwohl sie schockiert waren, war dieser Selbstmord nicht unvorhergesehen gewesen – ein sinnloser Abschluß eines sinnlosen und vergeudeten Lebens.

»Nach seinem Tod«, fuhr Pam fort, »wohnte Gail weiter zu Hause bei unserer Stiefmutter. Sie war damals ungefähr 20. Als ich sie an einem Wochenende besuchte, bekam ich mit, daß sie nicht miteinander sprachen. Wenn Trudy im Zimmer war, machte Gail einen weiten Bogen um sie, so weit sie nur konnte. Es war offener Haß, das konnte ich deutlich erkennen. Deshalb habe ich ihr gleich gesagt: ›Du mußt weg von hier, genau wie ich.‹ Ich war da schon verheiratet, Stephen war in New London stationiert, und ich habe ihr gesagt: ›Wenn du hier nicht allein wegkommst, dann komme ich dich holen und sorge dafür, daß du bei uns lebst.‹«

Aber Gail schaffte den Absprung, zog nach New York und lernte Richard kennen. Nach der Hochzeit arbeitete Richard bei einer Versicherung; sie zogen deshalb nach Hartford, Connecticut, wo Richards Firma ihren Hauptsitz hatte, und anschließend nach Newport.

»Das muß aber doch ein schönes Gefühl für Sie sein«, sagte ich, »daß Sie Gail geholfen haben, ihr Leben so zu verändern.«

»Später hatte ich schon das Gefühl«, erwiderte Pam zögernd. »daß ich zumindest das für sie getan hatte. Weil ich ihre Situation aus eigener Erfahrung kannte, konnte ich wirklich sinnlich nachvollziehen, was sie durchmachte.«

Trotzdem quälten sie ihre Schuldgefühle weiter. Und sie wünschte sich immer noch, die Vergangenheit ungeschehen machen zu können.

Dabei unterschätzte sie ihr eigenes Leid keineswegs. »Als meine Großmutter noch lebte, war ich in einer schrecklich erwachsenen Position«, erzählte sie mir später am Telefon. »Meine Großmutter sagte immer: ›Dein Vater trinkt schon wieder. Paß auf ihn auf.‹ Und dann habe ich versucht, mit ihm zu reden. Ich habe ihn angefleht: ›Kannst du nicht damit aufhören?‹ Aber wie alle Alkoholiker hat er alles abgestritten. Er sagte dann: ›Ich trinke doch nur ein Bier‹ oder: ›Das ist doch nur ein Glas Wein.‹«

Pam machte sich auch Vorwürfe, daß sie ihrer jüngeren Schwester nicht genug »Zuwendung« gegeben hätte, daß sie Gail an den Wochenenden mit

Vater und Stiefmutter im Wochenendhaus allein gelassen, sie nicht »getröstet und beruhigt« und über ihre Erfahrungen mit ihr gesprochen hätte. Und immer wieder warf sie sich vor, Gail verlassen zu haben.

»Ich persönlich«, sagte sie einmal, »hoffe nur, daß ein paar Sachen, die ich gemacht habe, für sie eine schöne Erinnerung sind. Ich weiß, daß ich ihr die Freude an Büchern nahegebracht habe, aber wenn ich alles andere bedenke, was bei uns passiert ist, dann weiß ich nicht, ob das so eine große Sache war. Ich hätte gerne das Gefühl, daß ich ihr geholfen habe.«

Pams Schuldgefühle waren auch deswegen so hartnäckig, weil sie Gail so »verschlossen« fand, »verriegelt und verrammelt«, wie sie es ausdrückte. Sie wäre so zu, sagte Pam, daß sie »nicht mit mir über die Dinge sprechen will, die wirklich wehtun. Ich habe es versucht, ihr Angebote gemacht und Hinweise auf die Sachen gegeben, über die ich mit ihr reden wollte, aber sobald ich auf unsere Kindheit zu sprechen komme, macht sie dicht. Sie *will* einfach nicht darüber reden. Ich hatte einen Nervenzusammenbruch. Ich habe eine Therapie gemacht, und dabei habe ich gelernt, über solche Sachen zu reden. Aber sie hat wahrscheinlich nie gelernt, mit dem ganzen Schmerz umzugehen, und das bedrückt mich sehr.«

An verschiedenen Punkten in den Gesprächen mit Pam kam mir Gails Verdacht in den Sinn, ihre ältere Schwester wäre von ihrem Vater sexuell mißbraucht worden. Hatte eins von Pams »Angeboten«, auf die sie nicht eingegangen war, diesen Verdacht entstehen lassen? Was wäre, wenn sie Pam erlaubte, mit ihr über »die Dinge, die wirklich wehtun«, zu sprechen? Müßte sie sich dann einem schrecklichen Geheimnis über den geliebten Vater stellen, einem Geheimnis, von dem sie nichts wissen wollte?

Für Pam war Gails Verschlossenheit vor allem deshalb so bitter, weil sie wußte, daß sie auch anders sein konnte. Gail hatte zum Beispiel im Vorjahr ihren Weihnachtsurlaub geopfert, ihre Familie im Stich gelassen und war nach Florida geflogen, um Pam zu pflegen, die an einer Lungenentzündung erkrankt war. »Sie hat uns wirklich gerettet«, sagte Pam. »Sie hat sich um Tommy, unseren behinderten Sohn, gekümmert und in ihrer ruhigen Art den Haushalt und alles zusammengehalten.« Es war ein Liebesbeweis gewesen und eine wunderbare Woche; und gerade dadurch war Pam klargeworden, was sie sonst in der Beziehung zu ihrer Schwester vermißte.

»Ich fände es schrecklich, wenn ich sterben würde, ohne ein echtes, durch und durch ehrliches Gespräch mit ihr geführt zu haben«, sagte Pam, »aber bis jetzt habe ich das noch nie geschafft. Wir konnten die Liebe, die wir füreinander empfinden, nie wirklich annehmen und nie wirklich ausdrücken, und das ist so schade.«

Gail hatte ähnliche Bedenken. Bei einem unserer Gespräche sprach sie darüber, daß sie sich schuldig fühlte, weil sie Pam nicht so oft schrieb oder anrief, wie sie es gerne täte, und nicht den engen Kontakt zu ihr hielt, den Schwestern »haben sollten«. Sie gab zu, daß sie sich nicht so leicht »öffnen« konnte wie Pam. Und sie sah voller dunkler Ahnungen in die Zukunft.

»Ich weiß sehr gut, daß sie die einzige Schwester ist, die ich habe. Seit ihrer Lungenentzündung geht es ihr gesundheitlich nicht gut, und die Versorgung ihres Sohnes wird von Tag zu Tag anstrengender. Ich begreife allmählich, daß wir sterblich sind, und ich weiß, daß ich große Schuldgefühle hätte, wenn ihr irgend etwas passierte und ich nicht besser Kontakt zu ihr gehalten hätte. Ich hätte Schuldgefühle und würde sehr, sehr leiden.«

Bei meinem letzten Gespräch mit den beiden Schwestern sah ich sie im Geiste auf beiden Seiten eines tiefen Abgrundes stehen. Beide wollten der anderen die Hand reichen, sie berühren und umarmen, miteinander weinen und ein ehrliches, offenes Gespräch führen. Aber der Abgrund war nicht zu überbrücken, das Gespräch zu schwierig. Sie hatten vor langer Zeit jede für sich gelernt, das geheime Elend ihres Lebens selbst zu bewältigen, und vielleicht auch, das dunkelste Geheimnis voreinander zu verbergen.

Wie viele Kinder aus Familien, in denen es Geheimnisse gibt, waren auch diese Schwestern Überlebende. Pam hatte überlebt, weil sie ihr Elternhaus und trotz aller Qual auch Gail verlassen hatte. Gail, die weiter in dem Horror ihres Elternhauses leben mußte, konnte nur überleben, indem sie sich verschloß, sich betäubte, um einer Verletzung zu entgehen, die sie sonst vielleicht überwältigt hätte. Trotz des Zartgefühls, das äußerlich ihren Umgang bestimmte, und trotz der echten Liebe, die sie füreinander empfanden, hatte es bislang keine der beiden geschafft, den Abgrund zwischen ihnen zu überwinden.

Wenn nicht die Eltern, sondern eins der Geschwister alkohol- oder drogenabhängig ist oder andere Probleme hat, die verdeckt und nicht zugegeben werden, tut sich eine andere Kluft zwischen Geschwistern auf: Frustration und Sinnlosigkeit durch die vergeblichen Versuche, dem oder der anderen zu helfen.

Bei der Fragebogenerhebung zählten Drogen- oder Alkoholmißbrauch von Geschwistern zu den wichtigsten Problemen. Aber während die Reaktionen auf alkoholabhängige Eltern von Mitleid über Verständnis und Wut bis zu Selbstmitleid reichten, stand bei den Reaktionen auf süchtige oder Suchtmittel mißbrauchende Geschwister die Wut deutlich an erster Stelle: Wut wegen der Schäden, die sich die Geschwister selbst zufügten, Wut wegen des Leids, das sie über ihre Familien gebracht hatten, und frustrierte, hilflose Wut wegen der Belastung mit Problemen, für die sie selbst nichts konnten.

»Mein Bruder ist Alkoholiker«, schrieb eine 34jährige Sekretärin über ihren 38jährigen Bruder. »Wenn er mich brauchte, bin ich immer sofort gekommen, weil ich Angst vor ihm hatte. Schließlich wollten seine Freunde nichts mehr mit ihm zu tun haben, und mir ging es genauso. Ich rede jetzt zwar noch mit ihm, aber ich tue nichts mehr für ihn.«

»Meine Schwester ist völlig von Fitness, Diäten und Essen besessen«, klagte eine 23jährige Sprechstundenhilfe. »Ich habe ihr angeboten, eine Beratung in einem Zentrum für Eßstörungen zu bezahlen, weil sie sagt, sie hätte kein Geld dafür (obwohl ich weiß, daß das nicht stimmt), aber damit bin ich auch nicht weitergekommen.«

»Ich habe mich mit meiner Schwester sehr gut verstanden, bevor sie drogenabhängig wurde«, schrieb eine 27jährige Abteilungsleiterin stellvertretend für viele andere über ihre Gefühle und Enttäuschungen, »aber die Drogen haben unsere Beziehung zerstört. Sie haben auch das gesamte Familienleben in Mitleidenschaft gezogen, und das betrifft mich ebenfalls. Sicher tut sie mir leid, aber meiner Meinung nach ist jeder für sein Leben selbst verantwortlich. Wenn sie sich so tief sinken läßt, dann ist sie schwach und dumm.« Und um Mißverständnisse auszuschließen, setzte sie hinzu: »Ich hoffe, daß sie sich wieder fängt. Und was sie auch getan hat, ich würde ihr immer helfen, weil sie auch weiter meine Schwester ist und ich sie liebe.«

Gerade diese Liebe, dieser Wunsch zu helfen, dieses unfreiwillige Verantwortungsgefühl macht die Wut so frustrierend und läßt sie mehr wie eine Bitte um Befreiung als die Demonstration der Unabhängigkeit von den Problemgeschwistern wirken. (»Ich will einfach nichts mehr mit seinen verdammten Problemen zu tun haben«, sagte ein Mann über seinen drogenabhängigen Bruder. »Aber warum lasse ich ihn immer wieder an mich heran?«)

Norman Maclean hat in seinem Roman »Aus der Mitte entspringt ein Fluß« diese gemischten Gefühle von Geschwistern deutlich gemacht. Der kleine Bruder, der seinen Haferbrei nicht essen wollte, wurde später zum Alkoholiker. Nach einem Anruf vom Dorfpolizisten, der den Bruder zum wiederholten Mal betrunken aufgesammelt hatte, sagte Maclean ärgerlich: »Ich hatte schon mehr gehört als ich wollte. Vielleicht war es ja eines unserer Kernprobleme, daß ich nie zuviel über meinen Bruder hören wollte.« Aber dann dachte er nach: »Doch selbst in der Einsamkeit des Canyons wußte ich, es gab andere, die wie ich Brüder hatten, die sie nicht verstanden, denen sie aber helfen wollten. Wir sind wahrscheinlich jene, die als ›unserer Brüder Hüter‹ bezeichnet werden, beherrscht von einem der ältesten, möglicherweise sinnlosesten und gewiß einem der hartnäckigsten Instinkte. Er will uns nicht loslassen.«

Dieser »hartnäckige Instinkt« der Fürsorge für Geschwister mit Problemen ist bei Teenagern, also in dem Alter, in dem Jugendliche mit Drogen und Alkohol zu experimentieren beginnen, besonders stark ausgeprägt und schwierig. Jugendliche, deren Geschwister in die Drogenszene abdriften, geraten in vielfältige innere Konflikte. Wenn sie zum Vertrauten von Bruder oder Schwester werden und sich zur Verschwiegenheit verpflichten, schwanken sie zwischen Loyalität zu den Geschwistern und Angst um sie, zwischen dem Wunsch, das Geheimnis zu bewahren, und dem Wunsch, das Geheimnis zu lüften und die Verantwortung an die Eltern abzugeben.

Wenn Geschwister in der Jugend oder im frühen Erwachsenenalter eine sehr enge Beziehung zueinander hatten, wirkt die Drogen- oder Alkoholsucht oft wie ein endgültiger Grenzübertritt; eins der Geschwister ist sozusagen auf die andere Seite gewechselt, und die anderen bleiben einsam und fremd mit der Erkenntnis zurück, daß die Beziehung nie mehr so werden kann, wie sie vorher war. Vor allem jüngere Geschwister sind oft verletzt und verwirrt, wenn sich der oder die Ältere in erschreckende und gefährliche Bereiche vorwagt. Obwohl ich keine statistischen Belege dafür gefunden habe, ist mir aufgefallen, daß die Teilnehmer an der Umfrage, die den Suchtmittelmißbrauch ihrer Geschwister erwähnten, häufig (wenn auch nicht statistisch relevant) jüngere Geschwister waren, die sich über ältere Brüder und Schwestern beklagten. Sie waren daran gewöhnt, zu den älteren aufzusehen, und fühlten sich betrogen, wenn sich die Hierarchie durch die Sucht umkehrte.

In vielen Fällen folgen natürlich die jüngeren Geschwister den älteren auf ihrem Weg zu Alkohol und Drogen, besonders in der Jugend, aber auch noch später. Genau wie bei erwachsenen Kindern von Alkoholikern, die oft ebenfalls trinken, erweist sich auch hier wieder, daß es schwer ist, dem Drang zur Nachahmung zu widerstehen, wenn ein entsprechendes Vorbild vorhanden ist.

Aber warum können sich manche Geschwister diesem Drang entziehen? Warum greift in einer Familie ein Kind zu Alkohol oder Drogen und das andere nicht? Wie bei anderen Unterschieden zwischen Geschwistern gibt es auch hier vielfältige und komplexe Gründe: Persönlichkeitsunterschiede, unterschiedliche Freundeskreise, die unterschiedliche Behandlung der Kinder durch die Eltern, die unterschiedliche häusliche Umwelt, die Geschwister füreinander schaffen. Und wie in so vielen anderen Situationen spielt auch hier wieder der Wunsch eine Rolle, verschieden zu sein.

Eine Langzeituntersuchung mit erwachsenen Heroinabhängigen und ihren nicht abhängigen Brüdern, die über zwanzig Jahre an der Universität von Texas in San Antonio durchgeführt wurde, hat einige interessante Fakten ergeben. Alle Teilnehmer an der Untersuchung kamen aus Problemfamilien und hatten in der Kindheit zum Beispiel die Scheidung der Eltern, den Tod von Vater, Mutter oder beiden oder Suchtmittelmißbrauch in der Familie erlebt. Beide Gruppen wurden gefragt, warum ihrer Meinung nach die einen abhängig geworden waren und die anderen nicht. Die Heroinabhängigen sahen den Grund am häufigsten in den unterschiedlichen Freundeskreisen oder in ihren Worten im »Herumhängen mit den falschen Leuten.«

Auch für die nichtabhängigen Brüder waren unterschiedliche Freundeskreise ein wichtiger Faktor, aber sie legten auch Wert auf ihre bewußte Entscheidung, sich von Drogen oder Alkohol fernzuhalten. Bei einem war es die Erfahrung des »schlimmen Zustands meines Bruders«, ein anderer wollte seinen Eltern nicht auch noch soviel »Kummer« machen. Manche waren auch schon in jungen Jahren von zu Hause weggegangen, um sich dem Einfluß des Bruders zu entziehen, oder hatten sich nach der Schule andere Aktivitäten gesucht, um nicht in den Freundeskreis des Bruders hineingezogen zu werden. Sie wollten die Falle um jeden Preis umgehen, in die ihre Brüder geraten waren.

Leider hat sich wie bei vielen anderen Geschwistern auch bei diesen nichtabhängigen Brüdern erwiesen, daß sie zwar der Abhängigkeit entgangen waren, nicht aber den Belastungen, die durch die Sucht von Geschwistern entstehen. Jonathan Dahl, der als Journalist beim Wall Street Journal arbeitet, hat in einem anrührenden Artikel seine Suche nach seinem drogenabhängigen älteren Bruder Jeff beschrieben. Neun Jahre zuvor hatte der Vater Jeff das Haus verboten, nachdem er sich jahrelang bemüht hatte, ihn von der Droge wegzubekommen. Auf dem Sterbebett bereute er diesen Entschluß und bat Jonathan, den mittlerweile verschollenen Bruder zu finden.

Mehr als ein Jahr lang suchte Jonathan in Bars, U-Bahn-Stationen, Rehabilitationszentren und Notunterkünften nach seinem verlorenen Bruder, und mit jeder ergebnislosen Fährte wuchs seine Entschlossenheit weiterzumachen. In seiner Erinnerung war Jeff der große Bruder, der ihm an der Bushaltestelle die Schuhe zugebunden und einmal den »Schlägern aus der sechsten Klasse« eine blutige Nase verpaßt hatte, um ihn zu beschützen. Aber der Jeff, den er schließlich in einer verwahrlosten Wohnung in Denver fand, war ein aufgeschwemmter Mann mittleren Alters, der es nie geschafft hatte, die Drogen aufzugeben. Jonathan blieb eine Woche bei ihm und fuhr dann verstört und deprimiert zurück nach Hause.

»Einerseits will ich ihm helfen«, schrieb er, »und andererseits ist mir klar, daß ich nicht der Hüter meines Bruders sein kann. Aber solange ich nicht weiß, was ich tun soll, geht mir Jeff nicht mehr aus dem Kopf.«

Um es mit Maclean zu sagen, ist Jonathan wie so viele Geschwister von Abhängigen von einem der ältesten Instinkte der Welt besessen und kann sich wahrscheinlich weder seinen Bruder noch den Wunsch, ihm zu helfen, jemals wirklich aus dem Kopf schlagen.

Geschwisterinzest zählt zu den bestgehüteten destruktiven Familiengeheimnissen. Es kommt selten vor, daß Eltern, andere Geschwister oder Freunde davon erfahren, selbst dann nicht, wenn die Beteiligten bereits erwachsen sind. Als Gail von ihrem Verdacht sprach, der Vater hätte Pam sexuell mißbraucht, sagte sie ausdrücklich, daß sie auf diesen Gedanken durch die wachsende öffentliche Diskussion über Eltern-Kind-Inzest gekommen sei. Vergleichbare Forschungen und öffentliche Diskussionen über die sexuellen Aktivitäten von Geschwistern dagegen gibt es bislang nicht.

Die Unklarheiten fangen schon damit an, daß der Begriff »Geschwisterinzest« nicht eindeutig definiert ist. Alle Geschwister sind sexuell neugierig, und alle beobachten, berühren und erkunden ihren eigenen Körper und den der anderen und lernen daraus. Inzest ist aber etwas anders. Im strengen Sinne wird darunter Geschlechtsverkehr zwischen Geschwistern verstanden. Allerdings kam man auch bei den Kindern von inzestuösem Verhalten sprechen, die für Geschlechtsverkehr noch zu jung sind, aber sich über normale Doktorspiele hinaus mit explizit sexuellen Aktivitäten wie versuchtem Geschlechtsverkehr, häufigem Petting und Berühren der Genitalien beschäftigen.

Weiter gibt es keinerlei verläßliche Aussagen über die Häufigkeit des Geschwisterinzests. Nach manchen Schätzungen ist er fünfmal häufiger als Eltern-Kind-Inzest; ein Wert, der sich nicht verifizieren läßt, da Geschwisterinzest selten bei der Polizei oder in Kliniken gemeldet wird. Ein Hinweis zur Häufigkeit findet sich in der Untersuchung, die der Psychologe David Finkelhor 1978 mit College-Studenten aus New England über die sexuelle Erfahrung von Geschwistern durchgeführt hat: von fast 800 befragten Studenten und Studentinnen sagten 13 Prozent (15 Prozent der Frauen und 10 Prozent der Männer), sie hätten als Kinder irgendeine Form sexueller Aktivität mit Geschwistern erlebt. Finkelhor hat allerdings viele unterschiedliche sexuelle Aktivitäten vom »Zeigen der Genitalien« bis zum Geschlechtsverkehr in einen Topf geworfen, und deshalb sind die Zahlen nicht sehr aussagekräftig. Sie belegen eigentlich nur, daß in der Kindheit sexuelle Aktivitäten zwischen Geschwistern nichts Ungewöhnliches sind.

Während die meisten Menschen Eltern-Kind-Inzest zutiefst ablehnen und als schädlich für die Kinder betrachten, wird Geschwisterinzest selbst von

Psychologen oft als harmlos abgetan, außer vielleicht in den Fällen, in denen der Altersunterschied sehr groß ist und damit der Verdacht der Ausbeutung des jüngeren durch das ältere Kind naheliegt. Aber bei Geschwistern mit geringem Altersunterschied, die keinen Zwang anwenden, wird oft einfach von einer Erweiterung normaler Doktorspiele ausgegangen, die gelegentlich sogar positiv gesehen wird, weil sie angeblich die sexuelle Entwicklung der Kinder fördert.

Dieser Auffassung kann ich nur aufs schärfste widersprechen.

Zum einen stimme ich den Psychologen Stephen Bank und Michael Kahn zu, nach deren Erkenntnissen Inzest selten wirklich von beiden Seiten gewollt ist, selbst dann nicht, wenn beide Partner scheinbar einverstanden sind. In der Regel wird der Inzest nämlich von einem der Geschwister (meist dem älteren) initiiert und durchgesetzt, während das andere dazu verführt oder überredet wird. Wenn ein jüngeres Kind die Aktivitäten initiiert, begreift es in der Regel ihre Bedeutung oder Folgen noch gar nicht, und fühlt sich dann später unter Umständen sowohl schuldig als auch gedemütigt.

Zum anderen ist beim Geschwisterinzest selbst in den Fällen ein Element sexueller Ausbeutung enthalten, in denen kein direkter Zwang angewandt wird. Und das häufigste Opfer dieser Ausbeutung sind Schwestern. Obwohl es auch inzestuöse Aktivitäten zwischen älteren Schwestern und jüngeren Brüder und (selten) zwischen gleichgeschlechtlichen Geschwistern gibt, ist Inzest zwischen älterem Bruder und jüngerer Schwester die verbreitetste Form. In solchen Beziehungen dominiert meist der ältere Bruder, während die Schwester sich häufig von ihm benutzt fühlt. In Finkelhors Untersuchung hat sich gezeigt, daß Frauen weit häufiger als Männer die jüngeren Partner beim Geschwisterinzest waren und die Erfahrung auch sehr viel häufiger als unangenehm beschrieben.

Vor allem aber widerspreche ich der optimistischen Einschätzung des Geschwisterinzests deshalb, weil Inzest unabhängig vom Altersunterschied und unabhängig von Ausbeutung und Manipulation immer gegen das wohl grundlegendste Tabu unserer Gesellschaft verstößt. Dieser Verstoß muß zwangsläufig zu psychischen Schäden führen, vor allem bei denjenigen, die sich als das Opfer fühlen.

Seit Jahrhunderten wird darüber gestritten, ob das Inzesttabu (das für Eltern und Kindern genauso gilt wie für Geschwister) »natürlich« ist oder von der Gesellschaft aufgestellt wurde. Die eine Fraktion vertritt die Auffassung, zur genetischen Ausstattung des Menschen gehöre die angeborene Ablehnung und instinktive Vermeidung des Inzests. Begründet wird das unter anderem mit der Tatsache, daß auch Affen und andere nichtmenschliche Primaten sich nur in Notzeiten mit Eltern oder Geschwistern paaren, also wenn keine anderen Vertreter der Gattung verfügbar sind. Auch eine Untersuchung, die vor einigen Jahren mit nichtverwandten Kindern aus einem israelischen Kibbuz durchgeführt wurde, verweist nach Meinung der Vertreter dieser Auffassung auf eine natürliche Vermeidung sexueller Aktivitäten, die an Inzest erinnern: Die Untersuchung hatte ergeben, daß bei dieser Gruppe von Kindern, die den größten Teil ihrer Kindheit zusammengelebt hatten und sich quasi als Geschwister betrachteten, im Erwachsenenalter Hochzeiten untereinander sehr selten waren, obwohl sie keineswegs verboten waren.

Die andere Fraktion, zu denen auch Freud gehörte, geht davon aus, daß Inzest bei einer tatsächlichen angeborenen Abneigung praktisch nicht vorkäme und deshalb auch nicht tabuisiert werden müßte. Die Vertreter dieser Richtung sehen vielmehr umgekehrt eine sehr starke sexuelle Anziehung zwischen Familienmitgliedern, die ein Tabu erforderlich macht, um die Gesellschaftsordnung aufrechtzuerhalten, die Kinder vor Ausbeutung zu schützen und die Fortpflanzung außerhalb der Familie zu garantieren.

Außerdem verweisen sie auf Gesellschaften, in denen Geschwisterinzest nicht tabuisiert war. Die ägyptischen Pharaonen der 18. und 19. Dynastie (ungefähr 1500 Jahre vor unserer Zeitrechnung) haben zum Beispiel gelegentlich ihre Schwestern geheiratet; und später, so zeigen die Quellen, heiratete die schöne Königin Cleopatra nacheinander zwei ihrer Brüder.

Die Frage, inwieweit die Abneigung gegen Geschwisterinzest tatsächlich angeboren ist, läßt sich nicht eindeutig beantworten. Fest steht dagegen, daß Geschwisterinzest seit vielen tausend Jahren in fast allen Kulturen gesellschaftlich tabuisiert wird; die wenigen Ausnahmen wie im alten Ägypten sind sehr selten und höchstwahrscheinlich politisch motiviert (Cleopatra hat zumindest einen der Brüder aus politischen Gründen geheiratet und dann umgebracht). Es ist also keine Kleinigkeit, ein solches Tabu zu brechen.

Das soll aber nicht heißen, daß es keine sexuelle Anziehung zwischen Familienmitgliedern gibt. Freud hat die ödipalen Wünsche von Kindern nach dem gegengeschlechtlichen Elternteil beschrieben, und in Kunst und Literatur gibt es zahlreiche Darstellungen und Beschreibungen der sexuellen Sehnsüchte von Geschwistern.

Vor allem die romantische Dichtung des 19. Jahrhunderts war von den Geheimnissen der Geschwisterliebe fasziniert. Edgar Allan Poe hat in seiner schaurigen Erzählung »Der Fall des Hauses Usher« die Folgen eines Geschwisterinzests beschrieben. William Wordsworth identifizierte in überschwenglichen Gedichten seine Schwester Dorothy immer wieder mit dem unwiderbringlich verlorenen, natürlichen und phantasievollen Selbst seiner

Kindheit, und manche Literaturwissenschaftler behaupten bis heute, daß die beiden eine inzestuöse Beziehung hatten, selbst wenn es keine stichhaltigen Beweise dafür gibt. Und die düsteren Geschichten von Nathaniel Hawthorne werden immer wieder auf die geheime Liebesgeschichte mit seiner Schwester zurückgeführt.

Der Inzest des englischen Dichters Lord Byron dagegen war kein Geheimnis; seine langanhaltende Affäre mit seiner Halbschwester Augusta löste in der zeitgenössischen englischen Gesellschaft einen Skandal aus und zerstörte seine Karriere. In einem berühmt gewordenen Brief an sie schrieb er: »In jedem Augenblick wußte und weiß ich mich vollkommen und grenzenlos an dich gebunden, und diese Bindung macht mich zutiefst unfähig zu *wirklicher* Liebe für irgendeinen anderen Menschen...«

Nicht nur das Verhalten von Lord Byron wirft die Frage auf, wie eine so »grenzenlose« Bindung zwischen Bruder und Schwester entstehen kann, daß sie selbst dem tief eingewurzelten Inzesttabu trotzt, und wie sie sich auf die Beteiligten auswirkt.

Lord Byron wuchs bei seiner Mutter auf, die ein äußerst hitziges Temperament hatte. Der Vater hatte die Mutter verlassen; seine Halbschwester Augusta (die Tochter des Vaters) hatte er viele Jahre nicht gesehen. Nach ihrem Wiedersehen hielten sie sich für Waisen in einer unfreundlichen Welt, und der frühe Mangel an Liebe gab ihrem Bedürfnis nach einander Nahrung.

Das Gefühl, von den Eltern wenn nicht physisch, dann doch psychisch vernachlässigt und verlassen worden zu sein, spielt in den meisten Fällen von Geschwisterinzest eine sehr wesentliche Rolle. Ohne die Zuwendung der Eltern klammern sich Bruder und Schwester aneinander, fallen sich im Wortsinne »in die Arme«, um dort die Wärme und den Trost zu finden, den die Eltern ihnen verweigern. Der Mangel an elterlicher Aufsicht kann auch zu einem anderen Muster führen. Dann zwingt oder verführt ein aggressiver älterer Bruder die jüngere Schwester (oder eine aggressive ältere Schwester den jüngeren Bruder) zu verbotenen sexuellen Handlungen, weil er (oder sie) sicher sein kann, daß die jüngeren sich zu sehr schämen oder zuviel Angst vor Vorwürfen haben, um den Eltern das Geheimnis zu erzählen.

Vernachlässigung durch die Eltern hat viele Formen und reicht von körperlicher Mißhandlung über Alkoholismus bis zu kühlem, distanziertem Verhalten und häufiger Abwesenheit. Der Sex- und Eheberater Dr. Levay hat von einer Familie erzählt, in der die Kinder häufig sich selbst überlassen blieben, weil die Eltern gemeinsam ein Geschäft führten. Hier war es die älteste Tochter, die ihren jüngeren Bruder, mit dem sie im selben Zimmer schlief, zu sexuellen Handlungen verführte. Die Tat erschreckte sie, und sie besprach sie mit den Eltern und bat sie, eine Möglichkeit zu finden, jedem Kind ein eigenes Zimmer zu geben. Die schockierten Eltern schimpften daraufhin mit den Kindern – und stürzten sich wieder in die Arbeit. Tochter und Sohn stürzten sich in ihre sexuellen Aktivitäten.

Wenn Eltern wie hier die Anzeichen sexueller Aktivitäten unter Geschwistern selbst dann nicht zur Kenntnis nehmen, wenn sie direkt darauf hingewiesen werden, dann ist das nichts anderes als Vernachlässigung. Und anscheinend war das kein Einzelfall. In den Interviews sagten mehrere Frauen, sie hätten sich bei der Mutter über die sexuelle Aggressivität der Brüder beklagt, aber nur zu hören bekommen, sie würden übertreiben, sich das alles doch nur einbilden oder wären selbst schuld, weil sie sich schlecht benähmen. Für Eltern kann die Vorstellung, ihre Kinder könnten ein so tiefverwurzeltes Tabu tatsächlich brechen, so bedrohlich sein, daß sie sich schlicht weigern, damit umzugehen, oder aus Angst vor den unvermeidlichen Störungen des Familienlebens eine offene Klärung vermeiden. Da sie davon ausgehen, daß der Vorwurf abgestritten wird, müßten sie einem der Kinder mehr Glauben schenken als dem anderen, und sie müßten das aggressive Kind kontrollieren, das vielleicht gerade wegen der mangelnden Kontrolle so aggressiv geworden ist. Aus Angst davor, ein Kind mit einem so schambesetzten Thema zu konfrontieren, verleugnen sie seine Existenz und machen lieber dem Opfer Vorwürfe, daß es das Thema überhaupt zur Sprache gebracht hat.

Vernachlässigung seitens der Eltern kann also zu inzestuösen Aktivitäten der Kinder führen, und Geschwister, die spüren, daß die Eltern sich einzugreifen scheuen, zwingen dann die anderen zu sexuellen Handlungen. Dennoch muß man auch nach anderen Faktoren suchen, die beim Geschwisterinzest eine Rolle spielen, da ja keineswegs alle Geschwisterpaare inzestuös werden, die sich vernachlässigt fühlen. Holly Smith von der Sozialstation in Boulder, Colorado hat versucht, bei ihrer Untersuchung von 25 Familien mit manifestem Geschwisterinzest solche Faktoren aufzuspüren. (Da diese Familien der Sozialstation bereits aufgefallen waren, kann man davon ausgehen, daß es bei ihnen mehr Probleme gab als bei anderen, in denen der Geschwisterinzest den Behörden nie zu Ohren kommt. Trotzdem kann die Untersuchung diesen trüben Bereich ein wenig erhellen.)

Neben der Kälte oder dem Desinteresse der Eltern, so hat Smith festgestellt, gab es in vielen dieser Familien Geheimnisse, die mit Sexualität zusammenhingen. Eins der wichtigsten dieser Geheimnisse (von dem manche der Kinder aber durchaus wußten) war die außereheliche Liebesbeziehung von Vater oder Mutter. Anscheinend waren die Aktivitäten der Eltern für die Kinder ein Freibrief für eigene Regelverstöße.

Ein weiteres Merkmal dieser inzestuösen Familien war die Sexualisierung der häuslichen Atmosphäre. In vielen Fällen waren die Töchter schon vom Vater mißbraucht worden, bevor sie zum Opfer ihrer Brüder wurden. In mehreren Familien wurden die Kinder sexuell erregt, weil sie beim Geschlechtsverkehr der Eltern zugesehen oder ihrer Beschreibung sexueller Abenteuer zugehört hatten.

Der wohl interessanteste Faktor, den diese Untersuchung ans Licht gebracht hat, steht anscheinend im Widerspruch zu den anderen: statt sexuelle Erregung zu provozieren, verdrängten viele Mütter die Sexualität total. Sie waren gläubig und fromm, rigide und puritanisch und unterbanden jedes Gespräch über sexuelle Themen. Damit steigerten sie die sexuelle Neugier und die Rebellion ihrer Kinder.

Die Mutter, die Sexualität verdrängt, und der Sohn, der gegen diese Verdrängung rebelliert, spielten auch bei dem Inzestverhalten der Familie Nettles eine Rolle, eine der wenigen Familien aus meiner Untersuchung, in der Geschwister bereit waren, über den Inzest zu sprechen. Genauer gesagt, waren zwei der Geschwister, John und Theresa, zu einem Gespräch über das inzestuöse Verhalten ihres älteren Bruders Paul bereit. Die jüngste Schwester Helen war Nonne in einem Ursulinenkloster und stand deshalb für ein Interview nicht zur Verfügung. Paul selbst sprach nur von der »gruseligen« Treue seiner Mutter zur katholischen Kirche, ihrer Leidenschaft für die mystischen Schriften der Heiligen des 14. Jahrhunderts, ihrem rigiden Erziehungsstil und ihren ständigen Warnungen, die Kinder sollten sich »nicht berühren« und eigentlich gar nicht wissen, daß es »so etwas wie Sex überhaupt gab«.

Von Paul, 44 Jahre alt und zum dritten Mal geschieden, erfuhr ich auch, daß dank der Mutter »die Familie in bezug auf Sexualität eine Katastrophe« gewesen wäre und keins der Kinder wirklich auf die Begegnung mit der »realen« Welt des anderen Geschlechts vorbereitet worden war. Diese mangelnde Vorbereitung hätte dazu geführt, daß Helen mit 16 Jahren schwanger geworden wäre; sie hatte ihr Kind zur Adoption freigegeben und war aus Verzweiflung in einen sehr strengen katholischen Orden eingetreten. Und Theresa, so Pauls Version der Familiengeschichte, war in sexueller Hinsicht so unwissend, daß John und er sie am Abend vor ihrer Hochzeit in allen Einzelheiten aufklären mußten. John hätte eigentlich auch nicht mitreden können: Schließlich hätte auch er erst sehr spät, mit 40 Jahren, geheiratet und vorher nur eine einzige sexuelle Erfahrung gehabt, eine dreijährige Affäre mit einer von Pauls Ex-Ehefrauen.

»Sie hat ihm alles beigebracht«, sagte Paul. »Aber es war gruselig, fast wie Inzest, daß er mit meiner Frau schlief.«

Mehr sagte Paul zum Thema des Geschwisterinzests nicht, obwohl ich mich nach meinem Gespräch mit John, in dem er mir von den sexuellen Aktivitäten seines Bruders erzählte, sehr bemüht hatte, dieses Thema zur Sprache zu bringen.

John hatte gleich zu Beginn des Interviews gesagt: »Ich weiß von meinen Eltern, daß Paul ein schwieriges Kind war. Heute ist er ein sehr guter Bühnenschauspieler, und diese Begabung war schon früh erkennbar. Er war immer eine starke Persönlichkeit und ein Mensch, der unbedingt seinen Willen durchsetzen wollte.«

Zu Pauls starker Persönlichkeit gehörte auch sein »starker Sexualtrieb«, der nach Johns Meinung durch die Rigidität der Mutter und die passive Einstellung des Vaters zu ihrem religiösen Fanatismus noch verstärkt wurde.

»Er war ein Rebell«, sagte John. »Er rebellierte gegen alles, was meiner Mutter heilig war, bis hin zur Vergewaltigung ihrer Kinder.«

»Vergewaltigung?«

»Ich weiß natürlich nicht genau, wie weit er gegangen ist, ob er sich mit Petting begnügte oder wirklich mit ihnen schlief, aber er hat es mit meinen beiden Schwestern getrieben. Ich habe jahrelang nichts davon gewußt, bis mir meine Schwestern schließlich davon erzählt haben, als wir schon älter waren. Es war ein echter Schock für mich. Aber bis heute habe ich es nie geschafft, mit Paul darüber zu sprechen.«

»Was würde passieren, wenn Sie es täten?«, fragte ich.

»Ich würde ihn durch eine Konfrontation mit dieser offenen Wunde nur ungern verletzen. Anscheinend will er das lieber verdrängen.«

»Und hat das Ihre Schwestern nicht verletzt?«

»Ich weiß nicht, ob es bei Helens Schwangerschaft und ihrem Entschluß, Nonne zu werden, eine Rolle gespielt hat. Aber Theresa hat mir erst letzten Sommer erzählt, daß sie sehr darunter gelitten hat, und daß seine sexuelle Aufklärung vor ihrer Hochzeit sie im Lichte seiner Aktivitäten einfach angeekelt hätte.«

Paul sei bei dieser Gelegenheit »wie berauscht« gewesen, erklärte John, als er mir diese Aufklärungssitzung vor der Hochzeit beschrieb, die Paul schon erwähnt hatte. Er hätte darauf bestanden, Theresa »plastisch« zu erklären, was sie in der Hochzeitsnacht tun sollte, und für sie wäre diese Erfahrung »traumatisch« gewesen.

Theresa bestätigte das später bei unserem Gespräch. Sie war eine gutaussehende Frau, die beim Reden nur wenig von ihren Gefühlen zeigte, sondern immer ein halbes Lächeln zur Schau trug, eine Art Entschlossenheit, das Beste aus dem zu machen, was ihr begegnete. Wir unterhielten uns lange, bevor wir schließlich auf das Thema des Inzests kamen. Anders als für ihre Brüder war das »behütete« Leben, das sie bei ihren Eltern gehabt hatte, für sie »gerade richtig« gewesen, und sie erzog ihre eigenen Kinder nicht anders. »Wenn ich als Kind etwas getan habe, obwohl ich wußte, daß meine Eltern es nicht richtig fanden, dann habe ich mich geschämt, sobald ich ins Haus kam, und dadurch bin ich wieder auf den richtigen Weg gekommen. Es muß Werte und moralische Verpflichtungen geben. Meine Brüder haben keine, wohl aber mein Mann, und das ist für mich sehr wichtig.«

Sie sagte auch, es wäre ihr sehr schwergefallen, nach der Hochzeit ein engeres Verhältnis zu ihrem Mann als zu ihren Brüdern herzustellen. Außerdem wollte ihr Mann, der als Lektor in einem katholischen Verlag arbeitete, keinesfalls, daß sie mit Paul Kontakt hielt. Als ich sie nach den Gründen fragte, kam sie auf den Inzest zu sprechen. Aber zuerst erzählte sie aus ihrer Sicht von dem Abendessen, bei dem Paul ihr ›hartnäckig‹ sämtliche sexuellen Einzelheiten beschrieben hatte, die ihm in den Kopf kamen. Sie hatte sich so darüber geärgert, daß sie schließlich gegangen war und ihre Brüder im Restaurant sitzengelassen hatte.

»Daß Paul es wagt, mit mir über solche Dinge zu reden, nach allem, was er getan hat ...«, sagte sie, und ihr Lächeln gefror auf den Lippen. »Ihnen kann ich es ja sagen«, fuhr sie fort, »daß er sich mir sexuell aufgedrängt hat, als wir jünger waren. Das ging einige Jahre lang. Ich fand später heraus, daß er dasselbe mit meiner Schwester Helen gemacht hat. Wir hatten vorher nie darüber gesprochen. Ich habe es gehaßt, und ich habe mich zu sehr geschämt.«

»Haben Sie es Ihrer Mutter erzählt?«

»Ja. Aber sie hat nur gesagt, ich sollte besser aufpassen. Ich weiß nicht, ob sie es hätte unterbinden können, weil er auf jeden Fall seinen Willen durchsetzen wollte.«

Der mangelnde Wille zum Eingreifen, den Theresas Mutter bewies, ist bei vielen Eltern anzutreffen, die es vermeiden, den Inzest zwischen ihren Kindern zu Kenntnis zu nehmen. Außerdem stand ihr vielleicht auch ihre starke Religiosität im Weg. Pauls Verhalten zeigte seine Verachtung für alles, woran sie glaubte. Es mag für sie leichter gewesen sein, es zu ignorieren, als sich diesen zutiefst »sündigen« Handlungen in ihrem eigenen Haus zu stellen. Und für Theresa war es tröstlicher, die Mutter zu verteidigen, als zuzugeben, daß sie von ihr nicht angemessen beschützt worden war. Theresa sprach nicht über die Einzelheiten des Inzests, und ich fragte sie auch nicht danach. Seine brutalen sexuellen Übergriffe hatten bei ihr eine unheilbare Wunde hinterlassen, und da war es unerheblich, ob er sie wirklich »vergewaltigt« hatte, wie John meinte, oder ob es »nur« zum Petting gekommen war.

»Ich habe lange gebraucht, bis ich mich an die sexuelle Seite der Ehe gewöhnt hatte, 10 Jahre oder noch länger«, sagte sie. »Ich hatte schon ungeheure Angst, nur angefaßt zu werden. Mein Mann hatte sehr viel Geduld mit mir. Er ist ein lieber, guter, sanfter Mann, und ich bin ihm sehr dankbar.«

Während unseres ganzen Interviews behielt Theresa ihr verkrampftes Lächeln bei, sie sprach mit sorgfältig modulierter Stimme, fast tonlos. Sie war eine Frau, die nie die Beherrschung verlieren durfte, die sich bemühte, um jeden Preis eine perfekte Katholikin wie die Mutter und ihrem Mann eine liebevolle Ehefrau zu sein, wie es sich gehörte, während sie gleichzeitig mit einem Geheimnis zu kämpfen hatte, dessen Ausmaß nur sie und der Bruder kannten, der sie verletzt hatte.

»Haben Sie mit Paul über Ihre gemeinsamen sexuellen Aktivitäten gesprochen?« fragte ich.

»Es ist sinnlos, darüber zu reden«, antwortete sie. »Es ist sein Problem so gut wie meins. Wir mußten beide auf unsere Weise damit fertigwerden.«

Es war nicht zu übersehen, daß Theresa und Paul mit ihrem Inzestverhalten extrem unterschiedlich umgingen. Sie redete ehrlich über ihre Eheschwierigkeiten und beharrte, nicht ganz so ehrlich, auf den starren religiösen Wertvorstellungen ihrer Mutter, wohl weil das für sie die einzig erträgliche Möglichkeit war, ihren Verstoß gegen diese Wertvorstellungen hinter sich zu lassen. Paul dagegen gab gar nichts zu. Er rationalisierte sein Verhalten, indem er sämtliche Familienprobleme auf den destruktiven religiösen Fanatismus seiner Mutter schob. (Und John konfrontierte ihn nicht mit seiner Tat. Er lehnte den Bruder ab, hielt aber Pauls »Verletzung« für genauso groß wie die Verletzung seiner Schwestern, obwohl er wußte, wieviel sie hatten ertragen müssen.)

Trotzdem machte Paul nicht den Eindruck, als wäre er unversehrt davongekommen. Die Nötigung seiner kleinen Schwestern hatte ihm sexuelle Macht über sie gegeben. Seine sexuelle Konzentration auf Theresa hielt bis ins Erwachsenenleben an, wie seine zwanghafte »Aufklärung« vor der Hochzeitsnacht bewies, die nichts weiter war als eine Art von verbalem »Inzest«, durch den er sich seiner Macht über sie noch in dem Augenblick versicherte, in dem sie ihn und die Familie wegen eines anderen Mannes verlassen wollte. Aber sie war gegangen, und ihre Ehe war glücklich. Seine drei gescheiterten Ehen waren dagegen ein Zeichen dafür, daß er womöglich noch immer nicht imstande war, die Schwester wirklich gehen zu lassen, und jedenfalls bei intimen Beziehungen zu Frauen außerhalb des Familienkreises gescheitert war. Anders als Theresa litt Paul immer noch darunter, daß er die Motive und Konsequenzen seiner inzestuösen Aktivitäten für sich nicht geklärt hatte.

Die unterschiedlichen Bewältigungsmuster von Theresa und Paul sind auch für andere Geschwister in ähnlichen Situationen kennzeichnend. Ob in der Forschung oder in der Therapie, Frauen berichten sehr viel häufiger als Männer vom Geschwisterinzest und empfinden sich öfter als ihr Opfer. Männer geben ungern zu, das Opfer ihrer Schwestern geworden zu sein, weil es ihr männliches Selbstbild unterminiert, das Stärke und Überlegenheit erfordert. Und die Männer, die beim Geschwisterinzest die treibende Kraft waren, fühlen sich davon weniger belastet, weil ihr Verhalten dem gesellschaftlich akzeptierten Bild des dominanten Mannes entspricht. Wenn sie sich schuldig fühlen oder sich schämen, rationalisieren sie meistens ihr Verhalten oder schlagen es sich aus dem Kopf, um sich nicht damit konfrontieren zu müssen. Wie das Beispiel von Paul zeigt, entgehen sie aber unter Umständen dennoch nicht den Auswirkungen.

Diese langfristigen Auswirkungen des Geschwisterinzests sind allerdings weder bei Männern noch bei Frauen ausreichend untersucht worden. David Finkelhors Untersuchung mit College-Studenten, die irgendeine Art von sexueller Erfahrung mit Geschwistern hatten, hat sich auf junge, unverheiratete Erwachsene beschränkt. Die Studentinnen und Studenten, die sexuelle Erfahrungen mit einige Jahre älteren Geschwistern hatten, bewerteten die Erfahrung durchgehend negativ; je größer der Altersunterschied, desto negativer die Reaktion. Diejenigen, die ihre Inzest-Erfahrung positiv bewerteten, sahen sich tendenziell als genauso beteiligt und verantwortlich wie die Partner.

Aber selbst solche zunächst als positiv gewerteten Erfahrungen können mit der Zeit negative Auswirkungen haben. Dr. Levay, dessen Patientinnen und Patienten meist über das Studentenalter hinaus sind, hat beobachtet, daß Männer wie Frauen, die sich gern an die inzestuösen Beziehungen zu Geschwistern erinnerten und die Erfahrung genossen hatten, nicht fähig waren, denselben Genuß auch in anderen sexuellen Beziehungen oder beim Ehepartner zu finden. »Anscheinend entwickelt sich eine sehr enge Bindung, eine besondere Art von Intimität, so daß der Partner oder die Partnerin weniger als Ehemann oder Ehefrau, sondern als Außenstehende betrachtet werden«, meinte er.

Die Psychologin Karin Meiselman, die Vater-Tochter- und Bruder-Schwester-Inzest untersucht hat, hat bei ihren Patientinnen andere Konsequenzen beobachtet. Von den Frauen, die von ihrem älteren Bruder sexuell genötigt worden waren, waren viele später mit älteren Männern zusammen, die sie mißhandelten, fast als glaubten sie, sie hätten die Mißhandlung verdient. Andere hatten sexuelle Schwierigkeiten in der Ehe, und einige, darunter auch diejenigen, die den Inzest genossen hatten, hatten Probleme, sich zu ihren Söhnen zu verhalten. Eine der Frauen zum Beispiel schlug und strafte ihren Sohn permanent; sie hatte die Wut, die sich eigentlich gegen den Bruder richtete, auf den Sohn verschoben. Eine andere ließ sich von ihrem Sohn genauso tyrannisieren wie früher von ihrem Bruder, und wieder eine andere trat als Verführerin auf, so wie sie sich bei ihrem Bruder verhalten hatte, und erschreckte ihren jugendlichen Sohn damit so sehr, daß er sich immer weiter von ihr zurückzog.

Es kann sein, daß es Brüder und Schwester mit inzestuösen Beziehungen gibt, deren erwachsenes Leben davon nicht berührt wird. Es kann auch sein, daß es Schwestern und Brüder gibt, die bis ins Erwachsenenalter hinein eine glückliche sexuelle Beziehung zueinander haben. Aber in der Regel leiden inzestuöse Geschwisterpaare wie Theresa und Paul unter den Konsequenzen, von denen manche auffallender sind als andere. Und insgesamt gesehen kann man sagen, daß der Geschwisterinzest das Geheimnis aller Geheimnisse in einer Familie ist, das oft am besten verborgen wird und potentiell die schlimmsten Auswirkungen für erwachsene Geschwister hat.

10. Krankheit und Tod von Geschwistern

Als ich Hugh Shea in meinem Büro interviewte, hielt es ihn nicht auf seinem Stuhl. Unruhig lief er hin und her, zündete eine Zigarette nach der anderen an und markierte seinen Weg mit Zigarettenasche. Er hatte sich bereit erklärt, mit mir über seine psychisch kranke Schwester zu sprechen, die vor ungefähr 10 Jahren gestorben war, schien sich aber jetzt zu fragen, ob dieser Entschluß wohl richtig war.

»Das ganze Elend meines Lebens, all die neurotischen Geschichten, ob eingebildet oder nicht, läßt sich auf Rosie und die Situation zu Hause zurückführen«, sagte er, während er seine Runden drehte. »Ich habe noch nie darüber gesprochen, nicht mal mit meinem Analytiker – und ich habe zwei Analysen hinter mir.« Er blieb stehen und grinste: »Wahrscheinlich haben sie deshalb auch nichts gebracht.« Dann lief er weiter.

Hugh war ein untersetzter, mittelgroßer Mann in den Fünfzigern, mit dicken dunklen Haarbüscheln um eine beginnende Glatze und strahlend blauen, tiefliegenden Augen. Wenn er lief, war sein ganzer Körper in Bewegung; mit der einen Hand hielt er die Zigarette, mit der anderen spielte er an Sachen auf dem Tisch oder den Regalen herum. Diese Unruhe blieb auch, als er sich schließlich doch hinsetzte. Er trommelte mit den Fingern auf die Tischplatte, als ob er auf einen inneren Rhythmus hörte, schlug immer wieder die Beine übereinander und wandte sich alle paar Minuten ruckartig von mir ab und zum Fenster hin, als ob er dort jemanden zu sehen erwartete. Hugh war offensichtlich ein Mann, der die Gegenwart anderer nicht gut ertragen konnte – und seine eigene auch nicht.

Schließlich hatte er es sich einigermaßen bequem gemacht und fing an, von sich und seiner Familie zu erzählen. Er wies noch einmal darauf hin, daß er sich nicht auf Rosie konzentrieren wollte, sich aber auch nicht zensieren würde, wenn ihm etwas dazu einfiele. Vielleicht könnte er ja mit einer wildfremden Person offener reden als mit seinem Analytiker, dem er sowieso nie richtig getraut hätte, meinte er und grinste wieder.

Natürlich kam die Geschichte von Rosie zur Sprache, gleich zu Anfang, denn sie war das Zentrum der ganzen Familiengeschichte. Ohne Rosie hätte sich die Geschichte nur wenig von der anderer armer Einwandererfamilien unterschieden, die im gelobten Land Amerika um ihr Überleben kämpfen. Hughs Familie war aus Irland gekommen; die Eltern hatten vor der Ausreise geheiratet, und die insgesamt fünf Kinder waren in den USA geboren worden. Aber nur Rosie, die Älteste, und Hugh, der Jüngste, hatten überlebt, die andern drei waren früh gestorben.

Hugh bezeichnete Rosies Überleben als Ironie des Schicksals. Aus den drei anderen hätten vielleicht nützliche Mitglieder der Gesellschaft werden können, während ausgerechnet Rosie seit der Jugendzeit schwer schizophren gewesen war. Damals kannte allerdings niemand diesen Begriff; für die Sheas war sie »verdorben« und wurde entsprechend behandelt.

Hughs Familie wohnte vor und nach dem Ausbruch von Rosies Krankheit in der Nähe seiner Großeltern in einer der ärmsten und härtesten Gegenden von New York, die damals als »Teufelsküche« bekannt war. Hughs Vater war Straßenbahnfahrer; um das Einkommen aufzubessern, nahm die Mutter Untermieter auf, für die die Kinder ihr Zimmer in der kleinen Wohnung räumen mußten. Rosie schlief meist in der Küche, Hugh auf dem Sofa im Wohnzimmer. Bis Rosie krank wurde, ging das auch ganz gut.

Hugh war fünf Jahre jünger als seine Schwester und konnte sich an die Zeit nach dem Ausbruch der Krankheit viel genauer erinnern als an die Zeit davor. Je mehr er sich in die Erzählung der Familiengeschichte vertiefte, desto weniger Hemmungen hatte er, von diesen Erinnerungen und von seiner Schwestern zu sprechen. Ohne jeden Beschönigungsversuch beschrieb er sie als »wilde, fette« Jugendliche »mit verfilztem Haar und tragischen Augen«, die unbeherrscht fluchte, im Zorn um sich schlug, herzzerreißend weinte und Selbstgespräche führte. Seine Eltern begriffen nicht, daß sie krank war, und versuchten, sie mit Schimpfen und Schlägen zur Vernunft zu bringen. Gleichzeitig geriet die Mutter in eine extreme

Verstrickung mit ihrer Tochter, aus der sie sich nie lösen konnte. So entstand ein endloser Kreislauf von Schimpfen und Schlagen, Bedauern und Trösten, Schimpfen und Schlagen.

Je älter Rosie wurde, desto schlimmer wurde es. Sie versuchte, sich von den Eltern zu lösen, und ging zum Schrecken der Familie auf den Strich. Gegen die Gewalt auf der Straße suchte sie sich einen Zuhälter, Danny, von dem sie total abhängig war und den sie in ihren lichteren Momenten heiraten wollte. Daraus wurde natürlich nichts. Sie kam entweder frühmorgens grün- und blaugeschlagen von Danny oder einem ihrer Freier nach Hause oder wurde von den Eltern, die die Straßen nach ihr absuchten, schmutzig und zerrauft nach Hause gebracht. Dann bekam sie die Schläge vom Vater, dessen Wut und Scham keine Grenzen kannte.

Und Hugh bekam alles mit: das Verhalten seiner Schwester, die Schläge des Vaters, das Geschrei und die Versöhnungen der Mutter sowie ihre Versuche, Rosie vor der Gewalttätigkeit ihres Mannes zu schützen.

»Mich haben sie vor nichts geschützt«, sagte er verbittert, »niemand. Meine Eltern waren zu sehr mit ihrem eigenen Unglück beschäftigt, und Rosie war zu krank, um sich zu beherrschen. An mich hat keiner gedacht. Ich habe viel zu früh viel zuviel mitbekommen. Ich konnte das alles nicht fassen, nicht einordnen.«

Vor allem überforderte ihn die Sexualität, die durch das Leben seiner Schwester gerade in dem Augenblick auf ihn einstürmte, als seine eigene Sexualität erwachte. Die Präservative, die er gelegentlich aus Rosies Handtasche fallen sah, erregten seine Phantasie, stießen ihn aber gleichzeitig wegen der Verbindung mit seiner Schwester ab. Zweimal war er unbeachtet bei den Abtreibungen dabei, die ein »schleimiger Kerl« in einem schmutzigen Arztkittel bei seiner Schwester in der dämmrigen Küche durchführte. Einmal sah er bei einem Spaziergang mit seinem Freund spätabends seine Schwester »auf den Strich gehen«, und tat so, als ob er sie nicht gesehen hätte. Aber er wußte, daß sein Freund sie ebenfalls erkannt hatte, und fühlte sich gedemütigt. Selbst in diesem harten Viertel hatte keiner seiner Freunde so eine Schwester.

Je länger seine Erzählung dauerte, desto ruhiger wurde Hugh. Das Trommeln auf der Tischplatte hatte aufgehört, er saß still da, ohne sich zum Fenster zu drehen, starrte mich an und zog an seiner Zigarette. Offensichtlich war er im Geiste sehr weit weg.

»Mehr als einmal, damals und später«, sagte er langsam, »habe ich ihren Tod gewünscht. Warum konnte ich nicht so leben wie alle anderen? Warum konnten sich meine Eltern nicht um mich kümmern, anstatt sich ganz auf meine Schwester zu konzentrieren? Und wenn ich schon eine Schwester hatte, warum konnte sie nicht eine richtige große Schwester sein, auf mich aufpassen und für mich sorgen, wie das in irischen Familien üblich ist?«

»Ich habe sie gehaßt«, fuhr er fort und schluckte, »und ich habe sie geliebt. Sie hat mir so leid getan. Manchmal, wenn mein Vater sie wieder mal verprügelt hatte, bin ich zu ihr hingegangen und habe sie gestreichelt, weil ich sie trösten wollte. Ich hatte Tagträume, in denen ich und nicht dieser Zuhälter Danny ihr Beschützer war, in denen ich sie umarmte und sie liebte, wie ein Mann sie lieben sollte, nicht wie die Männer sie liebten, die sie jede Nacht haben konnten.

»Ich frage mich, ob das sexuelle Phantasien waren«, sagte er nachdenklich und kam zu dem Schluß: »In gewisser Weise ja. Es waren Phantasien über die Liebe, die uns beiden fehlte, die wir nicht hatten, weil sie so war, wie sie war. Sie hat mir so leid getan, aber ich habe mir auch leid getan. Irgendwie gab es eine Bindung zwischen uns, das habe ich gespürt, und die war ganz anders als die Bindung an die Eltern. Ich glaube, sie hat das auch gespürt, soweit sie eben konnte. Wir haben uns trotz allem miteinander identifiziert, als Bruder und Schwester.«

Diese Identifikation wäre so stark gewesen, erklärte er später, daß er vor seinem 55. Geburtstag Angst vor dem Sterben bekommen hatte, weil Rosie in diesem Alter gestorben war. Deshalb hatte er auch seine zweite Psychoanalyse begonnen, die er aber nach seinem 56. Geburtstag wieder abbrach. »Ich muß damit auf meine Weise umgehen«, sagte er, und dieses Gespräch über Rosies Leben und Sterben gehörte wohl dazu.

Rosie war einige Jahre nach ihrer endgültigen Klinikeinweisung gestorben. Jahrelang hatten sich die Sheas geweigert, sie in eine Klinik zu geben, auch als sie schon wußten, daß sie nicht »schlecht«, sondern einfach krank war. Für sie war die Schande der Prostitution immer noch leichter zu ertragen als die Schande, eine Tochter zu haben, die in der »Irrenanstalt« war, wie Psychiatrien damals noch genannt wurden. Einmal war sie für kurze Zeit in einer Klinik gewesen, aber heimlich, damit die Nachbarn und die anderen Familienangehörigen nichts merkten. Hugh war damals achtzehn gewesen und wußte noch genau, wie er mit seinen Eltern nach einer langen Bahnfahrt sechs Kilometer zu Fuß bis zur Klinik gelaufen war, um die Taxikosten zu sparen. Rosie hatte sie dann entweder mit »herzzerreißenden« Bitten begrüßt, sie wieder nach Hause zu holen, oder war so mit Medikamenten vollgepumpt gewesen, daß sie niemanden erkannt hatte.

Später, als sie Ende zwanzig war, wurde Rosie operiert. Diese Operation, die Entfernung des vorderen Hirnlappens, war damals üblich, um unruhige Patienten ruhigzustellen, wird aber heute abgelehnt. Die Ruhigstellung durch die Operation gelang bei Rosie auch, aber emotional war sie tot, empfindungslos wie eine Pflanze. Danach holte Hughs Mutter sie schließlich nach Hause, und dort blieb sie, bis die Mutter siebzig wurde; der Vater war lange vorher gestorben. Erst als die Mutter die Pflege nicht mehr schaffte, wurde Rosie auf Hughs Anregung hin auf Dauer in ein Landeskrankenhaus gebracht, wo sie fünf Jahre später starb. Bis zum Schluß besuchte er seine Schwester. Die Besuche verliefen ereignislos; meist saßen sie nur da und sahen sich wortlos an.

Während des Interviews stellte ich kaum Fragen. Von dem Augenblick an, als er von Rosie und sich zu sprechen begann, war er so konzentriert, daß ich ihn nicht unterbrechen mochte. Als er das Ende erzählt hatte, wandte er sich mir zu, als wäre er sich meiner Anwesenheit gerade erst bewußt geworden.

»Es ist eine traurige Geschichte, nicht?« fragte er.

»Ja, sehr traurig, für Sie alle. Aber ich möchte Sie gerne etwas fragen.« Nachdem er so offen von sich gesprochen hatte, konnte ich es wohl riskieren, private Fragen zu stellen. »Zu Anfang des Interviews haben Sie gesagt, daß Ihr ganzes Elend und Ihre ganzen Neurosen auf die Beziehung zu Rosie zurückzuführen seien. Was haben Sie damit gemeint?«

»Sehen Sie mich an«, antwortete er. Er stand auf und sah an sich herunter. »Ich bin der einsamste Mensch der Welt. Ich bin ganz allein, mal abgesehen von meinen Schülern, und die können mir nicht helfen.«

Hugh war Englischlehrer in einer Junior Highschool in Queens. Er veröffentlichte gelegentlich Gedichte und Aufsätze in gehobenen Literaturzeitschriften, machte sich aber keine Illusionen über seine Begabung (»Ich bin zwar Ire, aber weder Joyce noch Yeats«). Er hatte nie geheiratet und lebte allein in einer bescheidenen Erdgeschoßwohnung, deren Fenster wegen der Einbruchsgefahr vergittert waren. Im Sommer reiste er viel, meist mit einem Freund, und sammelte Material für seinen Unterricht.

»Wegen Rosie wollte ich nie heiraten oder Kinder haben«, fuhr er fort. »Ich habe zwar keine Angst mehr, ebenfalls schizophren zu werden, aber heute, wo soviel von Genetik die Rede ist, würde ich sicher nie das Risiko eingehen, ein Kind in die Welt zu setzen, das genauso krank werden könnte wie sie.«

»Das ist aber nicht neurotisch«, warf ich ein.

»Neurotisch? Was ist schon neurotisch...« Er hatte seinen Marsch durch den Raum und sein Kettenrauchen wieder aufgenommen. »Neurotisch ist, daß ich nie geheiratet habe, daß ich keinerlei Interesse am Sex habe.« Er spuckte die Worte förmlich aus, fast trotzig, als erwartete er, ausgelacht zu werden. Und trotzig sprach er weiter: »Ich war zu jung. Ich habe zuviel gesehen, und was ich gesehen habe, war abstoßend. Ich bin mit einem Ekel vor Sex großgeworden. Sex ekelt mich an, deshalb will ich nichts damit zu tun haben. Und ich lebe allein.«

Er sah mich an, als hätte er einen Ekel vor sich selbst. »Ich habe mich lange vom Elend meiner Schwester und von dem ständigen Lärm und der Unruhe bei uns zu Hause überfordert gefühlt. Die Schule und die Literatur, das war mein Refugium. Zu Hause oder bei meinen Großeltern habe ich mich, wann immer ich konnte, in eine Ecke verzogen und Geschichten über glückliche Familien gelesen. Deshalb bin ich auch wohl der einzige aus unserem Viertel, der die Highschool geschafft hat, vom College ganz zu schweigen.«

Er hielt inne, bat um ein Glas Wasser, lief durch mein Büro.

»All die Jahre habe ich unter Rosie gelitten und unter der Art, wie meine Eltern mit ihr umgegangen sind«, fuhr er fort. »Ich wollte nur Ruhe und Frieden, und heute habe ich das, mehr als genug. Und ich bin so entsetzlich einsam.«

Geschwister erleben als Kinder und Jugendliche die Krankheiten von Brüdern und Schwestern, vom Schnupfen über Arm- oder Beinbrüche bis hin zu ernsteren, lebensgefährlichen Erkrankungen mit. Die Reaktionen reichen je nach ihrem Alter und der Art der Krankheit von Sympathie und Mitleid über Eifersucht auf die Aufmerksamkeit für die kranken Kinder bis zur Angst um deren und das eigene Leben. Mein Bruder zum Beispiel konnte sich noch genau an den Tag erinnern, an dem ich wegen einer akuten Blinddarmentzündung ins Krankenhaus mußte. Ich war damals ungefähr sieben Jahre alt, und er hatte es noch genau vor Augen, wie ich weinend im Bett lag, die Fensterläden fest geschlossen, so als sollte alle Freude und aller Sonnenschein ausgesperrt werden, während meine Mutter bleich vor Sorge bei mir saß und auf den Krankenwagen wartete.

»Es war ein großer Schock«, sagte er. »Ich war auf so etwas absolut nicht vorbereitet. Damals begriff ich zum ersten Mal, daß jemandem aus meiner Familie oder auch mir selbst etwas wirklich Schlimmes passieren konnte, und das machte mir große Angst.«

Im Erwachsenenalter haben die Ängste bei ernsten Krankheiten von Bruder oder Schwester nichts mit mangelnder Vorbereitung und mangelndem Verständnis zu tun, sondern damit, daß man die Konsequenzen nur allzu gut begreift. Neben der Angst um die eigene Gesundheit rufen solche Krankheiten auch viel Liebe wach, Sehnsucht, den Bruder oder die Schwester für immer festzuhalten, und eine tiefe Trauer, die alte Rivalitäten und Ärgernisse überlagert.

Erwachsene Geschwister werden in Krankheitsfällen oft zum Fels in der Brandung. Sie stehen gemeinsam die quälende Warterei auf die Ergebnisse von Gewebeuntersuchungen und Computertomographien durch. Sie versorgen die Familien der Kranken und stellen einen Draht zu den Eltern her. In vielen Familien sind es die gesunden Geschwister, die den Eltern die Nachricht von der Krankheit schonend beibringen oder mithelfen, ihnen die Krankheit zu verschweigen, um die Kranken nicht zusätzlich durch die Sorgen der Eltern zu belasten.

Wenn die Krise vorbei und die Krankheit überwunden ist, setzen die alten Verhaltensmuster in der Regel wieder ein. Aber oft bleibt durch die Ahnung des künftigen Verlustes auch ein Rest von Trauer und Sehnsucht nach größerer Nähe. Als Pam (vgl. Kap. 9) Lungenentzündung bekam, ließ ihre Schwester Gail zum Beispiel alles stehen und liegen und reiste sofort hin, um ihr zu helfen. Nach Pams Genesung löste das Bewußtsein, daß sie beide »sterblich« waren, bei ihr Schuldgefühle aus, weil sie die Schwester nicht oft genug anrief oder ihr schrieb.

Aber chronische Krankheit von Geschwistern ist eine andere Geschichte, sowohl in der Kindheit wie im Erwachsenenalter. Wenn sich die Krankheit oder Behinderung eines Bruders oder einer Schwester wie bei Hughs Schwester Rosie durch das gesamte gemeinsame Leben zieht, wenn sich dieses Kind dadurch von den anderen unterscheidet und die ganze Aufmerksamkeit der Familie auf sich zieht, sind die Gefühle verworrener und komplizierter. In die Traurigkeit des Gesunden mischt sich dann Selbstmitleid, weil das Leben so ungerecht ist, in die Liebe mischt sich der Haß auf die Krankheit (oder den oder die Kranke), die den normalen Alltag zerstört hat, und in die Träume mischen sich Phantasien über einen »richtigen« Bruder oder eine »richtige« Schwester, mit denen es echte Gemeinsamkeiten gäbe.

Millionen Menschen werden wie Hugh mit chronisch Kranken oder geistig bzw. körperlich behinderten Geschwistern groß. (Die Zahl der Behinderten liegt nach Schätzungen von Selbsthilfegruppen für Geschwister in den USA bei 37 Millionen. Entsprechend größer ist die Zahl der Geschwister, die mit Behinderten leben.) Allerdings steht nicht bei allen das Leiden so sehr im Vordergrund wie in seinem Fall. Für viele war die Erfahrung positiv; sie empfanden es als befriedigend, ihren kranken oder gestörten Geschwistern zu helfen, freuten sich über deren große oder kleine Fortschritte und sahen es als Gewinn an, daß sie dank ihrer Geschwister auch die Schwierigkeiten anderer Menschen besser verstehen konnten.

Wie sich die Krankheit eines Kindes auf die Familie auswirkt, hängt auch davon ab, was für eine Krankheit es ist. Es ist zwar schlimm, wenn Geschwister taub oder blind sind, aber ihr Verhalten in der Kindheit und im Erwachsenenalter läßt sich in der Regel doch vorhersehen und läßt auch eher eine Beziehung zu als das Verhalten schwer geistig behinderter Geschwister, deren psychische Welt sehr wenig Zugang bietet.

Trotzdem gibt es aber in allen Familien mit körperlich oder geistig behinderten Kindern typische Kindheitserfahrungen und Einstellungen von Geschwistern. Ein blindes Kind zum Beispiel führt im Vergleich zu einem geistig behinderten ein relativ normales Leben, aber seine Geschwister können mit ihm nicht genauso wild spielen und toben wie mit anderen und nie an seinen Blicken erkennen, was es denkt, und nie wirklich begreifen, was es bedeutet, blind zu sein.

»Es spielt im Grunde keine Rolle, wie man diese Menschen bezeichnet«, schreibt Helen Featherstone in ihrem Buch über behinderte Kinder, das zum Besten zählt, was zu diesem Thema erschienen ist. »Ihre Grenzen wirken sich unweigerlich auf das Leben ihrer Schwestern und Brüder, ihrer Mütter und Väter aus.«

Die Grenzen, die durch die Behinderung eines Kindes gesetzt werden, beeinflussen die Beziehung zwischen Geschwistern wahrscheinlich das ganze Leben. Das normale Auf und Ab in den Geschwisterbeziehungen, ihre Wut und Eifersucht, ihre Zuneigung, Loyalität und Ambivalenzen intensivieren und verzerren sich, wenn eins der Geschwister behindert ist. Hugh hatte Rosie geliebt, aber auch ihren Tod gewünscht. Er hatte sich nach einer großen Schwester gesehnt und mußte doch umgekehrt für sie den großen Bruder spielen, obwohl er der jüngste war. Kommunikation mit Rosie war ihm kaum möglich gewesen, aber trotzdem hatte er eine Verbindung zwischen ihnen gespürt, die nichts mit den Eltern zu tun hatte. Bei dieser Verbindung handelte es sich zum großen Teil um eine Identifikation mit Rosie. Er konnte sich trotz ihrer schweren Krankheit in ihre Lage versetzen und sie trösten, und er hatte Angst, im selben Alter zu sterben. Alle Geschwister identifizieren sich miteinander; aber bei denen, die chronisch kranke oder behinderte Brüder und Schwestern haben, kann diese Identifizierung zu größter Innigkeit und Frustration gleichzeitig führen. Die Identifizierung ermöglicht es gesunden Geschwistern wie Hugh, Mitgefühl für die Kranken aufbringen, führt aber auch dazu, daß die Krankheit der anderen sie erschreckt oder überfordert.

Je ähnlicher ein Kind der/m kranken oder behinderten Schwester oder Bruder ist, desto mehr identifiziert es sich mit ihr oder ihm und desto größer werden Frustration und Schmerz. Ein Kind mit Diabetes oder einer chronischen Form von Leukämie wirkt nicht anders als andere Kinder. Die Geschwister können sich mit dem Leiden dieses Kindes identifizieren. Aber gerade deswegen verstört sie die Krankheit auch so sehr: Sie haben Angst, genauso krank zu werden. Um die eigenen Ängste genauso wie das Leiden des anderen von sich wegzuschieben, vermeiden gesunde Geschwister zum Beispiel Besuche im Krankenhaus oder verhalten sich zu Hause kühl und distanziert.

Die Psychologin Frances K. Grossman hat eine Untersuchung mit College-

Studenten durchgeführt, die geistig behinderte Geschwister hatten, und festgestellt, daß für die Studenten und Studentinnen mit leicht behinderten Geschwistern die Situation am schwierigsten war. Die große Ähnlichkeit zwischen Gesunden und Kranken in diesen Fällen machte die Identifikation für die gesunden Geschwister zu bedrohlich, vor allem, wenn sie auch noch dasselbe Geschlecht hatten. Ein Student mit einem leicht geistig behinderten älteren Bruder sagte: »Sobald ich bei ihm eine Ähnlichkeit mit mir entdecke, mache ich mir echt Sorgen. Deshalb ... bin ich ihm zeitweilig auch aus dem Weg gegangen.«

Die Frustration ist dann besonders intensiv, wenn sich Geschwister vor der Krankheit besonders eng miteinander identifiziert haben. Hugh hatte wenig Erinnerungen an seine Schwester vor dem Ausbruch ihrer Schizophrenie, aber für andere war »die Zeit davor« ausgesprochen präsent. Die Studentin Connie und ihr nur zehn Monate älterer Bruder Ron zum Beispiel waren unzertrennlich gewesen. Durch den geringen Altersunterschied hatten sie sehr ähnliche Interessen und denselben Freundeskreis. Vor sechs Jahren hatte er einen Autounfall, der zu anhaltender körperlicher und geistiger Behinderung führte, und seitdem war er »ein anderer Mensch geworden«, wie sie sagte. Sein Gesicht blieb trotz plastischer Chirurgie »fremd und verzerrt«; seine intellektuellen Fähigkeiten hatten gelitten, so daß er nur noch mühsam und ungeordnet denken konnte.

»Wenn ich die Fotos von uns ansehe, die nur ein paar Wochen vor dem Unfall aufgenommen worden sind, dann tut mir das immer noch furchtbar weh«, sagte Connie. »Bis ich fünfzehn war, hatte ich einen liebevollen Bruder, fast einen Zwillingsbruder. Heute sind wir Welten voneinander entfernt.«

Zu der Frustration kommt oft eine tiefe, schwelende, alles durchdringende Wut auf die Kranken, weil man sich mit ihnen nicht mehr normal identifizieren kann (oder nie konnte). Geschwister von Behinderten können diese Wut allerdings nie so selbstverständlich zeigen, wie es gesunden Geschwistern möglich ist. Aber ob erlaubt oder nicht, die Wut ist da, und selbst wenn sie nicht verbal ausgedrückt wird, läßt sie sich meist nicht verbergen.

»Ich hatte früher immer wieder einen Traum, in dem ich jemanden getötet und begraben habe, und danach bin ich voller Angst aufgewacht, daß es rauskommen könnte«, sagte ein 43jähriger Mann, der jüngste von drei Brüdern; der mittlere war geistig behindert, den ältesten verehrte er. »Dann habe ich mich damit beruhigt, daß es ein Traum war. Aber als ich älter wurde, habe ich allmählich begriffen, daß ich im Traum meinen behinderten Bruder Henry begraben habe, den ich im Grunde haßte. Das war mir gar nicht bewußt gewesen. Ich wußte wohl, daß es mich entsetzlich wütend machte, wenn er immer mitkommen wollte, sobald mein ältester Bruder Larry und ich irgend etwas vorhatten. Ich habe mich dann gefragt: ›Warum muß er denn immer dabeisein? Warum muß es ihn überhaupt geben?‹«

Die Wut auf behinderte Geschwister hat ihren Grund einerseits darin, daß sie häufig einen Störfaktor im Familienleben und in Beziehungen darstellen, hängt aber andererseits auch damit zusammen, daß sie für gesunde Kinder zusätzliche Verantwortung bedeuten. Nicht selten sind die Gesunden sogar mit ihrer Pflege betraut.

Die Teilnehmer an der Untersuchung von Grossman betonten diese Belastung durch die behinderten Geschwister. Dabei waren diejenigen, die aus Arbeiterfamilien kamen und staatliche Universitäten besuchten, sehr viel stärker belastet als Studenten von Privatuniversitäten, deren Eltern meist in der Lage waren, ausreichende Hilfen außerhalb der Familie in Anspruch zu nehmen. Und wie so häufig waren es auch hier wieder mehr die Schwestern als die Brüder, die mit der Verantwortung für die kranken Geschwister betraut wurden und in vielen Fällen Freizeit und berufliche Ziele opfern mußten, um zu Hause zu helfen.

Vor allem aber sind Kinder deshalb wütend auf behinderte Geschwister, weil sie besondere Anforderungen an Zeit, Aufmerksamkeit, Energie und Geld der Eltern stellen. Aus ihrer Sicht werden sie so behandelt, als ob sie die einzigen wären und den anderen keinen Raum mehr ließen. Connie erzählte, sie hätte verstanden, daß ihre Eltern in den drei Monaten nach dem Unfall ihres Bruders jede freie Minute im Krankenhaus verbrachten. Aber als ihre Eltern ihm auch in den nächsten drei Jahren seiner Rekonvaleszenz praktisch ihre gesamte Zeit und Energie widmeten, wuchsen Verbitterung und Groll. »Ich bin alleine losgegangen«, meinte sie. »Ich hatte nicht nur den Bruder verloren, den ich kannte und liebte, sondern durch ihn auch meine Eltern. Es war schwer, ihn nicht abzulehnen.«

Eine besondere Form der Ablehnung richtet sich bei vielen Geschwistern auf ein anderes, hochsensibles Thema, das sie bei den Eltern kaum anzusprechen wagen, und das ist das Thema einer Heimunterbringung. Babys, die beispielsweise mit dem Down Syndrom geboren werden, sind geistig und oft auch körperlich behindert. Während vor nicht allzulanger Zeit die Ärzte in solchen Fällen meist zur Heimeinweisung rieten, wird heute betont, welche Fortschritte möglich sind, wenn diese Kinder zu Hause aufwachsen.

Deshalb sind Eltern, die nicht ihr Kind wegen des Down Syndroms oder einer anderen Behinderung in ein Heim geben, davon überzeugt, ihr Bestes zu tun, um sein volles Potential zu entfalten. Wahrscheinlich teilen die Geschwister diese Überzeugung, aber sie denken insgeheim trotzdem darüber nach, wie es wohl wäre, wenn das behinderte Kind *nicht* zu Hause lebte, und fragen sich vielleicht, ob das Familienleben sich wirklich ausschließlich an den Bedürfnissen des behinderten Kindes ausrichten müsse, oder in den Worten von Hugh: »Warum konnte ich keine Eltern haben, die sich um mich kümmerten?«

Solche Gedanken führen natürlich zu Schuldgefühlen, die wiederum Wut und Ablehnung mit sich bringen. Kinder mit behinderten Geschwistern fühlen sich schuldig: wegen ihrer Wut, ihrer Gesundheit, ihres Wunsches, die anderen loszuwerden. Und paradoxerweise fühlen sie sich oft auch dann schuldig, wenn das behinderte Kind *tatsächlich* weg ist. Grossman hat bei vielen der Teilnehmer, deren Geschwister früh in ein Heim gegeben wurden, Schuldgefühle und Unbehagen festgestellt, als läge ein Teil der Verantwortung bei ihnen. Wenn die Familie keinen engen, bedeutungsvollen Kontakt zu dem Kind im Heim aufrechterhalten hatte, war es ihnen auch peinlich, daß eins ihrer Geschwister so völlig abgeschoben worden war. (Die Entscheidung über die Heimeinweisung eines schwer behinderten Kindes ist komplex und hat viele Facetten; die Eltern müssen sie entsprechend ihren eigenen Wünsche und Bedürfnisse und denen der anderen Kinder treffen.)

»Peinlichkeit« ist ein Wort, das in den Erinnerungen an behinderte Geschwister immer wieder auftauchte. Bei den Erwachsenen stand im Rückblick fast immer die Peinlichkeit im Vordergrund, die mit dem Aussehen und Verhalten, den Manieren und den Lauten des behinderten Kindes verbunden war. Sie erinnerten sich auch an das Gefühl, die Geschwister vor den Blicken der Erwachsenen oder den Hänseleien der anderen Kinder beschützen zu wollen – aber nicht soweit, daß sie durch das Anderssein ihrer Geschwister eigene Freundschaften gefährden wollten.

Connie sprach von der »schrecklichen Zeit«, nachdem sich Ron von seinem Unfall erholt hatte. Die gemeinsamen Freunde lehnten ihn ab, weil er so langsam war und so fremd aussah. Connie war sehr loyal und versuchte, ihn zu Partys und Ausflügen mitzunehmen, aber sie hatte Angst, durch zu starkes Drängen sämtliche Freunde zu verlieren. Einmal hörte sie, wie die anderen grobe Witze über Ron machten, und fühlte sich hin- und hergerissen zwischen dem Wunsch, ihnen die Meinung zu sagen, und der Angst, die Freundschaft zu gefährden. Schließlich sagte ihr die Mutter: »Deine Freunde sind Arschlöcher! Willst du mit solchen Leuten wirklich was zu tun haben?« Danach brach sie den Kontakt zu den alten Freunden ab und suchte sich neue.

Wut, Ablehnung, Schuld und Scham – das sind wohl die schlimmsten Gefühle von Kindern und Erwachsenen mit behinderten Geschwistern.

Aber was ist mit den behinderten Geschwistern selbst? Was fühlen geistig und körperlich behinderte und chronisch kranke Kinder und Erwachsene angesichts ihrer gesunden Geschwister?

Selbstverständlich ebenfalls Wut und Ablehnung. Wut auf ihren Körper, der sie im Stich gelassen hat, auf die Eltern, die sie nicht perfekt geschaffen haben, auf die Geschwister, die sich der Gesundheit erfreuen, die ihnen fehlt. Und sie sind frustriert, weil sie ihren Geschwistern so unähnlich sind. Grossman hat in ihrer Untersuchung bei den geistig behinderten Kindern besonders viel Frustration festgestellt, die älter als ihre Geschwister und sich ihrer Situation bewußt waren. Diese Kinder konnten erkennen, daß sich die anderen eine Führungsrolle anmaßten, die eigentlich ihnen gebührte. Jüngere behinderte Geschwister waren nicht ganz so unglücklich, weil sie die Sorge und den Schutz der älteren wie alle jüngeren Geschwister relativ bereitwillig akzeptierten. Bei körperbehinderten Kindern war das nicht anders.

Gleichzeitig lieben und achten behinderte Kinder ihre Geschwister aber auch. Behinderte Kinder wollen mehr als alles andere akzeptiert, aufgenommen und normal behandelt werden, und das können Geschwister besser als irgend jemand anderes. Eltern machen sich Sorgen um sie, schützen und behüten sie; andere Kinder wollen oft nichts mit ihnen zu tun haben oder verspotten sie. Aber von Geschwistern, die an das Leben mit der Krankheit gewöhnt sind, werden sie akzeptiert und oft als ganz selbstverständlich betrachtet. Dadurch bekommt das Leben behinderter Kinder einen Anstrich von Normalität.

Ein Bibliothekar erinnerte sich, wie er als Kind mit seinem geistig schwer behinderten jüngeren Bruder Stanley gespielt hatte und wieviel Spaß diese Spiele Stanley gemacht hatten. Sie spielten zum Beispiel »Spinne«, und der Ältere zog Fäden durch die ganze Wohnung, die die »Spinnennetze« darstellten. »Meine Mutter hat uns angeschrien wegen der Schnüre«, sagte er, »aber Stan liebte das, weil wir dabei endlich mal gegen die Eltern verbündet waren und er sich nicht immer als Außenseiter fühlen mußte.«

Wie sich die Beziehungen zwischen den Geschwistern im Laufe der Jahre entwickeln, hängt auch von der Art der Behinderung ab. Viele blinde, taube, spastisch gelähmte oder sonst körperlich behinderte Kinder können als Jugendliche oder Erwachsene mit der Krankheit umgehen und ein befriedigendes Leben führen, das sie den Geschwistern nahebringt. Geistig Behinderte erreichen dieses Ziel in der Regel nicht; oft lassen ihre Fähigkeiten mit der Zeit eher noch nach. Und es ist tragisch, daß die verzweifelten Methoden, mit denen sie ihr Bedürfnis nach Nähe und Normalität durchzusetzen versuchen, die Geschwister meist nur noch weiter von ihnen entfernen.

Eine Frau zum Beispiel erzählte von einem Weihnachtsfest bei ihren Eltern. Ihr Mann und ihre Kinder und die Familie ihres älteren Bruders waren da; Michael, ihr schizophrener und oft gewalttätiger jüngerer Bruder dagegen, war nicht eingeladen. Sie sagte: »Jede halbe Stunde rief Michael an und sagte: ›Amüsiert sich Alison? Geht es Carl gut? Amüsiert ihr euch alle?‹« Das war das letzte Familientreffen an Weihnachten: »Meine Mutter wußte, daß sie Michael und uns nicht zusammen einladen konnte, aber wenn sie nicht alle ihre Kinder an Weihnachten um sich haben konnte, dann wollte sie lieber niemanden einladen. Michael war schuld, daß wir das gemeinsame Weihnachtsfest verloren haben, und deshalb haben wir uns noch mehr von ihm zurückgezogen als vorher.«

Wie Hugh oder diese Frau lernen gesunde Geschwister durch tausend verschiedene Kleinigkeiten, daß die Behinderung von Bruder oder Schwester nicht nur die normalen Geschwisterbeziehungen, sondern auch normale Beziehungen zu den Eltern erschwert.

Aus psychiatrischer Sicht erträumen sich Eltern bei jeder Geburt das perfekte Kind, und jedes Kind ist bei seiner Geburt mit dieser Erwartung konfrontiert. Da es aber ein so märchenhaft vollkommenes Kind nicht gibt, bleibt den Eltern nichts anderes übrig, als sich im Verlauf der Entwicklung ihrer Kinder mit der Realität abzufinden. Und zu den Entwicklungsaufgaben des Kindes gehört es, die Träume der Eltern über ihre zukünftige Persönlichkeit zu zerstören und zu dem zu werden, was *sie* sind, mit anderen Worten: zu eigenständigen Individuen.

Die Behinderung oder Deformation eines Kind bei der Geburt zerstört die Vollkommenheitsphantasien der Eltern sehr schnell und sehr brutal. In solchen Fällen müssen sich Eltern also doppelt stark bemühen, sich von dem »Schatten des perfekten Kindes« zu lösen, wie es in der Psychiatrie bezeichnet wird. Dieses Bemühen führt aber oft dazu, daß sie sich intensiver den anderen Kindern zuwenden, damit die ihren Verlust und ihre zerbrochenen Träume wieder wettmachen.

Die Intensität dieser Wünsche macht die Beziehung der gesunden Kinder zu ihren Eltern oft zu einer zweischneidigen Angelegenheit. Einerseits fühlen sie sich durch die absolute Zuwendung der Eltern zu dem behinderten Kind betrogen, andererseits spüren sie, daß sie, die das volle Gewicht der tiefsten Wünsche und Erwartungen der Eltern zu tragen haben, der *echte* Mittelpunkt für ihre Eltern sind. Ihnen fällt deshalb die Aufgabe besonders schwer, die magischen Phantasien der Eltern zu zerstören und ihr wahres Selbst zu finden.

Sue Miller hat dieses Problem in ihrem Buch »Ansichten einer Familie« beschrieben. Die Erzählerin Nina sagt, sie und ihre jüngeren Schwestern seien dazu geboren worden, die Eltern für ihren autistischen älteren Bruder Randall quasi zu »entschädigen«. Sie wirft der Mutter vor, ihre Liebe zu ihr im Gegensatz zu ihrer bedingungslosen Liebe zu Randall an die folgenden Bedingungen geknüpft zu haben: »Sei still, sei brav, sei glücklich, sei gesund. Sei gesund! Dann werde ich dich lieben, du *mein vollkommenes Kind.*«

Kinder mit behinderten Geschwistern stehen oft lebenslang unter dem Druck, gesund und vollkommen, glücklich und erfolgreich zu sein, damit ihre Eltern durch sie den Anteil an den schönen Seiten des Lebens bekommen, um den sie das behinderte Kind betrogen hat.

Neben diesem Vollkommenheitsanspruch leiden gesunde Geschwister aber auch unter den Belastungen der Eltern. Die ungeheure Verantwortung der Pflege eines behinderten Kindes kann zu Eheschwierigkeiten und in deren Folge zu Spannungen in der gesamten Familie führen. Viele Eltern sind von der Sorge um dieses eine Kind so völlig in Anspruch genommen, daß sie versäumen, den anderen Kindern die Art der Krankheit genau zu erklären, oder es vermeiden, weil das Thema für sie zu schmerzhaft ist. Aber ohne genaue Informationen bekommen Kinder Angst um die Geschwister und um sich selbst. Später entstehen dann Ängste, die Störung auf ihre eigenen Kinder zu vererben oder, wie bei Hugh, im selben Alter wie die Geschwister sterben zu müssen.

Selbst bei den Studenten und Studentinnen in Grossmans Untersuchung, die ja zu einer relativ gut gebildeten Gruppe junger Erwachsener zählten, hatten viele nur sehr geringe Informationen über die Art der geistigen Behinderung ihrer Geschwister, und dieses Unwissen führte zu Verwirrung und Hilflosigkeit. Am besten konnten diejenigen mit der Situation umgehen, deren Eltern offen über die Krankheit gesprochen, ihre Fragen ehrlich beantwortet und Gefühle und Ängste nicht hinter einem Schleier von Geheimnissen oder Scham verdeckt hatten.

Als Erwachsene sind Geschwister von Behinderten mit neuen Ängsten und Gefühlen konfrontiert. Wenn die Eltern gebrechlich werden oder sterben, müssen sie in der Regel die Verantwortung und manchmal auch das Sorgerecht für die kranken Geschwister übernehmen und werden selbst dann wieder in deren Leben hineingezogen, wenn sie sich schon früh psychisch oder physisch von den Problemen der Familie distanziert haben. Margart Moorman hat in der New York Times nach dem Tode ihrer Mutter einen Artikel über ihre manisch-depressive Schwester geschrieben. Darin gab sie zu, daß sie »früher fest vorgehabt hatte, sich nach dem Tode meiner Mutter eher umzubringen als für Sally so zu sorgen, wie sie es getan hat«. Sie sah zunächst nur zwei gleichermaßen unerträgliche Möglichkeiten:

nach Virginia zu ihrer Schwester zu ziehen und damit ihr eigenes Leben aufzugeben oder »meine Schwester völlig im Stich zu lassen und mir nicht mehr selbst in die Augen sehen zu können«.

Aber wie sich dann herausstellte, gab es andere Wege. Sie blieb mit Sally in ständigem Kontakt und kontrollierte ihre Versorgung aus der Ferne. Unterstützung fand sie bei einer Selbsthilfegruppe, die sich »Netzwerk für Geschwister und erwachsene Kinder« nannte und zum »Verband für psychisch Kranke« (»National Alliance for the Mentally Ill«) gehörte. Dank der Unterstützung dieser Gruppe konnte sie ihrerseits ihre Schwester unterstützen und ihr näherkommen, ohne daß eine von beiden ihr Leben völlig umkrempeln mußte.

Dabei war es für sie am wichtigsten, Sallys Wunsch (und Fähigkeit) nach einer gewissen Unabhängigkeit respektieren zu lernen. Diese Lektion blieb auch anderen in ähnlichen Situationen nicht erspart, die in ihrem Drang, die Eltern zu ersetzen und das Richtige zu tun, manchmal zu Überbehütung und übermäßigen Eingriffen neigten. Der Mann, der als Kind immer wieder davon träumte, seinen geistig behinderten Bruder Henry zu begraben, erzählte, in welcher Eile sein älterer Bruder nach dem Tode der Mutter Henry zu sich holte. »Es war eine Katastrophe«, sagte er. »Henry war den ganzen Tag allein, weil mein Bruder und meine Schwägerin beide berufstätig waren. Er saß stundenlang nur da und starrte vor sich hin. Jetzt haben sie ihn in einer Wohngemeinschaft für geistig Behinderte untergebracht, da hat er Gesellschaft und geht auch zur Arbeit. Das ist für alle sehr viel besser.«

Aber solche Lösungen sind nicht immer möglich, und dann kann die Lektion sehr schmerzlich werden: Die einzige Möglichkeit, sich selbst zu retten, besteht darin, den anderen auf Distanz zu halten und gleichzeitig die notwendigen Pflichten zu erfüllen. Der Bibliothekar zum Beispiel sagte, er hätte sich zum Experten im Umgang mit Bürokratie und Verwaltung entwickeln müssen, um seinen Bruder, der mit zunehmendem Alter gewalttätig geworden war, trotz der Mittelkürzungen auf Dauer in einem Heim unterbringen zu können. Er hatte auch gelernt, die Bitten seines Bruders, ihn nicht sein Leben lang im Heim zu lassen, abzuschlagen, obwohl es ihm sehr weh tat. »Ich liebe dich sehr‹, habe ich Stanley gesagt, ›aber ich kann nicht zulassen, daß du bei mir lebst und mein Leben kaputtmachst.‹«

Für diesen Mann hat – wie für viele andere – die Krankheit des Bruders im Endergebnis Verbitterung, Wut und vor allem Schuldgefühle gebracht, weil das Schicksal ihm die Last eines behinderten Bruders aufgebürdet hatte und weil der Bruder so war, wie er war. »Ich kann mich nicht erinnern, daß ich als Kind meinen Eltern böse gewesen wäre, weil sie soviel Zeit für

Stanley aufgewandt haben«, sagte er. »Aber damals und bis zu seinem Tod vor ein paar Jahren war ich böse wegen der Zeit, die er *mir* genommen hat.« Anders als Hugh war er verheiratet, wollte aber wie dieser keine Kinder, nicht so sehr wegen einer möglichen Vererbung der Krankheit, sondern weil »für mich ein Kind einfach nur eine weitere schwere Last ist.« Trotzdem sah auch er insgesamt nicht nur negative Konsequenzen des Zusammenlebens mit seinem behinderten Bruder. Weil seine Eltern so von Stanley in Anspruch genommen waren, wurde er schon als Kind unabhängiger und eigenständiger als andere Kinder und konnte auch als Erwachsener sein berufliches und privates Leben mit großer Entschiedenheit selbst in die Hand nehmen. Und durch seine Einsamkeit in der Kindheit hatte er als Erwachsener den Wert starker, guter Freundschaften schätzen gelernt.

Bei Hugh hatten die schrecklichen Kindheitserfahrungen mit seiner psychisch kranken Schwester Rosie den gegenteiligen Effekt: Er war einsam und unzufrieden geblieben. Aber auch er sprach davon, daß er es Rosie und seinem Mitleid für sie zu verdanken habe, daß er fähig sei, mit Menschen mitzufühlen, die ebenfalls Probleme hatten.

Dieses Mitgefühl ist auch für viele andere Menschen mit chronisch kranken Geschwistern kennzeichnend. Grossman hat festgestellt, daß Studentinnen und Studenten mit geistig behinderten Geschwistern toleranter auf die Verschiedenheit ihrer Kommilitonen reagierten und eher bereit waren, sich gegen Vorurteile zu wehren als andere Studenten. Viele Geschwister von Behinderten entscheiden sich für Berufe in den Bereichen Medizin, Sozialarbeit, Krankenpflege oder Psychiatrie. Es mag sein, daß die Fähigkeit, anderen zu helfen, das Leiden einer Kindheit und Jugend mit schwer behinderten Geschwistern oder die kontinuierliche Verantwortung für ihre Versorgung nie aufwiegen kann, aber in vielen Fällen erleichtert sie diese Schwierigkeiten beträchtlich.

Der Tod seiner Schwester Rosie löste bei Hugh Shea Trauer aus und die Angst, im selben Alter sterben zu müssen. Auch der Bibliothekar war nach dem Tod seines Bruders sehr traurig, weil er ein so tragisches Leben hatte, aber er war auch erleichtert, daß die qualvollen Jahrzehnte jetzt für sie beide zu Ende waren. Und ein Arzt aus Detroit, dessen tauber Bruder als Kind gestorben war, erzählte von unerwarteten Erinnerungsfetzen und Wellen der Liebe, die ihn oft ganz plötzlich überfielen.

»Taube geben seltsame Laute von sich«, sagte er. »Sie können die Lautstärke nicht regulieren, und was sie äußern, wirkt fast immer unangemessen. Als Kind waren mir die Laute peinlich, die mein tauber Bruder Ernest von sich gab, aber mit der Zeit habe ich sie ganz vergessen. Vor kurzem war ich zufällig mit einem tauben Kind im Aufzug und hörte diese Geräusche, die ich seit vierzig Jahren nicht mehr gehört hatte. Plötzlich überschwemmten mich eine Welle von Gefühlen und Sehnsucht nach meinem kleinen Bruder Ernest und eine Liebe, von deren Existenz ich gar nichts geahnt hatte.«

Daß er Schuldgefühle hatte, weil sein geheimer Wunsch wahrgeworden war, den Bruder loszuwerden, wußte er. Er erzählte, daß er sich noch genau an die ersten Bombenangriffe im Zweiten Weltkrieg in London erinnern konnte, wo er aufgewachsen war. Die ersten Bombardierungen hatten kurz nach Ernests Tod angefangen: »Die Bomben machten einen ungeheuren Lärm, und ich saß im Keller und sagte immer wieder: ›Ich will nie mehr böse sein.‹ Er ist mit sechs Jahren gestorben, ich war neun, und damals glaubte ich, ich wäre irgendwie an seinem Tod schuld, weil ich so böse zu ihm war.«

Diese Überzeugung hatte er auch als Erwachsener nie wirklich verloren, was sich darin zeigte, daß ihm mit schöner Regelmäßigkeit jedes Jahr an dem Tag, an dem sein Bruder Geburtstag gehabt hätte, irgendeine »sehr lästige Fehlleistung« unterlief, als ob er sich für sein »Bösesein« als Kind, aber auch für sein Überleben bestrafen wollte. Beim letztenmal hatte er vergessen, vor seiner Vorlesung sein Auto abzuschließen, in dem sich auch sein kompletter Arztkoffer befand. Natürlich war beides weg, als er zurückkam. »Ich habe mir sofort gesagt: ›Aha, heute ist Ernests Geburtstag‹«, erzählte er, »und so war es auch.«

Trotz der Kompliziertheit der Beziehungen durch die Behinderung der Geschwister unterscheiden sich die Reaktionen des Bibliothekars, des Arztes und Hugh Sheas auf deren Tod nicht grundlegend von Reaktionen anderer Geschwister auf den Tod gesunder Brüder oder Schwestern. Der Tod eines Bruders oder eine Schwester löst unabhängig von den Umständen bei Geschwistern tiefe Gefühle von Verlust, Liebe und Identifikation aus, gelegentlich auch von Erleichterung und häufig von Selbstbezichtigungen.

Tritt der Tod sehr unerwartet ein, etwa nach einem Unfall oder einer plötzlichen Krankheit, kann er für die Überlebenden niederschmetternd sein. Ohne die Gelegenheit zum Abschiednehmen oder zur Versöhnung leiden sie unter Phantasien, in denen sie den Tod ungeschehen machen wollen. »Wenn ich sie nur noch einmal sehen könnte«, denken sie, »wenn ich ihm nur sagen könnte, wie gern ich ihn hatte, ihn nur um Verzeihung bitten könnte.« Noch lange nach dem Tod erinnern sie sich an jeden Streit, jede böse Bemerkung oder haßerfüllte Phantasie, während sie versuchen, die Realität des Verlusts zu begreifen.

Wenn dem Tod eine lange Krankheit vorausging, sind Geschwister wie alle anderen Familienmitglieder zunächst erleichtert, daß das Leiden ein

Ende gefunden hat. Aber auch bei dieser Erleichterung spielen Schuldgefühle mit, etwa weil man das Ende herbeigewünscht hat oder im Verlauf der Krankheit ungeduldig war. Und der Tod bringt immer Leid und Einsamkeit, unabhängig davon, wieviel die Familie gelitten hat.

Leider werden solche Reaktionen bei Geschwistern oft nicht erkannt oder nicht bemerkt. Das monumentale Leid der Eltern beim Tod eines Kindes rückt die Gefühle aller anderen Familienmitglieder in den Hintergrund, und die Geschwister finden sich oft in der Position wieder, als eine Art Fels in der Brandung die Eltern trösten zu müssen. Bei verheirateten Geschwistern hat die Trauer des Ehepartners und der Kinder den »Vorrang« vor der Trauer der Brüder und Schwestern, die auf die Rolle des »loyalen Helfers« der hinterbliebenen Familie reduziert werden, wie mir eine Freundin nach dem Tod ihres Bruders schrieb.

Dennoch ist die Trauer um einen toten Bruder oder eine tote Schwester oft nicht weniger intensiv als die Trauer um ein anderes Familienmitglied, ob wie bei dem Bruder des Arztes in der Kindheit oder wie bei Hughs Schwester Rosie im Erwachsenenalter, ja selbst dann, wenn dieses Kind gestorben ist, bevor die Geschwister auf der Welt waren.

Vor meinem Bruder und mir hatten meine Eltern bereits einen Sohn, der mit 18 Monaten gestorben war.Obwohl wir dieses Kind nie kennengelernt hatten, war es in unserem ganzen Leben präsent; wir hörten immer indirekt von ihm, durch einen Seufzer meiner Mutter, einen Satz meines Vaters. Schon als kleines Kind wußte ich, wie intelligent und schön das tote Baby gewesen war, ein Kind, wie es sich Eltern nur wünschen können. Ich wußte, daß es an Lungenentzündung gestorben war, und daß meine Eltern außer sich waren vor Angst, als mein Bruder und ich als Kinder Lungenentzündung hatten. Ich wußte, daß meine Mutter sich immer die Schuld an seinem Tod gegeben hatte, obwohl das völlig irrational war, und daß kein Tag verging, an dem mein Vater nicht an seinen Erstgeborenen gedacht hätte.

Und vor kurzem erfuhr ich von meinem Vater, sie hätten bei der zweiten Schwangerschaft meiner Mutter um einen weiteren Sohn als Ersatz für den ersten gebetet und wären unendlich glücklich und dankbar gewesen, als ihr Gebet erhört wurde und mein Bruder zur Welt kam.

Das heißt nicht, daß ich mich krankhaft über lange Jahre mit diesem Kind beschäftigt hätte, das ich nie kennengelernt habe. Wieviel Raum dieser tote Bruder in meinem Leben eingenommen hat, ist mir erst vor kurzem schlagartig klargeworden. Anlaß war ein Brief meines Vaters an meinen Bruder, mich und alle seine Neffen und Nichten, in dem er den Ort und die relevanten Vorschriften für das Familiengrab erklärte, das seine vier jüngeren Brüder und er vor Jahren gekauft hatten. Abgesehen davon, daß wir in den letzten Jahren öfter an diesem Grab gewesen waren, als uns lieb war, weil die vier Brüder meines Vaters einer nach dem anderen dort beerdigt worden waren, hatte keiner von uns irgendein Interesse daran.

In dem Brief gab es einen kurzen Nachtrag, der den Ort des winzigen Grabes nannte, wo »unser erstes Kind Sidney begraben ist«, falls es jemanden interessiere. Sidney. Meine Eltern hatten den Namen nie laut ausgesprochen, aber irgendwo hatte ich ihn schon einmal gehört. Er schien mir plötzlich bekannt, und Gedankenfetzen, die mir immer wieder mal durch den Kopf gegangen waren, setzten sich endlich zu einem Ganzen zusammen. »Sidney.« Ich sprach den Namen laut aus. Was wäre gewesen, wenn er gelebt hätte? Wie wäre es gewesen, zwei ältere Brüder zu haben? Ich wußte noch, daß ich als Kind bei jedem Krieg der USA gedacht hatte, daß dieser Bruder, wenn er am Leben geblieben wäre, alt genug gewesen wäre, mitzukämpfen, vielleicht auch gefallen wäre und damit meinen Eltern noch mehr Leid zugefügt hätte als bei seinem tatsächlichen Tod als Säugling. Aber was für ein Mensch wäre er gewesen, wenn er am Leben geblieben wäre? Ich wollte so gerne wissen, wie er wohl ausgesehen hätte. Und wie hätte sich Robert entwickelt, wenn er das mittlere Kind gewesen wäre statt das älteste? Wenn er der zweite Sohn gewesen wäre? Wäre er eifersüchtig auf Sidney gewesen? Hätten sich die beiden Jungen gegen mich verbündet und mich ausgeschlossen?

Und mehr noch: Wäre ich vielleicht ganz und gar draußen geblieben? Buchstäblich nie geboren worden? Die Brüder und Schwestern meiner Eltern hatten alle nur zwei Kinder. In der Generation meiner Eltern, die von der Wirtschaftskrise der dreißiger Jahre geprägt war, waren Zwei-Kind-Familien Mode. Hätten es meine Eltern auch bei zwei Kindern bewenden lassen, wenn Sidney überlebt hätte, und zwei Söhne, aber keine Tochter gehabt? Hatten wir vielleicht unsere Leben getauscht, er und ich? Hatte er seins verloren, damit ich geboren werden konnte?

All diese Fragen schossen mir durch den Kopf, als ich den Zusatz über Sidneys Grab im Brief meines Vaters las. Ich fragte mich, was Robert wohl bei diesem Satz empfinden würde. Wir hatten über den älteren Bruder, den wir hätten haben können, nie gesprochen oder spekuliert. Wahrscheinlich wären solche Gedanken für Robert reiner Unsinn. Schließlich war der Kleine seit mehr als einem halben Jahrhundert tot. Er hatte kaum existiert. Er hatte keinerlei Bedeutung für unsere Leben.

Aber andererseits war Robert genau das, was Fachleute als »Ersatzkind« bezeichnen. Alle Hoffnungen und alles Streben der gramgebeugten Eltern, die einen Sohn verloren hatten, konzentrierten sich auf ihn. Die unerfüllt gebliebenen Träume für den Erstgeborenen hatten zwangsläufig ihr Verhalten gegenüber dem zweiten beeinflußt. Hing Roberts Überzeugung, daß er ihr Mittelpunkt, ihr ganzer Stolz und ihre ganze Freude war, vielleicht damit zusammen, daß er für sie diesen Platz übernommen hatte? Kamen seine vielen Erfolge vielleicht aus dem unbewußten Wissen, daß er den Platz des idealisierten ersten Kindes ausfüllen *mußte?*

Meistens bleibt der Tod dieses Bruders, den ich nie hatte, ein winziger Schatten in einer dunklen Ecke meiner Erinnerung und nimmt nur dann Gestalt an, wenn ein Wort oder ein Name ihn ins Bewußtsein hebt. Bei anderen spielt ein solcher Tod eine größere Rolle und beeinflußt ihr Denken und ihr Verhalten sehr viel stärker.

Ein Beispiel dafür ist Anna O., die Protagonistin einer der berühmtesten Fallstudien in den Annalen der Psychoanalyse, die vom Tod ihrer Geschwister regelrecht verfolgt wurde. »Anna«, bei der es sich in Wirklichkeit um die bekannte Frauenrechtlerin Bertha Pappenheim handelte, die sich zu Anfang des 20. Jahrhunderts stark in der Frauen- und Mädchenfürsorge engagierte, wurde wegen ihrer extrem krankhaften Reaktion auf den Tod ihres Vaters von dem Psychoanalytiker Josef Breuer behandelt, der ihre Geschichte dann veröffentlichte. In einer sehr viel späteren Überprüfung ihrer Fallgeschichte kam der Psychoanalytiker George Pollock zu dem Schluß, Bertha hätte sich als Ersatz für eine Schwester gesehen, die vor ihrer Geburt gestorben war, und möglicherweise auch für eine zweite Schwester, die später starb. Der Tod dieser Schwestern und ihre Position als Ersatzkind kann seiner Meinung nach wesentlich zu ihrer übertriebenen Reaktion auf den Tod des Vaters beigetragen haben. Auch ihr sehr starkes Engagement für die Opfer von Prostitution und Mädchenhandel, deren Rettung sich Bertha Pappenheim als Lebensaufgabe gestellt hatte, kann als unbewußter Versuch betrachtet werden, Buße zu tun für ihr Überleben und ihre Unfähigkeit, die Schwestern zu retten, deren Platz sie eingenommen hatte.

Kinder, die tote Geschwister ersetzen sollen, werden oft von besorgten Eltern in Watte gepackt, aus purer Angst, noch ein weiteres Kind zu verlieren. Und häufig müssen sie auch mit einem Geist konkurrieren, einem alterslosen, ewig vollkommenem Bild im Gedächtnis der Eltern. (»Er war so klug. Er konnte laufen und sprechen, bevor er ein Jahr alt war«, sagte mein Vater, als ich ihn nach dem toten Baby fragte.) Ein Student aus meinem Bekanntenkreis fand diese Position so unerträglich, daß er trotz seiner Intelligenz, seines Leistungswillens und seiner guten Noten das Studium abbrechen wollte. »Mein ganzes Leben hatte ich das Gefühl, daß ich für meine Eltern zwei Personen sein sollte«, sagte er, »ich selbst und der kleine Junge, der vor meiner Geburt gestorben ist. Ich kann mit dem wunderbaren Menschen nicht mehr Schritt halten, der er geworden wäre. Ich muß endlich herauskriegen, wer *ich* bin.«

Wenn sich schon der Tod eines Kindes, das sie nie kennengelernt haben, so stark auf Geschwister auswirken kann, läßt sich ermessen, wie verheerend die Wirkung sein muß, wenn man den toten Bruder oder die tote Schwester gekannt und geliebt, mit ihnen gespielt und gestritten hat.

Kinder sind meist beim Tode von Geschwistern nicht nur tieftraurig, sondern auch verwirrt und ängstlich. Weil kleine Kinder die Bedeutung des Todes noch nicht richtig begreifen können, fühlen sie sich verlassen, ohne richtig zu begreifen, was mit Bruder oder Schwester passiert ist. Auch das Leid der Eltern überwältigt und verstört viele Kinder, und sie fragen sich oft, ob sie selbst schuld daran sind.

Kinder trauern nicht auf dieselbe Weise wie Erwachsene. Sie weinen vielleicht ein wenig über den Tod der Geschwister, gehen dann spielen und geben sich später stundenlangen Tagträumen über die Toten hin. Manche Kinder vergraben ihren Kummer auch und versuchen, ihre Eltern für den Verlust zu entschädigen, indem sie zum vollkommenen »Engelchen« werden. Bei den Eltern ist der eigene Schmerz meist so stark, daß sie die große Verletzung der anderen Kinder in der Regel nicht erkennen und es versäumen, ihnen bei der Bewältigung zu helfen. Die überlebenden Kinder müssen so einen doppelten Verlust verkraften, den Verlust von Bruder oder Schwester und den Verlust des Trosts der Eltern, und behalten deshalb ihre innersten Sorgen und Ängste oft für sich.

Im Erwachsenenalter wiederholt sich dieses Bewältigungsmuster bei anderen Verlusten: nach außen Rückzug und Gefühllosigkeit, nach innen tiefer Schmerz und Angst vor dem Tod. Aus Kindern, die bei der Bewältigung des Todes ihrer Geschwister keine Unterstützung bekommen haben, werden oft ängstliche Erwachsene, die auf Krankheiten übertrieben reagieren, in jeder Situation die Kontrolle behalten müssen und deshalb Angst vor Risiken und unbekannten Situationen haben, in denen sie wieder mit der Hilflosigkeit, Verwirrung und Angst der Kindheit konfrontiert werden könnten.

In den Schmerz und die Trauer von Kindern mischt sich auch ein Zug der Selbstanklage. Wie der Arzt, der sich immer wieder am Geburtstag seines toten Bruders selbst bestrafte, statten Geschwister ihren geheimen Wunsch, die Rivalen loszuwerden, mit übernatürlichen Kräften aus, die den Tod bewirkt haben. Freud hat davon gesprochen, daß der Tod seines kleinen Bruders Julius bei ihm Selbstvorwürfe wegen seiner kindlichen Eifersucht und Boshaftigkeit ausgelöst hätte.

Bei manchen Kindern und Erwachsenen (allerdings nicht bei Freud, dem Liebling seiner Mutter) liegt die Ursache der Selbstvorwürfe auch in dem Gefühl, verglichen mit den toten Geschwistern unzulänglich zu sein, in der gequälten Frage, warum man selbst lebt und der oder die andere tot ist.

Wieder und wieder erinnerten sich Geschwister daran, wie sie nach dem Tode von Bruder oder Schwester von dem Gedanken gequält wurden, eigentlich hätten *sie* sterben sollen, nicht der oder die andere. Ein typisches Beispiel dafür war eine 32jährige Frau, deren ältere Schwester als Kind bei einem Autounfall ums Leben gekommen war. »Schon als sie noch lebte, habe ich mich immer gefragt, welche Bedeutung ich eigentlich für meine Eltern hatte«, sagte sie. »Meine Schwester hat all das verkörpert, was sie sich je gewünscht haben. Als sie gestorben ist, sind sie völlig zusammengebrochen. Ich glaube immer noch, wenn sie sich damals hätten entscheiden müssen, wer von uns sterben sollte, dann hätten sie mich aufgegeben.«

Solche Gefühle repräsentieren in gewissem Maße eine »Überlebensschuld«, wie sie bei Menschen anzutreffen ist, die ohne eigenes Zutun tragischen Umständen entkommen sind, in denen viele andere ihr Leben lassen mußten. Aber das Gefühl, nicht die Geschwister, sondern man selbst hätte eigentlich sterben müssen, wird oft unabsichtlich von den Eltern genährt, die durch ihren Kummer und ihre Konzentration auf den Verlust des einen Kindes dem oder den anderen oft den Eindruck vermitteln, nicht erwünscht zu sein und nicht gebraucht zu werden.

Der Psychotherapeut Irvin Yalom hat in einer Sammlung von kurzen Geschichten über seine Patienten und Patientinnen eine Frau beschrieben, die auch vier Jahre nach dem Tod ihrer Tochter noch so untröstlich war, daß sie schließlich hervorstieß: »Die Falsche ist gestorben.« Damit hatte sie die Botschaft formuliert, die sie ihren beiden überlebenden Söhnen vermittelt hatte. Und diese Botschaft war, wie sie endlich begriff, mitverantwortlich dafür, daß sich die Söhne, die im Schatten der toten Schwester aufgewachsen waren, in Drogen bzw. in Kleinkriminalität geflüchtet hatten.

Teenager, die ja in einem Alter sind, in dem sie die Bedeutung des Todes begreifen und auf sich beziehen können, leiden oft besonders unter Unzulänglichkeitsgefühlen und der Identifizierung mit einem toten Bruder oder einer toten Schwester. Zu dem bohrenden und manchmal unerträglichen Schmerz über den Verlust kommt oft noch die anhaltende Reue, daß sie sich nicht mehr um die kranken Geschwister gekümmert oder sie nicht öfter im Krankenhaus besucht haben. Ängste und eine zwanghafte Beschäftigung mit dem Tod sind bei Jugendlichen ebenso häufig anzutreffen wie die gegenteilige Reaktion, mit dem Mut der Jugend und voller Wut über das Schicksal des Bruder oder der Schwester den Tod herauszufordern und lebensgefährliche Risiken einzugehen, um zu beweisen, daß *sie* anders als die Geschwister den Tod besiegen können.

Der französische Pilot und Schriftsteller Antoine de Saint-Exupéry, Autor des »Kleinen Prinzen«, war beim Tod seines jüngeren Bruders 17 Jahre alt. Er identifizierte sich so stark mit ihm, daß er selbst als Erwachsener noch gefährliche Risiken beim Fliegen einging, fast als wäre ihm sein eigenes Leben gleichgültig. Bei einem Aufklärungsflug im Zweiten Weltkrieg verschwand er spurlos; die Umstände seines Todes wurden nie aufgeklärt. Die Titelfigur seines Buches »Der kleine Prinz« versprach vor seinem Tod, in den Sternen immer anwesend zu bleiben. In diesem Bild schlägt sich vielleicht die Phantasie des Autors nieder, daß sein Bruder für ihn nicht wirklich verloren war.

Wie jüngere Kinder trauern auch Jugendliche nicht immer offen um tote Geschwister, oder zumindest nicht so, wie es die Eltern von ihnen erwarten. Teenager haben ein sehr starkes Bedürfnis nach Konformität, und es ist ihnen oft peinlich, ihre Trauer offen zu zeigen, weil sie sich dadurch von ihren Freunden unterscheiden. »Ich habe die schrecklich freundlichen Worte und die mitleidigen Blicke meiner Freunde gehaßt«, sagte ein 18-jähriger, dessen Schwester kurz vorher an Krebs gestorben war. Um keine besondere Aufmerksamkeit zu erregen und mitleidige Blicke zu vermeiden, um nicht anders zu sein als die anderen, bemühen sich Jugendliche oft nach Kräften, sich nach dem Tod von Geschwistern »normal« zu verhalten. Diese »normale« Fassade ist für die Eltern oft verletzend; sie fragen sich, wie ihre Kinder so gefühllos sein können. Aber je stärker die Forderung der Eltern nach »angemessener« Trauer, desto mehr rebellieren die Jugendlichen oder ziehen sich von den Eltern zurück. Abgesehen von dem Bedürfnis nach »Normalität« spielt dabei auch auch die Notwendigkeit eine Rolle, die Aufgabe des Erwachsenwerdens zu bewältigen. Im Kampf um ihr eigenes Terrain wehren sie sich gegen das Bemühen der Eltern, sie in eine Familie zurückzuholen, die sich jetzt, wo ein anderes Kind tot ist, mehr denn je an sie klammert.

Statt ihren Kummer auszudrücken, distanzieren sich viele Teenager; sie trinken etwa mehr als gewöhnlich oder stürzen sich in hektische Aktivitäten, mit deren Hilfe sich die schreckliche Realität des Todes verdrängen läßt. Diese Verdrängung führt dann im Erwachsenenalter oft zu einer besonderen Angst vor Krankheit und Tod, einer besonderen Verstörung bei Verlusten und einer besonderen Hilflosigkeit bei ihrer Bewältigung, die der entspricht, die sie als Jugendliche empfunden haben.

Zweifellos eins der schlimmsten und nachhaltigsten Erlebnisse, die einem Teenager widerfahren können, ist der Selbstmord eines Bruders oder einer Schwester. Es ist ein plötzlicher Tod, der Geschwister mit einem unerträglichen Maß an Angst, Versagen, Schuld und Wut konfrontiert.

Angst davor, eines Tages ebenfalls von Verzweiflung und Unglück überwältigt zu werden, ebenfalls die Kontrolle zu verlieren und den gefährlichsten Impulsen nachzugeben; Versagen, weil man den Selbstmord nicht verhindert, Bruder oder Schwester im wichtigsten Moment ihres Lebens, also in dem Augenblick, in dem sie den Tod wählten, im Stich gelassen hat. Die Schuld durchdringt alles: Schuldgefühle wegen alter Konflikte, die zur Verzweiflung des Bruders oder der Schwester beigetragen haben könnten, Schuldgefühle, weil man seine Liebe nicht genug gezeigt hat, und Schuldgefühle, weil man selbst noch am Leben ist, obwohl der oder die andere tot ist.

Zuletzt kommt meist die Wut; sie entsteht aus dem Gefühl, vom toten Bruder oder von der toten Schwester verraten und zusammen mit dem Leben selbst abgelehnt worden zu sein und jetzt allein den Eltern helfen zu müssen, in den Trümmern ihrer Welt einen Sinn zu finden.

Ein Student aus Harvard hat in einer Geschichte eine Totenwache beschrieben, bei der ein junger Mann namens Stan seinen Bruder Peter betrauerte und beschimpfte, der sich umgebracht hatte.

»Sei gut zu deinen Eltern, Stan«, sagte ihm eine Freundin seiner Mutter.

»Und wer tröstet mich?« fragte Stan.

»Du kannst schon auf dich aufpassen«, erwiderte die Frau und ließ Stan, wie es schon die Eltern getan hatten, mit seinen Gefühlen allein.

Später, als er mit seiner Freundin im Bett war, dachte Stan an seinen Bruder: »Ich hoffte, daß irgendwo in dem Rauch über uns der Schatten meines Bruders Peter kreiste, der sich umgebracht hatte. Ich hoffte, daß er zusah, wie wir uns umarmten, daß er beobachtete, wie ich mich von ihm loszureißen begann. Ich wollte, daß er zähneknirschend aus der Welt verschwand, ich wollte ihn ruinieren, so wie er uns ruiniert hatte ...«

Gelegentlich kann der »Ruin« durch den Selbstmord von Geschwistern auch positive Seiten haben. Erwachsene Geschwister sagten oft, der Selbstmord wäre für sie ein Ansporn zur Leistung und zum Erfolg gewesen, so als ob sie durch ihre Leistungen das Stigma des Scheiterns beseitigen wollten, das an ihrer Familie klebte. Aber für andere wird dieser Selbstmord zum Vorzeichen der Selbstzerstörung: Wenn erst einer oder eine die Grenze zum Tod durchbrochen hat, wird diese Grenze auch für die anderen durchlässiger.

Ich habe erlebt, wie diese Grenze bei einer Familie zum zweitenmal durchbrochen wurde. Der älteste Sohn hatte sich mit 17 Jahren im Wald erschossen. Zehn Jahre später ging seine jüngere Schwester, jetzt 25 Jahre alt, Mutter von zwei Kindern, depressiv und mit der Scheidung ihrer Ehe konfrontiert, in denselben Wald und erschoß sich an derselben Stelle auf dieselbe Weise wie der Bruder. Endgültiger kann man die möglichen Konsequenzen eines Selbstmords für Geschwister im Jugendalter wohl kaum beschreiben.

Aber wie wirkt sich der Tod von erwachsenen Geschwistern aus? Auch wenn es merkwürdig klingt, kann der Tod erwachsener Brüder oder Schwestern ähnlich wie ein Selbstmord bei den Hinterbliebenen einen Schub außerordentlicher Kreativität und Leistung auslösen. In der Kennedy-Familie zum Beispiel hatte der quasi allmächtige Vater den ältesten Sohn Joe für die Politik und schließlich für die Kandidatur zur Präsidentschaft bestimmt; John F. dagegen hatte die Wahl zwischen dem Beruf des Lehrers und des Schriftstellers. Nach Joes Tod bei einem Bomberflug im Zweiten Weltkrieg wurde die »Fackel« an John weitergegeben, der das väterliche Ziel erreichte und schließlich zum 35. Präsidenten der Vereinigten Staaten wurde. Nach dem tödlichen Attentat bemühte sich dann der nächstjüngere Bruder Robert Kennedy um dessen Platz; seine Wahlkampagne für die Präsidentschaftskandidatur bei den Demokraten endete mit seinem tragischen Tod bei einem weiteren Attentat. Sein Platz wiederum wurde von Edward, dem jüngsten der Kennedy-Brüder, eingenommen, der sich erfolglos um die Kandidatur zum Präsidenten bewarb und danach Senator blieb. Wie er immer wieder beteuert, sind seine Brüder seine Ideale, an deren Handeln er sich orientiert.

Aber es ist nicht die Regel, daß erwachsene Geschwister durch den Tod von Bruder oder Schwester zu Hochleistungen angespornt werden. Meistens hinterläßt er ein alles überwältigendes Gefühl des Verlusts. Mit dem Tod von Geschwistern geht auch ein Stück der eigenen Person verloren, ein Stück Vergangenheit, zu der dieser Mensch ein einzigartiges Bindeglied darstellte. Erwachsene Geschwister bleiben nach dem Tod von Bruder oder Schwester mit ihren tiefsten Erinnerungen allein, stärker noch als nach dem Tod der Eltern, weil es niemanden mehr gibt, der sie auf dieselbe Weise kennt wie dieser Bruder oder diese Schwester.

Dieses Verlustgefühl wird noch durch die »unerledigten Dinge« verschärft, die jetzt für immer unerledigt bleiben. Normalerweise geht man davon aus, daß die Geschwister so lange leben wie man selbst; Gedanken an den Tod werden auf das Alter verschoben oder ganz verdrängt. Man denkt, man hätte noch viel Zeit, um Versäumtes nachzuholen, um zu reden. Wenn diese Zeit dann jäh um ist, wenn all das, was man noch sagen wollte, ungesagt bleiben muß, dann trifft der Verlust mitten ins Herz. Es gibt keine zweite Chance. Was jetzt nicht in Ordnung ist, bleibt so, wie es ist. Eine Frau, deren jüngerer Bruder vor kurzem an AIDS gestorben war, drückte das so aus: »All das Mögliche, das vor uns lag, ist weg.«

Gerade die AIDS-Epidemie hat dieses Mögliche für viele Geschwister früh vernichtet. Der Tod durch AIDS (wie der Tod durch Drogenmißbrauch, Autounfälle, Mord oder andere unerwartete und schockierende Todesursachen, die sich bei jungen Erwachsenen häufen) hebt aber auch die

Realität der eigenen Sterblichkeit ins Bewußtsein von Geschwistern, lange bevor die meisten eine Konfrontation damit erwartet haben.

Der Artikel von Barbara Lazear Ascher über die Beerdigung ihres jüngeren Bruders, der mit 31 Jahren an AIDS gestorben war, wirft ein Licht auf die Gefühle von Geschwistern. »Versteinert« war sie mit ihren Eltern dem Sarg durch die Straßen von New Orleans gefolgt. Neben dem Schock bei der Nachricht von seiner Krankheit und dem schrecklichen Kummer nach seinem Tod beschrieb sie auch ihre eigenen Ängste: »Wenn Geschwister sterben, dann zerstört die absolute Gewißheit des Todes die Illusion, irgendwie sei man vielleicht doch davon ausgenommen. Wenn Geschwister sterben, zupft der Tod am eigenen Rockzipfel und geht nicht mehr weg. ›Auch du‹, sagt er. ›Ja, auch du.‹«

Anders als Kinder begreifen Erwachsene bei einem Todesfall ganz klar, daß das Leben der Geschwister endgültig vorbei und das eigene Leben ebenfalls nicht ewig ist. Aber wie Kinder verbergen auch erwachsene Geschwister bei dieser Gelegenheit ihre Gefühle, weniger aus mangelnder Erfahrung mit der Trauer, sondern vor allem, weil so viele andere – Eltern, Kinder, Verwandte, Nichten und Neffen – auf ihre Hilfe angewiesen sind. Und wenn sie seit jeher als die Verantwortlichsten in der Familie galten, stellen sie plötzlich fest, daß sie nicht nur die Stütze der Brüder und Schwestern sind, sondern auch zur Zielscheibe für deren Leid und Enttäuschung werden. »Meine Schwestern sind böse auf mich«, sagte eine Frau, deren Bruder an einer Herzkrankheit gestorben war. »Sie glauben, ich als die Älteste hätte seinen Tod verhindern müssen.«

Bei dem Interview mit der Kindergärtnerin Melissa Fields wurden die Anforderungen von außen und der anhaltende Schmerz beim Tode sehr deutlich. Melissa hatte von meiner Forschung zu Geschwistern gehört und mich angerufen, um mit mir über ihre ältere Schwester Cara zu sprechen, die vor anderthalb Jahren an Brustkrebs gestorben war.

»Wie schön, daß Sie Taschentücher da haben«, sagte sie mit Blick auf die Packung Tempos, die ich bei Interviews immer in Reichweite hatte. »Ich werde sie brauchen können.«

Aber im Endeffekt benutzte sie die Packung seltener als andere, die nicht gekommen waren, um über den Tod zu sprechen und bei denen die Tränen flossen, weil sie schwierige, ambivalente Beziehungen zu ihren Geschwistern hatten oder sich nach einer Nähe sehnten, die sich nicht verwirklichen ließ. Diese Probleme hatte Melissa mit ihrer Schwester nicht gehabt. Sorgen, Einsamkeit und Kummer waren ihr nicht fremd, aber die Schwestern waren durch echte Freundschaft und gegenseitige Bewunderung miteinander verbunden gewesen, so daß Melissa die ältere als Mentorin hatte akzeptieren können.

»Natürlich war ihre Führungsrolle zum großen Teil aus dem Status als Älteste erwachsen«, las Melissa mir aus dem Nachruf vor, den sie am Grabe ihrer Schwester vorgetragen hatte. »»Cara hatte eben zuerst die Zahnspange, zuerst die Brille, zuerst die Klavierstunden; es war Cara, die mit der ersten Verabredung, dem ersten Führerschein und der ersten College-Bewerbung Schwester und Bruder den Weg bahnte.«

Cara war vier Jahre älter gewesen als Melissa und 10 Jahre älter als der jüngere Bruder Walter, für den sie »ohne jeden Zweifel« eine zweite Mutter gewesen war. Melissa hatte nie ein enges Verhältnis zu ihrem Bruder gehabt, weil sie sich immer als Caras jüngere Schwester gesehen hatte, nicht als mittleres Kind mit einem jüngeren Bruder. Die Beziehung zu Walter zählte denn auch zu den Punkten, die ihr Sorgen machten.

»Es war schwierig«, sagte sie. »Er ist 32, ledig und ziemlich abhängig. Er hat sich immer auf Caras Rat verlassen. Jetzt wendet er sich an mich. Ich bin ganz plötzlich in die Rolle der älteren Schwester katapultiert worden, und damit habe ich echte Probleme. Ich weiß nicht genau, was das heißt. Soll ich sozusagen an Caras Stelle die Verantwortung für ihn übernehmen, obwohl wir diese Art von Beziehung nie hatten? Bin ich jetzt diejenige, die ihn in allem unterstützt?

Und dann ist da ja noch meine Mutter. Mein Vater ist schon lange tot, und ich habe eigentlich immer so eine vage Vorstellung gehabt, daß sie in ferner Zukunft eines Morgens einfach nicht mehr aufwacht, daß sie ganz schmerzlos und leicht einfach stirbt. Ich habe erwartet, daß Cara mich dann anruft, wir zusammen hinfahren und ich daneben stehe, während meine Schwester alle notwendigen Arrangements trifft. Als Cara starb, wußte ich natürlich, daß es so nicht sein wird. Egal, was passiert, jetzt bin immer ich die Verantwortliche.«

Melissa lächelte ein wenig spöttisch über ihre naive Zukunftsvision. Sie war recht rundlich, machte aber einen energischen und aktiven Eindruck, ähnlich dem Bild, das sie von ihrer Schwester entworfen hatte. Cara hatte, so erzählte sie, vier Jahre vor ihrem Tod eine Brustamputation gehabt. Ein Jahr später hatten sich Metastasen gebildet. Trotz aller Leiden hatte sie noch drei Jahre gegen die Krankheit gekämpft; sie hatte sich zwar geweigert, wieder in die Klinik zu gehen, aber sämtliche Behandlungsmöglichkeiten ausgeschöpft, die sie einigermaßen wach und funktionstüchtig hielten. Sie hatte an einem Lehrerseminar Früherziehung unterrichtet (Melissa hatte häufig die Probleme ihrer Kindergartenkinder mit ihr besprochen), und als sie das nicht mehr konnte, pädagogische Aufsätze und Artikel geschrieben.

Melissa sagte, sie glaube nicht, daß sie selbst sich genauso mutig verhalten könnte. Aber aus meiner Sicht hatte sie ihre Entschlossenheit und ihren Mut seit dem Tag unter Beweis gestellt, an dem sie von den Metastasen ihrer Schwester erfahren hatte.

»Als sie mich anrief und mir das furchtbare Ergebnis der Untersuchung mitteilte, habe ich sofort das überwältigende Bedürfnis gehabt, noch ein Kind zu bekommen«, sagte sie mit großem Nachdruck. »Ich habe meinem Mann gesagt, ich müßte jetzt einfach schwanger werden.« Sie wurde auch »praktisch sofort« schwanger, und ihre kleine Tochter, ihr drittes Kind, kam noch vor dem Tod ihrer Schwester zur Welt. Das war ihre Form von »Kreativität«; keine ungewöhnliche Reaktion auf einen Todesfall, wie Psychiater bestätigen können.

»Es ging mir nicht um eine Art von Ersatz«, erklärte sie. »Es war etwas viel Tieferes, Primitiveres. Es wird ja immer von der Kraft des Lebens geredet, und für mich ist es so etwas wie ein Wunder, daß ich sie wirklich gespürt habe. Wenn der Tod zuschlägt, dann muß es einfach wieder neues Leben geben.«

Während der Krankheit blieb Melissa in engem Kontakt mit ihrer Schwester, obwohl sie nicht in derselben Gegend lebten. Sie sprach wie immer mit Cara über ihre Arbeit, weil sie wußte, daß die Schwester das wollte.

»Ich wollte es auch«, sagte Melissa. »Ich konnte mir nicht vorstellen, daß sie nicht mehr für mich da sein würde. Aber ich habe auch angefangen, mich der Realität zu stellen. Ich habe viel geweint damals, ich habe um sie getrauert, noch bevor sie tot war, und das hat es mir in gewissem Sinne hinterher leichter gemacht.«

Aber nicht viel. Denn nachher war sie nicht nur mit der Trauer konfrontiert, sondern mit ihrem Bruder, ihrer Mutter und vor allem mit Caras Mann und Caras Kindern.

Sie hatte sich mit Caras Mann Barr immer gut verstanden und ihn fast als Bruder betrachtet. Vor allem hatte ihr die unerschöpfliche Geduld imponiert, mit der er Cara bis zum Ende gepflegt hatte. Aber das Verhältnis hatte sich verändert, weil Barr nur einen Monat nach Caras Tod bereits eine andere Frau gefunden hatte, mit der er seit kurzem verheiratet war.

»Erstaunlich, nicht?« fragte Melissa rhetorisch. »Eine Frau braucht Jahre, um einen geeigneten Mann zu finden, aber ein Mann findet sofort wieder eine Frau.«

Melissa hat nichts gegen Barrs zweite Frau Wanda (»Sie ist eine blassere Version von meiner Schwester, nicht so lebhaft, aber warmherzig und liebevoll«). Sie war auch nicht schockiert darüber, daß Barr eine neue Beziehung einging. Schließlich hatte der Prozeß der Trennung und der Trauer bereits in den drei Jahren der Krankheit ihrer Schwester angefangen. Aber sie litt unter dem erneuten Verlust, dem Verlust ihres Schwagers. »Unser Leben war so eng miteinander verbunden«, sagte sie. »Natürlich lief das über die gemeinsame Beziehung zu Cara, und ich weiß ja auch, daß ohne sie nichts mehr so wird wie früher. Als er sich mit Wanda verlobt hat, habe ich mir immer wieder eingeredet, daß ich mir ja nur Sorgen machen würde, wie meine Nichte und mein Neffe mit seiner neuen Frau zurechtkämen, aber im Grunde ging es doch um mich.«

In dem Jahr nach dem Tod der Schwester half Melissa Barr, Caras Sachen wegzuräumen, und betrauerte dabei ihre »Verluste«. Weil sie so vertraut mit ihm war, erzählte sie ihm auch von ihren Ängsten. »Er sagte auch all das, was man in solchen Situationen sagt, daß wir doch immer noch eine Familie wären und so«, sagte sie, aber sie wußte auch, daß er sich bereits auf dem Weg zu einer neuen Lebensphase befand.

Melissa wollte ursprünglich zu Barrs Hochzeit kommen, zu der sie auch eingeladen war. Aber im letzten Augenblick wurde sie krank und konnte nicht dabeisein.

»Ich wollte unbedingt daran teilnehmen«, sagte sie, »und ich hatte es ja auch wirklich vor, aber gleichzeitig war ich auch so froh, daß es nicht ging. Ich weiß nicht, wie ich das Ganze ertragen hätte.«

Melissa glaubte mittlerweile, daß sie und Barr Freunde bleiben würden, schon wegen des gemeinsamen Interesses an seinen Kindern. Aber sie wußte auch, daß die frühere Selbstverständlichkeit der Beziehung vorbei war. Jetzt war es ihr vor allem wichtig, ihr Wissen über ihre Schwester für deren Kinder zu bewahren. »Wenn die Zeit kommt und sie etwas über das Leben ihrer Mutter erfahren wollen«, sagte sie, »dann hoffe ich, daß sie zu mir kommen.«

Über sich selbst sagte Melissa resigniert: »Das Leben *geht* weiter. Aber was ich durch den Tod meiner Schwester verloren habe, das kann mir niemand ersetzen. Cara war der einzige Mensch, der in etwa dieselben Erinnerungen hatte wie ich. Jetzt ist niemand mehr da, der unsere Vergangenheit so kennt wie wir. Meine Mutter ist zu alt, mein Bruder zu jung. Durch den Verlust meiner Schwester habe ich einen großen Teil meiner Geschichte verloren. Ein Teil von mir ist mit ihr gestorben.«

Der Tod von Geschwistern im Erwachsenenalter kann mehr bedeuten als der Verlust eines Menschen: der Verlust von Schwägerinnen und Schwägern, die fast auch schon Geschwister sind, von Nichten und Neffen, die wegen der Geschwister engen Kontakt gehalten haben, von einem Teil der eigenen Person, der unwiederbringlich dahin ist.

In manchen Familien verlieren sich Geschwister nicht durch Krankheit oder Tod, sondern durch Wut und endlosen Streit. Wenn dieser Streit sehr erbittert geführt wird, wird der Verlust zum Dauerzustand. Bei weniger erbitterten Auseinandersetzungen heilen die Wunden wieder, aber die Worte und Vorwürfe, die in der Hitze des Gefechts einmal ausgesprochen wurden, können dennoch das Gefühl eines unwiderruflichen Verlusts hinterlassen.

---

11. Worum Geschwister sich streiten

(Um Eltern und Besitz, um angeheiratete Verwandte, Geld und wieder um Eltern und Besitz)

In einer beliebten Fernseh-Talkshow saßen kurz vor Weihnachten drei Schwestern auf dem Podium. Zwei von ihnen hatten seit über 20 Jahren nicht mehr miteinander gesprochen oder zusammen Weihnachten gefeiert. Die älteste weinte, als sie erzählte, wie die jüngste jede Hilfe verweigert hatte, als der Vater im Sterben lag. Sie sprachen über die Ursachen ihres Streits, vermieden es, sich anzusehen, und fanden es offenbar leichter, vor einem Millionenpublikum ein paar Minuten lang über ihre Beziehung zu sprechen als ein wirkliches Gespräch über das zwanzigjährige Schweigen miteinander zu führen. Dann kam die Werbung; die Schwestern verschwanden von der Mattscheibe. Als sie wieder auf dem Bildschirm erschienen, strahlten sie.

»Meine Schwester hat recht. Ich hätte damals helfen sollen«, sagte die jüngste. »Ich habe mich wirklich vor der Verantwortung gedrückt.«

In den paar Minuten, die der Werbeblock dauerte, hatten sie ihren zwanzig Jahre alten Streit beigelegt. Sie kündigten an, sie würden in diesem Jahr endlich wieder zusammen Weihnachten feiern. Das Publikum klatschte begeistert. Millionen Fernsehzuschauer waren Zeugen ihrer Versöhnung.

Ob der Frieden hält? Wir wissen es nicht und wollen es auch nicht wissen.

Denn im Fernsehen ist alles möglich. Im Fernsehen werden selbst tiefverwurzelte Geschwisterfeindschaften vom Tisch gewischt, so schnell und unproblematisch, wie ein neues Putzmittel den Schmutz wegzaubert. Und diese Zauber wirkt beruhigend.

Im wirklichen Leben kommt Zauberei leider selten vor, werden jahrzehntealte Fehden oft weitere Jahrzehnte lang fortgesetzt. Im wirklichen Leben gibt es Geschwister, bei denen der Streit in der Kindheit beginnt und auch nicht aufhört, wenn die Beteiligten erwachsen werden, so daß es so aussieht, als stritten sie sich stets um dieselben Sachen, ganz unabhängig von den jeweils angegebenen Gründen. Andere leben jahrelang in friedlicher Eintracht, mal ist der eine, mal der andere beim ewigen Hin und Her von Konkurrenz und Liebe oben, mal zanken sie sich, mal rücken sie eng zusammen, bis ein so trivialer Anlaß wie eine Geburtstagsfeier oder ein so monumentales Lebensereignis wie der Tod der Eltern alte Streitpunkte neu entfacht oder neue entzündet und der Geschwisterkrieg ausbricht wie ein plötzlicher Ausschlag, der zunächst rot ist und juckt, aber sich um so stärker entzündet und eitert, je mehr man daran kratzt. In manchen Fällen wird der Ausschlag chronisch, der Krieg zur Lebensform: Geschwister brechen jeden Kontakt ab, und bis zum Ende ihrer Tage bleibt das gemeinsame Schweigen das einzig Verbindende.

Wie Liebe und Loyalität haben auch Wut und Streit im Erwachsenenleben ihre Wurzeln in den Anfängen der Geschwisterbeziehung, in den frühesten Kindertagen. Diese Kindheitsauseinandersetzungen entspringen grundlegenden Rivalitäten (unter älteren und jüngeren, gleich- und gegengeschlechtlichen Geschwistern) um die Liebe und Aufmerksamkeit der Eltern und die Macht und Dominanz in der Geschwistergruppe. Kinder streiten sich in der Familie, um von den Eltern und Geschwistern Aufmerksamkeit zu bekommen. Sie streiten sich, um Privilegien und Besitztümer zu erwerben, um ihr Eigentum zu bewahren und den anderen das ihre wegzunehmen, um ihr eigenes Terrain abzustecken und in das der anderen einzudringen. Sie streiten sich, um die Macht zu bekommen, oder auch nur, um sich zu ärgern. Sie streiten sich aus all diesen Gründen miteinander und zwar viel öfter als mit anderen Kindern.

Wir haben gesehen, daß die Auseinandersetzungen und Machtkämpfe der Kindheit sich auf das Leben erwachsener Geschwister auswirken. Das geringere Selbstwertgefühl mancher jüngerer Geschwister ebenso wie das Bedürfnis mancher älterer, ihre Führungsrolle zu bewahren, verschwindet nicht einfach, sondern hält an und spiegelt in hohem Maße die Rivalitäten und Kämpfe der frühen Jahre wider. Und viele Erwachsene fühlen sich weiterhin schuldig, weil sie ihre Brüder und Schwestern verletzt haben, oder bleiben wütend auf die Geschwister, die sie in den erbarmungslosen Kämpfen der Jugend verletzt haben.

Aber neben den Verletzungen und den Schuldgefühlen mit allen Konsequenzen für das Selbstwertgefühl oder den Zwist zwischen Geschwistern haben die Auseinandersetzungen der Kindheit auch einen positiven Sinn. Durch das Tauziehen im sicheren Rahmen der Familie machen Kinder Erfahrungen, die ihnen in der weniger sicheren Außenwelt zugute kommen. Wenn sie sich um ihre Besitztümer streiten, lernen sie zu unterscheiden, was rechtmäßig ihnen und was rechtmäßig anderen zusteht. Der Wettbewerb, wer was am besten kann, schärft die Fähigkeit zur Beurteilung der eigenen Stärken und Schwächen. Der Kampf um die eigene Position bei den Eltern führt zum Verständnis der Prinzipien von Fairness und Gleichberechtigung. Und da sie nicht nur streiten, sondern sich auch wieder versöhnen, lernen sie, Probleme zu lösen, Differenzen durch Verhandlungen auszugleichen und letztlich den Standpunkt anderer zu begreifen.

Geschwisterkonflikte spielen beim Erlernen sozialer Verhaltensweisen eine so große Rolle, daß nach Meinung vieler Psychologen Einzelkinder im Nachteil sind hinsichtlich der Fähigkeiten, sich in der großen weiten Welt außerhalb des Familienkreises durchzuschlagen. Einzelkinder müssen in der Familie nicht argumentieren und konkurrieren; deshalb sind sie häufig schlecht auf die Konkurrenz und die Notwendigkeit der Argumentation in der Außenwelt vorbereitet. Allzu vertrauensselig erwarten sie, daß die Welt und die Menschen außerhalb ihrer Familie sie weiterhin so verwöhnt und versorgt, wie sie das von ihren Eltern kennen. Für manche Einzelkinder kommt die Erfahrung, daß andere sie hereinlegen wollen, ihre Position untergraben oder nicht ehrlich zu ihnen sind, als ein schlimmer Schock. Selbst die Brutalitäten und Schikanen von Schulkameraden und Freunden können sie nicht so gut auf die Realität der Konkurrenz des Erwachsenenlebens vorbereiten, wie es der alltägliche Umgang mit Geschwistern kann.

Die frühen Erfahrungen mit Geschwisterstreit werden in der frühen und späten Adoleszenz noch einmal intensiviert und erweitert. Teenager, die sehr sensibel wegen ihres Äußeren, ihrer sich entwickelnden Sexualität und ihrer Gefühlsschwankungen sind, bieten eine leichte Angriffsfläche für Beleidigungen und Spott der Geschwister. Und Geschwister im Teenageralter wissen dank ihrer gemeinsamen Kindheitserfahrungen besser als jeder Außenstehende, wo sie das Messer ansetzen müssen, wo der empfindlichste Punkt ist, wie man die Daumenschrauben mit der Präzision eines Inquisitors ansetzt und gleichzeitig verdeckt, was man da tut: »Vielleicht solltest du ja mal eine Psychotherapie machen, damit du deine Wutanfälle endlich in den Griff kriegst«, sagte ein Bruder honigsüß zu seiner Schwester, die er vorher bis zur Weißglut gereizt hatte.

Aber auch solche Konflikte und solche Wut sind Lernschritte auf dem Weg zum Erwachsenwerden. Marcela Raffaelli, ein Wissenschaftler der Universität von Chicago, hat sich mit diesen Lernschritten beschäftigt und die Auseinandersetzungen zwischen Geschwistern und zwischen Freunden bei einer Gruppe von Schülerinnen und Schülern von der 5. bis zur 8. Klasse untersucht. Dabei hat er eine Reihe von Unterschieden festgestellt. Zunächst gab es einen deutlichen Unterschied in der Art der Auseinandersetzung bei Mädchen- und bei Jungenfreundschaften. Die Mädchen stritten sich hauptsächlich über Beziehungsaspekte (»Sie sagt immer, sie sei meine beste Freundin, und dann nimmt sie mich nicht in ihre Mannschaft auf«), die Jungen über bestimmte Ereignisse (»Wir haben Fußball gespielt. Ich fand, das war Abseits, er fand, das war ein Tor«). Bei Auseinandersetzungen zwischen Geschwistern dagegen spielte das Geschlecht *keine* signifikante Rolle; Jungen wie Mädchen stritten sich über typische Geschwisterthemen wie Macht und persönliches Eigentum. Nach Meinung von Raffaelli verstärken die Auseinandersetzungen zwischen Freundinnen bzw. Freunden die Unterschiede zwischen den Geschlechtern, während Geschwister unabhängig vom Geschlecht durch ihre Auseinandersetzungen lernen, wie weit sie gehen können, ohne Vergeltungsmaßnahmen zu provozieren.

Raffaeli hat weiter festgestellt, daß Jugendliche ihren Geschwistern offen die Meinung sagen und Wut und Feinseligkeit ungehemmt ausdrücken konnten. Freundinnen und Freunde hielten negative Gefühle eher zurück, um die Freundschaft nicht zu gefährden. Natürlich gehört auch die Fähigkeit, negative Gefühle im Interesse der Freundschaft zu unterdrücken, zum Erwachsensein, aber die Fähigkeit von Geschwistern, miteinander ungeschminkt zu reden, bietet für Raffaelli andere lebenswichtige Lernerfahrungen. Im Schutz des Elternhauses und in dem Wissen, daß Geschwister auch nach dem schlimmsten Streit noch Geschwister bleiben, lernen sich die Jugendlichen selbst besser kennen und begreifen, daß sie andere Gefühle und Wünsche haben als ihre Brüder oder Schwestern. Diese Erkenntnis und diese Individualisierung kann der Reifung wichtige Schützenhilfe leisten.

Weil Auseinandersetzungen zwischen Geschwistern in Kindheit und Jugend so wichtig und so verbreitet sind, raten Entwicklungspsychologen Eltern oft, sich nicht einzumischen, es sei denn bei Mißhandlungen oder sehr starker Eskalation. Wie manche Untersuchungen gezeigt haben, kann sich der Streit kleiner Kinder tatsächlich verschärfen, wenn die Eltern eingreifen. Jüngere Geschwister, die wissen, daß die Eltern eingreifen und ihnen zu Hilfe kommen, provozieren diesen Untersuchungen zufolge häufiger Streit mit den älteren (die von den Eltern tendenziell für die Auseinandersetzung verantwortlich gemacht werden). Und da Kinder sich tatsächlich oft auch streiten, um die Aufmerksamkeit der Eltern auf sich zu ziehen, muß die Einmischung der Eltern zur Eskalation der Streitigkeiten beitragen. Trotzdem ist dieser Rat mit Vorsicht zu genießen. Natürlich sollten Eltern nicht gleich bei jedem Streit zwischen Geschwistern eingreifen, aber sie müssen trotzdem Regeln und Grenzen festlegen, damit Kinder und Jugendliche lernen können, ihre Wut zu beherrschen und ihre Differenzen zu klären. Sie müssen für eine Atmosphäre sorgen, in der für alle Kinder klar ist, daß Geschrei oder Beschimpfungen eine gewisse Grenze nicht überschreiten dürfen und nicht toleriert werden. Wenn nötig, müssen sie die Streithähne trennen, bis der Zorn abgekühlt ist und sich eine ruhigere Stimmung breitgemacht hat, in der Differenzen verhandelt werden können, ohne daß die Geschwister versuchen, sich gegenseitig zu vernichten.

Viele Geschwister haben die Lektionen ihrer frühen Aueinandersetzungen gut gelernt und ihre Streitereien als Erwachsene beigelegt. Wenn Brüder und Schwestern ihr gemeinsames Heim verlassen und ihrer eigenen Wege gehen, müssen sie sich nicht länger über Raum, Besitz oder die unzähligen anderen Themen streiten, die sie beschäftigten, als sie noch mit den Eltern unter einem Dach lebten. Rivalitäten, Abneigungen oder Vergleiche halten zwar oft noch bis weit ins Erwachsenenalter an, aber die unaufhörlichen Kabbeleien der Kindheit nehmen in der Regel ab oder verschwinden ganz. Allerdings nicht immer. Die Schwestern Christina und Vivian (vgl. 7. Kapitel) zum Beispiel hatten bei meinem letzten Gespräch mit ihnen gerade einen großen Krach hinter sich, der um die Frage kreiste, ob ihr Vater einen griechischen Akzent hätte oder nicht. Christina hatte vehement behauptet, sein griechischer Akzent wäre unüberhörbar und er spräche fehlerhaft Englisch, während Vivian an seinem Englisch überhaupt nichts auszusetzen hatte und Christina vorwarf, sie wollte ihn ja nur kritisieren, weil sie wußte, daß er sie vorzog.
Oder Patty und Meredith (vgl. 8. Kapitel), die bis heute kein Wort miteinander wechseln konnten, ohne sich zu streiten, und deshalb, wenn überhaupt, nur über ihren Vater Lew Dorman miteinander kommunizierten.
Oder die zwei Brüder, beide Ende zwanzig, die in den Einzelinterviews erzählten, daß sie sich auf einer Hochzeit vor ein paar Wochen geprügelt hatten. »Wir waren im Badezimmer, und Marty hat mich geschubst«, sagte der eine, »also habe ich ihn auch geschubst. Dann hat er mich geschlagen, ich habe zurückgeschlagen, und dann gab's kein Halten mehr.« Und Marty: »Ich weiß wirklich nicht genau warum, aber er kann mich so wütend machen, daß ich nur noch auf ihn einschlagen möchte. Ich kenne keinen anderen Menschen, der mich dermaßen reizen kann.«

Bei diesen und anderen Geschwistern halten die Auseinandersetzungen der Kindheit unvermindert an, auch wenn sie nicht mehr zusammenleben. Ereignisse, die Jahre zurückliegen, sind so präsent, als wären sie erst gestern passiert, und bei jedem Treffen wird der Streit vom letzten Mal fortgesetzt.

Was motiviert erwachsene Geschwister, ihre schwelende Wut wieder und wieder zu schüren und neu zu entfachen?

Wie so oft bei Geschwistern liegt die Antwort auch hier in den beiden Bereichen, die ihre erwachsenen Beziehungen beeinflussen: Die Behandlung der Geschwister durch die Eltern und ihr Umgang miteinander.

Um diesmal mit den Eltern anzufangen: An erster Stelle der Ursachen des anhaltenden Ärgers zwischen erwachsenen Geschwistern steht die elterliche Bevorzugung eines der Geschwister in der Kindheit. Wenn diese Bevorzugung wie bei Christina und Vivian deutlich spürbar war, führt sie nicht nur zu untergründigen Spannungen, sondern hinterläßt eine stets offene Wunde.

Umgekehrt ist die Ablehnung eines Kindes durch die Eltern ein genauso wunder Punkt in der Geschwisterbeziehung. Bei Meredith und ihrer Mutter Honey ist deutlich geworden, daß der Elternteil, der ein Kind zum Sündenbock gestempelt hat, oft idealisiert wird und Verzeihung findet, während das »Lieblingskind« der Eltern in den Augen des abgelehnten Kindes zum »Bösewicht« wird. Der Streit wird meist deshalb zum Dauerzustand, weil das erwachsene »Sündenbock-Kind« vom anderen Wiedergutmachung für das erlittene Leid fordert. Aber diese Forderungen sind so überzogen und die Wut ist so groß, daß selbst die wohlmeinendsten Geschwister nicht in der Lage sind, es für den Schmerz der Vergangenheit zu entschädigen.

In einer Familie hatte sich eine Tochter von ihrem Vater immer herabgesetzt gefühlt. Deshalb attackierte sie ihre »gute« jüngere Schwester so sehr, daß diese sich, wie sie sagte, »unsichtbar« machte, um ihre Schwester zu beschwichtigen. »Wenn mich jemand bemerkt, dann tut das meiner Schwester so weh und macht sie so böse«, erklärte sie, »daß ich mich im Hintergrund halte.« Das hieß unter anderem, daß sie ihren Plan aufgab, einen Roman zu schreiben, und ein hohes politisches Amt ablehnte, das ihr angeboten worden war. Und seit einigen Jahren lehnte sie die Schwester genauso ab, wie sie umgekehrt von ihr abgelehnt wurde, reagierte auf ihre Wutausbrüche mit Wut und hielt so einen sich ständig verschlimmernden Kreislauf in Gang.

Bei vielen Geschwistern sind nicht die Vorlieben oder Abneigungen der Eltern schuld an ihrem ständigen Streit; sie bekommen von den Eltern vielmehr Hindernisse in den Weg gelegt, damit sie nicht zu eng zusammenhalten. Die Eltern spielen, meist unbewußt, ein Kind gegen das andere aus, zum Beispiel durch offene Vergleiche oder durch Ansporn zur Konkurrenz. Eine Frau sagte zum Beispiel: »Wenn ich mir einen neuen Teppich kaufe, dann sagt meine Mutter: ›Oh, da solltest du aber den neuen Teppich deiner Schwester Betty sehen. Er ist so schön und war viel billiger.‹« Und eine andere Frau beschrieb die Familientreffen mit ihren vier Schwestern als »Die Pillsbury Mutter-Show«. Ihre Mutter, deren »Liebe und Zustimmung schon immer mit Bedingungen verknüpft war«, hatte die Töchter von Anfang an in eine starke Rivalität gedrängt, und heute stritten sie sich darum, wer der Mutter die besten Enkel geschenkt hätte.

Das bewußte Motiv von Eltern, die eine solche Konkurrenz zwischen ihren Kindern anheizen, besteht meist darin, sie zu größerer Leistung anzuspornen; jedes Kind soll durch die Leistungen der anderen dazu angestachelt werden, selbst mehr zu leisten. Das unbewußte Motiv ist der Wunsch, die Fäden selbst in der Hand zu behalten, indem man die Geschwister, ob als Kinder oder als Erwachsene, enger an die Eltern als aneinander bindet. Wenn sich Geschwister nie miteinander verbünden, bleiben die Eltern das unangefochtene Zentrum des Familienlebens.

Obwohl sich die Ginetti-Schwestern, die im 4. Kapitel vorgestellt wurden, gut verstanden, war auch ihnen die Erfahrung nicht fremd, von der Mutter gegeneinander ausgespielt zu werden. Mrs. Ginetti war eine Matriarchin, die unbedingt die Herrschaft über ihre Töchter behalten wollte. Deshalb klatschte sie mit jeder ihrer Töchter über die anderen, was immer wieder für böses Blut sorgte. Lisa hatte erzählt, daß dieser Klatsch aufhörte, nachdem sie und ihre Schwestern der Mutter gemeinsam verboten hatten, jemals wieder mit einer von ihnen schlecht über die anderen zu reden.

In Problemfamilien, in denen sich die Geschwister in der Kindheit von den Eltern nicht geliebt und beschützt fühlten, kann diese Art der Zersetzung destruktivere Auswirkungen haben, da sie den Kindern nicht nur die Unterstützung der Eltern, sondern auch der Geschwister verwehren. Das lebenslange Mißtrauen gegeneinander, das Geschwister in solchen Situationen entwickeln, kann sich auch auf Menschen außerhalb des Familienkreises erstrecken. Denn wie soll man schließlich lernen, jemandem zu trauen, wenn man schon früh entdecken mußte, daß man den eigenen Brüdern und Schwestern nicht trauen kann?

Der Einfluß *elterlicher* Konflikte ist nicht weniger destruktiv. Als Kinder identifizieren sich Geschwister mit Mutter und Vater und nehmen sie sich zum Vorbild. Wenn sich die Eltern aber andauernd streiten, lernen die Kinder ebenfalls, sich zu streiten. Setzt der Vater die Mutter oder die Mutter den Vater herab, übernehmen die Kinder diese Taktiken und entwerten sich gegenseitig. Solche früh erworbenen Einstellungen und Taktiken bestimmen dann auch den Beziehungsstil erwachsener Geschwister.

Nicht selten benutzen Eltern die Kinder auch als Schachfiguren in ihrem eigenen Machtspiel; Vater und Mutter suchen sich dann jeweils ein Kind als Verbündeten. Die Kinder, die in den Krieg der Eltern verstrickt sind, bekriegen sich dann auch untereinander, und das oft lange, nachdem die Eltern die Bühne bereits verlassen haben.

Die zweite und häufig noch tiefreichendere Ursache für anhaltende Geschwisterstreitigkeiten liegt aber bei den Geschwistern selbst. Es ist gut möglich, daß manche Geschwister grundlegend unvereinbar sind und deshalb ihr Leben lang nicht miteinander zurechtkommen. Wie bei manchen Eltern und Kindern kann es auch bei Geschwistern eine temperamentsbedingte Unvereinbarkeit geben, oder in den Worten der Psychiater Stella Chess und Alexander Thomas: ihnen fehlt die »gute Anpassungsfunktion«.

Wie Eltern und Kinder müssen auch Geschwister nicht unbedingt dasselbe Temperament haben, um gut zusammenzupassen, aber sie müssen sich verstehen und sich in die anderen einfühlen können. Wenn sie schlecht zusammenpassen, besitzen sie das notwendige Verständnis und das erforderliche Einfühlungsvermögen einfach nicht. Ein leicht erregbares, sehr forderndes Kind zum Beispiel verhält sich dann einem langsameren und fügsamen gegenüber repressiv und brutal, oder beide sind reizbar und neigen zu lautstarken, handfesten Auseinandersetzungen. So wie Eltern lernen müssen, sich dem Temperament ihrer Kinder anzupassen, müssen auch Kinder mit schlechter Anpassungsfunktion lernen, miteinander zurechtzukommen, das heißt, sich aus dem Weg zu gehen, wenn es nötig, und zusammenzuarbeiten, wenn es möglich ist.

Das ist allerdings keine leichte Aufgabe, und nicht alle Kinder erreichen eine gute Anpassung. Chess und Thomas haben Kinder beschrieben, die von Geburt an reizbar und schwer zu beruhigen waren und sich angesichts neuer Situationen tendenziell zurückzogen. Für solche Kinder ist die Geburt eines Bruders oder einer Schwester unter Umständen besonders belastend, und sie akzeptieren das jüngere Kind vielleicht nie, wenn sie nicht sehr viel Hilfe von den Eltern bekommen. Dunn und Kendrick, die sehr junge Kinder im Elternhaus beobachtet haben, haben von mehreren Fällen berichtet, in denen ein Kind, in der Regel das älteste, ein anderes beharrlich ablehnte, das sich ebenso beharrlich darum bemühte, ihm zu gefallen und freundlich zu sein.

Aber man kann die Feindseligkeiten zwischen erwachsenen Geschwistern nicht einfach auf die temperamentsbedingten Fehlanpassungen der frühesten Kindheit zurückführen und die Zeit dazwischen vernachlässigen. Geschwister verändern sich mit den Jahren und passen sich aneinander an; viele, die als Kinder »wie Hund und Katze« waren, sind als Erwachsene gute Freunde. Bei einigen verschwinden allerdings die Unvereinbarkeiten und die schlechte Anpassungsfunktion, die in der Kindheit begannen, tatsächlich nie. Das sind die Menschen, die über ihre Geschwister sagen: »Mein Bruder hat mich von Geburt an gehaßt«, oder: »Wir haben uns noch nie verstanden.« Solche Geschwister brechen meist entweder den Kontakt völlig ab oder setzen ihren Streit ewig fort, wie die beiden Brüder, die sich im Badezimmer prügelten, weil der eine den anderen »so reizen konnte«.

Umgekehrt kann aber der endlose Streit mancher Geschwister auch auf *zu gute* Vereinbarkeit bzw. zu große Ähnlichkeit oder Abhängigkeit zurückgehen. Es gibt Geschwister, die sich über alles und jedes streiten, weil sie im Grunde darum kämpfen, sich voneinander zu lösen und zu eigenständigen Personen zu werden.

Der Prozeß, in dem Geschwister sich zu solchen eigenständigen Personen entwickeln, reicht von der Kindheit über die Adoleszenz oft bis ins Erwachsenenalter hinein. Bei Geschwistern mit geringem Altersunterschied oder mit demselben Geschlecht kann dieser Prozeß besonders schwierig sein, wie wir gesehen haben, weil sie sich unter Umständen leicht miteinander identifizieren und sehr schnell eine zu starke Bindung entwickeln. Mark und Jerry Platt haben ihre Eigenständigkeit behauptet (und ihren Konkurrenzkampf in Grenzen gehalten), indem sie sich de-identifizierten und sich als Gegensätze präsentierten. Rita (vgl. 4. Kapitel) konnte ihre Eigenständigkeit gegenüber ihren Schwestern nur durch Distanz bewahren. Die Schwestern sahen sich nicht allzu oft, um nicht wieder in die erstickende Symbiose ihrer Kindheit zu geraten.

Wenn Geschwister keine Möglichkeit gefunden haben, sich voneinander zu lösen, behaupten sie ihre Unabhängigkeit durch Streit, tragen aber denselben Streit immer und immer wieder aus, gerade weil sie *nicht* unabhängig sind. Ihre anhaltende, intensive Verstrickung führt zu Frustration und Wut, aber sie können sie nicht lösen. Jüngere Geschwister schimpfen in solchen Fällen oft permanent über die Dominanz der älteren, fordern aber deren dominantes Verhalten gleichzeitig heraus, weil sie sich bei allen Problemen ständig an sie wenden und trotz ihres lautstarken Protests immer noch gerne gesagt bekommen, was sie tun sollen. Ältere Geschwister wehren sich umgekehrt gegen die Abhängigkeit der jüngeren und kritisieren sie wegen ihrer mangelnden Selbständigkeit; gleichzeitig genießen sie aber ihre Abhängigkeit auch und fördern sie durch den Streit und durch ihre Kritik noch, weil sie sie damit klein halten.

Ein extremes Beispiel für den erfolglosen Versuch, sich durch Streit voneinander zu lösen, waren zwei nahezu achtzig Jahre alte Schwestern. Der permanente Streit zwischen ihnen wurde noch dadurch verstärkt, daß sie unverheiratet waren und seit vielen Jahren zusammenlebten. Die beiden Schwestern waren buchstäblich unzertrennlich, wie der Cousin sagte, der mir von ihnen erzählte. »Wir nennen sie alle ›die Mädels‹«, sagte er, und als ich nach ihren Namen fragte, riß er ein Blatt Papier von meinem Block und schrieb darauf: *CarolundSelma.* Er sagte, sie seien so stark aneinander gebunden, daß sie von Verwandten und Bekannten fast wie eine einzige Person behandelt wurden.

»Niemand käme auf die Idee, die eine ohne die andere zum Abendessen einzuladen«, erklärte er. »Aber wenn man länger mit ihnen zusammen ist, dann merkt man, daß sie sich viel streiten; sie schnauzen sich richtig an. Die eine sagt etwas, und dann schnappt die andere ein. Bei Sachen, über die andere diskutieren können, explodieren die beiden.«

Carol, die ältere, war auch die dominantere Schwester: »Wenn Selma eine Meinung äußert, dann mischt sich Carol sofort ein und sagt: ›Ach, halt den Mund, du weißt doch gar nicht, wovon du sprichst.‹ Dann sieht Selma ganz elend aus, oder sie macht selbst eine bissige Bemerkung. Das geht die ganze Zeit so, und wer weiß, wieviel Streit es erst gibt, wenn sie allein sind.«

Hier kann man wohl tatsächlich davon sprechen, daß die Geschwisterbindung zur Falle geworden ist.

In einer anderen Falle stecken die Geschwister, die sich streiten, weil Streit immer noch besser ist als gar nichts. Wie bei Ehepartnern, die sich ständig aneinander reiben, um die toten Räume ihrer Ehe auszufüllen, ist auch für diese Geschwister Streit eine Form, eine ansonsten leblose, stagnierende Beziehung wieder mit Energie und Leben zu erfüllen. Mit anderen Worten: Auch Haß ist eine Form von Beziehung.

Die vielen Ursachen für den anhaltenden Streit zwischen Geschwistern, ob sie von den Eltern oder von den Geschwistern selbst ausgehen, treten nicht notwendig einzeln auf. Temperamentsbedingte schlechte Anpassung zum Beispiel kann dazu führen, daß Eltern eins der Kinder vorziehen (meist das problemlosere und sonnige, nicht das problematischere), was dann wiederum die Konflikte durch die schlechte Anpassung verstärkt. Andererseits werden Geschwister gerade auch durch ihre übermäßige Bindung und Trennungsunfähigkeit besonders sensibel für Anzeichen elterlicher Vorlieben oder Abneigungen, und auch das kann ihren Streit verschärfen. Wenn Vivian und Christina zum Beispiel nicht so stark aneinander gebunden wären, könnte jede in Frieden ihr eigenes Leben leben, ohne sich ständig darum streiten zu müssen, wen Vater und Mutter lieber hatten.

Aber die permanent streitenden Brüder und Schwestern sind nur eine Gruppe erwachsener Geschwister. Eine andere, größere und verbreitetere Gruppe bilden Geschwister, deren Beziehungen in der Regel ruhiger und deren Temperamente vereinbar sind, bis dann ein bestimmtes Ereignis oder eine Krise Wutausbrüche auslösen, die alle Beteiligten schockiert und erschüttert über den Abgrund an Bitterkeit zurückläßt, der sich plötzlich aufgetan hat.

In der Psychologie wird nicht so sehr eine bestimmte schwierige Situation als Krise bezeichnet, sondern eine Übergangsphase, ein Wendepunkt, der die Veränderung früherer Einstellungen und Beziehungen erfordert.

Für Geschwister ist eine dieser Krisen oder Übergangsphasen die Zeit, in der sie sich trennen und das Elternhaus verlassen; in dieser Phase treten, wie bereits gesagt, frühere Probleme und damit auch viele mögliche Streitpunkte in den Hintergrund.

Eine ähnliche Krise für alle Beteiligten stellt auch die Heirat eines der Geschwister dar. Sie kann alte Feindschaften in ganz verschiedenen Formen wieder beleben und bezieht oft auch die neuen Familienmitglieder, also die Ehepartner der Geschwister, mit ein.

Manche Auseinandersetzungen fangen schon bei der Hochzeit an, die ja bei aller Freude auch eine Zeit von Streß ist. Es kommt nicht selten vor, daß eine Braut am Hochzeitstag einen Wutanfall bekommt, weil ihre Schwester ebenfalls in Weiß erschienen ist, und es ist erstaunlich, wie viele Schwestern das tatsächlich tun, sei es, um mit der Braut zu konkurrieren, sie zu provozieren, etwas vom Rampenlicht dieses Ereignisses abzubekommen oder um sich genau in diesem Moment für vergangene Kränkungen zu rächen. Die Mutter von Christina und Vivian zum Beispiel war immer eifersüchtig auf ihre jüngere und schönere Schwester gewesen. Als diese Schwester auf ihrer Hochzeit ganz in Weiß erschien und sie damit in den Schatten stellte, verwandelte sich die Eifersucht in Haß.

Umgekehrt hatte eine Friseuse seit ihrer Hochzeit vor einem Jahr nicht mehr mit ihrer Schwester gesprochen, weil die, wie sie sagte, in ihrem ältesten, schäbigsten Kleid bei der Feier aufgetaucht war, ohne Make-up und mit einer »schrecklichen Frisur«. Für sie war das eine »Mißachtung«. »Wenn ich reifer und erwachsener wäre«, sagte die Friseuse, »dann hätte ich wahrscheinlich gesagt: ›Na gut, sie ist eben eifersüchtig. Ich heirate, und sie hat noch nicht mal einen Freund.‹ Aber ich wollte mich nicht mit ihren Problemen beschäftigen. Das war schließlich mein Tag, und den hat sie mir verdorben. Das hat mich sehr böse gemacht.«

Wenn die jüngeren Schwestern vor den älteren heiraten, dann sind die älteren oft eifersüchtig und wütend, daß man ihnen die Schau gestohlen hat. Beleidigt meckern sie an allem und jedem herum, einschließlich dem Bräutigam. Wie die Bibel erzählt, verliebte sich Jakob in Rahel, nicht in ihre ältere Schwester Lea. Aber mit Hilfe ihres Vaters Laban schlich sich Lea statt Rahel heimlich in das Schlafgemach. »Es ist nicht Sitte in unserm Land, daß man die Jüngere weggebe vor der Ältesten«, erklärte Laban, als der ihm die Täuschung vorwarf. Wie wir der Bibel entnehmen können, konkurrierten Rahel und Lea im folgenden darum, wer die meisten Kinder bekommen konnte.

Solche Streitereien bei der Hochzeit und danach haben komplexe Ursachen. Jüngere Geschwister fühlen sich durch die Hochzeit der älteren oft verletzt und verlassen, besonders dann, wenn sie von ihnen sehr abhängig sind. Eddy Deveau erzählte, daß sein Bruder Roy bei seiner Hochzeit »beleidigt und deprimiert« war, weil er Angst hatte, den »direkten und unmittelbaren Zugang« zu dem Bruder zu verlieren, auf den er sich in so vielen Dingen verließ.

Aber auch weniger abhängige jüngere Geschwister haben oft ein akutes Verlustgefühl, wenn die älteren heiraten. Auf einer tiefen Ebene können dadurch alte Gefühle der Minderwertigkeit und Benachteiligung aus der Kindheit wieder aktualisiert werden, als sie sich als kleiner, machtloser und weniger wichtig empfunden haben als die »Großen«. Und dieses Gefühl der eigenen Unwichtigkeit taucht bei der Hochzeit wieder auf, jetzt im Verhältnis zum Ehepartner. Dasselbe gilt für das Gefühl der Benachteiligung: Wieder fühlen sie sich von einem anderen beiseite geschoben, von einem Menschen, der zum neuen, bleibenden Bestandteil des Lebens von Bruder oder Schwester wird.

Auch für ältere Geschwister ist die Heirat der jüngeren ein Verlust, aber meist nicht so gravierend. Da sie sich in der Regel nicht so stark von den jüngeren beeinflußt fühlen wie umgekehrt, fühlen sie sich auch durch deren Heirat nicht abgelehnt oder verlassen, vor allem, wenn sie selbst bereits verheiratet sind. Dafür kann aber der neue Schwager oder die Schwägerin das alte Gefühl der Entthronung aktualisieren, daß sie als Kinder bei der Geburt der Geschwister empfunden haben. Damals wie heute verlieren sie dasselbe: das euphorische Gefühl, verantwortlich zu sein, das Steuer in der Hand zu haben, im Mittelpunkt zu stehen.

Bei der Hochzeit von Bruder oder Schwester können sich solche verborgenen Gefühle in Spannungen und Ärger verwandeln und sich später als Eifersucht oder offene Feindseligkeit gegen Schwager oder Schwägerin richten. »Es hat mich *sehr* aufgeregt«, schrieb eine Sekretärin, die offensichtlich keine Mißverständnis aufkommen lassen wollte, »als mein Bruder geheiratet hat. Wir haben uns immer so gut verstanden. Und jetzt hatte ich ihn an jemanden verloren, die mir das Wasser nicht reichen konnte. Meine Schwägerin ist wirklich nichts Besonderes!«

Traditionell gilt in angeheirateten Familien die Beziehung zwischen Schwägerinnen als die zweitschwierigste Beziehung, vor allem zwischen Schwestern und den Ehefrauen ihrer Brüder (als schwierigste gilt die Beziehung zur Schwiegermutter). Diese traditionelle Auffassung hat sich in meiner Umfrage nicht bestätigt. Die Mehrzahl der Teilnehmer fand, ihre Ehepartner hätten sich nicht negativ, sondern sehr positiv auf ihre Geschwisterbeziehungen ausgewirkt; Schwägerinnen kamen dabei am besten weg. Wie Schwestern kümmern sich auch Schwägerinnen tendenziell mehr um Familienangelegenheiten als ihre Ehemänner und halten oft die Familien zusammen.

Dennoch gibt es natürlich auch Neid und Streit unter angeheirateten Verwandten. Wie die zitierte Sekretärin lehnen auch andere Schwestern die Ehefrau ihres Bruders ab, wenn sie eine enge Beziehung zu ihm hatten, und finden Dutzende von Möglichkeiten, sie zu kritisieren oder einen Streit vom Zaun zu brechen. Umgekehrt bemüht sich unter Umständen eine Ehefrau, die sich von der Schwester ihres Mannes bedroht fühlt, die beiden auseinanderzuhalten, und entfremdet damit die Schwägerin nur noch mehr. Die Ehefrau eines Mannes mit vielen Schwestern ist vielleicht beleidigt, weil sie sich aus der Intimität der Schwestern ausgeschlossen fühlt, und die Schwestern ärgern sich umgekehrt über ihre Aufdringlichkeit. »Eine Schwägerin ist schließlich *nicht* dasselbe wie eine Schwester«, sagte eine Frau mit drei Schwestern, die alle die Ehefrau ihres einzigen Bruders ablehnten. Manche Geschwister klagen auch darüber, daß sich der Mann der Schwester »nur um seine Familie kümmert und für uns nie Zeit hat«, wie eine Frau über ihren Schwager schrieb.

Es kommt auch vor, daß Ehemänner oder -frauen den alten Antagonismus ihrer Partner aufgreifen und offener ausdrücken. Die Geschwister sehen dann in Schwager oder Schwägerin den Verursacher der Entfernung von Bruder oder Schwester. So war es bei Meredith, die weder vom Vater noch von den Schwestern vor den Mißhandlungen der Mutter beschützt wurde. Sie heiratete Charles, einen durchsetzungsfähigen Mann, den ihr Vater nur den »kleinen Napoleon« nannte. Da Charles die Geschichte seiner Frau kannte, ohne selbst darin verwickelt zu sein, konnte er sich sehr viel besser als sie gegen ihre Familie durchsetzen und ihren geheimen Wunsch nach Ablösung von der Familie verwirklichen. In der »offiziellen« Version ihrer Familie allerdings hieß es, Charles hätte Meredith den Kontakt zu ihrer Schwester untersagt.

In anderen Fällen übertragen Schwägerinnen oder Schwäger den von Kindheit an gewohnten Streit mit ihren Geschwistern auf die Geschwister der Ehepartner. Es ist nicht leicht, sich solche Muster wieder abzugewöhnen, und wenn die Ehepartner sie akzeptieren oder nicht eingreifen, können die angespannten Beziehungen zwischen den angeheirateten Verwandten Jahre dauern.

Was den Streit zwischen Schwägerinnen und Schwägern oft zusätzlich verschärft, ist das Fehlen einer gemeinsamen Geschichte von Streit und Versöhnung. Die meisten Menschen sind dank jahrelanger Erfahrung Experten im Geschwisterstreit und wissen genau, wann sie aufhören müssen, damit es nicht zum katastrophalen Bruch kommt. Diesen Erfahrungshintergrund haben die Ehepartner nicht, und deshalb kann sich aus einem unbedeutenden Zank zwischen angeheirateten Verwandten schnell ein Familienkrieg entwickeln.

Geschwister, die bei einem solchen Streit zwischen die Fronten geraten, sind mit oft enervierenden Frustrationen und Qualen konfrontiert. Mit wem sollen sie sich verbünden, mit dem Ehepartner oder den Geschwistern? Sicher sollte man vor allem loyal zu Ehemann oder -frau stehen, aber andererseits liebt man Bruder oder Schwester auch und kann ihre Verletzung nachvollziehen. Wie zeigt man ihnen das, ohne den Ehepartner zu verraten? Und wie geht man mit dem Gefühl um, von Geschwistern verraten worden zu sein, die den Ehepartner angegriffen haben? Wie mit den Ehepartnern von Bruder und Schwester, die genauso zwischen der Loyalität zum Partner und der Loyalität zu Schwägerin oder Schwager schwanken, die sie mögen?

Wenn man in dieser Situation steckt, kann man zu vermitteln versuchen und über den Appell an den Familienzusammenhalt die streitenden Parteien zur Versöhnung bringen. Häufig erfordert diese Position aber auch einen langfristigen Balanceakt zwischen den kriegführenden Parteien, oder die Auseinandersetzungen werden mit oberflächlicher Freundlichkeit zugedeckt, während darunter die Wut weiter schwelt.

Das war bei den Ginetti-Schwestern der Fall. Sie hatten ihre enge Beziehung zwar bewahren können, aber unter der Oberfläche schwelte eine bleibende, schmerzhafte Verletzung durch einen Streit zwischen Nancy, der zweitältesten Schwester, und Vince, dem Mann ihrer ältesten Schwester Mary Ann. Bei dem Streit ging es um ein gemeinsames Grundstück.

Vince war so wütend auf Nancy und ihren Mann Tony gewesen, daß er zwei Jahre lang mit keinem von beiden gesprochen hatte. Wenn sie sich bei Familienfeiern getroffen hatten, erzählte Nancy, hatte er dagesessen »und den Mund nicht aufgemacht – es war ganz schrecklich«. Nicht weniger schrecklich war für Nancy Mary Anns Weigerung, mit ihr über die Situation zu sprechen. Obwohl die Schwestern nach außen den Anschein der Freundschaft aufrechterhielten, blieb die Atmosphäre zwischen ihnen gespannt. Sobald Nancy das Thema zur Sprache brachte, zog sich Mary Ann zurück. (»Ich hatte dazu nichts zu sagen«, erklärte sie. »Ich fand einfach, daß sie im Unrecht war.«) Mit der Zeit beruhigte sich die Situation; es kehrte wieder Frieden ein. Aber Nancy meinte: »Wir haben die Luft nie durch ein offenes Gespräch reinigen können. Für mich ist die Verletzung geblieben.«

Streitigkeiten zwischen erwachsenen Geschwistern werden oft ausschließlich als Fortsetzung früherer, erstarrter Auseinandersetzungen betrachtet. Aber das trifft nicht immer zu. Wenn der Streit durch angeheiratete Verwandte oder Geschäftsangelegenheiten ausgelöst wird, dann *ist* es ein aktueller Streit und nicht unbedingt eine Verlängerung der Vergangenheit. Nancy und Vince hatten eine echte Meinungsverschiedenheit über Vinces' Umgang mit dem gemeinsamen Eigentum, und Mary Ann schlug sich zum Teil aus Loyalität auf die Seite ihres Mannes, zum Teil aber auch, weil sie fand, er wäre im Recht.

Die Vergangenheit spielte insofern eine Rolle, als auch in dieser Auseinandersetzung die alten Beziehungsmuster der Schwestern anklangen: Nancys Bedürfnis nach Selbstbehauptung, aber auch nach der Anerkennung und Liebe ihrer älteren Schwestern, Mary Anns Einstellung, als die Älteste über solchen Kleinigkeiten zu stehen und es nicht nötig zu haben, mit ihrer jüngeren Schwester über ihre Gefühle zu sprechen (so wie sie es früher nicht nötig hatte, zu erklären, warum sie Nancys schwarzes Ballkleid vor ihr tragen mußte). Dieses Echo aus der Vergangenheit schwang in dem zweijährigen Streit mit, aber im Vordergrund stand die konkrete Auseinandersetzung um das Grundstück.

In den Zeiten, in denen die Erinnerungen an die gemeinsame Geschichte sehr stark wieder aufleben, kann dieses Echo aus der Vergangenheit besonders laut werden und mit seinem uralten Wutgeschrei die Stimmen der Gegenwart übertönen. Dann läßt sich oft wirklich nur noch schwer erkennen, wo der alte Streit aufhört und der neue beginnt, wo Erwachsene miteinander reden und wo plötzlich das Kind in ihnen wieder hörbar wird.

Nicht selten geben Feiertage oder Familientreffen den Ausschlag. An der Erntedank- oder Weihnachtstafel, beim Oster- oder Passamahl wird der Streit aus alten Zeiten wieder neu ausgefochten. Bei solchen Gelegenheiten sind erwachsene Geschwister wieder wie früher mit ihren Eltern zusammen und verfallen schnell wieder in die alten Rollen. Kümmert die Mutter sich zum Beispiel besonders um das Kind der einen Tochter, hält die andere ihr Kind erbost für vernachlässigt, so wie sie sich früher im Vergleich zur Schwester ebenfalls vernachlässigt und in den Hintergrund geschoben gefühlt hat. Wenn der eine Bruder über seine neue Stelle oder seine Beförderung spricht, ärgert sich der andere, weil sein Bruder wieder einmal im Zentrum der Aufmerksamkeit steht und ihn an den Rand des Geschehens drängt.

Dazu kommen die Diskrepanzen zwischen dem tatsächlichen Ablauf des Festes und dem Ablauf, den man sich gewünscht hätte. Auch diese Diskrepanzen wurzeln in der Kindheit. Die meisten Menschen haben ein idealisiertes Bild von Familientreffen, bei dem strahlende Eltern und perfekte, fröhlich scherzende Kinder in ungetrübter Harmonie beisammen sind. Wenn dann aber der Bruder sich mal wieder mit allen anlegt, weil er zuviel getrunken hat, oder die Schwester den Mund nicht aufkriegt, weil sie gerade mit einer schrecklichen Scheidung beschäftigt ist, ist die Realität durch den Kontrast zum Ideal doppelt schmerzhaft. Die Stimmung wird gereizter (und die Stimmen werden lauter), und jeder wirft jedem vor, die mythische Feiertagsstimmung verdorben zu haben.

Solche Streitereien an Feiertagen und Familientreffen sind zwar unangenehm, gehen aber meist auch wieder vorbei, zumindest bis zum nächsten Mal (obwohl manche sich auch festigen können, wie bei der Schwester, die im Fragebogen schrieb, daß ihr Bruder den Kontakt zu ihr abgebrochen hat, nachdem sie vergessen hatte, ihn persönlich zu einer Geburtstagsfeier einzuladen). Schlimmer und anhaltender sind in der Regel die Auseinandersetzungen, die in Zeiten schwerer Krisen geführt werden.

Zu den schwersten Krisen, die gleichzeitig auch die meisten Erinnerungen an die Kindheit wiederaufleben läßt, gehört die Zeit, in der die Eltern gebrechlich und abhängig werden, sterben und ihre erwachsenen Kinder verwaist und allein mit den Geschwistern zurücklassen. In dieser Phase unterstützen sich viele Geschwister und kommen sich so nahe wie nie zuvor, während bei anderen die Geschwisterbeziehung auf den Tiefpunkt sinkt und den Schmerz dadurch noch schlimmer macht, weil die Wirklichkeit ähnlich wie bei den Enttäuschungen an Feiertagen auch hier wieder so anders ist als die idealisierten Erwartungen an Kooperation und Verbundenheit.

Wenn die Eltern krank werden und sich ihre Kinder um das Krankenbett versammeln, werden Eltern und Geschwister allmählich wieder wie früher zum Fokus des Alltags. Der Eindruck, daß ein Bruder oder eine Schwester weniger tut als die anderen, löst dann dieselben wütenden Reaktionen aus wie in der Kindheit, wenn eins der Kinder seinen Teil an den Haushaltspflichten nicht übernommen hat. Aber auch wenn die Verantwortung gleich verteilt ist, hat die Situation immer noch genügend Ähnlichkeiten mit den alten Familienstrukturen, daß im Wettbewerb um die Aufmerksamkeit der Eltern die alte Eifersucht, die alte Wut und die alten Machtspiele wieder zum Leben erweckt werden.

Wenn zum Beispiel eine der Töchter unbedingt die Hauptlast der Pflege übernehmen will oder alles eigenmächtig entscheidet, ohne die anderen zu fragen, trifft sie wahrscheinlich offen oder verdeckt der Vorwurf der Geschwister, sie würde sich mal wieder bei Mami oder Papa einschmeicheln, um ihre Interessen durchzusetzen, oder wie schon immer die Chefin spielen (und benutzen ihre Wut insgeheim auch als Ausrede für das mangelnde eigene Engagement). Umgekehrt wirft sie ihnen offen oder verdeckt vor, sie würden ja nur wieder wie immer das Problem auf sie abwälzen und die ganze Arbeit ihr überlassen, weil sie die Älteste oder die Jüngste oder diejenige ist, auf die seit jeher alle Probleme der Familie abgewälzt worden sind (und genießt insgeheim die Rolle der besten Tochter und die Dankbarkeit der Eltern).

Solchen Vorwürfen liegt die schmerzhafte Trauer der erwachsenen Kinder über den drohenden Verlust der Eltern zugrunde. Dazu kommen, unausgesprochen und oft uneingestanden, bedrückende Fragen: Wer wird sich in der kurzen Zeit, die noch bleibt, schließlich als der endgültige Liebling der Eltern erweisen? Wer stellt sich als das wirklich gute Kind heraus, das am meisten geliebt und am stärksten zur Liebe fähig ist? Bekomme ich jetzt endlich die Anerkennung von Eltern oder Geschwistern, die mir früher so gefehlt hat? Gelingt es mir, die Waagschale von Macht und Status zu meinen Gunsten zu senken, wenn ich meinen erfolgreicheren Geschwistern beweise, daß ich zumindest innerhalb der Familie der Sieger bin? Schaffe ich es, meinen Eltern jetzt endgültig ihre Kränkungen und Herabsetzungen heimzuzahlen?

(»Das verzeihe ich dem Schweinehund nie!« sagte ein Mann, der von der Pflege des alten und kranken Vaters erzählte, über seinen Bruder. Der »Schweinehund« hatte es zwar zugegebenermaßen mit dem sehr fordernden Vater immer schwer gehabt, aber »er hat sich geweigert, in der Zeit, in der Vater uns am meisten gebraucht hat, irgendwie zu helfen. Wenn man in einer solchen Situation nicht aufhört, den Eltern Vorwürfe zu machen und sich für sein eigenes Leben verantwortlich zu erklären, wann will man eigentlich überhaupt damit aufhören?«)

In diesen emotionalen Hexenkessel mischen sich außerdem noch alte geschlechtsspezifische Erwartungen der Eltern. Praktisch jede Untersuchung über die Pflege alter Eltern hat ergeben, daß Töchter (und manchmal Schwiegertöchter) die Hauptlast übernehmen, genauer: Unter den Kindern, die ihre Eltern pflegen, sind dreimal soviel Töchter wie Söhne. Durch die gestiegene Lebenserwartung versorgen Frauen heute statistisch 17 Jahre ihres Lebens ein abhängiges Kind, aber *18 Jahre* die alten Eltern. Die Zahl der Frauen, die nach der Erziehung ihrer Kinder mit der Pflege der alten Eltern konfrontiert sind, ist mittlerweile so groß geworden, daß sie als »Sandwich-Generation« bezeichnet werden.

Unabhängig von den vielen Veränderungen im Zuge der Frauenbewegung *erwarten* Eltern weiterhin, daß ihre Töchter ihnen im Alltag beistehen, und viele Frauen geben dringend benötigte Berufe und Karrieren auf, um für alte oder kranke Eltern zu sorgen. An die Söhne dagegen werden ähnliche Anforderungen nur selten gestellt, da ihre Berufe (egal welche) immer noch als wichtiger gelten.

(»Bleibst du morgen auch noch?« fragte mein Vater, als wir meine Mutter mit einer gebrochenen Hüfte ins Krankenhaus gebracht hatten und noch nicht wußten, wer ihn versorgen würde.

»Natürlich, mach dir keine Sorgen, ich bleibe noch«, beruhigte ich ihn.

»Und übermorgen?«

»Ja, auch übermorgen.«

»Und den Tag darauf?«

»Ja, den auch noch.«

»Gut, bis dahin haben wir jemand anderen gefunden.«

»Vielleicht kann ja auch Robert einen Tag kommen, damit ich an meinem Buch arbeiten kann«, schlug ich vor.

»Robert? Ich weiß ja, daß er helfen möchte, aber er weiß doch nicht, was hier zu tun ist. *Töchter* wissen, wie man einen Haushalt führt.«)

Verurteilt, die Eltern zu pflegen, werden Töchter natürlich wütend, wenn sich die Brüder nicht bemühen, ihnen zu helfen, und noch wütender, wenn sie ihnen von außen gute Ratschläge geben, ohne selbst Verantwortung zu übernehmen. Diese Wut verstärkt noch die Spannungen und traumatischen Erfahrungen angesichts der Gebrechlichkeit und Krankheit der Eltern.

Aber die vielen Beschwerden und Ärgernisse rund um die Pflege der alten und kranken Eltern müssen nicht zwangsläufig in offenen Streit münden. Nach der Untersuchung von Ross und Milgram über erwachsene Geschwister reagierten die Geschwister, deren Beziehung schon immer von Rivalität und Konflikt bestimmt war, meist auch negativ auf die Krankheit der Eltern, während Geschwister mit einer durchgängig guten Beziehung sich auch in solchen Zeiten naheblieben.

Meine Untersuchung hat dasselbe Ergebnis erbracht, allerdings mit der Einschränkung, daß auch Geschwister mit einer normalerweise guten Beziehung Probleme bekommen können, wenn die Belastungen durch die Krankheit der Eltern sehr groß sind. »Ich bin viel jünger als mein Bruder und meine Schwester«, schrieb eine Sekretärin, »und deshalb habe ich als Kind kaum mit ihnen rivalisiert. Aber jetzt spüre ich diese Rivalität bei der Versorgung unseres Vaters nach seinem Schlaganfall.«

Wie die Fragebogenerhebung gezeigt hat, sind die Konflikte, die durch den Umgang mit alten Eltern entstehen, so verbreitet, daß die Teilnehmer die Pflege der Eltern als häufigsten Grund für Probleme mit Geschwistern nannten. Die Auseinandersetzungen reichten von: »Er besucht Mutter im Pflegeheim nicht, weil er ›nicht damit fertig wird‹, sie so zu sehen«, über: »Wir schaffen es einfach nicht, uns zusammenzusetzen und jetzt, wo Mutter tot ist, für Vater eine Dauerlösung zu finden« bis zu: »Sie will sich einfach nicht an der finanziellen Unterstützung unserer Mutter beteiligen, obwohl sie das Geld jetzt so dringend braucht«.

Geld spielt natürlich bei vielen Problemen, die mit der Pflege der Eltern zusammenhängen, eine heimtückische Rolle. Und oft ist Geld bereits lange bevor die Eltern alt und krank werden ein untergründiges Problem.

Was hat es mit dem Geld auf sich, daß es die primitivsten, hassenswertesten und rachsüchtigsten Impulse von Geschwistern an die Oberfläche bringt?

Zunächst einmal ist da natürlich der echte Wert des Geldes zu nennen. Wenn eins der Geschwister sehr viel und ein anderes sehr wenig Geld hat, sind die Unterschiede in Besitz, Position und Zukunftsaussichten für den ärmeren Teil oft ein Ärgernis. Als Kinder hatten alle denselben Anteil am Geld der Familie, aber jetzt kann sich eins der Kinder vielleicht den Urlaub leisten, von dem die Geschwister nur träumen können, lebt der eine Bruder im Luxus, während die anderen vor dem Schaufenster stehen und sich die Nase an der Scheibe plattdrücken müssen. Verhält sich der reichere Bruder oder die reichere Schwester dann auch noch herablassend und prahlerisch oder weigert er oder sie sich gar, den Geschwistern bei finanziellen Engpässen zu helfen, kennen Haß und Wut keine Grenzen mehr.

Aber über die reale Kaufkraft des Geldes hinaus hat es für Geschwister auch Symbolcharakter: Reichtum steht für den Sieg in alten Konkurrenzen oder wird zum Mittel, Autorität in der Familie zu bekommen, zu einer bewunderten Respektsperson zu werden. Dasselbe gilt umgekehrt: Weniger Geld zu haben als die anderen kann Minderwertigkeit oder die Niederlage im Geschwisterwettkampf symbolisieren. Mehrere Teilnehmer an der Umfrage schrieben sehr gereizt, daß Brüder oder Schwestern sich von ihnen Geld geliehen hätten, ohne es zurückzuzahlen, oder die Eltern immer noch um Geld angingen, weil sie es, wie ein älterer Bruder meinte, »allein nicht schafften«.

Beide Aspekte des Geldes, der reale und der symbolische, werden immer wichtiger, wenn die Eltern älter werden, und erreichen ihren Höhepunkt nach ihrem Tod. Beim Streit von Geschwistern über das Geld der Eltern geht es einerseits durchaus um reale Summen und konkrete Vermögenswerte. Wenn es um große Summen geht, kann dieser Streit explosive Formen annehmen, wie die öffentlich ausgetragenen Streitigkeiten der Erben vermögender Industrieller zeigen. Der erbitterte Kampf der vier Söhne um die Kontrolle des Vermögens der Kochs aus Kansas zum Beispiel hat einen erstaunlichen Haß zutage gefördert. Und die Bitterkeit und das offene Bemühen, sich das Familienerbe unter den Nagel zu reißen, ist bei kleineren Beträgen zwar weniger öffentlich, aber kaum geringer.

Andererseits sind Auseinandersetzungen um Geld, die mit den Eltern in Verbindung stehen, auf einer tieferen Ebene immer auch Auseinandersetzungen um ihre Liebe und Anerkennung. Für erwachsene Geschwister wird das Geld dann zum konkreten Symbol für all das, was bei Eltern wirklich zählt: Zuneigung, Dankbarkeit, Lob, Belohnung für ergebene Treue. Philip Roth, der sich in mehreren Romanen mit der Beziehung zwischen Brüdern beschäftigt hat, hat auch ein Buch über den Tod seines Vaters geschrieben. Darin spricht er unter anderem über Gefühle, die beim Erben eine Rolle spielen. Er hatte ein paar Jahre vor dem Tod des Vaters von sich aus vorgeschlagen, auf seinen Anteil am Erbe zugunsten seines älteren Bruders Sandy zu verzichten, dem es finanziell nicht so gut ging wie ihm. Aber als ihm der sterbende Vater sagte, er hätte seinen Vorschlag umgesetzt und alles Sandy hinterlassen, stellte er fest, daß ihn das furchtbar aufregte. Er fragte sich, warum er eigentlich verzichtet hatte; schließlich stand ihm sein Erbe doch zu:

»Dachte ich denn nicht, daß ich es verdiente? Hielt ich meinen Bruder und seine Kinder für verdientere Erben als mich, vielleicht weil mein Bruder, indem er ihm Enkel gegeben hatte, auf legitimere Weise Erbe eines Vaters war als der Sohn, der kinderlos geblieben war? War ich ein jüngerer Bruder, der plötzlich unfähig geworden war, seinen Anspruch gegen das höhere Alter des anderen zu vertreten, der als erster dagewesen war? Oder war ich im Gegenteil ein jüngerer Bruder, der das Gefühl hatte, er habe die Prärogative eines älteren Bruders schon zu sehr geschmälert?«

Wie vielen anderen Geschwistern ging es auch Philip Roth nicht um das Geld an sich. Geld ist ein Symbol dafür, wieviel Wert die Eltern den einzelnen Kindern beimessen. Es verleiht der eigenen Geschichte in der Familie Gültigkeit.

Es gibt Eltern, die bewußt die erbitterten Rivalitäten ihrer Kinder um Geld fördern, indem sie Testamente oder Versprechen auf Besitztümer als Waffe einsetzen, mit deren Hilfe sie die erwachsenen Kinder zu noch größerer Hingabe zwingen können.

Aber meist lösen Eltern die finanziellen Konflikte ihrer Kinder unabsichtlich aus. Oft haben sie nur die besten Absichten, wenn sie wie der Vater von Philip Roth den größten Teil ihres Erbes den Kindern vermachen, die am wenigsten haben; sie sehen keinen anderen Weg, das Kind zu schützen, dessen Bedürfnis am größten ist. Leider übersehen sie dabei aber, daß auch erwachsene Geschwister immer noch das emotionale Gepäck der Kindheit mit sich herumschleppen und sehr genau auf jedes Anzeichen von Favoritentum achten. Die Bevorzugung eines Kindes, selbst aus offensichtlich guten Gründen, kann bei den anderen zu unversöhnlicher Eifersucht führen.

Der 54jährige Börsenmakler Max zum Beispiel beschuldigte seinen jüngeren Bruder James, der eigentlich Opernsänger war, aber meistens als Kellner arbeitete, er hätte die Mutter gegen ihn aufgehetzt und ihr so das

Versprechen abgerungen, ihn als einzigen Erben einzusetzen. James seinerseits warf Max vor, er würde sich kaum um die Mutter kümmern. Die Mutter wiederum war der Meinung, da einer ihrer Söhne sehr viel, der andere sehr wenig Geld hätte, wäre es das beste, nach ihrem Tode denjenigen zu versorgen, der es nötig hatte. Max dagegen empfand die Vermögensregelung seiner Mutter als Verrat und Ablehnung. Und sein Ärger hatte tiefe Wurzeln.

»Mein Bruder hat sich immer darüber geärgert, daß ich eine so gute Beziehung zu meinem Vater hatte«, sagte Max. »Jetzt kommt es mir so vor, als wenn er uns beiden eine lange Nase gedreht hätte. Alles, was meine Mutter von meinem Vater geerbt hat, bekommt er, und ich kriege nichts.« Er sagte, für seinen Bruder hätte er nur noch Abscheu und Haß übrig und stünde der Mutter »kalt und gefühllos« gegenüber.

Hektische Kämpfe um Gegenstände aus dem Elternhaus sind nach dem Tod der Eltern ebenfalls nicht selten. Der Streit dreht sich dann zum Beispiel um die silberne Teekanne, um ein Schmuckstück, ein Fernsehgerät oder auch um Kleinigkeiten: Ein Bruder und eine Schwester zum Beispiel stritten sich so erbittert um die Serviettenringe aus Plastik, die in der Familie früher an Festtagen benutzt wurden, daß sie zwanzig Jahre lang nicht mehr miteinander sprachen.

Gegenstände aus dem Elternhaus sind für die Kinder, abgesehen von ihrem möglichen realen Wert, Symbole für die Eltern und für das gemeinsame Leben mit den Geschwistern im Elternhaus.

Viele Gegenstände sind mit einer geheimnisvollen Aura des elterlichen Lebens umgeben: das Ehebett, in dem man selbst nicht schlafen durfte, all die Orte, an die man nicht mitgenommen wurde, die Geheimnisse der Eltern, die man so gerne gekannt hätte. Gegenstände sagen viel über die Besitzer aus: was sie als schön oder nützlich empfunden haben, was ihnen wichtig genug war, um es nicht mit anderen Sachen wegzuwerfen. Nach dem Tode der Eltern will man durch solche Gegenstände mehr von ihnen erfahren, und man will sie immer bei sich haben: die Uhr des Vaters tragen, in der Backform der Mutter Kuchen backen oder Servietten durch die Plastikringe ziehen, die ein Festmahl ankündigten.

Solche Gegenstände sind aber auch eine Verbindung zur eigenen Vergangenheit. Die Teekanne, die Serviettenringe, das alte Besteck rufen Erinnerungen an die Kindheit hervor, ob glückliche oder unglückliche, traurige oder exzentrische. Sie sind die Bindeglieder zu einer Welt, die es seit langem nicht mehr gibt, in der man aber einst zu Hause war. Wenn diese Welt schon unwiederbringlich vergangen ist, will man wenigstens die greifbaren Erinnerungen daran behalten.

Und auch hier wieder durchziehen die Nachwehen vergangener Rivalitäten alle gegenwärtigen Diskussionen über die Aufteilung des elterlichen Besitzes. Geschwister streiten sich gierig um Dinge, die einen echten materiellen Wert besitzen. Sie streiten sich aber auch um wertlose Möbel- oder Kleidungsstücke, einfach nur, um über die anderen zu triumphieren oder sie zu schlagen, so wie sie früher um Spielzeug oder Privilegien gestritten haben. Ein Journalist sagte über seinen Streit mit seiner Schwester um den Nachlaß der Eltern: »Einerseits habe ich mir gesagt: ›Was soll's? Ist es nicht wichtiger, Frieden in der Familie zu halten?‹ Aber eine andere Stimme sagte: ›Das gehört mir! Ich will es haben! Ich muß Sieger bleiben.‹«

Der Streit zwischen Geschwistern um Ehepartner oder Geld, Krankheit oder Besitz der Eltern kann die Grundpfeiler ihrer Beziehung erschüttern. Jahrelang unterdrückter Ärger bricht plötzlich auf und überschwemmt für die Dauer des Streits alle Zuneigung. Beim Streit um Geld können sich Geschwister, wie ein Bruder sagte, »betrogen und angewidert fühlen, weil er mir nicht geholfen hat und ich nicht weiß, ob ich je wieder auf ihn zählen kann«. Schwestern, die sich um den Schmuck der Mutter streiten, steigern sich dann wie eine meiner Interviewpartnerinnen in die Überzeugung hinein, es sei ihnen »wirklich egal, ob ich sie je wiedersehe oder je wieder ein Wort mit ihr spreche«.
Mit der Zeit verfliegt aber meist die Wut wieder, die schlimmen Androhungen des permanenten Bruchs werden nie verwirklicht. Möglicherweise dauert es lange, bis sie das »rückhaltlose Vertrauen« der Vergangenheit wiederfinden, wie es eine Frau nach einem Streit mit ihrer Schwester formulierte; vielleicht ist dieses naive Vertrauen auch für immer dahin. Aber die meisten finden schließlich wieder zu der Loyalität und Liebe, die sie in der Hitze des Gefechts beiseite geschoben haben.
Nur ein Viertel der Teilnehmer an meiner Untersuchung gaben an, sie hätten aus Wut längere Zeit mit einem ihrer Geschwister nicht mehr gesprochen; die große Mehrzahl hatte die Verbindung unter allen Umständen aufrechterhalten. Und selbst unter denen, die eine Zeitlang den Kontakt abgebrochen hatten, waren die meisten nicht auf Dauer unversöhnlich geblieben.
Trotzdem gibt es Geschwister, die sich so völlig voneinander lösen, daß selbst ihre Kinder nichts mehr miteinander zu tun haben.
Der Familientherapeut Murray Bowen hat Menschen, die jeden Kontakt zu ihren Eltern abbrechen, als »emotional abgeschnitten« bezeichnet, ein Zustand, der mehr Schaden als Nutzen mit sich bringt, weil es sich letztlich um eine Form der Flucht vor den Problemen der Familie handelt, nicht um eine Form des Umgangs damit. Emotional abgeschnittene Geschwister

schaden sich unter Umständen genauso (obwohl die komplette Trennung hier gelegentlich auch sinnvoll sein kann, wie bei Honey und ihrer dominanten Schwester Ray, von denen im 8. Kapitel die Rede war). Geschwister, die ihre Brüder und Schwestern völlig aus ihrem Leben verbannt hatten, empfanden das oft als tiefen, traurigen Verlust, wußten aber in vielen Fällen auch nicht genau, was eigentlich geschehen war.

Auf die Frage, warum sie keinen Kontakt mehr zu ihren Geschwistern hatten, gaben viele der Interviewten nur vage Antworten. »Sie ist verrückt, ich will nichts mit ihr zu tun haben«, sagte einer, und eine andere: »Er war immer schon ein Problem, ich wollte einfach nicht mehr.« Andere nannten zwar einen bestimmten Grund, der aber zumindest oberflächlich betrachtet eher trivial anmutete, zum Beispiel: »Ich habe mich über seinen Nachruf bei Mutters Beerdigung geärgert.«

Der wahre Grund für eine so radikale Distanzierung ist denn auch nicht in dem Anlaß für den Bruch zu suchen, sondern in der gemeinsamen Geschichte der Geschwister. Solche Brüder und Schwestern sehen sich jeweils gegenseitig als Inbegriff all dessen, was in ihrem gemeinsamen Leben verletzend oder schlecht war, ob schlimme Kindheitserfahrungen, schlechte Beziehungen zwischen den Eltern oder ein schlechtes Familienleben. Der Bruder identifiziert vielleicht seine »verrückte« Schwester mit seiner »verrückten« Mutter, die sich immer mit dem von ihm verehrten Vater stritt. Der »Problem-Bruder« war möglicherweise der Sündenbock der Familie und ist heute ein unübersehbarer Beweis für verheerende Familienprobleme. Und der unakzeptable Nachruf hat vielleicht unakzeptable Gefühle zur Mutter ausgelöst, die dann auf den Redner verschoben wurden.

Der radikale Bruch mit Geschwistern hat seine Ursache fast immer in lang aufgestautem Ärger oder Unglück, so daß eine Kleinigkeit genügt, um das Faß zum Überlaufen zu bringen.

Chuck Franklin und seine Schwester Sandy Hastings konnten noch nicht einmal einen bestimmten Anlaß für ihre Entfremdung nennen, geschweige denn einen Grund. Chuck sagte einfach, er hätte »keine Beziehung« zu Sandy, und Sandy meinte, zwischen ihnen lägen »die Ereignisse eines ganzen Lebens«, und die könnten nicht mehr »ausgelöscht« werden.

Ich lernte Chuck im Flugzeug nach Washington kennen; er flog nach Hause, ich zu einem Vortrag. Wir hatten gerade die im Flugzeug üblichen belanglosen Höflichkeiten ausgetauscht, da überfiel er mich schon mit seiner Geschwistergeschichte, »als Beitrag zu Ihrer Forschung«, wie er sagte. Bei der Landung redete er immer noch und schlug schließlich vor, das Gespräch am nächsten Tag in seinem Büro im Gesundheitsministerium fortzusetzen. Er gab mir auch die Telefonnummer seiner Schwester in

Maryland. Anscheinend wollte er, daß ich mich mit ihr in Verbindung setzte, weigerte sich aber, den Vermittler zu spielen.

Obwohl Sandy bei meinem Anruf zunächst protestierte, es fiele ihr viel zu schwer, die Vergangenheit »wieder auszugraben«, stimmte sie einem Interview zu; wie sich später herausstellte, war sie genauso offen wie ihr Bruder. Wie ihm (und vielen anderen) fiel es auch ihr anscheinend leichter, mit einer Fremden zu sprechen als mit dem eigenen Bruder.

Beide erzählten, daß sie so gut wie keinen Kontakt zueinander hatten. Nach dem ursprünglichen Bruch hatten sie sich, von einer kurzen Begegnung bei einem Familientreffen abgesehen, 15 Jahre lang nicht gesehen, bis der Vater krank wurde. Und dann waren wieder einige Jahre vergangen, bis sie sich bei seiner Beerdigung vor einem Jahr zuletzt getroffen hatten.

»Ich bin sehr böse auf Sandy«, sagte Chuck im Flugzeug. »Sie nutzt andere Menschen gerne aus.«

»Ich habe überhaupt nichts gegen Chuck«, sagte Sandy am Telefon. »Es ist einfach so gekommen. Wir sind uns fremd.«

Wie sich zeigte, war diese gegensätzliche Einschätzung nur eins der Anzeichen für gegensätzliche Einstellungen und Erinnerungen.

Es gab ein paar Fakten, über die sie sich einig waren: Sie waren in einem heruntergekommenen Haus in der Innenstadt von Baltimore aufgewachsen, in einem Viertel, in dem es viele afroamerikanische Familien wie ihre gab. Als Sandy (die bei unserem Interview gerade ihren 47. Geburtstag gefeiert hatte) acht und Chuck sechs Jahre alt war, starb ihre Mutter an Krebs. Die Kinder lebten weiter beim Vater, obwohl er durch seinen Beruf als Vollmatrose auf einem Frachtschiff häufig von zu Hause weg war. Er brachte eine endlose Kette von Freundinnen mit, die den Haushalt führten, und es war Aufgabe der Kinder, sie wieder loszuwerden, wenn er das Interesse an ihnen verlor. Den Sommer über blieben die Kinder noch ein paar Jahre nach dem Tod der Mutter bei Verwandten; Chuck bei der Schwester der Mutter und Sandy bei der Schwester des Vaters. Davon abgesehen waren die Kinder so oft allein, daß das Jugendamt mehrere Male drohte, sie dem Vater wegzunehmen und zu Pflegefamilien zu geben. Beide waren sich auch einig, daß Chuck ein »schlimmer Bengel« gewesen war; er war in einer Clique von »Ganoven« gewesen und mehr als ein dutzendmal aus dem katholischen Internat weggelaufen, in das ihn sein Vater gegeben hatte, als er von der Regelschule verwiesen worden war. Die Mönche versicherten dem Vater und ihm selbst, aus ihm würde nie etwas werden, und sie hätten vielleicht auch recht behalten, wenn Chuck nicht mit 18 in die Armee eingetreten wäre. Dort, weg von zu Hause, entwickelte er zum ersten Mal ein Interesse am Lesen und schließlich auch am

Lernen. Nach dem Militärdienst machte er den Highschool-Abschluß, besuchte ein Abendgymnasium und schließlich die Universität und spezialisierte sich auf das öffentliche Gesundheitswesen.

»Ich wollte es all den Arschlöchern zeigen, die mit schwarzen Jungs wie mir nichts anfangen konnten«, sagte Chuck. »Niemand wußte, daß ich mir was aus Bildung machte. Aber ich habe mir den Arsch aufgerissen, einfach, um sie zu ärgern. Ich weiß, daß mein Vater stolz auf mich war.«

Auch seine Schwester war stolz auf ihn, und sie wünschte sich immer noch, die Mönche, die das Internat geleitet hatten, könnten ihren Bruder *heute* sehen. Sie selbst hatte die Highschool abgeschlossen und mit 18 Jahren geheiratet. Heute lebte sie nach zwei Scheidungen in glücklicher Ehe mit ihrem dritten Mann, einem Autohändler, und besaß einen kleinen Delikatessenladen.

Soweit die Fakten. Die verschiedenen Perspektiven und das Wesen des Streits wurden deutlich, als es um die Interpretation dieser Fakten ging. Chuck erinnerte sich an seine chaotische Kindheit als eine Zeit, in der seine Schwester und er »nebeneinanderher« lebten; er war mit seiner Clique »beschäftigt«, sie hatte sich mit Jungen eingelassen. »Ich kann mich nicht erinnern, daß mein Schwester irgend etwas für mich getan hätte«, meinte er. »Sie hat mir nie auch nur ein Essen gekocht.«

Dagegen Sandy: »Chuck war wie mein eigenes Kind. Ich habe für ihn geputzt und gekocht und mir die ganze Zeit die Schreierei meines Vaters anhören müssen, der sauer war, weil er mit zwei Kindern dasaß. Manchmal waren wir das ganze Wochenende allein, ohne etwas zu essen und ohne Geld, und ich mußte irgendwie klarkommen. Ich glaube, Chuck mochte es nach einer Weile nicht mehr, daß ich ihn bemutterte, und vielleicht ist das bis heute so geblieben. Wenn ich ihm sagte, er solle sein Zimmer aufräumen, brüllte er nur: ›Laß mich in Ruhe‹ und schloß sich ein.«

Chuck konnte sich weder an Sandys Bemutterung noch an seinen Ärger darüber erinnern, wußte aber noch genau, wie wütend es ihn später gemacht hatte, als Sandy, die sich gerade zum ersten Mal scheiden ließ, wieder in das Haus des Vaters ziehen wollte. Er war damals gerade vom Militär zurück und zum ersten Mal verheiratet. Da seine Frau und er sich eine eigene Wohnung nicht leisten konnten, waren sie zu seinem Vater gezogen. »Damals fing der Bruch an«, sgte er. »Meine Schwester wollte zurück nach Hause kommen und mir meinen Platz wegnehmen. Das hat mich in Rage gebracht. Ich hatte das Gefühl, das ist typisch für sie, immer will sie irgendwas. Sie gehörte da einfach nicht hin, nicht in das Haus und nicht zu uns. Meine Frau und sie haben sich nicht verstanden.«

Und Sandy: »Chuck hat mir überhaupt nicht erzählt, daß er heiraten wollte. Eines Tages war er einfach mit seiner Frau da und lebte mit ihr bei meinem Vater. Von Anfang an ist zwischen seiner Frau und mir irgendwas schiefgegangen. Sie wollte für meinen Vater nicht den Haushalt führen, und er hat alles noch schlimmer gemacht, weil er ihr immer erzählt hat, was *ich* für eine tolle Köchin war. Sie und Chuck hatten Probleme, und auch das hat sie mir in die Schuhe geschoben.«

Sandy hatte damals selbst Probleme. Ihr Mann hatte sich als Alkoholiker erwiesen, und sie hatte ebenfalls angefangen, zu trinken und Beruhigungsmittel zu nehmen. Wenn sie sich hilfesuchend an den Vater wandte, wurde Chuck wütend und warf ihr vor, sie brächte »Vater zum Weinen«. Bei den paar Gelegenheiten, als sie im Haus ihres Vaters blieb, machte ihr die Schwägerin klar, daß sie nicht willkommen war. Eines Tages verließ sie ihre Wohnung und ging über den Hof zu einem Nachbarn, der ihr die Pillen wegnahm und sie einlud, eine Weile bei ihm zu wohnen. Als sie am nächsten Tag versuchte, ihren Bruder anzurufen, um ihm zu sagen, wo sie war, hatte er das Telefon sperren lassen.

»Es kam immer nur ›Kein Anschluß unter dieser Nummer‹«, sagte sie.

Damit war der Kontakt zwischen ihnen abgebrochen. Sandy heiratete wieder und zog mit ihrem Mann nach Bethesda. Sie hielt die Verbindung zu ihrem Vater aufrecht, sah ihn aber nur selten. Chuck ließ sich ebenfalls scheiden, heiratete zum zweitenmal und wurde Vater von Zwillingstöchtern. Er beendete seine Ausbildung und fand eine Stelle im Gesundheitsministerium in Washington. Der Vater verkaufte sein Haus und zog zunächst zu seinem Sohn, später nach Florida in eine kleine Wohnung, die Chuck ihm besorgt hatte.

In all den Jahren waren sich Sandy und Chuck nur ein einziges Mal kurz begegnet; Anlaß war ein großes Familientreffen, zu dem beide eingeladen waren.

»Wir hatten uns nicht viel zu sagen«, erinnerte sich Chuck. »Aber es hat mir schon einen Stich gegeben, als ich sie wiedersah. Ich weiß, daß mir plötzlich die Tränen kamen. Es war seltsam.«

»Wir saßen am selben Tisch«, erinnerte sich Sandy. »Ich habe ihn angesehen, und er hat mich angesehen. Er war sehr still, und ich habe ihn andauernd angestarrt.«

Anlaß für die letzten beiden Begegnungen war der Vater, der mittlerweile alt und krank geworden war. In all den Jahren der Entfremdung seiner Kinder hatte der ältere Franklin gelegentlich versucht, sie zumindest am Telefon zusammenzubringen, aber meistens hatte er sich herausgehalten. Als er älter wurde, übernahm der finanziell besser gestellte Chuck seine Versorgung, flog zwischendurch öfter nach Florida, um nach ihm zu sehen, und besorgte ihm einen Platz im Pflegeheim, als er ernstlich krank wurde.

»Ich habe meine Schwester auf dem laufenden gehalten«, sagte er, »aber sie hat nichts getan und auch nie ihre Hilfe angeboten. Als mein Vater dann im Heim war, haben wir uns fast geprügelt, weil sie ihn nicht besuchte.«

Sandy erzählte die Einzelheiten, die Chuck ausgelassen hatte: »Mein Vater war ungefähr vier Tage lang bei mir, als Chuck ihn aus Florida geholt hatte und einen Heimplatz für ihn suchte. Ich dachte, ich könnte ihn vielleicht auf Dauer zu mir nehmen, damit er nicht in ein Heim müßte, aber ich konnte es einfach nicht. Er war wie ein Säugling. Ich konnte nicht zur Arbeit gehen, weil ich ihn nie aus den Augen lassen konnte. Da habe ich mir gesagt: ›Ich habe schon meine ganze Kindheit für meinen Bruder gesorgt. Soll ich jetzt meinen Vater pflegen?‹ Ich konnte es einfach nicht.«

Sandy erinnerte sich aber gerne daran, daß sie bei dieser Gelegenheit wieder einmal für ihren Vater kochen konnte. Sie hatte ihm Maisbrei gekocht, »ein wirklich altmodisches Essen, das er gut kauen konnte«, sagte sie. »Es machte ihn richtig glücklich, und ich war froh, daß ich ihm eine Freude machen konnte.« Aber als sie das ihrem Bruder erzählte, sagte er ironisch: »Sieh an, das hast du tatsächlich für ihn getan? Du hast ihm Maisbrei gekocht?«

Sandy war eine korpulente Frau, deren Emotionen beim Reden spürbar wurden. »Das Leben meines Bruders«, sagte sie, »ist so etabliert, so anders. Es kommt mir vor, als wollte er mit der Vergangenheit nichts mehr zu tun haben. Deshalb hat er sich auch über den Maisbrei so aufgeregt.«

Sandy gab zu, daß sie ihren Vater im Pflegeheim nicht besucht hatte: »Ich konnte es einfach nicht ertragen, ihn so zu sehen, und jetzt schäme ich mich dafür.« Sie gab auch zu, daß Chuck »ausgezeichnet« für ihn gesorgt hatte. Und sie war dankbar, daß Chuck ihrer Bitte nachgekommen war, den Vater nicht von derselben Leichenhalle aus beerdigen zu lassen wie die Mutter.

»Als meine Mutter gestorben war«, erklärte sie, »haben mir die anderen gesagt, ich solle mein schönstes Kleid anziehen, weil wir zu einer Party gingen, und das habe ich dann natürlich auch getan. Und dann stand ich da, herausgeputzt und feingemacht, und sah meine aufgebahrte Mutter. Es war schrecklich. Ich könnte niemals wieder einen Fuß da hineinsetzen.«

Durch Sandys Angst vor der Leichenhalle begriff Chuck zum ersten Mal, daß sie bei der Beerdigung ihrer Mutter dabei gewesen war und er nicht. Er hatte ihr den Gefallen gerne getan, aber an seinen Gefühlen hatte sich nichts geändert. »Ich war ungeheuer wütend auf sie«, sagte er, als er das Verhalten seiner Schwester bei der Krankheit und dem Tod des Vaters beschrieb.

Nach der Beerdigung des alten Mannes versammelte sich die Familie im Haus eines Verwandten. »Ich habe mich bewußt nicht zu meiner Schwester gesetzt und auch nicht mit ihr gesprochen. Ich wollte nichts mit ihr zu tun haben.« Seitdem hatte er sie weder gesehen noch mit ihr gesprochen.

»Ich weiß noch«, sagte er, »daß ich auf dem Friedhof dachte: ›Vielleicht sehe ich sie nie wieder‹, und ich konnte mir auch gar nicht vorstellen, unter welchen Umständen ich sie gerne wiedergesehen hätte.«

Für Sandy war das alles »sehr traurig«. Sie würde sich gerne »mit Chuck bei einer Tasse Kaffee zusammensetzen und ihm ein paar schwierige Fragen stellen«. Aber sie hatte auch Angst davor, schmerzhafte Erinnerungen wieder wachzurufen. »25 Jahre kann ich nicht einfach wegschieben«, sagte sie.

Also blieben die beiden Geschwister voneinander abgeschnitten und bleiben es vielleicht für immer. Weshalb das so ist, konnte keiner von beiden genau sagen. Chuck hielt seine Schwester für egoistisch, für eine Person, die ihm seinen Platz streitig machte, Forderungen stellte und nicht bereit gewesen war, für den Vater zu sorgen. Sandy hielt den Bruder für gefühllos; er hatte sie nicht aufgenommen, als sie seine Hilfe am meisten gebraucht hätte, er versuchte, sich seiner Vergangenheit zu entledigen, mit Ausnahme des Vaters, für den er zugegebenermaßen gut gesorgt hatte.

Aber als Außenstehende, mit der beiden offen sprechen konnten, schien mir, daß keiner von beiden mit ihrer Einschätzung des anderen wirklich recht oder die Auswirkungen der Vergangenheit wirklich berücksichtigt hatte.

Für beide Geschwister war der frühe Tod der Mutter eine psychische Verletzung, die niemand heilen konnte, mit Sicherheit nicht der tobende, brüllende Vater, der wenig Zeit für seine Kinder hatte. Sandy ersetzte dem jüngeren Bruder die Mutter, aber eben nur soweit ein Kind das konnte. Sie konnte die Autorität repräsentieren, ihn »bemuttern«, indem sie ihn zur Ordnung rief, aber ihm nicht die erwachsene Zuwendung und Liebe geben, die er gebraucht hätte. Wie viele andere Geschwister verschob auch Chuck seine Wut und seinen Schmerz auf die Schwester und reservierte seine Zuneigung für den Vater. Konkrete Anlässe für die Ablehnung der Schwester boten ihm Sandys Herrschaft in der Kindheit, ihre Tablettenabhängigkeit als Erwachsene und ihre Unfähigkeit, den Vater so zu versorgen wie er.

Für Sandy war das Leid ihrer Kindheit präsenter als für Chuck. Es war gut möglich, daß ihr Zorn auf den Vater zu groß war oder daß sie selbst nicht genug Liebe und Unterstützung bekommen hatte, um so für ihn zu sorgen, wie sie es sonst vielleicht gekonnt hätte. Und vielleicht war sie auch deshalb auf Chuck wütend (trotz ihrer Beteuerung, sie hätte nichts gegen ihn), weil sie ein wenig Dankbarkeit für all das, was sie früher für ihn getan hatte, von ihm wollte, ohne sie je zu bekommen.

Durch die Tanten, die sich den Sommer über um sie kümmerten, waren beiden wohl größere Schwierigkeiten erspart geblieben, aber, wie Sandy sagte, trugen sie auch zu der schlechten Beziehung der Kinder bei, weil jede Tante das Kind vorzog, das sie zu versorgen hatte, und das andere kritisierte.

Wie Chuck sagte, hatten seine Schwester und er nebeneinanderher gelebt, und das taten sie auch heute. »Wenn Sie mit Chuck reden könnten«, fragte ich Sandy, »was würden Sie ihn fragen?«

»Ich würde ihn fragen, was passiert ist in diesen 25 Jahren. Ich würde ihn fragen: Warum hast du mich damals zu diesem Nachbarn gehen lassen und nicht auf meine Anrufe reagiert? Warum hast du mir nicht gesagt, daß du heiratest? Wie hast du dich damals gefühlt, als alle gesagt haben, aus dir wird nichts? Und warum hast du dich nie mit mir in Verbindung gesetzt?«

In anderer Form, aber mit demselben starken Interesse sind das wohl die Fragen, die alle Geschwister gerne stellen würden, die ihre Beziehungen abgebrochen haben oder zutiefst zornig aufeinander sind. Wenn sie sich zu diesen Fragen durchringen könnten, kämen sie zu der Erkenntnis, daß die Gegenstände ihrer Auseinandersetzungen gerade nur die Oberfläche der wirklichen wunden Punkte ihre Beziehung streifen.

Teil III

»»Aber wenn es um Verzeihung geht unter uns Menschen, so
bin ich's, der euch darum bitten muß...‹«
So sprach er zu ihnen, und sie lachten und weinten zusam-
men, und alle reckten die Hände nach ihm...«

Thomas Mann, Joseph und seine Brüder

Abschlüsse und Anfänge

12. Warum manche Geschwister eine gute Beziehung haben und andere nicht

»Warum stehen wir uns eigentlich so nahe? Was glaubst du?« fragte ich meinen Bruder. Trotz aller Streitereien der Kindheit und der gelegentlichen Kabbeleien als Erwachsene gab es nämlich keinen Zweifel an unserer tiefen Zuneigung und starken Bindung.

»Ich glaube, die Familie war ein Maßstab dafür, wie sich Geschwister gegenseitig unterstützen sollen, und das war uns immer bewußt«, antwortete er, ohne nachzudenken. »Sie hatten alle so starke familiäre Bindungen.«

Das stimmte. Meine Mutter, ihre Schwester und ihre drei Brüder hatten immer Kontakt gehalten, obwohl es häufig Zeiten gegeben hatte, in denen sie sehr weit voneinander entfernt wohnten. Aber vor allem war es mein Vater, der seinen vier Brüdern sehr stark verbunden war, und in dieser Bindung gab es, wie mein Bruder sagte, »nicht den Hauch von Zynismus«. Sie war direkt, ehrlich und kam von ganzem Herzen.

Im Schutze dieser Bindung sind wir aufgewachsen. In unserer Kindheit und Jugend wohnten die Brüder meines Vaters mit ihren Familien nur ein paar Straßen weiter. Wir trafen uns in der Synagoge und verbrachten die Feiertage zusammen. Es war selbstverständlich, daß ständig jemand aus der Familie auf einen kurzen Besuch vorbeikam, um guten Tag zu sagen.

Trotzdem gab es Unterschiede in den Beziehung der Brüder. Die engste Beziehung hatten die beiden jüngsten, die 40 Jahre lang ein gemeinsames

319

Geschäft hatten, und auch die beiden ältesten, mein Vater und sein Bruder Morris, hatten ein sehr enges Verhältnis. (»Morris war immer so komisch«, sagte mein Vater erst kürzlich. »Niemand konnte mich so zum Lachen bringen wie er.«) Aber es gab auch viele Querverbindungen. Bis weit ins Alter hinein lebten meine Eltern direkt neben dem jüngsten Bruder meines Vaters und seiner Familie. Und obwohl sich der mittlere und wohlhabendste Bruder aus dem Kreis der anderen ausgeschlossen gefühlt haben mochte, stand er ihnen an hingebungsvoller Liebe zu den Eltern und brüderlicher Loyalität in nichts nach.

Das war also, wie mein Bruder sagte, der Maßstab, den »die Familie« für uns gesetzt hatte, ein Maßstab, der sehr viel zu unserer Vorstellung beigetragen hat, daß richtige Geschwisterbeziehungen eben eng und loyal zu sein haben.

Aber welche Faktoren sind bei anderen Geschwistern für Nähe oder Distanz verantwortlich?

Die Frage wird mit schöner Regelmäßigkeit in jeder Diskussion über Geschwister aufgeworfen und ist in gewissem Sinne *die* Frage zur Geschwisterbeziehung überhaupt. Denn bei allen Gesprächen über Geschwister ist genau das der Punkt: Weshalb fühlen sich manche Menschen ihren Geschwistern in Liebe verbunden, während andere sich gleichgültig sind?

Und wenn man noch einen Schritt zurückgeht, muß man weiter fragen, was Nähe eigentlich bedeutet und wieviel Nähe tatsächlich den Namen »Nähe« eigentlich verdient.

Diese Frage stellten sich auch viele der Geschwister in den Interviews, und manche konnten sie nicht beantworten. Bei aller Anhänglichkeit entglitt Gail und Pam (vgl. 9. Kap.) die ersehnte Nähe immer wieder, weil sie in der destruktiven, vom vertuschten Alkoholismus geprägten Familienatmosphäre ihrer Kindheit und Jugend erstickt worden war, bevor sie sich wirklich entwickeln konnte. Eddy und Roy Deveau dagegen beharrten darauf, daß die Intimität ihrer Beziehung von ihren schweren Auseinandersetzungen und dem sehr unterschiedlichen Lebensstil durch die Homosexualität des einen und die Heterosexualität des anderen nicht beeinträchtigt worden wäre. Die Stiefbrüder Jared und Bill mußten immer wieder neu festlegen, wieviel Nähe sie zulassen wollten, während die Schwestern Meredith und Patty trotz aller Blutsbande jede Nähe ablehnten; ihre Gefühle waren in all den Jahren vergiftet worden, in denen Meredith als das böse und Patty als das gute Kind galt.

Deborah Gold, die den Altersprozeß und die entwicklungsbedingten Veränderungen in den späteren Lebensphasen untersucht hat, hat anhand von Interviews mit Frauen und Männern über 65 Jahren fünf Kategorien für die Geschwisterbeziehung bei älteren Menschen entwickelt: Intimität,

Kongenialität, Loyalität, Gleichgültigkeit und Feindseligkeit. Mit diesen Kategorien lassen sich auch die Beziehungen jüngerer Geschwister in allen Phasen des Erwachsenenlebens beschreiben.

Intimität, die erste Kategorie von Gold, bezieht sich auf die Geschwister, die sich gegenseitig für ihre »besten Freunde« halten, das heißt, die einander sehr ergeben sind, ihre innersten Gedanken und Gefühle austauschen und unter Umständen zu einander eine stärkere psychische Bindung besitzen als zu Ehepartnern oder Kindern. Gelegentlicher Ärger oder Neid geht schnell vorüber.

Kongeniale Geschwister sind »gute«, aber nicht die »besten« Freunde; das heißt, sie gehen liebevoll und unterstützend miteinander um. Bei allem eventuell auftretenden Ärger oder Streit haben sie in der Regel starke positive Gefühle zueinander.

Die Nähe *loyaler* Geschwister basiert mehr auf familiärer Verantwortung als auf direkter persönlicher Bindung, nach dem Motto: »Blut ist dicker als Wasser«. Wenn es nötig ist, unterstützen sie sich, wie es von einer »guten« Schwester oder einem »guten« Bruder erwartet wird, stehen sich aber emotional nicht so nahe und betrachten sich kritischer als intime oder kongeniale Geschwister.

Wie zu erwarten, sind *gleichgültige* Geschwister kaum aneinander interessiert, haben wenig Kontakt und sind weder loyal noch aneinander gebunden. Häufig sind Aussagen wie: »Wir hatten nie ein gutes Verhältnis, auch nicht als Kinder«; Distanz und ein Mangel an erkennbaren Gefühlen kennzeichnen die Beziehung.

Bei *feindseligen* Geschwistern dagegen ist die Distanz Folge von lang aufgestauter Wut und Ablehnung. Manche streiten sich bei jeder Gelegenheit, bei anderen war ein bestimmter Streit der Tropfen, der das Faß zum Überlaufen brachte, wie bei Max und James der Streit um das Erbe der Mutter, und wieder andere können wie Chuck und Sandy (vgl. 11. Kap.) ihre Feindseligkeit nicht auf eine bestimmte Ursache zurückführen, sondern weigern sich einfach, miteinander zu reden oder sich zu treffen.

Natürlich lassen sich nicht alle Geschwisterbeziehungen sauber in diese fünf Kategorien einordnen. Beziehungen zwischen Menschen sperren sich nun mal gegen die ordentlichen und sinnvollen Schemata der Sozialwissenschaften. Geschwister, die in bestimmter Hinsicht in die Kategorie »loyal« passen, können in vielen anderen Bereichen durchaus »kongenial« sein. Zudem hatte Gold bei ihrem Schema gar nicht die Absicht, Variationen innerhalb der einzelnen Kategorien zu berücksichtigen. »Intimität« zum Beispiel deckt einen sehr großen Bereich ab und umfaßt auch so enge und problematische Beziehungen wie die von »CarolundSelma«.

Trotzdem eignen sich diese Kategorien für eine grobe Strukturierung des

Kontinuums von Nähe und Distanz oder – wie es der Familientherapeut Salvador Minuchin nennt – Verstrickung und Loslösung, auf dem sich die Beziehungen zwischen Geschwistern bewegen. Meine Fragebogenerhebung näherte sich diesem Kontinuum von einer anderen Seite; hier sollten die Teilnehmer anhand mehrerer möglicher Antworten selbst bestimmen, wieviel Nähe sie zu ihren Geschwistern empfanden.

Bei der Frage: »Wie eng ist Ihre Beziehung« kreuzten die meisten (31 Prozent) »eng« und »ziemlich eng« (31 Prozent) an; nur noch 21 Prozent kreuzten »sehr eng« und 17 Prozent »nicht eng« an. Trotz der vielen Klagen über die Geschwister, trotz des Auf und Ab der Beziehungen ordneten sich relativ wenige in die distanziertesten Kategorien Gleichgültigkeit oder Feindseligkeit ein. Genausowenig sah sich die Mehrzahl den Geschwistern als »sehr eng« verbunden, das heißt als intime »beste« Freunde, sondern ordnete sich in den mittleren Bereich »eng« oder »ziemlich eng« ein, also in dem Bereich der gemischten Gefühle, wo sich Zuneigung gelegentlich in Feindschaft verwandeln kann und Ablehnung bei Bedarf durch Liebe oder Loyalität ersetzt wird.

Mit anderen Worten: Nähe negiert also keineswegs sämtliche Probleme und Schwierigkeiten, und umgekehrt schließen Schwierigkeiten und Probleme nicht notwendig Gefühle von Nähe aus. Erst wenn die Beziehung von Differenzen oder Konflikten beherrscht wird, stufen sich Geschwister als »nicht eng« verbunden oder, in Golds Kategorien, als gleichgültig oder feindselig ein.

(Und selbst extreme Nähe oder Distanz ist nicht frei von Ambivalenzen. Wie Gold festgestellt hat, sind feindselige Geschwister, also diejenigen, die sich am meisten voneinander entfremdet haben, emotional genauso miteinander verstrickt wie Geschwister, deren Beziehung die größte Intimität aufweist. Sie wenden ein beträchtliches Maß an psychischer Energie dafür auf, die Geschwister zu kritisieren, die Erinnerung an vergangene Kränkungen lebendig zu halten und zukünftige Verletzungen vorwegzunehmen. Manchmal sind Wut und Herabsetzung die einzige Möglichkeit, um ein emotionales Engagement aufrechtzuerhalten. Umgekehrt gibt es zwischen Geschwistern mit einer sehr intimen Beziehung wie CarolundSelma permanente Streitereien und Konkurrenzen, gerade *weil* sie so eng verbunden sind.)

Was ist Nähe und wieviel Nähe verdient diesen Namen?

Geschwister müssen ihre Nähe selbst regulieren, ihr individuelles Maß an gegenseitigem Engagement selbst finden. Bei den Interviews waren die Geschwister, die sich nach größerer Nähe sehnten, keineswegs auf der Suche nach einem Idealzustand von perfekter Intimität und Liebe. Dafür waren sie zu realistisch, und viele hatten durchaus andere Freunde, denen sie vertrauten und denen sie sich anvertrauen konnten. Was sie suchten, war etwas anderes. Pam und Gail brauchten nicht so sehr eine enge Freundschaft, sondern ihre gegenseitige Hilfe bei der Verarbeitung ihrer schrecklichen Vergangenheit. Christina und Vivian (vgl. 7. Kap.) nahmen nicht an, daß sie sich je völlig von all dem Leid und dem Groll befreien konnten, das sich im Lauf der Jahre durch das frühe Favoritentum in der Familie angesammelt hatte; sie wollten die Anerkennung ihres jeweiligen Leidens an der Vergangenheit und die Freiheit, über ihr individuelles Leid zu sprechen, ohne dadurch nur weitere Wut und Bitterkeit aufzuhäufen.

Wenn sich Geschwister nach größerer Nähe sehnten, war in der Regel nur ein etwas engeres Verhältnis gemeint, mit etwas mehr gegenseitiger Unterstützung, einem bißchen mehr Intimität und einem bißchen weniger Distanz, etwas mehr Wärme und etwas weniger kühler Distanz. Sicher spielte auch der Wunsch nach einer befriedigenden Freundschaft eine Rolle, wenn das möglich war, aber sie wären durchaus mit der Kongenialität, ja selbst der Loyalität zufrieden gewesen, die Bestandteil der einzigartigen Bindung zwischen Geschwistern sein sollte.

Wie Geschwister diese Wünsche umsetzen, wird im letzten Kapitel dieses Buches ausführlicher behandelt. Hier geht es darum, warum manche Geschwister eng miteinander verbunden sind und andere nicht, wie die Beziehung den jeweiligen Stand an Nähe oder Distanz erreicht hat. Und da stellt sich zuerst die Frage, welche Faktoren des familiären Hintergrunds die Beziehungen erwachsener Geschwister beeinflußt haben.

Zu diesen Faktoren gehören die Familienbeziehungen, wie sie mein Bruder und ich erlebt haben. Die Besuche meiner Onkel, ihre gemeinsamen Witze, ihre bereitwillige Hilfe in Notfällen, das alles war für uns ein Vorbild. Solche und ähnliche Vorbilder haben viele Geschwister beeinflußt. Bei den Teilnehmern an der Fragebogenuntersuchung, die eine enge oder sehr enge Beziehung zu ihren Geschwistern hatten, wurde meist deutlich, daß auch die Eltern ihren Geschwistern eng oder sehr eng verbunden waren, während umgekehrt Geschwister, die ihren Brüdern und Schwestern eher distanziert gegenüberstanden, mit höherer Wahrscheinlichkeit Eltern hatten, die keine enge Geschwisterbeziehung hatten.

Daraus kann man aber keineswegs einen direkten Ursachen-/Wirkungszusammenhang ableiten. Denn manche Kinder aus Familien, in denen Konflikte und Störungen vorherrschten, bemühten sich auch ganz bewußt, sich *nicht* so zu verhalten wie die Eltern und das Muster der Familie zu durchbrechen. Ein Antiquar erklärte:

»Meine Schwester und ich wußten zwar, daß mein Vater eine Schwester hatte, aber kennengelernt haben wir sie erst bei der Hochzeit meiner

Schwester. Offenbar hatten sie eine sehr stürmische Beziehung mit viel Streit. Als mein Vater uns bei der Hochzeit dann diese Fremden als unsere Tante und unseren Onkel vorstellte, sahen meine Schwester und ich uns nur an. Dieser Blick war ein stillschweigendes Abkommen, daß uns so etwas nicht passieren würde. Und daran habe ich auch nicht den geringsten Zweifel. Seit wir meinen Vater mit dieser mysteriösen Tante gesehen haben, sind wir uns erst richtig bewußt geworden, wie wichtig uns unsere Beziehung ist.«

Aber trotzdem haben familiäre Muster eine magnetische Wirkung, und obwohl man das Verhalten der Eltern zu ihrer Familie nicht unbedingt kopiert, ist es doch so etwas wie ein unterschwelliges psychisches Programm, das einen meist unbewußten Maßstab setzt.

Systemische Familientherapeuten sehen eine relativ hohe Wahrscheinlichkeit, daß Kinder von Menschen, die den Kontakt zu ihren Eltern emotional abgeschnitten haben, ebenfalls aus der Familie ausbrechen. Sie haben durch das Beispiel der Eltern gelernt, Probleme zu bewältigen, indem sie sie *nicht bewältigen*, mit anderen Worten: indem sie vor ihnen fliehen. Und dasselbe gilt auch für Geschwister. Es gibt in jeder Familie genügend Spannungen, um die Vorstellung, einfach wegzulaufen, den nervtötenden oder provokativen Geschwistern einfach den Rücken zu kehren, verlokkend erscheinen zu lassen. Und diese Verlockung kann unwiderstehlich werden, wenn man in Kindheit und Jugend erlebt hat, daß sich die Eltern gegenüber ihren Geschwistern genau so verhalten haben.

Patty und Meredith haben dieser Versuchung nachgegeben. Sie sind dem Beispiel ihrer Mutter gefolgt und haben den Weg der radikalen Trennung voneinander gewählt, um mit ihren Problemen fertigzuwerden. Obwohl eine der Tanten Patty davor gewarnt hatte, die Familientragödie fortzusetzen, fanden sie offensichtlich keine andere Lösung. Die Muster, die die Beziehung der Mutter zu den Schwestern beherrschten, waren so stark, daß sie sich auf Patty und Meredith übertragen haben, natürlich nicht genetisch, sondern durch die Atmosphäre ihres Elternhauses und die Wut, die wie eine schwarze Wolke über dem Leben der älteren Frauen lag.

Aber es gibt andere Muster des Familienlebens, die das Bewußtsein heranwachsender Geschwister und ihre Einstellungen zueinander beeinflussen. Die herzliche Zuneigung zwischen den Brüdern meines Vaters und ihr gutes Verhältnis zu ihren Eltern war typisch für das enge Zusammenrücken vieler anderer jüdischer Einwandererfamilien in der fremden und beängstigenden neuen Heimat USA gewesen und gehörte damit zu einem breiteren, ethnischen Muster der Familienbeziehungen. Das verstärkte die nachdrückliche und anhaltende Wirkung auf meinen Bruder und mich und auch auf unsere Cousins und Cousinen.

Es ist problematisch, über solche ethnischen Muster zu sprechen, weil man so schnell in Verallgemeinerungen und Klischees verfällt. Schließlich lassen sich für jedes ethnische Merkmal sofort zahlreiche Ausnahmen nennen. Italienische Familien gelten als eng und herzlich miteinander verbunden, aber ich habe Brüder aus italienischen Familien getroffen, die sich fremd und kalt gegenüberstanden. Asiatische Männer haben den Ruf, die Verantwortung für ihre Familie zu übernehmen und ihre Schwestern zu beschützen, aber ich habe mit einem Asiaten gesprochen, der seine Schwester während des Vietnamkriegs im Stich gelassen und seitdem keinen Versuch mehr gemacht hatte, mit ihr Kontakt aufzunehmen.

Trotzdem waren in den Interviews und bei der Fragebogenerhebung ethnische Unterschiede so deutlich zu erkennen, daß man sie nicht ignorieren sollte. Darüber hinaus decken sie sich mit den Ergebnissen der soziologischen und psychologischen Familienforschung in den USA, in der sich bei allen Ausnahmen immer wieder gezeigt hat, daß die ethnische Zugehörigkeit ein Bestandteil der Identität ist. Wer sich selbst wirklich kennenlernen will, darf diesen Bestandteil nicht vernachlässigen.

Die ethnische Identität macht sich wie bei meinem Vater und seinen Brüdern am stärksten in der ersten Generation von Einwanderern bemerkbar, die sich in der fremden Umgebung zu eng verbundenen Gemeinschaften zusammengeschlossen und dadurch geschützt hat. Bei den Kindern und Enkelkindern dieser Einwanderer, die diese engen Gemeinschaften verlassen und sich in die herrschende Kultur integrieren, gehen viele der charakteristischen ethnischen Merkmale verloren, aber nicht alle, denn die ethnischen Muster werden von den Eltern an die Kinder weitergegeben und beeinflussen das Gruppenverhalten für Generationen. Im Rahmen der Familie beeinflussen sie auch das Maß an Intensität, das sich Geschwister in ihrer Beziehung wünschen und ertragen können.

Daß Nancy, die zweite der Ginetti-Schwestern, nach dem Umzug ihrer älteren Schwester Mary Ann in das weit entfernte Seattle »ein ganzes Jahr lang jede Nacht« weinte, wie sie sagte, fand niemand aus der Familie irgendwie ungewöhnlich. Denn dieser Umzug stellte einen Bruch in der Nähe dar, die für viele italoamerikanische Familien typisch ist, auch wenn in diesem Fall die Trennung durch Nancys besondere Bindung an Mary Ann noch zusätzlich erschwert wurde. Diese Nähe ist auch für andere ethnische Gruppen aus den verschiedenen Mittelmeerländern, zum Beispiel aus Griechenland, charakteristisch. Geschwister haben in diesen Familien nicht nur starke und dauerhafte Bindungen, sondern drücken ihre positiven und negativen Gefühle auch offen aus.

Dieselbe Offenheit und hingebungsvolle Liebe zwischen Geschwistern ist mir auch auch bei vielen Familien aus Süd- und Mittelamerika aufgefallen.

Ich habe zum Beispiel in Kalifornien mit drei mexikanisch-amerikanischen Brüdern gesprochen, die mir unabhängig voneinander erklärten, den ersten Anspruch auf ihre Loyalität hätten Frau und Kinder, aber unmittelbar danach die Brüder.

Die drei Brüder waren Geschäftsleute. Der jüngste hatte gerade eine einjährige Gefängnisstrafe wegen eines Wirtschaftsverbrechens abgesessen, das in ihrer Gemeinde einen Skandal ausgelöst und die Eltern krank gemacht hatte. Die beiden Brüder, die gemeinsam ein Importgeschäft führten, mußten deswegen geschäftliche Einbußen hinnehmen und waren ungeheuer wütend auf ihren Bruder wegen seiner Unehrlichkeit und seiner »Dummheit«. Aber sie sorgten dafür, daß ihr Bruder wieder eine gute Stelle bekam, obwohl sie noch damit beschäftigt waren, den guten Ruf des eigenen Geschäfts wieder herzustellen. Und bei all ihrer Kritik ließen sie Kritik von anderen an ihm nicht zu.

»Ein Mann, mit dem ich sehr viel zu tun hatte, hat schlimme Sachen über Rudolfo erzählt«, sagte der älteste, »und da habe ich ihm gesagt: ›Das war's. Ich will mit dir nichts mehr zu tun haben.‹ Mein Bruder ist mein Bruder, egal, was er tut.«

Diese intensive Geschwisterloyalität trifft man auch in irisch-amerikanischen Familien an, wo sie allerdings weniger deutlich ausgesprochen wird. In den Interviews konnte ich oft feststellen, daß Geschwister aus irischen Einwandererfamilien emotional sehr stark verbunden waren, aber dazu neigten, über diese Verbundenheit zu witzeln, statt sie zuzugeben. So stellte zum Beispiel Hugh Sea verblüfft fest, daß er mir Dinge über seine schizophrene Schwester Rosie erzählt hatte, über die er nicht einmal mit seinem Psychoanalytiker gesprochen hatte; in der Regel behielt er seine Gefühle für sich.

Hughs Sehnsucht nach einer »richtigen großen Schwester«, die sich so um ihn gekümmert hätte, wie das »bei Schwestern in irischen Familien üblich ist«, paßte aber auch noch in ein anderes Muster irischer Einwandererfamilien: Obwohl Mütter und Söhne hier oft eine besonders innige Beziehung haben, gelten die Schwestern als die »Starken«, die für ihre Brüder sorgen und die Familie zusammenhalten. Mädchen bekommen in diesen Familien traditionell eine genauso gute Ausbildung wie die Jungen, und man erwartet von ihnen dieselbe Unabhängigkeit. Dem entsprach auch mein Eindruck in den Interviews, daß die Frauen aus irisch-amerikanischen Familien sich am wenigsten über die dominanten Rollen ihrer Brüder beklagten. Das Selbstbewußtsein der Frau, in deren Familie es die Mädchen problemlos akzeptiert hatten, daß »Mutter ihre Jungen sehr gern hatte«, war kein Einzelfall.

In afroamerikanischen Familien ist Unabhängigkeit weniger wichtig als die

Einbindung in ein großes Netz von Verwandten jenseits der Kernfamilie. Es kann sein, daß die Bedeutung, die in diesen Familien den Großeltern, Tanten, Onkeln, angeheirateten Verwandten und selbst guten Freunden zukommt, in den komplexen Stammessystemen Afrikas wurzelt, aber die ausgedehnten und tragfähigen familiären Bindungen haben es schwarzen Familien auch möglich gemacht, mit ihrer Unterdrückung und Armut fertig zu werden.

Diese engen Familienbindungen fördern auch die Geschwistersolidarität. Der Journalist Brent Staples hat es geschafft, sich aus der Armut und Gewalt seiner Kindheit in einer Industriestadt in Pennsylvania zu befreien; sein jüngerer Bruder Blake dagegen nicht. Trotz seines angenehmen Mittelschichtlebens versuchte Brent verzweifelt, Blake den Ausstieg aus der Kriminalität und Perspektivlosigkeit zu ermöglichen, in die so viele schwarze junge Männer geraten. Aber seine Bemühungen waren vergebens: Blake wurde mit 22 Jahren ermordet. Zwei Jahre später schrieb Brent über seinen Tod: »Es war, als hätte man mir einen Teil meiner Seele geraubt. Seitdem frage ich mich immer wieder, ob ich mich zu spät und vielleicht auch nicht ernsthaft genug um ihn bemüht habe.«

Geschwisterbindungen in afroamerikanischen Familien werden geschwächt, wenn Brüder und Schwester durch Armut oder andere schlimme Umstände getrennt werden und bei verschiedenen Mitgliedern der erweiterten Familie aufwachsen. Kinder, die nicht mehr bei ihrer eigenen unmittelbaren Familie leben, wissen nicht genau, wem ihre Loyalität gelten soll, und verlieren die Verbindung. Nach dem Tode von Chucks und Sandys Mutter zum Beispiel wurde die beiden Kinder von verschiedenen Tanten aus der mütterlichen und der väterlichen Familie versorgt. Jede der Tanten bevorzugte das Kind, für das sie verantwortlich war, und kritisierte das andere, was die negativen Gefühle der Kinder zueinander förderte.

Als »ethnisch« wird in den USA die vorherrschende angelsächsisch-protestantische Kultur kaum betrachtet, deren Wurzeln in die früheste Zeit der amerikanischen Geschichte zurückgehen, aber auch sie hat Auswirkungen auf die Geschwisterbeziehung. Zu den Stärken dieser Kultur zählt neben den grundlegenden amerikanischen Werten von Unabhängigkeit und Individualismus noch Genügsamkeit und ein gewisser Stoizismus. Beim Gespräch mit den Schwestern Pam und Gail aus New England über ihre furchtbare Kindheit, die durch die Alkoholabhängigkeit von Vater und Stiefmutter geprägt war, gab es zum Beispiel nicht das geringste Anzeichen von Selbstmitleid.

Diese Eigenständigkeit kann aber der Intimität auch hinderlich sein. Die ausdrucksfähigere Pam beklagte sich über Gails »Verschlossenheit« und Unnahbarkeit. Gail sehnte sich zwar nach einer engeren Beziehung zu

Pam, war aber gleichzeitig auch nicht in der Lage dazu, zum einen, weil ihr inneres Leiden sie daran hinderte, zum anderen, weil sie das Muster der emotionalen Zurückhaltung und Kontrolle nicht durchbrechen konnte, das Bestandteil der Erziehung beider Schwestern war.

Angloamerikaner wie Pam und Gail, denen früh beigebracht wurde, ihre Gefühle zu verbergen und »das Gesicht zu wahren«, neigen eher dazu, sich nach außen unbekümmert zu geben und still zu leiden, als mit anderen über ihre Probleme zu sprechen. Das kann dazu führen, daß sich Familienmitglieder zutiefst isoliert, einsam und voneinander abgeschnitten fühlen, selbst dann, wenn sie Kontakt zueinander halten. Der Schriftsteller John Cheever hat oft über solche Familien geschrieben. In einer seiner Kurzgeschichten versammelt sich eine Familie, die ihren Stammbaum bis auf die frühen amerikanischen Puritaner zurückführen kann, zu einem Familientreffen in einem Ferienhaus auf einer Insel in Massachusetts. Der Erzähler, der sich einfach amüsieren will und kein Interesse daran hat, sich mit den negativen Seiten seiner Familie zu beschäftigen, ärgert sich zunehmend über seinen jüngsten Bruder Lawrence, der an allem etwas auszusetzen hat, bis er ihn schließlich von hinten niederschlägt und ihm eine blutende Kopfwunde zufügt.

»Was kann man mit so einem Mann anfangen?« fragt der Erzähler, nachdem Lawrence mit seiner Familie die Insel verlassen hat, und genießt den Sonnenschein und den Anblick des Meeres, ohne sich Gedanken darüber zu machen, was sein gewalttätiges Verhalten gegen den Bruder eigentlich bedeutet.

Ausdrucksfähigkeit und Reserviertheit, Intimität und Unabhängigkeit sind einige der ethnischen Merkmale, die Geschwister neben anderen Familienmerkmalen in Kindheit und Jugend in sich aufnehmen. Die familiären und ethnischen Muster bilden den Hintergrund für die Entwicklung der individuellen Geschwisterbeziehungen.

Der Aufbau und die Entwicklung dieser Beziehung im Verlauf der Kindheit trägt wesentlich zu dem Maß an Nähe oder Distanz von Geschwistern im Erwachsenenleben bei. Eine der Methoden, mit denen sich die frühe Geschwisterbeziehung untersuchen läßt, orientiert sich an dem Modell der Bindung, die Säuglinge an ihre Eltern von den ersten Augenblicken des Lebens an entwickeln.

Die Bindungstheorie, eine der Hauptpfeiler der modernen Psychologie, stelllt das Bedürfnis von Kindern nach einer liebevollen, engen Bindung an Mutter oder Vater in den Mittelpunkt. Einer zentralen These dieser Theorie zufolge beeinflußt die Art, in der die Mutter (oder auch der Vater) auf ihr

Kind reagiert, maßgeblich die Art der Bindung, die es an die Mutter entwickelt, und durch diese Bindung letztlich auch die Selbstsicht des Kindes und seine Sicht der Außenwelt. Mütter, die keine Probleme haben, auf ihr Baby zu reagieren, ihre Hungersignale schnell erkennen und ihr Lächeln unmittelbar erwidern, geben ihren Kindern ein stärkeres Sicherheitsgefühl als Mütter, die sich unwohl fühlen, angespannt, inkonsequent oder auch offen ablehnend sind.

Damit ist nicht gemeint, daß sicher eingebundene Kinder perfekte Mütter haben, sondern die Mütter sind, wie der Psychoanalytiker Donald Winnicott sagt, »gut genug«. Sie geben ihr Bestes, und weil sie sich ihren Kindern gegenüber zärtlich und sorgfältig verhalten, vermitteln sie ihnen das Gefühl, geliebt zu werden und dieser Liebe würdig zu sein.

Diese Erkenntnisse über die Bindung zwischen Kindern und Eltern lassen sich auf die Bindungen zwischen Geschwistern übertragen. Starke Bindungen zwischen Geschwistern entwickeln sich dann, wenn sie sich miteinander identifizieren und aufeinander reagieren. Auch diese Bindungen sind keineswegs vollkommen, sind aber, wenn sie auf Empathie und Reaktionsbereitschaft basieren, »gut genug«, das heißt, jedes Kind hat das Gefühl, vom anderen geliebt und versorgt zu werden. Eine Frau, die als Erwachsene ein sehr enges Verhältnis zu ihrer älteren Schwester entwickelt hatte, sagte, als Kinder hätten sie sich permanent gestritten. »Das soll aber nicht heißen, daß wir keinen Spaß miteinander gehabt hätten«, meinte sie. »Wir haben wirklich gern zusammen gespielt und uns gemocht, und darauf konnten wir dann später aufbauen.«

Die Kompatibilität von Geschwistern, ihre »gute Anpassungsfunktion«, um den Begriff von Chess und Thomas wieder aufzugreifen, trägt dazu bei, daß sich Geschwister gernhaben und sich von den frühesten Kindheitstagen an aneinander binden. Wenn Temperament und Persönlichkeit von Geschwistern gut angepaßt sind, haben sie normalerweise einen guten Start, der die Grundlagen für anhaltend gute Beziehungen legt. Der Psychologe Michael Lamb hat einzelne Geschwisterpaare beobachtet, bei denen eins der Kinder im Vorschul- und das andere im Säuglingsalter war. Dabei hat er festgestellt, daß die älteren sechs Monate später um so freundlicher waren, je geselliger und reaktionsbereiter die Säuglinge sich bei der ersten Beobachtung verhalten hatten. Die Säuglinge und ihre großen Brüder und Schwestern hatten von Anfang an ihre positiven Gefühle gegenseitig verstärkt.

Wie Dunn und Kendrick festgestellt haben, können frühe positive Gefühle jahrelang anhalten. Ihre Untersuchungen haben ergeben, daß ein zärtlicher Umgang erstgeborener Kinder mit ihren neuen Geschwistern in den ersten Lebenswochen dazu führte, daß beide Kinder noch 14 Monate später ein ausgesprochen freundliches Verhältnis zueinander hatten. Und bei Nachfolgeuntersuchungen stellte sich heraus, daß sich diese freundliche Beziehung auch drei Jahre später nicht wesentlich verändert hatte. Die anfänglich gute Anpassungsfunktion der Geschwister hatte ihnen den Weg zu einer guten Beziehung gebahnt.

Dunn und Kendrick haben weiter festgestellt, daß Eltern die Anpassung ihrer Kinder fördern können, wenn sie das ältere Kind in die Versorgung des jüngeren miteinbeziehen. Ihre Untersuchungen haben gezeigt, daß ältere Kinder dann sehr zufrieden mit ihren neuen Geschwistern waren, wenn die Eltern mit ihnen darüber sprachen, warum das Baby weinte, was es empfand oder ob es Hunger hatte. Nachfolgeuntersuchungen 14 Monate später zeigten, daß die Kinder, deren Eltern mit ihnen über das jüngere gesprochen hatten und ihnen das Gefühl der Beteiligung gegeben hatten, sich sehr viel freundlicher zu ihren Geschwistern verhielten als die anderen Kinder. Umgekehrt waren die jüngeren Geschwister zu diesen älteren ebenfalls besonders freundlich.

Keine dieser Untersuchungen erlaubt den Schluß, daß schüchterne Säuglinge, die auf ihre älteren Geschwister nicht reagieren, oder ältere Kinder, die sich für das neue Baby nicht interessieren, dadurch zwangsläufig zu dauernder Entfremdung verurteilt wären. Sie implizieren auch nicht, daß sich freundliche Geschwister nie streiten oder nie eifersüchtig sind. Wohl aber belegen sie, daß gute Kompatibilität und eine starke frühe Bindung in der späteren Kindheit zu Nähe führen. Kompatibilität und Nähe erstrecken sich dann oft bis ins Erwachsenenalter.

Es steht fest, daß der Altersunterschied zwischen Geschwistern ein wichtiges Element für die Art ihrer Bindung ist, aber bis heute hat noch niemand nachweisen können, *wie* der Altersunterschied die Bindung beeinflußt.

Fragt man Entwicklungspsychologen nach dem günstigsten Altersunterschied von Geschwistern, nennen sie in der Regel einen Altersabstand von drei Jahren, mit der Begründung, daß Kinder unter drei Jahren noch sehr unsicher sind und sich noch nicht als getrennte und eigenständige Wesen sehen können. Wenn ein neues Kind kommt, bevor das erste einen sicheren Standort gefunden hat, kann das zu Wut und Ablehnung des Babys führen; das ältere Kind flieht unter Umständen wieder in die Arme der Eltern zurück, weil es Angst davor hat, gar nichts mehr zu bekommen, wenn es sie einmal losgelassen hat.

Die Vertreter der Theorie vom mindestens dreijährigen Altersabstand stützen sich auf die Forschungen der Psychoanalytikerin Margaret Mahler, nach denen das »schreckliche dritte Lebensjahr« eine besonders stürmische Entwicklungszeit darstellt. In dieser Zeit erleben die Kinder eine Reihe von Verlusten; sie müssen ihre Flasche aufgeben, sauber werden und zum Teil auch schon in Spielgruppen oder Kindergärten gehen. Durch diese neuen Schritte nach außen entfernen sie sich aus dem allumfassenden Schutz der Eltern. Diese Schritte gehören zwar unvermeidlich zum Wachstum, machen aber dennoch auch Angst, bis die Kinder schließlich genügend Reife entwickelt haben, um zu erkennen, daß ihre Eltern sie auch in der Zeit lieben und schützen, in der sie von ihnen getrennt sind. Diese Erkenntnis und die damit verbundene Reife erleichtern es einem Kind, ein neues Baby zu akzeptieren und sich deshalb auch freundlicher und fürsorglicher zu ihm zu verhalten.

Für andere Psychologen, die nicht ganz so psychoanalytisch orientiert sind und eine etwas andere Perspektive einnehmen, beträgt der beste Altersabstand von Geschwistern entweder weniger als zwei oder mehr als vier Jahre. Bei einem Altersunterschied von unter zwei Jahren teilen sich die Kinder die Eltern praktisch von Anfang an. In diesen Fällen lehnen Erstgeborene den Neuankömmling nicht so stark ab wie Kinder, die ihre Eltern längere Zeit für sich allein hatten. Und wenn das zweite Kind mehr als vier Jahre nach dem ersten kommt, fühlt sich das älteste nicht mehr so stark bedroht, weil es unabhängiger ist und bereits ein eigenes Leben hat.

Fragt man Eltern nach dem besten Altersabstand, sprechen sie meistens über die Vor- und Nachteile des Altersabstands *ihrer* Kinder. Manche sagen, durch den sehr geringen Altersabstand hätten ihre Kinder ein sehr enges Verhältnis entwickelt, andere sind der Meinung, ihre Kinder wären durch den geringen Abstand beengt worden und hätten sich um die Fürsorge der Eltern betrogen gefühlt. Manche sind sich sicher, der Altersunterschied von vier oder fünf Jahren hätte jedem ihrer Kinder die Chance gegeben, seine individuelle Presönlichkeit zu entwickeln, während andere meinen, aus heutiger Sicht wäre ein geringerer Abstand besser, weil die Kinder dann mehr Gemeinsamkeiten hätten. Und tiefergehende Nachfragen ergaben meist, daß die Familienplanung von Eltern viel mit der eigenen Geschwistererfahrung zu tun hat und daß sie bewußt oder unbewußt versucht haben, deren Vorteile zu übernehmen und deren Nachteile zu korrigieren.

Fragt man Schulkinder unterschiedlichen Alters nach ihrer Beziehung zu den Geschwistern, erhält man wie die Psychologen Wyndol Furman und Duane Buhrmester widersprüchliche Antworten. Bei Fünft- und Sechstkläßlern ergaben ihre Interviews, daß sie sich den Geschwistern mit dem geringsten Altersunterschied am nächsten fühlten, vor allem dann, wenn sie auch dasselbe Geschlecht hatten. Gleichzeitig stritten sie sich aber auch mit diesen Geschwistern am meisten. Jüngere Kinder hatten nach eigener Aussage den geringsten Status und die geringste Macht, wenn ihre Geschwister vier oder mehr Jahre älter waren; diese schwächere Position führte auch dazu, daß sie den älteren Geschwistern wenig Unterstützung und Hilfe anbieten konnten. Dagegen waren ältere Kinder nach eigener Einschätzung dann besonders hilfsbereit und fürsorglich, wenn ihre Geschwister vier oder mehr Jahre jünger waren als sie.

Und fragt man Erwachsene, wie sich der Altersunterschied auf ihre Beziehung zu den Geschwistern auswirkt, bekommt man wieder eine andere bunte Mischung von Reaktionen. Im allgemeinen sagten die erwachsenen Teilnehmer an meiner Umfrage wie die Kinder in der Untersuchung von Furman und Buhrmester, sie hätten die engste Beziehung zu den Geschwistern mit dem geringsten Altersunterschied; am nächsten standen sich Geschwister mit einem Altersabstand von ein bis zwei Jahren, am distanziertesten waren diejenigen, bei denen der Altersabstand fünf und mehr Jahre betrug.

Aber dabei tauchten auch einige Fragen auf: Die Analyse der Umfrageergebnisse nach der Stellung in der Geburtsreihenfolge ergab, daß jüngere Geschwister ein signifikant engeres Verhältnis zu den ein bis vier Jahre älteren Brüdern und Schwestern als zu den fünf und mehr Jahre älteren hatten. Bei älteren Geschwistern gab es solche klaren Unterschiede in ihrem Verhältnis zu den jüngeren nicht; eine statistisch relevante Beziehung zwischen Nähe und Altersunterschied ließ sich nicht feststellen.

Es ist möglich, daß diese Unterschiede in den Einstellungen älterer und jüngerer erwachsener Geschwister mit den Einstellungen der Schulkinder aus der Untersuchung von Furman und Buhrmester in Verbindung stehen. Vielleicht fühlen sich jüngere Geschwister ihr Leben lang gegenüber den sehr viel älteren Brüdern und Schwestern besonders machtlos, weil sie für sie eher Elternfiguren als Gleichaltrige sind. Und die älteren Geschwister verhalten sich möglicherweise auch als Erwachsene weiter fürsorglich und beschützend gegenüber den jüngeren und fühlen sich ihnen deshalb auch nahe, unabhängig vom Altersabstand. Eine Sekretärin schrieb: »Ich habe die Beziehung zu meinem (fünf Jahre jüngeren) Bruder immer sehr genossen; sie war eine echte Bereicherung für mich. Bis ich zum College ging, lief er mir immer hinterher, wohin ich auch ging. In der kleinen Stadt, wo wir wohnten, hieß er nur ›Bruder‹, und bis heute kann ich an ihn nur so denken.«

Trotz dieser Unterschiede zwischen älteren und jüngeren Geschwistern bleibt mir, generell betrachtet, nur der Schluß, daß die innigsten Gefühle zwischen Geschwistern nicht, wie manche Experten glauben, durch großen, sondern durch geringen Altersabstand entstehen. Als Kinder wie als Erwachsene haben Geschwister mit geringem Altersabstand nach eigener Einschätzung die engste Beziehung. Die Teilnehmer an der Umfrage, die wenig mit einem ihrer Geschwister zu tun hatten, führten diese Distanz oft auf einen zu großen Altersunterschied zurück, der im Endeffekt dazu führte, daß die älteren aufgrund von College- oder Berufsausbildung das Elternhaus bereits verlassen hatten, wenn die anderen heranwuchsen. Aber in einer Hinsicht hat meine Untersuchung die Sorge der Experten über zu geringen Altersunterschied bestätigt: Bei vielen Geschwistern führte geringer Altersunterschied neben dem Gefühl von Nähe auch zu Konflikten und Konkurrenzkämpfen. Ein Beispiel dafür waren die beiden ältesten Ginetti-Schwestern, Mary Ann und Nancy, die nur ein Jahr auseinander waren. Wie Nancy sagte, verehrte sie ihre ältere Schwester und fühlte sich ihr zutiefst verbunden; Mary Ann war zwar nicht so überschwenglich, gab aber ebenfalls zu, daß sie sich Nancy am nächsten fühlte und sich eher ihr als den anderen Familienmitgliedern anvertrauen würde. Trotzdem bildete ihre Beziehung das größte Spannungspotential in der Familie, vom jugendlichen Zank über Kleidungsstücke bis zum erwachsenen Streit um ein Grundstück.

Ich sollte noch darauf hinweisen, daß Geschwister in Familien mit mehr als zwei Kindern dazu neigen, sich wie die Ginetti-Schwestern zu Paaren zusammenzuschließen und in Zweiergruppen durchs Familienleben zu gehen. Viele Interviewpartner sprachen so emphatisch von »meinem Bruder« oder »meiner Schwester«, daß ich immer wieder überrascht war, wenn ich dann später feststellen mußte, daß es drei oder vier, ja sogar acht oder neun Kinder in der Familie gegeben hatte. Aber tatsächlich war nur ein Bruder oder eine Schwester wirklich wichtig gewesen, eben *»meine* Schwester« oder *»mein* Bruder«. (Eine Krankenschwester mit sechs jüngeren Geschwistern sagte: »Sicher habe ich die Adresse der anderen; sie würden mich auch alle zur Hochzeit oder zu anderen Gelegenheiten einladen, aber meine Schwester und ich sind *wirklich* Schwestern.«)

Manchmal entwickeln sich die engsten Bindungen zwischen den ersten und dritten oder den zweiten und vierten Kindern einer Familie. Damit vermeiden die Geschwister die Konflikte oder intensiven Rivalitäten, die ein geringer Altersunterschied mit sich bringen kann. Aber meist sind die Beziehungen zwischen den Geschwistern besonders eng, die wie Mary Ann und Nancy direkt hintereinander kommen. Bossard und Boll haben in ihrer klassischen Untersuchung großer Familien denn auch festgestellt, daß geringer Altersunterschied die Hauptursache für die »Cliquenbildung« ist, die in diesen Familien üblich ist.

Unabhängig von der Familiengröße berührt noch ein anderes Grundelement den Charakter der Geschwisterbindung, und das ist das Geschlecht. Ich habe wenig Unterschiede im Ausmaß an Nähe zwischen Brüdern und zwischen Brüdern und Schwestern feststellen können. Aber die Beziehung zwischen Schwestern war, wie bereits erwähnt, eindeutig die engste und festeste Beziehung zwischen Geschwistern. Bei praktisch jeder Frage, die zur Messung der Nähe diente, von der Frage nach der Häufigkeit des Kontakts bis zu der nach dem Grad des gegenseitigen Vertrauens, führten Schwestern die Liste der Merkmale für Nähe und Zuneigung mit großem Abstand an.

Für die Pädagogin Carol Gilligan haben Frauen durch ihre Erziehung eine »andere Stimme« bekommen. Diese Stimme ist leiser und wird in unserer Gesellschaft oft von den dominanteren Stimmen der Männer übertönt. Aber es ist eine Stimme der Verbundenheit, einer mitmenschlichen Moral, eines tieferen Engagements für Kinder, Eltern und Geschwister. Es ist eine Stimme, die Gefühle offener artikulieren kann. Bezogenheit und Ausdrucksfähigkeit sind Eigenschaften, die Schwestern einander sehr nahebringen können.

Wie die Forschung festgestellt hat, sind diese schwesterlichen Eigenschaften sogar so wichtig, daß ältere Menschen unabhängig vom Geschlecht besser dran sind, wenn sie eine Schwester haben, auf deren emotionale (und gelegentlich auch materielle) Unterstützung sie zählen können. So wie alte Eltern häufiger die Hilfe ihrer Töchter als ihrer Söhne in Anspruch nehmen, so kann auch bei älteren Geschwistern durch die enge Beziehung zu einer Schwester ein Wohlbehagen entstehen, das die Nähe zu einem Bruder anscheinend nicht bieten kann. Umgekehrt beeinträchtigt der Streit oder andere Störungen der Bindung zu einer Schwester das Wohlbefinden älterer Menschen und kann sogar zu Depressionen führen. Wie es aussieht, erkennen also Brüder wie Schwestern schließlich doch noch, daß es etwas Besonderes ist, eine Schwester zu haben, auch wenn diese Erkenntnis oft ein ganzes Leben braucht, um sich durchzusetzen.

Der letzte und wichtigste Bereich für das Verständnis der Ursprünge von Nähe oder Distanz zwischen Geschwistern ist natürlich der weitreichende Einfluß der Eltern. Hier sind nicht die allgemeine Atmosphäre der Familiensolidarität oder die ethnisch geprägten Strukturen gemeint, die Kinder in sich aufnehmen, sondern das reale Verhalten von Eltern gegenüber ihren Kindern, das deren Einstellungen zueinander beeinflußt.

Vor allem anderen sind die Eltern und ihr Verhalten untereinander und gegenüber den Kindern Modelle, mit denen sich die Kinder identifizieren. Durch die Zuwendung und Fürsorge geben Eltern den Kindern ein Beispiel für ihr liebevolles und fürsorgliches Verhalten untereinander. Ihre Intimität und Wärme prägt die Atmosphäre in der Familie. Erwachsene, die nach eigener Aussage enge, intime Beziehungen zu ihren Geschwistern hatten, führten die Qualität ihrer Beziehung oft auf das zurück, was sie bei ihren Eltern gelernt haben.

»Meine Schwestern und ich hatten immer ein gutes Verhältnis, weil wir von unseren Eltern mit Respekt behandelt wurden und von ihnen gelernt haben, einander zu respektieren«, schrieb die jüngste von drei Schwestern.

»Die Wertvorstellungen und das Vorbild unserer Eltern haben uns alle sehr stark beeinflußt«, schrieb ein 52jähriger, mittleres von fünf Kindern, in den Fragebogen. »Weil ihnen die Familie so wichtig war, war es für sie selbstverständlich, daß auch wir uns gut verstehen. Mein Vater ist seit 20 Jahren und meine Mutter seit fast 12 Jahren tot, aber wir machen so weiter, wie sie es uns vorgelebt haben.«

»Ich glaube, mein Bruder und ich verstehen uns deshalb so gut«, schrieb eine Sekretärin, »weil meine Eltern die Einstellung hatten: Das Leben ist kurz, und deshalb müßt ihr Freunde bleiben. Es sollte euch nie leid tun, euch zu entschuldigen, denn wenn einem von euch etwas passiert und ihr euren Streit nicht geklärt habt, dann wird euch *das* auf ewig leid tun. An diese Maxime haben wir uns gehalten und sind Freunde geblieben. Bis heute hat keiner von uns Grund, etwas zu bereuen!«

Natürlich führen bloße Ratschläge (oder Platitüden) von Eltern noch nicht zu Kongenialität zwischen Geschwistern. Sie sollten ihre Kinder auch nicht dazu drängen, die besten Freunde zu sein, um die Nähe zwischen ihnen zu fördern. Wichtiger ist es, daß die Kinder lernen, sich freundschaftlich zu unterstützen und füreinander »da« zu sein, wenn es nötig ist. Vor allem aber kann der Rat der Eltern nur dann zu guten Beziehungen zwischen Geschwistern führen, wenn das Elternverhalten so gut (oder doch gut genug) ist, um den Kindern ein Beispiel für Empathie und Vertrauen zu geben, das sie in ihrem Verhalten zu den Geschwistern nachahmen können.

Die Umfrage hat diese Wechselwirkung des Verhaltens in der Familie bestätigt. Sie ergab eine starke und signifikante statistische Korrelation zwischen dem Maß an Nähe zu den Geschwistern und zu den Eltern. Die Befragten, die ein enges oder sehr enges Verhältnis zu Mutter oder Vater hatten, hatten meist auch ein enges Verhältnis zu den Geschwistern; umgekehrt war ein enges Verhältnis zu den Geschwistern meist auch ein Anzeichen für ein enges Verhältnis zu den Eltern. Gute Familienbeziehungen sorgen also auch für gute Beziehungen in der nächsten Generation.

Paradoxerweise können aber sehr intensive Bindungen zwischen Geschwistern auch durch das *Fehlen* elterlicher Fürsorge entstehen. Auf dem Kontinuum von Nähe und Distanz zeigten oft die Kinder die extremste Verbindung, die bei der Bewältigung frühen Leidens ihre psychische Integrität bewahrten, indem sie sich aneinander klammerten. Geschwister, die durch psychische oder physische Abwesenheit der Eltern auf sich selbst angewiesen waren, hielten einander unverbrüchlich die Treue und gaben sich gegenseitig den Trost und die Fürsorge, die sie von den Eltern nicht bekamen.

Die Psychologen Stephen Bank und Michael Kahn haben solche extrem loyalen und eng verbundenen Geschwister nach dem Geschwisterpaar im Märchen als »Hänsel und Gretel« bezeichnet. In der Kindheit sind sie wichtige Bezugspersonen. Die älteren übernehmen wie Hänsel im Märchen den Schutz und die Fürsorge für die jüngeren; die jüngeren retten wie Gretel, die die böse Hexe überlistete, die älteren durch ihre Loyalität und hingebungsvolle Liebe. Solche Geschwister sind nicht nur die besten Freunde, sie sind gleichzeitig Eltern und Kinder füreinander und hängen hinsichtlich ihres emotionalen und körperlichen Überlebens völlig voneinander ab.

Solche starken, wechselseitigen Abhängigkeiten entstehen zum Beispiel durch den frühen Tod von Vater oder Mutter. Wenn der überlebende Elternteil ganz von seiner Trauer und seinem Schmerz in Anspruch genommen wird, müssen sich die Kinder in ihrem Schmerz gegenseitig trösten und entlasten. Und wenn beide Eltern sterben, wird die Bindung vieler Geschwister nur noch stärker, da sie sich bemühen, den Schrecken und die Verlassenheit ihres Waisenlebens gemeinsam zu bewältigen.

Eileen Simpson hat in ihrer Autobiographie die extreme Nähe zu ihrer zehn Monate älteren Schwester Marie nach dem Tod der Eltern beschrieben. Die Mutter war gestorben, als sie elf Monate alt war, der Vater kurz vor ihrem siebten Geburtstag. In den vielen kirchlichen und staatlichen Waisenhäusern, in denen sie untergebracht wurden, spielten die Erwachsenen für sie eine so geringe Rolle, daß sie anders als andere Kinder nie um »Privilegien und Aufmerksamkeit« konkurrierten, nie eifersüchtig waren oder rivalisierten. Ihr Leben basierte auf ihrer gegenseitigen Loyalität.

Auch die Scheidung der Eltern, die für die Kinder oft ganz eigene, herzzerreißende Verluste mit sich bringt, kann zu einer starken emotionalen Verbundenheit zwischen Geschwistern führen. Neben dem greifbaren Verlust des Elternteils, der aus der gemeinsamen Wohnung ausgezogen ist, fühlen sie sich psychisch meist noch von beiden Eltern verlassen und des Familienlebens der Vergangenheit beraubt. In dieser sich schnell auflösenden Umgebung suchen sie dann Rückhalt beieinander. Jared (vgl. 6. Kap.) zum Beispiel kümmerte sich nach der Scheidung seiner Eltern um seinen jüngeren Bruder Chip, und bis heute empfand er zu Chip trotz dessen frühen Todes eine engere Bindung als zu seinem Stiefbruder Bill, mit dem er so viele Jahre zusammengelebt hatte.

Es gibt viele Formen psychischen Verlassenwerdens, und emotionalen Verwaisung ist oft so verheerend wie reale. Kinder fühlen sich verwaist, wenn die Eltern keine Zeit für sie haben oder (in großen Familien) zu erschöpft von ihren Pflichten sind, um einem einzelnen Kind viel Zeit zu widmen. Sie fühlen sich verwaist, wenn die Eltern übermäßig trinken, sich und die Kinder mißhandeln oder kalt, distanziert und lieblos sind. Sie fühlen sich verwaist, wenn sie spüren, daß sie allein gelassen werden und ihnen der Schutz versagt wird, den nur Eltern bieten können.

»Ein Loch in der Welt«, so hat Richard Rhodes in seinem gleichnamigen Buch die Leere im Leben eines Kindes beschrieben, das von den Eltern verlassen oder mißhandelt wird. Rhodes, dem seine böse Stiefmutter nicht genug zu essen gab, der von ihr geschlagen und gedemütigt wurde, ohne daß der Vater eingriff, fand in seiner Kindheit nur bei seinem anderthalb Jahre älteren Bruder Stanley Menschlichkeit und Rettung. Die Brüder standen sich so nahe, daß Richard Jahre später, als Erwachsener, einmal träumte, er bekäme einen heftigen Schlag aufs Auge – im selben Augenblick, als sein Bruder Stanley viele Kilometer entfernt in einer brutalen Schlägerei tatsächlich einen solchen Schlag erhielt.

»Der Schmerz und die Angst meines Bruders alarmierten mich«, schrieb er. »Ich stand ihm so nahe. Obwohl wir an den entgegengesetzten Enden des Kontinents und seit über dreißig Jahren unter sehr verschiedenen Lebensbedingungen leben, hat sich daran nichts geändert.«

Für all die »Hänsel und Gretel«, die buchstäblich oder emotional verwaist sind, kann die gegenseitige Nähe zum Schutzschild werden. Sie gibt ihnen Sicherheit; und sie entdecken, daß sie sich dank ihrer wechselseitigen Abhängigkeit selbst im beängstigenden dunklen Wald noch zurechtfinden. Unglücklicherweise wird aber gerade diese Nähe, Sicherheit und Abhängigkeit manchmal auch zur Falle. Weil sie als Kinder so ausschließlich aufeinander angewiesen waren, haben sie später oft extreme Schwierigkeiten, sich voneinander zu lösen und unabhängig zu werden. Für sie stellt die Entwicklungsaufgabe der Loslösung und Individuation oft eine ganz besonders große Herausforderung dar, weil der Drang zum Einssein nicht nur so stark, sondern auch so verführerisch ist.

Eileen Simpson hat beschrieben, wieviel Freude sie als Kind daran hatte und wieviel Sicherheit sie daraus bezog, daß sie genauso behandelt wurde wie ihre ältere Schwester. Obwohl sie wußte, daß sich Marie über dieses »Zwillingsdasein« auch ärgerte, war Eileen glücklich, wenn sie genauso angezogen wurde wie die Schwester und die gleichen Geschenke bekam. Sie bestellte sogar immer ausdrücklich dieselbe Eissorte. Erst als sie von einer Tante gezwungen wurde, Entscheidungen selbständig zu treffen, begann sie allmählich zu begreifen, daß auch sie »ein Selbst hatte, das einzigartig war«.

Mit Hilfe der Tante und anderer konnte sich Simpson schließlich aus der Abhängigkeit und der lähmenden Nähe zu ihrer Schwester befreien. Für solche zutiefst miteinander verbundenen Geschwister ist diese Freiheit nur mit großen Anstrengungen und unter großen Opfern zu erlangen. John Cheevers Beschreibung der blutigen Prügelei zweier Brüder in der bereits erwähnten Kurzgeschichte ist gleichzeitig auch die Beschreibung seiner eigenen Ablösungsversuche von seinem älteren Bruder, mit dem er wie Eileen Simpson in den frühen Jahren seines Lebens ein »Zwillingsdasein« geführt hatte. In seinem Fall ging die extrem enge Beziehung der Brüder auf den Alkoholismus des Vaters, die ständigen Streitereien der Eltern und die mangelnde Wärme und Zuneigung in seinem Elternhaus zurück. John und Fred brauchten den Trost, den sie sich geben konnten, noch als Erwachsene.

»Es war die größte Liebe meines Lebens«, erzählte Cheever einmal seiner Tochter Susan, so groß, daß sie schließlich »unklug« wurde, ein »psychischer Inzest«, und er begriff, daß er sich von seinem Bruder lösen mußte. Also zog John aus der Wohnung in Boston aus, in der er mehrere Jahre mit seinem Bruder zusammengewohnt hatte, und ging allein nach New York. Aber in seinen Geschichten kämpfte er weiter mit seiner Bindung an Fred; das Motiv von brüderlicher Gewalt und brüderlicher Liebe findet sich in seinen Werken immer wieder.

Manche sehr stark aneinander gebundene Geschwister können sich nie voneinander lösen. Sie sind durch den Verlust der Eltern oder deren Ablehnung so verletzt, daß sie außerhalb dieser Bindung keine reifen, befriedigenden Beziehungen mehr eingehen können. Sie stehen auf dem Kontinuum von Nähe und Distanz am extremsten Punkt der Nähe, einen Punkt jenseits der Normalität.

Die Schwestern »CarolundSelma«, wie sie der Cousin nannte, haben sich den größten Teil ihres Lebens praktisch wie eine einzige Person verhalten. »Wenn man mit der einen telefoniert«, sagte der Cousin, »dann ruft die andere eine halbe Minute später zurück, um das Gespräch fortzusetzen.«

Vor vielen Jahren, in ihrer Kindheit, hatten sie in einem bescheidenen Haus einer Stadt in North Carolina gelebt, erzogen von Eltern, die sich nicht liebten und sich für ihre kleinen Töchter kaum interessierten. Ihr Vater verwaltete mehrere Farmen reicher Großgrundbesitzer, und die Tatsache, daß er nur Angestellter war und das Land nicht besaß, das er verwaltete, verbitterte ihn. Diese Bitterkeit ließ er an seiner Frau aus, die er beleidigte und in aller Öffentlichkeit demütigte, indem er sich keine Mühe gab, seine Beziehungen zu den bekanntesten Prostituierten der Stadt zu verschweigen. Die Mutter, Bibliothekarin von Beruf, war immer schon mürrisch gewesen und zog sich im Lauf ihrer unglücklichen Ehe immer mehr in sich selbst zurück. Von ihren Töchtern verlangte sie vor allem, unsichtbar und unhörbar zu sein; das Haus mußte so still sein wie der Lesesaal einer Bibliothek.

Von der Mutter unterdrückt und vom Vater nicht beachtet, waren die Schwestern auf sich selbst angewiesen. Bei einer Tante konnten sie sich ein wenig von ihrer bedrückenden häuslichen Umgebung erholen; bei ihr lernten sie zu lachen und mit ihren Kindern zu spielen. Aber das war nicht genug. Ohne jede Gelegenheit, eine eigenständige Persönlichkeit zu entwickeln, verschmolzen sie im Lauf der Zeit miteinander; jede opferte dem umfassenden Schutz der Verschmelzung einen Teil ihrer Individualität. So wie sich Algen und Pilze unauflöslich zu einer Moosflechte verbinden, so waren auch diese Schwestern anscheinend auf ewig miteinander verflochten, keine konnte ohne die andere leben.

Die Streitereien von CarolundSelma waren der einzig erkennbare Versuch, sich voneinander zu lösen, und auch John Cheever benutzte in seinen Geschichten über Brüder Gewalt als das Mittel, mit dem er sich seinen Bruder aus dem Herzen zu reißen versuchte. Es kann aber auch sein, daß der Streit oder die Gewalt bei diesen und ähnlich stark miteinander verschmolzenen Geschwistern gleichzeitig ihre tiefreichende Wut aufeinander und auf die Eltern spiegelt. Denn bei aller Hingabe und Loyalität können die Kinder selbst das Loch in der Welt nie stopfen, das entstanden ist, als die Eltern sie verließen. In ihrer Not und Frustration schlagen sie schließlich aufeinander ein.

Diese Wut ist wie im Fall von CarolundSelma bei den Kindern am größten, die von ihren Eltern extrem vernachlässigt wurden. Ich habe bereits darauf hingewiesen, daß ältere Kinder oft vor Wut kochen, wenn man ihnen die Versorgung der jüngeren Geschwister aufhalst, und sie bei aller Fürsorge oft auch sehr streng behandeln. Leider schädigen gerade die schlimmsten Familiengeheimnisse wie Inzest, elterliche Mißhandlung oder schwerer Alkoholismus die Kinder so stark, daß sie, wenn überhaupt, nur sehr wenige Gefühle füreinander entwickeln können, nicht einmal Wut. Sie sind so verletzt und unterdrückt, daß sie überwiegend um ihr eigenes Überleben kämpfen; selbst eine widerwillige gegenseitige Fürsorge fällt ihnen schwer, weil sie nie die Möglichkeit hatten, sich mit einem Vorbild für Liebe und Mitgefühl zu identifizieren.

Aber um wieder auf die Rolle der Eltern bei der Förderung von Nähe zurückzukommen, wenn Kinder sich fürsorglich verhalten sollen, müssen sie in den Fällen, in denen die Eltern abwesend, emotional unzugänglich oder tot sind, selbst eine gewisse Fürsorge erlebt haben und irgendwie den Schutz und die Sicherheit erfahren haben, die nur ein Erwachsener einem Kind geben kann. Sie müssen Kontakt zu freundlichen Erwachsenen gehabt haben, die ihnen ein Beispiel gegeben haben, mit denen sie sich identifizieren konnten und von denen sie gelernt haben, was es bedeutet, jemandem die Hand zu reichen.

Für Eileen Simpson und ihre Schwester Marie waren die Nonnen in dem kirchlichen Waisenhaus, in dem sie eine Zeitlang lebten, und die verschiedenen Tanten, die sie immer wieder vorübergehend zu sich holten, solche Vorbilder. Bei aller seelischen Verkrüppelung hatten CarolundSelma doch eine liebevolle und engagierte Tante. Und die drei Schwestern Jill, Blythe und Sherry, die mit elf, zehn und acht Jahren Waisen wurden, konnten ihre enge Beziehung aufrechterhalten, obwohl sie nicht zusammen aufwuchsen, weil sie verschwommene Erinnerungen an die Liebe ihrer Mutter besaßen.

Zwei Jahre nach dem Tod der Mutter war auch ihr Vater gestorben. Nach seinem Tod lebten sie zunächst bei ihrem alten Großvater, und als der ein Jahr später ebenfalls starb, kamen sie zu verschiedenen Pflegefamilien; dort lebten sie bis zu ihrer Heirat. Jill konnte sich als die Älteste noch am besten an die engen Beziehungen in ihrer ursprünglichen Familie erinnern, und sie war fest entschlossen, diese Tradition mit ihren Schwestern fortzusetzen.

»Ich war die Älteste«, erklärte sie, »und habe es deshalb immer als meine Verantwortung empfunden, den Kontakt zwischen uns nicht abreißen zu lassen. Aber es war nicht nur Verantwortung«, setzte sie hinzu. »Ich wolle sie nahe bei mir haben, weil sie alles waren, was ich hatte. Man weint sich nicht bei Pflegeeltern aus. Meine Schwestern konnten als einzige wirklich verstehen, was ich durchmachte, weil sie dasselbe durchmachten.«

Sie war sich bewußt, daß ihre Bemühungen, die Schwestern so oft wie möglich zusammenzubringen, »diktatorisch« wirken mochten, aber sie meinte immer noch: »Wir haben nun mal sonst keine Familie«, obwohl sie alle bereits eigene Familien hatten.

Sherry, die Jüngste, ärgerte sich am meisten über Jills diktatorischen Ton und ihre Kontrolle: »Sie tut so, als ob sie die ganze Familie im Griff haben müßte«. Aber sie sagte auch: »Ich bin erst 29, aber ich mache mir die ganze Zeit Gedanken über den Tod. Ich könnte es nicht ertragen, wenn meinen Schwestern irgend etwas passieren würde.«

Und Blythe, die es schade fand, daß ihre Schwestern eine gute Stunde von ihr entfernt wohnen, erzählte von einem Tagtraum, in dem sie »alle im selben Ort leben und einfach rüberlaufen könnten. Wenn man sich dann gemütlich bei einer Tasse Kaffee treffen wollte, dann könnte man das einfach machen, wann immer man Lust hätte.«

Die Schwestern haben jeweils eigene Bruchstücke von Erinnerungen an die Mutter. Sherrys waren die traurigsten, sie erinnerte sich nur an »eine Totenwache, Verwirrung, festliche Atmosphäre und meine Tränen.« Blythe wußte noch, wie »wir drei und Mutter in einen Laden gingen, Kleider für die Barbiepuppe ansahen und lachten.« Und Jill, als Hüterin der Familiengeschichte, erinnerte sich daran, »wie wir zusammen saßen und sie uns umarmte oder auf dem Schoß hatte, und daß ich mich nie betrogen fühlte, wenn Blythe oder Sherry mehr von ihr kriegten als ich.« Die drei Schwestern, drei »Gretel«, konnten sich in ihrer Einsamkeit aneinander klammern, weil sie trotz ihrer Einsamkeit einen verschwommenen Entwurf für Nähe besaßen, den die Mutter ihnen hinterlassen hatte.

Die Baupläne für Nähe oder Distanz, die Geschwister und ihre Eltern in der frühen Kindheit entwerfen, werden zur Basis für die festeren Strukturen der Adoleszenz. Kinder im Teenageralter können sich sehr genau einschätzen. Sie kennen ihr gegenseitiges Temperament und wissen, wie sie sich reizen und beruhigen können. Sie haben auch die Wertvorstellungen der Familie und die ethnischen Einstellungen aufgenommen und das Elternverhalten genau beobachtet. Abgesehen von alltäglichen Rivalitäten und Streitereien ist die generelle Tendenz zu Nähe oder Distanz ein integraler Bestandteil der Beziehung geworden.

Aber jetzt wirken andere Einflüsse auf die Beziehung ein. In der Adoleszenz sind zum Beispiel die Rollen, die Geschwister übernommen haben, relativ fest etabliert. Die »kleine Professorin« beschäftigt sich mit ihren Studien, der »Sportler« mit seinem Tennis, und das Gefühl ihrer Verschiedenheit erlaubt beiden, nahe zusammenzurücken, ohne sich auf die Zehen zu treten. Gleichzeitig können gerade sie diese Eigenschaften mehr denn je zuvor auch auseinanderbringen. Da sie jetzt nicht mehr wie früher ganz und gar in die Familienaktivitäten eingebunden sind, vergraben sie sich oft in ihrer jeweils eigenen Welt und verbringen sehr viel weniger Zeit miteinander als früher.

Wenn der Altersunterschied vier oder mehr Jahre beträgt, ist häufig eins der Kinder schon im College oder im Berufsleben und wohnt nicht mehr zu Hause, während die anderen noch zur Schule gehen. Wenn der eine Bruder oder die eine Schwester gerade in die Pubertät kommen, ist der oder die andere schon mit Partys oder sexuellen Abenteuern beschäftigt oder schockiert die jüngeren durch ganz neue Wertvorstellungen oder fremde Verhalten. (Ich erinnere mich noch genau an den ersten Besuch meines Bruders nach Beginn seines Studiums an einer Eliteuniversität. Ich wohnte damals noch zu Hause und besuchte ein College in unserer Heimatstadt. Er war nur ein paar Monate weggewesen, aber er trug plötzlich Pullover mit rundem Ausschnitt und Khakihosen, redete, als wäre es das Selbstverständlichste von der Welt, über seine Freunde, deren Familiennamen ich aus den Klatschspalten der Zeitungen kannte, und hatte offensichtlich jedes Interesse an mir verloren. Ich ging in mein Zimmer, schloß mich ein und weinte herzzerreißend, weil ich glaubte, den

Kameraden meiner Kindheit für immer verloren zu haben.) Oder eins der Geschwister geht noch weiter und experimentiert mit Alkohol oder Drogen, während die anderen hilflos und abgeschnitten zurückbleiben – wenn sie sich nicht begeistert bemühen, es ihm gleichzutun.

Daneben gibt es aber auch andere Faktoren, die Geschwister in der Adoleszenz wieder näher zusammenführen. Mit zunehmender Unabhängigkeit entstehen zwischen Brüdern und Schwestern im Jugendalter oft starke Bündnisse. Sie tauschen Geheimnisse aus, vor allem sexuelle, die sie ihren Eltern nicht anvertrauen würden. Und sie verbünden sich in ihrer gemeinsamen Kritik an den Eltern, die sie sich früher nicht einzugestehen wagten. Mark Platt führte die enge Beziehung, die Jerry und er im Teenageralter entwickelt hatten, auch darauf zurück, daß sie über ihre Eltern reden konnten, »als ob sie verletzbare Menschen wären, die genauso ihre Probleme hatten wie wir.«

Zudem ermutigen sich Geschwister als Teenager und junge Erwachsene gegenseitig, sich auf ihre eigenen Füße zu stellen, und finden gemeinsame Interessensbereiche, die ihnen früher nie aufgefallen sind. (Nachdem ich meine Fassung wiedergefunden und festgestellt hatte, daß sich mein Bruder *so stark* auch wieder nicht verändert hatte – und sich wieder für mich interessierte –, fingen wir an, mit Begeisterung über die Bücher zu diskutieren, die wir gelesen hatten.)

Die Geschwister, denen ihr wechselseitiges Interesse und ihre Bündnisse wichtig sind, entwickeln vor allem in der späteren Adoleszenz auf dem Fundament der frühen Jahre eine neue, reifere Beziehung, die ein stärkeres Gefühl für die eigene Individualität beinhaltet, stabil genug ist, um den offenen Krieg und die schlimmsten Rivalitäten beizulegen, und unabhängig genug, um die individuelle Persönlichkeit des anderen zu schätzen. Viele Geschwister sagten, sie hätten sich erst in ihren College-Jahren wirklich kennengelernt und wären gute Freunde geworden, auch dann, wenn sie nicht dasselbe College besuchten. Wie wichtig diese Nähe ist, die in den College-Jahren entsteht, zeigt ein neues, verblüffendes Forschungsergebnis. Es handelt sich um das Ergebnis einer Langzeitstudie, die als Grant-Studie bekannt wurde und bei der eine Gruppe von Männern, die in den vierziger Jahren in Harvard studiert hatten, über vierzig Jahre lang untersucht wurde. Die Untersuchung wollte wichtige Faktoren für die körperliche und psychische Gesundheit im Leben dieser Männer identifizieren. Seit 1967 hat der Psychiater George Vaillant die Untersuchung geleitet und immer wieder Berichte über die Teilnehmer in unterschiedlichem Alter veröffentlicht. Im Jahre 1990 nahmen von den ursprünglich 204 Männern noch 173 teil (manche waren gestorben, andere wollten nicht mehr). Mittlerweile hatte Vaillant einige Schlußfolgerungen darüber entwickelt, welche Faktoren der früheren Jahre den größten Einfluß auf die Gesundheit der jetzt 65jährigen hatten.

Relativ weit oben auf der Liste von Faktoren, die für die Anpassung – damit war allgemeine Gesundheit und Zufriedenheit im Leben gemeint – wichtig waren, stand die enge Beziehung zu den Geschwistern im College-Alter. Der Gesamtzustand der Männer, die in den College-Jahren eine herzliche und enge Beziehung zu ihren Geschwistern hatten, war im späteren Leben besser als das allgemeine Befinden derjenigen, die sehr distanzierte oder feindselige Geschwisterbeziehungen hatten.

Vaillants Ergebnisse weisen darauf hin, daß die Nähe, die Geschwister in der Jugend entwickeln, sich später auszahlt. Diese Nähe wird von der frühesten Kindheit an Schritt für Schritt aufgebaut und von den Geschwistern, ihren Eltern und der Kultur geformt, in der sie leben. Im weiteren Verlauf des Lebenszyklus von Geschwistern variiert bei jedem neuen Übergang in eine andere Lebensphase das Maß von Nähe und Distanz. Aber Wärme und Kongenialität verschwinden selten völlig, wenn sie früh etabliert wurden. Sie werden bei älteren Menschen erneut zu einer Quelle des Trostes und der geschwisterlichen Kameradschaft.

13. Nähe und Distanz über Zeit und Raum

Wenn Geschwister erwachsen werden und das Elternhaus verlassen, geben sie einen Lebensstil auf, der in den meisten Fällen in dieser Form nie wiederkehrt: das gemeinsame Leben unter einem Dach. Die Erfahrungen der gemeinsamen Kindheit, der gemeinsamen Schlafzimmer und der Kleidungsstücke, die die jüngeren auftragen, wenn die älteren aus ihnen herausgewachsen sind, der Kämpfe um die Macht und um die Eltern, der Freundschaften und Streitereien, das alles wird jetzt zum Bestandteil der Erinnerungen, die Geschwister in ihr neues, eigenes Leben mitnehmen. In Verbindung mit den Gefühlsschichten, die sich im Laufe der Jahre gebildet haben, sind diese Erinnerungen das Fundament, auf dem ihre Einstellungen und Handlungen in den kommenden Jahrzehnten aufbauen.

Die Bindungstheorie sieht in Erinnerungen einen wesentlichen Bestandteil der kontinuierlichen Bindungen im Erwachsenenleben; die Art der Erinnerung gibt Aufschluß über die Art der Bindung, ihre Entstehung und ihre Fortsetzung. Wieder lassen sich aus der Untersuchung der Eltern-Kind-Bindungen, hier insbesondere der Verbindung zwischen Erinnerungen und Bindungsqualität, Parallelen für das Verständnis der Geschwisterbeziehung ableiten.

Um eine Antwort auf die Frage zu finden, warum manche Kinder sicher an die Eltern gebunden sind und andere unsicher und ängstlich, hat sich die Forschung der Entwicklungsgeschichte der Eltern zugewandt. Dabei wurde schnell klar, daß die *Art,* in der sich die Eltern an diese Geschichte erinnerten, wichtigere Aufschlüsse über ihr Verhalten zu ihren Kindern geben konnte als der *Inhalt.*

Die Eltern, die die Psychologin Mary Main interviewte, ließen sich nach der Art ihrer Erinnerung in drei Gruppen einteilen. Die erste Gruppe konnte sich klar an Ereignisse und Gefühle aus der Kindheit und ihre Verbindungen zu den Eltern erinnern und diese Erinnerungen zusammenhängend erzählen. Sie waren imstande, sich mit schmerzlichen oder problematischen frühen Erinnerungen zu konfrontieren und sie zu integrieren. Für Main war die Fähigkeit, relativ problemlos über Erinnerungen zu sprechen, ein Anzeichen für eine sichere Bindung in der Kindheit bzw. für die Bewältigung einer unsicheren Bindung, die eine unproblematische Beziehung zu anderen ermöglichte. Ihren Kindern vermittelten diese Eltern Einsichtsfähigkeit und sicheres Verhalten; die Kinder wirkten so sicher gebunden und selbstbewußt wie sie.

Die zweite Gruppe konnte sich kaum an ihre Kindheit erinnern und hatte schmerzliche Ereignisse und Gefühle verdrängt. Sie beschrieben ihre Beziehung zu den eigenen Eltern zunächst mit idealisierten Begriffen wie »gut« oder »ausgezeichnet«; aber bei genauerem Nachfragen fielen ihnen Ereignisse ein, die eher für elterliche Vernachlässigung oder Ablehnung sprachen. Die Unfähigkeit oder der Unwille, sich an Ereignisse so zu erinnern, wie sie geschehen waren, verwiesen auf eine Abspaltung der Vergangenheit, die sich auf die Beziehung zu ihren Kindern übertrug, so daß sie ebenfalls zur Abspaltung oder in Mains Worten zur »Vermeidung« neigten.

Bei der dritten Gruppe waren die Erinnerungen an die Kindheit und an die Beziehung zu den Eltern relativ unklar, sie pendelten zwischen positiven und negativen Beschreibungen hin und her. Darin zeigte sich, daß sie von den frühen Erfahrungen und den Erinnerungen daran überwältigt wurden und zu den wirklichen Gefühlen von damals nicht zurückfinden konnten. Diese Unklarheit ließ eine andauernde Abhängigkeit von der Zustimmung und der Anerkennung der Eltern entstehen. Bei ihren Kindern war eine ähnliche Ambivalenz und Unsicherheit in bezug auf die eigenen Gefühle erkennbar; sie bemühten sich scheinbar um Unabhängigkeit, klammerten sich aber gleichzeitig an die Eltern, um Geborgenheit zu finden.

Zwischen den Erinnerungen an die Eltern-Kind-Bindung und den Erinnerungen an die Geschwisterbindung lassen sich Parallelen herstellen. Solche Erinnerungsmuster sind ein wichtiger Maßstab für die Art der Geschwisterbeziehung in Vergangenheit und Zukunft.

Bei den meisten Interviews, die ich mit Geschwistern führte, verdrängte die Vergangenheit immer wieder die Gegenwart. Trotz aller Bemühungen, das Gespräch auf die *gegenwärtige* Beziehung zu den Geschwistern zu konzentrieren, kamen die Interviewten immer wieder auf das *Damals*, die Vergangenheit, zu sprechen. Damals hatte eine ältere Schwester auf das jüngere Kind aufgepaßt, und deshalb war es heute dankbar oder ablehnend oder mußte sich von der älteren Schwester lösen. Damals wollte der jüngere Bruder den älteren unbedingt abdrängen und überholen, und deshalb ist der ältere heute auf seine Leistungen stolz oder bescheiden oder hat Schuldgefühle. Die persönlichen Erinnerungen von Geschwistern unterscheiden sich zwar, vermitteln aber in der Regel ein generelles Bild der gemeinsamen Familiengeschichte.

Unter meinen Gesprächspartnern waren allerdings auch einige, die sich an »damals« gar nicht erinnern konnten. Wenn überhaupt, besaßen sie nur schwache Erinnerungen an Spiele oder Streitereien, Gefühle und Interaktionen mit den Eltern. Diese Interviews waren meist kurz und trocken, ohne die Vielfalt und Lebendigkeit, die für die vielen anderen charakteristisch waren. Ein typisches Beispiel war Turner (vgl. 5. Kap.). Seine jüngere Schwester Claire sprach viel über ihre »Sehnsucht« nach der »Liebe und Bewunderung« ihres Bruders. Sie erzählte, daß sie ein gemeinsames Zimmer hatten, bis er 13 und sie 9 Jahre alt war, und daß er gerne Ringkämpfe mit ihr gemacht hatte, bis sie hilflos am Boden lag. Turner dagegen wußte aus dieser Zeit gar nichts mehr. Er konnte sich nicht einmal daran erinnern, was es für ihn bedeutet hatte, bis zur Pubertät das Zimmer mit seiner Schwester zu teilen. In seinen Augen war sie durch die vier Jahre Altersunterschied zu ihm »so viel jünger«, daß sie kaum Gemeinsamkeiten gehabt haben konnten.

Wie bei den abspaltenden Eltern aus Mains Untersuchung und vor allem den gleichgültigen Geschwistern aus Deborah Golds Schema waren auch Turners Verbindungen zu Claire minimal. Er hatte die Erinnerungen, die eine Verbindung hätten darstellen können, entweder vergessen oder verdrängt, und dieses Vergessen oder Verdrängen war ein Symbol für die Kälte, mit der er seiner Schwester damals wie heute gegenüberstand.

Die Erinnerungen von Claire dagegen waren repräsentativ für die dritte Gruppe der Geschwisterbindung, parallel zur dritten Gruppe der Elternbindung aus Mains Untersuchung. Claires Erinnerungen pendelten emotional zwischen zwei Extremen hin und her, zwischen der Wut wegen Turners Ablehnung und der Sehnsucht nach seiner Anerkennung. Die Diffusität ihrer Erinnerungen und der Wortreichtum, mit dem sie versuchte, sie zu beschreiben, zeigten, daß sie sich über ihre Gefühle immer noch nicht wirklich im klaren war. Bei allem Groll auf Turner steckte sie gleichzeitig auch in ihren Gefühlen zu ihm fest, trug ihr Herz auf der Zunge und sehnte sich danach, von ihm bemerkt zu werden.

Die Erinnerungen an frühe Erfahrungen und Gefühle, die Geschwister in ihr individuelles Leben als Erwachsene mitnehmen, bilden die Basis, auf der dann neue Erfahrungen und neue Gefühle wirksam werden. Bei Geschwistern mit kalten, oberflächlichen Erinnerungen, bei denen Gefühle oder Verständnis keine Rolle spielen, machen diese neuen Erfahrungen wenig Eindruck, sie plätschern wirkungslos dahin. Die Beziehungen zu den Geschwistern bleiben, was sie immer gewesen sind: distanziert und ohne innere Beteiligung. (Eine 34jährige Telefonistin mir einem 36jährigen Bruder meine: »Unsere Beziehung ist kühl und höflich, trotz all meiner Versuche, zu ihm durchzukommen. Wenn wir uns treffen, dann verlaufen die Gespräche nach dem Muster: ›Wie geht's dir?‹ ›Gut. Und dir?‹ ›Gut. Und den Kindern?‹ ›Gut.‹ ›Was macht die Arbeit?‹ ›Alles in Ordnung.‹ ›Gut.«)

Bei den Geschwistern, deren Erinnerungen und die dadurch wachgerufenen Gefühle verworren oder wie bei Claire ungefiltert und unklar sind, können neue Ereignisse zu gewissen Veränderungen der Beziehung führen, neue Gefühlsbereiche eröffnen und alte auflösen. Claire beschrieb zum Beispiel die kurze »Atempause« in der gewohnt kühlen Beziehung zu Turner nach dem Tod der Mutter, der sie einander für kurze Zeit näherbrachte. Aber da Claire zwar viele, aber zu viele negative und Turner zu wenige Erinnerungen besaß, blieb diese Veränderung eine einmalige Episode.

Bei der Mehrzahl der Geschwister bildeten die Erinnerungen aber so etwas wie eine abwechslungsreiche unterirdische Landschaft mit steilen Bergen, sanften Tälern und felsigen Abgründen, über die Veränderungen wie große Wellen hinweggingen und neue Formen, neue Hoch- und Tiefpunkte über den alten entstehen ließen, ohne das solide Fundament, das Urgestein aus Erinnerungen und Gefühlen anzugreifen, das ein ganzes Leben überdauert.

Die ersten Veränderungen, mit denen Geschwister am Beginn des Erwachsenenlebens konfrontiert sind, sind oft auch die weitreichendsten, weil es sich um räumliche Trennungen durch normale Lebensereignisse wie Beruf, Studium oder Heirat handelt, die Geschwister in verschiedene Städte, Länder oder gar Kontinente führen.

Die räumliche Entfernung schränkt den direkten Kontakt praktisch immer ein, aber nicht unbedingt den emotionalen. Der Kontrast zwischen physischer und psychischer Distanz wurde in der Fragebogenerhebung sehr deutlich.

Es gab einen signifikanten Zusammenhang zwischen dem direkten Kontakt von Geschwistern und der Entfernung ihres Wohnorts. 82 Prozent der Befragten, die nicht weiter als etwa 160 Kilometer von ihren Geschwistern entfernt wohnten, hatten mindestens einmal im Monat direkten oder telefonischen Kontakt; bei denen, die mehr als 160 Kilometer entfernt wohnten, waren es nur noch 39 Prozent. Dagegen war der Zusammenhang zwischen dem *Gefühl* von Nähe zu den Geschwistern und der Entfernung des Wohnorts gering: Von den Teilnehmern, die nicht weiter als 160 km von den Geschwistern entfernt wohnten, hatten 84 Prozent eine »sehr enge«, »enge« oder »ziemlich enge« Beziehung; bei denen, die weiter weg wohnten, 81 Prozent, also fast genauso viele. Die unsichtbaren Bindeglieder durch Nähe, Erinnerungen und Gefühle überbrücken also anscheinend auch große räumliche Entfernungen.

Eine Buchhalterin aus New York, deren Schwester in Kalifornien lebte, beschrieb diesen Brückenschlag: »Es wäre uns beiden lieber, wenn wir nicht so weit voneinander entfernt wären und uns öfter sehen könnten. Aber bei jedem neuen Besuch knüpfen wir sofort an den letzten an, und die spontane Zuneigung und die Freude an der Gesellschaft der anderen ist sofort wieder da.«

Wenn viel Zeit seit der letzten Begegnung verstrichen ist, kann dieses »Anknüpfen« an Spontaneität verlieren, unabhängig von der Nähe, die durch Erinnerungen und Gefühle entsteht. Mein Vater zum Beispiel erinnerte sich noch genau daran, wie er seinen Bruder Morris nach seiner Ankunft aus Rußland vom Schiff abgeholt hatte. Sie hatten sich drei Jahre nicht gesehen, weil mein Vater mit seinem Vater schon vorgefahren war, um wie so viele ältere Söhne das Geld für die Überfahrt der restlichen Familie zu erarbeiten. Er hatte Rußland als 15jähriger Junge verlassen; bei dem Wiedersehen war er ein 18jähriger junger Mann. Morris, sein kräftiger 16jähriger Bruder, starrte ihn unbehaglich an.

»*Was machts ihr?*« hatte er schüchtern in Jiddisch gefragt. Die Verwendung des formalen »ihr« statt des vertrauten »du« zeigte, daß dieser plötzlich erwachsene Bruder ihn einschüchterte und er die bisher zwischen ihnen übliche brüderliche Vertrautheit verloren hatte. Es brauchte seine Zeit, bis das Unbehagen schwand und die alten Gefühle wieder an die Oberfläche kommen konnten.

(Eine zeitgenössische Version dieser Geschichte hörte ich von zwei Brüdern, beide Ende Zwanzig, die sich nach zwei Jahren am Flughafen wiedersahen. Russell, der in Cleveland lebte, beugte sich vor, um seinen Bruder Alex zu umarmen, der aus London zu Besuch gekommen war. Als er aber den eleganten englischen Anzug von Alex bemerkte, wurde er verlegen. Er wußte nicht, ob Umarmungen zwischen Männern in England üblich waren. Vorsichtshalber streckte er also die Hand aus, genau in dem Augenblick, als Alex sich vorbeugte, um *ihn* zu umarmen. Schulter an Schulter schüttelten sich die beiden verlegen die Hand und starrten sich schweigend an. Beide waren sich nicht mehr sicher, ob der andere tatsächlich noch derselbe Bruder wie früher war.

»Ich bekam Angst, daß Russell sich verändert hätte«, sagte Alex, der den Vorfall erzählte, »bis ich bemerkte, daß es ihm mit mir genauso ging. Wir mußten uns erst wieder aneinander gewöhnen.«)

Bei manchen Geschwistern kann die Entfernung auch einen Gewinn an Nähe bringen: »Ich finde es toll, zwei Schwestern zu haben, aber ich finde es noch toller, daß sie weit weg wohnen. Ich muß nicht darüber nachdenken, was ich für sie fühle«, sagte eine Grundstücksverwalterin, die sich normalerweise über ihre Gefühle sehr genau im klaren war. Und eine Klavierlehrerin mit vier älteren Brüdern und drei jüngeren Schwestern meinte: »Ich bin so froh, daß sie nicht in der Nähe wohnen. Die Entfernung sorgt dafür, daß ich sie gernhaben kann. Wenn wir nicht soweit voneinander weg wohnen würden, würden wir wahrscheinlich nicht mehr miteinander reden.« Manche Menschen können ihre positiven Gefühle und Erinnerungen gerade wegen der räumlichen Distanz bewahren, da sie es ihnen alltägliche Belastungen erspart.

In den ersten Jahren des Erwachsenenalters kann räumliche Entfernung auch das ständige Bemühen von Geschwistern um die Entwicklung einer individuellen Persönlichkeit fördern. Die Trennung zwingt sie, ihre eigenen Entscheidungen zu treffen, ihr Berufs- und Privatleben selbst in die Hand zu nehmen, ohne sich dauernd auf den Rat oder den Beifall der anderen zu verlassen. Nancy Ginetti war untröstlich über den Umzug ihrer Schwester Mary Ann nach Seattle, aber er gab ihr gleichzeitig auch die (physische wie psychische) Freiheit, ihr Studium wieder aufzunehmen und sich eine Karriere als Innenarchitektin aufzubauen.

Die größte Gefahr bei der räumlichen Distanz liegt natürlich darin, daß sie selbst bei Geschwistern mit starken Bindungen und Erinnerungen zu einer permanenten Entfremdung führen kann, wenn sie sich nicht bewußt um regelmäßigen Kontakt bemühen. (Diese Gefahr wird noch größer, wenn die Eltern eine Art »Nachrichtenbörse« aufbauen, das heißt, ihre Kinder über die jeweiligen Aktivitäten informieren und stellvertretend für sie Kontakt halten. Wenn die Eltern dann krank werden oder sterben, bricht oft das ganze Geschwistersystem zusammen.)

Manche Geschwister begrüßen das geradezu, weil sie Nähe und Kontakt eben nicht wünschen und ganz bewußt weit weg ziehen, um sich aus dem Weg gehen zu können. Es kommt nicht selten vor, daß erwachsene Kinder sich durch Umzug in einen weit entfernten Ort von den Eltern zu lösen versuchen und dabei auch die Geschwister aus ihrem Leben ausschließen, die sich den Eltern weiterhin verbunden fühlen. Für Brüder und Schwestern, die auf diese Weise im Stich gelassen werden und durch ihre anhaltende Bindung an die Eltern sozusagen ins »feindliche Lager« geraten, ist dieser Verlust oft schmerzlich. So sagte eine sehr freundliche Physiotherapeutin fast entschuldigend, daß ihr Bruder, ein Künstler, der »nach Europa gegangen ist, antiamerikanische Einstellungen hat und die Wertvorstellungen der Familie ablehnt«, sie wegen ihres »konventionellen amerikanischen Lebensstils« verachten würde. Traurig meinte sie, daß sie von ihrem Bruder »nicht nur durch die räumliche Entfernung, sondern auch durch eine Lebenseinstellung getrennt« wäre.

Aber trotz der Mobilität unserer Gesellschaft und trotz der zahlreichen Ursachen für eine große räumliche Entfernung von Geschwistern leben sehr viel mehr Brüder und Schwestern ihr Leben lang nahe beieinander, als man erwarten könnte. Bei einer Gallup-Umfrage von 1989 hat sich ergeben, daß der Wohnort bei mehr als der Hälfte aller erwachsenen Geschwister (57 Prozent) maximal eine Autostunde voneinander entfernt ist; damit liegt die Zahl nur 10 Prozent unter der Zahl der Erwachsenen, die eine Autostunde von den Eltern entfernt sind.

Geschwister, die in erreichbarer Nähe voneinander wohnen, sind unmittelbarer als die anderen mit der Frage konfrontiert, wie eng oder wie distanziert ihre Beziehung sein soll. Diese Frage wird oft in den verschiedenen Lebensphasen unterschiedlich beantwortet.

Der Eintritt ins Berufsleben ist für junge Männer und Frauen ein weiterer Schritt auf dem Weg zur Entwicklung ihrer individuellen Persönlichkeit und ihrer Unabhängigkeit von den Eltern. In diesem Prozeß entsteht für manche eine neue Nähe zu den Geschwistern. Da sie derselben Generation angehören, können sie sich gegenseitig helfen, sich an das neue Leben außerhalb des Elternhauses anzupassen. Mark Platt führte die starke Bindung, die sich zwischen Jerry und ihm im Collegealter entwickelte, darauf zurück, daß die Brüder jetzt, als Erwachsene, »eher bereit waren, sich über ihre Gedanken und Gefühle auszutauschen«. Im College, wo sie ohne die Eltern auf sich gestellt waren, hatten sie auch die Gelegenheit, »eine Beziehung zu entwickeln, die ausschließlich auf der Tatsache beruhte, daß wir gerne zusammen waren.«

Im frühen Erwachsenenalter ist aber auch der Unabhängigkeitsdrang so stark, daß viele Geschwister trotz aller Zuneigung und neu entdeckter Freundschaft ihre individuellen Unterschiede stärker als je zuvor behaupten müssen.

In dem folgenden Zitat aus seiner Autobiographie »Die Tatsachen« spricht Philip Roth über das Verhältnis zu seinem älteren Bruder Sandy, der Werbegrafiker geworden war und ihn lange Zeit inspiriert hatte, in der Zeit, in der er seine Karriere als Schriftsteller begann: »Ich tat, was ich konnte, um meine Verachtung ... für den Standpunkt des Typen aus der Werbung zu unterdrücken, aber er hat sie nicht weniger gespürt als ich sein Unbehagen in der Gesellschaft von Uni-Leuten und Intellektuellen oder bei ihren Provokationen, die er für Angeberei hielt. ... Eine mißtrauische Strömung zwischen uns, die von den starken beruflichen Gegensätzen gefördert wurde, sorgte dafür, daß wir befangen und sogar gehemmt waren, wenn wir uns trafen oder miteinander telefonierten.« Geschwister, die vorher als loyale »Hänsel und Gretel« übermäßig voneinander abhängig gewesen sind, stellen in diesem Alter oft fest, daß die Nähe, die ihnen früher das Leben gerettet hat, sie jetzt zu ersticken droht. Aus dem Bedürfnis, eigenständige Individuen zu werden, machen sie sich jetzt entschlossen daran, endlich die Grenzen festzulegen, die sie voneinander unterscheiden.

John Cheever zog mit 22 Jahren allein nach New York und ließ seinen Bruder Fred, sein Alter ego, in Boston zurück. Ihm war klar, daß ein längeres Zusammenleben zu nichts anderem führen könnte, als daß sie »ihr Leben abtragen würden wie alte Kleidungsstücke, in hingebungsvoller Ergebenheit, deren ursprünglicher Sinn sich ins Gegenteil verkehren mußte«, wie eine Figur in einer seiner Kurzgeschichten sagt.

Der 27jährige Mathematiker Ben versuchte ganz bewußt, sich von seinem brillanten älteren Bruder zu lösen, der ihn mit seinen Fähigkeiten sowohl »überwältigt« als auch »beherrscht« hatte. Mit seinen radikalen politischen Ansichten und seinem alternativen Lebensstil verhöhnte er den seriösen Konservatismus des Bruders, was ihn allerdings nicht davon abhielt, dasselbe Forschungsgebiet zu wählen. Das läßt sich als Anzeichen für eine nicht besonders gelungene Ablösung betrachten. Andererseits stellte aber die Konkurrenz auf dem Gebiet des Bruders, der Beweis, daß er ihn gerade da schlagen konnte, vielleicht auch die einzige Möglichkeit für ihn dar, die Trennung *wirklich* zu vollziehen.

Stephanie, eine Politikerin, brachte das Bemühen um die Ablösung von den Geschwistern am besten auf den Punkt. Als sie fünfzehn Jahre alt gewesen war, war ihre Mutter gestorben, und seitdem hatte sie ihrer fünf Jahre jüngeren Schwester »die Mutter ersetzt«. »Es hat keine klaren Grenzen zwischen uns gegeben. Einerseits war ich die Mutter, aber wenn ich ihr sagte, was sie in einer bestimmten Situation tun sollte, oder irgendetwas an ihrem Verhalten kritisierte, wurde sie wütend, weil ich so tyrannisch wäre. Andererseits war ich die Schwester, aber wenn ich sie nicht wie eine Tochter behandelte und ihr bei allen Schwierigkeiten half, fühlte sie sich verletzt und vernachlässigt.«

Vor einiger Zeit hatten diese Schwestern nach einem langen Gespräch beschlossen, sich für ein Jahr zu trennen. »Aber wir wußten beide«, sagte

Stephanie, »daß wir uns jederzeit anrufen konnten, wenn wir einander wirklich brauchten.« Als sie sich dann wirklich anriefen und trafen, »sprachen zwei Erwachsene miteinander«, wie Stephanie sagte. »Wir waren erwachsen. Sie war nicht mehr so abhängig, und ich war nicht mehr so tyrannisch, und so ist es seitdem auch geblieben.«

Die offensichtlichste Unabhängigkeitserklärung von Geschwistern im jungen Erwachsenenalter ist natürlich die Heirat, die weg von der Herkunftsfamilie und hin zur Verantwortung für eine neue Familie führt. Für eng verbundene Geschwister bedeutet die Heirat von Bruder oder Schwester einen »notwendigen Verlust«, wie Judith Viorst es nennt, das heißt, sie müssen etwas verlieren (die besondere und ausschließliche Geschwisterintimität), um etwas anderes zu gewinnen (Zuneigung zu Schwager oder Schwägerin, eine reife Freundschaft mit Bruder oder Schwester).

Die Fragebogenerhebung hat verblüffenderweise ergeben, daß im allgemeinen die Ehepartner die Beziehungen zwischen Geschwistern eher verbessern als verschlechtern und daß die so oft geschmähten Schwägerinnen dabei die positivste Rolle spielen. Aber recht bedacht ist dieses Ergebnis eigentlich nicht unlogisch. Geschwister sind in dieser Lebensphase damit beschäftigt, ihre individuelle Identität zu festigen. Deshalb lockern sich oft die Beziehungen zwischen ihnen oder brechen sogar völlig ab. Die Ehepartner, die nicht mit dem emotionalen Ballast der Geschwisterbindung belastet sind und auch keine Gefährdung ihrer Identität befürchten müssen, wenn sie eine enge Beziehung zu Schwägerinnen oder Schwägern aufbauen, können einerseits die Familienbeziehungen festigen und andererseits ihren Ehepartnern bei der Entwicklung zu autonomen Individuen helfen. Und Schwägerinnen halten wie Schwestern oft die ganze Familiengemeinschaft zusammen.

Gelegentlich können Schwägerinnen oder Schwäger auch emotionale Löcher in der Familie der Ehepartner stopfen, indem sie den angeheirateten Geschwistern Bruder oder Schwester, ja sogar die Eltern ersetzen. So wurde Chris, der Mann der dritten Ginetti-Schwester Kate, für die jüngste Schwester Lisa zu dem großen Bruder, den sie nie hatte. Sie hätte sogar fast einen Mann geheiratet, der ihm sehr ähnlich war. Und das Einzelkind Chris genoß es, in Lisa eine »kleine Schwester« bekommen zu haben. Für beide bedeutete die angeheiratete Verwandtschaft keine Einschränkung, sondern eine Erweiterung der Familienbindung.

Trotz allem schafft die Ehe aber auch Grenzen zwischen Geschwistern, und das ist gut so, weil diese Grenzen nötig sind, wenn sie ihre Ehe und ihre Freundschaft zueinander schützen wollen. Der offene Neid der Schwester auf die Schwägerin oder die erbitterte Rivalität des Bruders mit dem Schwager können Familienbeziehungen nachhaltig gefährden. Um die Beziehungen einigermaßen verträglich zu gestalten, ist die Einsicht nötig, daß man auch zu den Ehepartnern von Geschwistern Beziehungen aufrechterhalten muß, die man nicht mag, um die Bindungen an die Geschwister nicht zu gefährden.

Matt Elliot (vgl. 5. Kap.) bewunderte seine ältere Schwester Debra für vieles, auch und nicht zuletzt für ihre Freundlichkeit zu seiner Frau. Sie hatte ihn vor dieser Ehe gewarnt, aber Matt und seiner Frau ihre herzliche Unterstützung angeboten, sobald sie verheiratet waren.

Klare Grenzlinien sind aber auch innerhalb der Ehe nötig. Als ich vor einigen Jahren an einem Buch über langverheiratete Ehepaare arbeitete, stellte ich fest, daß zu den ausschlaggebenden Faktoren für eine glückliche und dauerhafte Ehe auch die Fähigkeit gehörte, die Loyalität zu den Ehepartnern über die Loyalität zu Eltern, Geschwistern oder Freunden zu stellen. Das bedeutet, daß die Eheleute nicht mit Außenstehenden über Einzelheiten ihres Ehelebens sprechen und Außenstehenden auch keinen Zugang zu ihrer Gemeinschaft gestatten, der die Intimität der Partner durch Kritik an dem einen oder Klatsch über den anderen verwässern könnte. Und das heißt für die Geschwisterbeziehung, und sei sie noch so innig, daß es Grenzen gibt, die verheiratete Brüder und Schwestern nicht überschreiten können oder dürfen.

Der Klatsch aus dem ehelichen Nähkästchen war etwa für Gail ausdrücklich keine Möglichkeit, eine größere Nähe zu ihrer Schwester Pam herzustellen, obwohl sie sich auf dem Hintergrund ihrer gemeinsamen schrecklichen Kindheit sehr bemühte, diese Nähe herzustellen. »Wenn wir schwere Eheprobleme hätten«, sagte sie, »wären wir uns vielleicht aus reiner Not nähergekommen. Aber wir haben beide nie den Ehemann der anderen kritisiert oder Geheimnisse über den eigenen ausgeplaudert. Das war die goldene Regel, und dadurch sind beide Ehen stabil geblieben.«

Leider wird diese goldene Regel für Ehe- und Geschwisterverhalten nicht immer befolgt. Die Soziologin Mirra Komarovsky hat in ihrem Buch über Arbeiterfamilien darauf hingewiesen, daß die Männer aus diesen Schichten oft so unfähig sind, ihre Gefühle auszudrücken, und sie so stark abspalten, daß ihre Ehefrauen sich die fehlende Wärme und emotionale Nähe oft nur bei der Herkunftsfamilie holen können, und da vor allem bei den Schwestern.

Durch meine Forschung über langverheiratete Ehepartner und über Geschwister bin ich Brüdern und Schwestern begegnet, die nach ihrer Heirat nicht weniger eng miteinander verstrickt waren als vorher und deren unzugängliche Beziehungssysteme kaum Raum für die Ehepartner ließen. Die Ehe führte bei ihnen nicht zur Loslösung oder dem Gefühl des Verlusts; sie blieben so sehr miteinander verbunden, daß sie keine Hemmungen hatten, sich neben anderen Geheimnissen auch intime Dinge aus ihrer Ehe zu erzählen oder die Geschwisterbindung über die Bindung an den Ehepartner zu stellen.

Im schlimmsten Fall kann eine so feste Bindung zwischen Geschwistern einen Keil zwischen die Ehepartner treiben. Ein Beispiel dafür hat Lynn erzählt, deren Mutter eine extrem innige Beziehung zu ihrem Bruder hatte.

Lynns Mutter und ihr jüngerer Bruder stammten aus einer englischen Familie der Oberschicht. Die Eltern waren von ihren gesellschaftlichen Pflichten stark in Anspruch genommen und hatten wenig Zeit für ihre Kinder, die eine sehr starke Bindung aneinander entwickelten. Der Bruder unterrichtete seine Schwester in den verschiedenen Sportarten; was die Schwester dem Bruder beibrachte, wußte Lynn nicht. Nach ihrer Heirat zogen Bruder und Schwester mit ihren Familien in dasselbe Haus. Wenn der Bruder abends von der Arbeit nach Hause kam, ging er zuerst bei seiner Schwester vorbei, trank ein Glas, entspannte sich und beredete die Ereignisse des Tages mit ihr, bevor er zu seiner eigenen Familie ging. Da er in der Bank ihrer Eltern arbeitete, war er sich des sympathischen Interesses seiner Schwester gewiß. Dieses Interesse brachte seine Frau, Lynns Tante, nicht auf. Sie kochte vielmehr vor Wut auf die Schwägerin, die ihren Ehemann in Beschlag nahm, und zeigte das durch ihr ausgesprochen kühles Verhalten zu ihrer Schwägerin und ihren Nichten, also Lynn und ihrer Schwester.

Die Situation verschlimmerte sich, als Lynns Tante erfuhr, daß ihr Mann sich mit dem Einverständnis seiner Schwester in deren Wohnung mit seiner Geliebten traf. Sie schaffte es zwar, ihre Ehe zu retten, aber zwischen den Schwägerinnen kam es dadurch zu dem völligen Bruch. Wenn sie sich zufällig begegneten, drehte sich die Tante auf dem Absatz um und ließ die Schwägerin und die Nichten einfach stehen.

»Ach, die ist einfach verrückt«, erklärte Lynns Mutter ihren Töchtern.

Aber Lynn meinte, als sie mir die Geschichte erzählte: »Ich kann das nicht verrückt finden. Für mich war es normal, daß mein Onkel dauernd bei uns war, und ich hatte ihn gern, weil er uns immer Süßigkeiten mitbrachte. Doch später, als mir klar wurde, was alles passiert war, da war ich völlig auf der Seite meiner Tante.«

Übertrieben enge Geschwisterbeziehungen können in sämtlichen Kombinationen eine Ehe gefährden, aber das gefährlichste Potential hat hier die exzessive Nähe zwischen Bruder und Schwester. Älteren Brüdern, die sich sowieso schon gern als Beschützer ihrer jüngeren Schwestern sehen, fällt es bei einer sehr engen Beziehung zu ihrer Schwester oft besonders schwer, diese Rolle nach der Heirat aufzugeben, und für die Schwester ist es in solchen Fällen auch nicht leichter, das Vertrauen, das immer dem verehrten älteren Bruder gegolten hat, auf einen anderen Mann zu übertragen. Ältere Schwestern, die ihre jüngeren Brüder oft bemuttern, geben ihren speziellen Platz als Beraterin und Vertraute nach der Heirat des Bruders nicht so leicht an dessen Ehefrau ab, und auch dem Bruder fällt es schwer, seine Abhängigkeit von der Schwester aufzugeben.

Unter diesen meist unbewußten Gefühlen schwelen dazu häufig sexuelle Gefühle; eine alte erotische Anziehung zwischen Geschwistern verschiedenen Geschlechts, die unter Umständen nie ganz auf Ehe- oder Liebespartner übertragen werden.

In George Eliots Roman »Die Mühle am Floss« sterben die erwachsenen Geschwister Maggie und Tom Tulliver eng umschlungen gemeinsam bei einer Überschwemmung. Dieser Tod symbolisiert ihren tiefen Wunsch nach Vereinigung, obwohl sie, oberflächlich betrachtet, beide andere Liebespartner gefunden oder gesucht haben. Die Worte auf ihrem Grabstein: »Im Tod waren sie nicht getrennt«, haben für viele Brüder und Schwestern Gültigkeit, die zwar in konventionellen Ehen leben, aber bis zum Lebensende emotional umarmt bleiben.

Das Gegenstück zu Geschwistern, die trotz ihrer Ehe aufs engste verbunden sind, bilden Brüder und Schwestern, die sich wegen ihrer Ehe sehr weit voneinander entfernen. Das starke Engagement für die Familie des Ehepartners zum Beispiel führt oft dazu, daß das Interesse an der eigenen Herkunftsfamilie schwindet. Das war bei Stephanie und ihrer jüngeren Schwester der Fall, von denen schon die Rede war, weil sie ein Jahr lang verabredungsgemäß kaum Kontakt hatten, damit die Schwester sich aus ihrer Abhängigkeit von Stephanie befreien konnte. Danach war sie aber so unabhängig geworden und wurde so stark von der großen, fröhlichen Familie ihres Mannes in Anspruch genommen, daß sie für Stephanie kaum noch Zeit hatte. »Ich hasse es, daß ich immer vergessen werde«, sagte Stephanie. »An Weihnachten hat sie die ganze Familie ihres Mannes zum Essen eingeladen, aber auf die Idee, daß sie mich auch einladen könnte, ist sie anscheinend überhaupt nicht gekommen. Sie hatte 27 Leute zum Essen da. Auf eine mehr wäre es doch wohl nicht angekommen.«

Vielleicht aber doch. Vielleicht wäre ihre Entschlossenheit, die Bindung zu Stephanie zu lösen, ins Wanken geraten, wenn sie die Schwester in die Freuden ihres neuen Familienlebens einbezogen hätte. Normalerweise haben Menschen, die ihre eigene Familie fallenlassen und sich in die Familie des Ehepartners integrieren, dafür ihre Gründe. Manche wollen alle Spuren der Abhängigkeit von Geschwistern oder Eltern tilgen oder die Last der Verantwortung für sie abschütteln, andere finden in der neuen Familie, was ihnen in der alten gefehlt hat, zum Beispiel einen besseren

Status, Wärme und Kameradschaft oder die Befriedigung, anerkannt zu werden. »Ich finde es sehr schön, daß ich in eine Familie eingeheiratet habe, die mir die Gelegenheit gibt, ›eine Familie‹ zu erleben, die mich liebt und akzeptiert«, schrieb ein 31jähriger. »Meine eigene Familie hat mich nie wirklich gekannt.«

Für Risse in der Beziehung verheirateter Geschwister sorgen auch die verschiedenen Lebenssituationen: unterschiedliche Wertvorstellungen führen zur Kritik am Lebensstil, am Umgang mit Geld oder an der Kindererziehung von Bruder und Schwester; ein unterschiedliches Einkommensniveau verhindert zum Beispiel gemeinsame Ferien und gegenseitige Besuche oder macht es unmöglich, sich für eine Einladung zu revanchieren; unterschiedliche religiöse Einstellungen führen zu Problemen, wenn die eine Familie sehr fromm ist, regelmäßig zur Kirche geht und sich in der Gemeinde engagiert, während die andere mit Religion nichts zu tun haben will; und durch unterschiedliche Beziehungen zu den Eltern kann die Familie des einen Kindes gegen die des anderen ausgespielt werden.

Besonders dieser letzte Punkt führt oft zur schlimmsten Entzweiung, es sei denn, die Geschwister und ihre Ehepartner verbünden sich miteinander, um sich gemeinsam dagegen zu wehren. Eltern, die eine Schwiegertochter oder einen Schwiegersohn ablehnen, stören das Gleichgewicht der Geschwisterbeziehung auf dieselbe Weise wie durch ihr Favoritentum. Wenn sie den Ehepartner eines Kindes bei den anderen schlechtmachen, wecken sie die alten negativen Gefühle und verstärken sie oft noch. Lew Dorman hatte mit seiner Charakterisierung seiner beiden Schwiegersöhne als »kleinen Napoleon« (der Mann von Meredith) und als »phantastischen, wunderbaren Menschen« (der Mann von Patty) dem Streit der beiden Töchter zusätzlich Nahrung geliefert. Nicht weniger wichtig ist aber die Tatsache, daß die Ablehnung des einen Ehepartners und die Zustimmung zum anderen die alte Eifersucht von Geschwistern neu entfacht, den alten Positionskampf um die Eltern, der aus der Geschwisterbeziehung nie ganz verschwindet.

Durch eine Scheidung wird ein großer Teil der Unabhängigkeit von Geschwistern wieder rückgängig macht, der durch die Heirat möglich wurde. Eine Scheidung ist für die Betroffenen immer ausgesprochen schmerzlich. Trotzdem hat sie unter Umständen den positiven Aspekt, daß die anderen Familienmitglieder sich in dieser Situation um Bruder oder Schwester scharen, was, negativ betrachtet, die frühe Abhängigkeit von Bruder und Schwester wieder herstellen kann, wenn es der oder dem Betreffenden an innerer Sicherheit fehlt. Viele Geschwister sehen dann die Scheidung nur allzu gern und freuen sich im stillen, daß der oder die andere nicht mehr »besetzt« ist, wie es eine Frau über ihren Bruder sagte.

Aber für einen Menschen, der vor dem Scherbenhaufen seiner Ehe steht, kann die Unterstützung der Geschwister trotz allem zum Rettungsanker in einer Situation werden, die von Verzweiflung und Verwirrung geprägt ist. Viele Geschwister sagten, sie hätten in solchen Phasen auch die Rollen getauscht: Die jüngeren übernahmen die Rolle der großen Schwester oder des großen Bruders, um die älteren zu unterstützen und zu trösten. Eine Büroleiterin mit Söhnen im Teenageralter sprach stellvertretend für andere von der Dankbarkeit, die viele Frauen nach der Scheidung gegenüber ihren Brüdern empfanden, die ihren Kindern den Vater ersetzten und »eine männliche Perspektive« bieten konnten. Und viele entwickelten durch die gegenseitige Hilfe in den Trennungs- oder Scheidungskrisen auch ein ganz neues Verständnis füreinander.

Ausnahmen von dieser Familiensolidarität nach einer Scheidung gab es dann, wenn die Familienmitglieder die Scheidung ablehnten. Dabei spielten oft religiöse Gründe eine Rolle, aber auch etwa die Auffassung, die ein Mann im Gespräch über seinen Bruder so formulierte: »Seine Scheidung ist der reine Egoismus und schadet unschuldigen Kindern. Meine Schwestern und ich sprechen deswegen nicht mehr mit ihm.«

Auch die Freundschaft zu Schwager oder Schwägerin kann die Situation bei einer Scheidung komplizieren. Bei langjährigen Ehen, in deren Verlauf die Ehepartner von den Geschwistern oft als Freunde und Familienmitglieder akzeptiert worden sind, bleibt der Status der angeheirateten Verwandten nach der Scheidung in der Schwebe. Wie weit geht die Loyalität zu Bruder oder Schwester? Muß man sich sozusagen »auch scheiden lassen«, selbst wenn man mit Schwägerin oder Schwager gut befreundet ist? Und stellt es nicht vielleicht einen Verrat am Bruder oder an der Schwester dar, zumindest in deren Wahrnehmung, wenn man die Freundschaft zu den Ex-Ehepartnern beibehält?

Die Antworten auf diese Fragen hängen größtenteils von den Ursachen der Scheidung und dem Ausmaß der Feindseligkeit zwischen den Parteien ab. Im allgemeinen hat meine Untersuchung gezeigt, daß nach einer Scheidung vor allem die Loyalität der Geschwister gefordert ist. In dieser Situation werden Kontakte zwischen Ex-Ehepartnern und Freunden eher toleriert als zwischen Ex-Ehepartnern und Geschwistern. Das ist ein weiteres Beispiel dafür, daß die Geschwisterbeziehung mehr als Freundschaft ist, selbst bei den Geschwistern, die sich keineswegs für die besten Freunde halten.

Die Frage, wie man sich gegenüber Ex-Schwager oder Ex-Schwägerin verhält, wird übrigens nicht nur bei der Scheidung, sondern auch beim Tod von Geschwistern aufgeworfen, und im letzteren Fall wird die Antwort noch komplizierter. Bei langjährigen Ehen haben die angeheirateten Verwandten oft eine so enge Beziehung entwickelt, daß sie sich auch nach dem Tod des Ehepartners weiter als Familienmitglieder betrachten. Aber wenn ein Ehepartner relativ früh gestorben ist und Schwager oder Schwägerin wieder heiraten, wissen die überlebenden Geschwister oft nicht recht, wie sie reagieren sollen. Melissa Fields (vgl. 10. Kap.) war in der Zeit, als sie um ihre verstorbene Schwester Cara trauerte, zusätzlich mit dem Verlust ihres Schwagers konfrontiert, der sehr bald nach dem Tod seiner Frau wieder heiratete. Dieser zweite Verlust brachte neben der Trauer auch Ratlosigkeit: Wie sollte sie die Beziehung zu ihrem Schwager jetzt gestalten? Solange er der Mann ihrer Schwester war, hatte sie ihn wie einen Bruder behandelt. Jetzt war er der Mann einer anderen Frau, und sie fühlte sich ihm nicht mehr verwandt.

In manchen alten Gesellschaften gab es die gesetzliche Vorschrift der *Leviratsehe:* unter bestimmten, genau festgelegten Bedingungen mußte der Bruder eines Mannes nach dessen Tod seine Witwe heiraten. In anderen Kulturen galt das *Sororat,* bei dem ein Ehemann nach dem Tod seiner Frau deren Schwester heiraten mußte. Natürlich brachten diese erzwungenen Ehen für viele der Beteiligten große Probleme mit sich, und mit Sicherheit spricht nichts dafür, solche Praktiken wieder einzuführen. Dennoch hatten sie den einen Vorteil, daß sie nach dem Tode von Geschwistern die Positionen und Regeln im Umgang mit angeheirateten Verwandten klarstellten. In den offenen westlichen Gesellschaften heute gibt es keinerlei Vorschriften, die das Verhältnis von angeheirateten Verwandten nach dem Tode eines Ehepartners oder nach der Scheidung regeln, und viele Brüder und Schwestern quälen sich mit dem Versuch ab, das richtige Maß von Nähe und Distanz zu Schwägerinnen und Schwägern zu finden. Möglicherweise könnte eine größere gesellschaftliche Würdigung der starken Bindungen zwischen Geschwistern und ihrer Erweiterung auf Schwägerinnen und Schwäger hier zur Entwicklung geeigneterer Konventionen für diese komplizierte Situation führen.

Komplex sind auch die Beziehungen zu den Kindern der Geschwister, aber das ist ein Thema für sich und gehört im Grunde nicht mehr in den Rahmen dieses Buches. Zwei Punkte müssen allerdings angesprochen werden. Erstens fördert nichts so stark die Nähe von verheirateten Geschwistern wie Kinder im selben Alter. Und zweitens hält nichts die latenten Rivalitäten von Geschwistern im Erwachsenenleben lebendiger als Kinder im selben Alter.

Die erste Aussage bezieht sich auf den Austausch von Erfahrungen, Wissen, Freuden, Ängsten und Unterstützung unter Geschwistern, die zur selben Zeit Kinder erziehen. Vor allem bei Schwestern bringen die Jahre der Kindererziehung eine Nähe, die oft alles übersteigt, was sie bis dahin erlebt haben; selbst Geschwister mit großem Altersunterschied können ganz neue Gemeinsamkeiten bilden und eine neue Ebene von Intimität finden, wenn sie mit denselben Erziehungsaufgaben konfrontiert sind. »Mehr als alles andere«, schrieb eine Frau in den Fragebogen, »hat die Mutterschaft dazu beigetragen, daß meine Schwester und ich miteinander verwachsen sind.«

Die zweite Aussage bezieht sich auf den Austausch von Zeugnisnoten, sportlichen Ehrungen, Testwerten, beruflichem Aufstieg und Familienstand der jeweiligen Kinder. Das heißt nicht, daß Geschwister ihre Nichten und Neffen nicht lieben und sich nicht sehr bemühen, ihnen zu helfen (die meisten tun das). Es heißt auch nicht, daß sie die Leistungen ihrer Kinder zum Gegenstand offener Konkurrenz machen würden (das tun manche). Aber da Kinder für Eltern so oft eine Art Verlängerung der eigenen Person sind, dienen sie auch zur Verlängerung der tiefsitzenden Rivalitäten zwischen den Eltern und deren Geschwistern und manchmal sogar als Vehikel für die Rivalitäten, die ihre Eltern nie offen ausgedrückt haben.

Ich habe das zum Teil in meiner eigenen Familie erlebt. So gut und so eng die Beziehung meines Vaters zu seinen vier Brüdern auch war, und so sehr mein Bruder und ich als Kinder und Jugendliche mit unseren Cousins und Cousinen verbunden waren, war uns doch gleichzeitig immer auch klar, daß jede Familie ihre Kinder mit den Kindern der Geschwister verglich und immer vergleichen würde, fast als hätten die Brüder die Konkurrenzgefühle, die sie selbst nie ausgelebt hatten, weil es ihnen zu gefährlich war, jetzt auf ihre Kinder verschoben. Alle Brüder und ihre Frauen erzählten einander von den guten Schulleistungen dieses und der ausgesprochen großen kreativen Begabung jenes Kindes, dem finanziellen Erfolg des einen oder der phantastische Ehe des anderen. Das Lob für die Kinder der jeweils anderen und die Freude über ihren Erfolg enthielt für die eigenen Kinder die verdeckte Botschaft: Ihr müßt genausoviel oder besser noch mehr schaffen als die Cousins und Cousinen.

Erwachsene Cousins und Cousinen haben meist nicht mehr soviel miteinander zu tun wie in der Kindheit, wenn sich die gesamte Familie an Feiertagen traf. Aber einige bleiben gute und enge Freunde, und alle erleben immer wieder Momente, in denen die alte Eifersucht und Rivalität wieder aufflammt, die bei aller Milderung durch die Jahre immer noch präsent genug ist, um bei Familientreffen wie Hochzeiten oder selbst bei Beerdigungen jederzeit aktiviert werden zu können.

Dieser Wettbewerb scheint bei erwachsenen Cousins und Cousinen recht verbreitet zu sein. Er entsteht durch die elterlichen Vergleiche und hält je nach den Einstellungen der Eltern und der Enge des Kontakts der Cousins und Cousinen in der Kindheit und später in unterschiedlichem Maß an. (Auch Großeltern, die ein Enkelkind allen anderen vorziehen, können für lebenslange Rivalität und Eifersucht unter ihren Enkeln sorgen.)

Freundschaften zwischen Cousins und Cousinen sind ebenfalls nicht selten; sie entstehen wie bei meiner Familie in den Jahren, in denen Geschwister ihre Kinder zur gleichen Zeit großziehen. Kinder, die mit ihren Geschwistern nicht zurechtkommen, oder Einzelkinder machen in manchen Fällen die Cousins und Cousinen zu Ersatzgeschwistern. Und manche Cousins und Cousinen, die als Kinder keine enge Beziehung hatten, schließen im mittleren Erwachsenenalter Freundschaft, wenn sie nach dem Tod von Eltern, Tanten und Onkeln diejenigen sind, die für den Zusammenhalt der erweiterten Familie sorgen müssen.

Auch das mittlere Lebensalter bringt Veränderungen in der Geschwisterbeziehung mit sich. Die Psychologin Victoria Bedford hat mit 30 Männern und 30 Frauen zwischen 30 und 69 Jahren einen Projektionstest über die unterschwelligen Gefühle zu ihren Geschwistern durchgeführt. Die Probanden bekamen Karten, auf denen verschiedene Geschwisterpaare abgebildet waren, und sollten sich Geschichten dazu ausdenken. Diese Geschichten galten als Projektionen der Gefühle zu den eigenen Geschwistern. Bedford wollte insbesondere feststellen, ob sich das Problem der Unabhängigkeit und Loslösung von Geschwistern im Verlauf des Erwachsenenlebens verändert.

Wie sich herausstellte, gab es tatsächlich eine Veränderung: Den Probanden, die erst seit kurzem verheiratet waren und Kinder hatten, war der Bereich der Unabhängigkeit und Loslösung von den Geschwistern und die Frage nach den Unterschieden zwischen ihnen deutlich wichtiger als den älteren Probanden, deren Kinder bereits aus dem Haus waren.

Bedfords Ergebnisse belegen die wechselnden Einstellungen und Interessen von Geschwistern in den verschiedenen Lebensphasen. Probanden im frühen Erwachsenenalter kämpften noch darum, sich aus den Bindungen an die Geschwister zu lösen, und projizierten die Themen Autonomie und Loslösung in die Geschichten, die sie zu den Testkarten erfanden. Im Verlauf der Jahre, wenn der Kampf um die Entwicklung der individuellen Identität in den Hintergrund rückt, können sie ihre Barrieren durchlässiger machen. Sie müssen nicht mehr befürchten, daß die Beziehung zu den Geschwistern ihnen die Luft abschnürt oder die Beziehung zum Ehepartner stört. Die Geschichten, die Bedfords ältere Probanden erzählten, spiegelten diese größere Freiheit wider.

Geschwister, die sich dem mittleren Lebensalter nähern, gestatten einander, sich »ineinander zu verwandeln« bzw. ihre Rollen zu tauschen wie die Brüder in Sam Shepards Theaterstück, in dem sich der Drehbuchautor in den Dieb und der Dieb in den Drehbuchautor verwandelt. Genauer gesagt ist das die Zeit, in der die Grenzen der De-Identifizierung sich aufzulösen beginnen. Geschwister, die sich ihrer individuellen Identität sicher sind, können allmählich die starren Rollen aufgeben, die sie voneinander unterschieden haben, und aufs neue die Merkmale entdecken, die ihnen gemeinsam sind und mit denen sie sich identifizieren können.

Das mittlere Lebensalter ist die Zeit, in der ein Mann wie Philip Roth, der sich immer als diametral zu seinem älteren Bruder beschrieben hat, seine Autobiographie, in der er diese Gegensätzlichkeit beschreibt, »meinem Bruder mit sechzig« widmen kann.

Und eine Frau namens Ariella konnte ebenfalls erst im mittleren Lebensalter zu der Einsicht kommen, daß ihre jüngere Schwester Gilda, das »naive Hohlköpfchen«, weder so naiv noch so dumm war, wie sie bislang angenommen hatte. Bis dahin hatte sie Gilda, die als Hebamme arbeitete, immer für eine »zwanghafte« Diät-, Gymnastik- und Gesundheitsfanatikerin gehalten, für ein »wandelndes Lexikon« überwiegend »überflüssiger« gynäkologischer Informationen. Aber jetzt hatte die rationale Statistikerin Ariella selbst eine Reihe gynäkologischer Probleme und mußte sich für oder gegen eine Totaloperation entscheiden, und da wurde Schwester Gilda plötzlich zu einer wichtigen Instanz für Information, Rat und Trost. Die an sich konservative, vorsichtige Ariella wollte sich operieren lassen, nur um »es hinter sich zu bringen«; die unzuverlässige und voreilige Gilda riet zu Vorsicht und Bedachtsamkeit und zu weiteren gründlichen Untersuchungen, um nur ja keinen Fehler zu machen. Beide Schwestern entdeckten zum ersten Mal, daß sich hinter ihren alten Rollen reale Menschen verbargen, die mehr gemeinsam hatten, als sie geglaubt hatten.

Die Platt-Brüder hatten ihre Rollen als »der Ernsthafte« und »der Clown« zwar noch nicht aufgegeben, aber die ersten Anzeichen einer Veränderung ließen sich bereits erkennen. Immerhin machte sich Mark bereits Gedanken über eine vorsichtige Annäherung an Jerrys Domäne öffentlicher musikalischer Auftritte, aber er befürchtete immer noch, daß es dadurch zu Störungen in ihrer Beziehung kommen könnte und die alten Rivalitäten sich wieder bemerkbar machen würden, die sie so lange durch ihre entgegengesetzten Rollen in Schach gehalten hatten. Und er fragte sich beunruhigt, wie es wohl für ihn ausgehen würde, wenn er sich auf dem ureigensten Gebiet des Bruders mit ihm maß.

Es kann allerdings sein, daß diese Befürchtungen grundlos sind. Denn wenn Jerry weiterhin in seinem Beruf erfolgreich und zufrieden ist, dann freut er sich möglicherweise über Marks Vorstoß in seine Domäne und findet es vielleicht sogar schön, über seine beruflichen Erfolge und Probleme mit ihm reden zu können. Und mit der Zeit ist er möglicherweise auch stolz darauf, daß er, der jüngere, der »Clown«, dem intellektuellen älteren Bruder helfen kann, und freut sich über jeden Erfolg, der mit seiner Hilfe zustande kommt.

Wenn sie das mittlere Lebensalter erreicht haben, stellen auch diese Brüder vielleicht fest, daß sie in dieser Lebensphase auch dann stolz auf die Leistungen der Geschwister sein können, wenn es keine starren Aufteilungen der Bereiche mehr gibt. Ross und Milgram haben bei ihren Untersuchungen über erwachsene Geschwister auch Geschwister von reichen und berühmten Menschen interviewt und gefragt, welche Auswirkungen der Ruhm oder der Reichtum auf sie hatte. (Dabei war bei Milgram auch ein persönliches Interesse an diesem Thema im Spiel, weil sein älterer Bruder, Stanley Milgram, als Psychologe bekannter war als er.) Obwohl die Probanden sich zu »Anflügen von Neid« auf ihre berühmten Geschwister bekannten, bewunderten sie sie auch und fühlten sich durch ihren Erfolg inspiriert. Viele waren sich auch ihrer eigenen Talente und Stärken durchaus bewußt und konnten deshalb den Ruhm der Geschwister gut akzeptieren.

Hinsichtlich des Selbstbewußtseins zeigte sich eine weitere Entwicklung in den mittleren Lebensjahren, in denen es laut Bedfords Projektionstests eher den älteren als den jüngeren Geschwistern möglich war, die Frage der Unabhängigkeit in der Hintergrund zu rücken, eine Überlappung der Rollen zuzulassen, ohne gleich in entgegengesetzte Ecken fliehen zu müssen, den Erfolg der berühmteren Geschwister akzeptieren und sich sogar darüber freuen zu können: Die Entwicklung eines Selbst, das nicht nur eigenständig ist, sondern auch stabiler und differenzierter als früher und deshalb nicht mehr so stark in Konkurrenz mit dem eines anderen liegt.

Die mittleren Lebensjahre sind eine Zeit, in der die Ideen und der Ehrgeiz, die Träume und Gefühle aus den früheren Jahre zu einem vollständigeren Ganzen, einem befriedigenderen Selbst integriert werden. Kurz, es ist eine Zeit der Reife, für den einzelnen wie für Geschwister und ihre Beziehung.

Heißt das, daß Konkurrenz und Neid jetzt völlig aus der Geschwisterbeziehung verschwinden? – Aber nein!

Victoria Bedford hat festgestellt, daß die grundlegende Ambivalenz der Geschwisterbeziehung im Erwachsenenleben konstant bleibt. Die älteren Teilnehmer, deren Kinder schon aus dem Haus waren, haben genauso wie die jüngeren, deren Kinder noch klein waren, bei den Projektionstests nicht nur Geschichten über Verbundenheit, sondern auch über Konflikt und Konkurrenz erzählt, nicht nur über tiefe Zuneigung, sondern auch über »Aufruhr der Gefühle«.

Die dunklen Gefühle, deren Wurzeln in der Kindheit liegen, halten sich also bis in die mittleren Lebensjahre. Aber viele Geschwister (mit Ausnahme derjenigen, die sich permanent in den Haaren liegen), drängen sie um der Geschwisterharmonie willen mehr als früher in den Hintergrund. Ärger und Ablehnung tauchen mit voller Wucht nur bei großen Belastungen wieder auf oder aber in Situationen, in denen sie durch ein wichtiges Lebensereignis aktiviert werden, etwa wenn sich die alte Machthierarchie plötzlich umkehrt und der ältere Bruder feststellen muß, daß er seiner jüngeren Schwester unterlegen ist, wenn eine Wendung des Schicksals zu starken Gegensätzen zwischen Geschwistern führt und so weiter.

Wie bereits gesagt, zählt die Versorgung der alten Eltern zu den belastendsten Geschwistersituationen. Sie kann die schlimmste Konkurrenz provozieren und selbst einen langanhaltenden Familienfrieden stören. Die Auseinandersetzungen und negativen Gefühle, die sich um die Krankheit oder den Tod der Eltern rankten, wurden in den Interviews so oft thematisiert, daß man darüber fast vergessen konnte, daß dieselben Ereignisse auch ganz andere Emotionen und Verhaltensweisen auslösen können.

Denn für manche Geschwister wird Hinfälligkeit und Tod der Eltern auch zum Wendepunkt, zum Übergangsritus zu einer neuen Form von Einheit in der Familie, die zu einer nie gekannten Loyalität und Zuneigung führen kann. Diese Geschwister kooperieren klaglos bei der Versorgung der Eltern, sie teilen sich die finanzielle und selbst die schlimmere emotionale und physische Belastung, die die Besuche der Eltern in Pflegeheimen oder Klininken oft darstellen. Und wenn dann schließlich die Zeit des endgültigen Abschieds kommt, finden sie beieinander einen Trost, den ihnen niemand sonst bieten könnte.

Erwachsene Einzelkinder sagen oft, für sie sei die Vorstellung, sich mit Geschwistern über die Pflege der Eltern zu streiten, weit weniger schrecklich als die Tatsache, keine Geschwister zu haben, mit denen sie sich über die Pflege der Eltern streiten oder um genau zu sein, mit denen sie sich die Pflege der Eltern teilen und mit denen sie vor allem über den Verlust der Eltern trauern können.

Es ist auch keineswegs so, daß sich Geschwister zwangsläufig um Gegenstände und Besitz der Eltern streiten müssen. Auch Geschwister, die zu Lebzeiten ihrer Eltern niemals idyllische Beziehungen hatten, können sich später unterstützen. So schafften es Christina und Vivian zum Beispiel trotz ihrer endlosen Auseinandersetzungen über die Favoritenrolle, das Geld gemeinsam zu investieren, das sie von den Eltern geerbt hatten und das, wie sie wußten, peinlich gerecht zwischen ihnen aufgeteilt worden war. Voller Stolz auf diese Fähigkeit zur Zusammenarbeit sagten sie, für sie wäre der Respekt vor dem Erbe der Eltern gleichbedeutend mit dem Respekt vor den Eltern selbst.

In solchen Krisensituationen entstehen manchmal auch ganz neue Bündnisse. Eine Laborantin zum Beispiel hatte ihrer jüngeren Schwester immer nähergestanden als ihrem älteren Bruder, aber sie entwickelte eine ganz neue, enge Beziehung zu ihm, als ihr Vater krank wurde. Die Schwester, die kleine Kinder hatte, fand, sie hätte zu wenig Zeit, um sich an der Pflege des Vaters zu beteiligen. Die Laborantin ärgerte sich zwar darüber, konnte die Schwester aber auch verstehen. Ihr Bruder und sie übernahmen also die komplette Verantwortung für den Vater. Dabei entdecken sie, daß sie viel mehr gemeinsam hatten, als sie vorher dachten, und blieben auch später gute Freunde.

Es kommt auch vor, daß der Verlust der Eltern vermittelnd wirkt und Geschwister zwingt, sich zu einigen und ihre Beziehung selbst zu regulieren. Geschwister, deren Eltern gestorben waren, sagten nicht selten: »Nach Mutters (oder Vaters) Tod gab es für uns keinen Grund mehr zu streiten, und deshalb wurden wir Freunde.«

Eine Werbekauffrau brachte für sich und ihren Bruder die positiven Gefühle auf den Punkt, die inmitten der Verwirrung und Trauer über den Tod von Vater oder Mutter entstehen können: »Es hat während der Krankheit meiner Eltern (die im Abstand von acht Jahren an Krebs gestorben waren) Zeiten gegeben, in denen wir uns gestritten haben. Aber wir haben erkannt, daß wir nach dem Verlust unserer Eltern keine anderen Familienmitglieder mehr hatten außer uns, und da war dieses Verhalten einfach dumm. Wenn der Tod unserer Eltern überhaupt einen Sinn hatte, dann den, uns näher zusammenzubringen. Und das haben sie geschafft.«

In den Jahren nach dem Tod der Eltern, wenn die Geschwister ebenfalls älter werden, sind viele der früher etablierten Muster von Nähe und Distanz relativ festgeschrieben. Wenn Geschwister in den frühen Phasen des Erwachsenenlebens eine enge Beziehung hatten oder sich nach dem Tod der Eltern nähergekommen sind, hält diese Nähe wahrscheinlich an. Bei Geschwistern, die sich in früheren Jahren auseinanderentwickelt haben, ist die Wahrscheinlichkeit gering, daß sie im Alter tragfähige, herzliche und liebevolle Bindungen entwickeln. Trotzdem gibt es bei Geschwistern im Alter die Tendenz, ihre emotionale Distanz nach Möglichkeit zu überbrücken, selbst bei denen, die früher wenig Kontakt hatten. Brüder und Schwestern messen ihrer Bindung eine zunehmend größere Bedeutung zu, wenn die Zahl der Jahre, die vor ihnen liegen, geringer wird als die Zahl der Jahre, die sie schon gelebt haben.

Bei ihren Forschungen über Geschwister im Alter hat Deborah Gold festgestellt, daß bei ihrer Stichprobe nur 10 Prozent in die Kategorie »feindselig« fielen und sich aktiv ablehnten und mißtrauten. Der Anteil derjenigen, die in die Kategorie »gleichgültig« fielen und kein Interesse aneinander oder keine Verbindung miteinander hatten, lag ebenfalls bei nur 10 Prozent. Die restlichen 80 Prozent verteilten sich auf die verschiedenen Kategorien von Nähe, und wenn auch nicht alle die besten Freunde waren, so waren sie doch kongenial oder loyal.

Es gibt auch Untersuchungen, die aufzeigen, wie Geschwister im Alter Kongenialität, Loyalität oder Intimität ausdrücken. Gold hat in ihren Interviews mit Männern und Frauen über 65 festgestellt, daß manche sich sehr bewußt bemühten, sich zu besuchen und oft miteinander zu telefonieren. 53 Prozent sagten, ihr Kontakt zu den Geschwistern hätte im späten Erwachsenenalter zugenommen. Gefragt, warum sie Kontakt hielten oder versuchten, ihn zu intensivieren, meinten sie, die Tatsache, daß sie die einzigen Überlebenden ihrer Herkunftsfamilie wären, hätte zu einem stärkeren Gefühl der Verbundenheit geführt. Manche sagten, nach dem Tod ihrer Ehepartner wären die Geschwister für sie wichtiger geworden; sie hätten sich von ihnen besser verstanden und getröstet gefühlt als von den eigenen Kindern. Für andere stand die gemeinsame Geschichte und der angenehme Austausch gemeinsamer Erinnerungen im Vordergrund.

In der Geschwisterbeziehung der späten Jahre rücken die Erinnerungen immer stärker in den Vordergrund. Die Erinnerungen älter gewordener Geschwister, meint der Psychologe Victor Cicirelli, sind »symbolische Repräsentationen« ihrer frühen Intimität, ihrer gemeinsamen Ziele und Wertvorstellungen, ihrer Rollen und der Positionen in der Familie. Durch sie bleiben Geschwister über Zeit und Raum hinweg verbunden, und sie verhelfen ihnen dazu, Zuneigung und Loyalität auch dann noch zu bewahren, wenn die Geschwister schon lange tot sind.

»Morris und ich sind früher immer zusammen mit Mädchen ausgegangen«, erzählte mein Vater lachend. »Wir waren dauernd zusammen. Als ich mit Mama ging, stand er immer im Nebenzimmer, wenn ich sie zum Abschied küßte.« Und so machte er einen Streifzug durch fast 70 Jahre, zurück zu einer Vergangenheit mit seinem Bruder, die für ihn so real war wie die Gegenwart.

»Molly«, sagte meine Mutter bei einem Erntedankessen zu ihrer jüngeren Schwester, die wie sie in den Achtzigern war, »erinnerst du dich noch an die Katze, die wir zu Hause hatten?«

»Aber sicher«, sagte Molly. »Wir brauchten die Katze, damit sie die Mäuse fraß. Wo wir wohnten, hatten alle Mäuse. Wir waren alle so arm.«

»Wir waren so arm«, wiederholte meine Mutter, »aber wir haben nie gewußt, wie arm wir waren, weil wir kein anderes Leben kannten.« Und schon ergingen sie sich in Erinnerungen an die Kohlensäcke, die ihr Vater schleppte, um den Ofen zu heizen, und die ständigen Bemühungen der Mutter, ihre fünf Kinder einigermaßen anständig zu kleiden und zu ernähren. Im Geiste schweiften sie Hand in Hand durch eine vergangene Welt, die ich weder durch ihre Geschichten noch durch meine Phantasie je wirklich kennenlernen würde.

Die gesammelten Erinnerungen, von der Kindheit angefangen bis ins hohe Alter, und die Fähigkeit, gemeinsam darin zu schwelgen, erhöhen das Wohlbefinden der Geschwister, verringern ihre Einsamkeit und stärken das Gefühl der Zusammengehörigkeit.

Das Wissen, daß es irgendwo auf der Welt, wie weit weg auch immer, einen Bruder oder eine Schwester gibt, auf die man sich verlassen kann, gibt Geschwistern auch im Alter ein Grundgefühl von Sicherheit. Dabei ist es nicht verwunderlich, daß dieses Sicherheitsgefühl, wie schon gesagt, für Männer wie für Frauen dann besonders stabil ist, wenn sie eine Schwester haben. Es war und ist eine traditionelle Funktion von Schwestern, die Familie zusammenzuhalten und sich um die Familienmitglieder zu kümmern. Aber unabhängig vom Geschlecht ist allein die Tatsache, Geschwister zu haben, für viele ältere Frauen und Männer sehr wichtig. Bei der Untersuchung von George Vaillant waren Einzelkinder mit 65 Jahren psychisch weniger gut angepaßt als die Männer, die Geschwister hatten, zu denen sie in der Adoleszenz eine enge Beziehung hatten und auf die sie sich vermutlich auch im Alter noch verlassen konnten.

Überraschenderweise wenden sich Brüder und Schwestern aber sehr selten aneinander, wenn sie im Alter konkrete Hilfe brauchen. Das heißt, sie borgen sich kein Geld von ihren Geschwistern und bitten sie auch sonst nicht um direkte Hilfe etwa beim Einkaufen, solange es nicht absolut nötig ist. In der normalen Hierarchie der Versorgung im Alter wendet man sich an erster Stelle an die Ehepartner und an zweiter an die erwachsenen Kinder, wenn Hilfe erforderlich wird. Geschwister bitten sich aber selbst dann nur ungern gegenseitig um Hilfe, wenn die Ehepartner tot und die Kinder nicht verfügbar sind. Anscheinend gibt ihnen das Wissen, daß Bruder oder Schwester im Notfall zur Verfügung stehen, Sicherheit, obwohl sie diese Hilfe trotzdem nur sehr ungern in Anspruch nehmen.

Die Frage ist, woher dieses Widerstreben kommt. Eine Erklärung wäre die, daß Geschwister erkennen, wie hinfällig die anderen sind, und ihnen ihre Last nicht zusätzlich erschweren wollen. Möglicherweise sehen sie sich auch als eine Art Rückhalt, als stille Reserve für den Notfall, wenn alles andere versagt. Oder ihre alten Konkurrenzen und Machthierarchien hindern sie daran, tatsächlich schonungslos zuzugeben, wie bedürftig sie sind. Selbst in diesem späten Stadium des Lebens und trotz aller Nähe und Zuneigung sind Geschwister noch lange nicht bereit, dem anderen die Genugtuung zu geben, Schwächen oder Behinderungen wirklich offenzulegen.

Das ganze Leben hindurch, von der Kindheit bis zum Alter, pendeln Geschwister zwischen Nähe und Distanz hin und her; und in den mittleren Lebensjahren und noch mehr im Alter kommen sie sich immer näher. Aber Reste der alten Rivalität bleiben und werden immer wieder aus den Tiefen der von Kindheit an aufgestauten Erinnerungen und Gefühle emporgespült, auch in der letzten Lebensphase, weil sie untrennbar zum tiefsten Wesenskern der Geschwisterbindungen gehören.
Wie dieser Wesenskern die Geschwister als Individuen formt, im Verhältnis zu den Brüdern und Schwestern und im Verhältnis zur Welt außerhalb der Familie, soll im nächsten Kapitel untersucht werden.

---

14. Im Liebes- und Familienleben, im Beruf und in Freundschaften

Der 80jährige Mann, der in der Notaufnahme des örtlichen Krankenhauses ankam, hatte eine Gallenkolik und krümmte sich vor Schmerzen. Die zuständigen Ärzte sagten, er müsse eine Weile im Krankenhaus bleiben, und gaben ihm eine Spritze gegen die Schmerzen. »Sie müssen operiert werden«, erklärten sie ihm. »Ihre Gallenblase ist stark entzündet, und das wird nicht besser.«

Der Mann, ein Witwer, weigerte sich und meinte, eine Operation käme für ihn nicht in Frage. Mit den Schmerzen könnte er leben, aber er würde sich auf keinen Fall unters Messer begeben. Sein Sohn und seine Tochter wurden bestellt; die Ärzte erklärten ihnen, ihr Vater würde nur am Leben bleiben, wenn die Gallenblase entfernt würde. Sie versuchten, ihren Vater zu der Operation zu überreden, aber ohne Erfolg. Er blieb stur bei seiner Weigerung. Eine Operation würde ihn umbringen. Er wollte lieber das Risiko eingehen, mit der Krankheit zu leben.

Seine Freunde kamen zu Besuch und bemühten sich wie die Ärzte und seine Kinder, ihn zur Einsicht zu bringen. Er gab nicht nach. Er wollte sich *auf keinen Fall* operieren lassen.

Da kam sein 85jähriger Bruder. »Natürlich mußt du operiert werden, also laß jetzt den Blödsinn«, sagte er. »Ich sage jetzt den Ärzten, sie sollen dich für die Operation fertig machen, und damit hat sich's.«

Der Mann unterschrieb die Einwilligung und wurde zwei Tage später operiert.

»Es ist erstaunlich«, sagte die Sozialarbeiterin, die mir die Geschichte erzählte. »Dieser Mann war verheiratet und verwitwet, hatte erwachsene Kinder und gute Freunde, medizinisch war er in den besten Händen. Aber der einzige, der irgendeinen Einfluß auf ihn hatte, war sein älterer Bruder. Die Leute spielen bis zum Schluß ihre Rollen als großer und kleiner Bruder weiter. Es gibt einfach Dinge im Leben, die verändern sich nie.«

Tatsächlich verändert sich aber auch das, wie wir gesehen haben. Die Geschwisterbeziehung kann sich durch Ehe, angeheiratete Verwandte, ökonomische Fragen, Leistungen, räumliche Entfernung, Geschlecht oder einfach das Alter in den verschiedenen Lebensphasen sehr wohl verändern. Aber viele Muster, die früh in der Kindheit entstanden sind, sind wie bei diesen sehr alten Brüdern so tief verwurzelt, so festgelegt, so natürlich, daß Geschwister trotz Ehe oder Scheidung, Kindern und Enkeln, Nobelpreisen oder Mount-Everest-Besteigungen füreinander das bleiben, was sie immer gewesen sind: die Großen und die Kleinen, die Versorger und die Versorgten, die Starken und die Bedürftigen. Und entsprechend verhalten sie sich auch.

Und manchmal ist das eine schöne Sache. Es kann sehr befriedigend sein, jemanden durch und durch zu kennen, in zutiefst vertraute Verhaltensweisen zurückzufallen, die ohne Worte und Erklärungen auskommen.

Zwei Brüder in einem Unternehmen, das elektronische Anlagen verkauft, amüsierten sich bei Kundengesprächen, wie sie unabhängig voneinander sagten, immer sehr darüber, daß sie sich mit einem Blick signalisieren konnten, wer was als nächstes sagen sollte, um den Kunden zum Kauf zu überreden. Diese Verständigung mit Blicken gehörte zu ihrem festen Verhaltensrepertoire. Wie so häufig war auch hier der ältere Bruder verantwortungsbewußt und seriös; er traf die Entscheidungen. Der jüngere war leichtlebiger, aber auch kreativer. Privat stöhnte der ältere über die Verantwortungslosigkeit des jüngeren, hatte aber gleichzeitig auch viel Freude an dessen Unbekümmertheit, die er sich selbst versagte. Der jüngere machte Witze über die Spießigkeit des älteren Bruders, war sich aber auch bewußt, daß *er* seine Freiheit nur deshalb genießen konnte, weil es den älteren gab, der ihn im Notfall auffangen würde. Ihre unerschütterliche Beziehung leistete ihnen im Privat- und Berufsleben gute Dienste.

Es gibt aber viele Fälle, in denen das immer gleiche Verhalten von Geschwistern zutiefst destruktiv ist.

Der ältere Bruder Turner nahm bei jeder Begegnung mit seiner jüngeren Schwester Claire trotz seiner 45 Jahre sofort wieder die alte »abwertende und kritische« Haltung ein. Dadurch wurde sie, wie sie sagte, augenblicklich wieder »wie früher«: Sie wollte von ihm anerkannt werden, fühlte sich aber bei all ihren Versuchen, ihn zu beeindrucken, nur »inkompetent und absolut unfähig«. Das Ergebnis war, daß keiner den anderen wirklich erreichen konnte und die ersehnte Nähe ausblieb.

Auch Roy und Eddy spielten die Szenarien ihrer Vergangenheit immer wieder aufs neue durch. Wie Eddy sagte, suchte sich Roy »immer wieder irgendein beschissenes Problem«, das Eddy dazu zwang, sich um ihn zu kümmern. Bei aller gegenseitigen Liebe und Bewunderung blieben die beiden in einem emotional erschöpfenden Kreislauf von Streitereien befangen, in dem Roy aus dem Gefühl heraus, nicht genug Liebe von Eddy zu bekommen, immer wieder Auseinandersetzungen mit dem älteren Bruder provozierte, die regelmäßig damit endeten, daß Eddy sich entschuldigte und Roy trotz allen Ärgers doch weiter schützte.

Die Wiederholung der von Kindheit an eingefahrenen Muster des Geschwisterstreits ist am destruktivsten, unabhängig davon, ob ein alter Streitpunkt unaufhörlich wieder aufgewärmt wird oder ein neuer Streit angesichts von Finanz- oder Ehekrisen, Krankheit oder Tod der Eltern plötzlich und heftig ausbricht. Bei solchen Auseinandersetzungen zwischen erwachsenen Geschwistern schwingt der Streit der Kindheit immer mit, aber ihre Folgen können jetzt weit schlimmer sein. Wie schon gesagt, kann aus der Kindheitsdrohung »Ich rede nie mehr ein Wort mit dir« bei Erwachsenen ein Schwur werden, der einzelne Zweige der Familien über Generationen zum Schweigen verurteilt.

Geschwister fallen schnell wieder in alte Gewohnheiten zurück, vor allem in Streßzeiten, wenn die Gefühle stärker und die Abwehrmechanismen schwächer werden. Verhaltensmuster, die in der frühesten Kindheit erlernt wurden, sind so tief ins Bewußtsein eingegraben, daß sie oft gar nicht wahrgenommen werden; sie tauchen einfach auf, spontan und ohne Nachdenken.

Daraus ergibt sich aber auch, daß sich Geschwisterbeziehungen nicht leicht verändern lassen. Im Verhältnis zu den Eltern müssen sich die Rollen der Kinder mit der Zeit notwendigerweise ändern. Mit dem Alter werden die Eltern auch abhängiger und sind immer stärker auf eine Zuwendung und Fürsorge angewiesen wie die, die sie früher den Kindern entgegengebracht haben. Aber da Geschwister derselben Generation angehören, durchschreiten sie die verschiedenen Lebensphasen gemeinsam, und es gibt im normalen Ablauf des Lebens nichts, was sie zwingen würde, tiefsitzende Verhaltensweisen zu ändern und neue Rollen oder neue Verantwortung zu übernehmen.

Daß sich das Verhalten von Geschwistern trotzdem ändert, ist ein Zeichen für die Flexibilität der menschlichen Natur und für den Prozeß von

Wachstum und Reifung. Trotzdem ist Veränderung in der Geschwisterbeziehung kein so integraler Bestandteil wie in der Eltern-Kind-Beziehung, und neue Situationen entsprechen den alten oft so sehr, daß die
Muster der Vergangenheit weiter greifen können: Der 80jährige Mann im
Krankenhaus war früher einmal ein achtjähriger Junge, voller Verehrung
für einen älteren Bruder, der keinen Unsinn und keinen Ungehorsam duldete.

Aber der wichtigste Grund für die Stabilität der alten Verhaltensmuster zwischen Geschwistern liegt in ihrer angenehmen Vertrautheit und der
Sicherheit, die sie bieten. Vor allem in schwierigen Situationen, aber nicht
nur da, scheint das Vertraute sicher und Veränderung gefährlich, auch
dann, wenn das Vertraute schmerzlich oder destruktiv ist.

»Ich habe geglaubt, ich hätte mich von ihr befreit«, sagte eine Geschäftsfrau
aus dem Einzelhandel über ihre jüngere Schwester. »Aber dann kam diese
Sache, und alles war wieder genau wie früher.« Die beiden Schwestern
wohnten in verschiedenen Städten, hatten aber regelmäßig Kontakt miteinander. Genauer gesagt, rief die Geschäftsfrau regelmäßig an, während ihre
Schwester sich meist nur dann meldete, wenn sie ein Problem hatte. Bei
»dieser Sache« ging es darum, daß ein Arzt bei der jüngeren vergrößerte
Lymphdrüsen in der Achselhöhle festgestellt hatte, was unter anderem ein
Anzeichen für Krebs sein konnte. Daraufhin hatte sie völlig aufgelöst und
verzweifelt die Schwester angerufen und sich bei ihr ausgeweint. Fast
krank vor Sorge bereitete sich die ältere schon darauf vor, zu ihrer Schwester zu fliegen, beschloß dann aber doch, erst das Ergebnis der weiteren
Untersuchung abzuwarten, bevor sie ihre Familie im Stich ließ und das
viele Geld für den Flug ausgab.

Sie wartete und wartete, rief immer wieder im Haus ihrer Schwester an,
aber niemand ging ans Telefon. Als sie sie schließlich erreichte, meinte die
jüngere fröhlich, es täte ihr ja so leid, daß sie sich noch nicht gemeldet
hätte, aber sie hätte furchtbar viel mit ihren Urlaubsvorbereitungen zu tun
gehabt, und im übrigen wäre alles in Ordnung, die Untersuchung wäre
negativ gewesen.

»Warum mache ich das?« fragte die Geschäftsfrau, ohne eine Antwort zu
erwarten. »Warum lasse ich mich immer wieder in ihre Angelegenheiten
hineinziehen, obwohl sie für mich gar nichts tut?«

Wahrscheinlich, weil sie es nicht ändern konnte. Das Muster ihrer Beziehung, das festschrieb, daß sie auf ihre Schwester achtzugeben hatte, war
fest in ihr verwurzelt, um so mehr, als die Schwester das ganz selbstverständlich voraussetzte. Würde sie das Muster durchbrechen und der
Schwester nicht mehr zur Verfügung stehen, müßte sie dauernd befürchten, es könnte tatsächlich etwas Ernstes passiert sein, bei dem ihre Hilfe

dringend nötig gewesen wäre. Auf einer unbewußteren Ebene müßte sie aber auch befürchten, daß ihre Schwester vielleicht ohne ihre Hilfe auskommen könnte, und das wäre eine schwere Bedrohung ihrer Identität als die mütterliche Ältere. Die Sicherheit der altvertrauten Reaktionen wog also deren Nachteile durchaus auf. (Eine resolute Frau, Vorsitzende des Stadtrats ihrer Heimatstadt, wurde von ihrem älteren Bruder immer noch als »mein klitzekleines Schwesterchen« bezeichnet. Sie haßte diese Art der Anrede, untersagte sie ihm aber auch nicht, weil sie ihn, wie sie sagte, nicht kränken wollte. Ich war mir aber ziemlich sicher, daß sie es auch deshalb nicht tat, weil sie die altvertraute Position der angebeteten und beschützten Schwester nicht verlieren wollte, auch wenn sie diesen Schutz gar nicht mehr brauchte. Und der Bruder blieb wahrscheinlich bei dieser Form der Anrede, weil er durch den Verweis auf ihre vertraute Position der kleinen Schwester vergessen konnte, wie einflußreich und mächtig sie geworden war.)

In vielen Situationen (und das gilt auch für die Geschäftsfrau) entsteht die Sicherheit, die das altvertraute Verhalten bietet, auch aus der Hoffnung oder der Phantasie, man müsse nur alles beim alten lassen, sich an den alten Kurs halten, dasselbe Verhalten immer wiederholen, damit endlich einmal alles gut wird und es endlich einmal anders ausgeht: Dieses Mal wird die kleine Schwester mit der Fürsorge und Zuwendung der älteren zufrieden sein und keine Forderungen mehr stellen (und der große Bruder die Irritation seiner »klitzekleinen« Schwester über seine Herablassung erkennen und eine erwachsenere Art finden, seine Zuneigung und Beschützerhaltung zu demonstrieren).

Bei jeder neuen Begegnung mit Turner hatte Claire auch aufs neue die Hoffnung, dieses Mal würde er sie endlich akzeptieren und würdigen. Trotz der zahlreichen und schmerzlichen Beweise für die kontinuierliche Ablehnung des Bruders war es für Claire weniger gefährlich, sich immer wieder darum zu bemühen, ihm zu imponieren, als sich von ihm mitsamt seiner Gefühlskälte abzuwenden und die unbekannten Konsequenzen zu tragen. Selbst in den ständig wiederholten schrecklichen Auseinandersetzungen zwischen Christina und Vivian um die Frage, wen die Eltern vorgezogen hatten, steckte immer noch die tiefsitzende Hoffnung, dieses eine Mal würde die andere endlich die eigenen Gefühle begreifen und ihren Anspruch auf die Position der Lieblingstochter aufgeben.

Die Wiederholungen des Geschwisterverhaltens der Kindheit sind normalerweise unbewußt, aber sobald man angefangen hat, darauf zu achten, sind sie nicht schwer zu erkennen. Neuinszenierungen des Geschwisterverhaltens mit anderen Menschen dagegen sind meist verschleierter, komplizierter und schwerer zu enträtseln. Aber sie ziehen sich durch viele der in diesem Buch vorgestellten Lebensgeschichten. Claire, die sich mit allen Mitteln von der Kritik ihres Bruders befreien wollte, heiratete einen Mann, von dem sie sich gewürdigt fühlte, der ihr herzlich erschien und den sie für das genaue Gegenteil von Turner hielt – der aber, wie sich bald herausstellte, genauso gefühlskalt und abwertend war wie der Bruder. Vivian sehnte sich lange nach Freundinnen, bei denen sie die Nähe finden wollte, die sie zwischen ihrer Mutter und ihrer Schwester spürte, stieß sie aber immer wieder zurück, weil sie mit ihnen genauso konkurrierte wie mit Christina.

Freud hat diese anhaltenden Kindheitseinflüsse auf die Persönlichkeit und den Umgang mit anderen Menschen als »Erinnerungsspuren« bezeichnet:
»Schon in den ersten sechs Jahren der Kindheit hat der kleine Mensch die Art und den Affekt seiner Beziehung zu Personen des nämlichen und des anderen Geschlechts festgelegt, er kann sie von da an entwickeln und nach bestimmten Richtungen umwandeln, aber nicht mehr aufheben. Die Personen, an welche er sich in solcher Weise fixiert, sind seine Eltern und Geschwister. Alle Menschen, die er später kennenlernt, werden ihm zu Ersatzpersonen dieser ersten Gefühlsobjekte ... alle spätere Freundschafts- und Liebeswahl erfolgt aufgrund von Erinnerungsspuren, welche jene ersten Vorbilder hinterlassen haben.«

Rückblickend beschrieb er den Einfluß, den die Erinnerungsspuren aus der Beziehung zu John, der zwar sein Neffe, aber trotzdem ein Jahr älter war als er, auf alle seine späteren Freundschaften gehabt hatte: »Bis zu meinem vollendeten dritten Jahre waren wir unzertrennlich gewesen, hatten einander geliebt und miteinander gerauft, und diese Kinderbeziehung hat ... über all meine späteren Gefühle im Verkehr mit Altersgenossen entschieden.«

Sein ganzes Leben lang war ihm, wie er sagte, »ein intimer Freund und ein gehaßter Feind« immer unentbehrlich gewesen, und dabei konnte es sich, wie bei John, durchaus um ein und dieselbe Person handeln. Bei der Deutung eines Traumes nach dem Tod eines Freundes, der mittlerweile zum Feind geworden war, sagte er: »Alle meine Freunde sind in gewissem Sinne Inkarnationen dieser ersten Gestalt ... Revenants*.«

Der Prozeß, in dem andere zum Ersatz für die ersten wichtigen Menschen im Leben, also Eltern und Geschwister, werden, wird in der psychoanalytischen Theorie als »Übertragungsprozeß« bezeichnet. Dieser Begriff wird heute in der Regel überwiegend auf die psychoanalytische Behandlung beschränkt: der Patient verwandelt den Analytiker durch Übertragung in

---

* Revenants bedeutet etwa Geist oder »Wiedergänger«.

verschiedene Figuren aus seiner Vergangenheit und kann so frühe Konflikte mit ihm durcharbeiten. Aber Übertragung läßt sich auch allgemeiner als den Prozeß verstehen, mit dessen Hilfe man die Liebe und die Sehnsüchte, die Konflikte und die Ängste aus den frühesten Erfahrungen mit wichtigen Personen in alle späteren Beziehungen einbringt, oder anders gesagt: Übertragung sorgt dafür, daß wir andere aus der Perspektive unserer Kindheitsbindungen sehen.

Die Journalistin Janet Malcolm hat in ihrer gründlichen Untersuchung der Psychoanalyse die Formulierung gefunden, Übertragung sei die Art und Weise, »in der jeder Mensch die anderen anhand früherer Entwürfe neu erfindet«. Die Tragik des menschlichen Lebens liegt daher für sie darin, daß wir einander nie wirklich kennenlernen können. »Wir sind dazu verurteilt, einander tastend in einem dunklen Dickicht zu suchen, das aus abwesenden Anderen besteht. Wir können uns schlicht nicht sehen.«

Bei den inneren Bildern dieser »abwesenden Anderen« handelt es sich nicht notwendig um exakte Reproduktionen, sie sind vielmehr von den Gefühlen zu diesen Anderen und von den Phantasien über sie gefärbt. Ein erwachsener Mann zum Beispiel weiß durchaus, daß sein alter Vater schwach und abhängig ist. Das innere Bild aber, das er seit seiner Kindheit vom Vater in sich trägt, ist das eines starken, diktatorischen Menschen, dem man aufs Wort zu gehorchen hat. Die Projektion dieser alten Bilder mit den dazugehörigen Gefühlen auf Menschen, mit denen man in der Gegenwart zu tun hat, führt dazu, daß man sich zu ihnen so verhält, als ob sie die ursprünglichen Figuren aus der Vergangenheit wären. Für diesen Mann zum Beispiel wären dann sämtliche Autoritätsfiguren seines Lebens, vom Lehrer über den Vorgesetzten bis zum Finanzbeamten, mit dem inneren Bild seines mächtigen Vaters assoziiert.

In den Sozialwissenschaften standen und stehen traditionell die Eltern als die wichtigsten abwesenden Anderen im Mittelpunkt, was aber nicht heißt, daß die Geschwister-»Imago«, wie Freud und seine Schüler diese inneren Bilder nannten, nicht auch wesentlich zu dem Dickicht gehörten, das die menschlichen Beziehungen umgibt. Sie haben sogar einen so großen Anteil daran, daß sich ihr Einfluß in der psychotherapeutischen Praxis von den Therapeuten, die darauf achten, sehr wohl beobachten läßt.

Eine Patientin zum Beispiel, die eine untersetzte, dunkelhaarige Schwester hatte, hatte folgenden Traum: Ein untersetztes, dunkelhaariges Mädchen verließ kurz vor ihrem eigenen Termin die Praxis ihres Therapeuten, und sie war darüber so verärgert und aufgeregt, daß sie sich weigerte, sich auf dieselbe Couch zu legen, und die ganze Sitzung hindurch den Therapeuten anbrüllte. Jerry, ein 40jähriger Patient in einer Gruppentherapie, war sieben Jahre lang ein Einzelkind gewesen und hatte dann erst einen und ein Jahr später noch einen Bruder bekommen. Jerry war ein sanfter, freundlicher Mann und wurde selten laut, mit einer Ausnahme: Wenn ein neues Mitglied in die Gruppe kam, griff er es aufs bösartigste an, genauso wie den Therapeuten, der es zugelassen hatte. Er war nicht bereit, »neue Geschwister« zu tolerieren.

Ich möchte sogar behaupten, daß innere Geschwisterbilder manchmal eine stärkere Auswirkung auf die Beziehungen zwischen Erwachsenen haben als die Elternbilder. Erwachsene interagieren soviel mit Gleichaltrigen, zum Beispiel mit Ehepartnern, Freunden oder Kollegen, daß es in vielen Fällen einfacher ist, nicht die Eltern-, sondern die Geschwisterbilder mitsamt den Einstellungen und Gefühlen aus der Geschwisterbeziehung auf sie zu übertragen.

Bei den positiven Aspekten der Geschwistererfahrung ist das mit Sicherheit der Fall. Geschwister lernen voneinander, zu kooperieren und kameradschaftlich miteinander umzugehen, sich mit anderen zu vergleichen und die Stärken und Schwächen der anderen genauso einzuschätzen wie die eigenen, Konflikte zu verhandeln und Kompromisse zu schließen.

Selbst aus der Geschwisterrivalität und der Eifersucht kann man noch etwas Positives lernen, meinte Freud, denn sie legen die Grundsteine für den Zusammenhalt einer Gruppe und die Kooperation mit anderen. Wenn Kinder erst erkannt haben, daß sie durch Rivalität nicht gewinnen können und sich die Liebe der Eltern mit den Geschwistern teilen müssen, dann, so glaubte Freud, beginnen sie, sich mit anderen Kindern zu identifizieren, die so sind wie sie selbst. Aus dieser Identifikation entwickelt sich das Gerechtigkeitsgefühl: Wenn schon ein Kind nicht mehr geliebt werden kann als die anderen, dann müssen wenigsten alle gleich und gerecht behandelt werden. Dieses Verständnis für gleichen und gerechten Umgang mit anderen erstreckt sich bis ins Erwachsenenleben.

Einzelkinder lernen viele dieser Lektionen im Sandkasten und auf dem Spielplatz, im Klassenzimmer und im Jugendklub von Gleichaltrigen. Da sie die ungeteilte Liebe und Aufmerksamkeit ihrer Eltern besitzen, haben sie oft auch genügend Selbstbewußtsein und Selbstsicherheit, um schnell Freundschaften zu schließen und mit anderen Kindern zu kooperieren. Es fällt ihnen aber unter Umständen schwerer, über ihre Wünsche mit anderen zu verhandeln, weil ihnen in diesem Bereich das Wissen fehlt, das Geschwister aus purer Notwendigkeit ansammeln.

Bei Geschwistern reicht dieses Wissen bis ins Erwachsenenalter, und wenn es positiv war, übertragen sie ihre Fähigkeit, Kompromisse zu schließen, zusammenzuarbeiten und enge Bindungen zu entwickeln, auf andere und wiederholen so ihre Einsichten aus der Geschwisterbeziehung.

Unglücklicherweise können die inneren Bilder der Vergangenheit die

Gegenwart auch auf negative, ungesunde Weise beeinflussen, und auch hier tauchen Geschwistererfahrungen wieder auf und werden in vielen Beziehungen mit Gleichaltrigen wieder umgesetzt.

Für Freud war das Bedürfnis nach Wiederholung ein Zwang, vor allem, wenn es um die Wiederholung schmerzlicher und unangenehmer Ereignisse der Vergangenheit geht. Die zwanghafte Wiederholung war für ihn eine Form der Erinnerung an die Ereignisse, die aus dem Bewußtsein verdrängt worden sind, weil die Konfrontation mit ihnen zu schwierig war: »... (wir) dürfen sagen, der Analysierte *erinnere* überhaupt nichts von dem Vergessenen und Verdrängten, sondern er *agiere* es. Er reproduziert es nicht als Erinnerung, sondern als Tat, er *wiederholt* es, ohne natürlich zu wissen, daß er es wiederholt.«

Das, was wir alle, nicht nur die Patienten der Psychoanalyse, in dieser Weise wiederholen, sind alte Sehnsüchte und alte Wünsche, alte Konflikte, alte Gefühle und alte Wut. Wir wiederholen auch die Methoden, mit denen wir uns früher gegen den Schmerz geschützt haben, den diese Sehnsüchte und Konflikte, diese Wünsche und diese Wut ausgelöst haben. Auf Geschwister bezogen bedeutet das die Wiederholung von Rivalität und Eifersucht, von minderwertigen oder auch grandiosen Selbstbildern, Schuldgefühlen und Ängsten, Machtspielen und Unabhängigkeitsbestrebungen. Andere Menschen werden in die Geschwister verwandelt, die wir hatten oder die wir gern gehabt hätten, mit denen wir lieber anders umgegangen wären oder die wir nicht gerne gewesen sind. Auf sehr verschiedene Art und Weise und mit sehr vielen verschiedenen Menschen werden die Belastungen, die Schwierigkeiten oder die unerfüllten Wünsche der eigenen Geschwistergeschichte wieder neu inszeniert.

Und die Frage ist, warum.

Es ist leicht zu begreifen, warum man die liebevollen Seiten der Geschwisterbeziehung mit anderen neu durchspielt, aber warum die unangenehmen, schwierigen?

Freud hat das Bedürfnis nach Wiederholung der entsetzlichsten Teile der eigenen Geschichte als Teil eines größeren, allerdings nicht klar definierten Todestriebes gesehen, aber diese Theorie wurde und wird von vielen abgelehnt. Aus einer alltäglicheren Perspektive betrachtet, glaube ich, daß die unangenehmen wie die angenehmen Geschwistererfahrungen unbewußt aus demselben Grund wiederholt und neu inszeniert werden, aus dem wir auch die Vergangenheit mit den Geschwistern selbst immer wieder durchspielen: weil die alten Muster vertraut, angenehm und sicher sind. Sie mögen destruktiv und verletzend sein, aber man kennt sie, sie sind vertraut, und deshalb sind sie sicher.

Durch diese Sicherheit und Vertrautheit geschieht der Rückfall in diese

Muster ganz automatisch und unbemerkt. Sie sind so sicher und vertraut, daß sich Geschwister selbst dann, wenn sie sich bewußt bemühen, die Erfahrungen mit Bruder oder Schwester eben nicht bei anderen zu wiederholen, plötzlich in eben der Situation wiederfinden, die sie vermeiden wollten, wie zum Beispiel Claire, deren zärtlicher, freundlicher Mann sich als Ebenbild ihres kalten, kritischen Bruders entpuppte.

Es kommt sogar vor, daß die Gegenwart so lange umgeformt wird, bis sie zur Vergangenheit paßt. Eine erfolgreiche Talkshow-Moderatorin, die ihr ganzes Leben lang im Schatten ihres noch erfolgreicheren Bruders gestanden und darunter gelitten hatte, heiratete einen zurückhaltenden, stillen, professorenhaften Mann, der ihr ihren Platz nicht streitig machen konnte. Aber dann stachelte sie seinen Ehrgeiz an und drängte ihn zu Veröffentlichungen und Vorträgen, bis er schließlich ein so bekannter Fernsehkommentator wurde, daß sie sich wieder aus dem Rampenlicht verdrängt sah. Entgegen all ihren verbal geäußerten Wünschen fühlte sie sich mit einem Mann sicherer, der so war wie ihr Bruder, zu dem sie aufsehen und den sie gleichzeitig auch hassen konnte, weil er ihr den Platz an der Sonne wegnahm.

Die stets gegenwärtige Hoffnung und der Traum, die Vergangenheit neu zu schreiben, steckt vielleicht noch stärker in den Wiederholungen der Geschwistermuster mit anderen Menschen als in den Wiederholungen zwischen Geschwistern selbst. Der Psychoanalytiker Martin Bergman sieht die Liebe als ein Beispiel für diese Hoffnung und diesen Traum. Wer verliebt ist, so meint er, gerät in ein »merkwürdiges Paradox«. Man will in dem oder der Geliebten »alle oder einige der Menschen wiederfinden, an die man als Kind gebunden war. Andererseits soll aber der geliebte Mensch das Unrecht, das einem diese frühen Eltern oder Geschwister zugefügt haben, ganz oder teilweise wiedergutmachen.« Letztlich »beinhaltet die Liebe also den widersprüchlichen Wunsch, in die Vergangenheit zurückzukehren und sie gleichzeitig ungeschehen zu machen.«

Was Bergman über die Liebe sagt, läßt sich auf viele andere Beziehungen übertragen. Jeder will Bekanntes und Vertrautes wiedererleben, und jeder will ungeschehen machen, was schmerzlich war, um es diesmal richtig machen zu können oder zumindest die alten Streitigkeiten (bei Geschwistern auch die neuen) ein für allemal zu klären. Für seine jüngeren Kollegen spielte Eddy Deveau die Rolle des »Papas«, übernahm also bei ihnen dieselbe väterliche Funktion wie bei seinem Bruder Roy. Aber während er von Roy wenig erwartete, ging er mit seinen Kollegen auch hart und rücksichtslos um, so als wollte er sich für die Nackenschläge entschädigen, die er bei seinem Bruder einstecken mußte. Honey Dorman identifizierte ihre älteste Tochter Meredith mit ihrer ältesten Schwester Ray, aber an Meredith ließ sie alles an Wut und Haß aus, was sie Ray gegenüber nicht auszudrücken wagte.

Wir wollen die Vergangenheit wiederholen, und wir wollen sie ungeschehen machen, und die Tragik ist, daß wir beides nicht können. Wir können die Vergangenheit nicht noch einmal durchleben, aber auch nichts arrangieren, das sie aufhebt. Trotz der vielen verschiedenen Wiederholungen alter Verhaltensweisen läßt sich die Vergangenheit nicht ändern, genausowenig wie sich die gegenwärtige Geschwisterbeziehung durch ihre Wiederholung mit anderen ändern läßt. Wiederholung kann auch nicht für die ursprünglichen Entwertungen, Verletzungen oder Ungerechtigkeiten entschädigen, die man durch Bruder oder Schwester erlitten hat oder erleidet. Und tatsächlich geht die Wiederholung gerade deshalb so unendlich wie vergeblich weiter, weil sie keinen dieser Zwecke erfüllen kann.

Ich bezweifle, daß ein Mensch alle Muster seines Lebens durchbrechen kann, und wahrscheinlich würde auch niemand die positive Geschwisterübertragung beenden wollen, die so viel zur Anpassung an die Welt der Gleichaltrigen beigetragen hat. Aber die meisten Menschen können lernen, Neuinszenierungen der Geschwisterbeziehung in der Gegenwart zu erkennen, vor allem, wenn sie andere Beziehungen behindern und sich im Liebes- und Familienleben, bei der Arbeit oder im Freundeskreis störend bemerkbar machen.

Am besten lernt man das wohl durch Beispiele anderer Menschen, da die Übertragung und die dazugehörigen Wiederholungen meist nicht bewußt geschehen. Einige der folgenden Beispiele habe ich den Erzählungen und Aufzeichnungen von Psychotherapeuten entnommen oder von Menschen gehört, die durch Psychotherapie gelernt haben, die eigenen Verhaltensmuster besser zu begreifen, womit ich aber nicht sagen will, daß man solche Einsichten nur durch Therapie gewinnen könnte. Vielmehr können, wie ich hoffe, auch die Beispiele in diesem Kapitel die Leserinnen und Leser dafür sensibilisieren, wie ihre Geschwistererfahrungen sie in vielen Lebensbereichen geprägt haben.

»Mary Ann hat viel Ähnlichkeit mit Tony, meinem Mann«, hatte Nancy, die zweite der Ginetti-Schwestern, gesagt und hinzugefügt, sie hätte ihren Mann sogar schon mit Mary-Ann angeredet. Wie sie sagte, neigten beide dazu, die eigene Unsicherheit zu verdecken, und sie fühlte sich stärker als sie, weil sie diesen Mechanismus durchschaute. Nancy war an Introspektion nicht besonders interessiert, und deshalb machte sie sich wegen der Ähnlichkeit ihres Mannes zu ihrer Schwester keine Gedanken, sondern akzeptierte ganz einfach, daß sie sich auch deshalb bei dem einen wohlfühlte, weil sie mit der anderen großgeworden war.

Der deutsche Psychologe Walter Toman hätte Nancys Einstellung wahrscheinlich gebilligt. Toman war der erste, der systematisch zu zeigen versucht hat, auf welche Weise die Geschwisterbeziehung nicht nur das individuelle, sondern auch das eheliche Glück beeinflussen kann. In seinem 1961 erschienenen Buch »Familienkonstellationen« hat er mit fast schon zwanghafter Liebe zum Detail dargestellt, welche Auswirkungen die Position beider Partner in der Geschwisterreihe auf die Ehe haben kann. Seine These lautete, daß die Chance für eine glückliche Ehe mit der »Komplementarität« der Position der Partner in der Geschwisterreihe steigt. Unter Komplementarität verstand er die exakte Wiederholung der Position der Partner in der jeweiligen Familie. Die Ehe von Nancy und Tony wäre demnach komplementär gewesen: Nancy, die Zweitgeborene, war daran gewöhnt, zu einem älteren Kind aufzusehen; Tony, der Erstgeborene, war daran gewöhnt, andere zu führen.

Toman hat eine Unzahl von Kombinationen von Geschwisterpositionen ausgearbeitet und zusätzlich Variablen wie Anzahl und Geschlecht der Geschwister in der Familie beider Ehepartner analysiert. Seiner Meinung nach war die Ehe zwischen einem älteren Bruder von Schwestern und einer jüngeren Schwester von Brüdern mit die beste Kombination, besser noch als die von Nancy und Tony. Denn bei dieser Kombination, so glaubte er, hat sich der Ehemann durch seine Geschwister ein großes Wissen über das andere Geschlecht erworben und auch gelernt, Frauen zu schützen und zu führen; die Ehefrau ist durch ihre Brüder ebenfalls mit dem anderen Geschlecht vertraut und daran gewöhnt, von ihnen beschützt und geführt zu werden. (Man darf nicht vergessen, daß Tomans Buch geschrieben wurde, bevor die Frauenbewegung klargestellt hat, daß Männer nicht die einzigen sind, die eine Führungsposition in der Gesellschaft einnehmen können, und daß Frauen nicht notwendig mit dem Wunsch aufwachsen, von Männern geführt und beschützt zu werden.)

Die Ehe zwischen einer älteren Schwester von Brüdern und einem jüngeren Bruder von Schwestern ist eine weitere günstige Kombination für Toman: Die Frau ist durch die jüngeren Brüder an eine stützende, mütterliche Rolle gewöhnt, der Mann kennt und liebt diese Rolle durch seine Schwester und erwartet sie deshalb von seiner Frau.

Weniger günstig sind Tomans Prognosen fürs Eheglück, wenn beide Ehepartner nur Geschwister desselben Geschlechts haben und deshalb wenig unmittelbares Wissen über das andere Geschlecht mitbringen. Dasselbe gilt für Kombinationen, bei denen die Ehepartner an derselben Position der Geschwisterreihenfolge stehen. Zwei Erstgeborene zum Beispiel können sich zwar miteinander identifizieren und sich verstehen, aber sie neigen mit hoher Wahrscheinlichkeit auch dazu, ihre ursprünglichen Führungsrollen neu zu inszenieren und um die Macht und Vorherrschaft in der Familie zu kämpfen.

Am düstersten sieht es aber für eine Ehe zwischen Einzelkindern aus, denn keiner der Partner hat gelernt, mit Gleichaltrigen zu leben, und jeder erwartet vom anderen, die Elternrolle zu übernehmen. Toman hat diese negativste aller Kombinationen zwar zu modifizieren versucht und Überlegungen angestellt, daß Einzelkinder vielleicht die Merkmale der Geschwisterposition des gleichgeschlechtlichen Elternteils übernehmen. Die Ehe zwischen einer einzigen Tochter, die sich mit der Mutter identifiziert, die einen älteren Bruder hat, und einen einzigen Sohn, der sich mit dem Vater identifiziert, der eine jüngere Schwester hat, hätte dann unter dem Gesichtspunkt der Komplementarität wieder eine Chance.

Verschiedene Familientherapeuten, von denen Murray Bowen wohl der bekannteste ist, haben sich Tomans Vorstellungen angeschlossen und sie in Theorien der systemischen Familientherapie integriert, die sich mit dem Einfluß der Herkunftsfamilien der Ehepartner auf die Ehe befassen. Empirische Untersuchungen haben allerdings gezeigt, daß Tomans Theorie widersprüchlich ist und sich empirisch nicht beweisen läßt. Wie die anderen Schemata aus der Theorie zur Geschwisterreihenfolge sind auch seine Kategorien zu starr und zu allgemein; sie sind nicht geeignet, die große Zahl der Variablen berücksichtigen, die neben Geburtsreihenfolge und Geschlecht die Geschwisterbeziehung beeinflussen.

Tomans Konzepte zur Komplementarität sind zwar zum großen Teil hoffnungslos überholt, aber die Perspektive, aus der er die Ehe betrachtet, ist durchaus anregend und vor allem deshalb von Interesse, weil sie den Auswirkungen der Geschwisterbeziehung auf die Ehe endlich die dringend erforderliche Aufmerksamkeit widmet. Aber sein Ansatz, der, wie gesagt, einer empirischen Untersuchung nicht standhält, ist zu mechanistisch; menschliche Beziehungen lassen sich nicht so messen und quantifizieren wie physikalische Gesetze. In Wirklichkeit sind die Auswirkungen der Geschwisterübertragung auf Liebesbeziehungen subtiler, amorpher und in der Regel auch komplizierter. Die Übertragung der frühen Geschwisterbeziehung auf Liebes- und Ehepartner verläuft auf sehr vielen verschiedenen Wegen und läßt sich nicht auf den Aspekt der Geburtsreihenfolge oder des Geschlechts beschränken.

Man kann diese verschiedenen Übertragungswege auf drei Ebenen von unterschiedlicher Komplexität untersuchen:

Auf der grundlegendsten Ebene wiederholen Menschen in ihren Liebesbeziehungen (und in anderen Beziehungen auch) direkt verschiedene Aspekte ihrer Geschwisterbeziehung. Das kann positiv sein, wie bei der jüngen Frau, die mir schrieb, daß sie und eine andere Frau, die ebenfalls nur Brüder hatte, unter all ihren Freundinnen diejenigen waren, die am besten wußten, wie man Männer »bezaubert«. (Ähnlich schrieb Lou Andreas-Salomé, deren Briefwechsel mit Freud berühmt geworden ist, daß sie als angebetete jüngere Schwester von mehreren Brüdern alle Männer im Grunde als Brüder betrachtete. Und sie war sowohl bekannt für ihre zahlreichen Liebesaffären als auch für ihre vielen Freundschaften mit Männern.) Manche Wiederholungen sind auch neutral, weder besonders hilfreich noch besonders schädlich, wie bei Nancy Ginetti, die Aspekte ihrer älteren Schwester bei ihrem Mann wiedererkannte, aber von den Ähnlichkeiten nicht besonders berührt wurde. Oder sie sind schmerzhaft, wie bei einem Mann, der sich nur in ältere Frauen verlieben konnte, die Ähnlichkeit mit seiner älteren Schwester hatten, aber sie bald wieder verließ, weil er unweigerlich in das Muster des »kleinen Bruders« zurückfiel.

Von dieser schmerzhaften Form der Übertragung erfahren Psychotherapeuten natürlich am meisten. Alexander Levay hat immer wieder mit Patientinnen zu tun gehabt, deren Kindheit von Wut und Groll auf den Bruder geprägt war, der ihnen vorgezogen wurde, was sie aber nicht hinderte, Männer zu heiraten, die ihnen an Fähigkeiten unterlegen waren, und sie genauso zu verwöhnen, wie früher die Brüder verwöhnt worden waren. Und dann waren sie auf die verwöhnten Ehemänner genauso böse wie auf die verwöhnten Brüder.

Dr. Levay hat auch eine Art umgekehrter Wiederholung beschrieben, die vor allem bei Fällen von sexuellem Mißbrauch verbreitet ist. »Sie können all das, was man mit ihnen gemacht hat, bei anderen nicht mehr tun«, sagte er. So war zum Beispiel ein Mann, den sein älterer Bruder früher ständig mit körperlichen Zärtlichkeiten, Küssen und Umarmungen förmlich überschüttet hatte, fast bis zum tatsächlichen Inzest, nicht zu irgendeiner Form von körperlicher Zärtlichkeit zu seiner Frau in der Lage und konnte sie selbst beim Geschlechtsverkehr nicht küssen oder umarmen.

Ms. L. war schon zwölf Jahre mit einem fordernden, bedürftigen und abhängigen Mann verheiratet, als sie ihre Therapie begann. Obwohl sie ungeheuer wütend war, daß sich ihr Mann wie ein kleiner Junge verhielt, schaffte sie es nicht, ihm die Meinung zu sagen oder ihren Wunsch nach einer ausgeglicheneren Beziehung zu formulieren. Von ihrer vier Jahre jüngeren Schwester sprach sie viele Therapiestunden hindurch kaum, bis zu dem Tag, als die Schwester, die in einer anderen Stadt lebte, ihr einen längeren Besuch machte.

Als sie dem Therapeuten von dem Besuch erzählte, sagte sie: »Bevor sie kommte«, hielt dann inne und fragte sich, warum sie, die normalerweise sehr eloquent war, plötzlich einen solchen Fehler machte und statt »kam« »kommte« sagte. Der Therapeut fragte sie, ob es sein könnte, daß sie sich wieder in die wütende Vierjährige verwandelt hatte, die sie bei der Geburt der Schwester gewesen war.

Durch diese Deutung tauchten Erinnerungen an die ständigen Anforderungen der Schwester in der Kindheit auf und an ihr bis heute anhaltendes Gefühl, alles tun zu müssen, was die Schwester wollte. »Du bist die ältere Schwester«, hatte ihr die Mutter eingebleut und damit impliziert, sie müsse jetzt erwachsen sein, ihre Gefühle zurückstellen und alles akzeptieren, was die kleine Schwester ihr servierte.

Als sie sich gründlicher mit ihrer Kindheit und ihrer Schwester beschäftigte, begriff Ms. L. allmählich, daß ihr Mann ihr ebenfalls eine ganze Menge Sachen servierte, die sie glaubte, schlucken zu müssen. Im Grunde war ihr Mann nicht anders als die kleine Schwester und sie die große, die ihre Wut beherrschte und sämtliche Forderungen und Bedürfnisse erfüllte. Auf diese Zusammenhänge zwischen ihrer Ehe und ihrer Geschwisterbeziehung kam sie nach einiger Zeit auch selbst.

Solche Zusammenhänge gibt es auch in begrenzteren Bereichen von Liebes- und Ehebeziehungen. Ein Bauführer zum Beispiel, der mittlere von drei Brüdern, brachte es nicht über sich, seiner Frau auch nur die geringste Kleinigkeit von seinen Sachen abzugeben, nicht einmal einen Löffel Nachtisch bei einem Essen im Restaurant. Er sagte immer wieder, in seinem Leben hätte er schon genug mit »Grabschern« zu tun gehabt. Destruktiver können Wiederholungen sein, wenn sie wie bei Claires erster Ehe dazu führen, daß sexuelle Gefühle durch »brüderliche und schwesterliche« ersetzt werden.

In Claires Selbstbild als »ungeschickt« und »inkompetent«, das ihr früh von ihrem Bruder vermittelt wurde und das sich bis in ihre Ehe fortsetzte, wird die zweite, komplexere Ebene der Neuinszenierungen von Geschwistern in den Bereichen Liebe und Ehe deutlich. Auf dieser Ebene wird das *Selbstbild* neu inszeniert, das zum großen Teil von Geschwistern geprägt wird und die Reaktionen in Liebesbeziehungen beeinflußt. Lisa, die jüngste des Ginetti-Clans, sah sich durch ihre Position in der Geschwisterreihe als die unabhängigste der Schwestern, und diese selbstbewußte Unabhängigkeit hat wesentlich dazu beigetragen, daß ihre schwierige Ehe mit einem unbeugsamen und sehr viel älteren Mann Bestand hatte.

Die negative Seite, die meist stärker im Vordergrund steht als die positive, hat Jessica Prescott beschrieben. Ihre Tochter Ashley und ihr Sohn Fred waren extrem aneinander gebunden.

Sie hatte noch einen weiteren Sohn, Blake, der sechs Jahre jünger war als Ashley, aber das Drama spielte sich zwischen Fred und Ashley ab, die vier Jahre auseinander waren. Und es war ein Drama, eine Art *My Fair Lady* zwischen Geschwistern.

»Er war Pygmalion«, sagte Jessica über Fred. »Er hat sie geformt wie ein Stück Ton. Er hat sie zu dem gemacht, was sie ist.« Und das war Freds Doppelgängerin: Theater- und Ballettkennerin, Leserin gehobener Literatur, Liebhaberin der Musik, Lehrerin der Philosophie.

»Der kleine Blake hatte sein eigenes Leben. Er war zu jung für sie, und er war anders, durch und durch ein Kind. Er las Comics und spielte Baseball. Aber die beiden Älteren waren immer zusammen«, erklärte Jessica. »Er hat ihr vorgelesen und ihre Hausaufgaben kontrolliert. Und sie ist ihm hinterhergelaufen wie ein liebeskrankes Hündchen.«

Ob es für Ashleys Liebeskrankheit auch direkte physische Gründe gegeben hatte, wußte Jessica nicht. Sie hatte sich zwar manchmal Sorgen gemacht, weil die beiden »stundenlang auf der Couch lagen und sich vorlasen.« Aber ihre Sorgen verflüchtigten sich, zumindest kurzfristig, als Fred anfing, mit Mädchen seines Alters auszugehen.

Dafür kamen andere Sorgen, und nicht zu knapp. Jessica und ihr Mann freuten sich zwar, daß ihr Sohn viel ausging und viele Freundinnen hatte, aber seine Schwester war am Boden zerstört. Sie aß und aß und wurde immer dicker, bis hart an die Grenze zur Fettsucht. Sie zog sich von Familie und Freunden zurück, fing an, die Schule zu schwänzen, wurde schlampig und gleichgültig gegen alles, was sie vorher interessiert hatte. Kurz, sie verhielt sich wie eine zurückgewiesene Frau, die sich jetzt für wertlos hielt.

»Sie hat sich einen Schleier übergeworfen«, sagte ihre Mutter. »Sie konnte mit Freds Freundinnen nicht konkurrieren, und einen anderen Jungen wollte sie nicht. Sie versteckte sich hinter einem Schleier aus Fett und Schlampigkeit, um so mehr, als seine Freundinnen alle dünn und schön waren.«

Ashley war mittlerweile Ende zwanzig. Sie hatte eine Therapie begonnen, einen Teil ihrer überflüssigen Pfunde verloren und sich einen eigenen kleinen Freundeskreis aufgebaut. Aber als ich mit ihr sprach, sagte sie, daß sie immer noch gegen ihr schwaches Selbstbild ankämpfen mußte. Sie betrachtete sich weiter mit den Augen des Bruders, und fand sich im Vergleich mit den Frauen, mit denen er ausging, unzulänglich. Gleichzeitig war Fred der Maßstab, an dem sie alle anderen Männer maß, und diesen Ansprüchen konnte keiner genügen. Sie mußte erst noch ein unabhängiges Bild von sich und anderen entwickeln.

Fred dagegen schien die jahrelange intensive emotionale Nähe zu seiner Schwester auf den ersten Blick nicht geschadet zu haben. Er war jetzt Anfang 30, gutaussehend und erfolgreich in seinem akademischen Beruf. Er galt als guter Fang, und es fiel ihm nicht schwer, Beziehungen mit gutaussehenden Frauen anzufangen. Sein einziges Problem war, daß er sich immer noch als Pygmalion sah. Er wollte seine jeweilige Freundin nach seinem Idealbild formen, so wie er einst seine Schwester geformt hatte. Aber im Unterschied zu ihr ließen sich diese Frauen das nicht gefallen und brachen die Beziehung ab. Er hatte ebenfalls eine Therapie begonnen, in der er herauszufinden versuchte, wer er unabhängig von seiner Schwester war, und begriff allmählich, daß sein Selbstbild als allmächtiger Bruder für die Frauen nicht stimmte, die nicht seine Schwestern waren.

Auf der dritten und komplexesten Ebene der Geschwisterübertragung im Bereich der Liebes- und Ehebeziehungen geht es um die Neuinszenierung von Wut und Aggression, und zwar nicht mit den Geschwistern, auf die sie sich eigentlich richten, sondern mit dem Partner, der die Geschwister ersetzt. Ein Beispiel soll das verdeutlichen:

Ein 60jähriger leitender Angestellter bei einer großen Autofirma hatte in seinem Beruf einen sehr guten Namen, war ein gern gesehener Redner bei Verkaufsveranstaltungen, eine Säule der Lokalpolitik – und behandelte seine Frau wie den letzten Dreck.

Äußerlich hatte seine Frau viel Ähnlichkeit mit seiner älteren Schwester, die vor einigen Jahren gestorben war, aber ihre Charaktere waren so verschieden wie Tag und Nacht. Sie war ihrem Mann und ihren vier Kindern herzlich ergeben, zärtlich und gutmütig. Die Schwester, die trotz ihrer Ehe kinderlos geblieben war, hatte eine scharfe Zunge und kritisierte gern, vor allem den Bruder.

Vor Jahren hatte sie sein Studium mitfinanziert und dafür ihre eigenen Studienpläne aufgegeben. Er hatte eine gute Universität besucht und einen Abschluß gemacht, der ihn unter die besten zehn Prozent seines Jahrgangs einreihte, aber für sie war das nicht genug. In ihren Augen war er faul, seine Leistungen reichten ihr nicht, sie konnten das Opfer, das sie ihm gebracht hatte, nicht rechtfertigen. Was er auch erreichte, sie war nicht zufriedenzustellen. Sie kritisierte seine Frau, sein Haus und seine Geschäftsfreunde; das öffentliche Ansehen, daß er genoß, interessierte sie nicht. Weil er nicht vollkommen war, blieb er für sie ein Versager.

Der Manager hörte sich die Tiraden seiner Schwester unbewegt an. Seine Wut und seine Bedürftigkeit richtete er gegen seine Frau, an der er kein gutes Haar ließ und der er ihre Ergebenheit nicht im geringsten dankte. Sie war für ihn die ungefährliche, seine Schwester die furchteinflößende Zielscheibe für seine Wut; seine Schwester beherrschte ihn, und er beherrschte seine Frau. Nach dem Tod seiner Schwester, als seine Hoffnung, ihre Anerkennung doch noch zu bekommen, auf immer zerstört war, nahm seine Frustration zu, und sein Verhalten gegenüber seiner Frau wurde immer schlimmer. Mittlerweile war er krank und völlig von ihr abhängig, aber das hinderte ihn nicht, sie weiter zu attackieren. In seiner

Vorstellung hatte sie seine Schwester ersetzt, und er richtete die ganze verdrängte Wut auf die Schwester gegen sie.

Für diesen Mann bedeutete die Neuinszenierung der Geschwisterbeziehung, seine Wut von der gefürchteten und gehaßten Schwester auf seine Frau zu verschieben, deren Bild in seiner Psyche mit dem Bild der Schwester verschmolzen war. Unbewußt versuchte er über diese Verschiebung das Unrecht wiedergutzumachen, daß ihm die Schwester zugefügt hatte, aber der Reparaturversuch war nicht weniger destruktiv als der ursprüngliche Schaden.

Wenn Liebe und Ehe die Geschwisterszenen der Vergangenheit wieder aufleben lassen, dann rücken die eigenen Kinder sie in die Mitte der Bühne: Durch die Geburtsreihenfolge und das Geschlecht der Kinder mit allen dazugehörigen Wechselwirkungen wird den Eltern ein Spiegel vorgehalten, der ihnen immer wieder ihr eigenes Bild und das der Geschwister zurückwirft.

Auf den ersten Blick mag das nicht unbedingt einleuchten. Schließlich handelt es sich bei der Eltern-Kind-Beziehung um eine hierarchische, nicht um eine gleichberechtigte Beziehung wie die zwischen Ehepartnern oder Gleichaltrigen. Die Eltern sorgen für die Kinder, die auf sie angewiesen sind, und diese Konstellation ist eine ganz andere als die horizontalen Verbindungen zwischen Geschwistern.

Und doch kann nichts so stark die Gefühle aus der Herkunftsfamilie wieder zum Leben erwecken wie die Gründung einer eigenen Familie. Es ist fast so, als ob man dabei quasi neben sich stünde und beobachtete, wie die eigene frühe Geschichte wieder aufgeführt wird, wenn auch unter anderen Umständen und mit anderen Personen. Aber die neue Geschichte enthält so viele bekannte Töne und Gefühle, daß es leichtfällt, sich mit ihren Charakteren und Ereignissen zu identifizieren. In dem einen Kind erkennt man sich selbst wieder, im anderen den Bruder oder die Schwester; auf das eine Kind reagiert man sehr gefühlsbetont, auf das andere vergleichsweise gleichgültig. Die Reaktionen, die die Schauspieler in dieser Geschichte hervorrufen, hängen von den Rollen ab, die sie in diesem neuen Stück spielen, aber auch von den Erinnerungen an andere Spieler in anderen Stücken zu anderen Zeiten, die sie wachrufen.

Eine Krankenschwester hatte mit ihrem Mann, der als Drucker arbeitete, ständig Streit über die Frage, ob sie den jüngsten Sohn Martin zu streng oder zu nachgiebig erzogen. Bei der älteren Tochter und dem älteren Sohn hatten sie solche Auseinandersetzungen nicht gehabt. Bat Martin seine Mutter um die Autoschlüssel, bekam er sie immer, unabhängig davon, wie spät es war oder ob jemand anderes aus der Familie das Auto brauchte. Ihr

Mann dagegen schlug ihm die Bitte genauso automatisch ab, unabhängig von den Gründen des Jungen oder den Bedürfnissen anderer Familienmitglieder.

Der unaufhörliche Streit um Martin zog das gesamte Familienleben schließlich so sehr in Mitleidenschaft, daß sich die Eltern entschlossen, eine Paartherapie zu machen. Dabei wurde deutlich, daß beide ihn als Ersatz für Geschwister aus der jeweiligen Herkunftsfamilie sahen.

»Für mich«, sagte die Krankenschwester, »war er mein jüngster Bruder. Bei meinem ersten Sohn war alles anders. Er war der Älteste, etwas Besonderes. Meine Tochter war in gewisser Weise ich selbst, und Martin war mein kleiner Bruder. Auf den war ich immer sehr wütend und eifersüchtig, und ich glaube, ich habe Martin alles erlaubt, weil ich diese Gefühle ungeschehen machen wollte. Ich fühlte mich schuldig, und ich wollte diese negative Einstellung wieder gutmachen.«

Bei ihrem Mann war das Gegenteil der Fall. »Mein Mann«, sagte sie, »war der jüngste Sohn, er wurde von den Eltern verwöhnt und bekam jeden Wunsch sofort erfüllt. Er lehnte mein nachsichtiges Verhalten Martin gegenüber ab, fast als wäre Martin *sein* Bruder und hätte ihm seinen angestammten Platz weggenommen. Also war er besonders streng und versuchte, ihn neben sich nicht hochkommen zu lassen.«

Wie andere Neuinszenierungen von Geschwisterszenen können auch solche Wiederholungen viele Formen annehmen, je nach der Persönlichkeit der Beteiligten und der frühen Familiengeschichte. Wenn ein Mann, der eine ältere und eine jüngere Schwester hat, jetzt Vater von zwei Töchtern und einem Sohn ist, kann er den Sohn entweder genauso verwöhnen, wie er selbst von Eltern und Schwestern verwöhnt wurde, ihn in die Rolle des »Machos« drängen, der er selbst gerne gewesen wäre, oder seine Abhängigkeit von den Schwestern fördern und ihn damit zum Spiegel seiner eigenen Abhängigkeit machen.

In dem obigen Beispiel hatte die Krankenschwester ihre Schuldgefühle gegenüber ihrem jüngeren Bruder auf ihren jüngsten Sohn übertragen. Sie hätte statt dessen auch ihre Eifersucht auf den Bruder auf den Sohn verschieben und ihn entsprechend behandeln können. Und ihr Mann hätte sich mit seinem Sohn, der wie er der jüngste war, auch identifizieren und ihn den anderen Kindern vorziehen können, statt eifersüchtig zu reagieren.

Natürlich können Eltern all die vielen Kombinationsmöglichkeiten ihrer Identifikation mit den Kindern oder den Geschwistern nicht vorwegnehmen. Aber wenn sie wissen, daß es diese Möglichkeiten gibt, können sie solche Neuinszenierungen vielleicht leichter erkennen.

Am schädlichsten sind Neuinszenierungen in den Fällen, in denen Eltern von einem ihrer Geschwister extrem schlecht behandelt wurden und sich jetzt »mit dem Aggressor identifizieren«, wie die wissenschaftliche For-mulierung lautet. Das heißt, sie sehen sich so, wie die Geschwister sie gesehen haben: als schwach, langsam oder sonstwie unzulänglich. Dann projizieren sie dieses negative Selbstbild auf eins ihrer Kinder, das dasselbe Geschlecht und eine ähnliche Position in der Geschwisterreihenfolge, ein ähnliches Temperament oder eine ähnliche Persönlichkeit hat wie sie, und behandeln es so, wie man sie früher behandelt hat. Der Vater von Roy Deveau wurde von seinem älteren Bruder tyrannisiert und tyrannisierte sei-nerseits Roy, seinen zweiten Sohn. Das heißt, er identifizierte sich in die-sem Punkt mit Roy, aber auch mit dem starken, aggressiven Bruder; die Entwertung des schwächeren Sohnes gab ihm ein Gefühl von Macht.

Die Gleichsetzung von Kindern und einzelnen Geschwistern der Eltern beginnt in der Regel mit der Geburt des zweiten Kindes. Daß heißt nicht, daß solche Gleichsetzungen nicht auch unter anderen Umständen vorkom-men. Vivian, die mit 43 Jahren unbedingt noch schwanger werden wollte, hatte Ehe und Kinder jahrelang aufgeschoben, weil sie die Vorstellung erschreckend fand, zwei Töchter zu haben, die so wie sie und Christina um die Liebe der Mutter kämpften. Andere sagten, sie hätten bewußt nicht mehr als ein Kind bekommen, weil sie ihm die eigenen Erfahrungen mit der »Eifersucht« und »Benachteiligung« durch Geschwister ersparen wollten (oder unbewußt vielleicht eine Situation vermeiden wollten, in der sie über ihre Kinder noch einmal die alten Geschwisterspannungen hätten durchle-ben müssen.)

Gelegentlich verhalten sich Eltern von Einzelkindern auch so, als wäre ihr Kind der Bruder oder die Schwester von früher. Eine Mutter zum Beispiel sagte, sie wäre »unverhältnismäßig« wütend geworden, als ihre einzige Tochter anfing, sich ihre Kleidung und ihren Schmuck zu leihen. Für sie wurde die Tochter zu einer Inkarnation ihrer jüngeren Schwester, »die sich immer Sachen nahm, die ihr nicht gehörten«.

Aber die zweite Geburt, ja selbst die zweite Schwangerschaft (und alle weiteren) kann mehr als alles andere alte Geschwistergefühle wieder auf-rühren. Ich beziehe hier die Schwangerschaft ausdrücklich mit ein, weil Untersuchungen belegt haben, daß Eltern nicht nur ihren Kindern schon vor der Geburt bestimmte Rollen zuweisen, sondern manche Frauen auch schon früh in der zweiten Schwangerschaft Phantasien über die Geschwi-sterbeziehung ihrer Kinder entwickeln und in diesem Prozeß ihre eigene Geschwistererfahrung noch einmal durchleben.

Die Psychologin Janice Abarbanel hat vier Mütter von Kleinkindern wäh-rend der zweiten Schwangerschaft häufig besucht, lange mit ihnen gespro-chen und sie beim Spiel mit ihren Kindern beobachtet. Dabei hat sie fest-gestellt, daß bereits die Schwangerschaft die Geschwistergeschichte der

Mütter aktualisierte und dadurch nicht nur das Verhalten gegenüber dem erstgeborenen Kind, sondern auch seine Vorbereitung auf das neue Kind beeinflußte.

Eine Mutter, Ms. C., hatte ihr ganzes Leben mit ihrer 14 Monate älteren Schwester Marcie konkurriert und sich geärgert, daß sie als die »Kleine« behandelt wurde, während Marcie die Rolle der großen Schwester, der »Mami« übernommen hatte. Zufälligerweise wurden die beiden Schwestern ungefähr gleichzeitig schwanger; dadurch entstand eine Konkurrenz um die »perfekte« Schwangerschaft.

Während ihrer Schwangerschaft identifizierte Ms. C. ihre Tochter Caren immer mehr mit Marcie und sich selbst mit dem ungeborenen Kind. Sie zog sich von Caren zurück, mit der Begründung, sie sei müde. Caren bekam ein größeres Bett und mußte ihr Gitterbettchen räumen, ohne daß ihr die Mutter erklärte, warum das nötig war. Sie sprach auch selten mit ihr über die Schwangerschaft oder die bevorstehende Geburt. Als das Kind, ein Junge, dann geboren war, fand Ms. C. sofort, er sei ihr sehr ähnlich, nicht nur im Aussehen, sondern auch in seinem ausgeglichenen Temperament. Die kleine Caren sah sich plötzlich als »launisch« etikettiert, wenn sie schmollte und auf die Mutter und den neuen Bruder böse war.

Ms. B. dagegen hatte eine enge und liebevolle Beziehung zu ihrer älteren Schwester Janet. Sie begriff, daß die geschiedene Janet auf ihre glückliche Ehe neidisch werden konnte, und bemühte sich nach Kräften, deutlich zu zeigen, daß sie Janet unterstützte und an ihrem Leben Anteil nahm. Die zweite Schwangerschaft hatte sie so geplant, daß der Altersunterschied zwischen ihrer Tochter Beth und dem zweiten Kind ebenfalls zwei Jahre betrug, wie bei Janet und ihr.

Während der Schwangerschaft besuchte Ms. B. ihre Mutter und ihre Schwester häufig und nahm Beth mit. Sie sprach mit dem Kind viel über die Schwangerschaft und das kommende Baby, und als Beth ein neues Bett bekam, erklärte sie ihr, das müsse sein, weil sie jetzt schon so groß und erwachsen wäre.

Bei der Geburt, die kompliziert verlief, war Janet dabei. Als das Kind, ebenfalls ein Junge, endlich da war, erklärte Ms. B., er sähe genauso aus wie Beth. Beth, die große Schwester, freute sich über das neue Kind, und wenn sie sich auch manchmal über den Bruder ärgerte, fand sie es doch schön, an seiner Pflege beteiligt zu werden. Ms. B.s Mutter sagte, Janet hätte sich genauso verhalten, als ihre kleine Schwester zur Welt gekommen war.

In beiden Fällen hatte die Schwangerschaft bewußte und unbewußte Assoziationen zwischen den Müttern, ihren Schwestern und ihren Kindern ausgelöst. Bei Ms. C. verwandelten sich die negativen Gefühle zu ihrer

Schwester während der Schwangerschaft und nach der Geburt in eine distanzierte Einstellung zu ihrer Tochter, die sie allmählich mit der Schwester identifizierte. Bei Ms. B. führte dagegen die starke Zuneigung zu ihrer älteren Schwester von Anfang an dazu, daß sie eine positive, stützende Einstellung zu der neuen Rolle ihrer Tochter als große Schwester entwickelte.

In diesen beiden Geschichten ist vor allem die Tatsache bemerkenswert, daß mit der Schwangerschaft der Mutter auch der Keim für die zukünftige Beziehung zwischen den Kindern gelegt wurde. Caren, die durch das Verhalten ihrer Mutter vor allem die Eifersucht und Konkurrenz zwischen Ms. C. und Marcie spürte, lehnte den neuen Bruder ab. Beth spürte durch das Verhalten ihrer Mutter die starke Geschwisterbindung zwischen Ms. B. und Janet und begrüßte den neuen Bruder neugierig und zustimmend.

Die systemischen Familientherapeuten sprechen von einem »generationenübergreifenden Vermittlungsprozeß«, in dem das Beispiel der Eltern Generationen von Kindern beeinflußt. Diesem Ansatz zufolge werden Familienmerkmale, einschließlich psychischer Krankheiten, von Generation zu Generation weitergegeben, weil jede neue Generation die Verhaltensmuster der vorigen wiederholt. Eltern projizieren zum Beispiel ihre inneren Konflikte auf ein Kind, etwa den Sohn. Der wiederum behandelt später eins oder mehrere seiner eigenen Kinder so, wie er selbst behandelt wurde, und dieses Kind bzw. die Kinder geben dieselbe Behandlung mit allen dazugehörigen Konflikten an die nächste Generation weiter usw.

»Der generationenübergreifende Prozeß«, sagt Murray Bowen, »bietet die Basis für Vorhersagen über die gegenwärtige Generation und gibt einen Überblick über das, was sich in kommenden Generationen erwarten läßt.«

Ich konnte mich der Vorstellung dieser Theorie nie ganz anschließen, daß Familienmerkmale sozusagen automatisch weitergegeben werden, als wäre das Schicksal eines Kindes bei der Geburt ein für allemal festgeschrieben und jeder Mensch dazu verurteilt, die psychischen Probleme der Eltern wieder zu durchleben und dann an die nächste Generation weiterzugeben. Die Realität scheint mir sehr viel flexibler, und Faktoren wie Temperament, Persönlichkeit oder einfach die normalen Wechselfälle des Lebens können im Lauf der Zeit immer zu Veränderungen führen.

Dennoch ist diese Theorie erhellend, weil sie Menschen dazu zwingt, nicht nur die Muster der Vergangenheit zu berücksichtigen, um das Verhalten in der Gegenwart zu begreifen, sondern auch nach vorne zu schauen und darauf zu achten, wie sie diese Muster in die Zukunft tragen. Der Schwerpunkt dieser Theorie liegt zwar hauptsächlich auf den Beziehungen zwischen Eltern und Kindern, läßt sich aber auch auf die Wiederholungsmuster der Geschwisterbeziehung anwenden.

Ms. C. hat durch ihr Verhalten ihre negative Einstellung zu ihrer älteren Schwester Marcie auf ihre Tochter Caren projiziert. Wenn sie Caren weiter so behandelt, als wäre sie Marcie, verhält sich Caren wahrscheinlich zu ihrem jüngeren Bruder genauso, wie sich Marcie zu Ms. C. verhalten hat: eifersüchtig und rivalisierend. Der Bruder, der vielleicht seinerseits als Kind und Jugendlicher seine Schwester Caren ablehnt, wird dann unter Umständen sein erstes Kind mit seiner älteren Schwester identifizieren, so wie Ms. C. Caren mit Marcie identifiziert hat, und dieses Kind dann entsprechend behandeln und das Muster fortsetzen. Ms. B. hätte entsprechend durch ihre Verhalten ihrer Tochter Beth eine liebevolle Einstellung zu ihrem jüngeren Bruder vermittelt, so daß sie nicht voller Neid und er nicht voller Ablehnung aufwachsen müßte. Wenn er dann wie seine Mutter diese Einstellung wieder seinen Kindern vermittelt, erstrecken sich die guten Familienbeziehungen in die nächsten Generationen.

Beide Familien haben also Wegweiser aufgestellt, die für den Verlauf der zukünftigen Geschwisterbeziehung entscheidend sein können.

Die Psychoanalytikerin Selma Fraiberg hat die frühen Einflüsse der Familie, die die Gegenwart stören, als »Geister im Kinderzimmer« bezeichnet. Für sie sind diese Geister »Besucher aus der vergessenen Vergangenheit«, die sich unbemerkt einschleichen und sich in den vielen Reaktionen von Eltern auf ihre Kinder bemerkbar machen.

Bei vielen Menschen verlassen die Geister der Geschwistervergangenheit aber ganz unverfroren das Kinderzimmer und begleiten sie an den Arbeitsplatz.

Jeder Arbeitsplatz, ob Büro oder Universität, Bank oder Schönheitssalon, ist tendenziell schon an und für sich wieder eine Familienumgebung, das heißt, unabhängig von der beruflichen Position und der Geschwistergeschichte hängt über dem Bereich, in dem Menschen zusammenarbeiten, der Schatten des Familienlebens. Ein Vorgesetzter kann sich zum Beispiel wie ein freundlicher »Papa« verhalten und seine »Söhne« und Töchter« durch persönliches Interesse fördern oder als autoritärer »Vater« kühle Distanz bewahren und hohe Anforderungen stellen. Eine Vorgesetzte kann als »Mama« ihre Angestellten schützen, verteidigen und manchmal infantilisieren oder als strenge »Mutter« hohe Erwartungen an ihre »Kinder« stellen, ohne sie groß dafür zu loben.

Natürlich gehören zu jedem Arbeitsplatz, selbst in sehr kleinen Firmen mit wenig Angestellten auch »Brüder« und »Schwestern«, also die Kollegen, die einander unterstützen und gern zusammenarbeiten oder um Macht und Anerkennung konkurrieren. Manche Vorgesetzte fördern die »Geschwister«-Rivalität, indem sie ihre Angestellten gegeneinander ausspielen und zum

Kampf um die Anerkennung von oben anstacheln. Manchmal steigern auch einzelne Mitarbeiter die Konkurrenz und machen die Arbeit der anderen schlecht oder ziehen übereinander her. Und selbst unter den günstigsten Umständen kommt es zu kindischen Geschwisterspielchen: Wer hat den Platz am Fenster, das große Eckbüro oder den Schlüssel zur Managertoilette, und wer ragt aus der Masse heraus und gewinnt die Position des Lieblings-»Sohnes« oder der Lieblings-»Tochter«.

Und in diesen vorgegebenen Strukturen, die so sehr an das Familienleben erinnern, tummeln sich dann noch die individuellen Geister der frühen Geschwisterrollen und -konflikte und verstärken die bereits vorhandenen Familiengefühle und -reaktionen noch. In Aktenmappen oder Rucksäcken werden alle Unsicherheiten, Selbstzweifel und Versagensängste aus der eigenen Familie mit zur Arbeit genommen und auf die Beziehungen zu den Doppelgängern der Geschwister übertragen. All die Machtspiele zwischen älteren und jüngeren Geschwistern, die Dominanzwünsche und Hilferufe an die Eltern werden wieder aktualisiert:

Ein Verkaufsleiter mit zwei jüngeren Schwestern machte die jungen Verkäufer in seiner Firma zu den jüngeren Brüdern, die er sich immer erträumt hatte; er wurde ihr Mentor und verschaffte ihnen Zugang zur informellen Firmenhierarchie. Die weiblichen Angestellten ignorierte er völlig.

Eine Modezeichnerin, die jüngste von sechs Geschwistern, wechselte dauernd die Stellen und war immer unzufrieden. Wo sie auch arbeitete und was sie auch tat, sie blieb die kleine Schwester, die immer das tun wollte, was jemand anderer gerade machte, und immer das Gefühl hatte, jemand anderer wäre schon dort, wo sie als erste sein wollte.

Es gibt Geschichten im Überfluß:

Eine Angestellte in der Kreditabteilung einer Bank hatte einen vier Jahre älteren Bruder, von dem sie sich nie ernst genommen fühlte. Ihr Arbeitskollege war ebenfalls vier Jahre älter als sie und behandelte sie, wie sie glaubte, genauso wie ihr Bruder. Der Kollege, der selbst ein ältester Sohn war, beachtete ihre Klagen meist gar nicht, und die beiden lagen sich andauernd in den Haaren.

Eines Tages waren im Büro die Bleistifte ausgegangen. Die Frau kaufte eine ganze Schachtel Bleistifte für sich allein und legte sie deutlich sichtbar auf ihren Schreibtisch. Sie wußte, daß sie damit den Neid ihres Kollegen erregen konnte, der stolz darauf war, immer eine ordentlich aufgereihte Sammlung frisch gespitzter Bleistifte auf seinem Schreibtisch zu haben.

»Ich wollte ihn damit ärgern, ihn eifersüchtig machen«, sagte sie.

Nach der Mittagspause stellte sie fest, daß die Hälfte ihrer Bleistifte fehlten. Als sie den Kollegen fragte, ob er sie genommen hätte, sagte er ja, entschuldigte sich aber nicht.

»Aber das waren meine Bleistifte«, sagte sie ärgerlich.

»Ach so«, antwortete er gelangweilt.

Es kostete sie große Anstrengung, nicht mit der Faust auf seinen Tisch zu schlagen und mit dem Tonfall einer Fünfjährigen zu kreischen: »Das waren MEINE Bleistifte!«

Statt dessen ging sie aus dem Zimmer. Allmählich wurde ihr klar, daß sie auf den Kollegen so reagierte, als wäre er ihr Bruder, und daß sie lernen mußte, die Beziehungen auseinanderzuhalten.

Der Programmierer Julian konnte mit einem bestimmten Männertyp nicht zusammenarbeiten: »Kampflustig, von aggressiver Intelligenz und älter als ich.« Er fühlte sich dann unweigerlich unterlegen, zog sich ängstlich zurück und überließ dem anderen die bessere Position. Erst nach langen Jahren und einer psychotherapeutischen Behandlung konnte er die Verbindung zwischen diesen Männern und seinem älteren Bruder herstellen, der in Wirklichkeit übrigens keineswegs fähiger war als Julian.

»Schon als Kind hatte mein Bruder Probleme mit dem Sozialverhalten; er fand keine Freunde«, erzählte er. »Im Rückblick glaube ich, daß meine Mutter seine Ungeschicklichkeit und meine Kontaktfähigkeit dadurch kompensiert hat, daß sie ein ehrfurchterregendes Bild von ihm zeichnete, in dem er brillant und fehlerlos war. Er hat mich völlig eingeschüchtert, und später haben dann Männer wie er dieselbe Wirkung auf mich gehabt, bis ich angefangen habe, die Verbindung zu verstehen und meine eigenen Fähigkeiten zu entdecken.«

Der Schauspieler und Regisseur Leonard Nimoy, der den »Mr. Spock« in der Fernsehserie »Raumschiff Enterprise« spielte, erzählte einem Reporter anläßlich seiner Nominierung für den »Emmy«, es hätte ihn sehr erleichtert, daß dies die Nominierung für die beste Nebenrolle und nicht für die Hauptrolle war, die er auch gespielt hatte. Als zweiter Sohn wäre er mit dem Gedanken groß geworden, er dürfe seinem Bruder »nicht die Schau stehlen«. Deshalb fühle er sich wohler, wenn er Nebenrollen spielte.

Aber nicht alle Geschichten waren negativ. Eine Personalchefin zum Beispiel fand, weibliche Angestellte mit mehreren Schwestern wären in allen Bereichen besonders geeignet, in denen Kooperation und Verhandlungsgeschick gefordert werden. »Schwestern lernen, sich gegenseitig zu helfen und sich zu Hause in den Führungsrollen abzuwechseln«, meinte sie, »und diese Fähigkeiten bringen sie auch in ihre Arbeit ein. Brüdern lernen eher, miteinander zu konkurrieren.«

Und in den sozialen Berufen arbeiten zahlreiche Menschen, weil sie zu Hause Erfahrungen mit behinderten Geschwistern gesammelt haben. Pam, die selbst aus einer Alkoholikerfamilie stammte, war besonders stolz darauf, daß ihre Tochter als Krankenschwester mit geistig Behinderten arbeitet, weil diese Berufswahl, wie sie wußte, direkt auf die gemeinsame Kindheit mit ihrem geistig behinderten Bruder zurückzuführen war. Der Arzt und Kardiologe aus Detroit, der jedes Jahr am Geburtstag seines als Kind verstorbenen tauben Bruders aus unbewußten Schuldgefühlen gravierende Fehler machte, sagte ebenfalls, die Gefühle zu seinem Bruder hätten die Wahl seines Spezialgebiets wesentlich mitbestimmt. Er hatte ein sehr empathisches Verhältnis zu seinen überwiegend männlichen Patienten und bemühte sich sehr, ihnen zu helfen, weil er sie mit seinem behinderten Bruder identifizierte.

In diesem Zusammenhang scheint es mir wichtig, noch einmal kurz auf solche Neuinszenierungen von Geschwistersituationen zurückzukommen, die nicht auf andere übertragen, sondern zwischen den Geschwistern selbst durchgespielt werden. Denn unter allen Arbeitsplätzen, in denen die frühe Geschwisterbeziehung wiederholt wird, ist die von Brüdern oder Schwester gemeinsam geführte Firma wohl derjenige, an dem diese Beziehung am intensivsten wiederkehrt. Hier kann die Loyalität so stark werden, daß sie über allem steht, selbst über der Loyalität zu erwachsenen Kindern, die im selben Geschäft mitarbeiten. In einem Familienunternehmen zum Beispiel zahlte der Besitzer seinen beiden Brüdern ihr Gehalt noch viele Jahre nach dem Ende ihrer Tätigkeit weiter und schmälerte damit das Einkommen seiner beiden Töchter, die das Unternehmen jetzt leiteten. Wagte es eine der Töchter, sich über einen Onkel zu beschweren, wurde sie vom Vater dafür mit einem eisigen Blick und der Bemerkung bedacht: »Er ist schließlich mein Bruder.«

Ironischerweise kann aber diese Loyalität Familienunternehmen auch ruinieren, weil Geschwister die gegenseitigen Leistungen nur schwer einschätzen können und, wie es ein Unternehmensberater sagte, »alle möglichen Inkompetenzen und Macken tolerieren, die sich eine andere Firma nie gefallen ließe«. Und Geschwister, die zusammen arbeiten, wiederholen selbstverständlich im Geschäft auch ihre alten Beziehungen, unabhängig von den tatsächlichen Fähigkeiten und Verantwortungsbereichen.

Der Unternehmensberater Theodore Cohn meinte: »Sie denken, ich habe im selben Zimmer geschlafen wie du und genausoviel Taschengeld gekriegt und genausogut meinen Schul- oder Universitätsabschluß gemacht wie du. Wenn wir also zusammen ein Unternehmen führen, dann müssen wir auch gleich bezahlt werden. Wir müssen beide Vizepräsident sein, beide gleich große Büros und gleich qualifizierte Sekretärinnen haben.« Seiner Erfahrung nach kann diese Denkweise für das Geschäft und für die Familie sehr negative Folgen haben.

Noch destruktiver ist die Wiederholung alter und neuer Rivalitäten, die schon viele Familienunternehmen ruiniert haben. Ein anderer Unternehmensberater, der Rechtsanwalt John F. Goodson, hat das als »Löwenzahn-Syndrom« bezeichnet. Alle Geschwister in der Firma fühlen sich von den anderen in ihrer Position bedroht und eingeengt, so wie das Gras, das der Löwenzahn von der Wiese verdrängt. Also wehren sie sich und bedrohen und verdrängen ihrerseits die anderen, um Platz für sich zu haben. Diese Gefühle unterscheiden sich kaum von denen der Kindheit, als die Geschwister versuchten, sich gegenseitig zu übertrumpfen oder die alleinige Liebe der Eltern zu gewinnen.

Für Experten ist die beste Firmenstruktur nicht nur in Familienbetrieben eine »partizipative«, das heißt, die Angestellten sind an der Entscheidungsfindung beteiligt und können die Firmenpolitik mitgestalten. Dadurch bekommen sie ein Gefühl für ihre Bedeutung und fühlen sich von den Kollegen anerkannt. Man könnte das auch so ausdrücken: Eine partizipative Firmenstruktur ist die, in der die positivsten Geschwistererfahrungen neu inszeniert werden und sich echte und Büro-Geschwister wie Erwachsene verhalten können.

Wie die Beziehungen zu Kollegen ähneln auch die Beziehungen zu Freunden den Geschwisterbeziehungen sehr stark. Wie Geschwister sind Freunde Gleichaltrige und interagieren auf gleichberechtigter Ebene. Das macht die Versuchung zur Neuinszenierung der Geschwisterbeziehung fast unwiderstehlich.

Eine Frau inszenierte dabei ihre alten Schuldgefühle aus der Kindheit wieder neu, in der sie als die Hübscheste ihren beiden Schwestern vorgezogen worden war. So war sie zum Beispiel voller Schuldgefühle, als sie kurz nach der Scheidung ihrer ersten Ehe wieder heiratete, weil eine Freundin, die länger geschieden war als sie, immer noch keinen neuen Ehemann gefunden hatte. Und als sie, aber nicht eine andere Freundin zu einem großen Fest eingeladen wurde, konnte sie ihr vor lauter Schuldgefühlen kaum noch ins Gesicht sehen. Wie sie sagte, verfolgten sie die Schuldgefühle aus der Geschwisterbeziehung, sie hatte das Gefühl, durch ihre Favoritenrolle die Schwestern (und jetzt die Freundinnen) unglücklich gemacht zu haben.

Bei einer anderen Frau handelte es sich um die Neuinszenierung des Gefühls, von der älteren Schwester abgelehnt zu werden, und der dadurch entstandenen Wut. Als die ältere Schwester nach Australien zog, warb sie um deren beste Freundin, weil sie hoffte, über die Schwester zu triumphieren, wenn sie bei der Freundin ihren Platz einnehmen könnte. Aber sie ging bei dieser Werbung so hartnäckig vor und stellte so viele Forderungen, daß sie wieder dasselbe alte Muster von Ablehnung und Wut reproduzierte.

Roy Deveau spielte bei allen Freunden und Kollegen, unabhängig von ihrem Alter, immer wieder dieselbe Rolle des kleinen Bruders. Andere jüngere Geschwister hatten ähnliche Gefühle. Sie fanden sich dauernd in einer Situation wieder, in der sie von anderen Ratschläge bekamen und von Freunden, die sich mit der Aura der Autorität umgaben, ein wenig herablassend behandelt wurden – und waren darüber wütend. Aber manche jüngere Geschwister maßen sich auch selbst Autorität an und wiederholen wie der Vater von Roy bei anderen die Behandlung, der sie früher selbst ausgesetzt waren.

Älteste Geschwister versuchen in Freundschaften gelegentlich, die dominante Rolle zu übernehmen, und sind mit Vorschlägen und Anleitungen schnell bei der Hand, andere finden nur schwer Freunde, die ihnen intellektuell oder sozial ebenbürtig sind; sie ziehen jüngere, schwächere und abhängigere Freunde vor, die ihren Geschwistern ähneln. (Aber eine Bildhauerin, die älteste von zwei Schwestern, stellte fest, daß sie sich immer wieder mit Frauen anfreundete, die ältere Schwestern hatten. Sie glaubte, daß diese Frauen sie deshalb so gern mochten, weil *sie* von ihnen abhängig wurde und ihnen damit eine ältere Schwester lieferte, der sie sich überlegen fühlen konnten.)

Manche mittleren Geschwister, die ans Verhandeln gewöhnt sind, schaffen es immer wieder, im Freundeskreis die Rolle des Friedensstifters zu bekommen, während andere ihre Freunde gegeneinander ausspielen und damit immer die Oberhand behalten. Und manche Einzelkinder, die sich als Kinder und Jugendliche nach Geschwistern gesehnt haben, können als Erwachsene gar nicht genug Freunde haben, während andere ihr Alleinsein wiederholen und zwar Bekannte, aber kaum enge Freunde haben.

Und noch etwas: Bei der Umfrage hat sich eine statistisch signifikante Korrelation zwischen der engen Beziehung zu Geschwistern und der Fähigkeit zu engen Freundschaften ergeben. Geschwister, die ein enges oder sehr enges Verhältnis zu Brüdern und Schwestern hatten, haben meist auch vier oder mehr gute Freunde, während diejenigen mit weniger als zwei engen Freunden meist auch keine enge Beziehung zu ihren Geschwistern hatten. Diese Ergebnisse lassen sich meiner Meinung nach so interpretieren, daß enge und positive Beziehungen zu Geschwistern den Boden für enge Beziehungen mit anderen Gleichaltrigen bereiten.

Probleme, die den Schwierigkeiten von Geschwistern ähneln, entstehen in diesen engen Freundschaften zum Beispiel dann, wenn mehrere Freunde sich besonders um die Freundschaft zu einem von ihnen bemühen. Eine Hausfrau hat dafür ein besonders bizarres Beispiel erzählt: Zwei Freundinnen und sie hatten sich bemüht, einer vierten nach dem Tode ihres Mannes zu helfen. In dieser sehr emotionalen Atmosphäre versuchte jede der drei Frauen, die anderen an Hilfsbereitschaft zu übertreffen, beobachtete aber heimlich sehr genau, um festzustellen, auf wen sich die Witwe am meisten stützte, wem sie das meiste anvertraute und wen sie am liebsten um sich hatte. Der Konkurrenzkampf eskalierte so sehr, daß die drei Freundinnen bereits am Tag der Beerdigung nicht mehr miteinander redeten.

»Es wäre wirklich zum Lachen, wenn es nicht so traurig wäre, daß wir jetzt nicht mehr befreundet sind«, sagte sie und erwähnte nebenbei noch, daß alle drei Zweitgeborene mit jeweils einer älteren Schwester waren.

Im schlimmsten Fall kann die Geschwisterübertragung bei Gleichaltrigen in Schadenfreude ausarten, oder in den Worten des Sprichworts: »Erfolg allein reicht nicht. Erst müssen die Freunde scheitern.« In dieser Haltung spiegeln sich die primitivsten Gefühle von Geschwistern, fast als würde jemand alles an »Ich will aber«, »Ich will auch« und »Ich hasse dich« aus der Kindheit zusammenballen und dem Doppelgänger von Bruder oder Schwester an den Kopf werfen, dem Menschen aus der Gegenwart, der das verkörpern kann, was er oder sie früher war: eine Störung oder Bedrohung der eigenen Position, der eigenen Selbstachtung oder der eigenen Sicherheit.

Im besten Fall steht die Geschwisterübertragung beispielhaft für die Essenz starker Geschwisterbindungen: Loyalität, Liebe und Ergebenheit. Nicht selten lassen sich diese besten aller Geschwistereigenschaften leichter mit Freunden als mit den tatsächlichen Geschwistern herstellen. Ohne den Ballast des frühen Leids und des frühen Grolls können Frauen und Männer Freundschaften schließen, und in ihnen die höchsten Ideale der Brüder- und Schwesterlichkeit umsetzen.

In der Bibel, die ich wegen ihrer fast schon lehrbuchhaften Darstellung von Eifersucht und Untaten zwischen Geschwistern bereits so häufig zitiert habe, finden sich auch Beschreibungen von Freundschaften zwischen Menschen, deren Beziehung so eng ist wie die von Geschwistern. Zu den bewegendsten zählt die Freundschaft von Ruth und Naomi, die in vieler Hinsicht miteinander umgingen, als wären sie nicht Schwiegermutter und Schwiegertochter, sondern liebevolle Schwestern. Ruth, die Jüngere, gab um der Freundschaft zu Naomi willen ihr Land und ihr Volk auf, zog in Naomis Land und zu ihrem Volk. Und Naomi schützte Ruth in ihrem Land, half ihr, sich einzuleben und schließlich einen liebevollen Mann zu finden.

Eine weitere, bekanntere Freundschaft in der Bibel ist die Freundschaft zwischen David, einem Nachkommen Ruths, und Jonathan, dem Sohn König Sauls von Israel. Jonathan war David so ergeben, daß er ihm half, dem Zorn Sauls zu entfliehen und schließlich an Jonathans Stelle König zu werden. Als Jonathan in der Schlacht fiel, rief David aus: »Es ist mir leid um dich, mein Bruder Jonathan, ich habe große Freude und Wonne an dir gehabt.«

Es gibt also Freunde, die die Höhen der Brüder- und Schwesterlichkeit erreichen, obwohl sie keine Geschwister sind. Die Frage ist jetzt, wie echte Brüder und Schwestern diese Ideale innerhalb der Geschwisterbeziehung erreichen können.

*»Eine bestimmte Art zu lachen ist nur
mit Geschwistern möglich«*

---

15. Die Wippe ausbalancieren

Die kognitive Psychologie hat eine faszinierende These aufgestellt, die zwar auf den ersten Blick wenig, im Grunde aber sehr viel mit der Geschwisterbeziehung zu tun hat, jedenfalls in meinen Augen. Dieser Zweig der Psychologie beschäftigt sich weniger mit unbewußten Trieben und Wünschen oder der emotionalen Bindung an die Eltern, sondern untersucht vor allem die Funktionen der menschlichen Kognition, also die Fähigkeit, Informationen zu lernen, zu speichern und abzurufen. Die These, um die es mir hier geht, stellt eine Verbindung zwischen menschlichem Denken und menschlichem Sozialverhalten her.

Sie besagt, daß die Fähigkeit, mit anderen Menschen umzugehen, zum großen Teil auf die Fähigkeit zurückgeht, die Gedanken anderer Menschen zu »lesen«. Menschen können aus der eigenen Erfahrung auf das schließen, was andere denken, und sich deshalb an deren Stelle versetzen, vorwegnehmen, was sie als nächstes sagen werden, und entsprechend reagieren. Diese Fähigkeit wird auch als »Theorie des Denkens« bezeichnet und entwickelt sich bei Kindern ungefähr zur selben Zeit wie die Sprache, also in der Entwicklungsphase, in der Kinder anfangen, geistige Bilder von Gegenständen und Menschen zu entwickeln. Man geht heute davon aus, daß autistischen Kindern, die oft nicht angemessen auf Dinge reagieren, die ihnen gesagt werden, und etwa die Worte anderer nur wiederholen, eine solche Theorie des Denkens fehlt. Sie können zwar konkrete Informationen wie zum Beispiel Notenschrift oder Zugfahrpläne lernen, aber sie können die Gedanken anderer nicht nachvollziehen und deshalb auch nicht angemessen auf sie reagieren.

Eine wichtige Voraussetzung für die Entwicklung dieser Theorie des Denkens ist nach Meinung der kognitiven Psychologen die Fähigkeit zum Symbolspiel. Ein- bis zweijährige Kinder können mit einem Holzklotz Zug spielen oder so tun, als sei ein Stock ein Löffel. Wenn sie älter werden, spielen sie Rollenspiele wie »Mutter und Kind«. Die Fähigkeit von Kindern, so zu tun, als wären sie jemand anderes, obwohl sie ganz genau wissen, wer sie sind, ist ein wichtiger Vorläufer für die Fähigkeit, sich über die eigenen Gedanken und Gefühle im klaren zu sein und gleichzeitig zu wissen, was jemand anderes denkt und fühlt, oder seinen »Denkzustand« zu erfassen, wie es in der kognitiven Psychologie heißt.

Mit dem Symbolspiel hat sich auch die Entwicklungspsychologie beschäftigt, und hier kommt wieder die Geschwisterbeziehung ins Spiel. Entwicklungspsychologen haben Kinder beim Symbolspiel beobachtet und dabei festgestellt, daß es ein wichtiger Bestandteil der Geschwisterbeziehung ist. Die Geschwister, die am engsten miteinander verbunden waren, spielten häufiger Symbolspiele als andere, ohne daß sie deshalb auch sonst häufiger miteinander gespielt hätten. Sie spielten Symbolspiele auch häufiger miteinander als mit der Mutter. Nicht geklärt ist, ob sie wegen der häufigen Symbolspiele eine so enge Beziehung hatten oder wegen ihrer engen Beziehung so häufig Symbolspiele spielten. Wahrscheinlich ist beides richtig. Geschwister, bei denen Symbolspiele häufig vorkommen, schärfen damit ihre Fähigkeit, über die Gedanken und Gefühle anderer nachzudenken, und damit auch die Fähigkeit zu gegenseitigem Verständnis und zur Freundschaft. Und Geschwister, die sich gut verstehen und fähig sind, ihre Gedanken wechselseitig vorwegzunehmen, können besser Symbolspiele spielen.

Die Erkenntnisse der kognitiven Psychologie über den Wert des Symbolspiels für die Entwicklung einer Theorie des Denkens und die Ergebnisse der Entwicklungspsychologen über den Zusammenhang zwischen Symbolspiel und Geschwisterbeziehung liefern zusammengenommen einen weiteren Beweis dafür, wie wichtig die Geschwisterbeziehung als Übungsplatz für die späteren Beziehungen außerhalb der Familie ist. So wie Geschwister das Verhandlungsgeschick, das sie durch Streit und Rivalität erwerben, in die Beziehungen außerhalb der Familie einbringen, tragen sie auch die durch das gemeinsame Spiel erworbene Fähigkeit nach außen, den Denkzustand anderer Menschen zu erkennen und sich in ihre Lage zu versetzen.

Die Ergebnisse der Psychologen beweisen darüber hinaus auch einmal mehr den besonderen Status der Geschwisterbindung. Neben den zahllosen anderen Interaktionen entwickeln Geschwister durch ihr gemeinsames Spiel in der Kindheit ein einmaliges Verständnis füreinander: sie können sich denken, was die anderen denken, fühlen, was die anderen fühlen, sich auf eine Weise kennen, auf die nicht einmal ihre Eltern sie kennen. Viele Brüder und Schwestern bewahren sich diese Fähigkeit ihr Leben lang; sie bleiben trotz aller Veränderungen und Schicksalsfügungen des Lebens auf die Gedanken und Gefühle der Geschwister eingestimmt, so wie die beiden Brüder, die sich bei Verkaufsverhandlungen in ihrer Firma mit Blicken über die beste Strategie zur Überzeugung eines Kunden verständigten.

Diese Besonderheit der Geschwisterbindung stand im Zentrum der gesamten Untersuchung. Eine der Fragen, die auf diese Besonderheit zielten, war die Abschlußfrage, die am Ende jedes Interviews bzw. bei mehreren Terminen des letzten Gesprächs stand: »Was bedeutet die Beziehung für Sie?«

Die Frage war bewußt offen gehalten, weil ich nicht auf eine kurze, direkte Antwort, sondern eher auf eine nachdenkliche Zusammenfassung aus war, eine Art Integration der angesprochenen Aspekte. Gelegentlich habe ich eine noch allgemeinere Nachfrage angeschlossen: »Können Sie sagen, welchen Einfluß diese Beziehung auf Sie als Individuum hatte?« Bei den Interviewpartnern mit mehreren Geschwistern stellte ich die Frage sowohl für jeden Bruder und jede Schwester als auch für die Geschwister als Gruppe.

Niemand antwortete sofort. Manche schwiegen lange, andere suchten nach Worten und versuchten eine zögernde und ungeordnete Analyse ihrer Gedanken und Gefühle. Direkte Antworten waren selten; die Antwort begann meist entweder mit einer Einschränkung oder wurde in eine Anekdote verpackt oder in den Kontext von Reaktionen auf andere bei anderen Gelegenheiten gestellt.

»Ich kann nicht klar denken, wenn ich über ihn nachdenke«, begann ein älterer Bruder seinen Formulierungsversuch über das allgemeine Verhältnis zu seinem jüngeren Bruder, der den Kontakt zu ihm abgebrochen hatte.

»Als Jane krank wurde, konnte ich mit meiner Familie reden«, lautete die Eröffnung eines anderen Mannes, dessen Tochter zwei Jahre zuvor an Krebs gestorben war. In dem Interview hatte er sich hartnäckig als »Einzelgänger« beschrieben, nicht unbedingt entfremdet von seiner älteren Schwester und seinem jüngeren Bruder, aber ohne besondere Nähe zu ihnen.

»Meine Schwester und mein Bruder steckten mit drin«, erklärte er. »Sie wußten, was meine Frau und ich durchmachten. Es hat gut getan, daß eine Familie da war, die uns unterstützt hat, die für uns da war, die uns zum

Beispiel in der Nähe vom Krankenhaus untergebracht hat, die Besuche gemacht hat, die sich Gedanken gemacht hat, was wir brauchen könnten. Viele Freunde von uns haben sich auch engagiert, aber wissen Sie, bei meinem Bruder und meiner Schwester war ein anderes Verständnis da als bei den Freunden. Sie waren eben Familie.«

»Eine Freundin hat mich gefragt, wieso ich nach dem ganzen Ärger mit Vivian überhaupt noch mit ihr rede. Ich könnte mich doch auch einfach weigern, etwas mir ihr zu tun zu haben«, begann Christinas Antwort. »Als ich darüber nachgedacht habe, fand ich, daß sie recht hatte. Aber dann habe ich gedacht: ›Es gibt Milliarden Menschen auf der Welt, und unter all diesen Milliarden gibt es nur einen einzigen Menschen, der dieselbe Mutter und denselben Vater gehabt hat wie ich, der da war, als ich ein Kind war, der meine Kindheit mit mir geteilt hat. Ich kann mich doch nicht weigern, mit diesem Menschen zu sprechen.‹«

In vielen Fällen bezog sich die Antwort, die sie schließlich fanden, nicht mehr auf sie selbst, sondern hatte damit zu tun, was es bedeutet, Bruder oder Schwester zu sein und Bruder oder Schwester zu haben.

»Die Basis dieser Beziehung ist Vertrauen«, sagte eine Frau, die liebevoll von dem finanziellen Erfolg ihrer Schwester und ihrer Großzügigkeit den beiden jüngeren Geschwistern gegenüber gesprochen hatte. »Auch wenn man nicht immer derselben Meinung ist, muß man doch immer das Beste füreinander wollen und den Motiven der anderen vertrauen.«

»Letztendlich«, brachte Nancy Ginetti die Sache konkreter als alle anderen auf den Punkt, »ist eine bestimmte Art von Lachen nur mit Geschwistern möglich.«

Alle Teilnehmer sagten auf ihre individuelle Weise das, was die Untersuchungsergebnisse der Psychologie bestätigen: Es gibt zwischen Geschwistern eine bestimmte Art von Lachen, eine bestimmte Art von Weinen, eine bestimmte Art, sich zu *kennen*, die es *nur* zwischen Geschwistern gibt. Und alle, unabhängig von ihrer Nähe oder Distanz, Wut oder Zuneigung zum Zeitpunkt des Interviews, sagten auf ihre individuelle Weise, daß die Beziehung zu Brüdern und Schwestern in ihrem Leben eine zutiefst wichtige Rolle spielte.

Gerade weil die Geschwisterbeziehung für die einzelnen und ihre Familien so wichtig war und ist, möchte ich diese Untersuchung mit einigen Schlußfolgerungen und Vorschlägen abschließen, die sich aus den Interviews und der Umfrage, aus wissenschaftlichen Arbeiten und Gesprächen mit Sozialwissenschaftlern ergeben haben.

Diese Vorschläge dürfen nicht als Vorschriften und Verbote verstanden werden, deren Einhaltung eine gute Geschwisterbeziehung garantiert. Dafür ist die Beziehung viel zu komplex und vielfältig. Sie sollen eher eine

Anregung für erwachsene Geschwister sein, über sich und ihre Brüder und Schwestern nachzudenken. Sie sollen Geschwistern helfen, Wege zu finden, die ihre Beziehung dort festigen können, wo es möglich ist, zu akzeptieren, was sich nicht festigen läßt, und schließlich das Lachen zu genießen, das spezielle Lebensgefühl, das es nur zwischen Geschwistern und sonst nirgends gibt.

Ungelöste Konkurrenz

James Michelson von der Harvard-Universität hat eine umstrittene Theorie über die Entwicklung des Fötus im Mutterleib aufgestellt. Entgegen der allgemein akzeptierten Vorstellung, wonach die Zellen für jedes Organ des Fötus genetisch so programmiert sind, daß sie in einer geregelten Reihenfolge wachsen, bis schließlich das Organ gebildet ist, geht er davon aus, daß in jedem Organ die Zellen miteinander konkurrieren, bis sich die stärkste oder am besten »angepaßte« Zelle durchsetzt, und dann daraus das Organ entsteht.

Unabhängig davon, ob Dr. Michaelson recht hat oder nicht (was wahrscheinlich erst nach jahrelangem Streit in der Forschung entschieden wird), verweist seine Theorie auf das allgemeingültige Faktum, daß Konkurrenz in der einen oder anderen Form ein untrennbarer Bestandteil des Lebens ist. Es kann sein, daß sie buchstäblich am Anfang des Lebens steht, noch vor der Entwicklung der Organe, wie Michaelson meint, aber in jedem Fall beginnt sie für fast alle Säugetiergattungen unmittelbar nach der Geburt, wie etwa die Beobachtung eines Wurfs junger Hunde lehrt, die um den Zugang zur Milch der Mutter kämpfen.

Bei menschlichen Geschwistern beginnt die Konkurrenz mit der Geburt des zweiten Kindes, und sie hält oft das ganze Leben an. Der erste Teil dieser Aussage wird allgemein akzeptiert und muß hier nicht weiter ausgeführt werden. Der zweite Teil, der in diesem Buch immer wieder diskutiert wurde, wird von manchen Geschwistern beschämt geleugnet, wie die vielen Teilnehmer an der Umfrage bezeugen, die sich angeblich nicht mit ihren Geschwister vergleichen, und die vielen Interviewpartner, die stets den Geschwistern die Schuld an der Konkurrenz gaben, nie sich selbst.

Wissenschaftliche und populärwissenschaftliche Bücher und Aufsätze über Konkurrenz und Machtkämpfe von Geschwistern, die bis ins Erwachsenenleben anhalten, sehen die Ursache meist in »ungelösten« Rivalitäten der Kindheit. Umgekehrt heißt das: Wenn die Rivalitäten in der Kindheit oder im Erwachsenenalter »gelöst« werden, können sie die Geschwisterbeziehung nicht länger stören. Dieser Ansicht kann ich nicht folgen, schon deswegen nicht, weil mir der Begriff der »Lösung« für Rivalität kaum zu passen scheint.

Wie das Wörterbuch sagt, bedeutet Lösen unter anderem, »mit etwas endgültig fertigwerden«. Ich glaube nicht, daß Geschwister *endgültig* mit Rivalität fertigwerden können, mit Sicherheit nicht in der Kindheit, aber auch nicht im Erwachsenenalter. Rivalität ist eine Tatsache und eine eigenständige Größe zwischen Geschwistern, die im Erwachsenenalter durch Reife und stärkere oder geringere Nähe verdeckt wird, sich aber jederzeit durch ein einziges Wort oder ein banales Ereignis wieder zum Leben erwecken läßt.

Lösen können Geschwister ihre Rivalitäten mitsamt den dazugehörigen Machtkämpfen und der Eifersucht also nicht. Was sie aber tatsächlich *können*, ist, diese Gefühle und Auseinandersetzungen einzugestehen, nicht unbedingt den Geschwistern, aber doch sich selbst.

Das Eingeständnis der eigenen Konkurrenzgefühle ist der erste Schritt dazu, sie so zu beherrschen, daß sie sich nicht mehr in Demütigungen oder Urteilen äußern können, die wiederum neue Konkurrenz provozieren. In dem Buch »Du kannst mich einfach nicht verstehen« hat die Linguistin Deborah Tannen aufgezeigt, wieviel Kritik in den angeblich so hilfreichen Vorschlägen und dem Lob vieler Menschen steckt. Ein Satz wie: »Dein neuer Freund ist ja wirklich toll, lange nicht so langweilig wie der alte«, mag wie ein Lob für diesen neuen Freund klingen, aber er enthält eine deutliche Kritik an dem alten. Und genau über diese Art der Kritik, in der sich Feindseligkeit und Konkurrenz verbergen, beklagen sich Geschwister immer wieder.

Bei dem Kompliment der älteren Schwester über die neue Jacke der jüngeren: »Die steht dir ja so viel besser als die Jacke, die du letzte Woche angehabt hast«, bekommt die jüngere sofort das Gefühl, sie hätte letzte Woche einfach schrecklich ausgesehen, und wird wütend auf die Besserwisserei der Schwester. Wenn der jüngere Bruder, der von einem beruflichen Problem des älteren erfahren hat, ihn dauernd besorgt fragt: »Meinst du, daß alles klappt? Glaubst du, du kannst es schaffen?« unterminiert er dessen Selbstvertrauen und übernimmt gleichzeitig die überlegene Position des Trösters, der verständnisvollen »Vaters«.

Die Einsicht in die eigene verborgene Eifersucht oder die eigenen Macht- und Dominanzwünsche kann Geschwister vor einer Wortwahl und einem Verhalten bewahren, die Bruder oder Schwester ärgert und provoziert. Damit ersparen sie sich gleichzeitig ein Verhalten, das sie *selbst* verletzt. Die erwachsene Tochter, die sich über die »Einschmeichelei« ihrer Schwester beim kranken Vater ärgert, kann unter Umständen in einen dummen (und sehr erschöpfenden) Konkurrenzkampf geraten, in dem sie immer mehr Aufgaben bei seiner Pflege übernehmen muß, es sei denn, sie erkennt das Konkurrenzbedürfnis hinter ihrer Wut.

Das Eingeständnis der ständigen Anflüge von Rivalität oder Neid bedeutet gleichzeitig, daß man die ersten Schritte zu ihrer Überwindung tun kann. Für Psychologen entstehen die schlimmsten Rivalitäten bei Geschwistern im Kindesalter aus dem Glauben, die Liebe der Eltern sei begrenzt, das heißt, wenn die Eltern ein Kind lieben, bliebe für die anderen nicht mehr genug Liebe übrig. Wenn die Kinder größer und reifer werden, lernen sie, daß sich Liebe teilen läßt und keiner zu kurz kommt. Erwachsene Geschwister müssen diese Lektion in anderen Bereichen häufig wieder neu lernen, etwa, daß die Leistungen der Geschwister die eigenen nicht schmälern und der Erfolg von Bruder oder Schwester nicht gleichbedeutend mit dem eigenen Scheitern ist. In der Lotterie des Lebens ist die Anzahl der Gewinner nicht auf eine Person pro Familie beschränkt.

Das Eingeständnis, die Beherrschung und die Überwindung von Neid und Rivalität in der Geschwisterbeziehung macht es letztlich auch möglich, Neid und Rivalität in anderen Beziehungen zuzugeben, zu beherrschen und zu überwinden. Die Schadenfreude entspringt aus dem ursprünglichsten Impuls von Geschwistern, aus dem Bedürfnis eines Kindes, das andere bestraft zu sehen und so der Sieger zu sein. Wenn man dieses Gefühl mitsamt dem Neid, der dahintersteckt, versteht, kann man es leichter überwinden. Frauen fällt das Eingeständnis von Konkurrenzgefühlen oft schwerer als Männern; sie können es sich kaum selbst zugeben. Von frühester Kindheit an werden sie zu Kooperation und Fürsorge erzogen. Man erwartet von ihnen, daß sie der Mutter helfen, »süß« und »goldig« und »brav« sind und körperliche Aggressivität den Brüdern überlassen. Und gerade die Fähigkeit zu Beistand und Hilfe, also die Eigenschaft, die sie einander nahebringt, ist oft dafür verantwortlich, daß sie sich ihrer Konkurrenzgefühle schämen. Bei der Fragebogenerhebung lag die Zahl der Männer, die den Vergleich mit ihren Brüdern zugaben, signifikant höher als die Zahl der Frauen, die sich dazu bekannten, sich mit ihren Schwestern zu vergleichen. Aber die Antworten bei zwei anderen Fragen zeigten, daß auch Schwestern durchaus Konkurrenzgefühle haben: bei ihnen war die Wahrscheinlichkeit am größten, daß sie aus Ärger nicht miteinander sprachen und daß sie sich über Angewohnheiten der anderen ärgerten.

Frauen, die ihre Eifersucht oder ihre Rivalität akzeptieren und sie dann aus dem Weg räumen können, können sich wahrscheinlich auch den Ärger ersparen, der entsteht, wenn man nicht mehr miteinander spricht. (Entsprechend sind auch Männer, die sich eingestehen können, daß sie sich nicht nur mit den Geschwistern vergleichen und offen mit ihnen konkurrieren, sondern insgeheim auch begierig auf den Besitz der anderen schielen, womöglich eher in der Lage, Konflikte zu vermeiden, bevor sie entstehen.)

Und schließlich kann das Wissen um die eigenen Konkurrenzgefühle es Männern und Frauen ermöglichen, mit Geschwistern offen über diese Gefühle zu sprechen. Ross und Milgram haben festgestellt, daß Geschwister solche Gespräche nicht so sehr aus Scham über diese Gefühle vermeiden, sondern weil sie Angst haben, mit dem Eingeständnis der eigenen Rivalität den Geschwistern die Oberhand zu geben. Aber ein offener Austausch über diese Gefühle kann es erleichtern, wie eine Frau sagte, »gemeinsam an den Punkt zu kommen, an dem man sich über das Positive, das einem von uns zustößt, ebenfalls freuen kann. Und etwas Negatives, das einem passiert, ist dann geteiltes Leid.«

Die Suche nach Nähe

So ungern Geschwister offen über ihre Konkurrenz reden, so ausführlich und gerne sprechen sie über ihre Sehnsucht nach einer engeren Beziehung. Diese Sehnsucht wird sogar von denen formuliert, die großen Wert auf ihre Verschiedenheit legen und etwa wie Mark Platt verkünden: »Ich bin introvertiert, und er ist extravertiert«. Ein anderer Mann meinte: »Ich bin sportlich, mein Bruder sitzt am Wochenende im Sessel und liest ein Buch.« Und so weiter.

Manche der Geschwister in den Interviews beharrten zwar auf ihrem Wunsch nach größerer Nähe, stellten aber dann schlicht und einfach fest, ihre Unterschiede wären so groß, daß sie einfach »zu wenig Gemeinsamkeiten« mit Bruder oder Schwester hätten, um diese größere Nähe herstellen zu können. Das war besonders bei zwei Schwestern der Fall, die unabhängig voneinander ausführlich beschrieben hatten, wie neidisch sie auf Freundinnen wären, die herzliche und enge Geschwisterbeziehungen hatten. Ihr Vater hatte, wie sie sagten, im wesentlichen zwei Interessen im Leben: Geschichte und Musik. Diesen Interessen folgte auch die Berufswahl der Schwestern: Die eine war Historikerin, die andere Sängerin geworden. Das führte dazu, daß sie sehr unterschiedliche Interessen entwickelten und beide das Gefühl hatten, sehr wenig voneinander zu wissen, obwohl sie immer in Kontakt geblieben waren.

»Meine Beziehung zu meiner Schwester war ursprünglich davon bestimmt, daß wir im selben Haus wohnten«, sagte die Sängerin. »Aber das ist jetzt mehr als vierzig Jahre her, und meine Erinnerungen an die Vergangenheit sind sehr verschwommen. Wir bewegen uns in verschiedenen Welten. Ich weiß nicht, wie sie zu ihren beruflichen Entscheidungen gekommen ist.

Ich habe keine Ahnung, warum sie aufgehört hat, Geschichte zu unterrichten, und angefangen hat, Bücher zu schreiben und Vorträge zu halten. Und ich weiß auch nicht, warum sie sich früher, als sie noch Lehrerin war, gerade für dieses Gebiet entschieden hat und nicht für ein anderes. Wir haben einfach nie über solche Sachen geredet.«

In der Kindheit kann die Betonung der Unterschiede für Geschwister, wie schon gesagt, eine wichtige Funktion haben. Sie hilft ihnen, eine eigenständige Identität zu entwickeln und die Konkurrenz in Grenzen zu halten, weil jeder einen Bereich hat, in dem er konkurrenzlos ist. Im Erwachsenenalter ist die individuelle Identität aber normalerweise relativ ausgeprägt. Wenn Geschwister Sicherheit und Vertrauen in die eigenen Fähigkeiten erworben haben, tritt das Bedürfnis nach eigenständigen Bereichen in den Hintergrund. Jetzt können manche Brüder und Schwestern allmählich die alten Rollen und einen Teil ihrer alten Unterschiede aufgeben und sich wieder stärker auf ihre Ähnlichkeiten besinnen. Normalerweise ist diese Veränderung unbewußt, ein Bestandteil des Alters- und Reifungsprozesses.

Meine These ist nun, daß die *bewußte* Betonung der Ähnlichkeiten statt der Unterschiede, die *bewußte* Suche nach Gemeinsamkeiten eine Hilfe für all diejenigen sein kann, die größere Nähe zu den Geschwistern zu finden, die sie ersehnen.

Der erste Schritt auf diesem Weg besteht darin, die gewohnte alte Betonung der Unterschiede aufzugeben. Fast alle Geschwister sind so daran gewöhnt, sich über ihre Unterschiede zu definieren, daß sie gar nicht auf die Idee kommen, nach dem Kern von Ähnlichkeit zu suchen, der unter der Oberfläche liegt. So erzählte die Sängerin von ihrer Entscheidung, das Kompositionsstudium (Komponieren war die Leidenschaft ihres Vaters) abzubrechen und statt dessen klassischen Gesang zu studieren. Sie hatte eine »lähmende« Angst davor, ihrem Vater diesen Beschluß mitzuteilen. Als sie es schließlich tat, sagte er: »Gut, das ist in Ordnung, du hattest ja sowieso nie einen Hang zum Komponieren.« Diese Worte verletzten sie tief und überzeugten sie davon, daß sie ihn damit schrecklich enttäuscht hätte. Für ihre Schwester hatte der Vater mit dieser Bemerkung aber nicht seine Enttäuschung ausgedrückt, sondern nur versucht, ihr zu helfen, zu ihrer Entscheidung zu stehen.

Die Historikerin beschrieb einen anderen Vorfall, der mit dem ersten verwandt war. Sie hatte nach ihrem Entschluß, sich scheiden zu lassen, »entsetzliche« Angst davor gehabt, es dem Vater zu erzählen, weil sie seine strengen Auffassungen von der Ehe kannte. Als sie ihm die Nachricht schließlich beibrachte, hatte er nicht viel dazu gesagt. Aber zu Weihnachten, als die Scheidung bereits lief, schickte er ihr eine Weihnachtskarte, die er an ihren Mann und sie mit dem Familiennamen ihres Mannes adressiert hatte. Sie glaubte, er hätte ihr damit seine Mißbilligung zeigen wollen, und war überzeugt, ihn zutiefst enttäuscht zu haben. Ihre Schwester hatte sie beruhigt und erklärt, der Vater hätte ihr nur seine Unterstützung beweisen und sie nicht als geschiedene Frau behandeln wollen, bevor die Scheidung rechtskräftig war.

Beide Frauen erzählten diese Geschichten als Beispiel für ihre Verschiedenheit, in diesem Fall für die sehr unterschiedliche Wahrnehmung des Vaters. Die sehr viel größere Ähnlichkeit ihrer Reaktionen war ihnen überhaupt nicht aufgefallen. Beide lebten in der ständigen Angst, ihren strengen, energischen Vater zu enttäuschen. Beide fanden Entschuldigungen für ihn, und beide waren so sehr auf seine Anerkennung angewiesen, daß sie auf das kleinste Zeichen seiner Mißbilligung mit Scham und Selbstbezichtigungen reagierten. Wenn sie über die Ähnlichkeiten gesprochen hätten, die ihre Reaktionen auf den Vater nicht nur bei diesen Beispielen, sondern in ihrem ganzen Leben aufwiesen, hätten sie wahrscheinlich eine tiefe Gemeinsamkeit entdeckt, die von den Unterschieden nur sehr oberflächlich zugedeckt wurde.

Die gemeinsame Geschichte, wie etwa bei diesen Frauen die Erfahrungen mit dem Vater, ist eine wichtige Quelle für Gemeinsamkeit, und die Konzentration auf diese Geschichte bedeutet einen weiteren Schritt auf dem Weg zu größerer Nähe. Mark und Jerry Platt kamen sich deutlich näher, nachdem sie begonnen hatten, ihre Eltern, wie Mark sagte, als »verletzbare Menschen« zu sehen und über ihr Leben zu Hause zu sprechen. Andere Geschwister erzählten, wie sie durch die endlose Analyse der Eltern versuchten, sich als Individuen und als Geschwister besser zu begreifen. Aber die gemeinsamen Kindheitserinnerungen, diese unterirdische Landschaft von lebenslangen Erinnerungen und Gefühlen, beschränken sich nicht nur auf die Eltern, sondern haben auch die Kraft, die Geschwister zusammenzubringen.

Daß die Erinnerungen der Sängerin an die Vergangenheit so verschwommen waren, hatte denn auch viel damit zu tun, daß sie sich von ihrer Schwester so verschieden und entfernt fühlte. (Sie erinnerte auch an die Untersuchungsergebnisse von Mary Main, wonach die Kinder von Eltern, die ihre Verbindung zur Vergangenheit abgeschnitten haben, auch die Verbindung zur eigenen Vergangenheit abschneiden.) Wenn man dem eigenen Gedächtnis und dem der anderen auf die Sprünge hilft und bewußt Bilder von Ereignissen, Gedanken, Wertvorstellungen, Erwartungen, Witzen, ja selbst von Trauer aus der Familiengeschichte heraufbeschwört, allein und zusammen mit den Geschwistern, werden die Ähnlichkeiten und die Bindung oft wieder zum Leben erweckt.

Ähnlichkeiten tauchen natürlich auch wieder auf, wenn Geschwister viel Zeit miteinander verbringen. Regelmäßige Treffen sind auch für Brüder und Schwestern wichtig, die es schaffen, ihren Kontakt über große Entfernungen hinweg zu halten. Zusammen können sich Geschwister daran gewöhnen, daß sie altern. Zusammen können sie auf Ähnlichkeiten in Gesten, Sprache, Einstellungen und Lächeln hinweisen, das Erbe der Gene, die sie gemeinsam haben, und des gemeinsamen Familienlebens. (Als ich jünger war, hörte ich es gar nicht gern, wenn man mir sagte, daß mein Bruder und ich uns ähnlich sehen. Ich wollte ich selbst sein, mich von ihm äußerlich genauso unterscheiden wie in meinen Interessen. Heute beobachte ihn ihn, wenn wir zusammen sind, ich erkenne in ihm meine Eltern, aber auch mich selbst. In diesem Erkennen liegt viel Nähe.)

Die Konzentration auf die Ähnlichkeit statt auf die Unterschiede ermutigt Geschwister, den früheren Weg der De-Identifikation zu verlassen und durch stärkere Identifikation zu enger verbundenen Persönlichkeiten zu werden. Wenn sich Geschwister aber zu weit auf das Gebiet des anderen vorwagen, wenn die Identifikation zu bedrohlich wird, kann es auch vorkommen, daß sie sich aufs neue in die alten Rivalitäten verstricken und wieder mehr Abstand halten müssen.

Genausogut können sie mit zunehmender Reife jedoch entdecken, daß die Konzentration auf ihre Ähnlichkeiten zum Motor einer neuen Kooperation miteinander und einer neuen Freude aneinander wird. Die Sozialwissenschaftler Roger und David Johnson (bei denen es sich nicht um verschlüsselte Personen aus den Interviews handelt), dritte und vierte Söhne aus einer Familie mit sieben Kindern, arbeiten zusammen, schreiben ihre Bücher zusammen und sind auch sonst die besten Freunde. Sie haben aus ihrer engen Beziehung eine pädagogische Theorie entwickelt, nach der Kinder in einer kooperativen Atmosphäre wechselseitiger Abhängigkeit besser lernen als in einer Atmosphäre von Konkurrenz und krassem Individualismus. Sie wissen aus Erfahrung, wieviel Befriedigung und Leistung aus Gegenseitigkeit und Kooperation erwachsen kann.

Aber hier ist auch eine Warnung angebracht. So fundiert und gültig der Wunsch vieler Geschwister nach mehr Nähe auch ist und so sehr er es verdient, in die Tat umgesetzt zu werden, darf man ihn doch nicht mit dem Wunsch nach »idealer Freundschaft« verwechseln, mit einer idealisierten Geschwisternähe, wie sie in Romanen (und von Eltern) dargestellt wird. In der Regel ist dieser Wunsch unerfüllbar und frustrierend. Es gibt zwar Geschwister, die wie die Johnson-Brüder intime, stark verbundene beste Freunde sind, aber das sind die Ausnahmen. Die Mehrheit der Geschwisterbeziehungen ist anders, wie diese Untersuchung und die Typologie von Gold gezeigt hat. Zu den meisten gehört eine gewisse Eifersucht, ein gewisses Maß an Konflikten, an Höhen und Tiefen, an Schwankungen zwischen Nähe und Distanz. Nur wenige Menschen können ideale Liebe oder ideale Loyalität zu Schwester oder Bruder entwickeln, und wer dieses Ideal erwartet und fordert, kann über diesen unerreichbaren Traum all das verlieren, was real möglich gewesen wäre.

Ein Bruder sollte also nicht aufgeben, wenn er vom anderen gelegentlich im Stich gelassen wird. Eine Schwester sollte die andere nach einem Streit oder Konkurrenzkampf nicht völlig abschreiben. Viele der hier vorgestellten Lebensgeschichten bezeugen, daß auch unvollkommene Beziehungen zwischen Geschwistern wie zwischen anderen Menschen Freude, Befriedigung und zahlreiche andere Vorteile mit sich bringen. Stephanie (vgl. 13. Kap.), die eine Schwester bemuttert hatte, die sich später von ihr löste und ihre Unabhängigkeit durchsetzte, hat den gegenwärtigen, für beide akzeptablen Zustand so zusammengefaßt: »Wir sind nicht die besten Freundinnen, aber wir sind besondere Freundinnen.«

»Erwachsenwerden«

Stephanie und ihre Schwester konnten diese besondere Freundschaft erst nach einer schmerzlichen Phase der Trennung erreichen. Sie hatten das Gefühl, zu stark miteinander verstrickt zu sein, und deshalb vereinbarten sie, den Kontakt für ein Jahr zu unterbrechen, von Notfällen abgesehen. Wie Stephanie sagte, sind sie in dieser Zeit »erwachsen geworden«; als sie wieder zusammen kamen, trafen sich zwei erwachsene Frauen.

Normalerweise wird das Erwachsenwerden in Beziehung zu den Eltern gesetzt: Erwachsensein heißt, die eigene Unabhängigkeit zu behaupten und gleichzeitig die Nähe und Verbindung zu den Eltern aufrechtzuerhalten und zu den Wertvorstellungen, die sie vermittelt haben. Aber auch Geschwister müssen eine eigenständige Persönlichkeit entwickeln und dennoch miteinander verbunden bleiben, einen Ausgleich zwischen Nähe und zu großer Nähe, zwischen einer gesunden, wechselseitigen und einer ungesunden, allzu starken Abhängigkeit, zwischen Zusammenarbeit und störenden Eingriffen in das Leben der anderen finden. In diesem Sinne betrifft Erwachsenwerden also auch das Verhältnis zu den Geschwistern.

Da sie praktisch Gleichaltrige sind und dazu die Tendenz haben, sich miteinander zu identifizieren, kann das Ziel des Erwachsenwerdens in der Geschwisterbeziehung noch schwerer erreichbar sein als in der Beziehung zu den Eltern.

Eine Frau sprach mich nach einem Vortrag an, weil er sie an ihre Verstrickung in das Leben ihrer jüngeren Schwester erinnert hatte. Die jüngere, 35 Jahre alt, erzählte der drei Jahre älteren Schwester ihre *sämtlichen* Eheprobleme und Streitereien, in allen Einzelheiten. »Es gibt Zeiten«, sagte die ältere, »in denen ich zwischen die Fronten gerate, wenn ich versuche, einen Streit zwischen ihr und ihrem Mann zu schlichten. Mir wird jetzt zum ersten Mal klar, wie schlecht die Rolle für uns alle ist, die ich die ganze Zeit gespielt habe. Ich muß das ändern.«

Bei erwachsenen Geschwistern beginnt dieser Prozeß des Erwachsenwerdens in der Geschwisterbeziehung mit der Unzufriedenheit über den Status quo. Aber wenn daraus ein Prozeß entstehen soll, reicht es nicht, mit der Situation oder mit einem anderen Menschen unzufrieden zu sein, man muß auch mit sich selbst unzufrieden werden. Der Prozeß beginnt dann wirklich, wenn eine Frau, wie die oben erwähnte, nicht sagt: »Ich mag ihr Verhalten nicht«, sondern erkennt: »Ich mag mein Verhalten nicht«, oder wenn ein Mann sich wütend fragt: »Warum kann ich eigentlich nie eine Entscheidung treffen, ohne vorher meinen älteren Bruder zu fragen?«, statt sich darüber zu beklagen, daß ihm der Bruder seinen Rat aufzwingt.

Zum Erwachsenwerden gehört sowohl der Entschluß zur Veränderung als auch der Entschluß, die damit notwendig verbundenen Ängste zu bewältigen. Und diese Ängste sind oft sehr zahlreich. Wird sich die jüngere Schwester verletzt und zurückgewiesen fühlen und sich ganz und gar zurückziehen, wenn die ältere ihr untersagt, ihre Ehedramen vor ihr auszubreiten? Wird der ältere Bruder wütend, wenn der Mann eine wichtige berufliche Entscheidung trifft, ohne sich mit ihm zu beraten, und läßt er ihn vielleicht für immer im Stich? Bei diesem Prozeß gibt es keine Sicherheiten, man kann nur das Risiko eingehen und das Beste hoffen.

Es ist am effektivsten, wenn man dabei konkrete Ziele zu formulieren versucht. Was genau will die Frau in der Beziehung zu ihrer jüngeren Schwester erreichen? Will sie nicht mit ihren Eheproblemen belästigt werden, oder will sie überhaupt nicht, daß ihr die Schwester ihre Probleme anvertraut? Will sie wirklich nie mehr in die Situation kommen, in der sie ihr einen Rat geben muß, und sie damit zwingen, sich ganz auf eigene Füße zu stellen? Oder will sie ihr klarmachen, daß sie bei ernsthaften Problemen natürlich weiter zur Verfügung steht? Was will der Mann in der Beziehung zu seinem älteren Bruder verändern? Seine eigene Abhängigkeit oder die Abhängigkeit, die sein Bruder von ihm erwartet? Wieviel Unabhängigkeit kann er ertragen, ohne daß er Angst vor dem Scheitern oder der Konfrontation mit den Ermahnungen des Bruders haben muß?

Weiter ist eine Entscheidung über die erforderlichen Maßnahmen nötig. Manche Brüder und Schwestern, die sich zu stark mit Geschwistern verschmolzen fühlen, ziehen sich einfach zurück, rufen bewußt seltener an oder sprechen bewußt nicht mehr über persönliche Angelegenheiten. Eine 28jährige Vertriebsangestellte schrieb im Fragebogen, das Problem mit ihrem 26jährigen Bruder bestünde im wesentlichen in seiner Ablehnung ihres Freundes, den sie seit zwei Jahren kannte und wahrscheinlich heiraten würde. Ihren Umgang mit dem Problem beschrieb sie so: »Ich versuche, mit meinem Bruder möglichst nicht über meinen Freund zu sprechen.« Sie schrieb aber auch, daß das Problem noch nicht gelöst sei.

Solche Vermeidungsstrategien können durchaus ihren Zweck erfüllen und zu einer Lösung von den Geschwistern führen. Aber in der Regel ist es sinnvoller, wenn Geschwister, die eine solche Veränderung wollen, sich darum bemühen, ihren Wunsch mit Worten und nicht nur durch ihr Verhalten auszudrücken. Und da Bruder oder Schwester sich durch diesen Wunsch nach größerer Unabhängigkeit oder geringerer Verantwortung leicht mißverstanden oder abgelehnt fühlen, sollten diese Worte so gewählt werden, daß sie dem oder der anderen möglichst deutlich zeigen, daß auch ihr Standpunkt respektiert wird.

Stephanie und ihre Schwester zum Beispiel trafen die Entscheidung für die einjährige Trennung gemeinsam, damit die Schwester die Chance hatte, sich auf die eigenen Füße zu stellen, und Stephanie lernen konnte, daß die Schwester tatsächlich Füße besaß, auf denen sie stehen konnte. Die Entscheidung war in einem Gespräch gefallen, in dem ihre Schwester Stephanie erklärt hatte, wie wichtig es für sie sei, die Verantwortung für sich selbst zu übernehmen, daß sie ihr aber für ihre Fürsorge und Liebe zutiefst dankbar sei.

Weil die Schwester wußte, was sie wollte, aber Stephanie trotzdem respektierte, erreichte die Schwester, sie schließlich auch ihr Ziel. Das klappt nicht immer; oft reagieren Geschwister auf einen solchen Wunsch nach Veränderung mit Gelächter, bitteren Bemerkungen oder schneidender Verachtung. Trotzdem lohnt sich das Risiko, denn wenn es gut ausgeht, kann es für erwachsene Geschwister höchst befriedigend sein, eine wirklich *erwachsene* Beziehung zu haben.

Der Prozeß des Erwachsenwerdens muß nicht unbedingt so weit gehen, daß er das gesamte Beziehungsmuster zu Bruder oder Schwester verändert. Er kann auch begrenztere Ziele haben oder sich auf spezifischere Merkmale konzentrieren, etwa bestimmte, immer wiederkehrende Machtspiele, die für den Unterlegenen bitter sind, oder die ständige nervtötende Angeberei von Bruder oder Schwester.

Zum Erwachsenwerden in der Geschwisterbeziehung gehört aber auch die Veränderung geschlechtsspezifischer Muster, die ihren Ursprung in den verschiedenen Rollen der Mädchen und Jungen in der Familie haben und im Erwachsenenalter erstarrt sind. Zahlreiche Untersuchungen belegen, daß Schwestern weit häufiger als Brüder den Löwenanteil der Verantwortung für die Versorgung der Eltern und für die Familiensolidarität tragen. Aber heute, da Frauen genauso berufstätig sind wie Männer, fragen sich immer mehr Frauen, warum die Familienarbeit, auch die für die erwachsenen Familienmitglieder, nicht gerecht verteilt werden sollte, und wünschen sich hier Veränderungen.

Es gibt auch Fälle, in denen der Prozeß des Erwachsenwerdens und der Veränderung der Geschwisterbeziehung sich ausschließlich in einem Bruder oder einer Schwester abspielt. Das sind die Fälle, in denen die Verhaltensmuster eines Menschen soviel Schmerz verursachen, daß er schließlich beschließt, sie allein zu durchbrechen, auch wenn es keine Chance gibt, daß sich die Geschwister verändern. Claire zum Beispiel, die immer aufs neue litt, wenn sie versuchte, die hartnäckig verweigerte Anerkennung und Zustimmung ihres Bruders Turner zu gewinnen, könnte sich dieses Leiden ersparen, wenn sie aufhören würde, ihm imponieren zu wollen. Sie könnte ihre Handlungsfähigkeit zurückgewinnen, wenn sie sich eingestehen könnte, daß er ihr nie die Anerkennung geben wird, die sie sich wünscht. Das Wissen, daß ihr Bruder nie der Bruder sein wird, den sie sich erträumt, könnte sie sehr traurig machen. Aber zumindest könnte sie dann endlich als erwachsener Mensch leben und wäre von einem Muster befreit, das durch Wiederholung nicht besser werden kann.

Bei manchen Menschen erfordert das Erwachsenwerden eventuell noch extremere und schmerzlichere Maßnahmen zur Veränderung als bei Claire. Es kann bedeuten, den Kontakt zu Bruder oder Schwester tatsächlich abzubrechen, weil alles andere verletzend und destruktiv wäre. In gewissem Sinne bedeutet es, den notwendigen Verlust von Geschwistern zu betrauern, mit denen man weder Einverständnis herstellen noch Frieden finden kann, und von da aus seinen eigenen Weg zu gehen, so schwer das auch sein mag.

George Vaillant hat festgestellt, daß nicht die männlichen Teilnehmer an seiner Untersuchung die schlechtesten Karten hatten, die in der Kindheit Vater oder Mutter verloren hatten, sondern diejenigen, die als Kinder permanent mit gestörten Eltern oder in einer gestörten Umwelt gelebt hatten. »Keine Laune des Schicksals, kein Freudsches Trauma, kein Verlust eines geliebten Menschen«, erklärte er, »ist so verheerend für die menschliche Seele wie eine langanhaltende ambivalente Beziehung, die einem Menschen den Abschied für immer unmöglich macht.«

Die Geschwisterbeziehung ist von Natur aus ambivalent. Aber wenn die Störungen extrem und dauerhaft sind, wenn das negative Ende der Wippe so viel mehr wiegt als das positive, daß ein Gleichgewicht unmöglich wird, dann kann es für Geschwister notwendig werden, sich zu verabschieden. Für einige Geschwister ist dieser Abschied das letzte Mittel. In den meisten Fällen ist Veränderung möglich, und die meisten stellen beim Erwachsenwerden fest, daß die Vorteile einer kontinuierlichen Geschwisterbeziehung ihre Nachteile überwiegen.

Eltern und Abschiede

Einige Tage nach meinem letzten Interview mit Philip, dem Kinderarzt, der seiner Schwester Regina vorgezogen wurde und sich deshalb zum Feministen entwickelt hatte, erhielt ich einen Brief von ihm.

»Am Ende des Gespräches«, schrieb er, »baten Sie mich um eine Zusammenfassung. Dafür war es noch zu früh, aber jetzt habe ich darüber nachgedacht und kann sagen:

›Ich sehne mich danach, meiner Schwester nahe zu sein, freundlich zu ihr zu sein und ihr zu helfen, sie zu lieben, ich sehne mich nach ihrer Liebe und ihrer Nähe, und ich möchte, daß sie mit sich und ihrem Leben zufrieden ist. Ich weiß nicht, ob ich das kann oder ob sie das kann. Es ist so lange her, wir haben uns irgendwo im Nebel getrennt. Ich weiß nicht wo. Ich glaube, es war schon ganz am Anfang.‹«

Bei dem Abschied von Philip und Regina, der im Nebel der Zeiten anfing und bis heute anhält, ging es nicht um tiefverwurzelte Konkurrenz oder polarisierte Unterschiede und bestimmt nicht um eine übermäßige Intimität, die sie gezwungen hätte, sich voneinander zu lösen. Hier ging es um Reginas anhaltende Ablehnung von Philips glorifizierter Position in der Familie und seinen anschließenden Leistungen im Erwachsenenleben. Und es ging um Philips Schuldgefühle deswegen. Er war derjenige, der sich als Kind und als Jugendlicher »gutaussehend, intelligent und liebenswürdig« fühlte, sie fühlte sich »betrogen«. Sie war diejenige, die das College verlassen und ihren Platz für ihn räumen mußte, weil die Familie zwei Universitätsausbildungen nicht bezahlen konnte.

Wie bei Philip und Regina haben auch bei vielen anderen Geschwistern die verletzenden Dinge, die »irgendwo am Anfang« geschehen sind, wenig mit ihnen selbst und viel mit den Beziehungen der Eltern zu jedem der Kinder zu tun. Dennoch hat sich bei meiner Untersuchung regelmäßig gezeigt, daß Geschwister sich die Schuld für Verletzungen zuschieben, die ihnen die Eltern angetan haben, ohne sich um die Ursprünge zu kümmern. Diese mangelnde Bereitschaft von Geschwistern, den Eltern Schuld zuzuweisen, und ihre Verschiebung dieser Schuld auf Brüder oder Schwestern sorgt im Erwachsenenleben genauso für Probleme wie in der Kindheit.

Das heißt aber nicht, daß jedes Problem zwischen Geschwistern den Eltern in die Schuhe geschoben werden kann. Ich habe den Schwerpunkt immer auf die einzigartigen Beziehungen von Geschwistern gelegt, und dort bleibt er auch. Aber wenn Probleme zwischen Geschwistern auftauchen, wenn sie sich nach mehr Nähe oder nach dem Ende bitterer Feindschaft sehnen, muß man auch berücksichtigen, welchen Anteil die Eltern an diesen Schwierigkeiten haben. Man muß zum Beispiel fragen, ob vor langer Zeit etwas vorgefallen ist, auf das die Geschwister keinen Einfluß hatten, das ihnen aber einzeln oder in ihrer Beziehung geschadet hat, oder ob die Eltern durch eine vergiftete Atmosphäre eine Freundschaft zwischen den Geschwistern verhindert haben.

Diese vergiftete Atmosphäre im Elternhaus kann zum Beispiel durch offene Vergleiche, Favoritentum und Sündenbockrollen, Auseinandersetzungen zwischen den Eltern, in die die Kinder verwickelt wurden, oder, schlimmer, durch Familiengeheimnisse wie Alkoholismus oder Inzest entstehen. Erwachsene Geschwister, die sich solcher alten Ursprünge ihrer gegenwärtigen Probleme bewußt werden und sie verändern wollen, stehen vor zwei Aufgaben.

Die erste Aufgabe besteht darin, die Eltern darauf anzusprechen, wenn das möglich und sinnvoll ist, das heißt, wenn die Eltern nicht nur gesund und lebendig, sondern auch für ein Gespräch empfänglich sind, das sich um sehr sensible Fragen dreht. Es geht bei einem solchen Gespräch nicht darum, der Mutter anklagend mit dem Finger zu drohen oder dem Vater eine Liste seiner Fehler zu überreichen. Es geht für das erwachsen gewordene Kind vielmehr darum, Ansichten und Wahrnehmungen zu artikulieren, die jahrzehntelang unterdrückt worden sind, und den Eltern die Gelegenheit zu geben, ihre Ansichten und Wahrnehmungen zu formulieren.

Die ältere Tochter, deren Gespräch mit der Mutter im 7. Kapitel zitiert wurde, hat in diesem Gespräch entdeckt, daß ihre Mutter sie immer für einen Menschen gehalten hatte, der alles kann. Was sie als Favoritentum sah, war in den Augen der Mutter der Versuch, die schwächere jüngere Tochter zu beschützen. Durch diese Information hat sich das Gefühl der Älteren nicht verändert, von der Mutter zuwenig Aufmerksamkeit bekommen zu haben. Wohl aber gab sie ihr die Gelegenheit, zu sagen, was sie dachte. Es ist vorstellbar, daß sich dank dieser Gelegenheit ihre Einstellung zu ihrer Schwester etwas bessert.

414

Der älteste von vier Söhnen, der seine jüngeren Brüder immer abgelehnt hatte, weil die Eltern ihm die Last der Verantwortung für sie aufgebürdet hatten, kann im Gespräch mit seinen Eltern vielleicht den tiefen Respekt entdecken, den sie für ihn möglicherweise immer empfunden, aber nie formuliert haben. Dieser Respekt erleichtert die kontinuierliche Last dieses Mannes nicht unbedingt, aber er kann unter Umständen einen gewissen Stolz daraus beziehen, daß er fähig ist, sie zu tragen.

Leider gibt es keine Garantien dafür, daß die Entdeckungen, die ein erwachsenes Kind im Gespräch mit den Eltern über die Vergangenheit macht, so befriedigend sind wie in diesen Fällen. Es gibt immer die Möglichkeit, daß man etwas erfährt, was man eigentlich nicht wissen wollte. Aber selbst dann ermöglicht der Weg zu den Ursprüngen vielleicht ein neues Verständnis für Eltern und Geschwister.

Wenn eine Mutter zum Beispiel zugibt, daß sie die eine Tochter tatsächlich strenger behandelt hat als die andere, etwa weil sie mehr von ihr erwartete oder weil diese Tochter ihr ähnlich war und sie sich selbst unsicher und unglücklich fühlte, ist dieses Eingeständnis mit Sicherheit verstörend, aber die Tochter bekommt dadurch auch neue Einsichten über sich und ihre Schwester. Eine andere Mutter gibt vielleicht zu, daß sie zwar alle Kinder gleich geliebt hat, aber dennoch glaubt, daß »Jungen etwas Besonderes« sind. Das wird die Tochter kaum freuen, aber es kann eine Bestätigung für das sein, was sie immer gefühlt hat: daß sie nicht weniger geliebt wurde als der Bruder, obwohl er in der Familie männliche Vorrechte genoß.

Das Gespräch mit den Eltern oder, wo sie nicht verfügbar sind, mit Tante oder Onkel über die Kindheitsgeschichte kann diese Geschichte nicht ungeschehen machen, aber sie wird vielleicht verständlicher und macht es den erwachsenen Kindern dadurch leichter, mit der Gegenwart umzugehen.

Die zweite Aufgabe für Männer oder Frauen, die den Keim der Probleme aufspüren wollen, den die Eltern gelegt haben, ist das Gespräch mit den Geschwistern, die dieselben Probleme haben. Und auch das ist ein Risiko, bei dem es keine Garantien auf Erfolg gibt.

Regina weigerte sich, mit Philip über die schlimmsten Teile der Vergangenheit zu sprechen. »Die Art, wie meine Schwester sich und mich sieht, ist durch ihre Wut und Eifersucht auf meine besseren Chancen im Leben bestimmt, aber sie will nicht darüber reden«, sagte er bei einem unserer Gespräche. »Und ich mit meinem Schuldgefühlen will nichts lieber als reden.« Andere Geschwister tun solche Gespräche als »unwichtig« oder zu peinlich ab. (»Ich spreche nicht gern darüber«, sagte mein Bruder, als ich ihn drängte, über unsere unterschiedlichen Wahrnehmungen der Eltern zu

sprechen.) Aber durch die gemeinsame Beschäftigung mit den unerledigten Angelegenheiten der Vergangenheit können Geschwister sehr viel über
sich und die anderen lernen. Der Austausch ihrer Wahrnehmungen und
Perspektiven kann einige Bereiche des »Nebels« erhellen, die für die einzelnen allein nicht zugänglich sind. Und das Gespräch über Dinge, an die sie
nie zuvor zu rühren gewagt haben, kann sehr befreiend sein.

Eine Frau saß in meinem Büro und weinte, als sie von ihrem neun Monate
jüngeren Bruder sprach, den sie »vergötterte« und wegen dem sie schreckliche Schuldgefühle hatte. Ihre Mutter war mit ihm schwanger geworden,
als sie die Tochter noch stillte; die Schwangerschaft war problematisch
und die Geburt wegen der Steißlage des Kindes kompliziert gewesen. Ein
Fuß des Jungen war dabei zerquetscht worden, so daß er sein Leben lang
hinkte.

Die Frau hatte immer das Gefühl gehabt, ihre Mutter hätte ihr unbewußt
die Schuld an der schweren Geburt und der Behinderung des Bruders
gegeben und ihn wegen dieser Schwierigkeiten, schon bewußter, als etwas
Besonderes behandelt. Sie quälte sich mit der Schuld herum, ihren Bruder
»verletzt« zu haben, aber auch mit ihrer Wut auf ihn wegen seiner Sonderstellung.

»Aber hören Sie doch«, hätte ich am liebsten gesagt, konnte es aber nicht,
weil ich allen Interviewpartnern strengste Vertraulichkeit zugesichert hatte.
»Wie Ihr Bruder mir erzählt hat, wußte er, daß Sie sich die Schuld daran
geben. Er hat mir erzählt, wie er dieses Schuldgefühl jahrelang ausgenutzt
und zugelassen hat, daß Sie für Dinge bestraft wurden, die er getan hatte.
Ihr Bruder glaubt, es war grausam, wie Ihre Mutter Sie behandelt hat, und
er schämt sich für sein Verhalten Ihnen gegenüber, aber er weiß nicht, wie
er Ihnen das sagen soll.«

Ein Mann, den ich interviewte, ließ über Stunden seiner Wut auf seinen
älteren Bruder freien Lauf, der ihm von den Eltern permanent als Ideal
vorgehalten wurde. Sein Bruder sei unnahbar, meinte er, er habe sich
immer für den Star gehalten und hätte sich nie anstrengen müssen, mit
jemand anderem Schritt zu halten.

»Aber so hören Sie doch«, wollte ich wieder sagen, »Ihr Bruder hat lange
über einen älteren Cousin gesprochen, mit dem ihn seine Eltern dauern
verglichen haben und dem er, wie er glaubte, nicht gewachsen war. Ihr
Bruder hat erzählt, daß er sich immer nach Ihrer Freundschaft gesehnt hat,
aber Angst vor Ihrer Ablehnung und Ihrer Wut hatte.«

In dem letzten Interview sagte Christina, Vivian und sie hätten vereinbart,
nicht mehr über die Vergangenheit zu sprechen, weil sie sich dabei doch
nur stritten. Aber vielleicht hätten sie besser vereinbaren sollen, über die
Vergangenheit zu reden, ohne sich zu streiten. Denn wenn sie wirklich

ohne Konfrontation, aber mit dem Wunsch nach Verständnis miteinander reden würden, würden sie vielleicht feststellen, daß es sehr viel gibt, über das sie reden können, und daß ihre Gemeinsamkeit nicht in Groll und Eifersucht besteht, sondern in dem Gefühl, von Eltern betrogen worden zu sein, die sie als Schachfiguren in ihrem eigenen Spiel benutzt haben.

Viele Geschwister finden tatsächlich Möglichkeiten, über die schmerzlichsten Dinge ihrer Vergangenheit zu sprechen, und stellen fest, daß das Gespräch Heilung und Trost bringt. »Meine Schwester und ich sind uns emotional sehr nahegekommen«, schrieb eine 34jährige Sekretärin. »Wir hatten lange Probleme, weil wir beide glaubten, wir wären der Liebling der Mutter. Vor vier Jahren haben wir darüber gesprochen und erkannt, daß es egal ist, wer der Liebling war. Jetzt sind wir einfach froh, daß wir uns haben.«

Geschwistern aus schwer gestörten Familien fällt es meist schwerer als anderen, über die gemeinsame Kindheit mit den Eltern zu sprechen, nicht weil sie nicht miteinander reden wollen, sondern weil ihr Schmerz so tief geht und so schneidend ist, daß ihnen der Zugang zu seinen Wurzeln versperrt bleibt. Pam und Gail zum Beispiel haben häufig über Ereignisse aus ihrer Kindheit gesprochen, die durch den Alkoholismus des Vaters und der Stiefmutter geprägt war. Aber das wohl Wichtigste blieb unausgesprochen und uneingestanden: das volle Ausmaß von Pams Qual in der Zeit, in der sie zu Hause lebte, einschließlich der Möglichkeit des sexuellen Mißbrauchs durch den Vater, und das beängstigende Gefühl des Verlassenseins, das Gail empfand, als Pam sie mit der desinteressierten Stiefmutter und dem betrunkenen Vater allein ließ, das Loch in der Welt, in der die beiden ohne die Liebe einer Mutter oder den Schutz eines Vaters wohnten, die Leerstelle, die keine für die andere füllen konnte.

Wie weit Geschwister die Verletzungen alleine untersuchen können, die ihnen die Eltern zugefügt haben, hängt davon ab, wie tief und wie unklar die Quellen dieser Verletzungen sind. In manchen Situationen brauchen einzelne Geschwister vielleicht eine Therapie oder Beratung, um das Problem zu bewältigen. (In diese Kategorie fallen zweifellos Fälle von Geschwisterinzest, bei dem Vernachlässigung durch die Eltern, Sexualität oder Unterdrückung von Sexualität in der Familie eine entscheidende Rolle spielen. Aber der Inzest selber hat sich zwischen den Geschwistern abgespielt, und die emotionalen Verästelungen beim Versuch, darüber zu sprechen, können psychisch überwältigend sein.) In anderen Fällen ist eine Familientherapie sinnvoll, an der alle Geschwister (und möglichst auch die Eltern) teilnehmen.

Wenn die Eltern älter werden, tritt die Rolle, die sie bei der Gestaltung der Geschwisterbeziehung gespielt haben, in den Hintergrund. Aber solange

Geschwister diese Rolle nicht verstehen, können sie sich ewig die Schuld an Dingen geben, die sie nicht zu verantworten haben.

Konfliktbewältigung

Am Sterbebett einer meiner Freundinnen war auch ihre jüngere Schwester zugegen. Sie hatten sich seit einem Streit vor einigen Jahren nicht mehr gesehen. Die Schwester war benachrichtigt worden, als meine Freundin krank wurde, und hatte das Zimmer seit ihrer Ankunft nicht mehr verlassen. Als die ältere ihren letzten Atemzug tat, saß die jüngere bei ihr, hielt ihre Hand und sprach tröstend und liebevoll auf sie ein. Diese Szene schwesterlicher Liebe rührte alle anwesenden Freunde zu Tränen, bis jemand sagte: »Ja, aber ist es nicht traurig, daß sie erst sterben mußte, damit sie Frieden schließen konnten?«

Offener Streit bricht trotz aller Versuche, ihn zu vermeiden, bei vielen erwachsenen Geschwistern tatsächlich aus. Die Umfrage hat gezeigt, daß der verbreitetste Anlaß für solche offenen Konflikte die Pflege der Eltern ist. Danach kommen Geld und finanzielle Schwierigkeiten, Drogen- und Alkoholmißbrauch von Geschwistern, Eltern oder angeheirateten Verwandten. Persönliche Differenzen und Alltagsärger bieten ebenfalls Anlaß zu Klagen.

Wie können Geschwister diese Konflikte so lösen, daß sie nicht zu jahrelanger Kälte bis zum Ende oder tragischen Szenen am Sterbebett wie bei meiner Freundin führen müssen?

Die Teilnehmer an der Umfrage sollten aus einer Reihe von Vorschlägen die Methoden wählen, mit denen sie Geschwisterkonflikte bewältigten. Die Liste folgte mit einigen Änderungen dem »Fragebogen zur Problembewältigung«, der von den Psychologen Susan Folkman und Richard S. Lazarus entwickelt wurde. Zwei Strategie-Typen wurden verwendet: Der erste Typ erforderte direktes Handeln, wie bei »Habe mit Bruder oder Schwester gesprochen, um mehr über die Situation zu erfahren« oder »Habe nicht nachgegeben und gekämpft«. Beim zweiten Typ waren die Reaktionen passiv, wie bei: »Habe mir gewünscht oder vorgestellt, was ich hätte sagen oder tun sollen« oder: »Habe meine Gefühle für mich behalten.« Am Schluß wurde gefragt, wie sich das Problem gelöst hätte: Befriedigend, unbefriedigend oder noch gar nicht.

Die Reaktionen zeigten, daß aktive Strategien weit häufiger mit Problemlösung assoziiert waren als passive. Bei 87 Prozent der Teilnehmer, die über das Problem gesprochen hatten, und bei immer noch mehr als der Hälfte (51 Prozent) derjenigen, die gekämpft hatten, war das Problem befriedigend gelöst worden. Dagegen war die Wahrscheinlichkeit einer befriedigenden Problemlösung bei denjenigen, die sich nur vorgestellt hatten, was sie sagen wollten, ihre Gefühle für sich behalten oder die Situation heruntergespielt hatten, sehr viel geringer.

Das zeigt, daß ein Problem nicht verschwindet, wenn man es unter den Teppich kehrt oder über etwas lacht, was für jemand anderen ernst ist. (Damit keine Mißverständnisse auftreten: Humor ist in Geschwisterbeziehungen genauso wichtig wie in allen anderen, aber wenn man seine Wut hinter Gelächter versteckt, kommt dabei meist nichts Gutes heraus.)

Wie man solche Gespräche mit den Geschwistern führt oder sich bei einem bestimmten Problem gegen sie wehrt, hängt von der Art des Problems und dem Ausmaß des Ärgers ab. Geschwister, die sich wegen einer Kleinigkeit gestritten haben, können das meist mit einem Telefongespräch, einer Verabredung zum Essen oder einer freundlichen Karte klären. Selbst größere Auseinandersetzungen, etwa um politische Fragen oder um Fragen der Kindererziehung, lassen sich oft klären, wenn man die unterschiedlichen Auffassungen respektiert oder das Thema nicht mehr aufgreift.

Schwieriger wird es, wenn ein Streit ernsthafte Untertöne bekommt und die Themen (zu denen auch Politik oder Kindererziehung gehören können) für den einen oder anderen eine tiefere Bedeutung haben.

Wer bei einem Streit den ersten Schritt tun will, sollte noch vor dem Versuch der Schlichtung versuchen, die unmittelbare Ursache von den tieferliegenden zu trennen. Streit zwischen erwachsenen Geschwistern muß sich zwar nicht unbedingt um Themen aus der Kindheit drehen, tut es aber oft genug doch, und wenn nicht, rufen Wortwahl und Tonfall der Auseinandersetzung Erinnerungen an alte Muster und Gewohnheiten wach. Deshalb ist es wichtig, sich zu überlegen, ob beim Zorn von Brüdern, die sich über eine Geschäftsangelegenheit streiten, nicht auch das alte Gefühl des einen mitschwingt, von dem anderen nicht ernst genommen zu werden, und ob die Schreierei zwischen Schwestern beim Streit um die Frage, wer die Mutter wie oft im Pflegeheim besucht, nicht auch ein Ausdruck tiefsitzender Konkurrenzen um die Verantwortung in der Familie und das Recht, Entscheidungen zu treffen, sein kann.

Die Trennung der unmittelbaren von den tieferliegenden Ursachen ist deshalb erforderlich, damit man die letzteren für den Moment außen vor lassen kann. Zunächst müssen die *Einzelheiten* des aktuellen Streits geklärt werden. Später, wenn sich die Dinge wieder beruhigt haben, läßt sich ein Gespräch über diese grundlegenden, uralten Meinungsverschiedenheiten initiieren, aber erst geht es darum zu verhindern, daß aus diesem Streit *der* Streit wird, die große Auseinandersetzung, die durch Rückblenden in die Vergangenheit sehr alte Gefühlsschichten wieder aufrührt. Ein Geschwisterstreit läßt sich dann am besten auf die Gegenwart beschränken, wenn man sich klarmacht, daß hinter dem aktuellen Anlaß ältere Ärgernisse und Wut liegen.

Sobald die alten Themen erkannt und von den neuen getrennt worden sind, kann das Gespräch über den Streit selbst beginnen. Bei sehr intensiven Auseinandersetzungen empfiehlt es sich oft zu warten, bis die erhitzten Gefühle etwas abgekühlt sind – aber nicht zu lange, denn einem wichtigen Konflikt muß man sich stellen.

Allerdings sollte die Konfrontation mit dem sichersten Punkt, das heißt, mit dem Aspekt des Streits beginnen, der am wenigsten kontrovers war und nicht sofort wieder starke Emotionen aufrührt. Man kann etwa zuerst den Ton des Gesprächs ansprechen statt den Inhalt. (Experten raten auch dazu, eher »Ich« als »Du« zu sagen, also: »Ich habe mich verletzt gefühlt« statt »Du hast dich beschissen benommen«.) Die Schwester, die sich bemüht, den Streit über die Besuche im Pflegeheim beizulegen, könnte zum Beispiel sagen: »Ich wollte dich nicht anschreien, aber ich habe mich so aufgeregt«, und damit das tatsächliche Thema des Streits zunächst umgehen. Erst wenn sich alle Schwestern wieder sicherer fühlen, wird ein ruhiges Gespräch über die Einzelheiten des Streits möglich.

Ist es einmal in Gang gekommen, hat der Initiator des Gesprächs auch das Recht, bei der eigenen Position zu bleiben und nicht nachzugeben. Nachgeben um des lieben Friedens willen kann zwar zum Frieden führen, hinterläßt aber immer einen Rest von Ärger (es sei denn, die anderen wären wirklich im Recht, dann ist natürlich eine Entschuldigung angebracht). Die Teilnehmer der Umfrage, die ihren Standpunkt vertreten hatten, sagten am häufigsten, das Problem mit den Geschwistern wäre befriedigend gelöst worden. Sie hatten sich an diesem Lösungsprozeß aktiv beteiligt.

Aber »aktiv« heißt natürlich nicht einseitig. Bereits bei ihren frühesten Spielen lernen Geschwister, sich in die Lage des anderen zu versetzen und sich in den anderen einzufühlen. Das sind die Eigenschaften, auf die sie im Konfliktfall vor allem zurückgreifen sollten. Eine Zuhörerhaltung, die der Schwester zeigt, daß ihre Worte gehört werden, eine Reaktion, die den Respekt vor dem Bruder vermittelt, bringen die Konfliktlösung einen guten Schritt vorwärts.

Konfliktlösung führt nicht unbedingt zur Einigkeit, aber sie muß dazu führen, daß alle Beteiligten spüren, daß ihr jeweiliger Standpunkt akzeptiert wird und daß sie das Recht haben, an diesem Standpunkt festzuhalten. Bei den Schwestern ließe sich der unmittelbare Konflikt beispielsweise durch die Einigung auf einen Besuchsplan lösen, der den Bedürfnissen jeder einzelnen gerecht wird. Ist das erledigt, können sie sich, wenn sie

wollen, den grundlegenderen Fragen zuwenden und sich weiter darauf
einigen, daß keine das Recht hat, der anderen etwas vorzuschreiben, aber
sich auch keine von den Familienpflichten ganz und gar drücken kann.

Wenn der Bruch sehr tief ist, sind Briefe oft sinnvoller für eine neue Kon-
taktaufnahme als Gespräche. In einem Brief lassen sich Gedanken struktu-
rieren und Erkenntnisse formulieren, die im direkten Gespräch oft nur
schwierig zu vermitteln sind. Ein Brief sollte aber nicht anklagen, sondern
die Position des Absenders erläutern und die des Empfängers respektieren.
Und vor allem sollte er aus aufrichtigen Motiven geschrieben werden.
Um die Aufrichtigkeit ging es bei dem brillanten Kernphysiker (vgl. 7.
Kap.), den die Eltern seinem Bruder »schamlos« vorgezogen hatten und der
dieses Favoritentum bei seinem Sohn wiederholte. Um eine Versöhnung
mit seinem Bruder, der ihn verständlicherweise ablehnte, herbeizuführen,
hatte der Physiker ihm einen langen Brief geschrieben. Als er darauf keine
Antwort bekam, war er zunächst so erbost, daß er den Bruder »abschreiben« wollte. Aber dann machte er sich doch Gedanken über die Aufrichtigkeit seiner Motive.
»Da hatte ich nun den Status als vergöttertes Genie der Familie«, sagte er,
»und was habe ich gemacht? Ich schrieb meinem Bruder einen meiner langen, analytischen, literarischen Briefe, das heißt, ich führte mal wieder all
das vor, weswegen er mich ablehnt. Also mußte ich mich fragen, warum
ich das gemacht hatte. Wollte ich vielleicht, daß die Sache scheitert? *Wollte*
ich als derjenige dastehen, der sich bemüht hatte, während er derjenige
war, der die Bemühung durchkreuzte, so daß ich wie immer besser weg-
kam? Das ist wie in unserer Kindheit: Ich wollte mich versöhnen, aber ich
wollte auch den Beifall.«
Wenn der Physiker nicht mehr auf den Beifall schielt und seinem Bruder
einen ehrlichen Brief schreibt, bekommt er vielleicht auch eine Antwort.
Aber vielleicht auch nicht. Wenn Beziehungen wie hier auf jahrelangem
Unglück basieren, sind sie oft für immer begrenzt. Aber es kann trotzdem
nicht schaden, wenn derjenige, der sie verbessern will, es weiter versucht.
Andere Umstände bringen andere Begrenzungen mit sich. Manche Geschwister regeln ihre individuellen Konflikte direkt, ohne die gewichtige-
ren, tiefliegenden Fragen anzusprechen. Sie lassen die sensiblen, bedrohlichen Bereiche lieber unberührt und finden sich in diesem Sinne mit einer
begrenzten Beziehung ab. Oft setzen aber auch die Ehepartner der Geschwisterbeziehung Grenzen. Wenn sich Geschwister mit Schwägerin oder
Schwager nicht verstehen, treffen sich die Brüder und Schwester oft seltener im Familienkreis, als ihnen lieb ist. Bei sehr starken Unstimmigkeiten
zwischen Geschwistern und Angeheirateten ist es oft besser, wenn die

Geschwister ohne ihre Familien zusammenkommen. Dieses Arrangement mag unbefriedigender sein als ein Familientreffen, ist aber einer völligen Trennung der Geschwister bei weitem vorzuziehen.

Am stärksten begrenzt sind die Geschwisterbindungen, die wie bei meiner Freundin oder bei Chuck und Sandy im 11. Kapitel abgeschnitten wurden. Die gemeinsame Geschichte, die zwischen diesen beiden stand, war so schlimm, daß sie sich bei ihren seltenen Begegnungen wenig zu sagen hatten. Sandy sagte, sie würde sich eines Tages gern »mit Chuck bei einer Tasse Kaffee zusammensetzen und ihm ein paar schwierige Fragen stellen«. Aber sollte dieser Tag je kommen, dann wäre es für sie wie für alle anderen entfremdeten Geschwister weit besser, behutsam vorzugehen. Wer mit Bruder oder Schwester nach einer langen Phase der Entfremdung wieder Kontakt aufnehmen will, sollte sie anrufen, ihnen einen Brief schreiben, sie zu einer Tasse Kaffee einladen, aber die schwierigen Fragen *auf keinen Fall* sofort stellen. Wie bei allen anderen Schlichtungsversuchen im Geschwisterstreit ist es auch hier besser, mit den unproblematischen Fragen, mit den sicheren Bereichen zu beginnen und erst wieder ein gewisses Verständnis füreinander aufzubauen, bevor man sich allmählich den dunklen Aspekten des Konflikts nähert.

Die Geister austreiben

»Geschichte«, sagte Selma Fraiberg in einem Gespräch über die Auswirkungen der Vergangenheit auf die Gegenwart, »Geschichte ist kein Schicksal.« Die Eltern- und Geschwisterbilder und die Muster des Familienverhaltens, die sich in der Kindheit eingeprägt haben, werden im Erwachsenenalter oft auf andere Menschen und Ereignisse übertragen. Aber deshalb müssen sie, und das hat Fraiberg gemeint, nicht das ganze Leben bestimmen. Man kann sich der Verletzungen der Vergangenheit bewußt sein und sich dennoch auf das stützen, was positiv war, sich im Umgang mit Ehepartnern oder Kindern, Kollegen oder Freunden der Verhaltensweisen bedienen, die steuerbar sind. Mit anderen Worten: Die schädlichen Geister der Vergangenheit, die sich nicht nur im Kinderzimmer, sondern in allen Ecken des Lebens verstecken, lassen sich durchaus austreiben.

Die Austreibung beginnt mit der Bewußtheit, und die Bewußtheit beginnt mit dem Nachdenken über die einflußreichen Bilder und Muster der Vergangenheit. Gab es zum Beispiel in der Familie der Mutter ein Muster von Favoritentum, daß sie mit ihren Kindern wiederholt, so wie der Physiker seinen Sohn genauso vorzieht, wie er selbst vom Vater vorgezogen wurde? Hat sich der Vater, der mit seiner ältesten Tochter besonders streng ist und sich ständig schützend vor seinen jüngeren Sohn stellt, als Zweitgeborener vielleicht von seiner älteren Schwester herabgesetzt gefühlt?

Dasselbe gilt für die gegenwärtigen Muster. Hat die Frau, die sich immer wieder in autokratische, eigensinnige Männern verliebt, obwohl sie doch eigentlich einen freundlichen und sanften Mann will, einen autokratischen, eigensinnigen Bruder, den sie bei aller Kritik verehrt? Und hat der Vorgesetzte, der immer so ungeduldig und reizbar wird, wenn Angestellte keine Entscheidungen treffen können und sich bei ihm Rat holen wollen, vielleicht einen jüngeren Bruder, der keinen Schritt tut, ohne ihn vorher zu konsultieren, und sämtliche Entscheidungen mit ihm besprechen muß?

Hat man alte Geschwistermuster und -bilder erst erkannt, erkennt man vielleicht auch ihre Wiederholung in der Beziehung zu Liebespartnern, Freunden und Kollegen. Ist man sensibel für die Rollen geworden, die man in der Geschwisterbeziehung gespielt hat und spielt, kann man auch erkennen, wie man diese Rollen bei Kindern, Ehepartnern und Angestellten reproduziert.

Das Wissen um negative Verhaltensmuster ermöglicht es, sie zu steuern. Der erste Schritt dazu besteht darin, bewußt zwischen den Bildern der Vergangenheit und der Realität der Gegenwart zu trennen und auf die Gegenwart so zu reagieren, wie es diese Realität erfordert. Die Krankenschwester, die ihren jüngsten Sohn so behandelte, wie sie ihren jüngsten Bruder gern behandelt hätte, hat gelernt, die Gefühle zu ihrem Bruder von den Gefühlen zu ihrem Sohn zu trennen. Sie hat auch gelernt, daß sich an ihrem tyrannischen Umgang mit dem Bruder in der Vergangenheit nichts ändert, wenn sie zu ihrem Sohn nachgiebig ist.

Hat man die Trennung zwischen den Bildern und der Realität vollzogen, muß man sein Verhalten und seine Reaktionen kontrollieren, damit sie auch getrennt bleiben. Alte Gewohnheiten sind schwer abzulegen, und ihre Veränderung erfordert Übung und Wachsamkeit. Die Bankangestellte bemerkt vielleicht viele Ähnlichkeiten zwischen ihrem älteren Kollegen und ihrem älteren Bruder, aber das erspart es ihr nicht, sich jedes Mal, wenn sie sich bei einer Reaktion auf den Kollegen ertappt, die sich eigentlich auf ihren Bruder bezieht (ob auf den Bruder heute oder auf den Bruder aus der Zeit, als sie fünf oder fünfzehn Jahre alt war), zu besinnen und sich wieder aufs neue klarzumachen, daß sie es jetzt und hier mit einer realen Person zu tun hat und daß der Kollege nicht ihr Bruder ist. Ihr Bruder ändert sich nicht, wenn sie ihren Kollegen dafür bestraft, daß der Bruder sie nicht ernst nimmt, aber der Kollege kann durch ihr Verhalten sehr böse werden. Sinnvoller ist es, ihre realen Schwierigkeiten mit ihm von Kollegin zu Kollege zu besprechen und den Geist des Bruders endgültig aus dem Büro zu verbannen.

Manchmal kann die Abkehr von alten Bildern und die bewußte Veränderung alter Muster außerhalb der Familie auch die Muster in der Familie verändern. Ein Beispiel: Eine Frau, die ihren jüngeren Bruder gleichzeitig bemuttert und sich mit ihm streitet, heiratet einen Mann, den sie in vieler Hinsicht mit ihrem Bruder identifizieren kann. Aber weil der Mann freundlicher oder unkomplizierter oder nicht mit den Gefühlen belastet ist, die sie mit ihrem Bruder verbindet, bauen sie eine gleichberechtigte Beziehung auf, in der sie ihn zwar gelegentlich bemuttert, aber selten mit ihm streitet. Durch die liebevolle Beziehung zu ihrem Mann kann sie ihren Ärger auf den Bruder zumindest teilweise aufgeben und eine herzliche Beziehung zu ihm aufbauen. Sie hat die Beziehung zu ihrem Bruder auf die Beziehung zu ihrem Ehemann übertragen und von da wieder zurück auf die Beziehung zum Bruder.

Aber in der Regel bewegen sich die Veränderungen in die andere Richtung: von den Wurzeln zu den Zweigen. Durch das Eingeständnis der eigenen Konkurrenz und Eifersucht, die Einsicht in die Ähnlichkeiten, die größere Nähe zu Geschwistern und die Lösung von Konflikten können Geschwister ihre inneren Bilder voneinander im Lauf der Zeit allmählich verändern. Eine zufriedene Beziehung ermöglicht es Geschwistern, die Beziehung zu anderen Menschen von der Geschwisterübertragung zu befreien und sie nicht nur als Schatten der Vergangenheit zu sehen. Und ohne den Ballast exzessiver Wut oder exzessiver Idealisierung läßt sich auch ein besseres Gleichgewicht in dem Auf und Ab von Zuneigung und Rivalität, Kooperation und Konkurrenz finden, innerhalb der Geschwisterbeziehung, aber auch in Liebes- und Familienbeziehungen, bei der Arbeit und bei Freunden.

Ich wollte dieses Buch eigentlich mit einer langen Geschichte mit glücklichen Ausgang beenden, mit einer Art shakespearescher Komödie, in der schließlich alles auf beste geregelt wird. Die Interviews haben mir auch Stoff für solche Geschichten geliefert, etwa die beiden völlig zerstrittenen Schwestern, die zwei völlig zerstrittene Brüder geheiratet hatten und durch die Ehe und die gemeinsamen neuen Interessen allen Streit vergaßen, bis sie schließlich alle vier die besten Freunde wurden. Und es gab noch andere Geschwister, die nach langer Entfremdung den Weg zurück gefunden hatten.

Aber als ich die Transkripte und Tonbänder der Interviews daraufhin noch einmal durchging, erkannte ich, daß bei den meisten Menschen das Happy-End nicht dem Höhepunkt eines dramatischen Shakespeare-Stückes ähnelte, sondern bescheidener war, kleine Szenen in einem größeren, sich permanent verändernden Ganzen. Das Happy-End kam oft unerwartet, in kurzen, erhellenden Einsichten, die für die Geschwister zum Wendepunkt wurden. Es kam einfach und brachte die Erkenntnis mit, was Geschwisterbindung bedeutet, trotz aller Komplexität, Unvollkommenheiten und gemischten Gefühle.

Hier sind drei solcher Szenen, drei kurze Filme aus dem Geschwisterleben, drei Happy-Ends, die gleichzeitig ein neuer Anfang waren.

ERSTE SZENE: Das Wohnzimmer einer gemütlichen Wohnung in Portland, Oregon. Eine Frau, Mitte Vierzig, besucht ihre ältere Schwester. Sie wirken ernst und konzentriert. In den letzten Monaten haben sie sich über eine religiöse Frage gestritten. Beide sind katholisch erzogen worden und auch als Erwachsene treue Kirchgängerinnen geblieben. Aber vor einiger Zeit hatte die jüngere einen Juden geheiratet, und seitdem überlegte sie, ob sie zum Judentum übertreten sollte, obwohl ihr Mann das keineswegs von ihr verlangte.

Das war der Gegenstand ihrer Auseinandersetzungen mit der älteren Schwester, die strikt gegen eine Konversion war. Ihre verstorbenen Eltern hätten diesen Schritt als Verrat an ihrem Glauben empfunden, argumentierte sie. Die Konversion würde sie der ganzen Familie, auch ihr, entfremden. Sie konnte doch auch ohne diesen formalen Schritt die jüdischen Festtage mit ihrem Mann feiern und die katholischen mit ihrer Familie.

Die jüngere hatte versucht, ihren Standpunkt zu erklären. Sie war sich sehr genau über ihre Wünsche im klaren, aber auch todunglücklich über die Einstellung ihrer Schwester. Danach hatten sie über das Thema nicht mehr gesprochen; jede fand, sie hätte den eigenen Standpunkt ausreichend erklärt.

Jetzt, zu Gast bei der älteren Schwester, sagt die jüngere: »So, das wäre erledigt.«

Die ältere versteht »das« ganz richtig als die Frage des Religionswechsels und das »erledigt« fälschlich so, daß die Schwester den Gedanken an eine Konversion aufgegeben hat, und sagt erfreut: »Ich bin ja so froh, daß du dir den Gedanken aus dem Kopf geschlagen hast und alles so bleibt wie früher.«

»Du hast mich mißverstanden«, sagt die jüngere mit zitternder Stimme. »Es ist erledigt. Ich hab's getan. Ich bin übergetreten.«

»Oh«, ruft die ältere. Die Tränen stehen ihr in den Augen, als sie sich entschuldigt und aus dem Zimmer geht. Ein paar Minuten später kommt sie lächelnd wieder, das Gesicht gefaßt, mit zwei Sektgläsern in der Hand.

»Mazel tov«, sagt sie und benutzt damit die traditionelle jüdische Glückwunschformel. »Mir wäre es anders lieber gewesen, aber jetzt, wo es vorbei ist, wünsche ich dir alles Gute. Wir sind immer noch Schwestern, und nur darauf kommt es an.«

Als die ältere Schwester mir diese Szene beschrieb, sagte sie: »Ich habe in diesem Augenblick erkannt, wie sehr ich meine Schwester liebe und brauche. Wir werden diese Meinungsverschiedenheit nie auflösen, aber wir finden schon einen Weg, weil es soviel andere Gemeinsamkeiten in unserem Leben gibt. Wir haben Kinder im selben Alter, wir haben eine gemeinsame Lebensgeschichte und gemeinsame Erfahrungen. Ich könnte sie nie aufgeben.«

ZWEITE SZENE: Ein Eßzimmer in einem Haus in Sacramento, Kalifornien. Drei erwachsene Kinder, zwei Brüder und eine Schwester, zwischen Anfang und Mitte Dreißig, sitzen um den Tisch und essen mit ihrem Eltern zu Abend. Die beiden Brüder haben kürzlich zusammen ein Reisebüro eröffnet, und der älteste hat sich verlobt. Die Schwester, das mittlere Kind, hat eine neue Stellung in der Werbeabteilung einer örtlichen Firma angetreten.

»Warum müssen wir jetzt über den Kram reden, der vor Jahren passiert ist?« fragt der älteste Bruder.

»Er hat mir sehr wehgetan und mein Leben stark beeinflußt, deshalb«, antwortet die Schwester.

»Ich habe bis jetzt noch an jedem Arbeitsplatz meine Familie wieder neu inszeniert. Ich umgebe mich mit witzigen, charmanten und charismatischen Männern wie ihr beide. Und dann hört mich wieder niemand, so wie ich hier zu Hause nie gehört wurde. Ich bin wieder die Außenseiterin, bin ganz allein. Ich will das verstehen, damit ich das nicht immer wieder bei der Arbeit durchspielen muß.«

»Was können wir denn dafür, daß wir so witzig, charmant und charismatisch sind?« fragt der ältere Bruder grinsend.

»Ihr könnt was dafür, daß ich mich aus eurem Verein immer ausgeschlossen gefühlt habe«, antwortet die Schwester in einer Stimme, die ihr die volle Aufmerksamkeit beider Brüder sichert. »Wißt ihr, wie das ist, wenn man immer draußen steht?« fährt sie fort. »Früher bin ich von der Schule nach Hause gerannt, weil ich unbedingt mit euch zusammensein wollte, und ihr habt mich einfach ignoriert. Ihr wart immer zusammen, und ich habe für euch gar nicht existiert. Ihr habt mich nur reingelassen, um mich herumzuschubsen oder über mich zu lachen. Ich war nie wichtig, ich wurde nie gehört.«

Die Schwester weint. »Ich habe euch so sehr geliebt, und ihr wolltet nichts mit mir zu tun haben. Und jetzt schließt ihr mich immer noch aus. Ihr telefoniert dauernd miteinander. Ihr sprecht über eure Arbeit. Aber mich fragt niemand nach meiner Arbeit oder ruft mich an, außer wenn es um die Vorbereitung von Mutters Geburtstag oder Vatertag oder sowas geht.«

Der jüngere Bruder sieht sie an. Er hat Tränen in den Augen. »Weißt du denn nicht, wie sehr ich dich liebe, Trish?« fragt er leise. »Ich habe mir so oft eine große Schwester gewünscht, mit der ich reden konnte, aber du warst immer so unabhängig, ich habe geglaubt, du machst dir nichts aus mir und Doug.«

»Ich war unabhängig«, sagt Trish, »weil mir nichts anderes übriggeblieben ist. Ich hatte niemand, auf den ich mich verlassen konnte, und ihr habt mir nie eine Chance gegeben.« Sie faßt die Hand ihres Bruders. »Aber es tut mir leid, daß ich nicht für dich da war, Brian. Ich habe geglaubt, ihr wolltet mich nicht.«

Doug, der Älteste, steht auf und legt den Arm um seine Schwester. »Ich bin derjenige, der sich entschuldigen muß, Trish«, sagt er. »Ich bin der Älteste. Ich hätte das verstehen müssen. Jetzt tue ich es. Glaubst du, wir könnten es als Erwachsene noch mal versuchen?«

»An diesem Abend sind sie eine Familie geworden«, sagte der Vater, der mir die Szene beschrieb. »Es hat sehr wehgetan, meine erwachsenen Kinder weinen zu hören und zu erleben, wie Trish alte Wunden wieder aufriß. Meine Frau und ich haben als Eltern viele Fehler gemacht, aber ich glaube, für die Familie wird alles gut.«

DRITTE SZENE: Ein feudaler Club, irgendwo im Nordosten. Vier Geschwister, zwei Brüder und zwei Schwestern, haben sich zum ersten Mal seit Jahren wieder getroffen. Sie sind alt, und sie wohnen sehr weit voneinander entfernt; der eine Bruder bei seinem Sohn und seiner Schwiegertochter, der andere mit seiner Frau in einem Altersheim, und die Schwestern, beide verwitwet, leben allein. Die Schwestern haben regelmäßig miteinander und mit den Brüdern korrespondiert und gelegentlich telefoniert. Die Brüder haben sich vor Jahrzehnten, nach dem Tod der Mutter, zerstritten. Sie konnten den Streit zwar beilegen, aber ihr Kontakt ist flüchtig und sporadisch geblieben. Aber jetzt sind sie alle zusammen, weil der Sohn und die Schwiegertochter des Ältesten anläßlich seines 80. Geburtstags ein großes Fest für ihn ausgerichtet haben.

Die Schwiegertochter, die mir diese Szene später beschrieben hat, sieht, daß sie ein wenig verloren zwischen den anderen Gästen herumirren und befangen wirken, wenn sie miteinander sprechen. Aber kurz darauf ziehen sie sich aus der Menge zurück und stehen alle vier zusammen in der Ecke, eifrig in ein Gespräch vertieft. Plötzlich sieht sie, wie sie sich an den Händen fassen und langsam im Kreis herumgehen. Anscheinend singen sie dabei etwas. Die Schwiegertochter schiebt sich näher heran, um zuzuhören, hält sich aber im Hintergrund. Dann hört sie, daß sie ein altes Kinderlied singen, eine Art Ringelreihen, in dem all ihre Namen vorkommen. Sie singen und lachen leise, gehen im Kreis herum und halten sich an der Hand.

Alter und Entfernung verloren jede Bedeutung, als sich die vier alten Menschen im Rhythmus eines Geschwistertanzes im Kreise drehten, den sie in ihrem langen Leben nie vergessen hatten.

Zusammenfassung der Ergebnisse des Geschwisterfragebogens

Teilnehmer: 272
Alter der Teilnehmer: 19-71 (Durchschnittsalter: 37,1)

Brüder und Schwestern

Von allen Geschwisterkombinationen hatten Schwestern die engste Beziehung, wie sämtlichen Messungen der Nähe zeigten. Insgesamt hatten 61 Prozent der Frauen ein »enges« oder »sehr enges« Verhältnis zu ihren Schwestern und 48 Prozent der Männer ein »enges« oder »sehr enges« Verhältnis zu ihren Brüdern; zu Geschwistern des anderen Geschlechts hatten 46 Prozent ein »enges« oder »sehr enges« Verhältnis.

Allerdings sagten aber Frauen auch am häufigsten, daß sie mit ihren Schwestern aus Ärger nicht gesprochen hatten (30 Prozent der Schwestern verglichen mit 21 Prozent der Brüder und 17 Prozent der Brüder und Schwestern). Bei der Konkurrenz standen die Brüder an der Spitze. Männer verglichen sich signifikant häufiger mit ihren Brüdern als Frauen mit ihren Schwestern oder Brüder und Schwestern untereinander. Ein Beispiel: 33 Prozent der Männer verglichen sich im Bereich Finanzen mit ihren Brüdern, aber nur 23 Prozent der Frauen verglichen sich in diesem Bereich mit ihren Schwestern.

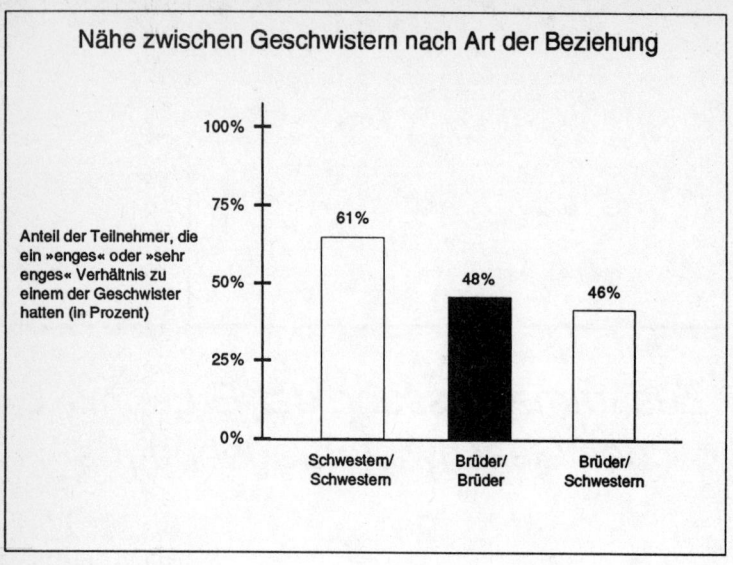

Nähe zwischen Geschwistern nach Art der Beziehung

Anteil der Teilnehmer, die ein »enges« oder »sehr enges« Verhältnis zu einem der Geschwister hatten (in Prozent)

100%

75%   61%

50%   48%   46%

25%

0%
    Schwestern/   Brüder/   Brüder/
    Schwestern   Brüder   Schwestern

Nähe und Distanz

Die meisten Teilnehmer hatten eine »enge« (31 Prozent) und »relativ enge« (31 Prozent) Beziehung zu ihren Geschwistern, nur 21 Prozent eine »sehr enge« und 17 Prozent eine »nicht enge« Beziehung zu Geschwistern. 75 Prozent der Befragten verneinten die Frage, ob sie mit ihren Geschwistern aus Ärger nicht gesprochen hätten.

Der Altersunterschied hatte eine signifikante Auswirkung auf die Nähe von Geschwistern. Je größer der Altersunterschied, desto geringer war die Wahrscheinlichkeit einer engen Beziehung. Ein Beispiel: Während 55 Prozent der Teilnehmer zu ein bis vier Jahre älteren Brüdern oder Schwestern eine »enge« oder »sehr enge« Beziehung hatten, waren es bei fünf oder mehr Jahre älteren Geschwistern nur 38 Prozent.

Die räumliche Entfernung hatte keinen Einfluß auf die Gefühle von Nähe. Von den Befragten, deren Geschwister im Umkreis von 160 km lebten, sagte 84 Prozent, ihre Beziehung sei »eng«, »sehr eng« oder »ziemlich eng«; bei denjenigen, die weiter voneinander entfernt lebten, waren es mit 81 Prozent praktisch genauso viele.

430

Teilnehmer mit einer engen Beziehung zu den Geschwistern hatten mit hoher Wahrscheinlichkeit Eltern, die den eigenen Geschwistern ebenfalls eng verbunden waren.

Befragte mit einer engen Beziehung zu den Geschwistern hatten mit hoher Wahrscheinlichkeit auch ein engeres Verhältnis zu den Eltern als Befragte, die kein enges Verhältnis zu den Geschwistern hatten: 83 Prozent der Teilnehmer mit einer »engen« oder »sehr engen« Beziehung zu einem der Geschwister hatten zum Beispiel auch eine »enge« oder »sehr enge« Beziehung zur Mutter. Umgekehrt hatten nur 60 Prozent der Teilnehmer mit einer »ziemlich engen« oder »nicht engen« Geschwisterbeziehung eine »enge« oder »sehr enge« Beziehung zur Mutter.

Favoritentum

Die überwiegende Mehrheit der Teilnehmer (84 Prozent) gab an, es hätte in ihrer Familie Favoritentum gegeben; ca. 16 Prozent hatten keinerlei Favoritentum wahrgenommen. Aus der ersten Gruppe bezeichnete sich etwas weniger als die Hälfte als den Favoriten von Mutter, Vater oder von beiden. Etwas mehr als die Hälfte hielt eins der Geschwister für den Favoriten von Mutter, Vater oder von beiden.

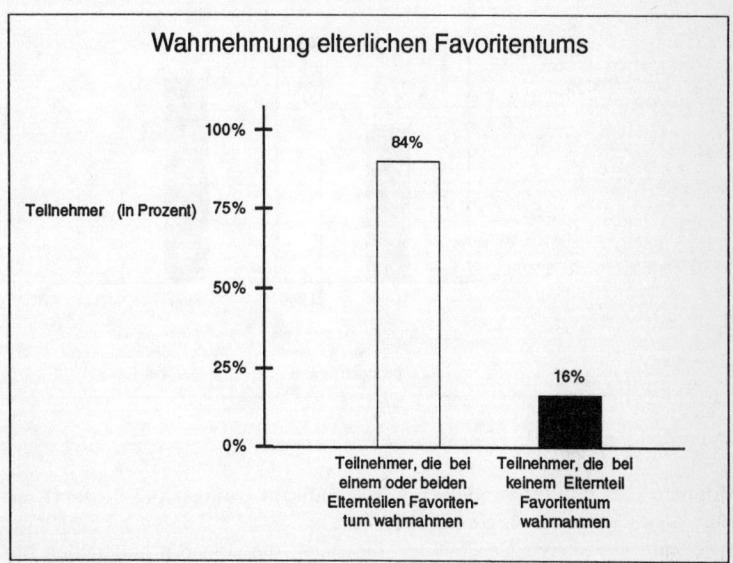

431

Entgegengeschlechtliches Favoritentum spielte offensichtlich eine sehr starke Rolle. Männer hielten sich häufiger für den Liebling der Mutter. Von den Teilnehmern, die angaben, ihre Mutter hätte ein Lieblingskind gehabt, hielten sich 66 Prozent der Männer und nur 27 Prozent der Frauen für dieses Lieblingskind. Bei den Teilnehmern, die sagten, der Vater hätte einen Favoriten gehabt, bezeichneten 62 Prozent der Frauen und 49 Prozent der Männer sich als dieses Lieblingskind. Aus der Gruppe derjenigen, die ein anderes Kind für den Favoriten hielten, nannten Männer wie Frauen am häufigsten einen Bruder als Liebling der Mutter und eine Schwester als Liebling des Vaters.

Favoriten fühlten sich tendenziell sicherer als die anderen, hatten aber auch mehr Schuldgefühle wegen ihrer Rolle. Nichtfavoriten waren häufiger eifersüchtig und ärgerlich als Favoriten, aber als Ergebnis ihrer Rolle auch unabhängiger.

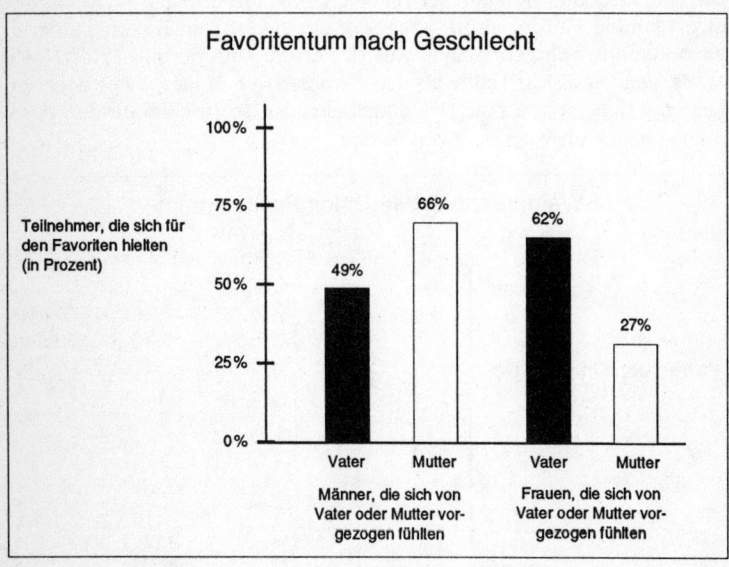

Favoritentum nach Geschlecht

Teilnehmer, die sich für den Favoriten hielten (in Prozent)

100%
75%
50%
25%
0%

49% — Vater
66% — Mutter
62% — Vater
27% — Mutter

Männer, die sich von Vater oder Mutter vorgezogen fühlten

Frauen, die sich von Vater oder Mutter vorgezogen fühlten

Ältere und jüngere

Jüngere Geschwister verglichen sich signifikant häufiger (47 Prozent) mit älteren als ältere mit jüngeren (31 Prozent).

Die Zahl der älteren Geschwister, die sagte, die jüngeren holten sich bei ihnen Rat, lag mit 58 Prozent signifikant höher als die Zahl der jüngeren, die sagten, ältere Geschwister holten sich bei ihnen Rat (47 Prozent), und das, obwohl die Mehrzahl der Teilnehmer angab, sie holten sich bei ihren Geschwistern überhaupt keinen Rat.

Vergleichbare Zahlen ergaben sich bei der Frage nach dem Wunsch nach der Anerkennung der Geschwister, obwohl hier jüngere Geschwister offener zugaben, daß sie die Anerkennung der älteren wünschten.

Ehe

Die Wahrscheinlichkeit, daß die Geschwisterbeziehung sich durch die Ehepartner von Bruder oder Schwester verbessert, ist relativ hoch. Anders als allgemein angenommen galten eher Schwägerinnen als die Schwäger als hilfreich für die Geschwisterbeziehung.

Konflikte

Bei den Ursachen für Geschwisterkonflikte standen die Pflege der Eltern und andere Probleme, die mit Eltern zusammenhingen, bei weitem an erster Stelle.

An zweiter Stelle standen finanzielle Angelegenheiten.

An dritter Stelle stand Alkohol- und Drogenmißbrauch.

Wie sich zeigte, war bei der Konfliktlösung das Gespräch mit Geschwistern und das Eintreten für den eigenen Standpunkt eine effektivere Strategie als das Bemühen, die Gefühle für sich zu behalten. 87 Prozent der Teilnehmer, die mit Bruder oder Schwester gesprochen hatten, und 51 Prozent derjenigen, die für ihren Standpunkt eingetreten waren, gaben an, das Problem wäre auf befriedigende Weise gelöst worden.

Der Geschwisterfragebogen

Bitte beantworten Sie die folgenden Fragen, ohne Ihren Namen zu nennen. Diese Untersuchung beschäftigt sich mit den Beziehungen zwischen Geschwistern. Alle Angaben werden vertraulich behandelt und per Computer analysiert. Wenn Fragen auf Sie nicht zutreffen, lassen Sie sie bitte aus.

A.

Geschlecht: ... männlich ... weiblich / Alter: ... Jahre / Ausbildung: ... Jahre / Beruf: ... / Familienstand: ledig ... verheiratet ... geschieden ... getrennt lebend ... verwitwet ... / Zahl der Brüder: ... / Zahl der Schwestern: ... / Religion: ... / Ethnische Zugehörigkeit: ...

B. Vater:

Wenn Ihr Vater noch lebt, beantworten Sie bitte alle Fragen. Wenn Ihr Vater gestorben ist, beantworten Sie bitte nur die Fragen 4-9.
1. Wie alt ist Ihr Vater? ... Jahre / 2. Wie weit lebt Ihr Vater von Ihnen entfernt? ... km (ca.) / 3. Wie oft sehen Sie Ihren Vater oder sprechen mit ihm am Telefon? ... nie /... ein paarmal im Jahr /... jeden Monat / ... jede Woche /... jeden Tag

4. Welchen Beruf hat/hatte Ihr Vater? ... / Wie lang war seine Ausbildung? ... Jahre

5. Wie eng ist/war Ihr Verhältnis zu Ihrem Vater? ... sehr eng /... eng / ... ziemlich eng /... gar nicht eng

6. Waren Sie das liebste Kind Ihres Vaters? ... Ja /... Nein

7. Wenn nicht, welcher Bruder oder welche Schwester war das Lieblingskind Ihres Vaters?
(Nennen Sie keine Namen, sondern nur Geschlecht und gegenwärtiges Alter) ... männlich /... weiblich / Alter: ... Jahre / *Oder:* ... kein Lieblingkind

8. Wenn Sie der Meinung sind, daß Ihr Vater ein Lieblingskind gehabt hat oder Sie selbst dieses Lieblingskind waren, welche Gefühle löst das bei Ihnen aus? (Kreuzen Sie alle Gefühle an, die auf Sie zutreffen.) ... böse /... sicher /... eifersüchtig /... schuldig /... unabhängig /... fähig / ... keine Auswirkungen

9. Wie eng war das Verhältnis Ihres Vaters zu seinen Geschwistern? ... sehr eng /... eng /... ziemlich eng /... gar nicht eng /... keine Geschwister

C. Mutter:

Wenn Ihre Mutter noch lebt, beantworten Sie bitte alle Fragen. Wenn Ihre Mutter gestorben ist, beantworten Sie bitte nur die Fragen 4–9 und gehen dann weiter zu Frage 10.

1. Wie alt ist Ihre Mutter? ... Jahre

2. Wie weit lebt Ihre Mutter von Ihnen entfernt? ... km (ca.)

3. Wie oft sehen Sie Ihre Mutter oder sprechen mit ihr am Telefon? ... nie /... ein paarmal im Jahr /... jeden Monat / jede Woche /... jeden Tag

4. Welchen Beruf hat/hatte Ihre Mutter? ... / Wie lang war ihre Ausbildung? ... Jahre

5. Wie eng ist/war Ihr Verhältnis zu Ihrer Mutter? ... sehr eng /... eng / ... ziemlich eng /... gar nicht eng

6. Waren Sie das liebste Kind Ihrer Mutter? ... Ja /... Nein

7. Wenn nicht, welcher Bruder oder welche Schwester war das Lieblingskind Ihrer Mutter?
(Nennen Sie keine Namen, sondern nur Geschlecht und gegenwärtiges Alter) ... männlich /... weiblich / Alter: ... Jahre / *Oder:* ... kein Lieblingkind

8. Wenn Sie der Meinung sind, daß Ihre Mutter ein Lieblingskind gehabt hat oder Sie selbst dieses Lieblingskind waren, was für Gefühle löst das

bei Ihnen aus? (Kreuzen Sie alle Gefühle an, die auf Sie zutreffen.)
... böse /... sicher /... eifersüchtig /... schuldig /... unabhängig /... fähig /
... keine Auswirkungen

9. Wie eng war das Verhältnis Ihrer Mutter zu ihren Geschwistern?
... sehr eng /... eng /... ziemlich eng /... gar nicht eng /... keine Geschwister

10. Wenn Vater oder Mutter oder beide Eltern noch am Leben sind:
wer von Ihren Geschwistern hat die Hauptverantwortung für ihre
Versorgung und ihr Wohlbefinden? Nennen Sie wieder keine Namen,
sondern nur Geschlecht und Alter. ... männlich /... weiblich Alter:
... Jahre /... Ich habe die Verantwortung / *Oder:* ... Verantwortung wird
geteilt /... Trifft nicht zu.

11. Sind oder waren Ihre Eltern jemals geschieden oder getrennt?
... geschieden /... getrennt /... weder noch / Wenn ja, wie alt waren Sie?
... Jahre

12. Wie viele gute Freunde (außerhalb der Familie) haben Sie? ... keine /
... 1 /... 2–3 /... 6 oder mehr

D. Brüder und Schwestern:

Bitte beantworten Sie die Fragen in Abschnitt D für einen Bruder bzw.
eine Schwester. Wenn Sie mehrere Geschwister haben, benutzen Sie
bitte jeweils ein eigenes Formular.

1. Bruder ODER Schwester (bitte einkreisen):
2. Wie alt ist er/sie? ... Jahre
3. Ist der Bruder oder die Schwester ... blutsverwandt /... Stiefbruder/
-schwester /... Halbbruder/-schwester /... adoptiert
4. Welchen Beruf hat er/sie? ...
5. Wie lange hat die Ausbildung gedauert? ...
6. Wie weit lebt er/sie von Ihnen entfernt? ... km (ca.)
7. Wie oft sehen Sie diesen Bruder/diese Schwester oder sprechen mit
ihm/ihr am Telefon? ... nie /... ein paarmal im Jahr / ... jeden Monat /
... jede Woche /... jeden Tag
8. Wie eng ist Ihre Beziehung zu ihm/ihr? ... sehr eng /... eng /... ziemlich eng /... nicht eng
9. In welchem Ausmaß? (Zutreffendes bitte ankreuzen)
... gar nicht /... mäßig /... häufig
a) Wünschen Sie seine/ihre Anerkennung?
b) Sprechen Sie mit ihm/ihr über Ihre innersten Gefühle?
c) Weiß er/sie, wie Sie wirklich sind?
d) Haben Sie sich bei ihm/ihr im letzten Jahr Rat geholt?

e) Hat er/sie sich bei Ihnen im letzten Jahr Rat geholt?

f) Erzählen Sie ihm/ihr, wenn Sie bei etwas Erfolg hatten?

g) Erzählen Sie ihm/ihr, wenn Sie bei etwas Mißerfolg hatten?

h) Hatte er/sie in der Kindheit Angewohnheiten oder Verhaltensweisen, über die Sie sich immer noch ärgern?

10. Vergleichen Sie sich mit diesem Bruder oder dieser Schwester in bezug auf (Zutreffendes ankreuzen) ... Erfolg oder Mißerfolg der Kinder /... Leistungen /... Finanzen /... Ausbildung /... Beruf /... Vergleiche mich nicht

a) *(Wenn der Bruder oder die Schwester verheiratet ist)* Ist Ihre Beziehung zu ihm/ihr durch seinen/ihren Ehepartner ... besser geworden / ... gleich geblieben /... schlechter geworden?

b) Wenn sich die Beziehung verändert hat (positiv oder negativ), sagen Sie bitte mehr darüber: ...

c) *(Wenn Sie verheiratet sind)* Sprechen Sie über Ihre Eheprobleme mit dem Bruder oder der Schwester? ... Ja /... Nein

11. Hat es Zeiten gegeben, in denen Sie mit ihm/ihr aus Ärger nicht gesprochen haben? ... Ja /... Nein / Wenn ja, erläutern Sie das bitte.

12. Gibt es noch andere Dinge, die Sie über Ihre Beziehung zu diesem Bruder/dieser Schwester sagen wollen? (Wenn Sie mehr Platz brauchen, benutzen Sie bitte Teil F.)

E. Problembewältigung:

1. Beschreiben Sie bitte allgemein ein wichtiges Problem, bei dem ein Bruder oder eine Schwester eine Rolle spielen.

2. Was haben Sie getan, um dieses Problem zu bewältigen?

3. Welche der folgenden Aussagen trifft auf die Situation zu, die Sie gerade beschrieben haben? Bitte kreuzen Sie jeweils die Spalte Ja oder Nein an.

a) Habe mit Bruder (Brüdern) oder Schwester (Schwestern) gesprochen, um mehr über die Situation zu erfahren. ... Ja /... Nein

b) Habe mir gewünscht oder vorgestellt, was ich gerne getan hätte. ... Ja /... Nein

c) Hatte das Gefühl, es würde sich mit der Zeit geben und ich könnte nur abwarten. ... Ja /... Nein

d) Habe meine Gefühle für mich behalten. ... Ja /... Nein

e) Habe verhandelt oder einen Kompromiß geschlossen, um der Situation etwas Positives abzugewinnen. ... Ja /... Nein

f) Habe meine Geschwister gemieden. ... Ja /... Nein

g) Habe die Situation heruntergespielt, wollte sie nicht zu ernst nehmen. ... Ja /... Nein

h) Habe nicht nachgegeben und für meinen Standpunkt gekämpft. ... Ja /... Nein

i) Habe das Problem beiseite geschoben und nicht zugelassen, daß es meine Beziehung zu meinen Geschwistern stört. ... Ja /... Nein

4. Wie wurde das Problem schließlich gelöst? ... befriedigend /... unbefriedigend /... noch nicht gelöst.

F. Bitte benutzen Sie diese Seite für alles, was Sie noch über die Beziehung zu Ihren Brüdern und Schwestern oder über Einflüsse sagen wollen, die vielleicht dazu geführt haben könnten, daß Sie sich jetzt nahestehen oder nicht nahestehen.

Anmerkungen

Seite

7   Ungefähr 80 Prozent: U.S. Dept. of Commerce, Bureau of the Census, series P-20, No. 450, •Marital Status and Living Arrangements: March 1990•, S. 45. Judy Dunn hat dieselbe Zahl für Europa genannt (in: Sisters and Brothers. The Developing Child. Cambridge, Mass.: Harvard Univ. Press, 1985, S. 4.).

8   Seine Schüler: Für Einzelheiten über die Geschwisterkonzepte von Freud und seinen Schülern vgl. Alice B. Colonna and Lottie M. Newman: Psychoanalytic Literature on Siblings, in: The Psychoanalytic Study of the Child, vol. 38, 285-309; (New Haven: Yale Univ. Press, 1983).

8   Erst in den 70er...: Es hat auch schon früher verschiedentlich Arbeiten dazu gegeben, aber Brian Sutton-Smith und B. G. Rosenberg haben mit: •The Sibling• (New York: Holt, Rinehart and Winston, 1970) das erste Buch über den wechselseitigen Einfluß von Geschwistern geschrieben. Zu den bahnbrechenden Büchern aus den frühen 80er Jahren zählen: Stephen P. Bank and Michael D. Kahn, The Sibling Bond (New York: Basic Books, 1982; dt.: Geschwisterbindung, Paderborn: Junfermann 1989); Judy Dunn and Carol Kendrick, Siblings: Love, Envy and Understanding (Cambridge, Mass.: Harvard Univ. Press, 1982); Michael E. Lamb and Brian Sutton-Smith (Hrsg.), Sibling Relationships: Their Nature and Significance Across the Lifespan (Hillsdale, N.J.: Lawrence Erlbaum, 1982). Außerdem widmete 1983 die Zeitschrift •The Psychoanalytic Study of the Child• eine ganze Nummer dem Thema der Geschwistererfahrung.

10   in enger Zusammenarbeit mit Dr. Jerry F. Westermeyer: In zwei Teilen des Fragebogens wurden Fragen aufgenommen und überarbeitet, die aus anderen Forschungen stammten. In D basieren einige der Fragen zur Nähe von Geschwistern auf der Arbeit von Dale A. Blythe, John P. Hill, and Karen S. Thiel: Early Adolescents' Significant Others: Grade and Gender Differen-

ces in Perceived Relationships with Familial and Nonfamilial Adults and Young People, Journal of Youth and Adolescence 11, No. 6 (1982), 425-50. Die neun Alternativen zur Problembewältigung in Abschnitt D basieren auf dem •Ways of Coping Questionnaire• von Susan Folkman and Richard R. Lazarus (in: If It Changes It Must Be a Process: A Study of Emotion and Coping During Three Stages of a College Exam, Journal of Personality and Social Psychology, 48, 1985, 150-70.

11   Alle sozialen Schichten: Die Bestimmung der Schichtzugehörigkeit wurde mit dem System von August B. Hollingshead and Fritz C. Redlich vorgenommen, veröffentlicht in: Social Class and Mental Illness (New York: John Wiley, 1958).

Prolog

17   Geschwister verbringen oft mehr Zeit miteinander: Vgl. die Einleitung in Dunn, Sisters and Brothers.

17   Untersuchungen über das Einfühlungsvermögen: Dunn und Kendrick haben die Auswirkungen der Geburt eines Bruders oder einer Schwester bei 40 erstgeborenen Kindern in Cambridge, England untersucht. Zur Empathie der Älteren vgl. dies.: Siblings, Kap. 6..

19   nicht nur •ich•, sondern •wir•: Zum Konzept des •Wir• vgl. John A. Lindon, A Psychoanalytic View of the Family: A Study of Family Member Interactions, in: The Psychoanalytic Forum 13, 1969, 38-41.

20   geschwisterlich miteinander verbunden: Das Verhältnis zwischen Christentum und dem Judentum ist gelegentlich mit dem Verhältnis rivalisierender Geschwister verglichen worden. Vgl. Yosef Hayim Yerushalmi, Freud's Moses (New Haven: Yale Univ. Press, 1991), 92-93.

20   •den Schmerz der Eifersucht•: Luise Eichenbaum und Susie Orbach, Between Women. Love, Envy and Competition. In: Women's Friendships (New York: Penguin Books, 1989), 15.

20   •führte die ehrliche Einsicht•: Ebenda, 16.

22   Die Psychologen...: Helgola G. Ross and Joel I. Milgram, Important Variables in Adult Sibling Relationships: A Qualitative Study, in: Lamb and Sutton-Smith, Sibling Relationships, 225-49.

22   •eine Bedrohung, eine Erfahrung...•: Ebenda, 236.

23   Der Psychoanalytiker Peter B. Neubauer: Interview vom 6. Mai 1989.

1. Kapitel

31   Thomas J. Bouchard, Jr.: Bouchard war seit 1979 der Leiter am •Minnesota Center for Twin and Adoption Research•. Für einen Überblick über die Minnesota-Studien und verwandte Untersuchungen vgl. Constance Holden, The Genetics of Personality, Science 237 (7. Aug. 1987) 598-601.

31   im Gegenteil tendenziell verschiedener: Der wichtigste Aufsatz über umweltbedingte Geschwisterunterschiede ist der von Robert Plomin und Denise Daniels, Why Are Children in the Same Family So Different from One Another?, in Behavioral and Brain Science 10 (1987), 1-60.

32   als bei zwei zufällig ausgewählten Personen: Sandra Scarr und Susan Grajek, Similarities and Differences Among Siblings, in Lamb and Sutton-Smith, Sibling Relationships, S. 361. Sandra Scarr schreibt: •Brüder aus der oberen Mittelschicht, die dieselbe Schule besuchen und deren Eltern... dieselben Erziehungsmethoden benutzen, haben bei Persönlichkeitsmessungen nur wenig mehr Ähnlichkeiten als mit Jungen aus der Arbeiterschicht oder vom Bauernhof, die ein völlig anderes Leben führen.•

33   Untersuchung des Temperamentsmerkmals Schüchternheit: Jerome Kagan, J. Steven Reznick, und Nancy Snidman, Biological Bases of Childhood Shyness, Science 240 (8. Apr.

1988), 167-71.

35 •nichtgemeinsame Umwelt•: Plomin und Daniels, Why Are Children in the Same Family So Diffrent?, S. 4.

39 •so verschieden wie Tag und Nacht•: Frances Fuchs Schachter und Richard K. Stone, Comparing and Contrasting Siblings: Defining the Self, in Practical Concernes About Siblings: Bridging the Research-Practice Gap, hrsg. v. Frances Fuchs Schachter und Richard K. Stone (New York: Haworth Press, 1987), 55-75.

41 •Der Kain-Komplex•: Ebenda, 60.

41 •De-Identifizierung•: Ebenda, 56.

44 Die Soziologen James Bossard und Eleanor Boll: James H. S. Bossard und Eleanor Stoker Boll, The Large Family System: An Original Study in the Sociology of Family Behavior. (Philadelphia: Univ. of Pennsylvania Press, 1956; Westport, Conn.: Greenwood Press, 1975.) Zur Frage der Rollen vgl. S. 210-21.

45 Neulich fand ich einen Zeitungsartikel...: •Brothers Wield Power in Starkly Diffrent Worlds,• The New York Times, 1. Okt. 1987.

46 Sogar schon vor der Geburt: Zur Frage der Projektion der inneren Bilder der Eltern auf ihre Kinder vgl. James L. Framo, Explorations in Marital and Family Therapy (New York: Springer, 1982), 28-29.

49 •Wir sind sowas wie'n Echo•: Sam Shepard, True West, Act 2, Szene 7, in Sam Shepard: Seven Plays (New York: Bantam Books, 1981), 39.

2. Kapitel

54 seit 1870: Sir Francis Galton wies auf die unverhältnismäßig hohe Zahl von Erstgeborenen und Einzelkindern unter bekannten englischen Wissenschaftlern hin in: English Men of Science. Their Nature and Nurture (London; Macmillan, 1874). Fast hundert Jahre später hat Irving Harris die Geburtsreihenposition berühmter Männer in der Geschichte verglichen in: The Promised Seed. A Comperative Study of First and Later Sons (Glencoe, Ill.: Free Press, 1964), das zur Grundlage für viele andere Untersuchungen wurde.

54 Persönlichkeit der Erstgeborenen: Lucille K. Forer, Henry Still, The Birth Order Factor (New York: David McKay, 1976), und Kevin Leman, The Birth Order Book: Why You Are the Way You Are (Old Tappan, N.J.: Fleming H. Revell, 1985).

54 Erstgeborene mit Einzelkindern verglichen...: R.B. Zajonc und Gregory B. Markus, •Birth Order and Intellectual Development,• Psychological Review 82, No. 1 (1975), 74-98.

55 Zwei Schweizer Wissenschaftler: Cécile Ernst und Jules Angst, Birth Order: Its Influence on Personality, (Berlin: Springer-Verlag, 1983).

57 •Macht-Interaktion•: Ebenda, 240.

57 •mein goldener Sigi•: Biographische Information von Ernest Jones, The Life and Work of Sigmund Freud, vol.1 (New York: Basic Books, 1953); dt.: Das Leben und Werk von Sigmund Freud, Huber, Stuttgart 1960.

57 •bösen Wünsche und echte Kindheitseifersucht•: Brief an Wilhelm Fliess vom 3. Okt. 1897, in: The Complete Letters of Sigmund Freud to Wilhelm Fliess 1887-1904, hrsg. v. J. Masson (Cambridge Mass.: Harvard Univ. Press, Belknap Press, 1985), 268, dt.: Briefe an W. Fliess; 1887-1904, Frankfurt/M.: Fischer Verlag, S.289

57 •Seine Geschwister.. •: Sigmund Freud, Vorlesungen zur Einführung in die Psychoanalyse. Frankfurt/M. Fischer 1992, S.208

57 kleine Tiere oder Ungeziefer: Ebenda, S.162

57 •...wenn man den Wunsch•: Ebenda, S.209

57 •Familienkomplex•: Ebenda, S.328

58 •Ersatz für das Kind...•: Ebenda, S.329

58 ihre jüngeren Geschwister trösten: Judy Dunn und Carol Kendrick, The Speech of Two- and Three-Years-Olds to Infant Siblings: •Baby Talk• and the Context of Communication, Journal of Child Language 9 (1982), 579-95.

58 belohnten ältere Schwestern: Brenda K. Bryant, Siblings Relationships in Middle Childhood, in: Lamb und Sutton-Smith, Sibling Relationships, 87-121.

59 Louise J. Kaplan: Interview vom 10. Okt. 1988.

59 •Wie kriegt dich dein Bruder...•: Sutton-Smith und Rosenberg, The Sibling, 39-68.

61 sexuell aktiver: Joseph Lee Rodgers und David C. Rowe, Influence of Siblings on Adolescent Sexual Behavior, Developmental Psychology 24, No. 5 (1988), 722-28.

62 denen sie sich am häufigsten anvertrauten: Sander Morris Latts, The Four-Child Equisexed Intact Family: Its Organization and Interactional Patterns (Doktorarbeit an der Univ. of Minnesota, 1966).

62 sich stärker von den älteren beeinflußt fühlen: Vgl. Sutton-Smith and Rosenberg, The Sibling, 63.

63 Peter B. Neubauer: Interview vom 6. Mai 1989.

65 •Das Bedürfnis, die Verantwortung zu übernehmen...•: Philip Roth, The Counterlife (New York: Farrar Straus Giroux, 1986), 80; dt.: Gegenleben.

3. Kapitel

78 Peter B. Neubauer: Interview vom 6. Mai 1989.

78 100 Märchen der Gebrüder Grimm: Sutton-Smith und Rosenberg, The Sibling, 3.

78 die Gefühle vieler jüngerer Kinder: Bruno Bettelheim, The Use of Enchantement, Kinder brauchen Märchen, München: Deutscher Taschenbuch Verlag. 1991.

79 nachgeborene Kinder: Vgl. die Tabelle der Merkmale, die erst- und später geborenen Kindern zugeschrieben werden, in: Ernst und Angst, Birth Order, 85.

79 Frank J. Sulloway: Er hat seine Ergebnisse auf der Versammlung der •American Association for the Advencement of Science• im Feb. 1990 vorgestellt. Vgl. Daniel Goleman, The Link Between Birth Order and Innovation, The New York Times, 8. Mai 1990, Wissenschaftsteil.

80 •Glauben Sie, ich will... •: Zitiert nach Paul Roazen, Freud and His Followers (New York: New York Univ. Press, reprint, 1984), 179.

81 •Bedenkt man, daß...•: Alfred Adler, Menschenkenntnis. Frankfurt, Fischer 1992, S.71

81 •Kleinste(n) , infolgedessen..•: Ebenda, S.139

81 •An sich•: Ebenda, 139.

81 die Kritik, die Herabsetzung: Judy Dunn und Robert Plomin, Separate Lives: Why Siblings Are So Different (New York: Basic Books, 1990). Sie schreiben: •Die Ergebnisse der Untersuchungen zur Geschwisterbeziehung legen den Schluß nahe, daß Kinder (vor allem die Nachgeborenen), die von ihren Geschwistern schlechter behandelt werden als sie umgekehrt ihre Geschwister behandeln, unter schwachem Selbstwertgefühl leiden...• (169).

82 Beobachtungen von Säuglingen: Entsprechend der Untersuchung des Psychologen Robert B. Stewart, vorgestellt in: Siblings' Motherly Concern, Psychology Today, March 1984, 8. Beobachtungen von sehr kleinen Kindern, die auf Säuglingsstationen ihre Geschwister trösten, finden sich bei John Bowlby, Attachement and Loss, vol. 2, Separation Anxiety and Anger (New York: Basic Books, 1973), 16.

83 Die neun Monate alte Jennifer: Martin Leichtman, Influence of an Older Sibling on the

Separation-Individuation Process, Psychoanalytic Study of the Child 40 (1985), 111-61.

83　daß die Geschwistergruppe solange...: Sutton-Smith und Rosenberg, The Sibling, 54-55.

88　Mittlere Kinder haben...: Für eine ausführliche Diskussion über mittlere Kinder vgl. Trish Hall, As Middle Children Become Rarer, Society May Miss Their Influence, The Wall Street Journal, 21 Aug. 1986.

89　die mittleren um ihre Position beneideten: vgl. Bossard und Boll, Large Family System, 209.

90　Bei einem Experiment: David Levy, Studies in Sibling Rivalry (New York: American Orthopsychiatric Association, 1937), 205-14.

90　•Wenn die Schwester die Kleine sieht...•: Ebenda, 209.

92　•geopferte Kinder•: Dennis E. McGuire und Patrick Tolan, Clinical Interventions with Large Family Systems: Balancing Interests Through Siblings, in Siblings in Therapy, hrsg. v. Michael D. Kahn und Karen Gail Lewis (New York: W. W. Norton, 1988), 129.

94　erbitterte literarische Kämpfe: Zur Konkurrenz zwischen Thomas und Heinrich Mann vgl. Nigel Hamilton, A Case of Literary Fratricide: The Brüderzwist Between Heinrich and Thomas Mann, in: Blood Brothers: Siblings as Writers, hrsg. v. Normann Kiell (New York: International Universities Press, 1983), 49-72.

94　•Was? Wie?...•: Ebenda, 70.

95　In der psychotherapeutischen Praxis: vgl. Karen Gail Lewis, Symptoms as Sibling Messages, in Kahn und Lewis, Siblings in Therapy, 264.

4. Kapitel

96　•Wie ich sehe...•: Judith Rossner, His Little Women (New York: Summit Books, 1990), 240.

97　•Ich wünschte...•: Louisa May Alcott, Little Women (New York: Bantam Books, 1983), 190.

97　•Sie wird sich sicher verlieben...•: Ebenda, 191.

98　ursprünglich mit zwei gleichen Gesichtern geschaffen: Dieses Bild bringt Aristophanes in Plato, Das Symposium (translated by Walter Hamilton (New York: Penguin Books, 1986), 59-65.

98　Doug, 22 Jahre alt: Doug und Mike sind die echten Namen der Starn Zwillinge, Fotografen, die zusammen arbeiten. Die Zitate stammen aus •Doug and Mike, Mike and Doug,• Produktion und Regie: Cindy Kleine, die in der Fernsehserie •Point of View• am 19. Sept. 1989 gesendet wurde.

98　•Die meisten Mütter...•: Jane Smiley, Ordinary Love, in: Ordinary Love and Good Will (New York: Alfred A. Knopf, 1989; Ballantine Books, 1991), 16.

99　•Ich wollte Doug immer...•: •Doug and Mike, Mike and Doug.•

99　zwei Hälften eines Ganzen: Zum Selbstbild von Zwillingen vgl. Jules Glenn, Twins in the Theater: A Study of Plays by Peter and Anthony Shaffer, in Kiell, Blood Brothers, 280-81.

100　•Blick in einen Spiegel...•: Birgitta Ralston, im Katalog ihrer Ausstellung •Sisters•, zit. nach The Radcliffe Quarterly (März 1990), 10.

101　•Zwillingsbildung•: Moisy Shopper, Twinning Reaction in Non-Twin Siblings, Journal of the American Academy of Child Psychiatry 13, No. 2 (1974), 391-18.

102　die Eltern zwischen sich •aufzuteilen•: Frances Fuchs Schachter, Sibling Deidentification and Split-Parent Identification: A Family Tetrad, in: Lamb und Sutton-Smith, Sibling Relationships, 123-51.

103　für Freud war Homosexualität: Freuds Auffassung wird zitiert in Colonna und Newman, Psychoanalytic Literature, 288.

103　es gibt Wissenschaftler: vgl. Walter Toman, Familienkonstellationen. Ihr Einfluß auf den Menschen und sein soziales Verhalten. München, Beck 1991 (5. Aufl.), 6. Kap.

104　•Gib ihr die leidenschaftlichsten...•: Jane Dunn, A Very Close Conspiracy: Vanessa Bell and Virginia Woolf (Boston: Little, Brown, 1990), 115.

111   die Rolle der oder des ·Isolierten·: Bossard und Boll, The Large Family System, 215.

116   Chodorows Theorie: Nancy J. Chodorow, The Reproduction of Mothering: Psycho-analysis and the Sociology of Gender. (Berkeley: Univ. of California Press, 1978); dt.: Das Erbe der Mütter. Psychoanalyse und Soziologie der Geschlechter. München:Verlag Frauenoffensive, 1985.

117   ·Wenn ein Mann einen Bruder hat...·: John Bowers, Brotherly Strife, The New York Times Magazine, 12. Aug. 1984.

117   in dieser Untersuchung wie in anderen: eine der ersten Untersuchungen, die Nähe zwischen Schwestern festgestellt hat, war die von Bert N. Adams, Kinship in an Urban Setting (Chicago: Markham, 1968).

117   schließt die Nähe zwischen Schwestern Aggressivität nicht notwendig aus: Dieses Ergebnis entspricht den Konfliktbereichen, die bei einen Projektionstest häufiger in den Phantasien von Frauen über ihre Schwestern als von Männern über ihre Brüder auftauchten. Vgl. Victoria H. Bedford, A Comparision of Thematic Apperceptions of Sibling Affiliation, Conflict, and Separation at Two Periods of Adulthood, International Journal of Aging and Human Development 28., No. 1 (1989), 53-66.

118   ·Niemand kann mich wütender machen·: Bowers, Brotherly Strife.

119   Eine Untersuchung mit Collegestudenten: Michael Eben Shulman, On Being a Brother: Constructions of the Sibling Experience (Doktorarbeit an der Univ. of Michigan, 1987), 132-37.

119   ·Ich weiß, wie ich in seinen Augen war...·: Ebenda, 135.

5. Kapitel

123   ·Schaffe mir Söhne...·: Gen. 30, 1. Gelegentlich wird diese Stelle als ·Schaffe mir ...,· übersetzt, aber die biblische Aufzeichnung von Söhnen und Töchtern und die generelle Bedeutung von Söhnen weisen mit hoher Wahrscheinlichkeit darauf hin, daß Rahel hier Söhne meinte.

123   In den meisten Kulturen: Zu den unterschiedlichen Kulturen vgl. Monica McGoldrick, John K. Pearce, und Joseph Giordano (Hrsg.), Ethnicity and Fanily Therapy (New York: Guilford Press, 1982).

123   daß weibliche Föten oft...: Vgl. Nicholas D. Kristof, Stark Data on Women: 100 Million Are Missing, The New York Times, 5. Nov. 1991, Wissenschaftsteil.

124   Clarence Thomas: Karen Tumulty, Sister of High Court Nominee Traveled Different Road, Los Angeles Times, 5. Juli 1991, Sektion A.

124   in aller Öffentlichkeit ausgetragene Streit: Sallie Bingham, Passion and Prejudice. A Family Memoir (New York: Alfred A. Knopf, 1989).

124   einen Jungen und ein Mädchen: Jay D. Teachman and Paul Schollaert, Gender of Children and Birth Timing, Demography 26, No. 3 (Aug. 1989), 411-23. Die Ergebnisse haben auch gezeigt, daß Eltern mit zwei Söhnen oder zwei Töchtern schneller ein drittes Kind bekommen als Eltern mit einem Sohn und einer Tochter.

124   das Selbstwertgefühl von Mädchen: Carol Gilligan, Nona P. Lyons, und Trudy J. Hanmer (Hrsg.), Making Connections: The Relational Worlds of Adolescent Girls at Emma Willard School (Cambridge, Mass.: Harvard Univ. Press, 1990). An der Untersuchung von Gilligan war nur eine kleine Gruppe von Mädchen einer Privatschule beteiligt. Eine größere Untersuchung mit 3000 Kindern wurde von der ·American Association of University Women· durchgeführt. Über die Ergebnisse schrieb Suzanne Daley einen Artikel: Little Girls Lose Their Self-Esteem..., The New York Times, 9. Jan. 1991, Sek. B.

126   ·der geschlechtlichen Anziehung·: Freud, Vorlesungen zur Einführung in die Psycho-

analyse, S.328

128 Penisneid: Sigmund Freud, Some psychological Consequences of the Anatomical Distinction Between the Sexes, 1925, in The Standard Edition of the Complete Psychological Works of Sigmund Freud, ed. James Strachey (London: Hogarth Press and the Institute of Psycho-Analisis, 1961), vol. 19, 243-58. Für spätere Auffassungen zur Theorie des Penisneides, vor allem bei Karen Horney, vgl. Louise Kaplan, Female Perversions: The Temptations of Emma Bovary (New York: Doubleday, 1991), 78-105, 186-93.

128 Louise J. Kaplan: Persönliche Mitteilung vom 28. Okt. 1988.

131 Alexander Levay: Interview with the author, 10 July 1989.

132 •Und welch Gesetz befolgend...•: Sophokles, Antigone, in Sophokles: Die Tragödien (dt. v. K. W. F. Solger) München Deutscher Taschenbuch Verlag, S.79. Man sollte allerdings hier nicht vergessen, daß Sophokles die schwesterliche Liebe vom männlichen Standpunkt aus beschrieben hat.

132 der grausame Perserkönig Darius: Die Geschichte stammt von Herodot, zit. nach S. D. Goitein, A Mediterranean Society, Bd. 3 (Berkley: Univ. of California Press, 1978).

132 •Um glücklich zu sein...•: Henri Troyat, Chekhov, translated by Michael Henry Heim (New York: Dutton, 1955), 155.

132 die zwei Söhne Jakobs: Simeon und Levi, Genesis 34.

132 Ein sehr viel weniger brutales Beispiel: In Thomas S. Weisner, Sibling Interdepence and Child Caretaking: A Cultural View, in Lamb and Sutton Smith, Sibling Relationships, 321.

140 mit Brüdern im Collegealter: Shulman, Being a Brother, 137-40.

141 •lästig•: Carol Elizabeth Holden, On Being a Sister: Constructions of the Sibling Experience (Doktorarbeit an der Univ. of Michigan, 1986), 152. Die Ergebnisse finden sich auf S. 148-52.

144 Louise Kaplan sagt: Persönliches Gespräch, 28.Okt. 1988.

144 •männlichere• Interessen: vgl. die Position von Sutton-Smith and Rosenberg, The Sibling, 22-23.

144 seine •weiblichen• Interessen betonen: Entsprechend der Theorie der De-Identifizierung von Schachter und Stone.

144 Ein Junge mit zwei älteren Schwestern: Brian Sutton-Smith, Birth Order and Sibling Status Effects, in: Lamb and Sutton-Smith, Sibling Relationships, 160.

6. Kapitel

149 mehr geschiedene als verwitwete Ehepartner: Frank F. Furstenberg, Jr., und Graham B. Spanier, Recycling the Family: Remarriage After Divorce (Newbury Park, Calif.: Sage Publications, 1987), 39.

149 5,3 Millionen Stieffamilien: Unveröffentlichte Zahlen laut Dept. of Commerce, U.S. Bureau of the Census. Zitiert von Arthur J. Norton und Louisa F. Miller in: Marriage, Divorce and Remarriage in the 1990s, vorgestellt bei einem Treffen der •American Public Health Association•, Nov. 1991.

149 •Vereinigung der Stieffamilien•: Stepfamily Association, 212 Lincoln Center, 215 South Centennial Mall, Lincoln, NE 68508.

149 Kinder, die Ehepartner in die neue Ehe mitbringen: Marilyn Ihinger-Tallman, Sibling and Stepsiblings Bonding in Stepfamilies, in: Remarriage and Stepparenting: Current Research and Theory, hrsg. v. Kay Pasley und Marilyn Ihinger-Tallman (New York: Guilford Press, 1987), 178.

157 fast zu einem einzigen Ereignis verschmelzen: Emily B. Visher und John S. Fisher,

Stepfamilies: Myths and Realities (Secaucus, N.J.: Citadel Press, 1979). vgl. S. 215.

158   »Geh zu einem Fest in der Schule...«: Delia Ephron, Funny Sauce (New York: Viking, 1986), 118.

158   Judith Wallerstein: Verlustgefühl und die Reaktionen in unterschiedlichem Alter folgen Judith S. Wallerstein und Sandra Blakeslee, Second Chances. Men, Women, and Children a Decade After Divorce (New York: Ticknor and Fields, 1989).

158   ungefähr 90 Prozent: Die Zahl findet sich bei E. Mavis Hetherington, Margaret Stanley-Hagan, und Edward R. Anderson, Marital Transitions: A Child's Perspective, American Psychologist 44, No. 2 (Feb. 1989), 305

159   E. Mavis Hetherington: Ihre Ergebnisse stützen sich auf eine sechsjährige Untersuchung mit geschiedenen Eltern und ihren Kindern. Vgl. E. Mavis Hetherington, Coping with Family Transitions: Winners, Losers, and Survivors, Child Development 60 (1989), 1-14.

160   In diesen Ein-Elternfamilien: Ebenda, 5.

160   Unterschiede zwischen Mädchen und Jungen: Ebenda, 6-7, sowie Hetherington, Stanley-Hagan, und Anderson, Marital Transitions, 305-6.

161   75 Prozent aller geschiedenen Frauen: Hetherington, Coping, 1.

161   fällt es Kindern schwerer: Hetherington, Stanley-Hagan, und Anderson, Marital Transitions, 303.

163   Der unmittelbare Sprung ins Familienleben: zu solchen und ähnlichen Problemen vgl. Elinor B. Rosenberg und Fady Hajal, Stepsiblings Relationships in Remarriaged Families, Social Casework: The Journal of Contemporary Social Work, 66 (Mai 1985), 287-92.

164   der Lebensstandard von Frauen: Lenore Weitzman von der Harvard University hat festgestellt, daß der Lebensstandard von Frauen mit minderjährigen Kindern nach der Scheidung um 73 Prozent zurückging, während der Lebensstandard ihrer Ehemänner um 42 Prozent stieg. Vgl. Lenore J. Weitzman, The Divorce Revolution. The Unexpected Social and Economic Consequences for Women and Children in Amerika (New York: Free Press, 1985). Andere haben den Rückgang geringer angesetzt, aber auch da waren die Frauen im Nachteil.

165   die Ambivalenz der Beziehung: Vgl. Andrew Cherlin, Remarriage as an Incomplete Institution, American Journal of Sociology, 86 (1980), 636-40.

166   Inzest zwischen Stiefvätern und Stieftöchtern: Die Theorien über die Ursachen basieren auf den Erkenntnissen von David Finkelhor, Sexually Victimized Children (New York: Free Press, 1979), 88-89.

166   Kinder zwischen neun und fünfzehn Jahren: Hetherington, Coping, 7.

167   die Scheidungsrate bei Zweitehen: Furstenberger und Spanier nehmen an, daß sie ungefähr 5 Prozent höher liegt als bei Erstehen. Vgl. Recycling the Family, 45.

170   daß das neue Baby ein Segen...: Lucille Duberman, The Reconstituted Family: A Study of Remarried Couples and Their Children (Chicago: Nelson-Hall, 1975).

172   die Adoption eines Stiefkindes: Zu Vor- und Nachteilen vgl. Visher und Visher, Stepfamilies, 18-22.

174   Delaware Family Studie: Leslie M. Stein und Janet L. Hoopes, Identity Formation in the Adopted Adolescent: The Delaware Family Study (New York: Child Welfare League of America, 1985).

174   nichtadoptierte Kinder mit adoptierten Geschwistern: Zwei Fallstudien finden sich bei Theodore J. Jacobs, On Having an Adopted Sibling: Some Psychoanalytic Observations, International Review of Psycho-Analysis, 15 (1988), 25-35.

7. Kapitel

182   »gute Anpassungsfunktion«: Stella Chess und Alexander Thomas, Know Your Child: An

Authoritative Guid for Today's Parents (New York: Basic Books, 1987). Vgl. Kap. 3-4.

183 wenn die Kinder ins Jugendalter gekommen sind: Terri Apter, Altered Loves: Mothers and Daugthers During Adolescence (New York: St. Martin's Press, 1990).

183 daß Favoritentum sogar noch später: Ross und Milgram, Adult Sibling Relationships, in: Lamb and Sutton-Smith, Sibling Relationships, 234.

183 ziehen Eltern im Alter ihre Töchter den Söhnen vor: Joan Aldous, Elisabeth Klaus, und David M. Klein, The Understanding Heart: Aging Parents and Their Favorite Children, Child Development, 56 (1985), 303-16.

184 Kleine Kinder achten nicht nur: vgl. Dunn und Plomin, Separate Lives, 4, Kap.

195 daß Joseph der Liebling unter den Söhnen Jakobs war: Die Geschichte von Joseph und seinen Brüdern findet sich in Genesis 37-50.

196 •Wenn man der unbestrittene Liebling...•: Jones, Sigmund Freud, Leben und Werk, S. 33.

196 •Fast jede Enttäuschung...•: Alfred Adler, Wozu leben wir, S. 117f.

197 Kain und Abel: Genesis 4,8.

199 •Überlebensschuld•: Persönliches Gespräch, 6. Mai 1989.

8. Kapitel

202 Der biblische •Sündenbock•: Lev. 16, 8-10.

205 •Meine Mutter und ich ...•: Norman Maclean, Aus der Mitte entspringt ein Fluß, Frankfurt, Fischer 1993, S. 18.

205 •mein Denny, die arme Betty...•: Monica McGoldrick, Irish Families, in McGoldrick, Pearce, und Giordano, Ethnicity and Family Therapy, 323.

206 jede Familie ein System: Für einen Überblick über die systemische Familientheorie und die Rolle der Sündenbockfunktion vgl. Philip J. Guerin, Jr. Hrsg.), Family Therapy: Theory and Practice (New York: Gardner Press, 1976).

208 Eine Frau hatte nach der Geburt: Aus einem Gespräch mit Dr. Herman Roiphe.

209 Vom systemischen Standpunkt: Zur Frage der Kollaboration von Kindern mit der Sündenbockrolle vgl. James L. Framo, Explorations in Marital and Family Therapy: Selected Papers (New York: Springer, 1982), 28-35.

209 Behandlung von Schulkindern durch die Eltern: Dunn und Plomin, Separate Lives, 4. Kap.

210 •Engelchen• versus •kleine Teufel•: Schachter und Stone, Comparing and Contrasting Siblings, 64-67.

221 •Geschwister-Subsystem•: Salvador Minuchin, Families and Family Therapy (Cambridge Mass.: Harvard Univ. Press, 1974), 59.

223 Magersucht ist eine Krankheit: Ebenda, 12. Kap.

9. Kapitel

225 •Ich weiß daß ihr...Shepard, Vergrabenes Kind; in: Fluch der Verhungernden Klasse und Vergrabenes Kind. 2 Theaterstücke, Fischer, 1980, S. 196ff.

225 •Mehr Jungens ....• Ebenda.

225 •Nein, hör nicht...• Ebenda.

225 •Das hör...• Ebenda.

227 Rollen, die heranwachsende Kinder: Für die gebräuchlichen Bezeichnungen und Beschreibungen vgl. Charles Deutsch, Broken Bottles, Broken Dreams: Understanding and Helping the Children of Alcoholics (New York: Teachers College Press, 1982).

228 größere Starrheit und Unveränderbarkeit: Deutsch sagt: •Kinder, die für eine übertriebe-

ne und starre Identifikation des Selbst mit der Rolle bestimmt sind, finden darin soviel Schutz und zumindest nominelle Vorteile, daß sie große Schwierigkeiten haben, anders zu agieren, als die Rollen vorschreiben.• Broken Bottles, 57.

229 gehen deshalb rigide und streng: Rosalie C. Jesse, Children of Alcoholics: Their Sibling World, in: Kahn und Lewis, Siblings in Therapy, 235. Die folgenden Beschreibungen von Kindern von Alkoholabhängigen basieren auf Jesses Arbeit und auf Gesprächen mit Dr. Samuel C. Klagsbrun.

231 sexueller Mißbrauch: Karin C. Meiselman stellt eine starke Verbindung zwischen Alkoholismus und Inzest fest. Vgl. dies., Incest: A Psychological Study of Causes and Effects with Treatment Recommendations (San Francisco: Jossey-Bass, 1978), 93-94.

243 •Ich hatte schon mehr gehört...•: Maclean, •Aus der Mitte entspringt ein Fluß, S. 47.

243 •Doch selbst in der Einsamkeit...•: Ibid., S. 57.

244 Langzeituntersuchung mit erwachsenen Heroinabhängigen: James F. Maddux und David P. Desmond, Heroin Addicts and Nonaddicted Brothers, American Journal of Drug and Alcohol Abuse, 10, No. 2 (1984), 237-48.

245 Suche nach seinem drogenabhängigen älteren Bruder: Jonathan Dahl, Missing in America, The Wall Street Journal, 18. März 1991, Sek. A.

246 fünfmal häufiger als Eltern-Kind-Inzest: Meiselman hat diese Zahl aus anderen Untersuchungen übernommen, sagt aber: •Die Frage, ob Bruder-Schwester-Inzest häufiger ist als Vater-Tochter-Inzest, bleibt ungeklärt.• Incest, 77.

246 die der Psychologe David Finkelhor 1978: David Finkelhor, Sex Among Siblings: A Survey on Prevalence, Variety, and Effects, Archives of Sexual Behavior, 9, No. 3 (1980), 171-94.

246 wird Geschwisterinzest selbst von Klinikern oft als harmlos abgetan: Vor allem Psychoanalytiker sehen im Geschwisterinzest nicht notwendig ein Trauma: Für den Analytiker Henri Parens zum Beispiel können sowohl Phantasien über den Geschwisterinzest als auch seine •tatsächliche Ausführung• •Anpassungsfunktionen• haben, weil sie die Patienten dadurch von den Inzestphantasien mit den Eltern entfernen und •den Weg für ein normales sexuelles Interesse an Gleichaltrigen bereiten•. In Siblings in Early childhood: Some Direct Observational Findings, Psychoanalytic Quarterly, 8, No. 1 (1988), 38.

247 Inzest selten wirklich von beiden Seiten: Bank and Kahn, Geschwisterbindung, 159.

247 während die Schwester sich häufig von ihm benutzt fühlt: Finkelhor, Sex Among Siblings, 178.

247 auch Affen und andere nichtmenschliche Primaten: Vgl. Stephen J. Suomi, Sibling Relationships in Nonhuman Primates, in Lamb and Sutton-Smith, Sibling Relationship, 329-56. Bei den meisten Säugetierarten haben gegengeschlechtliche Geschwister ab dem Zeitpunkt der Geschlechtsreife nichts mehr miteinander zu tun, während bei gleichgeschlechtlichen der Kontakt lange anhält.

247 Kinder aus einem israelischen Kibbuz: Joseph Schepher, Mate Selection Among Second Generation Kibbuz Adolescentes and Adults: Incest Avoidance and Negative Imprinting, Archives of Sexual Behaviour, 1, No. 4 (1971), 293-307.

248 deshalb auch nicht tabuisiert werden: Freuds ödipale Theorie geht von einer starken inzestuösen Anziehung zwischen Familienmitgliedern aus, die er gerade auch mit den starken kulturellen Tabus dagegen begründet (vgl. Einführungsvorlesungen in die Psychoanalyse). In •Totem and Tabu• (1913), entwickelte er ein Szenarium aus der Frühzeit der Menschheitsgeschichte, in der die Urhorde den Vater ermordete, um sexuelle Beziehungen zu Mutter und Schwestern aufzunehmen. Das führte zu Schuldgefühlen, aus denen dann schließlich die Tabuisierung von Inzestbeziehungen entstand.

248 Die ägyptischen Pharaonen: Ray H. Bixler, Sibling Incest in the Royal Families of Egypt,

Peru, and Hawaii, Journal of Sex Research, 18, No. 3 (Aug. 1982), 264-81.

248   Cleopatra: Ebenda, 272.

248   die romantische Dichtung des 19. Jahrhunderts: Für eine ausführliche Analyse vg. Luciano P. R. Santiago, The Children of Oedipus: Brother-Sister Incest in Psychiatry, Literature, History and Mythology (Roslyn Heights, N.Y.: Libra, 1973), sowie James B. Twitchell, Forbidden Partners, The Incest Taboo in Modern Culture (New York: Columbia University Press, 1987).

249   »In jedem Augenblick...«: Zitiert nach Margot Strickland, The Byron Women (New York: St. Martin's Press, 1974), 27.

249   Lord Byron wuchs bei seiner Mutter: Twitchell, Forbidden Partners, 4-7.

249   Ohne die Zuwendung der Eltern: Für Bank und Kahn ist die mangelnde Zuwendung der Eltern eine der Hauptursachen für Geschwisterinzest. Vgl. Geschwisterbindung, S. 156ff.

249   Alexander Levay: Persönliches Gespräch, 10 Juli 1989.

250   Holly Smith: Holly Smith mit Edie Israel, Siblings Incest: A Study of the Dynamics of Twenty-five Cases, in Child Abuse and Neglect, 11 (1987). 101-8.

254   Frauen berichten sehr viel häufiger: Für die Gründe vgl. Meiselman, Incest, 71-72.

255   je größer der Altersunterschied: Finkelhor, Sex Among Siblings, 178.

255   andere Konsequenzen: Meiselman, Incest, 274-79.

10. Kapitel

264   »Es spielt im Grunde keine Rolle...«: Helen Featherstone, A Difference in the Family: Life with a Disabled Child (New York: Basic Books, 1980), 3-4.

264   Je ähnlicher ein Kind: Für die Identifikation gesunder Kinder mit kranken Geschwistern vgl. David W. Adams und Eleanor Deveau, When a Brother or Sister Is Dying of Cancer: The Vulnerability of the Adolescent Sibling, Death Studies, 11 (1987), 279-95.

265   »Sobald ich bei ihm...«: Frances Kaplan Grossman, Brothers and Sisters of Retarded Children (Syracuse, N.Y.: Syracuse Univ. Press, 1972), 111.

266   Belastung durch die behinderten Geschwister: Ebenda, 178-80.

267   deren Geschwister früh in ein Heim gegeben wurden: Ebenda, 165-73. Grossman ist ausdrücklich gegen eine Heimeinweisung, wenn die Hilfe Hilfe bei der häuslichen Pflege bekommen kann. Gesunde Geschwister, sagt sie, »können die Situation oft positiver bewältigen ... und haben nicht so viele Schuldgefühle«, wenn die behinderten Geschwister zu Hause sind. S. 173.

268   die älter als ihre Geschwister: Ebenda, 110.

269   das perfekte Kind: Emmett Wilson, Jr., Stendhal as a Replacement Child: The Theme of the Dead Child in Stendhal's Writings, Psychoanalytic Inquiry, 8, No. 1 (1988), 128.

269   »Schatten des perfekten Kindes«: Ebenda, 129. Laut Wilson stammt der Ausdruck aus J. H. Kennell und M. Klaus, Helping Parents After the Birth of a Baby with a Malformation, in Frontiers of Infant Psychiatry, Vol. 2, hrsg. v. J. Call, E. Galenson, und R. Tyson (New York: Basic Books, 1984), 397-403.

269   »Sei still, sei brav...«: Sue Miller, Family Pictures (New York: Harper and Row, 1990), 366.

269   Eheschwierigkeiten: Vgl. Francine Klagsbrun, Married People: Staying Together in the Age of Divorce (New York: Bantam Books, 1985), Kap. 9.

270   bekommen Kinder Angst: Besonders dann, wenn ein Kind an Krebs oder einer anderen unheilbaren Krankheit erkrankt ist. Vgl. Helen Rosen, Unspoken Grief: Coping with Childhood Sibling Loss (Lexington, Mass.: D.C. Heath, Lexington Books, 1986), 52-53.

270   sehr geringe Informationen: Grossman, Brothers and Sisters, 118-24.

270   »früher fest vorgehabt...«: Margaret Moorman, A Sister's Need, The New York Times Magazine, 11 Sept. 1988, 44.

270   »Netzwerk für Geschwister und erwachsene Kinder«: Siblings and Adult Children Network, 2101 Wilson Blvd., Suite 302, Arlington, VA 22201.

272   toleranter auf die Unterschiede: Grossman, Brothers and Sisters, 116.

272   Berufe im Bereich Medizin: Bernard Farber und William C. Jenne, Interaction with Retarded Siblings and the Life Goals of Children, Marriage and Family Living, 25 (Feb. 1963), 96-98. Der Soziologe Farber war einer der ersten, der Geschwister mit behinderten Brüdern und Schwestern untersucht hat.

275   »Ersatzkind«: Wilson, Stendhal as a Replacment Child, 124-29.

275   Anna O.: Josef Breuers Behandlung von Anna O. hat Freunds Theorie wesentlich beeinflußt.

276   Überprüfung ihrer Fallgeschichte: George H. Pollock, Bertha Pappenheim's Pathological Mourning: Possible Effects of Childhood Siblings Loss, Journal of the American Psychoanalytic Association, 20 (1972), 476-93.

277   Tod seines kleinen Bruders Julius: Freud, Brief an Fliess vom 3. Okt. 1897.

278   »Die Falsche ist gestorben«: Irvin D. Yalom, The Wrong One Died, in Love's Executioner and Other Tales of Psychotherapy (New York: Basic Books, 1989), 118-43.

278   Antoine de Saint-Exupéry: Francine Klagsbrun, Too Young to Die: Youth and Suicide (Boston: Houghton Mifflin, 1976, überarb. Neuauf. Pocket Books, 1985), 75-77.

279   distanzieren sich viele Teenager: Vgl. David Balk, Adolescents' Grief Reactions and Self-Concept Perceptions Following Sibling Death: A Study of Thirty-three Teenagers, Journal of Youth and Adolescence, 12, No. 2 (1983).

280   »Sei gut zu deinen Eltern, Stan«: Daniel B. Gordon, Wake, in Death and the College Student: A Collection of Brief Essays on Death and Suicide by Harvard Youth, hrsg. v. Edwin S. Shneidman (New York: Behavioral Publications, 1972), 82, 90.

281   »Wenn Geschwister sterben...«: Barbara Lazear Ascher, A Brother's Death, The New York Times Magazine 19 Nov. 1989.

11. Kapitel

288   diesen Gründen miteinander: Richard B. Felson, Aggression and Violence Between Siblings, Social Psychology Quarterly, 46, No. 4 (1983), 271-85.

289   Einzelkinder: Toni Falbo, Only Children in America, in Lamb and Sutton-Smith, Siblings Relationships, 296. Für Falbo »erwerben Einzelkinder einen vertrauensvolleren Interaktionsstil«, während Kinder mit Geschwistern »von den anderen Konkurrenz erwarten«.

290   Auseinandersetzungen zwischen Geschwistern und zwischen Freunden: Marcela Raffaelli, Sibling Conflict in Early Adolescence, (Doktorarbeit an der Univ. of Chicago, 1990).

290   wenn die Eltern eingreifen: Das ist die Position von Richard B. Felson und Natalie Russo in: Parental Punishment and Sibling Aggression, Social Psychology Quarterly, 51, No. 1 (1988), 11-18. Chess und Thomas geben Eltern den Rat, »ihren Kindern zu sagen..., sie sollten ihren Streit selbst klären«. Know Your Child, 317.

294   von Geburt an reizbar: Chess und Thomas, Know Your Child, 32, 316.

294   ein anderes beharrlich ablehnte: Dunn und Kendrick, Siblings, 8. Kap.

297   »Es ist nicht Sitte...«: Genesis 29, 26.

298   die zweitschwierigste Beziehung: Zu diesem Schluß kam Evelyn Millis Duvall in: In-

Laws: Pro and Con (New York: Association Press, 1954).

303   dreimal soviel Töchter wie Söhne: »Mothers Bearing a Second Burden,« The New York Times, 13 May 1991, Sek. A.

303   statistisch 17 Jahre...: Steven K. Wisensale und Michael D. Allison, An Analysis of 1987 State Family Leave Legislation: Implications for Caregivers of the elderly, Gerontologist, 28, No. 6 (Dez. 1988), 779-85.

304   deren Beziehung schon immer...: Ross and Milgram, Adult Sibling Relationships, 242.

306   »Dachte ich denn nicht...«: Philip Roth, Mein Leben als Sohn: eine wahre Geschichte. München; Wien: Hanser, 1992, S. 91.

308   »emotional abgeschnitten«: Murray Bowen, Family Therapy in Clinical Practice (New York: Jason Aronson, 1978), 383-84.

12. Kapitel

320   fünf Kategorien: Deborah T. Gold, Sibling Relationships in Old Age. A typology, International Journal of Aging and Human Development, 28, No. 1 (1989) 37-51.

322   Verstrickung und Loslösung: Minuchin, Families and Family Therapy, 54.

324   Kinder von Menschen, die den Kontakt...: Bowen, Family Therapy, 383.

324   Die ethnische Identität: Zur Frage ethnischer Einflußfaktoren für die Identität vgl. Monica McGoldrick, Pearce, und Giordano, Ethnicity and Family Therapy, 3-28.

326   Mädchen in irisch-amerikanischen Familien: McGoldrick, Irish Families, 321-25.

324   In afroamerikanischen Familien: William C. Hays und Charles H. Mindel, Extended Kinship Relations in Black and White Families, Journal of Marriage and the Family (Feb. 1973), 51-57. Vgl. auch Paulette Moore Hines und Nancy Boyd-Franklin, Black Families, in McGoldrick, Pearce, und Giordano, Ethnicity and Family Therapy, 88-91.

327   »Es war, als hätte...«: Brent Stables, A Brother's Murder, The New York Times Magazine, 30. März 1986.

328   In einer seiner Kurzgeschichten: John Cheever, Goodbye, My Brothers, in The Stories of John Cheever (New York: Alfred A. Knopf, 1978), 21.

328   Die Bindungstheorie: John Bowlby, der Begründer dieser Theorie, hat ein dreibändiges Werk über Bindung und Verlust geschrieben (New York: Basic Books, 1969-80; dt.:Bindung. Eine Analyse der Mutter-Kind-Beziehung, Ffm., Fischer 1986; Verlust, Trauer und Depression. Ffm., Fischer 1991). Für einen Überblick über die Arbeit von Mary Salter Ainsworth vgl. Mary D. Salter Ainsworth, Attachment: Retrospect and Prospect, in: The Place of Attachment in Human Behavior, hrsg. v. Colin Murray Parkes und Joan Stevenson-Hinde (London: Tavistock, 1982), 3-30.

329   »gut genug«: Donald W. Winnicott, The Maturational Process and the Facilitating Enviroment: Studies in the Theory of Emotional Development (New York: International Universities Press, 1965).

329   eins der Kinder im Vorschul- und das andere im Säuglingsalter: Michael E. Lamb, The Development of Sibling Relationships in Infancy. A shortterm Longitudinal Study, Child Development 49 (178): 1189-96.

329   ein zärtlicher Umgang erstgeborener Kinder: Dunn und Kendrick, Siblings, 8. Kap.; Judy Dunn, Sibling Relationships in Early Childhood, Child Development, 54 (1983) 787-811.

330   ältere Kinder dann sehr zufrieden...: Dunn und Kendrick, Siblings, 8 Kap.

330   nach dem günstigsten Altersunterschied von Geschwistern: Zu den Vertretern des dreijährigen Altersunterschieds zählt etwa Burton L. White, The First Three Years of Life (New York: Prentice Hall, revised, 1991). T. Berry Brazelton empfiehlt in seinem Buch: What Every

Baby Knows (New York: Addison-Wesley, 1987) mindestens einen zweijährigen Abstand.

330 Margaret Mahler: Ihre Untersuchungen über die Loslösung und Individuation waren bahnbrechend für die Entwicklungspsychologie. Vgl. Margaret Mahler, Fred Pine, und Anni Bergman, The Psychological Birth of the Human Infant (New York: Basic Books, 1975); dt. Die psychische Geburt des Menschen, Frankfurt, Fischer 1989.

331 unter zwei Jahren: Diese Position wurde von der Psychologin Jeannie Kidwell 1985 auf der Jahresversammlung der •American Association for the Advancement of Science• vertreten. Daniel Goleman, Spacing of Siblings Strongly Linked to Success in Life, The New York Times, 28 Mai 1985.

331 Fragt man Schulkinder: Wyndol Furman und Duane Buhrmester, Children's Perceptions of the Qualities of Sibling Relationships, Child Development, 56 (1985), 448-61.

332 die •Cliquen•: Bossard und Boll haben auch festgestellt, daß sich Geschwister zu Paaren zusammenschließen. The Large Family System, 190-93.

332 eine •andere Stimme•: Carol Gilligan, In a Diffrent Voice: Psychological Theory and Women's Development (Cambridge, Mass.: Harvard Univ. Press, 1982); dt.: Die andere Stimme. Lebenskonflikte und Moral der Frau, Zürich, Piper 1991.

335 •Hänsel and Gretel•: Bank and Kahn, Geschwisterbindung, 5. Kapitel.

336 •Privilegien und Aufmerksamkeit•: Eileen Simpson, Orphans: Real and Imaginary (New York: Weidenfeld and Nicolson, 1987), 150. Simpson vergleicht ihre Reaktionen mit denen einer Gruppe von Kindern, die als die Waisenkinder von Terezin bekannt geworden sind. Bei ihnen handelte es sich zwar nicht um Geschwister, aber sie hatten die ersten drei Jahre ihres Lebens im Konzentrationslager Terezin gelebt, nachdem die Eltern von den Nazi umgebracht worden waren. Sie blieben auch nach ihrer Befreiung aufs engste miteinander verbunden und hatten keinerlei Interesse an Erwachsenen.

337 •Der Schmerz und die Angst...•: Richard Rhodes, A Hole in the Word: An American Boyhood (New York: Simon and Schuster, 1990), 253.

337 daß auch sie •ein Selbst...•: Simpson, Orphans, 98.

338 •Es war die größte Liebe...•: Susan Cheever, Home Before Dark: A Biographical Memoir of John Cheever by His Daughter (Boston: Houghton Mifflin, 1984), 8.

338 •unklug•: Ebenda.

338 •»psychischer Inzest•: Zitiert in Scott Donaldson, John Cheever: A Biography (New York: Random House, 1988), 249. Von Donaldson stammen auch die hier benutzten biographischen Informationen.

339 die Nonnen in dem kirchlichen Waisenhaus: Simpson, die sich fragte, welche Vorbilder die Waisen von Terezin hatten, glaubte, daß sie sie wohl in den Frauen gefunden hätten, von denen sie im Konzentrationslager versorgt wurden.

342 über mehr als vierzig Jahre hinweg: George E. Vaillant, Adaptation to Life (Boston: Little, Brown, 1977).

342 die enge Beziehung zu den Geschwistern im Collegealter: George E. Vaillant und Caroline O. Vaillant, Natural History of Male Psychological Health, XII: A 45-Year Study of Predictors of Successful Aging at Age 65, American Journal of Psychiatry, 147, No 1 (Jan.1990), 31-37.

13. Kapitel

345 in drei Gruppen: Vgl. Mary Main und Nancy Kaplan, Security in Infancy, Childhood, and Adulthood: A Move to the Level of Representation, Monographs of the Society for Research in Child Development, 50, Nos. 1-2 (1985), 66-104.

350 •Ich tat, was ich konnte...• Philip Roth, The Facts: A Novelist's Autobiography (New

York: Farrar, Straus and Giroux, 1989), 99; dt. Die Tatsachen. Autobiographie eines Schriftstellers. München, Wien: Hanser 1991.

351   •ihr Leben abtragen•: John Cheever, The Brothers, in The Best Short Stories 1938, hrsg. v. Edward J. O'Brien (Boston: Houghton Mifflin, 1938), 86-99.

352   einen •notwendigen Verlust•: Judith Viorst, Necessary Losses: The Loves, Illusions, Dependencies and Impossible Expectations that All of Us Have to Give Up in Order to Grow (New York: Simon and Schuster, 1986).

353   langverheiratete Ehepaare: Klagsbrun, Married People.

353   Arbeiterfamilien: Mirra Komarovsky, Blue Collar Marriage (New York: Random House, Vintage Books, 1967).

355   •Im Tod waren...•: George Eliot, The Mill on the Floss (New York: Bantam Books, Bantam Classics, 1987), 472; dt.: Die Mühle am Floss. Stuttgart: Reclam 1983.

356   Durch eine Scheidung: Belege für die größere Nähe von Geschwistern nach einer Scheidung finden sich bei Ann Goetting, The Developmental Tasks of Siblingship over the Life Cycle, Journal of Marriage and the Family, 48 (Nov. 1986), 709.

360   Projektionstest: Bedford, A Comparison of Thematic Apperceptions, 53-66.

361   •meinem Bruder mit sechzig•: Roth, The Facts.

362   von reichen und berühmten Menschen: Holly Hall, Fame in the Family, Psychology Today (Apr. 1988), 63.

363   •Aufruhr der Gefühle•: Bedford, A Comparision of Thematic Aperceptions, 63.

364   nur 10 Prozent: Gold nennt diese Zahl in: Siblings in Old Age: Something Special, Canadian Journal on Aging, 6, o.3 (1987); 205.

365   53 Prozent: Ebenda, 203.

365   Gefragt, warum: Ebenda, 204-9.

365   •symbolische Repräsentationen•: Victor G. Cicirelli, Interpersonal Relationships Among Elderly Siblings, in Kahn und Lewis, Siblings in Therapy, 440.

366   Einzelkinder mit 65 Jahren: Vaillant, Natural History of Male Psychological Health, 34.

366   In der normalen Hierarchie der Versorgung: Cicirelli, Interpersonal Relationships, 445.

366   woher dieses Widerstreben kommt: Gold, Siblings in Old Age, 212.

14. Kapitel

373   •Schon in den ersten sechs Jahren...• Sigmund Freud, •Zur Psychologie des Gymnasiasten•, 1914; Ges. Werke Bd. 10, S. 206.

373   •Bis zu meinem vollendeten...•: Sigmund Freud, •Die Traumdeutung•, 1900, Ges. Werke Bd. 2/3, S. 427

373   •Ein intimer Freund...•: Ebenda, 487.

373   •Alle meine Freunde...•: Ebenda, 485.

374   •in der jeder Mensch...•: Janet Malcolm, Psychoanalysis: The Impossible Profession (New York: Alfred A. Knopf, 1981), 6.

374   •Wir sind dazu verurteilt...•: Ebenda.

374   Eine Patientin: In Rosemary H. Balsam, On Being Good: The Internalized Sibling with Examples from Late Adolescent Analyses, Psychoanalytic Inquiry, 8, No 1 (1988), 80.

374   Jerry, ein 40jähriger Patient: Herbert M. Rabin, Peers and Siblings: Their Neglect in Analytic Group Psychotherapy, International Journal of Analytic Group Psychoterapy, 39, No. 2 (Apr. 1989), 213-14.

375   Grundsteine für den Zusammenhalt einer Gruppe: In Sigmund Freud, Group Psychology

and the Analysis of the Ego, 1921, Standard Edition, vol. 18, pp. 67-143.

376 »(wir) dürfen sagen...«: Sigmund Freud, »Erinnern, Wiederholen und Durcharbeiten«, Ges. Werke, Bd. 10, S. 129

377 »merkwürdiges Paradox«: Aus einem Gespräch mit Martin Bergman om 10. Okt. 1991. Er hat diese Gedanken näher in seinem Buch behandelt: The Anatomy of Loving: The Story of Man<intersection>s Quest to Know What Love Is (New York: Columbia Univ. Press, 1987).

380 »Komplementarität«: Toman, Familienkonstellationen, 6. Kap.

380 sich empirisch nicht beweisen läßt: Vgl. Stephen B. Gold und Judith E. Dobson, Birth Order, Marital Quality, and Stability: A Path Analysis of Toman<intersection>s Theory, Individual Psychology, 44, No. 3 (Sept. 1988) 355-64.

381 Lou Andreas-Salomé: Zitiert nach Judith F. Lasky und Susan F. Mulliken, Sibling Relationships and Mature Love, in Judith F. Lasky und Helen W. Silverman, Love: Psychoanalytic Perspektives (New York: New York Univ. Press, 1988), 90.

381 Alexander Levay: Persönliches Gespräch, 10 Juli 1989.

382 Ms. L.: Der Fall ist entnommen aus Lasky und Mulliken, Sibling Relationships, 86-87.

388 ja selbst die zweite Schwangerschaft: Diese Theorie und die Fallgeschichten von Ms.C. und Ms. B. finden sich in: Judith Abarbanel, The Revival of the Sibling Experience During the Mother<intersection>s Second Pregnancy, Psychoanalytic Study of the Child, 38 (1983), 353-79.

390 »Der generationenübergreifende Prozeß«: Bowen, Family Therapy, 206.

391 »Geister im Kinderzimmer«: Selma Fraiberg, Edna Adelson, und Vivian Shapiro. Ghosts in the Nursery, Journal of the American Academy of Child Psychiatry, 14 (1975), 387.

391 wieder eine Familienumgebung: Vgl. Paula Bernstein, Family Ties: Corporate Bonds (New York: Doubleday, 1985).

392 Eine Angestellte in der Kreditabteilung: Joan Rachel Goldberg, Family Ties Can Strangle Professional Relations, American Banker, 10 Oct. 1985.

393 Leonard Nimoy: Aljean Harmetz, Leonard Nimoy at the Controls, The New York Times, 30. Okt. 1988.

394 »alle möglichen Inkompetenzen«: Persönliches Gespräch mit Theodore Cohn, 15. Jan. 1989.

394 »Löwenzahn«: Persönliches Gespräch mit John F. Goodson, 8. Feb. 1989.

396 »Es ist mir leid um dich«: 2 Samuel 1, 26.

15. Kapitel

398 »Theorie des Denkens«: Eine ausgezeichnete Erklärung dieses Konzepts findet sich bei Uta Frith, Autism: Explaining the Enigma (Cambridge, Mass.: Basil Blackwell, 1989), Kap. 10.

399 Symbolspiel in der Geschwisterbeziehung: Naomi Jane Dale, Early Pretend Play Within the Familie (Doktorarbeit an der Univ. of. Cambridge, 1983).

402 Entwicklung des Fötus: Natalie Angier, One Argument That Competition Has Its beginnings in the Embryo, The New York Times, 12. Feb. 1991.

403 »Dein neuer Freund...«: Deborah Tannen, You Just Don't Understand: Women and Men in Conversation (New York: William Morrow, 1990), 173; dt. Du kannst mich einfach nicht verstehen, Hamburg: Kabel, 1991.

405 daß Geschwister solche Gespräche: Ross und Milgram, Adult Sibling Relationships, 236.

412 »Keine Laune...«: Vaillant, Adaption to Life, 369.

418 Fragebogen zur Problembewältigung: Folkman und Lazarus, If it Changes, It Must Be a Process.

422 »Geschichte ist kein Schicksal«: Fraiberg, Ghosts, 389.

Literatur

Adams, Bert N., Kinship in an Urban Setting. Chicago: Markham, 1968.

Adler, Alfred, Menschenkenntnis. Frankfurt/Main: Fischer-Taschenbuch-Verlag, 1992.

- , Wozu leben wir? Frankfurt/Main: Fischer-Taschenbuch-Verlag, 1992.

Alcott, Louisa May, Little Women. New York: Bantam Books, 1983.

Arnstein, Helene S., Brothers and Sisters/Sisters and Brothers. New York: E.P. Dutton, 1979.

Bank, Stephen P., Kahn, Michael D., The Sibling Bond. New York: Basic Books, 1982; dt. Geschwisterbindung. Paderborn: Junfermann 1989.

Bennett, Arnold, The Old Wives' Tale (1908). New York: Heritage Press, 1940.

Bettelheim, Bruno, The Use of Enchantment: The Meaning and Importance of Fairy Tales. New York: Random House, Vintage Books, 1977. Deutsch: Kinder brauchen Märchen. München: Dt. Taschenbuch-Verlag, 1991.

Bossard, James H. S., Boll, Eleanor Stoker, The Large Family System: An Original Study in the Sociology of Family Behavior. Philadelphia: University of Pennsylvania Press, 1956; Westport, Conn.: Greenwood Press, 1975.

Bowen, Murray, Family Therapy in Clinical Practice. New York: Jason Aronson, 1978.

Bowlby, John, Attachment and Loss. 3 Bde. New York: Basic Books, 1969-80; dt. Bindung: eine Analyse der Mutter-Kind-Beziehung. Frankfurt/Main:

Fischer-Taschenbuch-Verlag, 1986; Verlust, Trauer und Depression. Frankfurt/Main: Fischer-Taschenbuch-Verlag, 1991 (Teilausgaben).

Cheever, John, The Brothers. In: The Best Short Stories 1938. Hrsg. v. Edward J. O'Brien. Boston: Houghton Mifflin, 1938.

-, Goodbye, My Brothers. In: The Stories of John Cheever. New York: Alfred A. Knopf, 1978.

Chess, Stella, Thomas, Alexander, Know Your Child: An Authoritative Guide for Today's Parents. New York: Basic Books, 1987.

Chodorow, Nancy, The Reproduction of Mothering: Psychoanalysis and the Sociology of Gender. Berkeley: University of California Press, 1978 dt. Das Erbe der Mütter: Psychoanalyse und Soziologie der Geschlechter. München: Verlag Frauenoffensive, 1985.

Downing, Christine, Psyche's Sisters. San Francisco: Harper and Row, 1988.

Dunn, Jane, A Very Close Conspiracy: Vanessa Bell and Virginia Woolf. Boston: Little, Brown, 1990.

Dunn, Judy, Sisters and Brothers: The Developing Child. Cambridge, Mass.: Harvard University Press, 1985.

Dunn, Judy, Kendrick, Carol, Siblings: Love, Envy, and Understanding. Cambridge, Mass.: Harvard University Press, 1982.

Dunn, Judy, Plomin, Robert, Separate Lives: Why Siblings Are So Different. New York: Basic Books, 1990.

Eichenbaum, Luise, Orbach, Susi, Between Women: Love, Envy, and Competition in Women's Friendships. New York Penguin Books, 1989.

Eliot, George, The Mill on the Floss. 1860. New York: Bantam Books, Bantam Classics, 1987; dt. Die Mühle am Floss. Stuttgart: Reclam, 1983.

Ernst, Cecile, Angst, Jules, Birth Order: Its Influence on Personality. Berlin: Springer-Verlag, 1983.

Falbo, Toni (Hrs.), The Single-Child Family. New York: Guilford Press, 1984.

Featherstone, Helen, A Difference in the Family: Life with a Disabled Child. New York: Basic Books, 1980.

Fishel, Elizabeth, Sisters: Love and Rivalry Inside the Family and Beyond. New York: William Morrow, 1979; dt. Schwestern: Liebe und Rivalität in der Familie. Frankfurt/Main; Berlin: Ullstein, 1980.

Forer, Lucille K., Still, Henry, The Birth Order Factor. New York: David McKay, 1976; dt. Erstes, zweites, drittes Kind...: welche Bedeutung hat die Geschwisterfolge für Kinder, Eltern, Familie? Reinbek bei Hamburg: Rowohlt-Taschenbuch Verlag, 1982.

Fraiberg, Selma, Adelson, Edna, Shapiro, Vivian, Ghosts in the Nursery.

Journal of the American Academy of Child Psychiatry, 14 (1975), 387-421.

Franks, Lucinda, Wild Apples. New York: Random House, 1991.

Freud, Sigmund, Briefe an W. Fliess: 1887-1904. Frankfurt/Main: S.-Fischer, 1986.

-, Die Traumdeutung, 1900, Ges. Werke Bd. 2/3, Frankfurt/Main: S.-Fischer Verlag, 1981.

-, Vorlesungen zur Einführung in die Psychoanalyse. Frankfurt/Main: Fischer-Taschenbuch-Verlag, 1992.

-, Erinnern, Wiederholen und Durcharbeiten. Ges. Bd. 10: Werke aus den Jahren 1913-1917, S. 204-207, Frankfurt/Main: S.-Fischer Verlag, 1981.

-, Zur Psychologie des Gymnasiasten. Ges. Werke Bd. 10: Werke aus den Jahren 1913-1917, S. 126-136. Frankfurt/Main: S.-Fischer Verlag, 1981.

Gilligan, Carol, In a Different Voice: Psychological Theory and Women's Development. Cambridge Mass.: Harvard University Press, 1982; dt. Die andere Stimme: Lebenskonflikte und Moral der Frau. München; Zürich: Piper, 1991.

Grossman, Frances Kaplan, Brothers and Sisters of Retarded Children. Syracuse, N.Y.: Syracuse University Press, 1972.

Guerin, Philip J. Jr. (Hrsg), Family Therapy: Theory and Practice. New York: Gardner Press, 1976.

Hetherington, E. Mavis, Coping with Family Transitions: Winners, Losers, and Survivors, Child Development 60 (1989): 1-14.

Joyce, Stanislaus, My Brother's Keeper. Hrsg. v. Richard Ellmann. London: Faber and Faber, 1958; Faber Paperback, 1982. Deutsch: Meines Bruders Hüter. Frankfurt/Main: Suhrkamp, 1987.

Kahn, Michael D., Lewis, Karen Gail (Hrsg.), Siblings in Therapy. New York: W. W. Norton, 1988.

Kiell, Norman (Hrsg.), Blood Brothers: Siblings as Writers. New York: International Universities Press, 1983.

Lamb, Michael E., Sutton-Smith, Brian (Hrsg.), Sibling Relationships: Their Nature and Significance Across the Lifespan. Hillsdale, N. J.: Lawrence Erlbaum, 1982.

McGoldrick, Monica, Pearce, John K., Giordano, Joseph (Hrsg.), Ethnicity and Family Therapy. New York: Guilford Press, 1982.

Maclean, Norman, A River Runs Through It. In: A River Runs Through It and Other Stories. Chicago: University of Chicago Press, 1976; dt. Aus der Mitte entspringt ein Fluß. Frankfurt/M., Fischer Taschenbuch Verlag 1993.

Mann, Thomas, Joseph und seine Brüder (1933). Frankfurt/Main: Fischer-

Taschenbuch Verlag, 1981.

Meiselman, Karin C., Incest: A Psychological Study of Causes and Effects with Treatment Recommendations. San Francisco: Jossey-Bass, 1978.

Miller, Sue, Family Pictures. New York: Harper and Row, 1990; dt. Ansichten einer Familie. Frankfurt/Main: Krüger, 1991.

Minuchin, Salvador, Families and Family Therapy. Cambridge Mass.: Harvard University Press, 1974; dt. Familie und Familientherapie: Theorie und Praxis struktureller Familientherapie. Freiburg im Breisgau: Lambertus, 1992.

Neubauer, Peter B., Rivalry, Envy, Jealousy, The Psychoanalytic Study of the Child, 37 (1982), 121-42.

Plomin, Robert, Daniels, Denise, Why Are Children in the Same Family So Diffrent from One Another? Behavioral and Brain Science, 10 (1987), 1-60.

Rhodes, Richard, A Hole in the World. New York: Simon and Schuster, 1990.

Roazen, Paul, Freud and His Followers. New York: New York University Press, reprint, 1984; dt. Sigmumnd Freud und sein Kreis: eine biographische Geschichte der Psychoanalyse. Herrsching: Pawlak, 1988.

Rosen, Helen, Unspoken Grief: Coping with Childhood Sibling Loss. Lexington, Mass.: D.C. Heath, Lexington Books, 1986.

Rossner, Judith, His Little Women. New York: Summit Books, 1990.

Roth, Philip, The Counterlife. New York: Farrar, Straus and Giroux, 1986, dt. Gegenleben. Gütersloh; Wien: Buchgemeinschaft Donauland, 1991.

-, The Facts: A Novelist's Autobiography. New York: Farrar, Straus and Giroux, 1988, dt. Die Tatsachen: Autobiographie eines Schriftstellers. München; Wien: Hanser, 1991.

-, Patrimony: A True Story. New York: Simon and Schuster, 1991; dt. Mein Leben als Sohn: eine wahre Geschichte. München; Wien: Hanser, 1992.

Schachter, Frances Fuchs, Stone, Richard K. (Hrsg.), Practical Concerns About Siblings: Bridging the Research-Practice Gap. New-York: Haworth Press, 1987.

Shepard, Sam, Buried Child. In: Seven Plays. New York: Bantam Books, 1981; dt. Fluch der verhungernden Klasse. Vergrabenes Kind. 2 Theaterstücke. Frankfurt/Main: Fischer-Taschenbuch Verlag, 1980.

-, True West. In Seven Plays. New York: Bantam Books, 1981.

Simpson, Eileen, Orphans: Real and Imaginary. New York: Weidenfeld and Nicolson, 1987.

Sophokles, Antigone, in Sophokles: Tragödien.(dt. v. K. W. F. Solger),

München, Deutscher Taschenbuch Verlag, 1990.

Sutton-Smith, Brian, Rosenberg, B. G., The Sibling. New York: Holt, Rinehart, and Winston, 1970.

Toman, Walter, Familienkonstellationen: ihr Einfluß auf den Menschen und sein soziales Verhalten (1961). 5 Aufl. München: Beck, 1991.

Twitchell, James B., Forbidden Partners: The Incest Taboo in Modern Culture. New York: Columbia University Press, 1987.

Visher, Emily B., Visher, John S., Stepfamilies: Myths and Realities. Secaucus, N. J.: Citadel Press, 1987.

Wallerstein, Judith S., Blakeslee, Sandra, Second Chances: Men, Women, and Children a Decade After Divorce. New York: Ticknor and Fields, 1989. Deutsch: Gewinner und Verlierer: Frauen, Männer, Kinder nach der Scheidung; eine Langzeitstudie. München: Dromer Knaur, 1992.

HEYNE BÜCHER

Thomas Gordon

Durch eine Vielzahl von Fallbeispielen illustriert Thomas Gordon seine wohlbegründeten, taktischen Ratschläge für den Umgang miteinander – ob im Beruf, der Schule oder der Familie.

19/15

19/28

H e y n e - T a s c h e n b ü c h e r

HEYNE
BÜCHER

Stichwort

*»Die Taschenbuch-
Reihe gibt knappe,
übersichtliche und
aktuelle Auskünfte
zu den jeweiligen
Themen.«*

Westfälische Rundschau

Heyne-Taschenbücher